国家卫生健康委员会"十四五"规划教材
全国高等学校教材

供预防医学类专业用

# 卫生统计学
## Health Statistics

## 第 9 版

主　编　郝元涛　刘美娜
副主编　赵　杨　王超龙　姚应水

数字主编　王超龙
数字副主编　朱彩蓉　魏永越　秦国友

人民卫生出版社
·北　京·

图书在版编目（CIP）数据

卫生统计学 / 郝元涛，刘美娜主编. -- 9 版.

北京：人民卫生出版社，2025. 6. --（全国高等学校预防医学专业第九轮规划教材）. -- ISBN 978 7 117 -38176-5

Ⅰ. R195. 1

中国国家版本馆 CIP 数据核字第 2025LW7465 号

| 人卫智网 | www.ipmph.com | 医学教育、学术、考试、健康，购书智慧智能综合服务平台 |
| 人卫官网 | www.pmph.com | 人卫官方资讯发布平台 |

卫生统计学

Weisheng Tongjixue

第 9 版

主　　编：郝元涛　　刘美娜

出版发行：人民卫生出版社（中继线 010-59780011）

地　　址：北京市朝阳区潘家园南里 19 号

邮　　编：100021

E - mail：pmph @ pmph.com

购书热线：010-59787592　　010-59787584　　010-65264830

印　　刷：人卫印务（北京）有限公司

经　　销：新华书店

开　　本：850×1168　 1/16　　印张：27

字　　数：708 千字

版　　次：1978 年 12 月第 1 版　　2025 年 6 月第 9 版

印　　次：2025 年 7 月第 1 次印刷

标准书号：ISBN 978-7-117-38176-5

定　　价：89.00 元

打击盗版举报电话：010-59787491　　E-mail：WQ @ pmph.com

质量问题联系电话：010-59787234　　E-mail：zhiliang @ pmph.com

数字融合服务电话：4001118166　　E-mail：zengzhi @ pmph.com

# 编委名单

## 编 委（以姓氏笔画为序）

| | | | |
|---|---|---|---|
| 王 玖 | 滨州医学院 | 张秋菊 | 哈尔滨医科大学 |
| 王学梅 | 内蒙古医科大学 | 武晓岩 | 桂林医科大学 |
| 王超龙 | 华中科技大学 | 尚 磊 | 空军军医大学 |
| 邓 丹 | 重庆医科大学 | 金丽娜 | 吉林大学 |
| 刘红波 | 中国医科大学 | 赵 杨 | 南京医科大学 |
| 刘丽亚 | 宁波大学 | 赵 星 | 四川大学 |
| 刘美娜 | 哈尔滨医科大学 | 郝元涛 | 北京大学 |
| 孙世权 | 西安交通大学 | 姚应水 | 皖南医学院 |
| 芦文丽 | 天津医科大学 | 秦国友 | 复旦大学 |
| 杨永利 | 郑州大学 | 秦家碧 | 中南大学 |
| 吴 莹 | 南方医科大学 | 顾 菁 | 中山大学 |
| 吴思英 | 福建医科大学 | 曹明芹 | 新疆医科大学 |
| 余红梅 | 山西医科大学 | 潘发明 | 安徽医科大学 |
| 张 涛 | 山东大学 | 魏永越 | 北京大学 |

## 编写秘书

武轶群　北京大学

## 数字编委

# 新形态教材使用说明

新形态教材是充分利用多种形式的数字资源及现代信息技术,通过二维码将纸书内容与数字资源进行深度融合的教材。本套教材全部以新形态教材形式出版,每本教材均配有特色的数字资源和电子教材,读者阅读纸书时可以扫描二维码,获取数字资源和电子教材。

电子教材是纸质教材的电子阅读版本,支持手机、平板及电脑等多终端浏览,具有目录导航、全文检索等功能,方便与纸质教材配合使用,随时随地进行阅读。

## 获取数字资源与电子教材的步骤

❶ 扫描封底红标二维码,获取图书"使用说明"。

❷ 揭开红标,扫描绿标激活码,注册/登录人卫账号获取数字资源与电子教材。

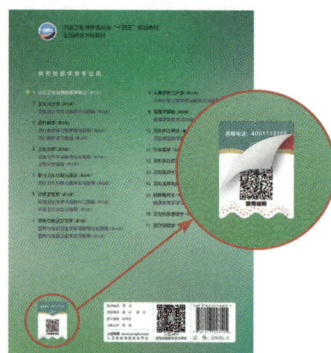

❸ 扫描书内二维码或封底绿标激活码随时查看数字资源和电子教材。

电子教材操作演示

❹ 登录 zengzhi.ipmph.com 或下载应用体验更多功能和服务。

扫描下载应用

客户服务热线 400-111-8166

# 读者信息反馈方式

人卫e教
medu.pmph.com

欢迎登录"人卫e教"平台官网"medu.pmph.com",在首页注册登录后,即可通过输入书名、书号或主编姓名等关键字,查询我社已出版教材,并可对该教材进行读者反馈、图书纠错、撰写书评以及分享资源等。

# 修订说明

公共卫生与预防医学教育是现代医学教育的重要组成部分,在应对全球健康挑战、建设健康中国、提高国民健康素养、促进人群健康过程中,始终发挥着重要作用、承担着重大使命。在人类应对各种突发、新发传染病威胁过程中,公共卫生更是作用重大,不可或缺,都说明公共卫生学科专业的重要性与必要性。公共卫生不仅关系着公众的健康水平、公共安全和社会稳定,还影响着社会经济的发展和国际关系与世界格局的改变,是事关大国计、大民生的大学科、大专业。在我国公共卫生 40 余年的教学实践中也逐步形成了我国公共卫生与预防医学教育的一些特点。比如,我国的公共卫生教育是以强医学背景为主的公共卫生与预防医学教育,既体现了国家战略需求,也结合了本土化实践。现代公共卫生与预防医学教育强调"干中学"( learning by doing )这一主动学习、在实践中学习和终身学习的教育理念,因此公共卫生与预防医学教材建设和发展也必须始终坚持和围绕这一理念。

1978 年,在卫生部的指导下,人民卫生出版社启动了我国本科预防医学专业第一轮规划教材,组织了全国高等院校的知名专家和教师共同编写,于 1981 年全部出版。首轮教材共有 7 个品种,包括《卫生统计学》《流行病学》《分析化学》《劳动卫生与职业病学》《环境卫生学》《营养与食品卫生学》《儿童少年卫生学》,奠定了我国本科预防医学专业教育的规范化模式。此后,随着预防医学专业的发展和人才培养需求的变化,进行了多轮教材的修订、完善与出版工作,并于 1990 年成立了全国高等学校预防医学专业第一届教材评审委员会,至今已经是第五届。为了满足各院校教学的实际需求,规划教材的品种也在不断丰富。第二轮增加《卫生毒理学基础》《卫生微生物学》,第四轮增加《社会医学》,第五轮增加《卫生事业管理学》《卫生经济学》《卫生法规与监督学》《健康教育学》《卫生信息管理学》《社会医疗保险学》,第八轮增加《公共卫生与预防医学导论》。由此,经过40 余年的不断完善和补充,逐渐形成了一套具有中国本土特色的、完整的、科学的预防医学教材体系。

党的二十大报告提出"创新医防协同、医防融合机制,健全公共卫生体系",我国新时代卫生健康工作方针明确坚持"预防为主""将健康融入所有政策",把公共卫生在国家建设发展中的基础性、全局性、战略性地位提到了空前高度。为贯彻落实党的二十大及二十届二中、三中全会精神,促进教育、科技、人才一体化发展,适应我国公共卫生体系重塑和高水平公共卫生学院建设的需要,经研究决定,于 2023 年启动了全国高等学校预防医学专业第九轮规划教材的修订工作。

预防医学专业第九轮规划教材的修订和编写特点如下：

**1. 强化国家战略导向，坚持教材立德树人**　教材修订编写工作认真贯彻落实教育部《高等学校课程思政建设指导纲要》，落实立德树人根本任务，以为党育人、为国育才为根本目标。在专业内容中融入思政元素，固本铸魂，阐释"人民至上、生命至上"的理念，引导学生热爱、专注、执着、奉献于公共卫生事业，打造政治过硬、心怀人民、专业能力强，既对国情有深刻理解，又对国际形势有充分认知，关键时刻能够靠得住、顶得上的公共卫生与预防医学专业人才队伍。

**2. 培养公卫紧缺人才，坚持教材顶层设计**　教材修订编写工作是在教育部、国家卫生健康委员会、国家疾病预防控制局的领导和支持下，由全国高等学校预防医学专业教材评审委员会审定，专家、教授把关，全国各医学院校知名专家教授和疾控专家共同编写，人民卫生出版社高质量出版。坚持顶层设计，按照教育部培养目标、国家公共卫生与疾控事业高质量发展的要求和社会用人需求，在全国进行科学调研的基础上，借鉴国内外公共卫生人才培养模式和教材建设经验，充分研究论证专业人才素质要求、学科体系构成、课程体系设置和教材体系规划。

**3. 细化自强卓越目标，坚持教材编写原则**　教材修订编写遵循教育模式的改革、教学方式的优化和教材体系的建设，立足中国本土，突出中国特色，夯实人才根基。在全国高等院校教材使用效果的调研、评价基础上，总结和汲取前八轮教材的编写经验和成果，对院校反馈意见比较集中的教材内容进行修改和完善。教材编写立足预防医学专业五年制本科教育，始终坚持教材"三基"（基础理论、基本知识、基本技能）、"五性"（思想性、科学性、先进性、启发性、适用性）和"三特定"（特定对象、特定要求、特定限制）的编写原则。

**4. 深化数字科技赋能，坚持教材创新发展**　为进一步满足预防医学专业教育数字化需求，更好地实现理论与实践结合，本轮教材采用纸质教材和数字资源融合的新形态教材出版形式。数字资源包括教学课件、拓展阅读、案例分析、实践操作、微课、视频、动画等，根据教学实际需求，突出公共卫生与预防医学学科特色资源建设，支持教学深度应用，有效服务线上教学、混合式教学等教学模式。

**5. 全面服务教学育人，坚持教材立体建设**　从第五轮教材修订开始，尝试编写和出版服务于教学与考核的配套教材，之后每轮教材修订时根据需要不断扩充和完善。本轮教材仍有 10 种理论教材配有学习指导与习题集、实习指导、实验指导类配套教材，供教师授课、学生学习和复习参考。

全国高等学校预防医学专业第九轮规划教材共 17 种，均为国家卫生健康委员会"十四五"规划教材。全套教材将于 2025 年出版发行，数字内容和电子教材也将同步上线。其他配套教材将于 2026 年陆续出版完成。另外，教育部公共卫生与预防医学"101 计划"核心教材首轮共 10 种，也将同步出版，供全国广大院校师生选用参考。

希望全国广大院校在使用过程中能够多提宝贵意见，反馈使用信息，以便进一步修改和完善教材内容，提高教材质量，为第十轮教材的修订工作建言献策。

# 主编简介

**郝元涛**

1969 年 11 月出生于贵州惠水。博士研究生导师,北京大学王宽诚讲席教授,国家"万人计划"教学名师。现任北京大学公众健康与重大疫情防控战略研究中心执行主任,担任教育部高等学校公共卫生与预防医学类专业教学指导委员会副主任委员、中华预防医学会生物统计分会主任委员、中华预防医学会公共卫生教育分会副主任委员。

从事教学工作近 30 年,主编或副主编教材与专著 9 部,主持国家级精品课程 3 门,建设教育部虚拟教研室 1 个,获得省级教学成果奖一等奖 1 项。主要研究领域包括传染病监测预警体系与模型、健康测量指标体系、基于现实世界数据的因果分析方法及其应用等。主持国家科技重大专项及国家自然科学基金项目 7 项,以通信作者身份发表高水平学术论文百余篇。

**刘美娜**

1962 年 5 月出生于黑龙江哈尔滨。二级教授,博士研究生导师。现为中国卫生信息与健康医疗大数据学会卫生统计学教育专业委员会副主任委员、中国卫生信息与健康医疗大数据学会统计理论与方法专业委员会常务委员、中国康复医学会科技管理与评估委员会第二届委员会副主任委员。

自 1984 年开始,主要从事卫生统计学教学和科研工作。承担多轨道的医学统计学、卫生统计学、卫生管理统计与软件应用课程的教学任务;曾获全校教师讲课大赛第一名、黑龙江省优秀教师、学校"先进教师"、学院"先进个人"等称号;主编、副主编规划教材 8 部。科研中将统计理念和数理统计方法应用于疾病负担、发病预测、疾病治疗质量评价等社会关注点,理论联系实际,拓展了统计学应用的新领域;目前科研方向是疾病治疗质量综合评价模型构建及因果推断方法研究,获得国家自然科学基金项目 4 项,主持国家重大专项子课题 3 项。发表学术论文 150 余篇,其中 SCI 收录 48 篇。

# 副主编简介

赵　杨

1978 年 7 月出生于江苏如皋。教授,博士研究生导师。现任南京医科大学公共卫生学院副院长、生物统计学系主任。兼任中国卫生信息与健康医疗大数据学会卫生统计学教育专业委员会主任委员,中国临床肿瘤学会(CSCO)生物统计学专家委员会副主任委员,中华预防医学会生物统计分会副主任委员。

研究方向包括复杂生物医学数据整合分析及因果推断方法研究、临床试验中的统计方法、真实世界研究中的统计理论与方法。曾在 IJE、BMC Medicine、AJRCCM 等期刊以第一作者或通信作者发表学术论文 80 余篇。先后主持国家自然科学基金项目 5 项,国家重点研发计划课题 1 项。

王超龙

1985 年 6 月出生于福建南安。二级教授。现任华中科技大学同济医学院公共卫生学院副院长。国家杰出青年科学基金获得者,入选国家级青年人才项目。

从事教学工作近 10 年,曾任职哈佛大学生物统计系博士后,新加坡基因组研究所研究员,杜克 - 新加坡国立大学兼职助理教授。长期围绕重大疾病精准防控需求,融合统计建模与生物信息学等技术开展群体遗传学与流行病学的方法与应用研究,作为第一作者或通信作者在包括 Cell、Nature、JAMA 等学术期刊发表论文 50 余篇,获钟南山青年科技创新奖、霍英东教育基金会高等院校青年科学奖等荣誉。

姚应水

1972 年 5 月出生于安徽铜陵。二级教授,博士研究生导师。现任皖南医学院院长,公共卫生与预防医学一级学科带头人。兼任首届全国中小学和高校健康教育教学指导委员会委员,《中华疾病控制杂志》常务编委、《中华预防医学杂志》通信编委、《中国临床药理学与治疗学》常务编委和《皖南医学院学报》主编。

从事教学工作至今 30 年。为享受省政府特殊津贴专家、安徽省学术和技术带头人、安徽省"特支计划"领军人才、安徽省教学名师。主持国家自然科学基金项目 4 项,省部级科研项目 16 项,发表论文 200 余篇。主编教材 14 部、副主编 30 部。以第一完成人获安徽省教学成果奖特等奖 2 项。

# 前　言

作为国家卫生健康委员会"十四五"规划教材、全国高等学校预防医学专业第九轮规划教材的《卫生统计学》（第9版），从1978年第1版问世至今，历时47年，发展到第9版，成为一本经久不衰的经典教材，为公共卫生领域培养了无数专业人才。回望历史，历版教材的主编、副主编、编委、教材秘书等都为教材发展和质量提升付出了艰辛努力，教材编写会上大家讨论交流的许多场景此刻浮现脑海，历历在目。原华西医科大学的杨树勤教授是第1、2、3版的主编，为本教材的建设奠定了坚实基础，今年恰逢杨树勤教授诞辰100周年，在此谨向杨教授致以崇高敬意！原华西医科大学的倪宗赞教授是第4版的主编，他在继承前三版优良传统的基础上进一步促进了教材发展。中山大学的方积乾教授是第5、6、7版的主编，适逢计算机和统计软件蓬勃发展之际，方教授与时俱进，引领教学改革，将本教材带向一个新的水平。四川大学的李晓松教授是第8版主编，他在教材编写中融入了大数据时代正确认识数据的重要性，对教材的内容和体系进行了有益的改革与创新。本版教材希望在前八版的基础上，力求实现传承与发展，促进卫生统计学教育在新时代知识创新中不断进步。

本书是全国高等学校预防医学专业本科规划教材，我们在修订和编写过程中严格遵循"三基""五性""三特定"的原则。其中，"三特定"中的特定对象，指本教材的主要读者是开设本科预防医学专业的院校所招收的五年制本科生；特定目标指培养"立地"人才，即本专业通用型高级人才；特定限制指字数与学时匹配，避免教材"越编越厚"。

根据上述修订与编写原则，本教材共包含19章，系统介绍了卫生统计学的基础理论、基本知识和基本技能，内容涵盖了国家执业医师资格考试的相关知识点，例如统计学的基本概念、定量和定性变量的统计描述方法、常见的概率分布、参数估计与假设检验基础、$t$ 检验、方差分析、$\chi^2$ 检验、基于秩次的非参数检验、相关与回归、多重线性回归、logistic回归、Cox回归等常用分析方法，以及调查研究和实验研究的基本理论和方法。此外，本教材还介绍了当前卫生统计学领域的两个热门方向：一个是贝叶斯统计，另一个是人工智能技术与医学应用。第9版教材采用纸质教材与优质数字资源整合的新形态教材形式，我们将R语言介绍以及各章统计分析方法的R代码整合在数字资源中，供读者参考使用。

全书的内容和编排体现了基础化、系统化、体系化的特点。这里，"基础化"是指本书所涵盖的均为经典的、基础的卫生统计学理论、知识和方法，具有"立地"的作用；"系统化"是指本书章节的顺序逻辑严密，由浅入深，层层递进，老师易教，学生易学；"体系化"则得益于历版编委的共同努力，使得卫生统计学的知识体系不断完善成熟，逐步形成了科学性与思想性兼具的学科架构。

本版教材于 2024 年 5 月 28 日在皖南医学院召开编写会，于 2024 年 10 月 31 日在北京大学召开定稿会。本教材能够在相对较短的时间里完成修订和编写，离不开全体编委的倾心付出，离不开皖南医学院和北京大学的大力支持，以及众多领导、老师和同学的关心与帮助。在此，向大家致以最诚挚的感谢！

尽管全体编委同心协力，期待本教材成为一本既有传承又有发展的精品教材，但囿于时间、能力等因素，恐错漏难免，恳请各位同行和读者不吝指正，以助教材进一步改进和完善。

郝元涛　刘美娜

2025 年 1 月

# 目　录

## 推荐阅读 ································································· **402**

## 中英文名词对照索引 ·············································· **403**

## 统计软件数据包

# 第一章
# 绪　论

统计学是一门既古老又现代的学科。在古代，人们清点并记录国家和地区的人口、财产、土地、军队等数量，对之进行分析，统计学应运而生。统计学的英文单词是 statistics，其前 4 个字母组成的词根 stat 就是国家和地区的意思，体现了该学科的起源。后来，统计学不断应用和发展，特别是吸纳了数学、概率论等理论和方法之后，统计学成为了一个具有完备知识体系的独立学科。现在，统计学得到广泛应用，与不同的应用领域相结合，形成了许多应用型的学科分支，例如：经济统计学、社会统计学、卫生统计学等。当今方兴未艾的人工智能，其核心就是统计学、计算机科学和大数据。

## 第一节　卫生统计学的主要内容和作用

### 一、卫生统计学的定义与作用

什么是统计学（statistics）？权威词典《韦氏国际词典》（Webster's International Dictionary）说，它是"a branch of mathematics dealing with the collection, analysis, interpretation, and presentation of masses of numerical data"。医学主题词表 MeSH（Medical Subject Headings）将统计学定义为"The science and art of collecting, summarizing, and analyzing data that are subject to random variation"。从上述权威定义中可以认识到，统计学是一门处理数据中变异性的科学与艺术，内容包括收集、分析、解释和呈现数据，目的是求得可靠的结果。

卫生统计学是统计学的一门重要分支学科，是统计学的原理和方法在公共卫生以及大健康领域的应用，它通过对医疗卫生健康相关数据的收集、整理、分析与解释，处理公众健康中的不确定性问题，帮助人们回答诸如以下的问题：某病的发病率、患病率和死亡率分别是多少？某种干预措施或者治疗手段的效果究竟如何？不同药物的疗效是否存在差别？影响疾病发生发展的因素有哪些，其作用有多大？某病患者的总体生存状况如何？5 年生存率是多少？某国某年的人群预期寿命是多少？特定的疾病对预期寿命的影响有多大？不同疾病或危险因素带来的疾病负担有多大？如何进行较优的资源配置、做好卫生决策？要解决上述问题，采用何种设计才是最科学高效的？凡此种种，均需要卫生统计学的理论、知识和方法。当前几乎所有医学专业学术期刊的文章都用统计图表呈现研究结果，反映出统计学已渗透到医学的方方面面，说明其在医学中的重要性。

### 二、卫生统计学工作的步骤

与其他科学研究类似，卫生统计学工作常常包括以下四个步骤。

#### （一）统计设计

开展任何科学研究，设计是第一步的工作，也是研究成功的关键。如果没有好的设计，再严格的数据收集和再优秀的统计分析者都于事无补。科学的设计是研究结果有效可信的重要保证。统计设计主要关注如何有效地收集、分析和解释数据,以确保研究结果的可靠性和有效性。一般而言,在开展研究之前,研究者必须通过文献综述了解研究的现状和前沿,明确本次研究的科学问题和目的,清晰定义研究对象和观察单位的纳排标准,选取恰当的抽样方法和样本量,如果是干预性研究,需要确定标准的干预措施,选择合适的对照。此外,在设计方案中,还要明确:需要收集哪些资料? 如何获取这些资料? 如何对资料进行整理汇总? 需要计算哪些统计指标? 采用什么统计分析方法? 如何控制误差并做好质量控制? 预计得到什么样的结果? 需要多少人力、物力、财力? 如何分工? 上述问题都需要周密考虑、统筹安排。试想,如果要了解某年某地区成年人高血压患病情况,在设计方案中应该考虑哪些数据收集、分析和解释的内容? 再设想,如果要在人群中观察某种新研制疫苗的效果,设计方案中应该包括哪些数据收集、分析和解释的主要内容?

本教材中调查研究设计和实验研究设计两章将系统介绍统计设计的内容。

（二）资料收集

资料收集指采取各种方法收集准确可靠的数据。数据的收集方式有多种,在专项的科学研究中,根据设计方案的要求,可以通过访谈、问卷调查、体格检查、临床检查、生理生化检验、分子生物学检查等方式获得所需资料。另外,医疗卫生工作的统计资料还可以来源于统计报表,如法定的传染病报表、职业病报表等;经常性工作记录,最常见如健康体检记录、医院门诊病历以及住院病历等,这些是公共卫生执业医师与临床执业医师常用的研究数据来源之一;还有各种统计年鉴和统计数据专辑。以上途径都是医学研究数据的主要来源方式。此外,根据研究目的和内容,还可以收集气象、环境、人口社会经济发展等方面的数据。数据的来源不同,其收集数据的方法和过程也不尽相同,但是所有的数据收集过程均要力争准确、完整并且及时。

（三）资料整理

资料整理是根据研究的目的,运用科学的方法,对所获得的资料进行审查、核对、分类、汇总等初步加工,使之净化、系统化,以便于下一步的计算分析。所谓净化,是指对原始数据的清理、检查、核对和纠错等。数据收集完成后,需要进行逻辑性检查,例如,当出现年龄超过 100 岁、身高超过 2.2 米的调查对象时,需要核实。所谓系统化,是指根据研究目的,将数据归类、整理或加工,以便分析时使用。例如,要比较不同地区、不同年龄段、不同性别的某种疾病的患病率时,需要汇总不同组别的数据,以便后期分析时直接利用。

（四）资料分析

资料分析的主要目的在于通过运用合适的统计分析方法,表达数据特征并阐明事物的本质规律。统计分析包括两方面的工作:一是统计描述,运用恰当的统计指标、统计图、统计表,对资料的特征和分布规律进行描述。比如,分析每一组观察对象的年龄、性别分布、血压情况、既往病史等,以便了解不同组的观察对象之间的可比性。二是统计推断,指利用有限的样本信息,推断总体的特征并作出相应估计或决策的过程。例如,通过样本算得的高血压患病率推断该样本来源总体的患病率,通过组间样本均数的差别推断其总体均数是否相同。在抽样研究中,通过样本信息推断总体特征是必需的步骤,是回答研究假设的最终环节。

如何呈现资料统计分析的结果,以直观形象准确地表达给专业或非专业的读者? 这也是资料分析步骤中需要考虑的重要内容,现在常称之为结果的可视化。

卫生统计工作主要分为以上四个步骤,实际工作中,它们紧密联系、环环相扣,任何一步出错,都会影响整个研究的结果。因此做好每一步的质量控制非常必要。统计设计的步骤至关重要,对整个研究过程起到统领的作用。

# 第二节 卫生统计学的若干基本概念

## 一、总体与样本

统计学家用总体(population)这个术语来表示根据研究目的确定的全体研究对象。例如,一个国家的所有成年人,某地的所有小学生。基于研究对时间、空间、人群范围的规定和研究对象的数量受限与否,可将总体分为有限总体和无限总体。另外,如果试图就某个总体下结论,这个总体便称为目标总体(target population);资料常来源于目标总体中的一个部分,称为研究总体(study population)。例如,关于吸烟与肺癌的研究以英国成年男子为目标总体;1951 年英国全部注册医师只是成年男子中的一部分,是研究总体。需要谨慎的是,就研究总体所下的结论未必适用于目标总体。

研究总体中的个体(individual)往往很多,甚至无限多。一个不漏地观察其中的所有个体常常是不可能的;有时即使可能,也没有必要。科学的办法是从研究总体中抽取少量有代表性的个体,这个过程称为抽样(sampling),抽取的个体构成一份样本(sample);对这些个体组成的样本进行深入的观察与测量,获取数据(data);利用统计学方法,透过样本数据对研究总体的规律进行推断(inference)。

统计推断的基础是概率理论。如果某事件的结局具有多样性,事先不能肯定发生哪种结局,称之为随机事件。人们凭借样本数据来推断各种可能结局发生的概率。既然是推断,既然是由部分推断全体,统计学的结论从来就不是完全肯定或完全否定的。

能否成功达到从样本推断总体的目的,关键是抽样的方法、样本的代表性和推断的技术,这些是统计学的核心内容。

## 二、同质与变异

一个总体中有许多个体,它们之所以共同成为人们研究的对象,必定存在共性。说一些个体处于同一总体,就是指它们大同小异,具有同质性(homogeneity)。然而,同一总体内的个体间存在差异又是绝对的,这种现象就是变异(variation)。例如,同性别、同年龄的小学生具有同质性,属于同一个总体;但他(她)们的身高、体重又存在变异。没有同质性就不构成一个总体供人们研究,总体内没有变异性就无须统计学。

统计学的任务就是在变异的背景上描述同一总体的同质性,揭示不同总体的异质性(heterogeneity)。例如,为研究同性别、同年龄的中国小学生和日本小学生的平均身高是否不同,从两个总体中各抽取一份样本,各得一个平均数,数值不同,能不能就此推断两国同性别、同年龄小学生的平均身高不等?试想,如果再从中国抽取一份样本,再得一个平均数,数值也与前不同,也许你会认为这是同一总体的个体大同小异造成的。那么,日本的均数与中国的均数不相等,是因为小学生"大同小异",还是因为两个总体本不相同?这就要靠统计学来回答。

## 三、变量的类型

总体中个体的特性总是通过一个或多个数量指标来描述,变异性的存在决定了要处理的是变量(variable)。识别变量的类型非常重要,因为不同类型的变量需用不同的统计学技术去分析。变量分类的方法很多,详细的讨论超出本课程的范围。本书把变量分成定性(qualitative)与定量(quantitative)两种类型。

定性变量中最常见的是分类变量(categorical variable)或名义变量(nominative variable)。例如,职业是一个分类变量,其可能的"取值"不是数字,而是工、农、商、学、兵等类别,这些被称为分类变量的水平(level);为便于输入计算机也可以采用代码(code)1、2、3、4、5等来表示各个水平。这些数仅仅是代码,不能进行计算。最简单也最常用的分类变量是二分类变量(binary variable),例如,性别(男女)、疾病(有无)和结局(生死)等。二分类变量常用0和1来编码,也可以称为0-1变量。与一般分类变量不同,0-1变量常称为哑变量(dummy variable)或假变量,其值可以直接参与计算。除了二分类变量之外,还有多分类变量。一个多分类变量可用几个哑变量来取代。例如,含工、农、商、学、兵5个水平的职业变量可转化为4个哑变量:$X_1=1$表示"工",0表示"非工";$X_2=1$表示"农",0表示"非农";$X_3=1$表示"商",0表示"非商";$X_4=1$表示"学",0表示"非学"。这样,$\{X_1, X_2, X_3, X_4\}=\{1, 0, 0, 0\}$就代表"工",$\{X_1, X_2, X_3, X_4\}=\{0, 1, 0, 0\}$代表"农"……$\{X_1, X_2, X_3, X_4\}=\{0, 0, 0, 0\}$则代表"兵"。

另一类定性变量是有序变量(ordinal variable)或等级变量。不同于分类变量,它种种可能的"取值"中自然地存在着次序。例如,问卷调查常问对某件事情的满意程度,给出5项答案,请对象挑选:极不满意、不满意、满意、很满意、极满意。有些临床体检或实验室检验常用−、±、+、++和+++来表示测量结果,也属于有序变量。

定量变量可以分为两种类型:离散型变量(discrete variable)和连续型变量(continuous variable)。离散型变量只能取整数数值。例如,一个月中的手术患者数、一年里的新生儿数。连续型变量可以取实数轴上的任何数值。有些变量的数值由测量而得到,它们大多属于连续型变量,例如,血压、身高、体重等。"连续"是指该变量可以在实数轴上连续变动。有一些测量值,诸如红细胞计数,虽然以"个"为单位时只能取整数数值,但其数值很大,当以"千"或"万"为单位时,又可以取小数值,所以通常把这些变量也视为连续型变量。

有时为了数据分析的方便,人们将一种类型的变量转化为另一种类型。但变量只能由"高级"(包含信息较多)向"低级"(包含信息较少)转化:定量→有序→分类→二分类/哑变量;不能作相反方向的转化。在定量变量中,离散型变量常常通过适当的变换或连续性校正后借用连续型变量的方法来分析;此外,为了使实际意义格外突出,有时也可以将连续型变量离散化。

### 四、参数与统计量

参数(parameter)是描述总体特征的指标。例如,某年某市14岁健康男孩的平均体重就是一个参数,某年某市成年女性中糖尿病的患病率也是一个参数。常常用希腊字母表示参数,例如用希腊字母$\mu$表示总体均数,用$\pi$表示总体率。由于总体往往是无限的,或者是庞大的有限总体,不可能对总体中的每一位个体进行观察和测量,所以参数虽然是一个客观存在,但往往是未知的,需要通过样本来估计。通过样本计算出来的反映样本特征的指标称为统计量(statistic),如通过随机抽取1 000名14岁的健康男孩,测量每一位男孩的体重,然后计算其平均体重,这个平均值就是一个样本统计量。样本均数常常用$\bar{x}$表示。统计学关心的常常是总体参数,而参数又很难获得,实际工作中通常用样本统计量来估计未知的总体参数。

### 五、设计与分析

最简单的研究是收集一些有关卫生业务报表的常规统计资料,进行分析后写出报告。常规资料的好处是容易得到,并有一定的权威性。缺点是常常不适合特定研究的目的、危险因素记录不全、不同地区和时间统计的"口径"不一致。更重要的是,常规资料往往是合计数据(aggregated data),诸如一个地区的百分数、平均数或总和。每当使用合计资料时,必须警惕,在合计资料中观察到的关系,在个体水平往往不存在。

和盖高楼、建大桥一样,任何科学研究必须精心设计在前。正如统计学家罗纳德·A·费希尔(Ronald·A·Fisher, 1890—1962)指出的,统计学方面的设计(design)是医药卫生科研设计不可或缺的部分。设计不仅要符合统计学原则,运用统计学方法和技术,而且在设计的时候要明确日后分析数据使用的统计方法。只有明确了设计的样式和分析的方法才得以进一步考虑数据应当如何收集、样本量应当多大。

特定的设计样式决定了特定的数据分析方法;不同设计下获得的资料常常要用不同的方法来分析。例如,以后将学到的方差分析(analysis of variance, ANOVA)是一大类统计方法,随机区组设计(randomized block design)资料的方差分析不同于析因设计(factorial design)资料的方差分析,更不同于回归分析(regression analysis)中的方差分析。又如,同是流行病学中的病例对照研究(case-control study),成组对照的资料和个体对照的资料形式上都是一个2×2表,但分析方法却不同。

由上可见,统计设计和统计分析是不可分割的两项内容。在学习和应用统计学时需要将两者结合起来。

## 六、误差

误差(error)是指实测值与真实值之差。按照其产生的原因可以分为随机误差和非随机误差两大类。

随机误差是各种偶然的、无法控制的因素引起的随机变化的误差。例如,在测量血压的时候,对同一个体进行连续多次测量,由于个体生理、心理的微小变化、测量人员技术不稳定、环境等原因,每次测量的结果可能不完全相同。由于影响因素太多、太复杂且不可控,所以随机误差不可避免,但是可以通过多次测量了解其分布规律,估计其大小;还可以通过增加测量次数求平均值,来降低测量结果随机误差的大小。通过了解随机误差的规律,利用统计学的方法可以估计随机误差的大小。

非随机误差又称为系统误差,也叫偏倚(bias),是由于测量仪器或人为因素等导致的实际测量值系统地偏离真实值的情况。不同于随机误差,系统误差需要事先了解其原因并通过周密的研究设计、规范的技术措施、严格的质量控制进行消除或控制。

## 七、频率和概率

医学研究中的许多现象都是随机现象,例如采用某种药物治疗患者,结局可能是治愈,也可能是没有治愈。统计学上用随机事件表示这种现象。在 $n$ 次独立重复实验中,随机事件 $A$ 出现 $f$ 次,则称 $f/n$ 为随机事件 $A$ 出现的频率(frequency)。当 $n$ 不断增大,频率 $f/n$ 在一个常数附近作微小波动,则称该常数为随机事件 $A$ 出现的概率(probability),可以记为 $P(A)$,简记为 $P$。样本的频率总是围绕总体概率波动的,当样本量 $n$ 较大的时候,频率波动较小,并且接近于总体概率,但是当样本量较小时,用频率估计概率是不可靠的。

概率用来度量随机事件发生的可能性大小,它的值介于 0 与 1 之间。$P$ 越接近 0,表示事件发生的可能性越小;$P$ 越接近 1,表示事件发生的可能性越大。当 $P=0$ 时,称之为不可能事件;当 $P=1$ 时,称之为必然事件;不可能事件和必然事件可以视为随机事件的特例。另外,当随机事件发生的概率 $P \leq 0.05$ 或者 $P \leq 0.01$ 时,统计学上称之为小概率事件。对于小概率事件,人们认为在一次实验、一次抽样中发生的可能性很小，可以认为不会发生；如果发生了，人们就会好奇，怎么这么巧？哪里出问题了？这是统计推断的理论依据。

### 八、因果与关联

公共卫生领域常常要探究疾病与危险因素（risk factor）之间的因果关系（causality）。例如，吸烟是不是肺癌的原因之一？探究因果关系的第一步应当确定是否存在关联（association）。然而，存在关联未必有因果关系。

如果两个变量之间的关系不受其他变量的影响，那么这两个变量之间的关联与因果关系相去不远。然而，事实上，每一个变量和其他无数变量都有关系。后者常常扮演混杂因素的角色。对混杂因素的存在视而不见，孤零零地考察两个变量之间的关系常常得出荒谬的结论。仅举一例：某君而立之年喜得贵子，栽一棵小树留作纪念，每月测子高和树高，发现两者密切联系，奉为神树……

正因为不可能完全控制所有的、重要的混杂因素，单靠人群调查和数据的统计学处理大多只能考察变量之间的关联。证明因果关系是十分困难的，目前因果分析已经成为统计学中的一个热点研究领域，在解释统计分析的结果以及下结论时务必对"因果"二字慎之又慎。

## 第三节 卫生统计学发展简史及未来

### 一、医学中统计思维的进化

医学研究者们普遍认同统计思维及其应用，这是统计学经过近 200 年进化并与医学科学不断结合的结果。

#### （一）拉普拉斯的远见与路易斯的实践

法国数学家皮埃尔-西蒙·拉普拉斯（Pierre-Simon Laplace，1749—1827）认为"概率论（probability theory）可以应用于整个人类知识系统，因为发现真理的主要方法是以概率为基础的"。这位被誉为"法国的牛顿"的数学家曾经预言，"医疗是概率论应用的一个重要领域""随着观察数的增多，有效的治疗方法会充分地显示出来"。

法国医生菲利普·皮内尔（Philippe Pinel，1745—1826）说，可以通过清点产生良好反应的次数来确定一种治疗的效果，若成功率较高，便认为是有效的。他甚至宣称，应用概率计算，医学才能成为一门真正的科学。

此后，另一位法国医生皮埃尔-查尔斯-亚历山大·路易斯（Pierre-Charles-Alexandre Louis，1787—1872）审慎地评价了当时流行的放血疗法。他观察了 52 例重伤寒患者，39 例放了血，平均生存时间是 25.5 天，而没有放血者的平均生存时间却是 28 天；88 例恢复期伤寒患者中，62 例放了血，平均带病期是 32 天，而没放血者的平均带病期是 31 天。路易斯还研究了放血治疗肺炎和扁桃体炎、咽峡炎的疗效。他明确宣布放血疗法无效。在 19 世纪 30 年代后期关于碎石术的争论中，路易斯统计了传统手术和碎石术的死亡率，前者是 21.6%（1 237/5 715），后者是 2.3%（6/257）。他雄辩地指出，由于人类记忆的谬误，外科医生倾向于较多地记住他们成功的案例而不是失败的案例。路易斯强调用数据准确表达疗效与用"或多或少""罕见""频繁"之类用词的区别是"真理与谬误的区别，一方是明明白白、真正科学的，另一方则是含含糊糊、缺乏价值的"。现在，路易斯被认为是循证医学（evidence-based medicine）思想的早期奠基人之一。

（二）统计学与医学统计学的开端

1834 年，伦敦统计学会的创办者们将统计学的目标定为数据收集。学术界普遍认为概率论和实际数据是两码事，不可相混。由于弗朗西斯·高尔顿爵士（Francis Galton，1822—1911）和卡尔·皮尔逊（Karl Pearson，1857—1936）等英国生物计量学派学者的工作，人们改变了看法，统计学从一项简单的社会统计工作转变为一门应用数学的科学。

高尔顿是查尔斯·达尔文（Charles Darwin，1809—1882）的表弟。1869 年，他对优秀人才及其家系进行定量研究，认为和体力很像，智力也会遗传。他首创问卷（questionnaire）调查，借助英国皇家学会的长寿会员们，深入研究遗传效应和环境效应间的区别。他通过一代又一代豌豆种子的大小，以他自己发明的回归直线（regression line）为工具，描述和解释了"向均数回归"（regression toward the mean）的普遍现象。

高尔顿的门生卡尔·皮尔逊是现代统计学之父，他开创了统计方法学，并将其推广应用，让大家接受。皮尔逊将这个学科从描述性统计学发展到推断性统计学，相关与回归、$\chi^2$ 检验、P-value 等假设检验和统计决策理论都是由他奠定的基础。1894 年，皮尔逊开设了他的第一门统计学理论的高级课程，使得伦敦大学成为 1920 年之前现代统计学教育的唯一场所。

皮尔逊积极支持统计方法的普遍应用，并确信数学可以应用于生物学问题，而统计分析可以为植物、动物和人类生命的许多问题提供答案。在一篇文章被英国皇家学会拒稿后，他和高尔顿、沃尔特·韦尔顿（Walter Weldon）一起于 1901 年创办了一份学术期刊《生物统计》（Biometrika），发表他和他的生物统计学派的研究成果。但是，1903 年皮尔逊给高尔顿的信中提到《生物统计》在剑桥只有两个订户，一个是皮尔逊的朋友，一个是韦尔顿的朋友。尽管皮尔逊的主要贡献是相关分析和 $\chi^2$ 拟合优度检验，1906 年英国皇家学会的杂志却拒绝登载其论文，因为主编不了解相关系数的生物学意义。在皮尔逊的年代，医学专业人员按是否认同统计方法有用分成两类：临床医生强调医学"艺术"，认为统计学没有用，只能依靠个人经验；生理学家或细菌学家确信统计学能使观察结果更加客观，但并不认为统计结果能成为"科学"证据。

除皮尔逊之外，另一位现代统计学的奠基人是罗纳德·A·费希尔爵士，他在剑桥主修数学，研究误差理论、统计力学和量子理论。他 22 岁发表第一篇统计学论文，介绍极大似然方法（maximum likelihood method），3 年后另一篇论文推导了皮尔逊相关系数的精确分布。费希尔的主要贡献之一是利用随机化方法做实验，从而在统计分析中可以考虑数据的变异性。他发展了实验设计和分析的统计方法，汇集在他的两本专著《研究工作者的统计方法》（Statistical Methods for Research Workers）和《实验设计》（The Design of Experiments）中。他提出了减小误差的三项原则：重复（replication）、随机化（randomization）和适当地组织实验。费希尔认为，为了由局部推断整体，统计学家在实验的设计阶段就必须参与。在一次演讲时，他说："做完实验后才找统计学家，就好像要他做尸体解剖。他只会说，这实验'死'于什么原因。"由于贡献巨大，费希尔被后人公认为几乎独立地奠定了现代统计学基础的天才。

（三）从第一个随机化有对照的临床试验到法制化

梅杰·格林伍德（Major Greenwood，1880—1949）是第一个响应皮尔逊关于医学专业"迫切需要"新统计方法观点的人。他在皇家伦敦医院当学生时写信给皮尔逊，并将统计分析应用于他的研究数据。在 1904—1905 年，取得行医执照并在《生物统计》上发表一篇文章之后，他决定师从皮尔逊。在与细菌学家阿尔姆罗斯·赖特爵士（Almroth Wright，1861—1947）辩论疫苗疗法的有效性时，格林伍德指出赖特的结果包含了抽样带来的误差，得到医学界的注意。1903 年利斯特（Lister）

预防医学研究所创建了第一个统计系，由格林伍德来领导，主要处理流行病学和病理学问题，而他的导师皮尔逊在伦敦大学则重点处理遗传学和纯数理统计学等问题。通过培养格林伍德，皮尔逊创造了医学统计学家（medical statistician）的角色，即既懂医学又懂统计的一种研究者。

雷蒙德·珀尔（Raymond Pearl，1879—1940）在美国的地位与格林伍德在英国的地位相当。他在密歇根大学（University of Michigan）获得生物学博士学位后即去伦敦师从皮尔逊。1918年，他担任约翰斯·霍普金斯大学公共卫生学院生物统计和生命统计学的教授以及医院的统计学家。1921年，珀尔在《约翰斯·霍普金斯医院通报》（*Johns Hopkins Hospital Bulletin*）的一篇文章中说，现代医院产生的数据必须有统计学专家参与分析，以确保医学研究科学化。

格林伍德的学生之一奥斯汀·布拉德福德·希尔爵士（Austin Bradford Hill，1897—1991）是现代临床试验（clinical trial）的主要推动者。1937年，《柳叶刀》（*The Lancet*）的编辑认为有必要向医生们解释统计学技术，便邀请希尔撰写一系列关于在医学中正确使用统计学的文章。这些文章后来汇总成册出版，名为《医学统计学原理》（*Principles of Medical Statistics*）。

英国临床医学研究理事会于1946年开始进行第一项具有适当随机化对照组的关于链霉素治疗肺结核的临床试验。从多个中心搜集患者，随机地分到两个处理组：链霉素加卧床休息或单纯卧床休息。患者的X线片由两位放射科医师和一位临床医师独立评价。结果发现链霉素组患者在生存和"X线片"两方面都有更好的改善。

希尔的工作为后来的临床试验确立了一种传统，即医生的观察和专业统计学家的统计设计结合起来。这两门独立学科的交叉合作是将概率论应用于临床试验的必备条件。拉普拉斯的先见，在概率的基础上评价医学治疗效果的主张终于实现了。

希尔的倡导得到大西洋两岸治疗改革者们的支持。支持者们雄辩，随机化、有对照的临床试验使得医生能够选择真正较好的治疗方法，可以防止他们过分热衷于一些较新的治疗方法。在1959年的一次学术会议上，牛津大学的医学教授乔治·皮克林爵士（George Pickering）赞扬随机化、有对照的临床试验，并宣称，相对而言，医生个人的临床经验是无计划、杂乱的，而且是非常不可靠的。

英国人率先将统计学应用于有对照的临床试验，美国人也进行了类似的实践。美国人1954年实施了人类历史上最大规模、花费最多的一项临床试验，旨在评价索尔克（Salk）疫苗预防脊髓灰质炎的效果。当时，脊髓灰质炎的年发病率约为1/2 000。该试验有180万名儿童参与，直接花费超过500万美元。开始时随机化分组遇到一些阻力，但最后约有1/4参与者得到了随机化。这项试验最终肯定了索尔克疫苗的效果。

20世纪60年代初，药物沙利度胺（thalidomide，又称反应停）曾引起胎儿畸形的暴发。美国食品药品监督管理局（Food and Drug Administration，FDA）发现有1 267名医生给19 822名患者（含3 760名育龄妇女）开处方，涉及250余万片药。这一事实提出一个问题：医学界的"专业判断"是否仍然可信？公众的呼声使得美国国会通过、总统批准了1962年药物修正案，即《基福弗-哈里斯修正案》。该修正案要求新药必须经过动物实验、加强监管，并规定使用未获批药物需患者知情同意，从简单的上市前通告制度变为复杂的上市前审批制度，大大加强了FDA的管理权限。这项法律把美国FDA转变为医药领域里药物有效性的最终仲裁者。美国FDA为临床试验规定了一整套制度，使之成为确定药物疗效的标准方法。

现在，统计学在医学中的应用被视为具有科学权威的"证据"，比个别专家意见更高级，更具"客观性"和"真实性"。这也和统计学这门学科定义的演变是一致的。1959年斯坦福大学教授赫尔曼·切尔诺夫（Herman Chernoff）和林肯·E·摩西（Lincoln E Moses）合著的教材《基本决策理论》(*Elementary Decision Theory*)中说,"多年以前统计学家也许会宣称,统计学是做数据列表的。如今的统计学家很可能说,统计学考虑的是面对不确定性如何作决策"。

## 二、统计学与公共卫生的相互促进

### (一)统计学是公共卫生专业人员的得力工具

与临床医师治疗个体患者不同,公共卫生考虑的是群体的健康。这就决定了公共卫生对统计学天然的亲和性,也决定了公共卫生专业人员视统计学为必备素养。人们采用各种抽样技术精心设计调查研究,掌握人群的健康状况和卫生服务需求;采用统计描述的手段反映疾病和卫生资源的分布特征;采用统计推断的技术在充满变异和偶然性的数据中识别危险因素、评价卫生措施、进行科学决策。

约翰·格朗特(John Graunt, 1620—1674)搜集死亡方面的数据,编制了寿命表,从而创造了人口统计这一学科。威廉·法尔(William Farr, 1807—1883)进一步改进寿命表方法,在英国建立了官方生命统计系统。美籍华裔生物统计学家蒋庆琅(Chin-Long Chiang, 1915—2014)在美国加州大学伯克利分校以现代统计学和随机过程的观点系统研究了寿命表的原理,使之成为生物统计学的重要组成部分,并出任世界卫生组织顾问,促进了寿命表在国际范围的应用,直至如今。

1848 年,约翰·斯诺(John Snow, 1813—1858)首次详细研究了伦敦霍乱流行情况,发现传播途径,及时控制了疫情的蔓延。传染病的传播动力学模型应用了数学和统计学的方法。

第二次世界大战后不久,理查德·多尔(Richard Doll, 1912—2005)和奥斯汀·布拉德福德·希尔(Austin Bradford Hill, 1897—1991)两位爵士领导了吸烟与肺癌关系的创新性研究。1948 年 4 月与1949 年 10 月期间,他们向伦敦 20 所医院的 709 位肺癌住院患者询问有关他们吸烟的问题;与此同时,针对每一位肺癌患者,他们在同一所医院寻找一位同性别、年龄差别不超过 5 岁的非癌症患者作为对照,询问同样的问题。通过病例组与对照组吸烟量的比较,发现病例组吸烟量较大。1951年 11 月,多尔和希尔又开始了一项更大规模的纵向研究。他们向所有注册的英国医师约 60 000 人发出关于吸烟的问卷,收回约 40 000 份。然后,通过死亡登记获取他们的死亡和死亡原因等信息。1964 年,他们报告了 10 年追踪的结果:对应于从未吸烟、每天 1～4 支、5～24 支和 25 支或更多,英国男性医师的肺癌死亡率分别为 0.07‰、0.57‰、1.39‰ 和 2.27‰。后来,1974 年和 1994 年又分别报告了 20 年和 40 年追踪的结果,除数字有所不同外,均存在类似的剂量-反应关系。

多尔堪称 20 世纪最具前瞻性的流行病学家。早在 20 世纪 80 年代,鉴于中国年轻人中吸烟者日益增多和社会控烟不力的情况,多尔警示肺癌等肿瘤和心血管疾病将成为中国社会的沉重疾病负担。

### (二)现代公共卫生领域对统计学的挑战

公共卫生领域不但充分应用现成的统计学理论与方法,还不断向统计学提出新要求和新问题。

20 世纪后半叶,为了研究慢性非传染性疾病的流行,人们发展了一系列现代统计方法,用于危险因素的分析、生存时间的分析、疾病自然史等领域。这些方法不但大大提高了分析流行病学的能力和水平,而且也扩充了现代统计学和生物统计学的研究范围,出现了许多新的理论、方法和技术。

在评价化学毒物或药物时,动物毒理学和人群流行病学是两个主要的科学证据来源。长期致癌实验和生殖系统实验等动物实验数据的统计分析有定性检验和危险度定量评价两类。定性检验通过处理组和对照组之间的比较来确定化学物是否存在有害健康的效应;危险度定量评价更需借助复杂的统计模型,例如广义线性混合效应模型、非线性混合效应模型、经验贝叶斯方法等。

横断面研究、病例对照研究和队列研究等传统的设计模式难以显示疾病的遗传规律。遗传流行病学注重家系资料的搜集,进而就父母向子女的传递、同胞对内部的异质性等进行统计分析。然而,同一家系内的成员并非相互独立的个体,且往往缺失甚多,这就大大推动了多水平模型和缺失数据填补方法等的研究。

艾滋病研究中,由于总体成员及其规模往往未知,个体感染和发病的起点也未知,原有的随机抽样调查技术难以施展,发病率、患病率以及潜伏期的常规估计方法不再适用。这一切促使人们不断发展逆向估计和捕获-再捕获等新的抽样与估计方法。

随着科学技术的快速发展,基因测序技术日新月异,通过基因测序技术锁定个人的疾病易感基因,进行提前预防和治疗成为公共卫生研究的热点。基因测序数据的一个特点是样本量小而变量多,一个测序数据库样本量通常为数百上千,最多上万,而变量数多达数百万个,表现为典型的超高维稀疏数据。因此,如何处理测序数据给统计学提出了新问题和新挑战。在医学理论的指导下,寻找快速、高效的降维或投影策略和方法成为研究的重点领域之一。

传染病监测预警是预防和控制新发突发传染病的主要手段。运用动力学模型进行疾病的预警预测便成为此领域重要的研究分支之一。动力学模型主要包括微观动力学模型(例如病毒在体内的动力学)和宏观动力学模型(例如传染病在人群间的传播动力学),主要分析工具是微分方程。而疾病的发生发展以及传播与很多未知因素有关,充满了随机性,因此,从纯粹的动力学模型入手,难以描述疾病在发生发展和传播过程中的变异性。因此,随机微分方程是研究疾病动力学的一个新的发展方向。

总之,公共卫生不仅是统计学应用的一个重要领域,而且始终是现代统计学研究和发展的巨大动力。

## 三、卫生统计学的未来

21世纪是信息爆炸的时代,信息的增长速度远远超过了人们处理信息和分辨信息的速度,被人们称为大数据时代。统计学是20世纪最伟大的学科之一,其自身的理论不断完善,方法层出不穷,应用领域越来越广,为各应用领域所作出的贡献不可估量。统计学丰富的历史积淀和当前的社会实践都促进和激励人们必须对统计学未来的发展进行思考。随着计算机技术的飞速发展,统计学的发展如虎添翼。21世纪的统计学必将取得突破性发展,进入一个崭新的历史发展阶段。

卫生统计学未来的发展方向一定是整合多个学科的理论、方法和技术,团结不同专业背景的专家学者,利用大数据资源,为健康促进、疾病预防、临床治疗、康复等领域提供科学依据与决策支撑。目前的实践已经初现端倪,例如统计学的判别分析方法与现代计算技术结合,产生了有监督的机器学习方法;聚类分析与计算技术结合产生了无监督的机器学习方法;基于大数据,依靠强大的计算机算力,统计学的思想和方法结合现代计算技术,诞生了现在的人工智能。

卫生统计学与流行病学、数学、计算机科学、信息学、系统科学等相结合,研究处理健康医疗大数据的理论和方法,用于提升健康促进、医疗决策和生命科学研究的能力和水平,将形成一个新兴的学科和领域,目前人们称之为健康数据科学(health data science)。它的未来发展方向主要包括:①多模态数据整合。整合临床诊疗、基因组学、蛋白质组学、暴露组学、行为与环境等多源异构数据,实现多维度的健康数据分析,开展系统流行病学的研究。②人工智能和机器学习的应用。深度学习、强化学习等人工智能技术在医疗图像分析、疾病监测预测等方面的应用将会持续扩展,提高医疗和健康数据的利用效率。③个体健康管理。发展个性化的健康管理系统,让个体能够更好地监控自己的健康状况,并根据数据进行合理的生活和健康决策,实现精准预防和治疗相结合。

## 第四节　学习卫生统计学应注意的问题

### 一、学习目标与定位

医学生学习统计学要有恰当的目标,不要求人人都成为卫生统计学的专业人员,学习目的是培养医学生的统计思维,具备基本的统计学知识和技能,提高科研素养和能力。所谓统计思维是指统计学独特的逻辑思维方法。例如,将符合条件的若干个某病患者随机分配到三个组,分别接受不同的治疗方法,以治愈率作为评价疗效的指标,比较不同治疗方法的疗效差异。由于个体间存在变异,用三个治疗组患者治愈率的样本信息推断三种不同治疗方法的总体效果差异时,不能简单地以样本治愈率的大小下结论,需要考虑抽样误差。三个样本治愈率之间存在差异的原因可能是不同治疗方法效果不同所致,也可能是偶然性、抽样误差所致。要得出正确的结论,就需要了解此研究抽样误差的大小,需要采用统计推断的方法。要使得统计推断的结论可信度高,出错的可能性低,就需要在研究中纳入足够多的观察对象,研究的设计阶段需要进行样本量的估算。以上种种考虑,都是统计学思维的具体体现。

另外,统计学最重要的特征是关注普遍性(或整体性)而非特殊性(或个体性),由于统计学是在面临不确定性时进行决策的方法论,所以决策难免不适用于每一个个体。比如对艾滋病高危风险人群进行某种健康教育,未必每个人都能从中同等获益。究其原因,是因为个体之间存在差异,只要大部分人受益就值得推行。因此从某种意义上讲,统计学的学习和统计思维的培养就是全局观的养成。从另一个角度讲,统计思维在某种程度上是"冰冷"的,因为它可能会忽略少数个体。卫生政策制定,例如医疗保险制度未必适用于每一个人,但在全部人口中推行该制度可能从整体上达到最优效果。

### 二、基本概念、方法与技能

本教材将陆续介绍一些统计学基本概念,它们已经频繁地出现在医学文献中。例如,为了说明人群中某个参数的大小,需要报告一个置信区间(confidence interval,CI)及其置信水平(confidence level);为了说明两种药物的疗效不同,需要做统计检验(statistical test),报告 $P$ 值(P-value);为了说明两种药物的疗效差别不大,需要报告统计检验的功效(power),"等效"(equivalence)才有根据;在绝大多数的科研项目申报书中,必须说明样本量(sample size)大小及其依据。统计学的许多基本概念已经成为医药卫生专业人员基本素质的标志,读者必须正确理解。

本教材还将介绍一些常用的设计方法和经典的统计方法,诸如 $t$ 检验($t$ test)、$\chi^2$ 检验(chi-square test)、非参数检验(nonparametric test)、回归(regression)与相关(correlation)等常用统计方法,都是分析医学数据的基本方法。单纯知道它们为何物还不够,必须了解这些方法所需的设计、适用的条件和结果的意义。经典方法适用条件不满足时怎么办? 本书除简要介绍多重线性回归(multiple linear regression)、logistic 回归(logistic regression)和 Cox 回归(Cox regression)等较常用的方法外,还提供必要的文献,有助于感兴趣的读者深入学习。

关于与概念有关的简单计算,读者需要实践一番,有助于体验其精神实质,但公式绝对不用背下来,学会查书就是好学生。至于较复杂的统计方法,对读者的要求是:会利用统计软件完成所学统计方法的计算,会阅读、解释和表达统计分析结果。

## 三、教与学的方法

统计学不是数学,不能像教数学那样着重讲证明和推导,也不能像学数学那样单纯钻理论、做习题;应用是根本目的,学了不会应用是最大的失败。统计学不是医学,不能像教医学那样要求记忆许多细节,也不能像学医学那样事事眼见为实。本课程没有任何内容需要背诵,理解概念与动手实践才是根本。统计学概念与原理并非神秘莫测,它来源于现实生活,要结合生活经验、医学实际来教与学。例如,摸球模型就是二项分布生动的背景,把黑球和白球看作有病和没病;在同一个口袋里摸球,有人摸到黑球,有人摸到白球,就好像在相同的条件下,有人得病,有人不得病;摸到黑球的总数和得病的总人数是不确定的,但其分布却是有规律的,即二项分布。对于每一个重要的概念和原理,教师和学生都要尽力与一两个实例联系起来,借助实例来理解一般规律。

与物理、化学、生物学实验在教学中的作用一样,统计学实验也是帮助医药卫生专业人士学习统计学的好办法。例如,从正态总体中抽样,得到 100 份样本,并为每个样本计算其样本均数和 95% 置信区间,学生会观察到一个有趣的现象:大约有 95 个置信区间包含了总体均数,而大约有 5 个置信区间没有包含总体均数。这个观察结果有助于学生直观地理解 95% 置信水平的含义。借助类似的"统计学计算机实验",在教师的指导下,学生主动地观察一些现象,必能感受到统计学也是生动有趣的,其理论是看得见、摸得着的。

近几十年,国内外经常有人调查公开发表的医药卫生论文中的统计学错误。有趣的是,出现错误的频繁程度并不随时间下降。粗略地估计,70% 左右的文章有统计学错误;其中,70% 的错误出在初等的、基本的统计学方法;30% 的错误出在高等的、复杂的统计学方法。论文中的统计学错误是学习统计学极好的反面教材。教师应利用相关案例帮助学生了解容易出错的内容,鼓励和组织学生到公开发表的医学论文中寻找统计学方面的缺陷与错误,自行点评,从正反两个方面学习和运用所学的统计学理论与知识。

本书是一本介绍医药卫生领域常用统计学理论和方法的教科书,专为预防医学专业本科生撰写,也可供其他医药卫生专业的学生或从业人员使用。国外也有类似教材或课程,有的称公共卫生中的统计学(statistics in public health)或卫生专业人员的统计学(statistics for health professionals);有的称医学统计学(medical statistics)或生物统计学(biostatistics)。

在当今互联网时代,网上有大量的学习资料,最有针对性的资源是国内许多高校录制的卫生统计学或医学统计学慕课(即大规模开放在线课程,massive open online courses,MOOC),其中一些已经被评为国家级一流课程,建议有需要或者有兴趣的读者去学习。

相信只要有恰如其分的目标、适宜的方法去教与学,这门课一定会学有所成。

## 四、本教材的内容安排

本教材一共包含 19 章,根据内容可以分为 7 个部分。第一部分包括前三章,介绍统计学的基本概念、定量和定性变量的统计描述方法。第二部分包括第四章和第五章,介绍常用的概率分布、参数估计与假设检验基础,为后续几种经典的假设检验方法打基础。第三部分包括第六章至第九章,介绍了 $t$ 检验、方差分析、$\chi^2$ 检验、基于秩次的非参数检验等基础的、经典的假设检验方法。第四部分包含第十章至第十三章,介绍了两变量的相关与回归、多重线性回归、logistic 回归、Cox 回归等常用的相关与回归分析方法。第五部分重点介绍调查研究设计和实验研究设计的常用方法。第六部分包含第十六章和第十七章,分别介绍了在公共卫生领域重要的寿命表编制方法和在系统综述中的 meta 分析方法。第七部分介绍了当前卫生统计学领域热门的两个方向的基本概念和方法,一个是贝叶斯统计,另一个是人工智能技术与医学应用。

(郝元涛)

## 小结

卫生统计学是将概率论与数理统计学的原理和方法应用于公共卫生以及大健康领域的学科,它通过对健康医疗卫生相关数据的收集、整理、分析与解释,处理公众健康中的不确定性问题。卫生统计学工作的主要步骤包括统计设计、收集资料、整理资料、分析资料。

本章介绍了卫生统计学中的一些常用的、基本的概念,具体包括:总体与样本、同质与变异、变量的类型、参数与统计量、设计与分析、误差、频率与概率、因果与关联。

本章还简要介绍了统计学与医学相结合的发展历史,介绍了本教材的章节结构,为学生学好这门课提出了一些建议。

## 思考与练习

### 一、最佳选择题

1. 在 2024 年北京市居民糖尿病患病率的调查研究中,以下关于"调查对象总体"的说法中正确的是(　　)
   A. 所有糖尿病患者
   B. 所有北京市居民
   C. 2024 年所有北京市居民
   D. 2024 年北京市居民中的糖尿病患者
   E. 2024 年北京市居民中的非糖尿病患者

2. 以下变量中,属于等级变量的是(　　)
   A. 收缩压测量值　　　　B. 血型　　　　　　C. 职业
   D. 学历　　　　　　　　E. 民族

3. 医学研究中,下列哪种误差不可避免但可以了解其规律(　　)
   A. 系统误差　　　　　　B. 随机误差　　　　C. 记录误差
   D. 仪器故障误差　　　　E. 过失误差

4. 以下说法中**错误**的是(　　)
   A. 个体间的同质性是构成总体的必备条件
   B. 总体是根据研究目的确定的观察单位的集合
   C. 一般而言,参数难以测定,仅能根据样本统计量估计
   D. 从总体中抽取的样本一定能代表该总体
   E. 总体通常有无限总体和有限总体之分

5. 某研究者采用抽样调查的方法了解 2024 年 9 月入学的北京市初中一年级女生的平均身高，下列说法中正确的是(　　)

A. 2024 年 9 月入学的北京市初中一年级女生的平均身高属于参数

B. 2024 年 9 月入学的北京市初中一年级女生的平均身高属于统计量

C. 在本研究中随机抽取的北京市初中一年级女生的平均身高属于参数

D. 在本研究中随机抽取的北京市初中一年级女生的平均身高就是本研究所要了解的平均身高

E. 在本研究中随机抽取的北京市初中一年级女生的平均身高一定不等于本研究所要了解的平均身高

**二、思考题**

1. 卫生统计学是一门什么学科？卫生统计学工作的主要步骤包括哪些？

2. 变量的类型主要有哪几类？请分别举几个医学中的例子。

3. 什么是小概率事件？请举几个医学中的例子。

**三、案例分析题**

1. 欲了解某年某市高三年级男生的平均身高，现从该人群中随机抽取 2 000 名男生，测得其平均身高为 175cm。以此为例，说明什么是总体、个体、样本、抽样、同质、变异、变量、均数、统计量、参数？

2. 某研究团队准备开展一项临床试验来评价新研发疫苗的效果。请你列出在研究方案中需要考虑的统计学要点。

# 第二章
# 定量变量的统计描述

完成医学数据的收集并经过初步整理后，首先要考虑对各变量进行统计描述。统计描述可以使人们对数据有一个大致的了解，为进一步的数据分析提供依据。常采用表格、图形展示数据的分布特征，然后选择合适的统计指标精确表达数据的基本特征。本章主要介绍如何对定量变量进行统计描述。

## 第一节　频数分布表与频数分布图

定量变量可分为连续与离散的数值变量，两者在统计描述时，并没有明显区别。当定量变量观察值个数较多时，很难判断数据的分布规律，通常人为地将数据从小到大划分为相应的区间，清点各区段包含的观察单位个数（频数），列表排列各区段及其对应的频数，即为频数分布表（frequency distribution table），简称频数表。频数分布表以图形表示即为频数分布图。频数分布表和频数分布图可简便直观地揭示变量的分布类型及分布特征。

### 一、频数分布表（图）的编制

【例 2-1】　调查研究 2020 年某地 3～6 岁儿童维生素 D 水平，为儿童是否存在维生素 D 缺乏提供参考信息。随机抽取 167 名 3～6 岁女童，检测其血清维生素 D 含量（nmol/L），获得数据如下，试描述 167 名女童血清维生素 D 含量的分布特点。

| | | | | | | | | | | | | | | | |
|---|---|---|---|---|---|---|---|---|---|---|---|---|---|---|---|
| 25.6 | 27.7 | 28.8 | 30.2 | 33.3 | 33.4 | 35.0 | 35.4 | 37.0 | 38.5 | 40.0 | 40.7 | 40.7 | 40.8 | 41.6 | 41.8 |
| 43.1 | 43.4 | 43.8 | 44.7 | 44.8 | 45.0 | 45.2 | 46.3 | 46.9 | 47.5 | 47.5 | 49.2 | 49.5 | 49.8 | 50.4 | 50.7 |
| 50.8 | 51.6 | 51.9 | 52.4 | 52.7 | 52.9 | 53.6 | 53.6 | 53.6 | 54.1 | 54.1 | 54.1 | 54.6 | 55.0 | 55.1 | 55.3 |
| 56.0 | 56.0 | 56.3 | 56.8 | 57.1 | 57.2 | 57.5 | 57.6 | 57.6 | 57.7 | 58.1 | 58.8 | 59.2 | 59.4 | 59.4 | 59.5 |
| 59.6 | 59.6 | 60.0 | 60.9 | 61.1 | 61.1 | 61.3 | 61.4 | 61.7 | 62.1 | 62.3 | 62.4 | 62.5 | 62.6 | 63.4 | 63.4 |
| 63.8 | 63.8 | 64.0 | 64.6 | 64.7 | 64.7 | 64.9 | 65.1 | 65.8 | 66.7 | 67.3 | 67.3 | 67.6 | 67.8 | 67.8 | 68.0 |
| 68.2 | 68.6 | 68.8 | 68.8 | 68.9 | 69.1 | 69.1 | 69.2 | 70.0 | 70.8 | 70.8 | 70.9 | 71.0 | 71.4 | 71.8 | 72.5 |
| 72.7 | 73.2 | 73.3 | 73.3 | 73.4 | 73.6 | 74.5 | 74.6 | 74.7 | 75.2 | 75.5 | 75.5 | 75.8 | 76.1 | 76.7 | 76.8 |
| 77.4 | 77.4 | 77.4 | 77.4 | 78.1 | 80.0 | 80.3 | 80.4 | 80.5 | 80.8 | 81.0 | 81.4 | 81.4 | 82.1 | 82.5 | 82.5 |
| 82.8 | 83.0 | 83.7 | 83.9 | 84.0 | 87.1 | 87.5 | 87.9 | 88.6 | 88.6 | 89.3 | 89.8 | 90.2 | 90.4 | 90.6 | 92.6 |
| 97.1 | 97.2 | 98.4 | 99.8 | 102.0 | 103.0 | 104.0 | | | | | | | | | |

直接观察这 167 名女童的血清维生素 D 含量的数值，很难看出数据的分布情况。将这些定量数据适当分组，归纳各组的例数（频数），编制成频数分布表或图，就可显示这组数据的分布特点。

频数分布表的编制步骤：①计算极差（range，$R$），极差 $R$= 最大值 – 最小值，显示数据的波动范围。②人为划分组距（class interval，CI），确定组段数。编制频数表是为了揭示数据的分布特征，故分组不宜过粗，也不宜过细。实际工作中常采用等距分组，每个组段的起始值为下限，终止值为上限。变量值个数较多时,组段数一般取 10 个左右,且可用极差 /10 来估计组距。③确定起始组段与终止组段,将组段顺次排列。起始组段需要包含最小值,依次划分等距组段,终止组段要包含最大值。各组段只包含下限,不包含上限,以避免数据交叉重叠。④清点各组段包含的观察值个数(频数),绘制频数分布表或者图展示数据的分布。

例 2-1 中 167 个血清维生素 D 的检测值,最小值为 25.6nmol/L,最大值为 104.0nmol/L,极差 $R=$ 104.0−25.6=78.4,显示血清维生素 D 含量波动范围为 78.4nmol/L。组距 CI=78.4/10=7.84,为方便编制频数表,组距一般取值为偶数或者整数,本例取组距为 8。第一个组段(起始组段)为 24.0~,下限为 24.0,上限为 32.0,包含最小值 25.6,本组段的上限为下一个组段的下限,即 32.0~、40.0~、……依次类推,终止组段为 96.0~104.0,具体见表 2-1 的第(1)列。第(2)列为组中值,为每个组段的(下限+上限)/2。清点各组段的频数,具体见表 2-1 的第(3)列,计算频率(频数/总频数)、累积频数(自上而下累加频数)及累积频率(累积频数/总频数),具体见第(4)~(6)列,最终整理成表 2-1 的频数分布表。

表 2-1　167 名 3~6 岁健康女童血清维生素 D 含量的频数分布

| 组段/(nmol/L)<br>(1) | 组中值/(nmol/L)<br>(2) | 频数<br>(3) | 频率/%<br>(4) | 累积频数<br>(5) | 累积频率/%<br>(6) |
|---|---|---|---|---|---|
| 24.0~ | 28.0 | 4 | 2.4 | 4 | 2.4 |
| 32.0~ | 36.0 | 6 | 3.6 | 10 | 6.0 |
| 40.0~ | 44.0 | 17 | 10.2 | 27 | 16.2 |
| 48.0~ | 52.0 | 21 | 12.6 | 48 | 28.7 |
| 56.0~ | 60.0 | 34 | 20.4 | 82 | 49.1 |
| 64.0~ | 68.0 | 29 | 17.4 | 111 | 66.5 |
| 72.0~ | 76.0 | 22 | 13.2 | 133 | 79.6 |
| 80.0~ | 84.0 | 19 | 11.4 | 152 | 91.0 |
| 88.0~ | 92.0 | 8 | 4.8 | 160 | 95.8 |
| 96.0~104.0 | 100.0 | 7 | 4.2 | 167 | 100.0 |
| 合计 | — | 167 | 100.0 | — | — |

在表 2-1 的第(1)列和第(3)列的基础上绘制图 2-1,称为频数分布图或者直方图(histogram)。其横轴为血清维生素 D 含量,纵轴为频数,与表 2-1 相比,图 2-1 可以更直观地表达血清维生素 D 含量在各组段的频数分布状况。图 2-1 显示多数女童血清维生素 D 集中在中间水平,远离中间水平的维生素 D 含量较低与较高的人数逐渐减少。

## 二、频率分布表(图)的用途

### (一)描述变量的分布类型

从表 2-1 和图 2-1 可以看出,这组血清维生素 D 含量数据散布在 24.0~104.0nmol/L。频数在各组段的分布并不均匀,高峰位置处于中间组段“56.0~”(常将频数分布中某一组段频数较大,两侧相邻组段频数逐渐变小的现象称为“峰”),集中在中间组段“56.0~”与“64.0~”的人数较多,占 37.8%。距离中间组段越远,频数或频率逐渐越小,以其为中心左右频数分布基本对称。医学现象中,年龄相近性别相同的健康人群的多数生理生化指标(例如,血压、血糖、红细胞计数等)与该组数据类

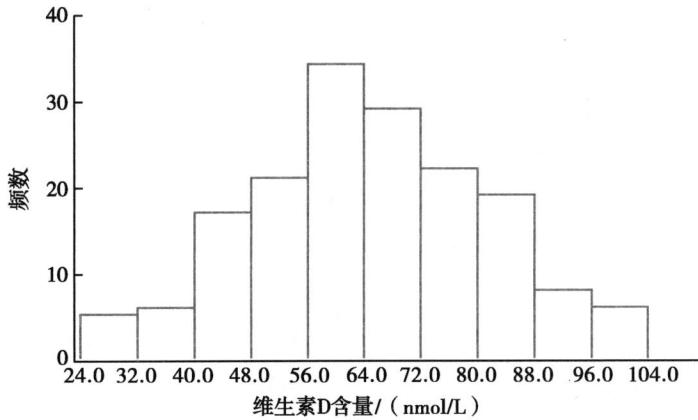

图2-1 167名3～6岁健康女童血清维生素D含量（nmol/L）的频数分布

似，其数值的分布具有单峰对称的特点，这类分布常被称为对称分布（symmetric distribution）。需要注意的是，有些多峰分布也表现有中心对称的特征，不特别注明时，本书所指对称分布均为单峰分布。

从图2-2中可以看到，该地居民血铅含量的频数分布不对称，这类分布称为偏峰分布（skewed distribution）或者偏态分布，频数最大的组段处于左侧第二组段的位置，而不是居中。绝大多数血铅值集中在左侧第2至5个组段，越往右侧的组段，频数越小。这种观测值的高峰位置集中在较小数值，较大数值方向频数较少，数据向右拖个长尾，称为正偏峰分布或者正偏态分布。医学现象中，健康成年人群的血液、尿液中重金属（铅、汞、砷等）含量分布，绝大多数人群的含量偏低，集中在较低水平，重金属含量较高的人数较少，呈现正偏峰分布。图2-3为164名某肿瘤康复期患者生命质量

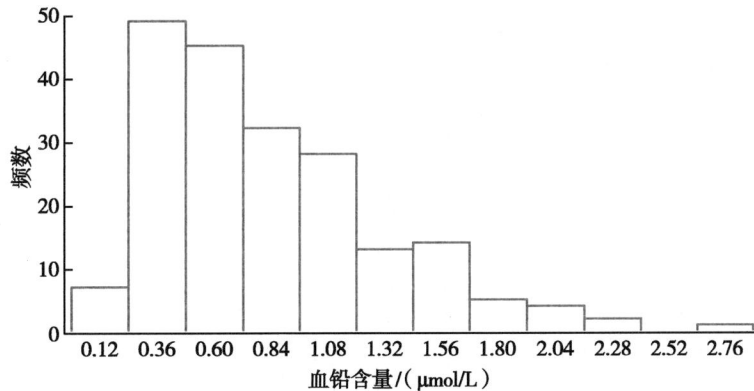

图2-2 某地200名居民血铅含量的频数分布

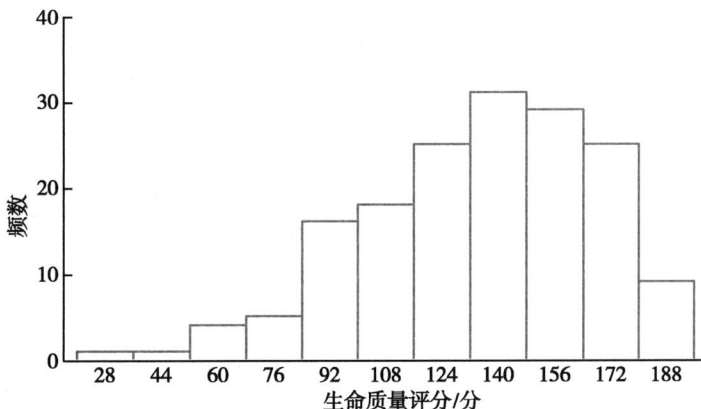

图2-3 164名某肿瘤康复期患者生命质量评分的频数分布

评分的频数分布,显示多数肿瘤患者的生命质量评分集中在124～172较大分值处,高峰位置处于140分,评分值低于76分的非常少,向左侧拖个长尾,这类分布称为负偏峰分布。

（二）揭示变量的分布特征

无论数据呈现对称分布还是偏峰分布,随机变量的分布具有两个特征——集中趋势（central tendency）与离散趋势（dispersion tendency）,这两种趋势在生物医学领域具有普遍性。一方面,按照统计学关于总体的定义,同一总体中的个体具有某些同质性。如2020年某地3～6岁女童来自同年同地区、处于相近的生理阶段、具有相同性别与类似的健康状况。从生物学发展的观点来看,这些共同点（同质性）使得他们的血清维生素D含量趋向同一数值,表现为变量值聚集在某个中心值的周围,如表2-1和图2-1中显示:以组段"56.0～"与"64.0～"为中心,越逼近该组段变量值的例数（频数）较多,此特征称为集中趋势。该中心值也称为集中位置或平均水平。另一方面,同一总体中的个体之间又普遍存在着各种差别,遗传的、营养的、行为的、发育的及心理的等各种因素在个体之间都不会完全相同,因此,该人群的血清维生素D含量不会均为同一个数值,而是向平均水平左右的方向离散,此特征称为离散趋势或变异程度。这种变量值离散的现象也称为变异（variation）。集中趋势与离散趋势同时存在,是随机变量分布的两个重要特征,通过描述变量的平均水平和变异程度可较全面地揭示数据的分布特征。

（三）便于发现某些离群值或极端值

离群值或者极端值一般位于频数分布表的两端,远离大多数数据,为一些特小值或者特大值。如图2-2频数表的右端,组中值为2.52的组段频数为0,在其后组中值为2.76的组段又出现一个观测值,这个值为特大值。

对于那些远离多数观测值的特小或特大的极端值,首先要确定其是否为真实数据,如果是人为误差导致出现的"伪数据",一定要核对并更正;无法获得其真实情况时,一定要剔除该数据。如果其为真实数据,需要慎重对待,分析数据产生的原因,必要时对该数据进行单独说明。因此,绘制频数表或直方图,有利于发现两端的离群值,是数据清洗的重要手段之一。

（四）便于进一步计算统计指标和统计分析

由图2-1、图2-2及图2-3可见,不同分布类型（对称分布、偏峰分布）数据,其集中位置与分散程度存在差异,因此,绘制频数分布表或者直方图,方便区分数据的分布类型,依据不同分布类型,选择适合的统计指标描述数据的分布特征。

# 第二节　描述集中趋势的统计指标

集中趋势和离散趋势是总体分布的两个重要特征,定量地描述数据的集中趋势和离散趋势可较全面地反映其分布特征。本节和下节将分别介绍描述集中趋势和离散趋势的统计指标。

对于定量变量,描述集中趋势常用的指标是平均数（average）,它是应用最广泛、最重要的一个指标体系,常用于描述一组同质观察值的集中位置,反映一组观察值的平均水平。常用的平均数有3种——算术均数、几何均数和中位数。

## 一、算术均数

（一）计算

算术均数（arithmetic mean）简称均数,总体均数用希腊字母 $\mu$ 表示,样本均数用 $\overline{X}$ 表示。将一组具有同质性的数据，所有观察值相加，再除以总例数，计算得到的数值即为均数。其计算公式如下：

$$\overline{X} = \frac{X_1 + X_2 + \cdots + X_n}{n} = \frac{\sum X}{n} \qquad （式2-1）$$

例如，对于例2-1的167名3～6岁女童血清维生素D含量，其均数计算为：

$$\frac{25.6 + 27.7 + \cdots + 103.0 + 104.0}{167} = 64.875$$

对于频数汇总后的数据，例如表2-1，已经人为划分组段，原始数据信息损失，可采用频数表法估计均数，组中值为每个组段的代表值，可以将每个组中值与其对应的频数相乘，累加求和，再除以总频数，具体计算为：

$$\frac{28 \times 4 + 36 \times 6 + \cdots + 92 \times 8 + 100 \times 7}{4 + 6 + \cdots + 8 + 7} = \frac{10\,884}{167} = 65.174$$

直接计算167名女童维生素D含量的均数为64.875（nmol/L），采用频数表法计算的均值65.174（nmol/L）为近似估算，存在计算误差。实际工作中，不论多大样本量的原始数据，运用统计软件均可以快速直接计算出均数。

### （二）均数的应用情形

均数计算使用了所有的观察值，其反映的是一组数据在数值上的平均水平。对于较小的样本量，存在极端数据时，对均数的影响较大，可能导致均数向极端数据的方向偏移。因此，均数适用于服从对称分布变量的集中趋势的描述，这时均数位于分布的中心，能较好地反映全部观察值的平均水平。特别是对于服从正态分布或近似正态分布（详见后续章节）的变量，采用均数描述其集中趋势或平均水平，均数可以作为代表值，用于不同组别间的比较。例如，对不同性别3～6岁儿童维生素D含量的均数进行比较，以推断维生素D含量是否存在性别差异。

## 二、几何均数

### （一）计算

几何均数（geometric mean，$G$）是所有观察值相乘的$n$次方根，常用于描述存在少数偏大的极端值的正偏态分布或观测值之间呈倍数关系或近似倍数关系数据的集中位置。

几何均数的计算公式为：

$$G = \sqrt[n]{X_1 X_2 \cdots X_n} \qquad （式2-2）$$

或者：

$$G = \lg^{-1}\left(\frac{\lg X_1 + \lg X_2 + \cdots + \lg X_n}{n}\right) = \lg^{-1}\left(\frac{\sum \lg X}{n}\right) \qquad （式2-3）$$

式2-3是先对每个观察值取对数，然后计算其均数，再求均数的反对数，即为几何均数。对数的底可适当选择，但要注意对数与反对数的底必须相同。

【例2-2】 现有7名慢性迁延性肝炎患者的HBsAg滴度数据为1：16，1：32，1：32，1：64，1：64，1：128，1：512。试计算其几何均数。

本例中以 HBsAg 滴度的倒数进行计算,数据存在倍数级别的增长,如果计算均数,易受到极端数据 512 的影响,均数为(16+32+⋯+128+512)/7=121.14,不能很好地代表 7 个数值的集中趋势。现计算几何均数为:

$$G=\lg^{-1}\left[\frac{\lg16+\lg32+\lg32+\lg64+\lg64+\lg128+\lg512}{7}\right]=\lg^{-1}(1.806\,2)=64$$

得到 7 名慢性迁延性肝炎患者 HBsAg 平均滴度为 1:64,较好地反映了数据的集中趋势。

几何均数计算时使用到所有数据,其取对数时要求原始数据必须大于 0,实际工作中如果存在数据小于 0 时,可以对所有数据加个常数,使其大于 0,计算出几何均数后,再减去这个常数。

【例 2-3】 某年某医院 52 例慢性肝炎患者的 HBsAg 滴度数据见表 2-2 第(1)和(2)列。试计算慢性肝炎患者 HBsAg 滴度的平均水平。

表 2-2　52 例慢性肝炎患者 HBsAg 滴度的几何均数计算

| 抗体滴度<br>(1) | 频数($f$)<br>(2) | 滴度倒数($X$)<br>(3) | $\lg X$<br>(4) | $f(\lg X)$<br>(5)=(2)×(4) |
|---|---|---|---|---|
| 1:16 | 2 | 16 | 1.204 12 | 2.408 24 |
| 1:32 | 7 | 32 | 1.505 15 | 10.536 05 |
| 1:64 | 11 | 64 | 1.806 18 | 19.867 98 |
| 1:128 | 13 | 128 | 2.107 21 | 27.393 73 |
| 1:256 | 12 | 256 | 2.408 24 | 28.898 88 |
| 1:512 | 6 | 512 | 2.709 27 | 16.255 62 |
| 1:1 024 | 1 | 1 024 | 3.010 30 | 3.010 30 |
| 合计 | 52 | — | — | 108.370 80 |

以抗体滴度倒数 $X$(第 3 列)与频数(第 2 列),绘制频数分布图(图 2-4A),显示数据呈正偏态分布,而以对数变换后的 $\lg X$(第 4 列)与频数(第 2 列)绘制频数分布图(图 2-4B),显示数据近似呈对称分布,即数据近似服从对数正态分布。采用几何均数描述 52 例慢性肝炎患者的 HBsAg 滴度的平均水平,计算结果为:

$$G=\lg^{-1}\left[\frac{108.370\,80}{52}\right]=121.353\,93\approx121$$

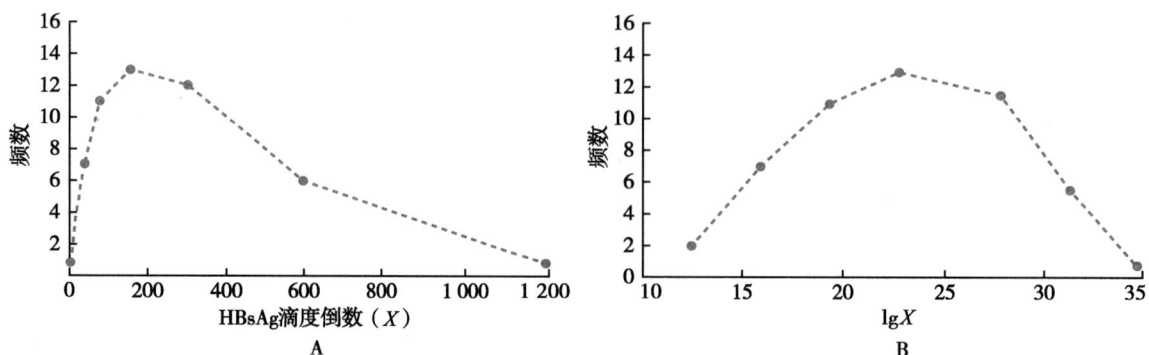

图 2-4　52 例慢性肝炎患者 HBsAg 滴度倒数以及对数变换数据的频数分布

据此,52例慢性肝炎患者的HBsAg平均滴度约为1∶121。

### (二)几何均数的应用情形

医学中常见的抗体滴度资料、细菌密度、疾病潜伏期(存在极长的潜伏期)数据等,观察值间常呈倍数关系,变化范围跨越多个数量级。这类数据适合采用几何均数描述其集中趋势。几何均数特别适用于原始观察值分布不对称,频数分布呈现正偏态分布,但经对数转换后呈对称分布的变量,即服从对数正态分布或者近似服从对数正态分布的变量。

## 三、中位数

### (一)计算

中位数(median,$M$)是指将原始观察值按大小排序后,位次居中的那个数值。即理论上有一半的观察值低于中位数,一半的观察值高于中位数。观察值的样本例数$n$为奇数时,中位数正好是位于中间位置的观察值,即第$(n+1)/2$的观测值,中位数$M=X_{(n+1)/2}$。当样本例数$n$为偶数时,取位于中间位置第$n/2$与第$n/2+1$两个观察值的均数,即为中位数,$M=(X_{n/2}+X_{n/2+1})/2$。

例2-2的7名慢性迁延性肝炎患者的HBsAg滴度倒数,数据已经由小到大排列。$n=7$为奇数,中位数为排列在第4位的观察值,即$M=64$。例2-3的数据,$n=52$,其中位数为排列在第26位与27位的两个观察值的均数,$M=128$。可见,服从对数正态分布的数据,理论上,中位数=几何均数。

【例2-4】　某地200名居民血铅含量($\mu$mol/L)的频数分布见表2-3,试求其中位数。

表2-3　某地200名居民血铅含量的频数分布

| 组段/($\mu$mol/L)<br>(1) | 组中值/($\mu$mol/L)<br>(2) | 频数<br>(3) | 频率/%<br>(4) | 累积频数<br>(5) | 累积频率/%<br>(6) |
|---|---|---|---|---|---|
| 0.00~ | 0.12 | 7 | 3.50 | 7 | 3.50 |
| 0.24~ | 0.36 | 49 | 24.50 | 56 | 28.00 |
| 0.48~ | 0.60 | 45 | 22.50 | 101 | 50.50 |
| 0.72~ | 0.84 | 32 | 16.00 | 133 | 66.50 |
| 0.96~ | 1.08 | 28 | 14.00 | 161 | 80.50 |
| 1.20~ | 1.32 | 13 | 6.50 | 174 | 87.00 |
| 1.44~ | 1.56 | 14 | 7.00 | 188 | 94.00 |
| 1.68~ | 1.80 | 5 | 2.50 | 193 | 96.50 |
| 1.92~ | 2.04 | 4 | 2.00 | 197 | 98.50 |
| 2.16~ | 2.28 | 2 | 1.00 | 199 | 99.50 |
| 2.40~ | 2.52 | 0 | 0.00 | 199 | 99.50 |
| 2.64~ | 2.76 | 1 | 0.50 | 200 | 100.00 |
| 合计 | — | 200 | 100.0 | — | — |

对于频率汇总资料,可通过百分位数法近似计算中位数。

百分位数(percentile,$P_x$)是指将$n$个观察值从小到大依次排列后,对应于$x$%位的数值,它将原始观察值分成两部分,理论上有$x$%的观察值小于$P_x$,有$(100-x)$%的观察值大于$P_x$。百分位数$P_{50}$就是中位数$M$。

对频率表资料,百分位数 $P_x$ 的计算公式为:

$$P_x = L + \frac{i}{f_x}(n \cdot x\% - F_L) \tag{式2-4}$$

其中 $L$ 为欲求的百分位数所在组段的下限,$i$ 为该组段的组距,$f_x$ 为该组段内的频数,$n$ 为总频数,$F_L$ 为小于 $L$ 所在组段的累积频数。

对于例2-4的数据,中位数位于中间位置,处于累积频数为 50% 的组段,即 "0.48~" 这个组段。将数据代入式2-4,中位数:

$$P_{50} = 0.48 + \frac{0.24}{45}(200 \times 50\% - 56) = 0.714\,6(\mu mol/L)$$

该地 200 名居民血铅含量的中位数为 0.714 6(μmol/L)。

对于例2-1的数据,整理成频数分布表2-1,计算其中位数:

$$P_{50} = 64 + \frac{8}{29}(167 \times 50\% - 82) = 64.413(nmol/L)$$

接近其均数 64.675(nmol/L)。理论上,服从正态分布的数据,中位数=均数。

（二）中位数的应用情形

中位数为位置指标,它只与位次居中的观察值大小有关,以中间位置的数据作为一组数据的平均水平。中位数适用于各种分布类型的变量。服从正态分布的数据,中位数等于均数,服从对数正态分布的数据,中位数等于几何均数。计算中位数时,仅使用了中间的观测值,其特点是不易受到极端数据的影响,但没有充分利用所有数值信息,因而会损失数据信息。

虽然计算中位数不要求数据的具体分布类型,但实际工作中,描述数据的集中趋势,中位数通常适用于以下情况:①偏态分布数据,例如,类似图 2-2 与图 2-3 的数据。②一端或者两端没有确定数据,例如,观察小鼠染毒后的存活时间,出现>200 天的不确定数据。对分布末端无确定值的资料,不能直接计算均数和几何均数,但可以计算中位数。③数据的分布类型不清楚,特别是较小样本量,存在极端数据,均数不稳健,建议采用中位数描述其平均水平。

描述定量变量的集中趋势或者平均水平时,建议依据数据的分布类型,选择合适的平均数指标（均数、几何均数、中位数等）进行描述,不能一概而论。通常情况下,正态分布数据采用均数描述集中位置,偏态分布数据采用中位数描述集中位置,对数正态分布数据采用几何均数描述集中位置。实际工作中,还应注意:同质的一组数据计算平均水平,才有实际意义。不宜将不同总体或者不同质的数据混合计算平均数,例如,男性与女性的生理结构不同,血红蛋白数据明显存在差异,不能混合在一起,计算血红蛋白的平均水平。肿瘤患者的甲胎蛋白水平不同于健康对照人群,不能合并计算平均水平。

## 第三节 描述离散趋势的统计指标

同一总体中不同个体间存在的差异称为变异。不同的观察指标,其变异是不同的;即使是同一观察指标,在不同总体中,其变异的程度也有所不同。

【例2-5】 试观察 A、B 和 C 三组数据的离散状况。

A组：24，27，30，33，36

B组：26，28，30，32，34

C组：26，29，30，31，34

　　将三组数据（该三组数据无单位）作图，如图 2-5 所示。三组数据的均数均为 30，但是数据的变异程度不同。A 组与 B 组的数据点散布均匀，但 A 组的数据分布范围和变异度明显大于 B 和 C 组；B 和 C 组的数据点分布范围相同，但数据点的变异度不同。因此，为了全面地把握数据的分布特征，不仅需要了解数据的平均水平，而且需要了解数据的变异程度。

　　常用的描述离散趋势或者变异程度的统计指标包括极差、四分位数间距、方差、标准差和变异系数。

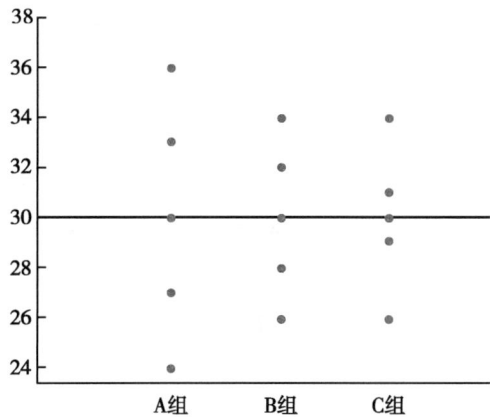

图 2-5　三组数据离散状况比较

## 一、极差

### （一）计算

极差（range，$R$）也称全距，定义为最大值与最小值之差。$R=$最大值$-$最小值。

【例 2-6】　计算例 2-5 中三组数据的极差。

A 组：$R=36-24=12$

B 组：$R=34-26=8$

C 组：$R=34-26=8$

极差越大，数据的波动范围越大，数据的离散程度越大。样本量接近的同类资料相比较时，极差越大意味着数据越离散，或者说数据间变异越大。

### （二）极差的应用情形

极差的计算简便，但是它仅仅利用了样本中最大值与最小值的信息，不能反映其他观察值的变异情况。例 2-6 极差计算结果显示，B、C 组极差相同，但由图 2-5 可以看出两组观察值的离散程度是不同的。另外，样本量 $n$ 越大，越有机会观察到较大或较小的数据，极差可能会越大，因此，样本含量相差悬殊时不宜通过比较极差去判断变异大小。即使样本量相同，极差也往往不够稳定。这些情况在应用中应予以注意。极差通常反映一组数据的波动范围，常与其他描述变异程度的指标一起使用，以表达数据的变异程度。

## 二、四分位数间距

### （一）计算

四分位数间距（inter-quartile range，IQR）定义为两个百分位数 $P_{75}$ 与 $P_{25}$ 之差，即 $IQR=P_{75}-P_{25}$。

【例 2-7】　试计算例 2-4 中 200 名当地居民血铅含量（μmol/L）的四分位数间距。

利用表 2-3 的数据，按照式 2-4，计算百分位数 $P_{25}$ 与 $P_{75}$。

$$P_{25}=0.24+\frac{0.24}{49}(200\times25\%-7)=0.450\ 6(\mu mol/L)$$

$$P_{75}=0.96+\frac{0.24}{28}(200\times75\%-133)=1.105\ 7(\mu mol/L)$$

$$IQR=1.105\ 7-0.450\ 6=0.655\ 1(\mu mol/L)$$

对于一组同质的观察数据，$P_{25}$、$P_{50}$ 及 $P_{75}$ 恰好将数据等分为四段，有 1/4 的个体观察值比 $P_{25}$ 小，有 1/4 的个体观察值比 $P_{75}$ 大。$P_{25}$ 与 $P_{75}$ 分别称为下四分位数（lower quartile）和上四分位数（upper quartile）。$P_{25}$ 与 $P_{75}$ 之间恰好包括总体中 50% 的个体观察值。因此，四分位数间距反映中间一半数据的极差。四分位数间距相比极差更稳定，受两端极大或极小数据的影响小。可用于各种分布类型数据，但仍未考虑数据中每个观察值的离散程度。

### （二）四分位数间距的应用情形

四分位数间距通常更适用于描述偏态分布、一端或者两端没有确切数据或者小样本量存在极端数据等资料的离散趋势。医学研究中，常常将中位数和四分位数间距结合起来描述定量变量的平均水平和变异程度。实际应用中，也可直接用中位数和下、上四分位数表示，记作 $M(P_{25}\sim P_{75})$。

据此可描述例 2-4 的当地 200 名居民血铅含量（$\mu mol/L$）的分布：血铅含量最小组段数据为 "0.00～"，最大组段数据为 "2.64～"，高峰组段为 "0.24～"，数据呈正偏态分布，适宜采用中位数与四分位数间距描述其集中趋势与离散趋势，具体特征值为 0.714 6（0.450 6，1.105 7）（$\mu mol/L$）。

## 三、方差

极差和四分位数间距均未考虑每个观察值的离散程度。很自然地，考虑用每个观察值 $x$ 与均数 $\mu$ 的差值之和，即离均差和 $\sum(x-\mu)$ 来反映所有观察值的离散程度，但差值 $\sum(x-\mu)$ 有正有负，正负相抵使得 $\sum(x-\mu)$ 等于 0。而用 $\sum|x-\mu|$ 反映所有观察值的离散程度虽然不存在正负相抵的问题，但在数学处理上存在困难。因此，考虑将每个观察值的离均差平方后再求和，即用 $\sum(x-\mu)^2$ 反映所有观察值的变异大小。$\sum(x-\mu)^2$ 称为离均差平方和，其意义是总体内所有观察值与总体均数差值的平方之和。考虑到计算离均差平方和时，总体中的个体数量越多，离均差平方和往往也越大，所以描述数据的变异程度时，对总的离均差平方和在所有个体中求平均，即为方差。

方差（variance）又称为均方差（mean square deviation），总体方差用 $\sigma^2$ 表示，为总离均差平方和 $\sum(X-\mu)^2$ 在总体的所有个体中的平均值，反映一组数据的平均离散程度。同类资料比较时，方差越大意味着数据间离散程度越大，或者说变量的变异度越大。

在实际应用中，总体均数 $\mu$ 和总体中个体的数目常常是未知的，因此在抽样研究中常用样本均数估计总体均数，用样本方差估计总体方差。样本方差用 $S^2$ 表示，其计算公式为：

$$S^2=\frac{\sum(X-\overline{X})^2}{n-1} \tag{式 2-5}$$

式 2-5 分子中用样本均数 $\overline{X}$ 估计总体均数 $\mu$。由于存在抽样误差，通常 $\overline{X}\neq\mu$。数学上可以证明：当 $\overline{X}\neq\mu$ 时，$\sum(X-\overline{X})^2$ 总是小于 $\sum(X-\mu)^2$。所以如果用 $n$ 作分母，算得的 $S^2$ 要比 $\sigma^2$ 小（有偏估计）。英国统计学家 Gosset 建议用 $n-1$ 代替 $n$ 计算 $S^2$，可证明 $S^2$ 总在 $\sigma^2$ 的周围（无偏估计）。

另外，式 2-5 中的 $n-1$ 也称为 $S^2$ 的自由度（degree of freedom），常用 $\nu$ 表示。自由度是统计学中的常用术语，这里的意义是当 $\overline{X}$ 给定时，随机变量 $X$ 能 "自由" 取值的个数。例如一个 $n=4$、$\overline{x}=5$ 的样本中，只有 3 个离均差可以独立（自由）取值，即自由度 $\nu=4-1$。受 $\overline{x}=5$ 这个条件的限制，一旦 3 个离均差的数值确定了，如分别为 $-3$，$-2$ 和 3，剩下的一个离均差就只能等于 2。推而广之，任何统计量的自由度 $\nu=n-$ 限制条件的个数。

### 四、标准差

#### （一）计算

方差利用了所有观察值的信息描述变量的变异程度，但方差的量纲是原变量量纲的平方。因此，在统计应用中更常用的变异度指标是方差的算术平方根，称为标准差（standard deviation）。通常总体标准差用 $\sigma$ 表示，样本标准差用 $S$ 表示。其计算公式为：

$$S = \sqrt{\frac{\sum (X-\bar{X})^2}{n-1}} \tag{式 2-6}$$

标准差的量纲与原变量一致。与方差一样，同类资料比较时，标准差越大意味着观察值的离散程度越大，或者说变异度越大。

【例2-8】 试计算例2-5中三组数据的标准差。

$$\text{A 组}：S_A = \sqrt{\frac{(24-30)^2+(27-30)^2+(30-30)^2+(33-30)^2+(36-30)^2}{5-1}} = 4.74$$

$$\text{B 组}：S_B = \sqrt{\frac{(26-30)^2+(28-30)^2+(30-30)^2+(32-30)^2+(34-30)^2}{5-1}} = 3.16$$

$$\text{C 组}：S_C = \sqrt{\frac{(26-30)^2+(29-30)^2+(30-30)^2+(31-30)^2+(34-30)^2}{5-1}} = 2.92$$

三组数据的均数均为30，三组的标准差 $S_A > S_B > S_C$，意味着 A 组数据的离散程度最大，C 组的最小。这与图2-5中数据点散布的实际状况相符合。

针对例2-1中167名3～6岁女童血清维生素 D 含量，均数为64.875（nmol/L），计算其标准差为：

$$S = \sqrt{\frac{(25.6-64.875)^2+(27.7-64.875)^2+\cdots+(103.0-64.875)^2+(104.0-64.875)^2}{167-1}}$$
$$= 16.557\,7（nmol/L）$$

#### （二）标准差的应用情形

标准差反映的是个体的平均变异程度。标准差越小，数据越集中，变异程度越小，集中位置均数的代表性较好；反之，标准差较大时，均数的代表性不好。方差和标准差都适用于描述对称分布的变量的离散趋势，特别对服从正态分布或近似正态分布的变量。医学研究中，通常将均数和标准差结合起来（$\bar{X}\pm S$），描述服从或者近似服从正态分布的定量变量的平均水平与变异程度。

实际工作中，通常采用统计软件完成标准差的计算。据此，可以描述例2-1中167名3～6岁女童血清维生素 D 含量的分布，最小值为25.6（nmol/L），最大值为104.0（nmol/L），极差 $R$ 为78.4（nmol/L），编制成频数分布表显示：女童维生素 D 含量集中在中间"56.0～"与"64.0～"两个组段，远离中间组段的频数逐渐减少，频数分布基本对称，近似服从正态分布。适合采用均数与标准差描述数据的平均水平与变异程度，具体特征表述为（64.875±16.557 7）（nmol/L）。

### 五、变异系数

#### （一）计算

变异系数（coefficient of variation，CV）定义为一组数据的标准差除以均数，表示为基于数据的平

均水平,其相对的变异程度。计算公式为:

$$CV = \frac{S}{\overline{X}} \times 100\%$$

(式 2-7)

### (二)应用情形

变异系数 CV 为相对离散趋势指标,没有度量衡单位,消除了量纲的影响;可考虑均数影响后对比数据的变异程度。主要用于不同变量间变异程度的比较,特别是观察量纲不同的变量间的比较,或者是均数相差较大的变量间的比较。变异系数越大,数据的变异程度越大。

【例 2-9】 某年通过十省调查得知,农村刚满周岁的女童体重均数为 8.42kg,标准差为 0.98kg;身高均数为 72.4cm,标准差为 3.0cm。试比较周岁女童体重与身高的变异程度。

因为周岁女童体重与身高的测量量纲不同,不能直接采用标准差进行比较,应采用变异系数,消除量纲以及均数不同的影响,对比两个指标的变异程度。按式 2-7,体重和身高的变异系数分别为:

$$体重 CV = \frac{0.98}{8.42} \times 100\% = 11.64\%$$

$$身高 CV = \frac{3.0}{72.4} \times 100\% = 4.14\%$$

结果显示,十省农村周岁女童体重的相对变异大于身高的相对变异。

实际工作中,依据定量数据的分布类型不同,例如,对称分布或者偏态分布,描述其平均水平与变异程度的指标存在不同,正态分布或者近似正态分布数据,常采用均数与标准差描述其分布特征;偏态分布数据、一端或者两端存在不确定数据时,常采用中位数与四分位数间距描述分布特征;对数正态分布或者近似对数正态分布的数据(例如,抗体滴度),常采用几何均数与对数标准差(对数变换数据的标准差)描述其分布特征。

除此之外,还有描述数据的分布形态的指标(偏度系数和峰度系数),可更细致地认识数据的对称性与峰型,可参考专业书籍,不再赘述。

# 第四节 统计表和统计图

对变量进行统计描述时,统计表(statistical table)和统计图(statistical graph)是呈现数据分析结果的重要工具之一。好的统计表可代替冗长的文字描述,简明扼要地表达分析结果;一个合适的统计图能够准确、直观地呈现数据特征,给读者留下深刻印象。前面已介绍了频数表和直方图,本节主要介绍制作统计表与图的基本要求以及如何选择合适的统计图描述定量变量的数据信息,而定性变量的描述及其他场合的应用将在后续相关章节中介绍。

## 一、统计表

统计表是研究报告和科研论文中呈现统计分析结果的主要方式。使用统计表,结果表达简单明了、层次清楚,也便于进一步地计算、分析和比较。

统计表一般由表号及标题、标目、线条、数字和备注 5 部分组成。

### (一)表号及标题

每张统计表都应有一个表号,按顺序列出,便于查找和在文字中引用。表号后空格,然后是标题。表号及标题位于统计表的上方中央,标题需简明扼要地表达统计表的主要内容。

【例 2-10】　在肌少症筛查与跌倒预防队列研究中,基线收集和测量了 200 名不同性别参与者的基本信息和肌肉功能指标,试采用统计表进行统计描述(表 2-4)。

表 2-4　不同性别参与者的基本信息和肌肉功能指标

| 基线指标 | 计算方法 | 男性($n$=90) | 女性($n$=110) |
|---|---|---|---|
| 年龄/岁 | $\bar{X}\pm S$ | 68.36±5.90 | 67.92±5.91 |
| 身高/cm | $\bar{X}\pm S$ | 170.00±6.47 | 157.05±6.46 |
| 体重/kg | $\bar{X}\pm S$ | 72.17±11.13 | 64.65±9.19 |
| 体重指数/($kg\cdot m^{-2}$) | $\bar{X}\pm S$ | 24.93±3.32 | 26.19±3.19 |
| 上臂围/cm | $\bar{X}\pm S$ | 28.51±2.61 | 28.63±2.97 |
| 小腿围/cm | $\bar{X}\pm S$ | 36.28±2.87 | 35.37±2.98 |
| 左手握力/kg | $M(P_{25}\sim P_{75})$ | 30.35(24.00～36.00) | 19.30(16.02～22.30) |
| 右手握力/kg | $M(P_{25}\sim P_{75})$ | 31.55(25.30～36.65) | 19.55(16.80～22.30) |
| 5 次坐立试验/s | $M(P_{25}\sim P_{75})$ | 11.22(8.80～13.81) | 11.72(9.36～14.04) |

(二)标目

标目一般分为横标目和纵标目。横标目位于表的左侧,用来说明各横行数字的含义;纵标目位于表的上方,用于说明各纵栏数字的含义。目前科研论文中常将许多内容整合在一张表格内,这时需要按照变量的内容以及变量间的相互关系合理设计表格中的标目,使得内容清晰、层次分明。

如表 2-5 中,横标目为测量的各项基线指标,即年龄、身高、体重、BMI 和握力等定量变量,纵标目为比较的两组人群——男性和女性,因此表中数字分别表示不同性别人群在基线时的年龄、身高、体重、BMI 和握力等情况。表 2-4 中纵标目只按一个变量分组,称为简单表(simple table);实际工作中根据需要也可在纵标目上安排两个及以上变量,称为复合表(combinative table),如需同时比较不同性别和不同年龄组(65 岁为界)人群各基线指标的差别,可采用表 2-5 的复合表形式。

表 2-5　不同性别和不同年龄组人群的基本信息和肌肉功能指标

| 基线指标 | 男性 | | 女性 | |
|---|---|---|---|---|
| | <65 岁($n$=22) | ≥65 岁($n$=68) | <65 岁($n$=32) | ≥65 岁($n$=78) |
| 年龄/岁[*] | 61.09±1.48 | 70.71±4.75 | 61.41±1.88 | 70.59±4.81 |
| 身高/cm[*] | 170.14±6.51 | 169.96±6.50 | 159.72±5.91 | 155.96±6.39 |
| 体重/kg[*] | 70.82±11.87 | 72.60±10.94 | 67.31±10.33 | 63.56±8.52 |
| BMI/($kg\cdot m^{-2}$)[*] | 24.44±3.71 | 25.09±3.19 | 26.35±3.57 | 26.12±3.05 |
| 上臂围/cm[*] | 28.28±3.09 | 28.59±2.46 | 29.64±3.32 | 28.22±2.73 |
| 小腿围/cm[*] | 36.32±2.64 | 36.27±2.96 | 35.98±3.50 | 35.11±2.73 |
| 左手握力/kg[**] | 32.80(27.70～39.00) | 29.60(23.77～35.55) | 22.30(18.85～24.72) | 18.10(14.55～20.78) |
| 右手握力/kg[**] | 33.90(30.77～40.38) | 30.05(24.98～35.23) | 21.10(19.50～24.47) | 18.80(15.35～21.78) |
| 5 次坐立试验/s[**] | 10.70(9.33～11.84) | 11.79(8.77～14.36) | 10.93(9.20～12.37) | 11.96(9.78～14.80) |

注:[*] $\bar{X}\pm S$;[**] $M(P_{25}\sim P_{75})$。

## （三）线条

统计表内的线条不宜过多,常用"三线表",包括顶线、底线和纵标目分隔线。如纵标目含两个分组变量,之间可用短横线隔开,见表2-5。左右两侧不应有边线,左上角不宜有斜线,表内不应有竖线。

## （四）数字

数字为表格中的主要信息,必须真实准确。根据描述的内容不同,表内数字可有不同含义。如表2-4中对服从正态分布的定量变量用均数±标准差描述;对不服从正态分布的定量变量用中位数(下四分位数~上四分位数)描述。表内的数字必须准确无误,同一指标的小数位数要保留一致,上下个位数对齐;表内不留空格,数字暂缺或未记录用"…"表示,无数字用"—"表示。

## （五）备注

如需对表格中的内容进行补充说明,可采用备注的形式。在需要补充说明的数据或指标右上方用"*"号或其他符号标注,并在统计表的下方用文字说明。如表2-5中用"*"号表示数据采用"$\bar{X} \pm S$"进行统计描述。备注一般位于表格的下方,字号不能大于表格内容的字号,通常比表格的内容小一个字号。

## 二、统计图

统计图是用点的位置、线段的升降、直条的长短、面积的大小等来表达统计数据的一种形式。常用的统计图有直方图、累积频率分布图、箱式图、直条图、百分条图、圆图、线图、半对数线图、散点图和统计地图等。前四种常用于定量变量的统计描述。

### （一）绘制统计图的基本要求

绘制统计图要根据资料的性质和分析目的选择最合适的图形。每一张统计图都要有图号及标题,图号应按顺序排列,便于查找和文字中引用;标题要简明扼要地说明图形表达的主要内容,必要时应注明资料收集的时间和地点。图号及标题一般位于图的下方中央。

对有纵、横坐标轴的图形,要标明尺度,纵轴尺度自下而上,横轴尺度自左而右,数量一律由小到大,并等距标明。直方图、累积频率分布图和直条图纵坐标要从0开始,而横轴刻度只需表示出观测值的实际范围即可。纵横坐标长度的比例一般为7:10,如随意改变纵横比例,有时会导致对变量特征的错误认识。如绘制直方图时,如图2-6,给人的错觉是该变量变异程度较小。

比较不同事物时,宜选用不同的线条或颜色表示,并附图例加以说明。图例一般放在图的右上角的空隙处,也可放在图下方的适当位置。

### （二）描述定量变量的常用统计图

1. 直方图 直方图主要用于描述连续型定量变量的频率分布。横坐标表示定量变量的组段,纵坐标表示各组段变量值的频数、频率或所占的频率密度(频率/组距)。当频率直方图纵坐标为频率密

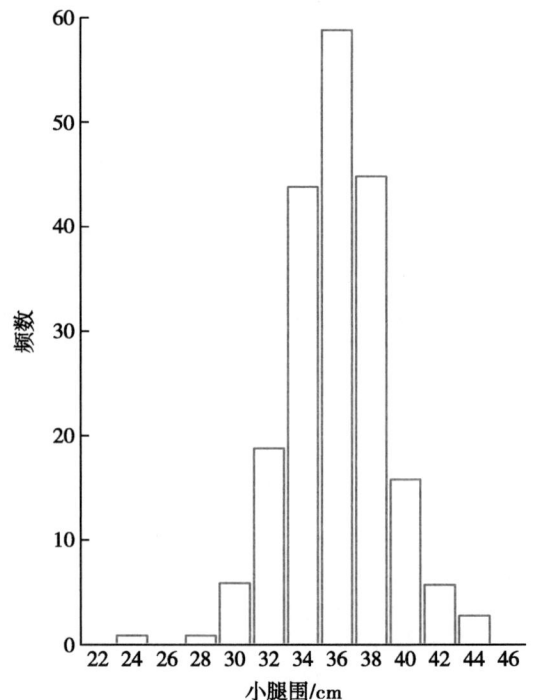

图2-6 200名肌少症筛查与跌倒预防队列研究参与者的小腿围频数分布

度时,频率直方图的总面积为 1。注意如果用频数为纵坐标作图,直方图面积并不等于 1。如果样本量足够大,且组距越分越细时,频率直方图就逐渐趋于一条光滑的曲线,即变量的概率密度曲线。

2. 累积频率分布图(cumulative frequency distribution diagram)　累积频率分布图可用于描述连续型变量的累积频率分布,其横坐标为变量的组段,纵坐标为各组段的累积频率。图 2-7 为例 2-10 中 90 名男性和 110 名女性参与者双手最大握力(kg)的累积频率分布图,从图中可清楚地看到男性和女性人群双手最大握力频率分布的差别。

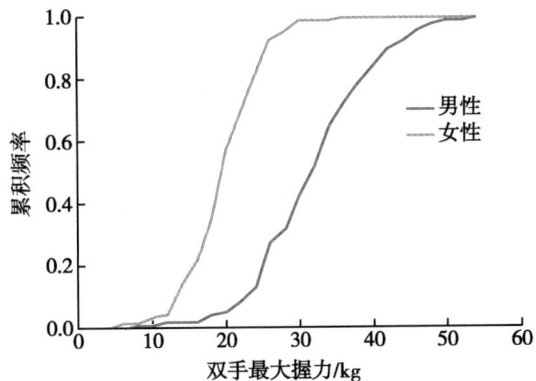

图 2-7　200 名肌少症筛查与跌倒预防队列参与者双手最大握力累积频率分布图

在累积频率分布图中,纵轴为 0.25、0.50 和 0.75 时所对应的横轴尺度分别为下四分位数、中位数和上四分位数。此外,从累积频率分布图中还可以直观地看出变量在某指定值以下或以上,或某两个指定值之间的观测对象占所有观测对象的比例。当样本量足够大且组距越分越细时,累积频率(概率)分布图逐渐趋于变量的累积分布曲线。

3. 箱式图(box plot)　箱式图可综合描述定量变量的平均水平和变异程度,还可显示数据中的离群值(outlier)或极端值(extreme case)。箱式图使用了变量的 5 个指标,即最小值、下四分位数($P_{25}$)、中位数($P_{50}$)、上四分位数($P_{75}$)和最大值。$P_{25}$ 和 $P_{75}$ 构成"箱体"部分,在"箱体"中标示出 $P_{50}$ 位置;$P_{25}$ 和最小值之间、$P_{75}$ 和最大值之间分别构成"箱子"的上下两条"触须"。有时还可在箱式图的"触须"外标示远离大部分观测值的离群值或极端值。如有些软件中定义介于 1.5～3 倍四分位数间距的观测值为离群值,常用圆圈"○"表示;大于 3 倍四分位数间距的观测值为极端值,常用星号"*"表示。

图 2-8 为例 2-10 中 90 名男性和 110 名女性参与者 5 次坐立试验(s)的箱式图。箱体中间黑色的线为 5 次坐立试验的中位数,箱体的顶线和底线分别为上、下四分位数。从图中可看出,按照超过 1.5 倍四分位数间距的观测值为离群值的定义,男性和女性人群的 5 次坐立试验分别存在 1 个和 3 个离群值;男性和女性 5 次坐立试验的箱体上端的触须明显长于下端;提示男性和女性参与者的 5 次坐立试验都可能为偏峰分布。另外,图中还可看出女性的平均 5 次坐立试验略高于男性,男性的平均 5 次坐立试验变异程度高于女性。

箱式图通过 5 个指标直观地表示了定量变量的分布特点,能够显示数据中的离群值或极端值是箱式图的一个优点。实际应用中可将箱式图与直方图结合使用,以便更加全面、直观地展示资料的分布特征。

4. 直条图(bar chart)　直条图是用等宽直条的高度表示相互独立的各项指标数量的大小,可描述离散型定量变量和定性变量的频率分布。实际应用中,还可利用直条的高度代表均数大小,在直条的顶端绘制一小段"触须"代表标准差的大小。如图 2-9 描述了例 2-10 中男性和女性参与者上臂围(cm)的情况。

5. 人口金字塔　表 2-6 为 2020 年第七次全国人口普查分性别、年龄的人口数据。根据表中分性别、年龄的频率,可绘制如图 2-10 的人口金字塔(population pyramid)。人口金字塔是利用人口的性别和年龄分组数据,以年龄(岁)为纵轴、频率(%)为横轴,男性在左、女性在右绘制的,形如金字塔,故称人口金字塔。人口金字塔可描述人口的年龄和性别频率分布,其形状可反映不同历史时期人口变动情况,还可预测未来人口发展趋势。

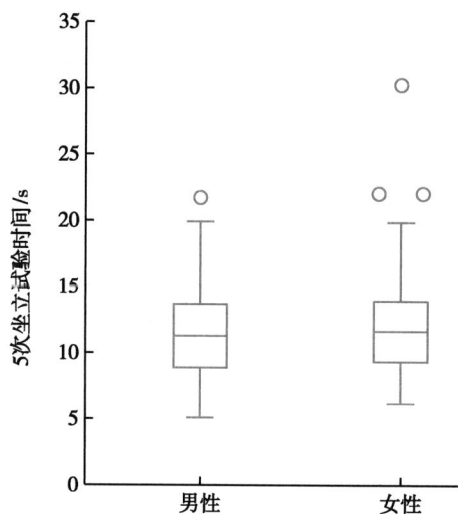

图 2-8 200 名肌少症筛查与跌倒预防队列
参与者 5 次坐立试验箱式图

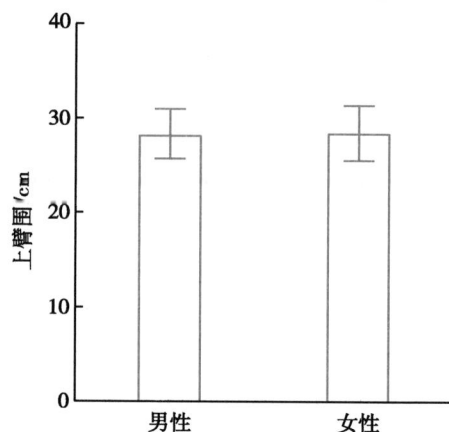

图 2-9 200 名肌少症筛查与跌倒预防队列
男女参与者上臂围比较

表 2-6 2020 年第七次全国人口普查数据的性别和年龄分布

| 年龄组/岁 | 人口数*/万人 | | | 频率*/% | | |
|---|---|---|---|---|---|---|
| | 男 | 女 | 合计 | 男 | 女 | 合计 |
| 0~ | 4 097 | 3 691 | 7 788 | 2.91 | 2.62 | 5.52 |
| 5~ | 4 802 | 4 223 | 9 024 | 3.41 | 3.00 | 6.40 |
| 10~ | 4 561 | 3 965 | 8 526 | 3.24 | 2.81 | 6.05 |
| 15~ | 3 905 | 3 363 | 7 268 | 2.77 | 2.39 | 5.16 |
| 20~ | 3 968 | 3 527 | 7 494 | 2.81 | 2.50 | 5.32 |
| 25~ | 4 816 | 4 369 | 9 185 | 3.42 | 3.10 | 6.52 |
| 30~ | 6 387 | 6 027 | 12 415 | 4.53 | 4.28 | 8.81 |
| 35~ | 5 093 | 4 808 | 9 901 | 3.61 | 3.41 | 7.02 |
| 40~ | 4 763 | 4 532 | 9 296 | 3.38 | 3.21 | 6.59 |
| 45~ | 5 819 | 5 603 | 11 422 | 4.13 | 3.97 | 8.10 |
| 50~ | 6 111 | 6 006 | 12 116 | 4.33 | 4.26 | 8.59 |
| 55~ | 5 082 | 5 058 | 10 140 | 3.60 | 3.59 | 7.19 |
| 60~ | 3 687 | 3 651 | 7 338 | 2.62 | 2.59 | 5.21 |
| 65~ | 3 634 | 3 767 | 7 401 | 2.58 | 2.67 | 5.25 |
| 70~ | 2 416 | 2 543 | 4 959 | 1.71 | 1.80 | 3.52 |
| 75~ | 1 475 | 1 649 | 3 124 | 1.05 | 1.17 | 2.22 |
| 80~ | 916 | 1 123 | 2 038 | 0.65 | 0.80 | 1.45 |
| 85~ | 443 | 640 | 1 083 | 0.31 | 0.45 | 0.77 |
| 90~ | 137 | 229 | 365 | 0.10 | 0.16 | 0.26 |
| 95~ | 27 | 55 | 82 | 0.02 | 0.04 | 0.06 |
| 100~ | 4 | 8 | 12 | 0.00 | 0.01 | 0.01 |
| 合计 | 72 142 | 68 836 | 140 978 | 51.17 | 48.83 | 100.00 |

注：*有四舍五入误差。

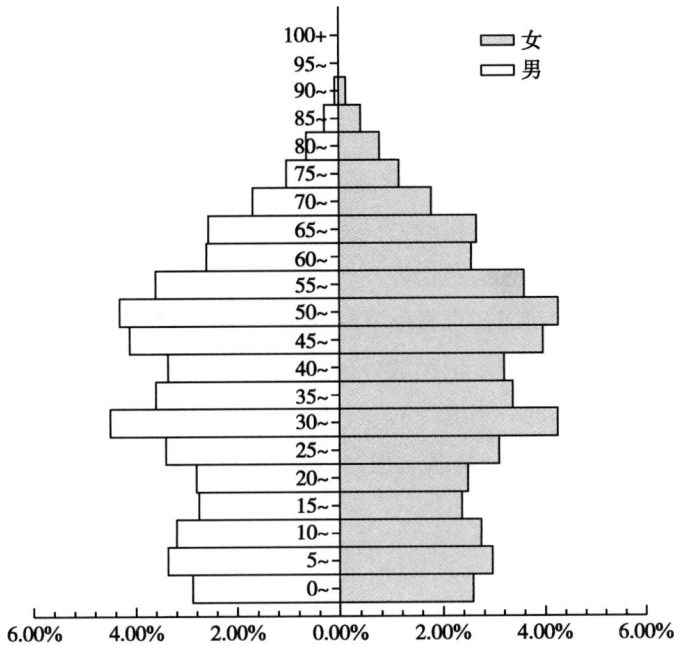

图 2-10 2020 年全国第七次人口普查人口金字塔

（曹明芹 芦文丽）

## 小结

为了了解定量变量的分布规律,可编制频数分布表并绘制直方图,用于描述变量的集中趋势和离散趋势,以及分布类型(对称或偏态分布)。

常用的描述定量变量平均水平的统计指标包括均数、几何均数及中位数。均数适用于对称分布,特别适用于服从正态分布的变量;几何均数适用于可经对数转换为对称分布的变量;中位数适用于各种分布的变量,常用于描述偏态分布,或分布的一端或两端无确定数值的资料。

常用的描述定量变量变异程度的统计指标包括极差、四分位数间距、方差、标准差和变异系数。极差只利用最大值和最小值的信息,易受样本含量的影响,很不稳定;四分位数间距适用于各种分布的变量,但通常用于偏态分布;方差和标准差适用于对称分布,特别是服从正态分布的变量;变异系数常用于量纲不同或均数相差较大时变量间变异程度的比较。实际应用中,常将均数和标准差结合对服从正态分布的变量进行统计描述;常将中位数和四分位数间距结合对服从偏态分布的变量进行统计描述。

百分位数是一种位置指标。中位数是一个特殊的百分位数($P_{50}$),四分位数间距也由百分位数计算($P_{75}-P_{25}$)。

统计表和统计图是呈现统计分析结果的重要工具。统计表的结构包括表号及标题、标目、线条、数字和备注。编制统计表时要注意内容清晰、层次分明、列表规范。常用于定量变量的统计图包括直方图、累积频率分布图、箱式图和带标准差的直条图等。

## 思考与练习

### 一、最佳选择题

1. 关于频数分布表的说法正确的是(　　)

　A. 不是连续型的资料没有办法编制频数表

　B. 每一个组段必须组距相等

　C. 从频数表中可以初步看出资料的频数分布类型

　D. 组数越多越易显示出频数分布的规律性

　E. 频数表中的每一个组段不一定是半开半闭的区间,可任意指定

2. 已知动脉硬化患者血清载脂蛋白 B 的含量(mg/dl)呈明显偏态分布,描述其个体差异的统计指标应使用(　　)

　A. 全距　　　　　　　　　　　　　B. 标准差

　C. 变异系数　　　　　　　　　　　D. 方差

　E. 四分位数间距

3. 某医学资料数据大的一端没有确定数值,描述其集中趋势与离散趋势适用的统计指标是(　　)

　A. 均数与标准差　　　　　　　　　B. 中位数与标准差

　C. 中位数与四分位数间距　　　　　D. 均数与四分位数间距

　E. 中位数与极差

4. 以下资料中,适宜用均数与标准差进行统计描述的是(　　)

　A. 随机抽取某小学 500 名学生的性别的分布

　B. 7 岁女生近似正态分布的身高数据

　C. 100 名正常成年男性的血铅含量数据

　D. 某社区中老年人群注射流感疫苗后的抗体效价数据

　E. 分布类型不明确的定量数据

5. 关于统计表,叙述错误的是(　　)

　A. 表的基本结构包括标题、标目、数字、线条

　B. 同一纵标目下数据的小数位数应保留一致

　C. 表格内的数字为零时,可以空格表示

　D. 表格内的数字缺失时,可以"…"表示

　E. 表格只有横线,没有竖线与斜线

### 二、思考题

1. 简述定量变量的频数分布表的用途。

2. 简述均数、几何均数及中位数的应用情形。

3. 常用的描述定量数据的变异程度的指标有哪些? 其应用情形分别是什么?

4. 实际工作中,针对正态分布数据以及偏态分布数据,常采用什么指标描述其分布特征?

5. 定量数据描述常用的统计图有哪些?

### 三、案例分析题

1. 某年某研究者观察局部温热治疗小鼠移植性肿瘤的疗效,以生存时间(天)作为观察指标,共观察10只小鼠的生存时间(天)为:10,12,15,15,16,17,18,20,23,>90。试描述10只小鼠生存时间的平均水平和变异程度。

2. 为了解16岁女生的生长发育情况,随机抽取某地当年16岁的女生132例,测量其身高(m)与体重(kg)数据如表2-7。

表2-7　132名16岁女生的身高与体重数据

| 编号 ID | 身高/ m | 体重/ kg | 编号 ID | 身高/ m | 体重/ kg | 编号 ID | 身高/ m | 体重/ kg | 编号 ID | 身高/ m | 体重/ kg |
|---|---|---|---|---|---|---|---|---|---|---|---|
| 1 | 1.45 | 38.7 | 27 | 1.55 | 45.2 | 53 | 1.58 | 59.1 | 79 | 1.62 | 76.6 |
| 2 | 1.48 | 73.0 | 28 | 1.55 | 63.1 | 54 | 1.58 | 60.0 | 80 | 1.62 | 52.7 |
| 3 | 1.48 | 49.8 | 29 | 1.55 | 54.5 | 55 | 1.58 | 71.4 | 81 | 1.62 | 48.6 |
| 4 | 1.49 | 45.0 | 30 | 1.55 | 45.1 | 56 | 1.58 | 54.4 | 82 | 1.62 | 50.7 |
| 5 | 1.50 | 50.4 | 31 | 1.56 | 82.6 | 57 | 1.58 | 39.8 | 83 | 1.62 | 46.5 |
| 6 | 1.51 | 44.5 | 32 | 1.56 | 58.7 | 58 | 1.59 | 52.2 | 84 | 1.62 | 90.6 |
| 7 | 1.51 | 51.7 | 33 | 1.56 | 54.0 | 59 | 1.59 | 47.6 | 85 | 1.62 | 48.2 |
| 8 | 1.51 | 41.2 | 34 | 1.56 | 42.7 | 60 | 1.59 | 53.4 | 86 | 1.62 | 74.9 |
| 9 | 1.52 | 45.9 | 35 | 1.56 | 58.5 | 61 | 1.59 | 43.9 | 87 | 1.63 | 51.8 |
| 10 | 1.52 | 67.9 | 36 | 1.56 | 44.5 | 62 | 1.60 | 48.0 | 88 | 1.63 | 62.1 |
| 11 | 1.52 | 42.3 | 37 | 1.56 | 50.1 | 63 | 1.60 | 57.0 | 89 | 1.63 | 74.7 |
| 12 | 1.52 | 46.3 | 38 | 1.56 | 49.2 | 64 | 1.60 | 61.2 | 90 | 1.63 | 53.7 |
| 13 | 1.52 | 46.3 | 39 | 1.56 | 55.7 | 65 | 1.60 | 64.9 | 91 | 1.63 | 54.4 |
| 14 | 1.52 | 59.8 | 40 | 1.56 | 41.7 | 66 | 1.60 | 55.7 | 92 | 1.63 | 48.2 |
| 15 | 1.52 | 51.3 | 41 | 1.57 | 60.9 | 67 | 1.61 | 63.9 | 93 | 1.63 | 53.3 |
| 16 | 1.53 | 55.3 | 42 | 1.57 | 42.2 | 68 | 1.61 | 49.8 | 94 | 1.63 | 52.1 |
| 17 | 1.53 | 53.2 | 43 | 1.57 | 53.1 | 69 | 1.61 | 42.1 | 95 | 1.63 | 51.9 |
| 18 | 1.54 | 44.4 | 44 | 1.57 | 48.0 | 70 | 1.61 | 64.4 | 96 | 1.63 | 64.3 |
| 19 | 1.54 | 47.7 | 45 | 1.57 | 52.9 | 71 | 1.61 | 82.3 | 97 | 1.64 | 58.6 |
| 20 | 1.54 | 50.1 | 46 | 1.57 | 50.6 | 72 | 1.61 | 56.7 | 98 | 1.64 | 60.7 |
| 21 | 1.54 | 47.0 | 47 | 1.57 | 68.8 | 73 | 1.61 | 80.3 | 99 | 1.64 | 54.0 |
| 22 | 1.54 | 42.1 | 48 | 1.57 | 58.9 | 74 | 1.61 | 53.4 | 100 | 1.64 | 61.6 |
| 23 | 1.54 | 52.1 | 49 | 1.57 | 45.4 | 75 | 1.61 | 51.8 | 101 | 1.64 | 63.7 |
| 24 | 1.54 | 54.0 | 50 | 1.57 | 40.9 | 76 | 1.62 | 55.3 | 102 | 1.65 | 51.5 |
| 25 | 1.55 | 68.7 | 51 | 1.58 | 60.0 | 77 | 1.62 | 57.5 | 103 | 1.65 | 67.9 |
| 26 | 1.55 | 45.6 | 52 | 1.58 | 52.8 | 78 | 1.62 | 55.8 | 104 | 1.65 | 65.0 |

续表

| 编号 ID | 身高/ m | 体重/ kg | 编号 ID | 身高/ m | 体重/ kg | 编号 ID | 身高/ m | 体重/ kg | 编号 ID | 身高/ m | 体重/ kg |
|---|---|---|---|---|---|---|---|---|---|---|---|
| 105 | 1.65 | 53.9 | 112 | 1.67 | 57.7 | 119 | 1.69 | 70.4 | 126 | 1.70 | 55.3 |
| 106 | 1.66 | 57.4 | 113 | 1.67 | 65.1 | 120 | 1.69 | 55.1 | 127 | 1.71 | 65.8 |
| 107 | 1.66 | 82.5 | 114 | 1.67 | 66.5 | 121 | 1.69 | 61.1 | 128 | 1.71 | 67.3 |
| 108 | 1.67 | 49.0 | 115 | 1.68 | 65.2 | 122 | 1.69 | 51.6 | 129 | 1.71 | 78.2 |
| 109 | 1.67 | 59.0 | 116 | 1.68 | 54.7 | 123 | 1.69 | 80.0 | 130 | 1.72 | 56.5 |
| 110 | 1.67 | 66.4 | 117 | 1.68 | 48.0 | 124 | 1.69 | 75.5 | 131 | 1.74 | 53.4 |
| 111 | 1.67 | 61.8 | 118 | 1.68 | 48.4 | 125 | 1.70 | 69.8 | 132 | 1.75 | 58.4 |

据此数据,完成下列问题:

（1）试分别编制身高、体重数据的频数表,绘制直方图和箱式图,概括描述其分布特征。

（2）利用原始数据,选用合适的统计指标描述身高与体重数据的平均水平和变异度。

（3）利用频数分布表分别计算身高与体重的均数、标准差、$P_{25}$、$P_{50}$ 及 $P_{75}$,观察均数和 $P_{50}$ 之间的差异。

（4）利用原始数据和频数表计算相同的统计指标,结果相同吗?为什么?

（5）如何比较 16 岁女生的身高与体重的变异程度?

3. 在一项视神经脊髓炎谱系疾病治疗药物的临床试验中,纳入的 140 名患者水通道蛋白 4（AQP4）抗体滴度数据如下。试计算 AQP4 抗体滴度的平均水平。

| | | | | | | |
|---|---|---|---|---|---|---|
| 1∶960 | 1∶720 | 1∶720 | 1∶480 | 1∶1 920 | 1∶1 440 | 1∶2 880 |
| 1∶960 | 1∶720 | 1∶720 | 1∶480 | 1∶1 920 | 1∶1 440 | 1∶240 |
| 1∶960 | 1∶720 | 1∶720 | 1∶480 | 1∶1 920 | 1∶1 440 | 1∶240 |
| 1∶960 | 1∶720 | 1∶720 | 1∶480 | 1∶1 920 | 1∶3 840 | 1∶240 |
| 1∶960 | 1∶720 | 1∶480 | 1∶3 840 | 1∶1 920 | 1∶2 880 | 1∶240 |
| 1∶960 | 1∶720 | 1∶480 | 1∶3 840 | 1∶1 920 | 1∶2 880 | 1∶240 |
| 1∶960 | 1∶720 | 1∶480 | 1∶3 840 | 1∶1 920 | 1∶240 | 1∶240 |
| 1∶960 | 1∶720 | 1∶480 | 1∶3 840 | 1∶1 920 | 1∶240 | 1∶240 |
| 1∶960 | 1∶720 | 1∶480 | 1∶2 880 | 1∶1 440 | 1∶240 | 1∶240 |
| 1∶960 | 1∶720 | 1∶480 | 1∶2 880 | 1∶1 440 | 1∶240 | 1∶240 |
| 1∶960 | 1∶720 | 1∶480 | 1∶240 | 1∶1 440 | 1∶1 920 | 1∶240 |
| 1∶960 | 1∶720 | 1∶480 | 1∶240 | 1∶1 440 | 1∶1 920 | 1∶240 |
| 1∶960 | 1∶720 | 1∶480 | 1∶240 | 1∶1 440 | 1∶1 920 | 1∶240 |
| 1∶960 | 1∶720 | 1∶480 | 1∶240 | 1∶1 440 | 1∶1 920 | 1∶240 |
| 1∶960 | 1∶720 | 1∶480 | 1∶1 920 | 1∶1 440 | 1∶1 920 | 1∶240 |

| 1 : 960 | 1 : 720 | 1 : 480 | 1 : 1 920 | 1 : 1 440 | 1 : 2 880 | 1 : 240 |
| 1 : 960 | 1 : 720 | 1 : 480 | 1 : 1 920 | 1 : 1 440 | 1 : 2 880 | 1 : 1 920 |
| 1 : 960 | 1 : 720 | 1 : 480 | 1 : 1 920 | 1 : 1 440 | 1 : 2 880 | 1 : 1 920 |
| 1 : 960 | 1 : 720 | 1 : 480 | 1 : 1 920 | 1 : 1 440 | 1 : 2 880 | 1 : 1 920 |
| 1 : 720 | 1 : 720 | 1 : 480 | 1 : 1 920 | 1 : 1 440 | 1 : 2 880 | 1 : 1 920 |

# 第三章
# 定性变量的统计描述

描述定性变量的数据特征,可以像第二章中的定量变量描述方法一样,用统计表或统计图的形式表达其频率分布,也可以计算相对数指标,如某病的患病率、治愈率等。相对数的性质取决于其分子和分母的意义,不同类型的相对数具有不同的性质。

## 第一节　定性变量的频率分布

定性变量的形式有多分类变量和二分类变量,这些变量均可以通过频率分布表(亦称统计表)或各种统计图描述其分布特征。

### 一、多分类变量的频率分布

【例 3-1】 某课题组为了解城乡居民慢性病的患病情况,于 2023 年对某地区城乡 20 个社区的居民进行了调查。课题组对调查数据进行核查整理,将 1 381 例被访者和 284 例慢性病患者按职业分组制成频数表(表 3-1),用频率指标表示其频率分布。

表 3-1　2023 年某地区被访者和慢性病患者按职业分组的频率分布

| 职业<br>(1) | 被访者 | | 患者 | |
| --- | --- | --- | --- | --- |
| | 例数<br>(2) | 频率/%<br>(3) | 例数<br>(4) | 频率/%<br>(5) |
| 农民 | 738 | 53.4 | 146 | 51.4 |
| 事业职员 | 348 | 25.2 | 71 | 25.0 |
| 企业工人 | 180 | 13.1 | 36 | 12.7 |
| 商业人员 | 115 | 8.3 | 31 | 10.9 |
| 合计 | 1 381 | 100.0 | 284 | 100.0 |

表 3-1 的第(1)列"职业"是一个四分类变量,第(3)列显示本次调查的 1 381 名被访者不同职业的频率分布。其中,被访农民的频率最高,为 53.4%,其次分别为事业职员、企业工人和商业人员;表 3-1 的第(5)列是本次调查得到的慢性病患者不同职业的频率分布,其中农民患者的频率最高,为 51.4%,其次分别为事业职员、企业工人和商业人员,其频率分布与被访者职业的频率分布是一样的。频率分布的特点是,定性变量各类别的频率之和为 100%。

表 3-1 的数据也可以用百分条图或圆图的形式表达其频率分布的情况。百分条图以直条的整个长度作为 100%,各类别的频率用不同颜色或线条表示,并标出相应的类别。图 3-1 是用表 3-1 中被访者和慢性病患者不同职业分布的频率指标绘制的百分条图,两个百分条图比较可以清晰地表明调查样本的被访者和慢性病患者的职业分布均为农民频率最高,商业人员频率最低。圆图是用圆的面积表示定性变量的频率分布,整个圆周 360° 作为 100%,用各扇形的面积表示各个类别的频率。图 3-2 是用表 3-1 中慢性病患者不同职业分布的频率绘制的圆图,圆中各部分用不同颜色或线

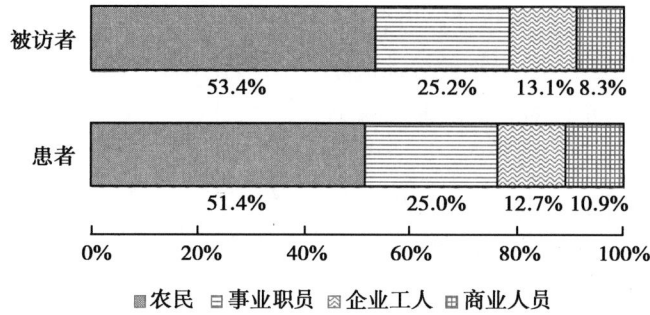

图 3-1 2023 年某地区调查的被访者和慢性病患者的职业分布

条表示,必要时用图例加以说明。

## 二、二分类变量的频率分布

表 3-2 也是一个频率分布,它描述的是例 3-1 所调查的 1 381 例被访者中患病与否这个二分类变量。第(3)列第一行给出所有被访者的患病频率为 20.6%,第二行未患病频率也就确定了。所以,实际上,第二行不写出来也没关系。换言之,描述一个二分类变量的分布只需一个频率就够了。类似的情形很多,例如,检出率、阳性率、治愈率等单个频率就足以描述检出与否、阳性与否、治愈与否等二分类变量特征了。

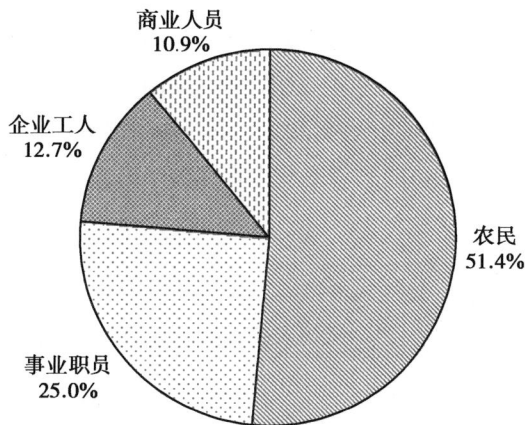

图 3-2 2023 年某地区调查的慢性病患者的职业分布

表 3-3 是从"职业"与"患病与否"两个定性变量绘制的交叉表整理得到的。表中第一行是农民的患病频率 19.8%,未患病频率 1–0.198=0.802=80.2% 被省略了。所以,第一行是农民中患病与否这个二分类变量频率分布的简略表达。同样,第 2、3 和 4 行分别简略地表达了事业职员、企业工人和商业人员中"患病与否"这个二分类变量的频率分布。

表 3-2 2023 年某地区 1 381 例被访者是否慢性病患者的频率分布

| 被访者<br>(1) | 例数<br>(2) | 频率/%<br>(3) |
|---|---|---|
| 患者 | 284 | 20.6 |
| 非患者 | 1 097 | 79.4 |
| 合计 | 1 381 | 100.0 |

表 3-3 2023 年某地区 1 381 例被访者按职业分组的慢性病患病率

| 职业<br>(1) | 被访人数<br>(2) | 患者人数<br>(3) | 患病率/%<br>(4) |
|---|---|---|---|
| 农民 | 738 | 146 | 19.8 |
| 事业职员 | 348 | 71 | 20.4 |
| 企业工人 | 180 | 36 | 20.0 |
| 商业人员 | 115 | 31 | 27.0 |
| 合计 | 1 381 | 284 | 20.6 |

表 3-3 第（4）列按 4 种职业分组计算患病率，绘制直条图，横轴的变量是职业，纵轴的统计指标是患病率（%）（图 3-3）。可以对不同职业患病率大小进行直观比较。

如果将两个以上变量结合起来分组，即由一组横标目和两组及以上纵标目结合起来作为"主语"。如表 3-4 中将职业和性别结合起来分组，可以同时比较不同职业、不同性别的患病率。该数据也可以绘制复式条图（图 3-4）。复式条图的纵轴是一个统计指标，横轴可以有两个或三个变量进行比较。图 3-4 按职业分为四个组，每组有两个直条，分别代表男女。从图 3-4 可以看出，无论男女，均为商业人员的慢性病患病率最高；而农民和事业职员的患病率均为女性高于男性，企业工人和商业人员则是男性高于女性。

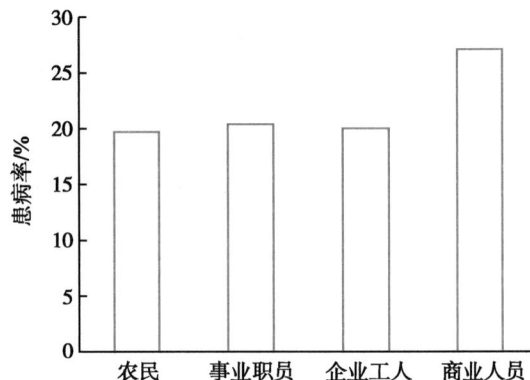

图 3-3　2023 年某地区 1 381 例被访者不同职业的慢性病患病率

表 3-4　某地区 1 381 例被访者按职业和性别分组的慢性病患病率

| 职业 | 男性 | | | 女性 | | |
| --- | --- | --- | --- | --- | --- | --- |
| | 被访人数 | 患者数 | 患病率 /% | 被访人数 | 患者数 | 患病率 /% |
| 农民 | 370 | 67 | 18.1 | 368 | 79 | 21.5 |
| 事业职员 | 206 | 39 | 18.9 | 142 | 32 | 22.5 |
| 企业工人 | 107 | 24 | 22.4 | 73 | 12 | 16.4 |
| 商业人员 | 50 | 14 | 28.0 | 65 | 17 | 26.2 |
| 合 计 | 733 | 144 | 19.6 | 648 | 140 | 21.6 |

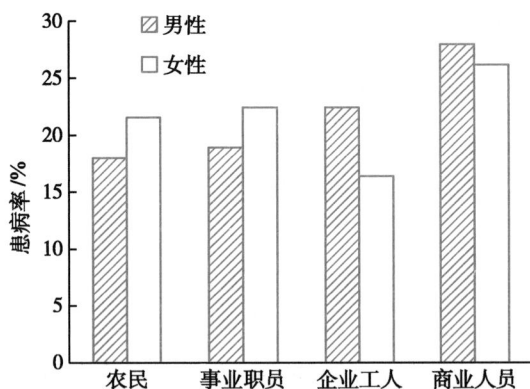

图 3-4　某地区 1 381 例被访者按职业和性别分组的慢性病患病率

## 第二节　常用相对数指标

### 一、频率型指标

频率型指标是相对数最常见的一种，它表示某事件发生的频率。计算公式为：

$$频率 = \frac{发生某事件的观察单位数}{可能发生某事件的观察单位总数} \times K \qquad （式3-1）$$

如表 3-3 的患病率就是频率指标，其分子是慢性病的患者人数，分母是可能发生慢性病的全部调查人数。式 3-1 中的 $K$ 是一个等于 1 的基数，通常为 100%，也可取 1 000‰、10 000/万、100 000/10 万等。基数的选择主要根据习惯用法和使计算的结果能保留 1~2 位整数，以便阅读。

如果定性变量是多分类变量，统计描述比较强调各类别可能发生的频率分布。如表 3-1 计算全部被访者中各种职业的频率分布。频率分布的特征之一是其合计值为 1，例如表 3-1 的频率分布，4 种职业发生的频率之和为 100%；表 3-2 是两分类变量的频率分布，患者与非患者的频率之和也是100%。

## 二、强度型指标

强度型指标是单位时间内某事件发生的频率。如人时发病率的分子是新发生的事件数，分母是人时数（观察人数乘以时间）的总和。

计算公式为：

$$强度 = \frac{发生某事件的观察单位数}{\sum（可能发生某事件的观察单位数 \times 观察时长）} \times K \qquad （式3-2a）$$

同前，其中，$K$ 可以是 100%、1 000/1 000、105/105 等。

【例 3-2】　某企业 2003 年有 2 839 名职工，该企业每年都对职工进行体检，这一年新发生高血压患者 5 例，2003 年的高血压发病率为：

$$\frac{新发高血压病人数}{\sum（可能发生高血压的人数 \times 1 年）} \times 1\ 000/1\ 000 = \frac{5 人}{2\ 389 人 \times 1 年} \times 1\ 000/1\ 000$$
$$= 1.76 人/1\ 000 人年$$

例 3-2 中，分母中 2 839 人×1 年似乎是多余的，其实不然。如果职工中各人观察的时间不等，分母中就应当是所有人年数的总和。

针对不同个体观察时间的长度往往不同，式 3-2a 分母中的人时总和可表示为：

$\sum$（可能发生某事件的观察单位数 × 观察时长）=折合的可能发生某事件的观察单位数 × 单位时间

从而式 3-2a 可以改写为：

$$强度 = \frac{某事件发生的观察单位数}{折合的可能发生某事件的观察单位数 \times 单位时间} \times K \qquad （式3-2b）$$

由式 3-2b 的右端不难看出，强度型指标实为单位时间内某事件发生的频率。它与频率型指标的区别在于"单位时间"的限定。其本质实为频率强度，即概率强度的近似值。实际应用中常称为（速）率（rate），如发病率、死亡率。

【例 3-3】　为探讨 EB 病毒与鼻咽癌发病的关系，研究者在某市进行了 EB 病毒抽样调查，共检查 25~70 岁居民 41 471 人，其中 38 550 人 EB 病毒抗体阴性，2 921 人阳性。以 EB 病毒抗体阴性和阳性者形成两个组，进行了为期 12 年的队列研究，两组分别随访了 437 579 人年和 20 477 人年，EB 病毒抗体阴性组共发生鼻咽癌 54 例，阳性组 57 例。试计算两组的人时（或人年）发病率。

按式 3-2b 计算 EB 病毒阴性人群的人时发病率为：

$$P_0 = \frac{d_0}{T_0} = \frac{54}{437\ 579} \times 10^5 / 10^5 = 12.34 \times 10^{-5} / \text{人年}$$

EB 病毒阳性人群的人时发病率为：

$$P_1 = \frac{d_1}{T_1} = \frac{57}{20\ 477} \times 10^5 / 10^5 = 278.36 \times 10^{-5} / \text{人年}$$

计算结果表示在该项为期 12 年的队列研究中，在 EB 病毒阴性人群中平均每 10 万人年约发生 12.34 个鼻咽癌患者，或鼻咽癌的年发病率为 12.34/10 万，而在 EB 病毒阳性人群中平均每 10 万人年约发生 278.36 个鼻咽癌患者，或鼻咽癌的年发病率为 278.36/10 万。

### 三、相对比型指标

相对比型指标是指两个有关联的指标 A 与 B 之比，实际应用中简称比（ratio）。A 与 B 可以是性质相同，如不同时期发病数之比；也可以性质不同，如医院的门诊人次与病床数之比。通常以倍数或百分数（%）表示，计算公式为：

$$\frac{A}{B} \times 100\% \tag{式 3-3}$$

式中 A、B 两指标可以是绝对数、相对数或平均数。

最常见的相对比是人口学中的男女性别比，反映卫生资源的指标如每千人口的医生数、每千人口的病床数、每医师的门诊工作量以及分析动态数列的指标等都是相对比。流行病学中的相对危险度 RR=$P_1/P_0$，以及优势比 OR=$\dfrac{\text{病例组的优势}}{\text{对照组的优势}} = \dfrac{a/b}{c/d} = \dfrac{ad}{bc}$，也是相对比指标。

【例 3-4】 根据例 3-3 的计算可得：$P_0$=12.34/10 万人年，$P_1$=278.36/10 万人年，则相对危险度为：

$$\text{RR} = \frac{P_1}{P_0} = \frac{278.36}{12.34} = 22.56$$

### 四、应用相对数的注意事项

1. 不能把频率型指标和强度型指标相混淆　上述相对数指标的定义有明确的区别，但在实际应用中，常错误解释相对数的计算结果，尤其频率型指标和强度型指标常被混淆。本章死亡统计指标的表 3-12 和疾病统计指标的表 3-13 列出了几个容易混淆的相对数。

2. 频率型指标的解释要紧扣总体与属性　本章表 3-1 有两个多分类变量的频率分布，表 3-2 有一个二分类变量的频率分布，表 3-3 有四个二分类变量的频率分布。它们都是频率分布，区别何在？

第一，总体不同，例如，表 3-1 的两个频率分布描述的都是"职业"这个分类变量，但总体不同，分别描述的是被访对象这个大总体和慢性病患者这个小总体中"职业"的分布。第二，属性不同，例如，表 3-1 的第一个频率分布和表 3-2 的频率分布具有相同的总体，即被访对象这个大总体，但描述的是不同的属性，前者反映"职业"属性，后者反映"患病"属性。

由上可见,要了解一个频率分布的意义,或要分辨两个频率分布的区别,必须注意两点:什么总体?什么属性?基于这个观点,表3-1中,慢性病患者的职业分布是在患者总体中考察"职业"属性;而表3-3第4列的每一行则是在特定职业的总体中考察"患病"属性。

3. 计算相对数时分母应有足够数量　如果样本例数较少($n < 10$)会使相对数波动较大。如某种疗法治疗5例患者,5例全部治愈,则计算治愈率为$5/5 \times 100\% = 100\%$;若4例治愈,则治愈率为$4/5 \times 100\% = 80\%$,由100%至80%波动幅度较大,但实际上只有1例的变化。在临床试验或流行病学调查中,各种偶然因素都可能导致计算结果的较大变化,因此,例数很少的情况下最好不用相对数表示,例如,治疗5例,4例治愈。

4. 正确计算合计频率　对两组同质的资料,有时需要合并起来估计一个合计频率或平均频率。这时,不能简单地由两组分别计算的频率相加后求平均。例如,用某疗法治疗肝炎,甲医院治疗150人,治愈30人,治愈率为20%;乙医院治疗100人,治愈30人,治愈率为30%。两个医院合计治愈率应该是两组分子之和除以两组分母之和,$[(30+30)/(150+100)] \times 100\% = 24\%$。若计算为$(20\%+30\%)/2 = 25\%$,则是错误的。

5. 注意资料的可比性　在比较相对数时,除了要对比的因素(如不同的药物),其余的影响因素应尽可能相同或相近。下列因素可能影响对比组之间的可比性:

(1)观察对象是否同质,研究方法是否相同,观察时间是否相等,以及地区、周围环境、风俗习惯和经济条件是否一致或相近等。

(2)对比不同时期资料应注意客观条件是否相同。例如,疾病报告制度完善和资料完整的地区或年份,发病率可以"升高";居民因医疗普及,就诊机会增加,或诊断技术提高,也会引起发病率"升高"。因此在分析讨论时,应根据各方面情形全面考虑,慎重对待。

(3)观察对象重要属性的分布是否相同,若两组资料的年龄、性别等的分布不同,可以分别在同年龄、同性别的小组内比较或对年龄、性别等分布进行标准化后再作比较(见本章第三节)。

6. 样本相对数的统计推断　在随机抽样的情况下,从样本估计值的差异推断总体的参数是否相等,必须考虑抽样误差,不能仅凭数字表面不同轻易地下结论,而应进行参数估计和假设检验。

## 五、动态数列及其指标

动态数列(dynamic series)是按时间顺序将一系列统计指标(可以是绝对数,相对数或平均数)排列起来,用以观察和比较该事物在时间上的变化和发展趋势。常用的动态数列分析指标有:绝对增长量、发展速度与增长速度、平均发展速度与平均增长速度。

【例3-5】　某地区2013—2020年职工年医疗费用统计数据见表3-5第(1)、(3)列,试做动态分析。

(一)绝对增长量

绝对增长量是说明事物在一定时期增长的绝对值。可分为:

1. 累计增长量　即报告期指标与基线期指标之差。若以2013年职工年医疗费用为基线期指标,则各年职工年医疗费用为报告期指标。如表3-5第(4)列中2018年较2013年,年医疗费用累计增长量为9 713 803−6 334 422=3 379 381(元)。

2. 逐年增长量　即报告期指标与前一期指标之差。如表3-5第(5)列中2018年较2017年,年医疗费用增长量为9 713 803−9 300 312=413 491(元)。

表3-5 某地区2013—2020年职工医疗费用动态变化

| 年份（1） | 指标符号（2） | 年医疗费用/元（3） | 绝对增长量/元 | | 发展速度/% | | 增长速度/% | |
|---|---|---|---|---|---|---|---|---|
| | | | 累计（4） | 逐年（5） | 定基比（6） | 环比（7） | 定基比（8） | 环比（9） |
| 2013 | $a_0$ | 6 334 422 | — | — | 100.00 | 100.00 | — | — |
| 2014 | $a_1$ | 7 503 087 | 1 168 665 | 1 168 665 | 118.45 | 118.45 | 18.45 | 18.45 |
| 2015 | $a_2$ | 8 372 577 | 2 038 155 | 869 490 | 132.18 | 111.59 | 32.18 | 11.59 |
| 2016 | $a_3$ | 8 792 459 | 2 458 037 | 419 882 | 138.80 | 105.01 | 38.80 | 5.01 |
| 2017 | $a_4$ | 9 300 312 | 2 965 890 | 507 853 | 146.82 | 105.78 | 46.82 | 5.78 |
| 2018 | $a_5$ | 9 713 803 | 3 379 381 | 413 491 | 153.35 | 104.45 | 53.35 | 4.45 |
| 2019 | $a_6$ | 9 458 582 | 3 124 160 | −255 221 | 149.32 | 97.37 | 49.32 | −2.63 |
| 2020 | $a_7$ | 9 868 453 | 3 534 031 | 409 871 | 155.79 | 104.33 | 55.79 | 4.33 |

（二）发展速度与增长速度

发展速度与增长速度均为相对比,说明事物在一定时期的变化情况。可计算定基比,即报告期指标（$a_n$）与基线期指标（$a_0$）之比,用符号表达为$a_1/a_0, a_2/a_0, \cdots, a_n/a_0$;也可以计算环比,即报告期指标（$a_n$）与其前一期指标（$a_{n-1}$）之比,用符号表达为$a_1/a_0, a_2/a_1, \cdots, a_n/a_{n-1}$。

1. 发展速度 表示报告期指标的水平相当于基线期（或前一期）指标的百分之多少或若干倍。表3-5中2018年:

$$定基比发展速度 = \frac{a_5}{a_0} \times 100\% = \frac{9\ 713\ 803}{6\ 334\ 422} \times 100\% = 153.35\%$$

$$环比发展速度 = \frac{a_5}{a_4} \times 100\% = \frac{9\ 713\ 803}{9\ 300\ 312} \times 100\% = 104.45\%$$

2. 增长速度 表示的是净增加速度,增长速度=发展速度−100%。
表3-5中2018年:

$$定基比增长速度 = 153.35\% - 100\% = 53.35\%$$

$$环比增长速度 = 104.45\% - 100\% = 4.45\%$$

由表3-5可见,从发展速度看,该地区职工年医疗费用呈逐年不断增加趋势;从增长速度看,在前期逐年增长趋势中,2019年职工医疗费用出现下降情况,但2020年医疗费用又开始增长。

（三）平均发展速度和平均增长速度

平均发展速度和平均增长速度,用于概括某现象在一段时期中的平均变化。平均发展速度是发展速度的几何平均数,其计算公式为:

$$平均发展速度 = \sqrt[n]{\frac{a_1}{a_0} \times \frac{a_2}{a_1} \times \frac{a_3}{a_2} \times \cdots \times \frac{a_n}{a_{n-1}}} = \sqrt[n]{\frac{a_n}{a_0}} \qquad （式3-4）$$

式中$a_0$为基期指标;$a_n$为第$n$期指标。

$$平均增长速度 = 平均发展速度 - 100\% \qquad （式3-5）$$

对表3-5第（1）、（3）列的资料计算平均发展速度与平均增长速度:

$$平均发展速度 = \sqrt[7]{\frac{9\ 868\ 453}{6\ 334\ 422}} = 106.5\%$$

$$平均增长速度 = 106.5\% - 100\% = 6.5\%$$

从表 3-5 的动态指标可以看出，在 2018 年前，该地区职工医疗费用每年均有增加，但发展是不平衡的，每年的递增速度在 4.45%～18.45% 之间浮动。从 2013—2020 年该地区职工医疗费用年平均发展速度为 106.5%，年平均增长速度为 6.5%。

动态数列的分析不仅可以总结过去，而且可以进行预测，即根据平均发展速度式 3-4 计算几年后达到的指标。如根据表 3-5 资料预测 2022 年职工的医疗费用，本例 2022 年相当于 $a_9$，将已知数据代入式 3-4

$$1.065 = \sqrt[9]{\frac{a_9}{6\ 334\ 422}}$$

$$a_9 = 1.065^9 \times 6\ 334\ 422 = 11\ 164\ 865$$

即根据该地区 2013—2020 年职工医疗费用的平均发展速度，预计到 2022 年，该地区职工年医疗费用可达 11 164 865 元。注意，这里假定 2018—2019 年期间仍然保持上述平均发展速度，否则，这样预测是不妥当的。

## 第三节　率的标准化法

### 一、标准化法的意义和基本思想

如果两组个体的年龄、性别、病情等变量在两组内的分布存在差异，则粗死亡率、粗发病率（crude incidence rate）、粗治愈率（crude cure rate）等不能直接进行比较。为消除两组个体其他变量分布不同的影响，需要首先对两组数据作标准化处理。

【例 3-6】 某医院用 A、B 两种疗法治疗某病，对象有普通型和重型两类患者，患者数和治愈数分别如表 3-6 所示，试比较这两种疗法的治愈率。

表 3-6　A、B 两种疗法治疗某病的治愈率比较

| 病型 | A 疗法 | | | B 疗法 | | |
| --- | --- | --- | --- | --- | --- | --- |
| | 患者数 | 治愈数 | 治愈率/% | 患者数 | 治愈数 | 治愈率/% |
| 普通型 | 300 | 180 | 60.0 | 100 | 65 | 65.0 |
| 重型 | 100 | 35 | 35.0 | 300 | 125 | 41.7 |
| 合计 | 400 | 215 | 53.8 | 400 | 190 | 47.5 |

表 3-6 的资料表明 A、B 两种疗法治疗某病的治愈率均为普通型高于重型，而且无论哪种病型，B 疗法的治愈率均高于 A 疗法。但是，从合计栏看来，A 疗法的粗治愈率为 53.8%，B 疗法的粗治愈率为 47.5%，似乎 A 疗法比 B 疗法为优。为什么会出现这样的矛盾？关键在于，这两个治疗组患者的病型分布有很大不同，A 疗法组的普通型患者多于重型患者，B 疗法组相反，普通型患者少于重型患者，两个治疗组的粗治愈率无可比性。两种疗法的治愈率，可以在患者类型相同的前提下比较，即分层比较，例如，表 3-6 的第一行和第二行就是分别在普通型和重型患者内部进行比较。但

有时需要不分患者类型,综合比较粗治愈率。这时就必须克服两组治疗对象病型分布不同的困难,办法之一就是标准化法(standardization)。

标准化法的关键是选择一个"标准",在这个共同的"平台"上比较两组资料。"标准"的选择,通常有三种做法:

(1)选定两组之一,将其作为"标准";

(2)两组合并,作为"标准";

(3)在两组之外另选一个群体,如采用全国、全省或全地区的对象,将其作为"标准"。

原则上,选定的标准组应当有代表性、较稳定,便于比较。

## 二、标准化率的计算

1. 直接标准化法　对表 3-6 资料,计算 A、B 两种疗法标准化治愈率列于表 3-7。其步骤如下:

(1)选定"标准人口":本例,将 A、B 两组合并,作为"标准人口",其中,普通型患者 $N_1=400$,重型患者 $N_2=400$, $N=N_1+N_2=400+400=800$(第 2 列)。

(2)分别计算"标准人口"的预期治愈人数:对于 A 疗法,普通型和重型患者的治愈率分别为 $P_1=60\%$ 和 $P_2=35\%$(第 3 列);将 A 疗法应用于"标准人口"中,预期治愈人数分别为 $N_1P_1=400\times60\%=240$ 和 $N_2P_2=400\times35\%=140$,预期治愈人数之和为 $N_1P_1+N_2P_2=240+140=380$(第 4 列)。类似地,对于 B 疗法,$P_1=65.0\%$ 和 $P_2=41.7\%$(第 5 列);$N_1P_1=400\times65\%=260$ 和 $N_2P_2=400\times41.7\%=167$,预期治愈人数之和为 $N_1P_1+N_2P_2=260+167=427$(第 6 列)。

(3)分别计算两种疗法的标准化治愈率:对于 A 疗法,标准化治愈率为

$$P'=\frac{预期治愈人数之和}{标准人口数}=\frac{N_1P_1+N_2P_2}{N}\times100\%=\frac{380}{800}\times100\%=47.5\%$$

对于 B 疗法,标准化治愈率为

$$P'=\frac{预期治愈人数之和}{标准人口数}=\frac{N_1P_1+N_2P_2}{N}\times100\%=\frac{427}{800}\times100\%=53.4\%$$

表 3-7　按式 3-4 用直接法计算标准化治愈率

| 病型<br>(1) | 标准治疗人数<br>($N_i$)<br>(2) | A 疗法($j=1$) | | B 疗法($j=2$) | |
| --- | --- | --- | --- | --- | --- |
| | | 原治愈率/%<br>($P_{i1}$)<br>(3) | 预期治愈数<br>($N_iP_{i1}$)<br>(4)=(2)×(3) | 原治愈率/%<br>($P_{i2}$)<br>(5) | 预期治愈数<br>($N_iP_{i2}$)<br>(6)=(2)×(5) |
| 普通型 | 400 | 60.0 | 240 | 65.0 | 260 |
| 重型 | 400 | 35.0 | 140 | 41.7 | 167 |
| 合计 | 800($N$) | — | 380($\sum N_iP_{i1}$) | — | 427($\sum N_iP_{i2}$) |

经标准化后,B 疗法治愈率高于 A 疗法,与分层比较的结论一致。

一般地,设有一个重要的分类变量,它在两组个体($j=1,2$)中的分布不同;已知第 $j$ 组每个类别中发生某事件的频率 $P_{ij}$,$i=1,2,\cdots$。

(1)选定"标准人口",每个类别中的个体数记为 $N_i$,$i=1,2,\cdots$。

(2)分别计算"标准人口"的预期治愈人数之和 $\sum_i N_iP_{ij}$,$j=1,2$。

（3）分别计算两种疗法的标准化治愈率：

$$P'_j = \frac{\sum_i N_i P_{ij}}{N} \quad \text{或} \quad P'_j = \sum_i \left(\frac{N_i}{N}\right) P_{ij}, j = 1, 2 \qquad \text{（式 3-6）}$$

### 2. 间接标准化法

【例 3-7】　某人于 2023 年在某省城市和农村分别抽样调查了 776 名和 789 名老年妇女，从中分别检出了 322 名和 335 名原发性骨质疏松症患者（表 3-8）。由于城市和农村被调查者年龄分布很不相同，但缺少各年龄组患者人数和患病率资料，不便采用直接法计算标准化率。试用间接标准化法比较城市和农村的标准化患病率。

表 3-8　2023 年某省城乡女性原发性骨质疏松症患病率比较

| 年龄组/岁 (1) | 城市 | | | 农村 | | |
|---|---|---|---|---|---|---|
| | 调查人数 (2) | 患病人数 (3) | 患病率/% (4) | 调查人数 (5) | 患病人数 (6) | 患病率/% (7) |
| 50～ | 354 | … | … | 241 | … | … |
| 60～ | 251 | … | … | 315 | … | … |
| 70～ | 130 | … | … | 175 | … | … |
| 80～ | 41 | … | … | 58 | … | … |
| 合计 | 776 | 322 | 41.5 | 789 | 335 | 42.5 |

其步骤如下：

（1）选另一个地区某年的 50 岁以上老年妇女原发性骨质疏松症的年龄组患病率 $P_i$ 作为标准患病率（表 3-8 第 2 列）。

（2）分别计算城乡两地被调查者中的预期患病人数。对于城市组，第 1 个年龄组的调查人数为 $n_{11}=354$ 名（表 3-9 第 3 列），预期患病人数等于 $n_{11}P_1=354 \times 21.3\%=75$ 名（表 3-9 第 4 列），第 2 个年龄组的调查人数为 $n_{21}=251$ 名，预期患病人数等于 $n_{21}P_2=251 \times 46.1\%=116$ 名……4 个年龄组合计预期患病人数为 305 名；对于农村组，第 1 个年龄组的调查人数为 $n_{12}=241$ 名（表 3-9 第 5 列），预期患病人数等于 $n_{12}P_1=241 \times 21.3\%=51$ 名（表 3-9 第 6 列），第 2 个年龄组的调查人数为 $n_{22}=315$ 名，预期患病人数等于 $n_{22}P_2=315 \times 46.1\%=145$ 名……4 个年龄组合计预期患病人数为 353 名。

表 3-9　按式 3-7 用间接法计算标准化患病率

| 年龄组/岁 (1) | 标准患病率 $P_i$/% (2) | 城市 | | 农村 | |
|---|---|---|---|---|---|
| | | 人口数 $n_i$ (3) | 预期患病人数 $n_i P_i$ (4)=(2)×(3) | 人口数 $n_i$ (5) | 预期患病人数 $n_i P_i$ (6)=(2)×(5) |
| 50～ | 21.3 | 354 | 75 | 241 | 51 |
| 60～ | 46.1 | 251 | 116 | 315 | 145 |
| 70～ | 65.5 | 130 | 85 | 175 | 115 |
| 80～ | 71.7 | 41 | 29 | 58 | 42 |
| 合计 | 42.1 | 776 | 305 | 789 | 353 |

（3）分别计算城乡两地实际患病人数与预期患病人数之比和标准化患病率，

$$标准化患病率=标准患病率\times\frac{实际患病人数之和}{预期患病人数之和}$$

于是，

$$城市标准化患病率=42.1\%\times\frac{322}{305}=44.6\%$$

$$农村标准化患病率=42.1\%\times\frac{335}{353}=40.0\%$$

可见，经间接标准化后，城市老年女性骨质疏松症标准化患病率高于农村。

一般地，设有一个重要的分类变量，它在两组个体（$j=1,2$）中的分布不同；已知第 $j$ 组每个类别中的个体数 $n_{ij}$，$i=1,2,\cdots$，和实际发生某事件的总人数 $r_j$，$j=1,2$。

（1）选定该事件的"标准发生率"，每个类别中的发生率记为 $P_i$，$i=1,2,\cdots$，合计发生率为 $P$。

（2）分别计算两组每个类别中发生某事件的预期人数之和 $\sum\limits_{i}n_{ij}P_i$，$j=1,2$。

（3）分别计算两组合计发生率 P 与 SMR 的乘积，称为间接法标准化发生率。

标准化发生率：

$$P'_j=P\frac{r_j}{\sum\limits_{i}n_{ij}P_i}\quad j=1,2 \tag{式3-7}$$

如果上述"某事件的发生率"为死亡率，则实际死亡人数与期望死亡人数之比称为标准化死亡比（standard mortality ratio，SMR）。若 SMR＞1，表示被标准化人群的死亡率高于标准死亡率；若 SMR＜1，表示被标准化人群的死亡率低于标准死亡率。但样本的 SMR 有抽样误差，在单独使用 SMR 这个指标时，还需作总体 SMR 是否为 1 的假设检验。

### 三、应用标准化法的注意事项

1. 标准化法的应用范围很广。从例 3-6 和例 3-7 可见，上述两组个体反映重要属性的分类变量可以是病情，也可以是年龄，还可以是性别或职业等；上述"某事件的发生率"可以是治愈率，也可以是患病率，还可以是发病率、病死率等。当某个分类变量在两组中分布不同时，这个分类变量就成为两组频率比较的混杂因素，标准化法的目的就是消除这个混杂因素的影响。

2. 标准化后的标准化率，已经不再反映当时当地的实际水平，它只是表示相互比较的资料间的相对水平。

3. 标准化法的实质是找一个"标准"，使两组得以在一个共同的"平台"上进行比较。选择不同的"标准"，算出的标准化率也会不同，比较的结果也未必相同，因此报告比较结果时必须说明所选用的"标准"和理由。

4. 两样本标准化率是样本值，存在抽样误差。比较两样本的标准化率，当样本含量较小时，还应作假设检验。

## 第四节 医学人口健康统计常用指标

医学人口统计（medical demography）是从卫生保健的角度研究和描述人口数量、分布、结构、变动及其规律,研究人口与卫生事业发展的相互关系,是卫生统计学的重要组成部分。医学人口统计不仅是制定卫生工作计划及确定卫生政策的重要依据,也是了解人群健康水平及评价卫生工作效果的重要依据。

## 一、医学人口统计资料的来源

医学人口统计资料的收集方法如同其他统计资料一样,其主要来源为日常工作记录(报告单、卡、册)、统计报表和人口调查三个方面。

### (一)日常工作记录(报告单、卡、册)

日常工作记录是指人口事件发生后有关部门按常规报告制度所做的原始记录。如公安部门的出生、死亡和迁移报告登记;计划生育部门的已婚育龄妇女计划生育卡、孕产妇及生育登记;妇幼保健部门的产前产后保健卡、孕产妇死亡卡、5岁及以下儿童死亡登记、计划生育手术记录;民政部门的结婚、离婚登记等。这些日常工作记录是为了各部门的特殊需要和管理而建立。

### (二)统计报表

统计报表一般指国家统计局批准的由下级部门向上级部门直至中央送审的报表,有月报表、季报表和年报表。统计报表实际上是从原始报告单、卡、册过录整理后的一种汇总表。如果没有机会得到日常工作记录,统计报表也可作为较好的原始记录用于医学人口分析。这种统计资料的再次开发和利用,也称二次开发,或二手资料。与医学人口统计关系较为密切的统计报表有出生统计报表、死因统计报表、妇幼卫生统计报表等。

### (三)人口调查

医学人口资料的来源除了上述两种常规报告外,根据统计需要和目的,还可做一些定期或不定期的专项调查。调查的方法通常有普查和抽样调查两类。人口普查是收集、整理和分析一个国家或一定区域在某一特定时间的人口、经济和社会资料的全过程。一般每隔5~10年举行一次人口普查,我国已先后于1953年、1964年、1982年、1990年、2000年、2010年、2020年、2024年进行了8次人口普查。人口普查资料可从国家和地方各级统计局获得。人口普查周期长,耗费人力、物力、财力和时间,每次调查项目也不能很多。日常登记资料具有连续性的特点,但项目也有限。要对某个国家或地区的人口问题进行广泛深入的研究,常通过抽样调查去获得内容丰富的资料。

## 二、描述人口学特征的常用指标

### (一)人口总数

人口总数(population size)一般指一个国家或地区在某一特定时间的人口数。按惯例,一般采用一年的中点,即7月1日零时为标准时点进行统计。为避免重复或遗漏,国际上统一规定了两种统计人口数的方法,一种称为实际制,指标准时点某地实际存在的人口数(包括临时在该地的人);另一种称为法定制,指某地的常住人口数。卫生领域的许多工作,如传染病的防治、计划免疫及计划生育管理等都是采用实际人口数。

由于人口数量经常变动,某一时点的人口数只能代表这一时点的人口规模,而不能代表其他时点或某一时期(如一年)的人口规模。在实际应用中,有时也用某一期间的平均人口数来代表人口总数。平均人口数通常是指相邻两年年末(12月31日)人口数的平均值;当人口数在一年中是均匀变动时,也可用年中(7月1日零时)人口数代表全年的平均人口数。平均人口数常用作计算出生率、死亡率、发病率等指标的分母。

### （二）人口学特征指标

人口学的基本特征包括性别、年龄、文化、职业等，其中最常用来描述人口结构的是年龄和性别。表 3-10 列出了常用的人口学特征指标。其中，老年（人口）系数指老年人口占总人口的比重，反映人口是否老化及老化的程度，可作为划分人口类型的尺度。一般把 65 岁及以上的人口称为老年人口。少年儿童（人口）系数指 14 岁及以下少年儿童在总人口中所占比重，是从另一侧面反映人口老化程度的指标。其大小主要受生育水平的影响。负担系数（dependency ratio），又称抚养比或抚养系数，是指人口中非劳动年龄人数与劳动年龄人数之比。一般以 15～64 岁为劳动年龄，14 岁及以下和 65 岁及以上为非劳动年龄或被抚养年龄。一般发达国家的总负担系数低于发展中国家，老年负担系数高于发展中国家，而少年儿童负担系数低于发展中国家。老少比指 65 岁及以上的老年人口与 14 岁及以下的少年儿童人口之比，表示每 100 名少年儿童对应多少老年人，是划分人口类型的标准之一。性别比（sex ratio）指男性人口与女性人口的比值，除了有全人口性别比之外，根据研究需要，还可计算各年龄段的性别比。根据大量观察，初生婴儿男多于女，出生性别比一般在 104% 至 107% 之间，但由于男性死亡率一般高于女性，到青壮年时期，人口的性别比在 100% 左右，到老年期，则降至 100% 以下。

表 3-10　人口学特征指标

| 指标 | 分子 | 分母 | 基数 | 指标类型 |
|---|---|---|---|---|
| 老年（人口）系数 | ≥65 岁人口数 | 人口总数 | 100% | 频率型 |
| 少儿（人口）系数 | ≤14 岁人口数 | 人口总数 | 100% | 频率型 |
| 总负担系数 | ≤14 岁人口数＋≥65 岁人口数 | 15～64 岁人口数 | 100% | 相对比型 |
| 少儿负担系数 | ≤14 岁人口数 | 15～64 岁人口数 | 100% | 相对比型 |
| 老年负担系数 | ≥65 岁人口数 | 15～64 岁人口数 | 100% | 相对比型 |
| 老少比 | ≥65 岁人口数 | ≤14 岁人口数 | 100% | 相对比型 |
| 性别比 | 男性人口数 | 女性人口数 | 100% | 相对比型 |

## 三、生育和人口死亡的常用指标

### （一）有关生育的常用指标

反映生育水平的指标是研究人口发展趋势的基础，是确定人口再生产类型的重要依据。有关生育的常用指标有出生率、生育率和人口再生产指标。

1. 测量生育水平的统计指标　用于测量生育水平的常用统计指标见表 3-11。其中，粗出生率（crude birth rate，CBR）指某年某地平均每千人口的活产数，是反映一个国家或地区的人口自然变动的基本指标。该指标受人口年龄性别结构的影响较大，只能粗略反映生育水平。总生育率（general

表 3-11　测量生育水平的统计指标

| 指标 | 分子 | 分母 | 基数 | 指标类型 |
|---|---|---|---|---|
| 粗出生率 | 同年活产数 | 同年平均人口数×1 年 | 1 000‰ | 强度型（近似） |
| 总生育率 | 同年活产数 | 同年 15～49 岁妇女数 | 1 000‰ | 相对比型 |
| 年龄别生育率 | 同年某年龄组活产数 | 同年某年龄组平均妇女数×1 年 | 1 000‰ | 强度型（近似） |
| 总和生育率 | 是 15～49 岁年龄别生育率的总和 | | | |

fertility rate, GFR)指某年某地平均每千名育龄妇女的活产数,国际上多数国家以15～49岁作为育龄妇女的年龄界限。总生育率消除了总人口中年龄性别结构不同对生育水平的影响,较粗出生率能更确切地反映生育水平。但在育龄妇女中,不同的年龄阶段生育能力有很大差别,故该指标受育龄妇女内部年龄结构的影响。

年龄别生育率(age-specific fertility rate, ASFR)也称年龄组生育率,消除了育龄妇女内部年龄结构不同对生育水平的影响;总和生育率(total fertility rate, TFR),表示每个妇女一生平均生多少个孩子。总和生育率的基本含义是:假定同时出生的一代妇女,按照某年的年龄别生育率度过其一生的生育经历,则年龄别生育率之和乘年龄组组距,就是这一代妇女平均每人可能生育的子女数。总和生育率=$i×\sum$ASFR,式中$i$为年龄别的组距,$\sum$ASFR表示各年龄别生育率之和。如某年某地的年龄组生育率之和为500/千,年龄别组距为5(岁),则总和生育率为2.5,即该地每个妇女一生平均生2.5个孩子。总和生育率是用某年横断面的年龄别生育率资料计算的,因此消除了人口的年龄性别结构对生育水平的影响,不同时间、不同地区的总和生育率可以直接进行比较,是测量生育水平较理想的指标。

2. 测量人口再生育的统计指标 人口再生育与当前和未来的生育水平及死亡水平密切相关,随着社会的发展,人口再生育的类型由高出生、高死亡、低增长的传统类型经过高出生、低死亡、高增长的过渡类型,转而进入低出生、低死亡、低增长的现代人口类型。因此测量人口再生育的情况必须从出生及死亡两方面考虑,常用的统计指标有自然增长率、粗再生育率和净再生育率。

自然增长率(natural increase rate, NIR)是粗出生率(CBR)与粗死亡率(CDR)之差,即 NIR=CBR-CDR。用来粗略地估计人口增长趋势。由于受人口年龄性别构成的影响,不能预测未来人口的发展速度。

粗再生育率(gross reproduction rate, GRR)是指每个妇女一生平均生育的女儿数,GRR=总和生育率×女婴占出生婴儿的比例。如前面提到的某年某地的总和生育率为2.5,假设女婴占出生婴儿的比例为0.47,则 GRR 等于1.18,表明母亲一代所生的女婴数超过母亲人数。

净再生育率(net reproduction rate, NRR),在粗再生育率的基础上扣除了母亲一代所生的女儿中0～49岁的死亡数,剩下的即为真正能取代母亲一代的女儿数。净再生育率是由女婴的年龄别生育率和女性寿命表中的生存人年数计算得到,除了年龄别生育率,还需要女性人口年龄别死亡数据。例如,用某年某地的女婴的年龄别生育率和女性生存人年数计算得到 NRR=1 099.93‰=1.10,表示该地平均每个妇女所生的女婴扣除死亡后,净剩的能取代母亲执行生育职能的女儿数。NRR=1.0,表示未来人口将保持恒定,即处于更替水平(replacement level)。若 NRR>1,表示未来人口将增多;NRR<1,表示未来人口将减少。

(二)死亡统计指标

死亡统计主要研究人群的死亡水平、死亡原因及其变动规律。常用的死亡统计指标列于表3-12,如粗死亡率、年龄别死亡率、婴儿死亡率、新生儿死亡率、围生儿死亡率、死因别死亡率、某病病死率和死因构成等。

1. 测量死亡水平的指标 粗死亡率(crude death rate, CDR)简称死亡率(mortality rate),指某地某年平均每千人口中的死亡数,反映当地居民总的死亡水平。一般情况下,老人和婴儿的死亡率较高,男性死亡率高于女性。因此,在分析比较不同时期或不同地区的粗死亡率时,要注意所比较资料的人口年龄或性别构成是否齐同,如不一致应按年龄或性别标准化后再作比较(见本章第五节)。死亡率可按照不同性别、年龄、疾病等特征分别计算死亡专率(specific death rate),如年龄别死亡率

表 3-12　人口死亡统计指标

| 指标 | 分子 | 分母 | 基数 | 类型 |
| --- | --- | --- | --- | --- |
| 粗死亡率 | 同年内死亡人数 | 年平均人口数×1年 | 1 000‰ | 强度型(近似) |
| 年龄别死亡率 | 同年某年龄组死亡人数 | 同年某年龄组平均人口数×1年 | 1 000‰ | 强度型(近似) |
| 婴儿死亡率 | 同年<1周岁死亡人数 | 同年活产儿总数 | 1 000‰ | 频率型(近似) |
| 新生儿死亡率 | 同年<28天死亡人数 | 同年活产儿总数 | 1 000‰ | 频率型(近似) |
| 围生儿死亡率 | 同年围生期死胎数+死产数+<7天死亡人数 | 同年围生期死胎数+死产数+活产数 | 1 000‰ | 频率型(近似) |
| 5岁以下儿童死亡率 | 同年5岁以下儿童死亡数 | 同年活产儿总数 | 1 000‰ | 相对比 |
| 孕产妇死亡率 | 同年孕产妇死亡数 | 同年活产儿总数 | 10万/10万 | 相对比 |
| 死因别死亡率 | 同年内某原因死亡人数 | 同年平均人口数×1年 | 10万/10万 | 强度型(近似) |
| 某病病死率 | 同年某病死亡人数 | 同年患该病总数 | 100% | 频率型(近似) |
| 死因构成比 | 同年某死因死亡数 | 同年内死亡总数 | 100% | 频率型(近似) |

(age-specific death rate, ASDR),亦称年龄组死亡率,指某年某年龄别平均每千人口中的死亡数。

　　婴儿死亡率(infant mortality rate, IMR)指某年活产儿中未满1周岁婴儿的死亡频率,是反映社会卫生状况、婴儿保健工作以及人群健康状况的重要指标之一,也是死亡统计指标中较敏感的指标。婴儿死亡率分为新生儿死亡率与新生儿后期死亡率两部分。新生儿死亡率(neonatal mortality rate, NMR)指某地某年活产儿中未满28天的新生儿死亡频率;新生儿后期死亡率(post-neonatal mortality rate, PNMR)指某地某年活产儿中满28天但未满1周岁的新生儿死亡频率。

　　围生儿死亡率(perinatal mortality rate, PMR):围生期是指孕产妇分娩前后的一定时期,我国对围生期的定义是指从妊娠满28周(胎儿或新生儿出生体重达到1 000g及以上或身长达到35cm及以上)至出生后7天以内的时期。死胎指妊娠28周及以上,临产前胎儿死于宫内,出生后无生命征兆者;死产指妊娠28周及以上,临产前胎儿存活,产程中胎儿死亡,出生后无生命征兆者。围生儿死亡率是衡量孕前、孕期、产期、产后保健工作质量的敏感指标之一。

　　5岁以下儿童死亡率(child mortality rate under age 5)是近些年来国际组织推荐并应用较多的综合反映儿童健康水平和变化的主要指标;孕产妇死亡率(maternal mortality rate):指某年中由于怀孕和分娩及并发症造成的孕产妇死亡人数与同年出生活产数之比。国际疾病分类第11版(ICD-11)将孕产妇死亡(产科死亡)分为以下几种:①未特指原因死亡,孕期或分娩后42天内的死亡,可能与生理、产科或其他变化有关,或由妊娠、分娩或产褥期使用的干预措施引起,没有明确的原因;②任何产科原因死亡,产后43天至1年内的死亡,由任何生理、产科或其他变化引起,或由妊娠、分娩或产褥期使用的干预措施引发;③产科原因后遗症造成的死亡,由妊娠、分娩或产褥期的任何并发症引起或随后引起的妊娠期女性的继发性情况。孕产妇死亡率的计算必须具有医疗部门的诊断资料。孕产妇死亡率是评价人群健康状况的重要指标之一,也可以评价妇女保健工作,可间接反映一个国家的卫生文化水平。

　　死因别死亡率(cause-specific death rate, CSDR)指某种原因(疾病)所致的死亡率,也称某病死亡率。死因别死亡率是死因分析的重要指标,它反映各类病伤死亡对居民生命的危害程度。

　　病死率(fatality rate, FR)指在某一期间内(1年)患某病者因该病死亡的百分比,可说明一种疾病的严重程度,也可反映一个医疗单位医疗的水平和质量。根据资料来源可以计算社区人群的病死率或医院患者的病死率。

2. **死因构成及死因顺位的指标** 死因构成比（proportion of dying of a specific cause），也称比例死亡比（proportionate mortality rate，PMR）或相对死亡比，指全部死亡人数中，死于某死因者所占的百分比，说明各种死因的相对重要性。死因顺位是指按各类死因构成比的大小由高到低排列的位次，说明各类死因的相对重要性。

死亡统计是按死亡人数来计算的。当死者患有多种疾病和损伤时，必须从中选出一种最重要的致死原因作为死者的死因，称基本死因（underlying death cause），并按基本死因归类。因此，选择基本死因和按 ICD-11 归类规则分类是死因正确分类的基础。世界卫生组织召开的第 20 届世界卫生大会规定，基本死因是指"（a）引起直接导致死亡的一系列病态事件的那个疾病或损伤，或者（b）造成致命损伤的事故或暴力的情况。"

制定基本死亡原因的想法是从防止死亡的角度来寻找带有根本性的、引起一系列疾病最终导致死亡的那个原因；不管那个原因发生在死前多长时间都应给予记录。那个原因可以是一个明确的疾病诊断，可以是一个无明确诊断的医学情况（如症状、体征、临床表现等），也可以是一个意外的损伤或中毒。

### 四、疾病统计常用指标

疾病统计（morbidity statistics）是居民健康统计的重要内容之一，它从数量方面研究疾病在人群中的发生、发展和流行分布的特点与规律，为病因学研究、防治疾病和评价防治工作效果提供科学依据。疾病统计资料主要来源于三个方面：疾病报告和报表资料是指国家规定的如法定传染病报告、地方病和寄生虫病报告、工矿企业职业病报告，某些部门规定的一些重要慢性病报表；医疗卫生工作记录包括门诊医疗记录、门诊病历、住院病历、出院卡片等各种医疗记录；疾病专题调查资料包括健康检查、疾病普查和疾病抽样调查等。

#### （一）疾病和死因分类

为了深入认识疾病，有必要将各种不同的疾病加以命名和分类。疾病的命名（nomenclature of diseases）就是要对每一种法定疾病情况给以确切的名称，即标准化的术语，并使其对另外的疾病具有不可混淆的、明确的位置，以便于全世界的医务工作者具有共同的医学语言。疾病分类（classification of diseases）是在疾病命名法的基础上，考虑到对疾病的认识及防治需要，将一些具有共同特性的疾病归纳在一起，加以分类。可见命名与分类是有区别的，前者为疾病名称标准化服务，后者是以统计研究需要为依据。

1853 年国际统计学会着手编制了统一的疾病名称和死因分类，先是在欧洲使用，1893 年开始建立国际疾病分类（International Classification of Diseases，ICD）。现在国际上使用的是 ICD 的第 11 次修订本（ICD-11），ICD-11 自 2022 年 1 月 1 日起生效。

#### （二）疾病统计指标

疾病统计的单位可以用患者，也可以用病例。前者是指在观察期内一个人是否转变为患者，后者指一个人每发生一次疾病就算一个病例。一个患者可以先后患数次同一种疾病或同时患数种不同的疾病。常用的疾病统计指标列于表 3-13。

发病率（incidence rate，IR）表示一定时期内，在可能发生某病的一定人群中新发生某病的强度。"期间"指观察所包括的时间范围，可以年、月、旬或周为观察期间，但通常用年或月。在通常情况下，发病率的分母泛指一般的观察人年数，可由平均人口数×1 年来近似。但在特殊情况下，特别要

表 3-13　疾病统计常用指标

| 指标 | 分子 | 分母 | 基数 | 类型 |
|------|------|------|------|------|
| 某病发病率 | 时期内新发生的某病病例数 | 年平均人口数×1 年 | 10 万/10 万 | 强度型（近似） |
| 时点患病率 | 时点现患疾病人数 | 检查人口数 | 10 万/10 万 | 频率型 |
| 期间患病率 | 时期现患疾病人数 | 检查人口数 | 10 万/10 万 | 频率型 |
| 治愈率 | 治愈人数 | 接受治疗人数 | 100% | 频率型 |
| 生存率 | 活满特定时期的人数 | 期初存活的人数 | 100% | 频率型 |
| 残疾患病率 | 残疾患者人数 | 检查人数 | 100% | 频率型 |

注意分母中"可能发生某病"的含义，它是指对某病具有发病危险的人，即暴露人口，而不包括不可能发生某病的人。例如，计算麻疹发病率时，通常只包括未曾患过麻疹的人口数，而不应包括已患过麻疹的人口数，因为无论麻疹流行如何猖獗，这一部分人中绝大多数不会再患麻疹。分子中的新发病例数是指新发生某种疾病，以第一次就诊为准。由于该病未愈继续就诊者称为"旧病例"，不再算作新病例，但一个人可能计算为几个新病例，如第一次得了流感，痊愈后又得了第二次流感，这时此人就要计为两个新病例了。发病率是表示发病危险的直接指标，可用于探讨疾病的危险因素，评价疾病防治效果。

患病率（prevalence rate, PR）又称为现患率，指某时点上受检人数中现患某种疾病的频率，通常用于描述病程较长或发病时间不易明确的疾病的患病情况，如慢性病在某一时间横断面的患病情况。患病率分为时点患病率（point prevalence rate）和期间患病率（period prevalence rate）。根据检查目的的不同，有许多类似于现患率的指标，如沙眼检出率、寄生虫感染率、带菌率、某指标阳性者的阴转率等。

在一定的人群和时间内，发病率和患病率有密切关系，两者与病程（D）的关系是：PR=IR×D，粗死亡率与发病率及粗病死率（crude fatality rate, CFR）的关系是：CDR=IR×CFR。

治愈率（cure rate）表示受治患者中治愈的频率。有效率表示受治患者中治疗有效的频率。治愈率、有效率主要用于对急性病危害或防治效果的评价，但治愈和有效的标准要有明确而具体的规定，只有在标准相同的情况下才可以相互比较。

生存率（survival rate）指患者能活到某一时点的概率。常用于对慢性病如恶性肿瘤及心血管病等的治疗效果评价或预后估计。计算生存率的数据需通过随访获得，有直接法和寿命表法两种计算方法，详见本书有关章节。

残疾人包括视力残疾、听力残疾、言语残疾、肢体残疾、智力残疾、精神残疾、多重残疾和其他残疾的人。残疾患病率是通过询问调查或健康检查发现的残疾患者与调查（检查）人数之比，说明人群患残疾的频率。

（姚应水）

## 小结

定性变量中的多分类变量和二分类变量可以通过频率分布表和统计图，以及计算相对数指标进行统计描述。常用的相对数指标大致有三种类型：频率型、强度型和相对比型。实践中要注意每个指标的定义和性质，不可简单地望文生义。

动态数列分析是借助于一系列按顺序排列的统计指标如绝对增长量、发展速度、增长速度及平均发展速度等说明事物在时间上的变化和发展趋势。

标准化法的目的是消除重要变量的分布不同对粗率比较的影响,选择统一的"标准"对资料进行校正。标准化的结果不再反映当时当地的实际数值,只表示相互比较的资料间的相对水平。

医学人口统计和疾病统计中有关人口、生育、死亡和疾病的一系列指标是定性变量统计描述的应用。这些统计指标在确定卫生政策、了解人群健康水平和评价卫生工作效果、反映疾病负担和医疗质量方面具有重要作用。

## 思考与练习

### 一、最佳选择题

1. 下列**不属于**相对比的指标是(　　　)
   A. 相对危险度 RR
   B. 比值比 OR
   C. 死亡率
   D. 变异系数 CV
   E. 性别比

2. 计算某地某年肺癌发病率,其分母应为(　　　)
   A. 该地体检人数
   B. 该地年平均就诊人数
   C. 该地年平均人口数
   D. 该地平均患者人数
   E. 该地易感人数

3. 已知男性的钩虫感染率高于女性,预比较甲乙两地居民的钩虫总感染率,但甲地人口女多于男,而乙地男多于女,适当的比较方法是(　　　)
   A. 分性别进行比较
   B. 两个率比较的 $\chi^2$ 检验
   C. 不具可比性,不能比较
   D. 对性别进行标准化后再比较
   E. 作两个总率差别的假设检验

4. 在一项调查研究中,人们发现 30~44 岁男女两组人群的冠心病患病率均为 4%,于是,认为该年龄组男女两性的危险相同,这个结论是(　　　)
   A. 正确
   B. 不正确,因为没有区别发病率和患病率
   C. 不正确,因为没有用百分比代替频率型指标来支持该结论
   D. 不正确,因为没有设立对照组
   E. 不正确,因为没有可识别的队列现象

5. 计算标准化率时,宜采用间接法的情况是(　　　)
   A. 已知被标准化组的年龄别死亡率与年龄别人口数
   B. 已知被标准化组的死亡总数与年龄别人数
   C. 已知标准组年龄构成与死亡总数
   D. 已知标准组的人口总数与年龄别人口数
   E. 被标准化组各年龄段人口基数较大

### 二、思考题

1. 请说明频率型指标与强度型指标的主要区别。

2. 请比较发病率与患病率、死亡率与病死率的不同。

3. 请简述标准化法的基本思想。

4. 表3-1慢性病患者的频率分布中商业人员的频率最低,而表3-3中则是商业人员的患病率最高,这两个频率指标各说明什么问题?

5. 表3-8中某省调查的农村老年女性原发性骨质疏松症患病率高于城市,而调查人群中,农村老龄人口的频率也高于城市。经间接法的标准化计算后,城市老年女性骨质疏松症患病率高于农村。试问用以反映城乡老年女性骨质疏松症患病水平,应该用粗患病率还是标化患病率,为什么?

## 三、案例分析题

1. 某研究者用表3-14的资料绘制了线图,你认为合理吗?为什么?

表3-14 1956年某地几种传染病的病死率

| 病种 | 病死率/% | 病种 | 病死率/% |
|---|---|---|---|
| 白喉 | 10.9 | 伤寒与副伤寒 | 2.7 |
| 流行性乙型脑炎 | 18.2 | 痢疾 | 1.2 |
| 流行性脑脊髓膜炎 | 11.1 | 脊髓灰质炎 | 3.4 |

2. 根据表3-15的资料绘制合适的统计图。

表3-15 某市某年男女学生各年龄组的平均身高 单位:cm

| 年龄组/岁 | 男 | 女 | 年龄组/岁 | 男 | 女 |
|---|---|---|---|---|---|
| 7~ | 115.41 | 115.51 | 13~ | 138.36 | 141.17 |
| 8~ | 118.33 | 117.53 | 14~ | 145.14 | 147.21 |
| 9~ | 122.16 | 121.66 | 15~ | 150.70 | 150.03 |
| 10~ | 126.48 | 125.94 | 16~ | 154.70 | 153.06 |
| 11~ | 129.64 | 131.76 | 17~ | 161.90 | 156.63 |
| 12~ | 135.50 | 138.26 | | | |

# 第四章
# 常用概率分布

## 第一节　正态分布

### 一、正态分布的概念与特征

正态分布又称高斯分布，是以德国数学家卡尔·弗里德里希·高斯（Carl Friedrich Gauss）的名字命名的。高斯在研究天文观测误差时，发现这一分布能够很好地描述自然界中的随机现象，即数据集中分布于均值附近且左右对称。正态分布是统计学的基本概率分布之一，也是自然界最常见的分布之一。例如，测量的误差、人体在正常状态下许多生化指标的测量值等都可认为近似服从正态分布。此外，正态分布具有许多良好的性质，许多理论分布在一定条件下可用正态分布近似，一些重要的分布可由正态分布导出。可以说正态分布是统计学中最重要的分布。正态分布具有什么样的特征呢？请观察表4-1和表4-2两个频率分布表。

表4-1　某地正常成人心率的频率分布表　　　　　　　　　　　　　单位：次/分

| 组段 | 频数 | 频率/% | 组段 | 频数 | 频率/% |
|---|---|---|---|---|---|
| 45～ | 1 | 0.667 | 80～ | 15 | 10.000 |
| 50～ | 5 | 3.333 | 85～ | 9 | 6.000 |
| 55～ | 12 | 8.000 | 90～ | 7 | 4.667 |
| 60～ | 13 | 8.667 | 95～ | 5 | 3.333 |
| 65～ | 26 | 17.333 | 100～105 | 2 | 1.333 |
| 70～ | 31 | 20.667 | 合计 | 150 | 100.000 |
| 75～ | 24 | 16.000 | | | |

表4-2　体模全身平均骨密度测量值的频率分布表　　　　　　　　单位：mg/cm$^3$

| 组段 | 频数 | 频率/% | 组段 | 频数 | 频率/% |
|---|---|---|---|---|---|
| 1 224.988～ | 3 | 5.000 | 1 225.003～ | 6 | 10.000 |
| 1 224.990～ | 4 | 6.667 | 1 225.006～ | 5 | 8.333 |
| 1 224.993～ | 6 | 10.000 | 1 225.008～ | 2 | 3.333 |
| 1 224.995～ | 13 | 21.667 | 1 225.011～1 225.014 | 1 | 1.667 |
| 1 224.998～ | 11 | 18.333 | 合计 | 60 | 100.000 |
| 1 225.001～ | 9 | 15.000 | | | |

表4-1与表4-2的共同点是中间频数最多，两边频数渐少且近似对称。为直观起见，将表4-2数据绘制成一幅特殊的直方图（图4-1），以各长方形面积代表各组段的频率，直条的高度相当于频率除以组距，称之为频率密度，这张图称为频率密度图。可以设想，如果观察人数逐渐增多，组段不

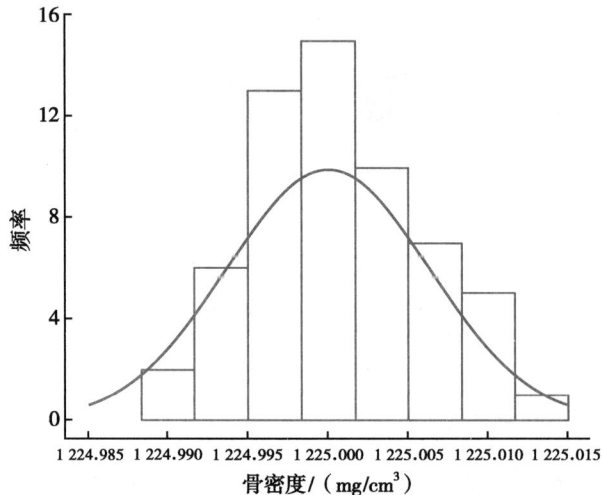

图 4-1 体模全身平均骨密度测量值的分布接近正态分布示意图

断分细,直条的宽度将逐渐变窄,其顶端逐渐接近于一条光滑的曲线,这条曲线称为频率密度曲线。该曲线表现为中间高,两边低,左右对称,好似钟形,颇像数学上的正态概率密度曲线。因为频率的总和等于 1,故曲线下方与横轴间的面积恒为 1。

通过观察数据的集中趋势和对称性,可以直观地看出正态概率密度曲线的特点,但若要进行精确描述,则需要引入数学公式。这个公式就是正态分布的概率密度函数,它能够帮助人们进行各类统计推断和分析,也能得到每个具体值的出现概率和数据在不同区间内的概率分布。正态分布的概率密度函数 $f(x)$ 的表达式如下:

$$f(x) = \frac{1}{\sigma\sqrt{2\pi}} e^{-\frac{(x-\mu)^2}{2\sigma^2}}$$ （式 4-1）

其中,$\mu$ 为总体均数,$\sigma$ 为总体标准差。

符合以上概率密度函数的曲线被称为正态概率密度曲线,是一条峰值位于均值处,两侧逐渐下降并完全对称的钟形曲线。

正态概率密度曲线的位置与形状具有如下特点:

1. 曲线形状为单峰、钟形,关于 $x=\mu$ 左右对称。

2. 在 $x=\mu$ 处取得正态分布概率密度函数的最大值,在 $x=\mu\pm\sigma$ 处有拐点。其中,拐点具体指正态概率密度曲线从凹变凸或从凸变凹的点,在这些点上,函数的二阶导数为 0。

3. 曲线尾端不与横轴相交。

4. $\mu$ 决定曲线在横轴上的位置,$\mu$ 增大,曲线沿横轴向右移;反之,$\mu$ 减小,曲线沿横轴向左移(图 4-2)。

5. $\sigma$ 决定曲线的形状,当 $\mu$ 恒定时,$\sigma$ 越大,数据越分散,曲线越"矮胖";$\sigma$ 越小,数据越集中,曲线越"瘦高"(图 4-2)。

通常用 $N(\mu, \sigma^2)$ 表示均数为 $\mu$、标准差为 $\sigma$ 的正态分布。

很多医学现象服从正态分布或近似正态分布。例如,同性别、同年龄儿童的身高,同性别健康成人的红细胞计数、血红蛋白含量、脉搏数等。一般说来,若影响某一数量指标的随机因素很多,而每个因素所起的作用均不太大,那么这个指标服从正态分布,如实验中的随机误差。

**A 标准差相同、均数不同（$\mu_1 < \mu_2 < \mu_3$）的三条正态概率密度曲线**

**B 均数相同、标准差不同（$\sigma_1 < \sigma_2 < \sigma_3$）的三条正态概率密度曲线**

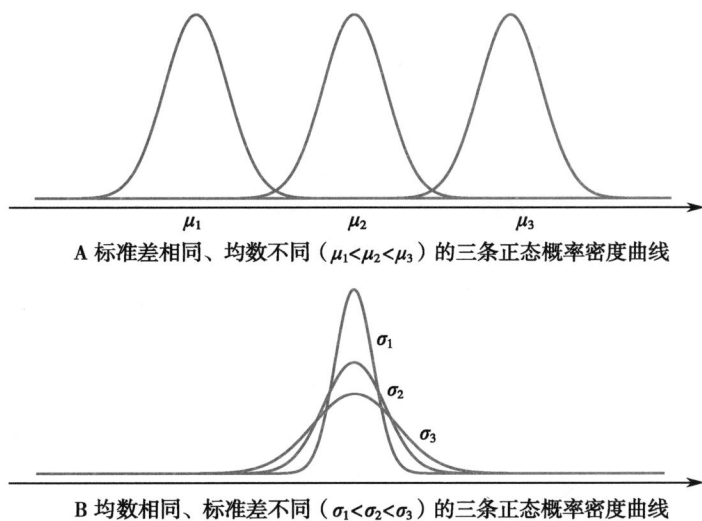

图 4-2　正态概率密度曲线位置、形状与 $\mu$、$\sigma$ 关系示意图

## 二、正态概率密度曲线下的面积

1. 正态概率密度曲线下面积图 4-3 显示，对于任何正态分布 $N(\mu, \sigma^2)$，概率密度曲线下的面积可以用以下方式计算：

如果用其标准差作为衡量单位，则以均数为中心，正负 1 个标准差内，即 $(\mu-\sigma, \mu+\sigma)$ 区间内，正态概率密度曲线下的面积为 68.27%；正负 2 个标准差内，即 $(\mu-2\sigma, \mu+2\sigma)$ 区间内，面积为 95.44%；正负 3 个标准差，即 $(\mu-3\sigma, \mu+3\sigma)$ 区间内，面积为 99.74%。

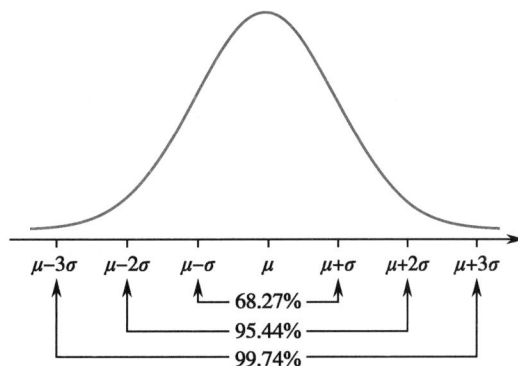

图 4-3　正态概率密度曲线下的面积分布

在概率论中，连续型随机变量在任一区间内取值的概率等于该概率密度曲线下此区间对应的面积，因此服从正态分布的随机变量 $X$ 在某区间取值的概率可以用正态概率密度曲线下面积表示。故可知一般正态分布 $N(\mu, \sigma^2)$ 的取值几乎全部集中在区间 $(\mu-3\sigma, \mu+3\sigma)$ 内，这在统计学上称作"$3\sigma$ 准则"（三倍标准差准则），这个准则经常用于检测数据的异常值筛查、实验室质量控制以及诊断测试的结果分析。例如，对一组患者的血糖水平数据进行研究，计算出这组患者的血糖平均值和标准差，若某个患者的血糖水平超出均值 ±3 倍标准差的范围，则被视为异常数据，提示可能存在数据输入错误问题，或该患者存在特殊的代谢问题，需进一步确认或分析。

此外，正态概率密度曲线下的面积分布还具有以下性质：

（1）曲线下方与横轴间的面积恒为 1。

（2）以直线 $x=\mu$ 为对称轴，$x > \mu$ 和 $x < \mu$ 范围内曲线下面积相等，各占 $\frac{1}{2}$。

不论 $\mu$ 和 $\sigma$ 的取值如何，上述规律均成立，这是由正态分布的性质所决定的。

2. $z$ 变换与标准正态分布　由于不同变量很可能具有不同的均值和方差，使得数据的可比性和可解释性不佳。通过将随机变量进行标准化，能够消除尺度差异，使不同数据在同一量纲下进行比较和分析。对任意一个服从正态分布 $N(\mu, \sigma^2)$ 的随机变量，可作如下的标准化变换，也称 $z$ 变换：

$$z = \frac{X-\mu}{\sigma} \qquad\qquad\qquad (式\,4\text{-}2)$$

经此变换得到的变量 $z$ 的密度函数为：

$$f(z) = \frac{1}{\sqrt{2\pi}}\,e^{-\frac{z^2}{2}},\, -\infty < z < +\infty \qquad\qquad\qquad (式\,4\text{-}3)$$

变换后的变量 $z$ 值仍然服从正态分布，且其总体均数为 0、总体标准差为 1。称此正态分布为标准正态分布（standard normal distribution），用 $N(0,1)$ 表示。

对于服从标准正态分布的随机变量 $X$，若想计算 $X$ 取值在区间 $a$ 和 $b$ 之间的概率 $P(a \leqslant X \leqslant b)$，相当于求正态概率密度曲线与 $x=a$，$x=b$ 在 $x$ 轴上方围成的面积，表示为：

$$P(a \leqslant X \leqslant b) = P(X \leqslant b) - P(X \leqslant a) \qquad\qquad\qquad (式\,4\text{-}4)$$

式 4-4 右侧的两个概率可用通式 $P(X \leqslant c)$ 表达，因此若可以对任意 $c$ 求出 $P(X \leqslant c)$，则对于任意的 $a$ 和 $b$，概率 $P(a \leqslant X \leqslant b)$ 也可以求出，见图 4-4。

由图 4-5 可知，因为标准正态随机变量的概率分布以直线 $\mu=0$ 为对称轴左右对称分布，所以对于任意 $c>0$，有 $P(X \leqslant -c) = P(X \geqslant c) = 1 - P(X \leqslant c)$。故如果能计算所有 $c \leqslant 0$ 时 $P(X \leqslant c)$ 的值，那么就能得到 $c$ 取所有值时 $P(X \leqslant c)$ 的值。

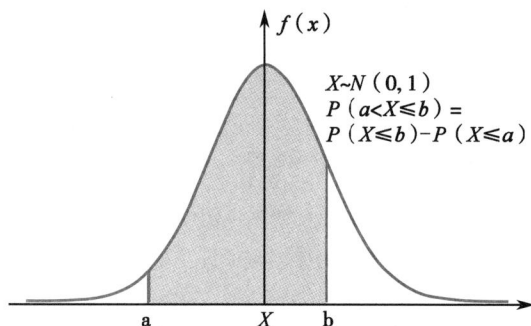

图 4-4 给定区间时标准正态分布的概率计算示意图　　图 4-5 正态概率密度曲线下的面积对称规律

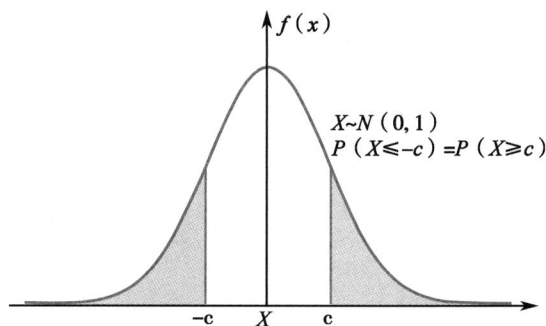

为了计算方便，统计学家编制了标准正态概率密度曲线下面积分布表（附表 1），因为正态分布两边对称，所以只给出 $z$ 取负值的情况。表内所列数据表示 $z$ 取不同值时 $z$ 值左侧标准正态概率密度曲线下面积，记作 $\Phi(z)$。$\Phi(z)$ 称为标准正态分布的分布函数。任一正态概率密度曲线下的面积分布规律可通过式 4-2 变换后，与标准正态概率密度曲线下的面积对应。

【例 4-1】 已知 $X$ 服从均数为 $\mu$、标准差为 $\sigma$ 的正态分布，试估计：

（1）$X$ 取值在区间 $\mu \pm 1.96\sigma$ 内的概率；

（2）$X$ 取值在区间 $\mu \pm 2.58\sigma$ 内的概率。

为求 $X$ 取值在相应区间内的概率，首先要确定区间两端点所对应的 $z$ 值。由式 4-2，得：

$$z_1 = \frac{(\mu - 1.96\sigma) - \mu}{\sigma} = -1.96$$

$$z_2 = \frac{(\mu + 1.96\sigma) - \mu}{\sigma} = 1.96$$

查附表 1，$\Phi(-1.96)=0.025\,0$。因为曲线下两侧对称、面积相等，区间（1.96，∞）上的曲线下面积也是 0.025 0（图 4-6），故 $z$ 取值于（−1.96，1.96）的概率为 $1-2\times0.025=0.950$，即 $X$ 取值在区间 $\mu\pm1.96\sigma$ 内的概率为 95%。

同理，可以求出 $X$ 取值在区间 $\mu\pm2.58\sigma$ 上的概率为 0.990。由于对正态分布而言，1.96 和 2.58 这两个数具有特殊意义，在计算中经常用到，希望读者记住。

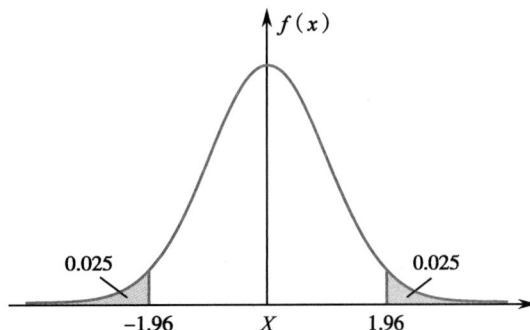

图 4-6　$z$ 值为 1.96 在标准正态分布中的意义

【例 4-2】　某地 1986 年 120 名 8 岁男孩身高均数为 $\overline{X}=123.00$cm，标准差为 $S=4.79$cm，试估计：

（1）该地 8 岁男孩身高在 130cm 以上者占该地 8 岁男孩总数的百分比。

（2）身高在 120～128cm 者占该地 8 岁男孩总数的百分比。

（3）该地 80% 的男孩身高集中在哪个范围？

据经验，同年龄男孩身高的分布可用一个正态分布 $N(\mu,\sigma^2)$ 描述。不妨假设该正态总体的 $\mu\approx123.00$，$\sigma\approx4.79$。

（1）首先，计算 130cm 对应的 $z$ 值。由式 4-2，得：

$$z=\frac{130-123.00}{4.79}\approx1.46$$

随后，求该地 8 岁男孩身高在 130cm 以上者占该地 8 岁男孩总数的百分比，即求图 4-7 正态概率密度曲线下 $z=1.46$ 的右侧面积。因为曲线下两侧面积对称，故可查附表 1，$\Phi(-1.46)=0.072\,1$，即该地 8 岁男孩身高在 130cm 以上者约占该地 8 岁男孩总数的 7.21%。

（2）为计算身高在 120～128cm 者占该地 8 岁男孩总数的百分比，先分别计算 120 和 128 所对应的 $z$ 值。

图 4-7　$z$ 值为 1.46 在标准正态分布中的意义

120 对应的 $z$ 值为：

$$z_1=\frac{120-\overline{X}}{S}=\frac{120-123.00}{4.79}\approx-0.63$$

128 对应的 $z$ 值为：

$$z_2=\frac{128-\overline{X}}{S}=\frac{128-123.00}{4.79}\approx1.04$$

再查附表 1，得 $\Phi(-0.63)=0.264\,3$。而

$$\Phi(1.04)=1-\Phi(-1.04)=1-0.149\,2=0.850\,8$$

正态概率密度曲线在区间（−0.63，1.04）上的曲线下面积为：

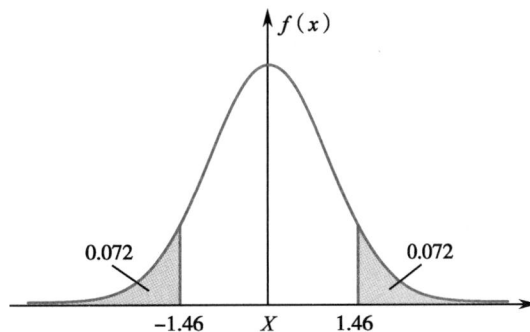

$$\Phi(1.04)-\Phi(-0.63)=0.850\ 8-0.264\ 3=0.586\ 5$$

所以身高在 120~128cm 者约占该地 8 岁男孩总数的 58.65%。

（3）欲求该地 80% 的 8 岁男孩身高集中在哪个范围，可以查附表 1，标准正态概率密度曲线下左侧面积为 0.10 所对应的 $z$ 值为 $-1.28$，所以 80% 的 8 岁男孩身高集中在 $\overline{X}\pm1.28S$ 区间内，即大约在 116.9cm 与 129.2cm 之间。

3. 正态变量的和与差的分布　可以证明，服从正态分布的随机变量 $X_1$、$X_2$ 的和（$X_1+X_2$）与差（$X_1-X_2$）的分布仍然是正态分布，且有如下性质：

不论 $X_1$ 和 $X_2$ 独立与否，$X_1$、$X_2$ 的和与差的均数就等于均数的和与差

$$E(X_1\pm X_2)=E(X_1)\pm E(X_2)$$

当 $X_1$ 和 $X_2$ 独立时，$X_1$、$X_2$ 的和与差的方差都等于方差的和

$$Var(X_1\pm X_2)=Var(X_1)+Var(X_2)$$

请读者想一想，为什么第一个等式右端是加减号，而第二个等式右端却是加号？

简单来说，对于两个正态变量的期望，相加后的平均值就是它们各自平均值的和，相减后的平均值就是它们各自平均值的差；而对于两个独立正态变量的方差，不论是将两个独立变量相加还是相减，其波动（即方差）的累积效果相同，换句话说，当把两个波动不相关的变量组合在一起时，它们各自的波动程度会相加在一起。

## 三、正态分布的应用

1. 确定医学参考值范围　在确定医学参考值范围（reference range）时，首先应明确研究对象为同质的"正常人群"，"正常人群"具体指不具有会影响研究指标的有关因素或疾病的特定人群。由于"正常人群"内的不同个体在解剖、生理、生化等指标上存在差异，以及同一个体在不同时间、环境条件下指标值会发生变化，故需要确定研究指标的波动范围，即医学参考值范围。通常，人们用该人群中 95% 的个体在某项医学指标上的取值范围作为该指标的医学参考值范围。

确定医学参考值范围主要有两方面的意义：其一，用于界定、分类，如生理、生化指标常常是临床医生判断正常与异常的参考依据；其二，进行动态分析，如某个地区不同时期人体内某些重金属元素的医学参考值范围可以反映环境污染的动态变化或环保效果，例如，德国联邦环境署考虑到环保工作取得的成绩，在 2005 年将德国 6~12 岁儿童血铅、血汞和尿汞的医学参考值范围从 1996 年的"<60μg/L""<1.5μg/L"和"<1.4μg/L"分别调整为"<50μg/L""<1.4μg/L"和"<0.7μg/L"。

确定医学参考值范围的方法有两种：

（1）百分位数法：该方法适用于任何分布类型的资料。例如确定 95% 的医学参考值范围，双侧范围是（$P_{2.5}$，$P_{97.5}$），单侧范围是 $P_{95}$ 以下（人体有害物质如血铅、发汞等）或 $P_5$ 以上（如肺活量）。

（2）正态分布法：该方法适用于正态分布资料、近似正态分布资料或以一定的方法可以转化为正态分布的资料。例如，某变量观察值经对数变换后能够近似正态分布，这时可以先求其对数值的参考值范围，再求反对数即为原变量的参考值范围。

因为正态分布变量 $X$ 在区间 $\mu\pm1.96\sigma$ 上取值的概率为 95%，所以正态分布资料双侧范围一般按下式作近似估计：

$$\overline{X}\pm1.96S \qquad\qquad （式4-5）$$

同理,单侧范围的近似估计为:

$$\overline{X}+1.645S（高侧） \qquad\qquad （式4-6）$$

$$\overline{X}-1.645S（低侧） \qquad\qquad （式4-7）$$

【例4-3】　调查某地120名健康女性血红蛋白,直方图显示,其分布近似于正态分布,$\overline{X}=$117.40($g/L$),$S=10.20$($g/L$),试估计该地健康女性血红蛋白的95%参考值范围。

因血红蛋白过高、过低均为异常,所以95%医学参考值范围应当是双侧的:

上限为$\overline{X}+1.96S=117.40+1.96\times10.20\approx137.39g/L$

下限为$\overline{X}-1.96S=117.40-1.96\times10.20\approx97.41g/L$

必须注意,95%医学参考值范围仅仅告诉人们某特定人群中,95%的个体该指标测定值在此范围内,并不能说明凡在此范围内都"正常";也不能说明凡不在此范围内都"不正常"。因此医学参考值范围在临床上只能作为参考。

在确定医学参考值范围时,必须抽取足够例数的样本,因为若样本数量过少,则频数分布不稳定,得到的结果代表性较差;若样本量过多,则会增加研究成本并影响数据的准确性。同时,应判定是否需要分"层"确定参考值范围,如果测定值在不同性别间或不同年龄组间的差别具有临床意义时,则应分"层"确定参考值范围。

2. 质量控制图　在临床医学、预防医学、卫生管理或医学检验中,许多指标受到随机因素的影响。当影响某一数量指标的随机因素很多且每个因素所起的作用均不太大时,这个指标的随机波动通常被视为随机误差,往往服从正态分布。除随机误差外,还存在某些因素(如环境、设备或人为因素)导致的误差(称为系统误差)。这些因素的影响较大且具有一致性,导致测量结果偏离真实值。由于系统误差不随测量次数而变化,这时指标的波动就不再服从正态分布。利用这一原理,人们可以进行测量过程的质量控制。

质量控制的一个重要工具是控制图。控制图的基本原理就是:如果某一波动仅仅由随机误差所致,那么观察结果服从正态分布。控制图共有7条水平线,中心线位于总体均数$\mu$处,警戒限位于$\mu\pm2\sigma$处,控制限位于$\mu\pm3\sigma$处,此外还有2条位于$\mu\pm\sigma$处。如果总体均数和总体标准差未知,也可用样本估计值代替,这时,7条水平线分别位于$\overline{X}$、$\overline{X}\pm S$、$\overline{X}\pm2S$和$\overline{X}\pm3S$处。

依时间顺序记录观察数据,在控制图上依次描点。如果发生以下8种情况之一,则有理由认为其数据的波动不仅仅是随机误差引起的,可能存在某种非随机的系统误差。

判断异常的8种情况是:

(1)有一个点距中心线的距离超过3个标准差(位于控制限以外);

(2)在中心线的一侧连续有9个点;

(3)连续6个点稳定地增加或减少;

(4)连续14个点交替上下;

(5)连续3个点中有2个点距中心线距离超过2个标准差(位于警戒限以外);

(6)连续5个点中有4个点距中心线距离超过1个标准差;

(7)中心线一侧或两侧连续15个点距中心线距离都在1个标准差以内;

(8)中心线一侧或两侧连续8个点距中心线距离都超出1个标准差范围。

【例 4-4】 运用体模全身平均骨密度测量值序列建立质量控制图,对骨密度测量值进行质量控制。骨密度测量值既有随机误差,又常有系统误差,为使测量值客观、真实必须进行质量控制。通常在每天开机后首先对固定在机器内的"体模"进行测量,将每天的"体模"测定值点在控制图上,一旦出现以上 8 种情形之一,便示警,操作者需针对具体问题分析原因并调整到正常状态。图 4-8 显示了一幅"体模"测定值的控制图。

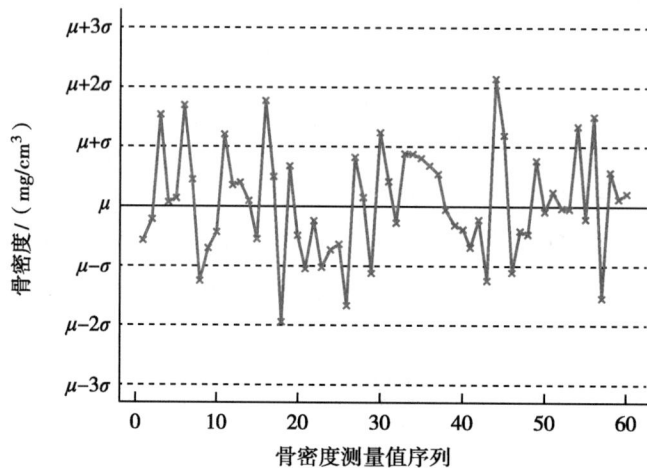

图 4-8　骨密度测量值质量控制示意图

## 第二节　二项分布

### 一、二项分布的概念与特征

#### (一)二项分布的概念

二项分布源自 17 世纪瑞士数学家雅各布·伯努利(Jacob Bernoulli)的研究,主要用于描述在重复试验中事件成功次数的分布。伯努利在其著作 *Ars Conjectandi* 中首次提出此概念,用于分析投掷硬币等独立重复试验中的成功概率,是离散型分布的经典范例。

先来看一个小实验:在一个袋子里有 5 个乒乓球,其中 2 个是黄球,3 个是白球。进行盲法摸球游戏,每次从袋子里摸出 1 个球,然后放回,再继续摸,如此重复。假设连续进行了 5 次,那么摸到黄球的次数可能为 0 次、1 次、2 次等,甚至可能 5 次都摸到黄球。那么,请问摸到黄球的次数为 0 的概率是多少? 摸到黄球的次数为 1 的概率是多少? 摸到黄球的次数为 2 的概率是多少? 5 次均摸到黄球的概率又是多少? 你会计算吗?

在这个实验中,黄球的比例是 2/5,而白球的比例是 3/5。由于这是一个有放回的实验,因此每次摸到黄球的概率为 0.4,摸到白球的概率为 0.6。如果在 5 次试验中,有前 $X$ 次摸到了黄球,剩下的 $5-X$ 次摸到白球,相应的概率为 $0.4^X 0.6^{5-X}$。因为黄球可能出现在任意一次试验中,所以在 5 次试验里有 $X$ 次摸到黄球的总体概率为 $C_5^X 0.4^X 0.6^{5-X}$,其中 $C_5^X$ 表示"从五个元素中选取 $X$ 个元素"的组合数。

像上述摸球实验一样,若满足以下条件:

(1)试验次数固定:进行 $n$ 次独立的试验。

(2)每次试验只有两个可能的结果:通常称为"成功"和"失败"。

（3）成功概率相同：每次试验中事件发生的概率 $p$ 是常数。

（4）独立性：每次试验的结果相互独立。

用随机变量 $X$ 表示 $n$ 次试验中事件发生的次数，则 $X$ 服从二项分布。

【例4-5】 用针灸治疗头痛，假设结果只有两种可能，即"有效"和"无效"，且每一例有效的概率为 $p$。某医生使用此方法对3名头痛患者进行治疗，求其中2例有效的概率。

设 $A_i$ 表示第 $i$ 例有效，$\overline{A}_i$ 表示第 $i$ 例无效。由于每一例的有效概率相同，并且各个病例之间的治疗结果彼此独立，3例患者中可以是任意2例有效，所以3例中2例有效的概率为：

$$P(\overline{A}_1 A_2 A_3) + P(A_1 \overline{A}_2 A_3) + P(A_1 A_2 \overline{A}_3) = C_3^2 p^2 (1-p)$$

在医学研究中，许多现象的观察结果通常用二分类变量来表示，例如阳性与阴性、治愈与未愈、生存与死亡等。假设每个观察对象出现阳性结果的概率为 $p$，而出现阴性结果的概率为 $(1-p)$，且各个观察对象的结果是相互独立的。那么，当重复观察 $n$ 个对象时，发生阳性结果次数 $X$ 的概率分布服从二项分布，记作 $B(n, p)$。

二项分布的概率函数 $P(X)$ 可以通过式4-8进行计算。

$$P(X=k) = C_n^k p^k (1-p)^{n-k} \qquad （式4-8）$$

其中

$$C_n^k = \frac{n!}{k!(n-k)!} \qquad （式4-9）$$

! 为阶乘符号，$n! = n(n-1) \cdots 1$，如 $3! = 3 \times 2 \times 1$，$0!$ 定义为1。

【例4-6】 如果在例4-5中设定 $p=0.6$，随机治疗3名患者，那么有效病例数为0、1、2和3的概率分别是多少？至少有1例有效的概率又是多少呢？

根据式4-7，0例有效的概率为：

$$C_3^0 0.6^0 (1-0.6)^{3-0} = 0.4^3 = 0.064$$

同理，可以计算1、2、3例有效的概率，见表4-3。

表4-3 治疗3名患者可能的有效例数及其概率

| $X$ | $C_3^X$ | $p^X$ | $(1-p)^{n-X}$ | $P(X)$ |
| --- | --- | --- | --- | --- |
| 0 | 1 | $0.6^0$ | $0.4^3$ | 0.064 |
| 1 | 3 | $0.6^1$ | $0.4^2$ | 0.288 |
| 2 | 3 | $0.6^2$ | $0.4^1$ | 0.432 |
| 3 | 1 | $0.6^3$ | $0.4^0$ | 0.216 |

由表4-3，至少有一例有效的概率为：

$$P(X \geqslant 1) = P(X=1) + P(X=2) + P(X=3) = 0.288 + 0.432 + 0.216 = 0.936$$

另外，由于只有四种可能结果，且各种可能结果出现的概率之和为1，即 $\sum P(X) = 1$。因此，至少有一例有效的概率还可以表示为：

$$P(X \geq 1)=1-P(X=0)=1-0.064=0.936$$

**（二）二项分布的特征**

二项分布的特征由二项分布的参数 $p$ 以及观察的次数 $n$ 决定。

1. 二项分布的图形特征　　在进行 $n$ 次独立重复试验时，若某事件发生的概率为 $p$，则该事件发生的次数 $X$ 服从二项分布。用图形表示时，以 $X$ 为横轴，对应于 $X$ 的概率 $P(X)$ 为纵轴，对所有可能的 $X(0 \leq X \leq n)$，分别用垂直于横轴、长度为 $P(X)$ 的线段表示相应的概率，即得到二项分布图。图 4-9 和图 4-10 展示了在不同 $n$ 值下，$p$ 分别取 0.5 和 0.3 时对应的二项分布图。

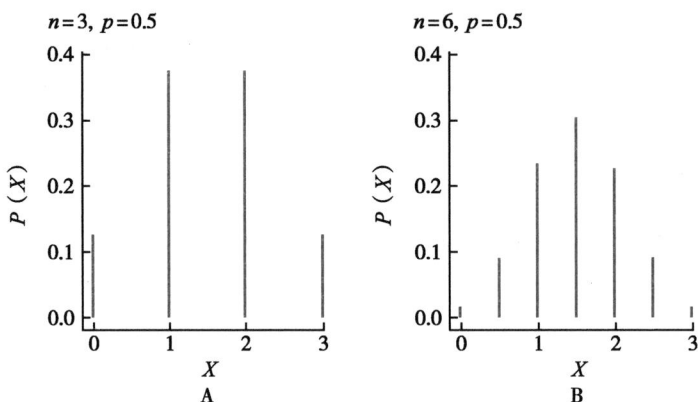

图 4-9　$p=0.5$ 时，不同 $n$ 值对应的二项分布

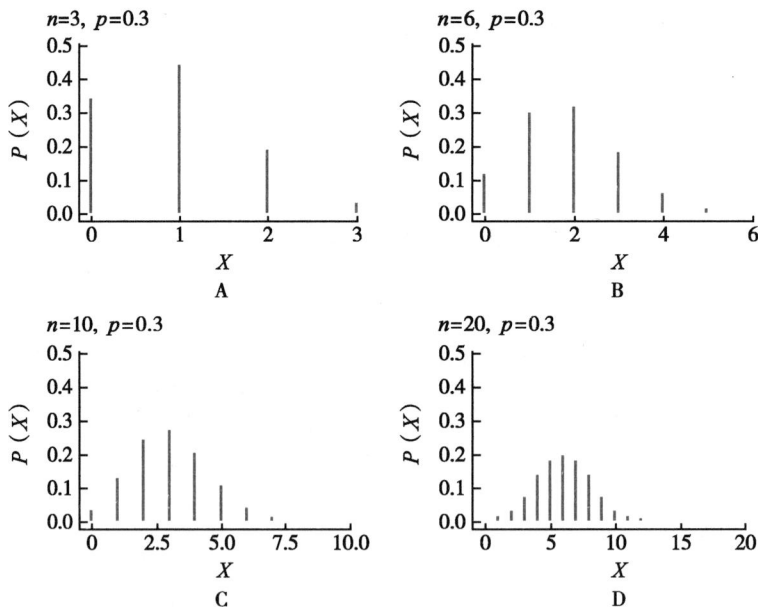

图 4-10　$p=0.3$ 时，不同 $n$ 值对应的二项分布

从图形可以看出，二项分布的高峰位于 $\mu=np$ 处或其附近。当 $p$ 等于 0.5 时，图形是对称的；当 $p$ 不等于 0.5 时，分布则是非对称的，并且对于同一 $n$ 值来说，$p$ 离 0.5 越远，对称性越差。而对于同一 $p$ 值，随着 $n$ 的增大，分布趋向对称。当 $n$ 趋近无穷大，只要 $p$ 不太接近 0 或 1，特别是当 $np$ 和 $n(1-p)$ 均大于 5 时，二项分布将趋向对称。

2. 二项分布的均数和标准差

【例4-7】 计算例4-6资料的均数和方差。

在例4-6中,总共治疗3名患者$n=3$,有效概率$p=0.6$,有效的人数可能为0、1、2和3人,对应的概率分别为0.064、0.288、0.432和0.216。根据总体均数(又称数学期望,下略)和方差的定义,有效人数的均数为:

$$E(X)=\sum XP(X)=0\times0.064+1\times0.288+2\times0.432+3\times0.216=1.80$$

方差为:

$$Var(X)=E[X-E(X)]^2=\sum[X-E(X)]^2P(X)$$
$$=(0-1.80)^2\times0.064+(1-1.80)^2\times0.288+\cdots+(3-1.80)^2\times0.216=0.72$$

事实上,对于任何二项分布问题,如果每次试验出现阳性结果的概率为$p$,并且进行了$n$次独立重复试验,用$X$表示出现阳性结果的次数。

$X$的总体均数为:

$$\mu=np \tag{式4-10}$$

方差为:

$$\sigma^2=np(1-p) \tag{式4-11}$$

标准差为:

$$\sigma=\sqrt{np(1-p)} \tag{式4-12}$$

将出现阳性结果的频率记为:

$$p^*=\frac{X}{n}$$

则$p^*$的总体均数、方差和标准差分别为:

$$\mu_{p^*}=p \tag{式4-13}$$

$$\sigma_{p^*}^2=\frac{p(1-p)}{n} \tag{式4-14}$$

$$\sigma_{p^*}=\sqrt{\frac{p(1-p)}{n}} \tag{式4-15}$$

式中,$\sigma_{p^*}$为频率$p^*$的标准差。

【例4-8】 已知某地钩虫感染率为6.7%,如果随机抽查150人,记样本钩虫感染率为$p^*$,求$p^*$的标准误$S_{p^*}$。

本例$n=150$,$p=0.067$,按式4-14

$$S_{p^*}=\sqrt{\frac{0.067(1-0.067)}{150}}\approx0.02$$

3. 二项分布的累积概率 常用的有左侧累积和右侧累积两种方法。从阳性率为$p$的总体中随机抽取$n$个个体,则

（1）最多有 $k$ 例阳性的概率为：

$$P(X \leqslant k) = \sum_{X=0}^{k} P(X) = P(0) + P(1) + \cdots + P(k) = \sum_{X=0}^{k} \frac{n!}{X!(n-X)!} p^{X}(1-p)^{n-X} \quad （式4-16）$$

（2）最少有 $k$ 例阳性的概率为：

$$P(X \geqslant k) = \sum_{X=k}^{n} P(X) = 1 - P(X \leqslant k-1) = \sum_{X=k}^{n} \frac{n!}{X!(n-X)!} p^{X}(1-p)^{n-X} \quad （式4-17）$$

其中，$X = 0, 1, 2, \cdots, k, \cdots, n$。

（3）最少有 $k_1$ 例，最多有 $k_2$ 例阳性的概率（$k_1 \leqslant k_2$）为：

$$P(k_1 \leqslant X \leqslant k_2) = \sum_{X=k_1}^{k_2} P(X) = \sum_{X=k_1}^{k_2} \frac{n!}{X!(n-X)!} p^{X}(1-p)^{n-X} \quad （式4-18）$$

计算时可借助下列递推公式：

$$P(X+1) = \frac{n-X}{X+1} \cdot \frac{p}{1-p} P(X) \quad （式4-19）$$

## 二、二项分布的正态近似

由图 4-9 和图 4-10 可知，二项分布图取决于 $n$ 和 $p$，当 $p$ 接近 0.5 时，图形是对称的；$p$ 离 0.5 愈远，对称性愈差，但随着 $n$ 的增大，分布趋于对称。理论上可以证明，不管 $p$ 如何，当 $n$ 相当大时，只要 $p$ 不太靠近 0 或 1，特别是当 $np$ 和 $n(1-p)$ 都大于 5 时，二项分布 $B(n, p)$ 近似正态分布 $N[np, np(1-p)]$。由于二项分布为离散型变量分布，变量只能在正整数处取值，为了借用连续型变量的分布函数计算概率，首先要把概率函数连续化，即把概率图中的"直条"改成"直方"，即对任何一个直条以 $X=k$ 为中心左右各伸展 0.5，变为相连的直方（图 4-11），经这一校正 $P(X \leqslant k)$，$P(X \geqslant k)$ 和 $P(k_1 \leqslant X \leqslant k_2)$ 就可以用正态近似方法计算。

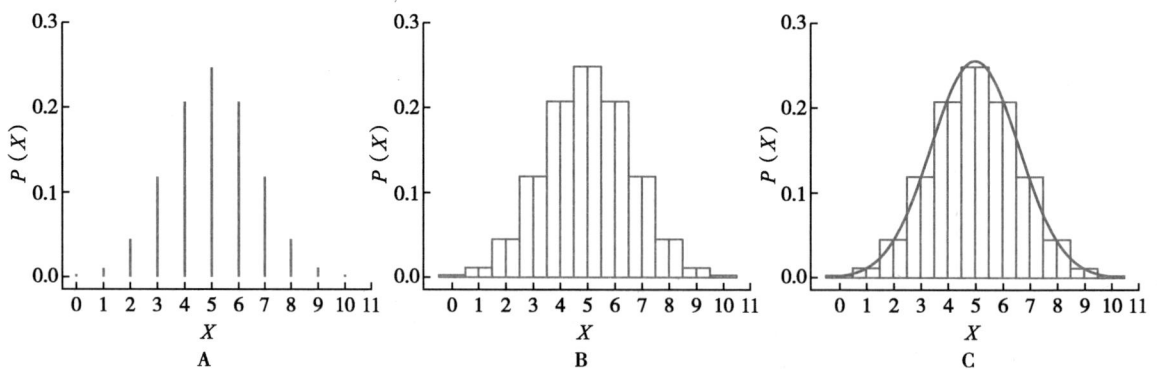

图 4-11 二项分布连续性校正和正态近似示意图
A. 概率函数直条图；B. 连续性校正直方图；C. 正态近似图。

二项分布累积概率的正态近似计算公式为：

$$P(X \leqslant k) = \sum_{X=0}^{k} C_n^X p^X (1-p)^{n-X} \approx \Phi\left(\frac{k+0.5-np}{\sqrt{np(1-p)}}\right) \quad （式4-20）$$

$$P(X \geqslant k) = \sum_{X=k}^{n} C_n^X p^X (1-p)^{n-X} \approx 1 - \varPhi \left( \frac{k - 0.5 - np}{\sqrt{np(1-p)}} \right) \qquad (式4\text{-}21)$$

$$P(k_1 \leqslant X \leqslant k_2) = \sum_{X=k_1}^{k_2} C_n^X p^X (1-p)^{n-X} \approx \varPhi \left( \frac{k_2 + 0.5 - np}{\sqrt{np(1-p)}} \right) - \varPhi \left( \frac{k_1 - 0.5 - np}{\sqrt{np(1-p)}} \right) \qquad (式4\text{-}22)$$

式中，$\varPhi$ 为标准正态分布的累积分布函数。

### 三、二项分布的应用

#### 1. 概率估计

【例4-9】 如果某地钩虫感染率为13%，随机观察当地150人，其中恰好有10人感染钩虫的概率有多大？

因为人与人之间钩虫感染与否可假设为相互独立的，感染钩虫的人数 $X$ 可认为服从 $n=150$，$p=0.13$ 的二项分布，由式4-8和式4-9，可以得出150人中恰有10人感染钩虫的概率为：

$$P(X=10) = \frac{150!}{10!(150-10)!} \times 0.13^{10} \times 0.87^{140} \approx 0.006$$

#### 2. 累积概率计算

【例4-10】 续例4-9。随机抽查当地150人，其中最多有2人感染钩虫的概率有多大？至少有2名感染钩虫的概率有多大？至少有20人感染钩虫的概率有多大？

根据式4-16最多有2人感染钩虫的概率为：

$$P(X \leqslant 2) = \sum_{X=0}^{2} P(X) = \sum_{X=0}^{2} \frac{n!}{X!(n-X)!} p^X (1-p)^{n-X}$$
$$= 8.47 \times 10^{-10} + 1.80 \times 10^{-8} + 2.11 \times 10^{-7} = 2.3 \times 10^{-7}$$

根据式4-17至少有2人感染钩虫的概率为：

$$P(X \geqslant 2) = \sum_{X=2}^{150} P(X) = \sum_{X=2}^{150} \frac{150!}{X!(150-X)!} 0.13^X (1-0.13)^{150-X}$$
$$= 1 - [P(X=0) + P(X=1)] = 1 - (8.47 \times 10^{-10} + 1.80 \times 10^{-8}) \approx 1$$

至少有20人感染钩虫的概率为：

$$P(X \geqslant 20) = \sum_{X=20}^{150} P(X) = 1 - \sum_{X=0}^{19} P(X)$$
$$= 1 - \sum_{X=0}^{19} \frac{150!}{X!(150-X)!} 0.13^X (1-0.13)^{150-X} = 0.488$$

## 第三节 泊松分布

### 一、泊松分布的概念与特征

#### （一）泊松分布的概念

泊松分布（Poisson distribution）是以法国数学家西莫恩·德尼·泊松（Simeon Denis Poisson）命名

的,最早用于描述在单位时间或空间内稀有事件的发生次数。Poisson 在 19 世纪研究犯罪和事故发生的随机事件时,发现这些事件的分布规律可以被这种分布很好地解释,后应用于排队理论、传染病研究、基因突变分析等领域。

泊松分布也属于离散型分布,通常与单位时间(或单位面积、单位产品等)上的计数过程相联系。例如,每毫升水中的大肠杆菌数、每立升气体中粉尘的计数、单位时间(如 1 分钟)内放射性质点数等,均可视为服从泊松分布。

应用泊松分布,通常需满足以下条件:

1. 考虑单位时间或单位面积内事件发生的次数;

2. 在给定的时间或空间内,事件发生的平均次数 $\lambda$ 是固定的,即平均事件发生率 $\lambda$ 是常数;

3. 在非常小的时间或空间内,事件发生的概率很小;

4. 事件是独立发生的,即某个事件的发生不影响另一个事件的发生与否。

在医学研究中,泊松分布应用广泛。通常以一定数量的人群为观察单位,例如,观察每 1 000 个新生儿中某出生缺陷、多胞胎、染色体异常等事件出现的例数,由于这些事件在每个观察单位上发生的概率很小,可以近似认为是服从泊松分布的。在随访研究中,要估计某疾病的年患病率,则以人年(person-year)为观察单位,例如,观察每 10 000 人年中,某疾病的发生例数。这些均可认为是近似服从泊松分布的。

泊松分布一般记作 $P(\lambda)$。其中,平均事件发生数 $\lambda$ 为泊松分布的唯一参数。

(二)泊松分布的特征

泊松分布的特征由其参数 $\lambda$ 唯一确定。泊松分布的概率函数为:

$$P(X) = \frac{\lambda^X}{X!}e^{-\lambda} \tag{式 4-23}$$

式中,$\lambda$ 为泊松分布的总体均数,$X$ 为观察单位内某事件的发生次数;e 为自然对数的底,为常数,约等于 2.72。例如,某地 20 年间共出生肢短畸形儿 10 名(假设年出生人数大致相同),则平均每年出生肢短畸形儿 0.5 名。就可用 $\lambda=0.5$(观察单位为年),代入泊松分布的概率函数式来估计该地每年出生此类畸形人数为 0,1,2,……的概率 $P(X)$(表 4-4)。

表 4-4　某地每年出生肢短畸形儿概率分布

| $X$ | 0 | 1 | 2 | 3 | 4 | 5 |
|---|---|---|---|---|---|---|
| $P(X)$ | 0.607 | 0.303 | 0.076 | 0.013 | 0.002 | 0.000 |

以事件发生数 $X$ 为横轴,以对应于 $X$ 的概率 $P(X)$ 为纵轴,对所有可能的 $X(X \geqslant 0)$ 分别绘制垂直于横轴,高度为 $P(X)$ 的线段,得到泊松分布图。

由图 4-12 可以看到泊松分布是非对称的,总体参数 $\lambda$ 值越小,分布越偏;随着 $\lambda$ 增大,分布趋向对称。

泊松分布具有以下特性:

(1)泊松分布的总体均数与总体方差相等,均为 $\lambda$。

(2)泊松分布的观察结果具有可加性。若从总体均数为 $\lambda_1$ 的泊松分布总体中随机抽出一份样本,其中事件的发生次数为 $X_1$,再独立地从总体均数为 $\lambda_2$ 的泊松分布总体中随机抽出另一份样本,其中事件的发生次数为 $X_2$,则它们的合计发生次数 $T=X_1+X_2$ 也服从泊松分布,总体均数为 $\lambda_1+\lambda_2$。

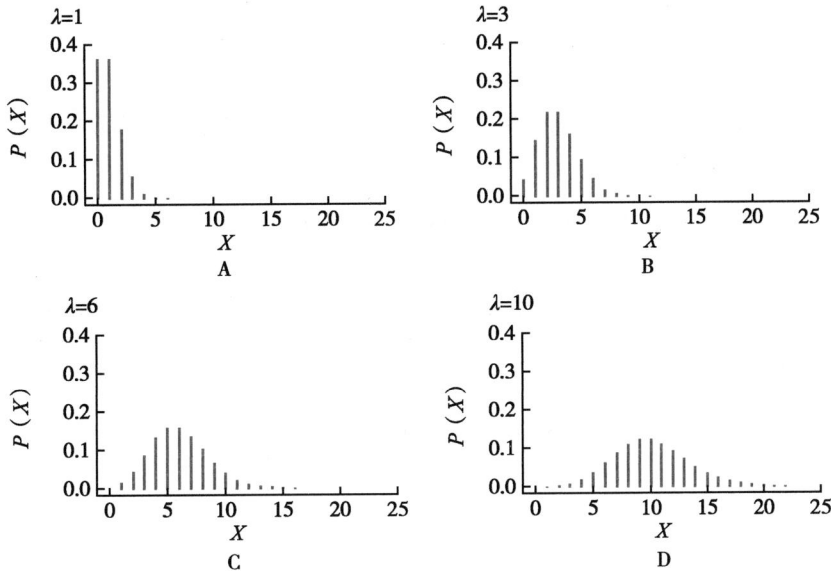

图4-12　$\lambda$ 取不同值时的泊松分布图

上述性质还可以推广到多个泊松分布的情形。例如，从同一水源独立地取水样5次，每次1ml，进行细菌培养，每次水样中的菌落数分别为 $X_i$（观察单位是1ml），$i=1,2,\cdots,5$，均服从泊松分布，分别记为 $P(\lambda_i)$，$i=1,2,\cdots,5$，那么把5份水样混合，其合计菌落数 $\sum X_i$ 也服从泊松分布（观察单位是5ml），且总体参数为 $\lambda_1+\lambda_2+\cdots+\lambda_5$，记为 $P(\lambda_1+\lambda_2+\cdots+\lambda_5)$。

医学研究中常利用泊松分布的可加性，将小的观察单位合并，来增大发生次数 $X$，以便分析。

## 二、泊松分布的正态近似

由前面图4-12可以看到泊松分布当总体均数 $\lambda$ 值小于5时为偏峰，$\lambda$ 愈小分布愈偏，随着 $\lambda$ 增大，分布趋向对称。理论上可以证明，随着 $\lambda \to \infty$，泊松分布也渐近正态分布。一般，当 $\lambda \geqslant 20$ 时泊松分布资料可按正态分布处理。和二项分布相同，泊松分布也是离散型变量分布，为了借用连续型变量的分布函数计算概率，也要对概率函数作校正，校正后正态近似计算方法见式4-24至式4-26。

$$P(X \leqslant k) = \sum_{X=0}^{k} \frac{\lambda^X}{X!} e^{-\lambda} \approx \Phi\left(\frac{k+0.5-\lambda}{\sqrt{\lambda}}\right) \qquad （式4-24）$$

$$P(X \geqslant k) = 1-P(X<k) \approx 1-\Phi\left(\frac{k-0.5-\lambda}{\sqrt{\lambda}}\right) \qquad （式4-25）$$

$$P(k_1 \leqslant X \leqslant k_2) = \sum_{X=k_1}^{k_2} \frac{\lambda^X}{X!} e^{-\lambda} \approx \Phi\left(\frac{k_2+0.5-\lambda}{\sqrt{\lambda}}\right) - \Phi\left(\frac{k_1-0.5-\lambda}{\sqrt{\lambda}}\right) \qquad （式4-26）$$

## 三、泊松分布的应用

### 1. 概率估计

【例4-11】　以往实验显示某地100cm² 的培养皿中平均菌落数为6个。今用100cm² 的培养皿进行培养，试估计该培养皿菌落数等于3个的概率。

这里的观察单位是培养皿（100cm²），理论上一个培养皿中菌落数等于3个的概率为：

$$P(X=3)=\frac{6^3}{3!}e^{-6}=0.089$$

【例4-12】 如果某地居民脑血管疾病的患病率为$p=150/10$万,那么调查该地1 000名居民中有2人患脑血管疾病的概率有多大?

脑血管疾病的患病率为$p=150/10$万,调查人数$n=1\,000$,则患病人数$X$是服从$n=1\,000$、患病率为150/10万的二项分布。因为150/10万较小,$n=1\,000$较大,将1 000名居民看作是一个观察单位,那么,平均1 000人中有1 000×150/10万 =1.5个患者。因此,也可以认为1 000名居民中患脑血管疾病的人数近似地服从泊松分布,且

$$\lambda=np=1\,000\times0.001\,5=1.5$$

依式4-22,得:

$$P(X=2)=\frac{1.5^2}{2!}e^{-1.5}=0.251$$

即调查该地1 000名居民中有2人患脑血管疾病的概率为25.1%。

2. 累积概率计算

【例4-13】 续例4-11。试分别估计每一个培养皿中菌落数小于3个和大于1个的概率。

该培养皿菌落数小于3个的概率为:

$$P(X<3)=\sum_{X=0}^{2}P(X)=\sum_{X=0}^{2}\frac{e^{-6}6^X}{X!}=\frac{e^{-6}6^0}{0!}+\frac{e^{-6}6^1}{1!}+\frac{e^{-6}6^2}{2!}=0.062$$

菌落数大于1个的概率为:

$$P(X>1)=1-P(X=0)-P(X=1)=1-\frac{e^{-6}6^0}{0!}-\frac{e^{-6}6^1}{1!}=0.983$$

【例4-14】 续例4-12。试估计1 000名居民中至多有2人患脑血管疾病的概率有多大? 至少有3人患脑血管疾病的概率有多大?

至多有2人患脑血管疾病的概率为:

$$P(X\leqslant2)=\sum_{X=0}^{2}P(X)=\sum_{X=0}^{2}\frac{e^{-1.5}1.5^X}{X!}=\frac{e^{-1.5}1.5^0}{0!}+\frac{e^{-1.5}1.5^1}{1!}+\frac{e^{-1.5}1.5^2}{2!}=0.809$$

至少有3人患脑血管疾病的概率为:

$$P(X\geqslant k)=1-P(X\leqslant2)=1-0.809=0.191$$

泊松分布与二项分布的一个前提条件是事件发生的概率$\pi$不变,每个事件的发生与否相互独立。若$n$次观察互不独立、发生概率不等,则不能看作二项分布。例如,在某社区,传染性疾病首例出现后便成为传染源,会增加该社区后续病例出现的概率,且随着病例数的增加,其他易感人群感染的概率增加,因此病例数的分布不能看作是二项分布或泊松分布;又如,污染的牛奶中细菌成集落存在,单位容量牛奶中的细菌数不能认为服从泊松分布;再如,钉螺在繁殖期呈窝状散布,单位面积中钉螺数的观察结果不是独立的,因此也不能认为服从泊松分布。

# 第四节　蒙特卡洛模拟

## 一、蒙特卡洛模拟的基本思想

蒙特卡洛(Monte Carlo)模拟方法,也常称为计算机随机模拟方法,是一种基于"随机数"的计算方法。这一方法源于美国在第二次世界大战中研制原子弹的"曼哈顿计划"。该计划的主持人之一、数学家冯·诺伊曼(John von Neumann)用赌城"蒙特卡洛"来命名这种方法,但其实蒙特卡洛模拟方法的基本思想很早以前就被人们所发现和应用。为了进一步理解蒙特卡洛模拟的基本思想,我们通过下面的投米粒实验估算圆周率 π 的示例加以说明。

图 4-13 描述了单位圆(半径 $r=1$)与单位正方形(边长为 1 的正方形恰好包住一个半径 $r=1$ 的 1/4 圆(阴影部分)。

（1）根据圆的面积计算公式,单位圆的面积 $\tau=\pi$,则图 4-13 阴影部分(1/4 个单位圆)的面积为 $\tau/4$。易知单位正方形的面积为 1,故阴影部分占整个正方形面积的比例为 $\tau/4$。

（2）若大量重复进行"投米粒实验"(投掷的米粒等可能性地落至正方形内的任意位置),理论上在进行足够多次重复实验后,被投米粒落在阴影部分的概率为 $\tau/4$。例如进行 1 000 次重复实验,在其中的 $n$ 次实验中米粒落在了阴影部分,则 $n/1\ 000$ 应近似等于 $\tau/4$,该比例乘以 4 则可得到 π 的近似解。

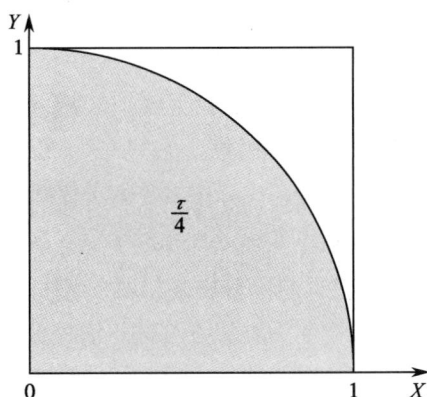

图 4-13　投米粒实验求圆周率 π 的模型

由以上讨论可知,估计 π 的关键在于"投米粒实验"的实现。最原始的办法是找一颗米粒在图 4-13 上投掷 1 000 次,并记录下每次的结果,一些统计学前辈已经做过了许多类似的实验。

计算机技术的兴起,特别是近年来高性能计算机的出现,使得用数学方法在计算机上大量、快速地模拟类似的实验成为可能,从而为类似问题提供了高效的替代解决方案。为描述实验中米粒掉落的位置是否在圆内这个概率过程,需要将正方形的两边所在直线看成二维坐标系的坐标轴,米粒掉落的位置可以由坐标$(x,y)$描述。由于米粒掉落至正方形内的任意位置是完全等可能的,换而言之,米粒的坐标 $x$ 和 $y$ 相互独立且各自均服从$[0,1]$上的均匀分布,故 $x$ 和 $y$ 的确定可以通过$[0,1]$上的均匀分布的模拟抽样实现。根据几何知识,可以将"米粒是否落在阴影部分"这个事件用 $x^2+y^2\leqslant1$ 进行判断,即如果 $x^2+y^2\leqslant1$ 成立,则认为米粒落在阴影部分内,如果 $x^2+y^2\leqslant1$ 不成立,则认为米粒未落在阴影部分内。由此发现,蒙特卡洛模拟中非常关键的一个环节就是从给定分布中模拟抽样随机数,将在下面介绍相关思想及技术,然后再学习 π 的蒙特卡洛模拟计算。

## 二、常见分布的模拟抽样

这里将学习运用 R 4.3.3 进行一些常见分布的随机数模拟抽样。除 R 外,SPSS、SAS 等专业统计软件都可以实现蒙特卡洛模拟抽样。下面将首先学习如何运用 R 进行随机数的模拟抽样,再初步验证抽样产生的数据是否服从指定的概率分布。这些方法产生的随机数将为接下来利用蒙特卡洛模拟方法解决具体科学问题奠定基础。

（一）正态分布随机数的模拟抽样

标准正态分布 $N(0,1)$ 的模拟抽样中，应设置生成随机数的函数及相应参数。具体而言，需设置使用产生服从正态分布随机数的函数 rnorm，即让生成的随机数服从正态分布；设置正态分布的参数为均值 =0，标准差 =1，即 $\mu$=0，$\sigma$=1，生成 1 000 个随机数。

为了验证产生的随机数服从期望的标准正态分布 $N(0,1)$，计算此 1 000 个随机数的均值与标准差，看其是否分别接近 0 和 1。计算得到 1 000 个随机数的均值约为 0.01，标准差约为 0.98，这两个数值与设定的总体参数值相近，故可以认为生成的随机数来自指定的概率分布。

类似的，可以利用上述方法生成服从正态分布 $N(10,10^2)$ 的随机数，设置正态分布的参数为均值 $\mu$=10，标准差 $\sigma$=10。结果显示抽样得到的 1 000 个随机数的均值约为 9.76，标准差约为 10.10，同样与指定的总体参数接近。

（二）二项分布随机数的模拟抽样

可用类似方法进行二项分布的模拟抽样，后述例 4-15 的硬币投掷实验将会用到此处的知识。假定参数"试验次数"=8，$P(A)$=0.5，使用随机数生成函数 rbinom 产生 1 000 个服从二项分布 $B(8,0.5)$ 的随机数。

其余验证该分布参数的步骤同上，最后产生的 1 000 个随机数的均值为 4，标准差为 1.43；与二项分布总体参数 $\mu$=8×0.5=4，$\sigma=\sqrt{8\times0.5\times(1-0.5)}\approx1.41$ 接近。

（三）泊松分布随机数的模拟抽样

同样利用类似方法进行泊松分布的模拟抽样，设置参数 $\lambda$=4，使用随机数生成函数 rpois 产生 1 000 个服从泊松分布 $P(\lambda=4)$ 的随机数。

其余验证该分布参数的步骤同上，最后产生的 1 000 个随机数的均数为 3.98，标准差约为 2.03；与泊松分布总体参数 $\mu=\lambda$=4，$\sigma=\sqrt{\lambda}=\sqrt{4}$ =2 接近。

## 三、蒙特卡洛模拟的步骤与应用

（一）蒙特卡洛模拟的步骤

根据第一部分所述的原理，需要通过模拟抽样来描述实验中米粒掉落的位置是否在圆内这个概率过程：将正方形的两边所在直线看成二维坐标系的坐标轴，米粒掉落的位置以坐标 $(x,y)$ 描述，由于米粒掉落于正方形内任意位置的概率完全相等，所以米粒的坐标 $x$ 和 $y$ 相互独立且各自均服从区间 $[0,1]$ 上的均匀分布，根据几何知识，将"米粒是否落入阴影部分"这个随机事件定义为 $x^2+y^2\leqslant1$。

接下来用 R 软件来实现抽样过程。首先设置生成服从均匀分布的随机数 $x$ 和 $y$。计算重复进行 10 000 次实验的 $x^2+y^2$ 的结果。进而判断 10 000 次模拟实验中满足 $x^2+y^2\leqslant1$ 条件的实验次数。根据前述的整体规划，知道满足条件的实验次数在总实验次数中的所占比例即为 $\pi/4$ 的估计值，得到 $\pi$ 的估计值，本次模拟得到 $\pi$=3.15，与 $\pi$ 的真实值 3.14……相差较小。

已经知道，随机现象中的概率被定义为无限次重复随机实验中某随机事件发生的频率，当实验次数趋近于无穷大时，这个频率将趋近于该事件的概率，这是蒙特卡洛模拟实验的基础。通过上述例子可以得到蒙特卡洛模拟的基本思想和原理：通过大量重复实验来估计随机事件的概率或随机变量的期望值。例如，若要估计某随机事件 $A$ 的概率或某随机变量 $B$ 的平均值，可以通过模拟实验获得事件 $A$ 发生的频率，从而估计其概率，或通过计算随机变量 $B$ 的样本平均值来近似其期望值。

蒙特卡洛模拟方法通过利用事物运动的几何数量与特征,按照相应的概率模型进行模拟实验,并基于实验结果得出问题的近似解。

根据投米粒实验,现总结蒙特卡洛模拟的主要步骤如下:

1. **整体规划**　根据需要制定解决问题的步骤,包括确定计算目标以及将不具有随机性质的问题转化为具有随机性质的问题。如在上述例子中,为估计圆周率 $\pi$,构造如图4-13所示的模型并设计"投米粒实验"以将原问题转化为具有随机性质的概率问题,即通过计算所有米粒中最终落在1/4圆内的米粒所占比例来估计 $\pi/4$。

2. **描述概率过程**　对本身具有随机性质或构造的具有随机性质的问题,需要正确地描述这个概率过程。如在投米粒实验中,为了描述实验中米粒掉落的位置是否在圆内这个概率过程,将整个正方形的两边看作二维坐标系,米粒掉落的位置用坐标 $(x,y)$ 描述。由于均匀分布是指随机变量在一定区间内,每个可能取值出现的概率都相等的概率分布,常用于描述完全随机或没有偏向性的现象,同时,本实验中米粒是等可能地掉落于正方形内的任意位置,所以米粒的坐标 $x$ 和 $y$ 相互独立且各自均服从 $[0,1]$ 上的均匀分布,而"米粒是否落入阴影部分"这个随机事件,可以通过检验 $x^2+y^2 \leq 1$ 条件是否成立来进行判断。

3. **实现从已知概率分布抽样**　构建概率模型后,由于每种概率模型都可以看作是由各种各样的概率分布构成的,因此产生已知概率分布的随机变量就成为实现蒙特卡洛模拟实验的基本手段。以本例而言,$x$ 和 $y$ 两个变量理论上服从均匀分布 $[0,1]$,所以在区间 $[0,1]$ 产生两个服从均匀分布的随机数作为米粒的坐标 $(x,y)$ 即可。根据任何概率分布产生随机变量的方法都是以产生随机数为前提的,由此可见,随机数是实现蒙特卡洛模拟的基础。

4. **重复多次并综合结果估计**　在大量的重复实验后,实验的结果可以作为求解问题的近似答案,以本例而言,10 000次实验中满足 $\{x^2+y^2 \leq 1\}$ 的实验次数所占比例就是 $\pi/4$ 的近似值,从而进一步得到 $\pi$ 的近似值。

(二)蒙特卡洛模拟的应用

【例4-15】　运用蒙特卡洛模拟实验的方法了解投掷8次硬币时出现2次及更少次正面朝上事件的概率。

在本例中,知道硬币正面朝上的次数 $X \sim B(n,p)$,其中 $n=8$, $p=0.5$,可以根据概率公式计算求得 $P(X \leq 2) = \sum_{x=0}^{2} P(x \mid p=0.5, n=8) = 0.145$。下面介绍通过蒙特卡洛模拟的方法来求 $P(X \leq 2)$。

方法1:利用均匀分布随机数

整体规划:投掷8次硬币时出现2次及更少次正面朝上事件的概率 $P(X \leq 2)$ 可以用重复进行10 000次、每次产生变量数为8的实验中,8个变量数出现2个及更少个阳性变量数的实验次数所占比例进行估计。

描述概率过程:将每一次硬币投掷结果设为变量 $Y$,变量 $Y$ 可以看作服从均匀分布 $[0,1]$,正面朝上记为阳性结果 $\{Y>0.5\}$,反面朝上记为阴性结果 $\{Y \leq 0.5\}$;每次实验有8个硬币,10 000次实验中正面朝上 $\{Y>0.5\}$ 的个数设为变量 $X$,$P(X \leq 2)$ 即10 000次实验中满足 $\{X \leq 2\}$ 的实验次数所占比例。

实现从已知概率分布抽样:每次实验的变量数设为8,每个变量 $Y$ 服从均匀分布 $[0,1]$,实验次数为10 000。

重复多次实验并综合结果估计:计算10 000次实验中每次实验硬币正面朝上的个数,得到出现

2 次及更少次正面朝上的实验次数所占比例，即 $P(X\leq 2)=0.147$。

方法 2：利用二项分布随机数

整体规划：投掷 8 次硬币出现 2 次及更少次正面朝上事件的概率 $P(X\leq 2)$ 可以用 10 000 次 8 重伯努利实验中满足 $\{X\leq 2\}$ 的实验次数所占比例估计，变量 $X\sim B(8,0.5)$。

描述概率过程：在每次实验中投掷 8 次硬币，每一次硬币正面朝上的概率为 0.5，各次实验相互独立。故可以看作变量 $X\sim B(8,0.5)$，$P(X\leq 2)$ 即 10 000 次 8 重伯努利实验中满足 $\{X\leq 2\}$ 的实验次数所占比例。

实现从已知概率分布中的抽样：产生服从二项分布 $B(8,0.5)$ 的随机数，实验次数为 10 000。重复多次实验并综合结果估计：计算 10 000 次实验中每次实验硬币正面朝上的个数，得到出现 2 次及更少次正面朝上的实验次数所占比例，即 $P(X\leq 2)=0.144$。

蒙特卡洛模拟方法由于具有较高的灵活性和适用性，已成为许多学科解决复杂问题的关键技术之一，广泛应用于生物医学、金融工程学、宏观经济学、计算物理学等领域。现代电子计算机的出现和应用使得重复进行大量实验成为可能，从而大大提升了蒙特卡洛模拟方法的实用性和效率。对于那些由于计算过于复杂而难以解决的问题，蒙特卡洛模拟方法提供了一种高效的数值解决方案。在未来，随着计算能力的不断提升和算法的改进，蒙特卡洛模拟方法将在更多领域展现其独特优势。

（秦国友）

## 小结

随机变量的概率分布是统计学中极为重要的基本概念。本章介绍了三个最常用的统计分布，包括连续型变量的正态分布、离散型变量的二项分布以及泊松分布。此外，还介绍了蒙特卡洛模拟的基本思想和主要过程。

正态分布是一种很重要的连续型分布，是许多统计方法的理论基础。很多医学现象都近似地服从正态分布。正态分布的两个参数是均数 $\mu$ 和标准差 $\sigma$。由于正态概率密度曲线下面积与偏离 $\mu$ 的 $\sigma$ 倍数有关，因此，实际工作中，常对正态分布随机变量 $X$ 作 $z$ 变换，将其转换为标准正态分布，以方便应用。应用正态概率密度曲线下面积分布规律，可估计某些医学指标的参考值范围、进行质量控制等。

二项分布用于描述二分类结果出现的规律。假定每次试验只有阳性或阴性两种结果，每次试验阳性结果的发生概率均为 $p$，阴性结果的发生概率均为 $(1-p)$，且每次试验结果是相互独立的，那么，重复 $n$ 次试验，发生阳性结果的次数 $X$ 的概率分布称为二项分布。

泊松分布主要用于研究单位时间或空间内某事件的发生数，与二项分布应用条件一致，要求结果是二分类，事件的发生相互独立且发生的概率不变。

二项分布在 $np$ 和 $n(1-p)$ 均大于 5 时，以及泊松分布在 $\lambda\geq 20$ 时，其概率可以采用正态分布的方法来近似计算，以使问题简化。

通过某种"实验"的方法，得出事件 $A$ 出现的频率，来估计事件 $A$ 出现的概率。这种"实验"的方法就是蒙特卡洛模拟实验。模拟的具体步骤：①整体规划；②描述概率过程；③实现从已知概率分布中的抽样；④重复多次并综合结果估计。其中描述概率过程是最关键的一步。

**思考与练习**

**一、最佳选择题**

1. 关于正态分布,以下陈述正确的是( )

    A. 正态分布是对称的,且均值和中位数相等

    B. 正态分布总是关于 $x$ 轴原点对称

    C. 正态分布的方差越小,图形越扁平

    D. 正态分布只有一个参数,即均值

    E. 正态分布的形状与标准差无关

2. 如果一个随机变量 $X$ 服从参数为 $n$ 和 $p$ 的二项分布 $B(n,p)$,那么以下表达式表示 $X$ 的方差的是( )

    A. $np$                          B. $n(1-p)$

    C. $np(1-p)$                 D. $n^2p$

    E. $(n-1)p(1-p)$

3. 在二项分布 $B(n,p)$ 中,当试验次数 $n$ 很大且每次试验成功的概率 $p$ 很小时,该分布可以近似为以下哪种分布( )

    A. 正态分布                   B. 均匀分布

    C. 泊松分布                   D. 指数分布

    E. 卡方分布

4. 泊松分布适用于以下哪种情况( )

    A. 在固定时间或空间内,某事件发生的次数是固定的

    B. 在固定时间或空间内,某事件发生的次数服从正态分布

    C. 在固定时间或空间内,某事件发生的次数是随机的,且事件之间是相互独立的

    D. 在固定时间或空间内,某事件发生的次数与之前的次数有关

    E. 在固定时间或空间内,某事件发生的次数总是趋于无穷大

5. 如果一个随机变量 $Y$ 服从参数为 $\lambda$ 的泊松分布 $P(\lambda)$,那么以下表达式表示 $Y$ 的均值的是( )

    A. $\lambda^2$                  B. $\sqrt{\lambda}$                    C. $\lambda$

    D. $1/\lambda$                E. $2\lambda$

**二、思考题**

1. 简述二项分布、泊松分布、正态分布的区别与联系。

2. 简述正态分布资料的双侧医学参考值范围为什么是 $\bar{X} \pm 1.96S$?

3. 汉族人中某基因的突变率为 30%。现随机抽查 10 名汉族人,求:其中没有 1 名该基因突变的概率;有 4 名该基因突变的概率。

4. 某人群中 12 岁男孩身高的分布近似于正态分布,均数为 144.00cm,标准差为 5.77cm。

    (1)该人群中 80% 的 12 岁男孩身高集中在哪个范围?

    (2)求该人群中 12 岁男孩身高的 95% 和 99% 参考值范围。

（3）求该人群中 12 岁男孩身高低于 140cm 的概率。

（4）求该人群中 12 岁男孩身高超过 160cm 的概率。

5. 某地白血病的发病率为 0.000 1，现检查 4 万人，求没有发现白血病患者的概率和发现白血病患者不超过 3 人的概率。

# 第五章
# 参数估计与假设检验基础

现代医学研究的主要手段是抽样研究,即从某总体中随机抽取一个样本,基于该样本的有关特征来对总体的属性进行研究,这个过程称为统计推断(statistical inference)。例如,基于抽样调查获得的患病率数据推断总体患病率;基于队列样本获得的风险比(hazard ratio, HR)估计总体中吸烟与肺癌发病风险的关系等。

统计推断包括两方面工作:其一,对某个总体参数进行估计,称为参数估计(parameter estimation),例如,利用某地现况调查数据估计2型糖尿病的患病率,利用随机对照试验结果估计晚期非小细胞肺癌患者服用某种抗肿瘤药物的中位死亡时间。其二,建立针对总体某属性的假设并根据样本信息判断假设是否成立,称为假设检验(hypothesis testing),如判断吸烟者肺癌发病风险是否高于不吸烟者,高原地区居民血红蛋白水平与平原居民是否不同。

需要说明的是,统计推断要求样本是随机抽样且具有代表性,能回答所提出的科学问题,当样本有偏时,可能获得错误的结果。如第二次世界大战中,军方试图根据返回机场的飞机上的伤痕来确定哪些部位最应该加强防护,他们发现机翼是最容易被击中的位置,机尾则是最少被击中的位置,据此提出机翼最应该被加强防护。然而,美国哥伦比亚大学统计学教授亚伯拉罕·沃德(Abraham Wald)认为,尽管返回机场的飞机机翼有大量损伤,但返回机场的飞机并不能代表空战中所有飞机情况,这反而说明机尾损伤最致命,因为机尾被击中的飞机无法返航,因此应加强对机尾的防护。军方采用了教授的建议,事后也证实该决策是正确的,看不见的弹痕最致命。虽然"一叶知秋"的睿智是统计推断的理想境界,但"盲人摸象"的谬误亦不鲜见。因此,统计推断中,关心的不仅仅是统计量本身,还应关注随机化的实现、样本的代表性和统计推断技术。本章将介绍样本统计量的抽样分布规律,以及参数估计和假设检验的基本原理和过程。

## 第一节　抽样分布与抽样误差

由于个体变异的存在,从某一总体中随机抽取一个样本,所得统计量与相应的总体参数往往不同,这种差异称为抽样误差(sampling error),这在抽样研究中是不可避免的。

例如,某年某地所有13岁女生的身高服从总体均数$\mu=155.4$cm,总体标准差$\sigma=5.3$cm的正态分布。利用计算机从该总体中随机抽样,每次抽取30人组成一份样本,共抽100次。计算每份样本的平均身高,得到156.7cm、158.1cm、155.6cm、……、156.6cm共100个样本均数。可见,每个样本均数不等于总体均数,这是抽样误差的一种表现;100个样本均数也不相等,这是抽样误差的另一种表现。

在实际工作中,研究者往往不太可能进行多次抽样,而是只基于一个随机样本进行研究,同时研究者也不太可能知道总体均数是多少,因而抽样误差的两种表现形式均很难在实际工作中被观察到。尽管抽样误差是一种随机现象,但它是有规律的,也是可以被认识的。

### 一、标准误

从某个总体中随机抽样,样本统计量也服从于某个分布,称为抽样分布(sampling distribution)。

以样本均数为例,它是总体均数的一个估计值,如果按照相同的样本量、相同的抽样方式反复抽样,每次可以计算一个样本均数,理论上所有的样本均数构成的分布,就是样本均数的抽样分布。不难想象,若抽样误差较小,这些样本均数应当接近总体均数;若抽样误差较大,则会呈现较大的离散趋势。

样本均数的标准差可用于描述样本均数离散程度的大小,即抽样误差的大小。样本统计量的标准差称为标准误(standard error,SE)。各种统计量均有自己的标准误,如均数的标准误(standard error of mean,SEM)、方差的标准误、率的标准误,等等。在进行理论研究时,可进行多次重复抽样,从而计算标准误的大小;然而实际研究中不太可能进行多次重复抽样。

根据数理统计学原理,若随机变量 $X$ 来自总体的方差为 $\sigma^2$,则来自该总体的样本量为 $n$ 的一组样本,其均数的标准误的理论值为:

$$\sigma_{\bar{X}} = \frac{\sigma}{\sqrt{n}} \tag{式 5-1}$$

实际应用中,总体标准差 $\sigma$ 通常未知,需要用样本标准差 $S$ 来估计。此时,均数标准误的估计值为:

$$S_{\bar{X}} = \frac{S}{\sqrt{n}} \tag{式 5-2}$$

由此可见,只要获得一个随机样本,通过样本标准差及样本量,研究者即能估计抽样误差的大小。由式 5-1 和式 5-2 可知,均数标准误的大小与总体标准差成正比,与样本量 $n$ 的平方根成反比。因此,在实际应用中,可通过增加样本量来降低均数的标准误,从而减小抽样误差。

## 二、均数抽样误差的规律性

本节将通过计算机模拟实验,分别阐明从标准正态分布(A)、均匀分布(B)、指数分布(C)和 $\beta$ 分布(D)总体中随机抽样,所得均数的分布规律,进而对抽样误差的规律性进行总结。四种分布的概率密度函数如下所示:

| | | | |
|---|---|---|---|
| 总体 A | 标准正态分布 | $N(0,1)$ | $f(z) = \dfrac{1}{\sqrt{2\pi}} e^{-\frac{z^2}{2}}$ |
| 总体 B | 均匀分布 | $U(0,1)$ | $f(x)=1$ |
| 总体 C | 指数分布 | $E(1)$ | $f(x)=e^{-x}$ |
| 总体 D | $\beta$ 分布 | $Beta(0.2,0.2)$ | $f(x) = \dfrac{1}{B(0.2,0.2)} x^{-0.8}(1-x)^{-0.8}$ |

分别从各总体中随机抽取 10 000 个样本,样本量 $n$ 分别为 2、5、10、25 和 50,计算每个样本的均数,并根据 10 000 个样本均数做频率分布图,如图 5-1。由图 5-1 可知,总体为正态分布,其样本均数亦呈正态分布特征;总体为非正态分布,其样本均数却不再显示原来的非正态分布特征,随着样本量 $n$ 的增大,样本均数很快接近正态分布,且总体对称分布的样本均数接近正态分布要快于总体偏态分布,单峰分布快于双峰分布。表 5-1 给出了基于 10 000 个模拟样本之均数的均数,以及利用式 5-1 计算的标准误的理论值和式 5-2 计算的标准误的估计值,可见样本之均数的均数与总体均数接近,标准误的估计值与理论值也接近。

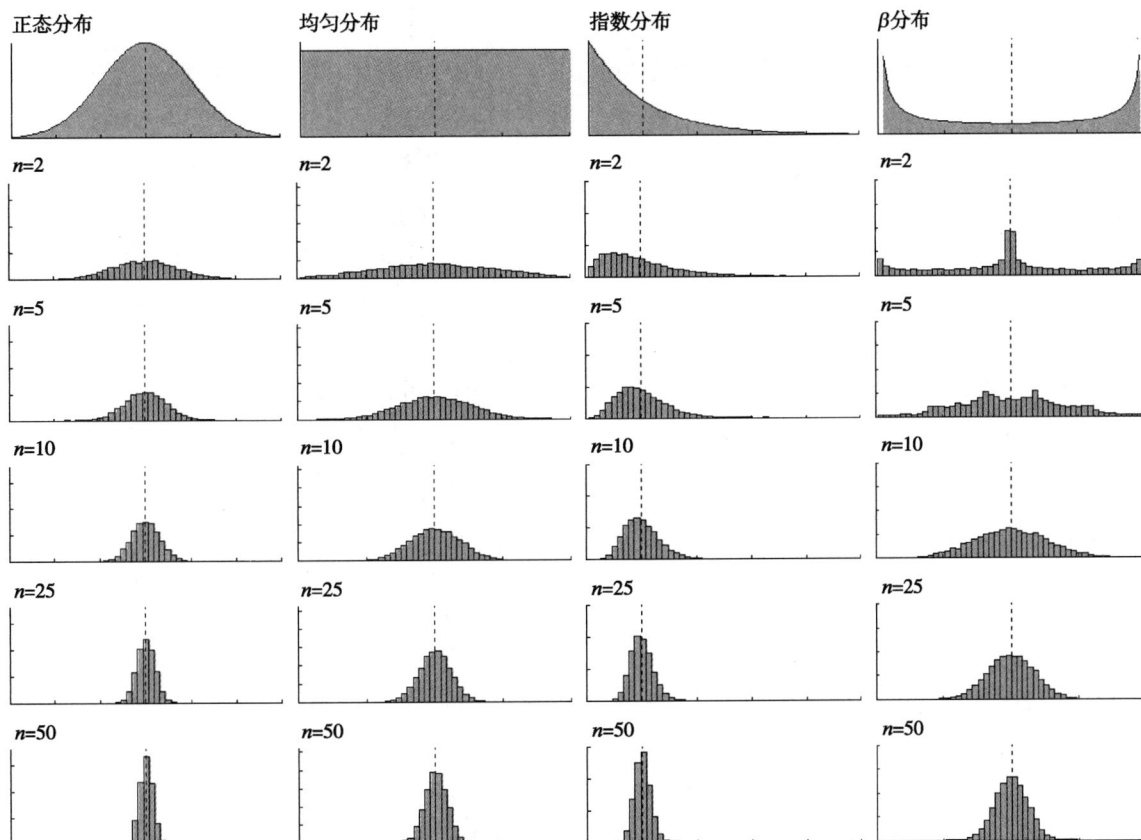

图 5-1　均数的抽样误差和模拟实验结果

表 5-1　不同 $\mu$ 和 $n$ 时 10 000 个模拟样本之均数的均数及标准误

| 总体（均数 $\mu$ ） | 样本量（ $n$ ） | 标准误的理论值（ $\sigma_{\bar{X}}$ ） | 样本之均数的均数 | 标准误的估计值（ $S_{\bar{X}}$ ） |
|---|---|---|---|---|
| 总体 A | 2 | 0.707 1 | −0.005 7 | 0.707 5 |
| （0.000 0） | 5 | 0.447 2 | 0.003 2 | 0.445 6 |
| | 10 | 0.316 2 | 0.003 0 | 0.315 6 |
| | 25 | 0.200 0 | 0.000 2 | 0.197 2 |
| | 50 | 0.141 4 | −0.002 0 | 0.142 1 |
| 总体 B | 2 | 0.204 1 | 0.501 1 | 0.205 8 |
| （0.500 0） | 5 | 0.129 1 | 0.500 6 | 0.129 7 |
| | 10 | 0.091 3 | 0.501 9 | 0.090 7 |
| | 25 | 0.057 7 | 0.499 1 | 0.057 5 |
| | 50 | 0.040 8 | 0.500 2 | 0.040 9 |
| 总体 C | 2 | 0.707 1 | 0.985 7 | 0.706 1 |
| （1.000 0） | 5 | 0.447 2 | 1.001 9 | 0.438 3 |
| | 10 | 0.316 2 | 1.004 0 | 0.320 3 |
| | 25 | 0.200 0 | 0.996 2 | 0.198 6 |
| | 50 | 0.141 4 | 1.000 5 | 0.142 1 |

| 总体（均数$\mu$） | 样本量（$n$） | 标准误的理论值（$\sigma_{\bar{X}}$） | 样本之均数的均数 | 标准误的估计值（$S_{\bar{X}}$） |
|---|---|---|---|---|
| 总体 D | 2 | 0.298 8 | 0.501 1 | 0.299 7 |
| （0.500 0） | 5 | 0.189 0 | 0.498 9 | 0.188 9 |
| | 10 | 0.133 6 | 0.499 4 | 0.134 5 |
| | 25 | 0.084 5 | 0.500 1 | 0.085 2 |
| | 50 | 0.059 8 | 0.499 2 | 0.059 9 |

均数抽样误差的规律性可借助数理统计学中的中心极限定理（central limit theorem）描述，从均数为$\mu$、标准差为$\sigma$的总体中独立随机抽样，当样本量$n$增加时，样本均数的分布将趋于正态分布，此分布的均数为$\mu$，标准差为$\sigma_{\bar{X}}$。因此，根据中心极限定理，无论总体的分布形式如何，只要样本量足够大，样本均数的分布将趋向于正态分布，可利用这一原理对总体均数进行统计推断。

### 三、频率的抽样分布与抽样误差

当总体为二项分布$B(n, \pi)$时，从中进行随机抽样获得的样本频率也有其分布规律。再做一个模拟实验，分别从不同的二项分布总体中抽样，绘制样本频率的频数分布图，描述其分布的规律性。二项分布的总体率$\pi$分别取 0.1、0.2、0.5、0.8 和 0.9，样本量$n$分别取 5、10、25 和 50，重复抽样 10 000 次。图 5-2 为不同模拟参数设置下阳性事件的频数分布图。可见，当$\pi=0.5$时，图形对称；当$\pi\neq0.5$时，图形呈偏态，但随着$n$的增大，图形逐渐对称，接近正态分布，为中心极限定理所反映。表 5-2 给出了不同模拟参数设置下，样本频率的均数、频率的标准误的理论值和估计值。

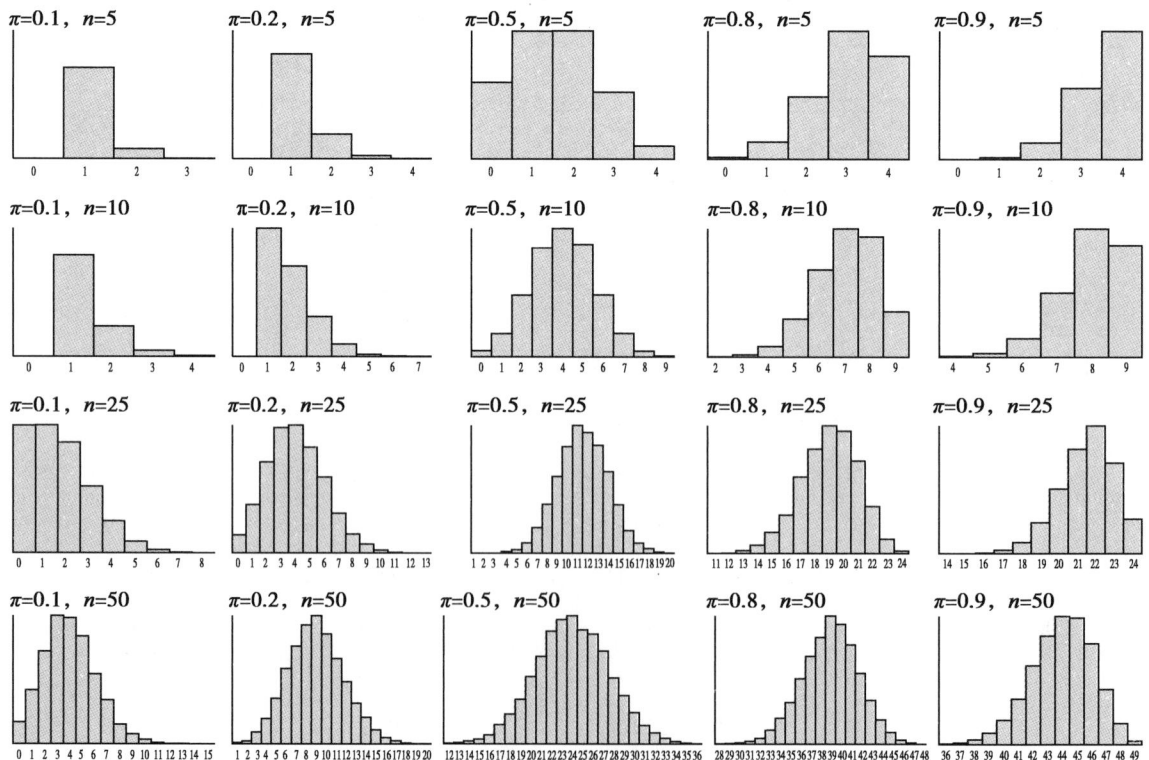

图 5-2　率的抽样误差和模拟实验结果

表5-2　不同 $\pi$ 和 $n$ 时 10 000 个模拟样本频率的均数及标准误

| 总体率($\pi$) | 样本量($n$) | 标准误的理论值($\sigma_p$) | 样本频率的均数 | 标准误的估计值($S_p$) |
|---|---|---|---|---|
| 0.1 | 5 | 0.134 2 | 0.098 2 | 0.133 0 |
| | 10 | 0.094 9 | 0.099 4 | 0.094 1 |
| | 25 | 0.060 0 | 0.100 0 | 0.060 1 |
| | 50 | 0.042 4 | 0.099 2 | 0.042 6 |
| 0.2 | 5 | 0.178 9 | 0.199 8 | 0.178 8 |
| | 10 | 0.126 5 | 0.201 3 | 0.127 7 |
| | 25 | 0.080 0 | 0.199 8 | 0.079 8 |
| | 50 | 0.056 6 | 0.199 6 | 0.057 1 |
| 0.5 | 5 | 0.223 6 | 0.502 2 | 0.221 6 |
| | 10 | 0.158 1 | 0.502 3 | 0.157 1 |
| | 25 | 0.100 0 | 0.500 1 | 0.100 1 |
| | 50 | 0.070 7 | 0.500 6 | 0.071 8 |
| 0.8 | 5 | 0.178 9 | 0.801 0 | 0.176 8 |
| | 10 | 0.126 5 | 0.798 6 | 0.124 8 |
| | 25 | 0.080 0 | 0.800 1 | 0.080 9 |
| | 50 | 0.056 6 | 0.799 9 | 0.056 8 |
| 0.9 | 5 | 0.134 2 | 0.898 2 | 0.136 5 |
| | 10 | 0.094 9 | 0.900 6 | 0.094 2 |
| | 25 | 0.060 0 | 0.900 6 | 0.059 5 |
| | 50 | 0.042 4 | 0.901 0 | 0.042 0 |

根据二项分布原理,若随机变量 $X \sim B(n, \pi)$,则样本频率 $p = \dfrac{X}{n}$ 的总体概率为 $\pi$,标准误的理论值为:

$$\sigma_p = \sqrt{\frac{\pi(1-\pi)}{n}} \qquad (式5\text{-}3)$$

在实际工作中,总体率 $\pi$ 一般未知,常用样本频率 $p$ 代替,标准误的估计值为:

$$S_p = \sqrt{\frac{p(1-p)}{n}} \qquad (式5\text{-}4)$$

由式5-3 和式5-4 可见,频率的标准误与样本量 $n$ 的平方根成反比,增加样本量可以减小样本频率的抽样误差;而其他条件一定时,总体率越接近于 0.5,抽样误差越大。频率的标准误愈小,用样本频率直接估计总体率的可靠性愈好;反之,频率的标准误愈大,用样本频率直接估计总体率的可靠性愈差。

【例5-1】　某研究者随机调查了某市 50 岁以上的中老年女性 776 人,收缩压的均数和标准差分别为 135mmHg 和 16mmHg；其中患有骨质疏松症 322 人，患病率为 41.5%。试估计收缩压均数和骨质疏松患病率的抽样误差。

收缩压均数的标准误可根据式 5-2 计算：

$$S_{\bar{X}} = \frac{S}{\sqrt{n}} = \frac{16}{\sqrt{776}} = 0.57\text{mmHg}$$

骨质疏松患病率 $p=0.415$，$n=776$，代入式 5-4，则频率标准误的估计值为：

$$S_p = \sqrt{\frac{p(1-p)}{n}} = \sqrt{\frac{0.415 \times 0.585}{776}} = 0.017\,7$$

# 第二节　$t$ 分布

## 一、$t$ 分布的概念

在上一节中曾经提到，从正态分布 $N(\mu, \sigma^2)$ 的总体中随机抽样，得到的样本均数 $\bar{X}$ 也服从正态分布，记为 $\bar{X} \sim N(\mu, \sigma_{\bar{X}}^2)$。对 $\bar{X}$ 作 $z$ 变换，有

$$z = \frac{\bar{X} - \mu}{\sigma_{\bar{X}}} \sim N(0, 1) \tag{式 5-5}$$

在实际工作中，当 $\sigma_{\bar{X}}$ 未知时，可用 $S_{\bar{X}}$ 来代替，此时为 $t$ 变换，有

$$t = \frac{\bar{X} - \mu}{S_{\bar{X}}} = \frac{\bar{X} - \mu}{\dfrac{S}{\sqrt{n}}} \tag{式 5-6}$$

当然，$t$ 不再服从标准正态分布 $N(0, 1^2)$。英国统计学家戈赛特（Gosset）于 1908 年证明 $t$ 服从自由度 $\nu = n-1$ 的 $t$ 分布，即 $t = \dfrac{\bar{X} - \mu}{S_{\bar{X}}} = \dfrac{\bar{X} - \mu}{\dfrac{S}{\sqrt{n}}} \sim t_\nu$，$\nu = n-1$。

Gosset 在《生物统计》杂志上发表该论文时用笔名 "Student"，故 $t$ 分布又称 Student $t$ 分布。$t$ 分布的应用十分广泛，它是总体均数的区间估计和假设检验的理论基础。

## 二、$t$ 分布的图形与特征

图 5-3 是不同自由度下的 $t$ 分布曲线。可见，$t$ 分布只有一个参数，即自由度 $\nu$，决定了 $t$ 分布曲线的形状。$t$ 分布有如下特征：①单峰分布，以 0 为中心，左右对称。②$\nu$ 越小，$t$ 值越分散，曲线的峰部越矮，尾部越高。③随着 $\nu$ 逐渐增大，$t$ 分布逐渐接近标准正态分布；当 $\nu$ 趋向 $\infty$ 时，$t$ 分布趋近标准正态分布，故标准正态分布是当自由度为 $\infty$ 时 $t$ 分布的特例。

与标准正态分布曲线一样，统计应用中最关心的是 $t$ 分布曲线下的尾部面积（即概率 $P$）与横轴上 $t$ 值之间的对应关系。尾部面积有单双侧之分，由于 $t$ 分布曲线呈对称性，双侧尾部面积为 $\alpha$ 时，每侧的尾部面积各为 $\alpha/2$。为了便于应用，统计学家编制了不同自由度 $\nu$ 下的 $t$ 界值表（附表 2）。该表横标目为自由度 $\nu$，纵标目为概率 $P$，表中的数字表示当 $\nu$ 和 $P$ 确定时，对应的 $t$ 临界值（critical

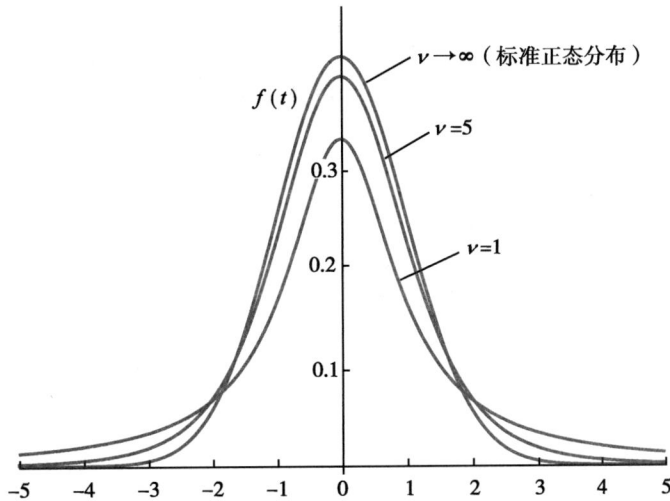

图 5-3　不同自由度下的 $t$ 分布曲线

value），包括单侧尾部概率（one tailed probability）和双侧尾部概率（two tailed probability）对应的 $t$ 临界值。

在本书中，分别用 $t_{\alpha,\nu}$ 和 $t_{\alpha/2,\nu}$ 表示单、双侧尾部概率对应的 $t$ 临界值。一般而言，如图 5-4A 和图 5-4B 中阴影部分所示，对于 $t_{\alpha,\nu}$：

$$P(t\leqslant-t_{\alpha,\nu})=\alpha \text{ 或 } P(t\geqslant t_{\alpha,\nu})=\alpha \tag{式5-7}$$

对于 $t_{\alpha/2,\nu}$：

$$P(|t|\geqslant t_{\alpha/2,\nu})=P(t\leqslant-t_{\alpha/2,\nu})+P(t\geqslant t_{\alpha/2,\nu})=\alpha \tag{式5-8}$$

例如，当 $\nu=16$，单侧概率 $\alpha=0.05$ 时，查表得 $t_{0.05,16}=1.746$，即：

$$P(t\leqslant-1.746)=0.05, P(t\geqslant1.746)=0.05$$

当 $\nu=16$，双侧概率 $\alpha=0.05$ 时，查表得 $t_{0.05/2,16}=2.120$，即：

$$P(|t|\geqslant2.120)=P(t\leqslant-2.120)+P(t\geqslant2.120)=0.05$$

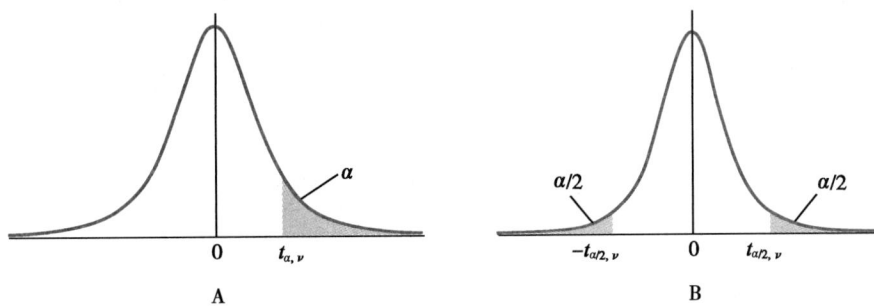

图 5-4　单、双侧 $t$ 分布示意图

从 $t$ 界值表亦可看出：当自由度相同时，$|t|$ 越大，$t$ 分布的尾部概率越小；当 $t$ 临界值相同时，双侧尾部概率为单侧尾部概率的两倍，如 $t_{0.10/2,16}=t_{0.05,16}=1.746$，表示与 1.746 相对应的双侧尾部概率为 0.10，是单侧尾部概率 0.05 的两倍。

# 第三节　参数估计

## 一、参数估计的基础理论

根据以上介绍的抽样分布规律,可以利用统计量对相应的总体参数(如 $\mu$ 或 $\pi$)进行估计,即参数估计。参数估计分为点估计(point estimation)和区间估计(interval estimation)。

### (一)点估计

点估计是直接利用统计量的一个具体数值来估计总体参数的值。比如,基于一份随机样本,用 $\overline{X}$ 估计 $\mu$,用 $p$ 估计 $\pi$,用 $S$ 估计 $\sigma$ 等。

如将例 5-1 中某市 776 名 50 岁以上中老年妇女骨质疏松症的样本患病率 $p$=0.415 作为总体患病率的点估计值,认为该市 50 岁以上中老年妇女骨质疏松症的总体患病率为 41.5%。

点估计方法简单易懂,能够提供总体参数的估计值,但因没有考虑抽样误差的大小,估计的准确性和精确性很难评价。

### (二)区间估计

区间估计是根据统计量的抽样分布来推断总体参数的可能范围。区间估计是按事先给定的置信度,将样本统计量与标准误结合来估计可能包含未知总体参数的一个区间范围,该范围称为总体参数的置信区间(confidence interval, CI)。置信度用($1-\alpha$)表示,也可表示为 $100(1-\alpha)$%,常取 95%(也可取 90% 或 99% 等)。置信区间通常由上、下两个置信限(confidence limit, CL)表示,较小者称为置信下限(lower confidence limit, LCL),较大者称为置信上限(upper confidence limit, UCL)。置信区间是一个开区间,不包括两个置信限的数值。实际应用中,一般报告总体参数的双侧置信区间;某些情况,如人体血液或尿液中化学毒物含量,或化学药品中杂质含量,往往只关心上限值,此时可进行单侧区间的估计。

以 13 岁女生身高总体中随机抽样为例,总体均数的 95%CI 的含义是:如果从同一总体中重复抽取 100 份样本量相同的独立样本,用每个样本分别计算 1 个 95% 置信区间,在算得的 100 个置信区间中,平均会有 95 个置信区间包含总体均数,有 5 个置信区间不包含总体均数(图 5-5)。所以,某个样本估计的置信区间常被定义为这个区间包含了总体参数,但事实上不一定真的包含了总体参数。于是,应该补充一句:置信度或可信度为 95%。

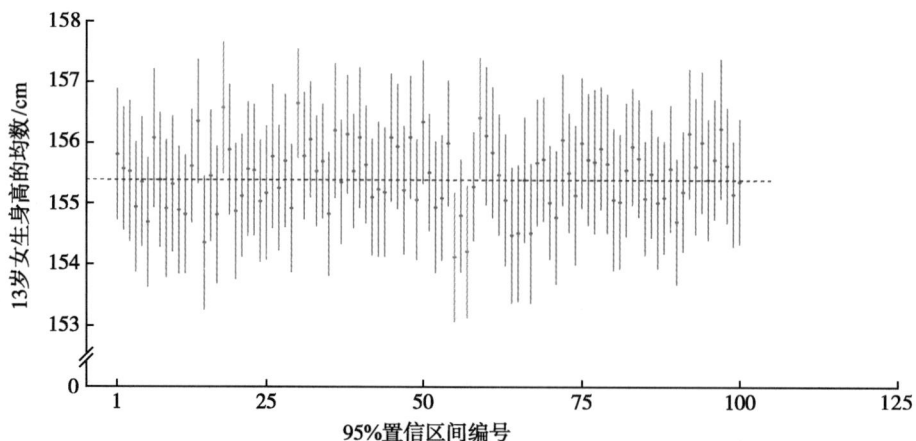

图 5-5　从正态分布总体 $N$(155.4, $5.3^2$)中随机抽样得到的 100 个 95% 置信区间

## 二、总体均数的区间估计

根据总体标准差 $\sigma$ 是否已知和样本量 $n$ 的大小，总体均数置信区间的估计方法有两种：$t$ 分布法和正态近似法。

### （一）$t$ 分布法

当 $\sigma$ 未知且 $n$ 较小（$n \leqslant 50$）时，可基于 $t$ 分布原理估计总体均数的置信区间，统计量为 $t$，总体均数 $\mu$ 的双侧（$1-\alpha$）置信区间为：

$$(\overline{X}-t_{\alpha/2,\,\nu}S_{\overline{X}},\ \overline{X}+t_{\alpha/2,\,\nu}S_{\overline{X}}) \text{ 或 } \overline{X} \pm t_{\alpha/2,\,\nu}S_{\overline{X}} \tag{式 5-9}$$

其中，置信区间宽度的一半，即 $t_{\alpha/2,\,\nu}S_{\overline{X}}$ 反映了估计的精度，即容许误差。

同理，总体均数 $\mu$ 的单侧（$1-\alpha$）置信区间为：

$$\mu > \overline{X}-t_{\alpha,\,\nu}S_{\overline{X}}（\text{单侧下限}）\text{ 或 } \mu < \overline{X}+t_{\alpha,\,\nu}S_{\overline{X}}（\text{单侧上限}） \tag{式 5-10}$$

【例 5-2】　已知某地 27 名健康成年男子血红蛋白含量的 $\overline{X}=125$g/L，$S=15$g/L。试估计该地健康成年男子血红蛋白平均含量的 95% 和 99% 置信区间。

本例 $n=27$，$\nu=27-1=26$，查 $t$ 界值表（附表 2）：$\alpha=0.05$ 时，$t_{0.05/2,\,26}=2.056$；$\alpha=0.01$ 时，$t_{0.01/2,\,26}=2.779$。按式 5-9 计算：

$$\overline{X} \pm t_{0.05/2,\,26}S_{\overline{X}}=\overline{X} \pm t_{0.05/2,\,26}\frac{S}{\sqrt{n}}=125 \pm 2.056 \times \frac{15}{\sqrt{27}}=(119.06,130.94)$$

$$\overline{X} \pm t_{0.01/2,\,26}S_{\overline{X}}=\overline{X} \pm t_{0.01/2,\,26}\frac{S}{\sqrt{n}}=125 \pm 2.779 \times \frac{15}{\sqrt{27}}=(116.98,133.02)$$

故该地健康成年男子血红蛋白平均含量的 95% 置信区间为（119.06,130.94）g/L，99% 置信区间为（116.98,133.02）g/L。

由本例可见，如果样本量不变，将置信度由 95% 提高到 99%，则置信区间由窄变宽，估计的精度下降。估计的精度与 $S$ 和 $n$ 有关，但 $S$ 反映了个体差异，对某个总体而言，个体变异是客观存在的，很难人为地增加或减少，故若想提高估计的精度，只能通过增加 $n$ 来减小 $t_{\alpha/2,\,\nu}$ 和 $S_{\overline{X}}$。

### （二）正态近似法

1. 当 $\sigma$ 已知时，总体均数 $\mu$ 的双侧（$1-\alpha$）置信区间为：

$$(\overline{X}-z_{\alpha/2}\sigma_{\overline{X}},\ \overline{X}+z_{\alpha/2}\sigma_{\overline{X}}) \text{ 或 } \overline{X} \pm z_{\alpha/2}\sigma_{\overline{X}} \tag{式 5-11}$$

总体均数 $\mu$ 的单侧（$1-\alpha$）置信区间为：

$$\mu > \overline{X}-z_{\alpha}\sigma_{\overline{X}}（\text{单侧下限}）\text{ 或 } \mu < \overline{X}+z_{\alpha}\sigma_{\overline{X}}（\text{单侧上限}） \tag{式 5-12}$$

2. 当 $\sigma$ 未知但 $n$ 足够大（$n>50$）时，$t$ 分布近似服从标准正态分布，可用 $z_{\alpha/2}$ 代替式 5-9 中的 $t_{\alpha/2,\,\nu}$，则总体均数 $\mu$ 的双侧（$1-\alpha$）置信区间为：

$$(\overline{X}-z_{\alpha/2}S_{\overline{X}},\ \overline{X}+z_{\alpha/2}S_{\overline{X}}) \text{ 或 } \overline{X} \pm z_{\alpha/2}S_{\overline{X}} \tag{式 5-13}$$

总体均数 $\mu$ 的单侧（$1-\alpha$）置信区间为：

$$\mu > \overline{X}-z_{\alpha}S_{\overline{X}}（\text{单侧下限}）\text{ 或 } \mu < \overline{X}+z_{\alpha}S_{\overline{X}}（\text{单侧上限}） \tag{式 5-14}$$

【例 5-3】　某医师于 2020 年在某市随机抽取 90 名 19 岁健康男性大学生测量身高,得身高均数为 172.2cm,标准差为 4.5cm。试估计该市 2020 年 19 岁健康男性大学生平均身高的 95% 置信区间。

本例 $n=90$,可按式 5-13 计算总体均数的双侧 95% 置信区间:

$$\overline{X}\pm z_{0.05/2}S_{\overline{X}}=\overline{X}\pm z_{0.05/2}\frac{S}{\sqrt{n}}=172.2\pm1.96\times\frac{4.5}{\sqrt{90}}=(171.3,173.1)$$

该市 2020 年 19 岁健康男性大学生平均身高的点估计为 172.2cm,双侧 95% 置信区间为(171.3,173.1)cm。在报告结果时,可将点估计与区间估计结合,如 172.2(171.3,173.1)cm。

## 三、总体概率的区间估计

对于服从二项分布的样本资料,可根据样本量 $n$ 和样本频率 $p$ 的大小,用查表法或正态近似法来估计其总体概率 $\pi$ 的 $(1-\alpha)$ 置信区间。

1. 查表法　对于小样本($n\leqslant50$)资料,特别是当 $p$ 非常接近 0 或 100% 时,可通过查附表 3 直接确定 $\pi$ 的 95% 或 99% 置信区间。

【例 5-4】　某医院对 39 名前列腺癌患者实施开放式手术治疗,术后有并发症 2 例,试估计该手术并发症发生率的 95% 置信区间。

由附表 3 查得,在 $n=39$ 与 $X=2$ 交叉处的上行数值为 1～17,即该手术并发症发生率的 95%CI 为(1%,17%)。

应注意:附表 3 仅列出了 $X\leqslant n/2$ 的部分,当 $X>n/2$ 时,应以 $n-X$ 代替 $X$ 查表,再用 100 减去查得的数值,即为所求的置信区间。

【例 5-5】　某医生用某药物治疗 31 例脑梗死患者,其中 25 例有效,试估计该药物治疗脑梗死有效率的 95% 置信区间。

本例 $n=31$,$X=25>n/2$,故用 $n-X=6$ 代替 $X$ 查附表 3,得 7～37,再用 100 减去查得的数值,得到该药物治疗脑梗死有效率的 95%CI 为(63%,93%)。

2. 正态近似法　当 $n$ 足够大,且 $np$ 及 $n(1-p)$ 均大于 5 时,$p$ 的抽样分布近似正态分布,$\pi$ 的双侧 $(1-\alpha)$ 置信区间估计为:

$$(p-z_{\alpha/2}S_p,p+z_{\alpha/2}S_p)或p\pm z_{\alpha/2}S_p \tag{式 5-15}$$

式中,$p$ 表示样本频率,$S_p$ 为频率标准误的估计值。

【例 5-6】　用某种仪器检查已确诊的乳腺癌患者 120 例,检出乳腺癌患者 94 例,检出率为 78.3%。试估计该仪器乳腺癌总体检出率的 95% 置信区间。

本例 $n$ 比较大,且 $np=94$,$n(1-p)=26$,均大于 5,可用式 5-15 计算:

$$p\pm z_{\alpha/2}S_p=p\pm z_{0.05/2}\sqrt{\frac{p(1-p)}{n}}=0.783\pm1.96\times\sqrt{\frac{0.783(1-0.783)}{120}}=(0.709,0.857)$$

即该仪器乳腺癌总体检出率的 95%CI 为(70.9%,85.7%)。

## 四、事件数的区间估计

对于泊松分布,当样本量 $n$ 足够大时,可采用正态近似法估计总体均数 $\lambda$ 的 $(1-\alpha)$ 置信区间:

$$(X - z_{\alpha/2}\sqrt{X}, X + z_{\alpha/2}\sqrt{X})$$ （式5-16）

【例5-7】　用计数器记录某放射性标本的脉冲数,已知20分钟内的读数为11 286,试求20分钟内总脉冲数的95%CI。

将$X$=11 286,$z_{0.05/2}$=1.96,代入式5-16,计算20分钟内总脉冲数的95%CI为:

$$X \pm z_{\alpha/2}\sqrt{X} = 11\ 286 \pm 1.96 \times \sqrt{11\ 286} = 11\ 286 \pm 208.2 = (11\ 077.8, 11\ 494.2)$$

对于本例,还可以计算每分钟平均脉冲数的95%CI:

$$\left(\frac{X}{n} - z_{\alpha/2}\frac{\sqrt{X}}{n}, \frac{X}{n} + z_{\alpha/2}\frac{\sqrt{X}}{n}\right)$$ （式5-17）

此时,将$X$=11 286,$n$=20,$z_{0.05/2}$=1.96,代入式5-17,计算得:

$$\frac{X}{n} \pm z_{\alpha/2}\frac{\sqrt{X}}{n} = \frac{11\ 286}{20} \pm 1.96\frac{\sqrt{11\ 286}}{20} = 564.3 \pm 10.4 = (553.9, 574.7)$$

即20分钟内总脉冲数的95%CI为(11 077.8,11 494.2),每分钟平均脉冲数的95%CI为(553.9,574.7)。

## 第四节　假设检验的概念与原理

统计推断包括参数估计与假设检验,前面介绍的置信区间估计是根据统计量的抽样分布来推断总体参数的可能范围;假设检验(hypothesis testing)是指利用样本信息对总体特征(如参数或分布)进行某种推测,结合专业知识判断这一推测的正确性。假设检验是统计学中非常重要的部分,下面结合例子来说明为什么要进行假设检验、假设检验的思维逻辑以及基本步骤。

### 一、假设检验的思维逻辑

【例5-8】　随机抽取某高校500名大一学生和500名大四学生,调查他们2015年网上购物花费情况,计算得到大一学生平均花费516元,大四学生平均花费642元。能否从这些数据中推断该校大一与大四学生平均网上购物花费不同?

结合前边介绍的抽样分布和抽样误差,分析造成该校大一与大四学生平均网上购物花费不同的原因可能有两种:其一,两个年级的学生平均网上购物花费确实存在差别(总体均数本身不相等);其二,由于抽样误差的存在,使得随机抽取的500名大一和500名大四学生的平均网上购物花费不同(抽样误差所致)。可通过假设检验来判断差异的原因。

在逻辑上,假设检验采用了反证法和小概率事件思想。假设检验即先对总体参数提出某种假设,然后利用样本数据判断假设是否成立,这属于反证法;小概率事件即在一次随机试验中认为这个事件是"不会发生的",如果在待检验假设为真的情况下,发生了小概率事件,就有理由怀疑假设的正确性。从一般的常识可知这句话在大多数情况下是正确的,但是也有一定犯错误的概率,只是犯错误的概率很小。如某日飞机失事,致使乘客伤亡,这件事说明飞机失事不是不可能的,尽管发生的概率很低。在统计学中约定,如果一个随机事件发生的概率$P \leq 0.05$,就把该事件称为小概率事件。

## 二、假设检验的基本步骤

假设检验是根据设计和研究目的首先提出某种假设,然后根据现有样本提供的信息,推断应当拒绝还是不拒绝此假设。结合例5-8具体介绍假设检验的步骤:

（一）建立检验假设,确定检验水准

根据研究目的、研究设计的类型和数据特点（变量类型和样本大小）等因素,将需要推断的问题表述为关于总体特征的一对假设。其中一个假设称为零假设（null hypothesis）,又称原假设或无效假设,记为$H_0$;另一个称为备择假设（alternative hypothesis）,记为$H_1$。如果拒绝$H_0$,则顺理成章地接受$H_1$,即这种假设是供拒绝$H_0$后选择的一种假设,$H_1$与$H_0$是相互对立的。

例5-8中,分别用$\mu_1$和$\mu_2$表示该校大一和大四学生总体平均网上购物花费。其原假设和备择假设分别表示为

$H_0$:两个总体均数相等,即$\mu_1=\mu_2$。

$H_1$:两个总体均数不等,即$\mu_1\neq\mu_2$。

备择假设有单侧和双侧之分,需要根据研究目的和专业知识加以确定。如$\mu_1\neq\mu_2$,包括$\mu_1>\mu_2$和$\mu_1<\mu_2$两种情况,为双侧检验（two-sided test）;如果凭借专业知识有充分把握可以排除某一侧情况,备择假设为$\mu_1>\mu_2$或$\mu_1<\mu_2$,则为单侧检验。如在创新药物临床试验中,试验组采用新药治疗,对照组为安慰剂,凭借专业知识有充分的把握认为新药的疗效不可能比安慰剂对照还差,可采用单侧检验。在没有充分理由确定为单侧检验时,建议采用双侧检验。此外,还需要事先人为规定一个小的概率值,称为检验水准（significance level）,它表示基于样本信息拒绝实际上成立的$H_0$的最大允许概率,常用$\alpha$表示,一般取$\alpha=0.05$或0.01。

（二）检验统计量的选择与计算

假设检验是选择合适的检验方法,根据检验统计量（test statistic）及对应$P$值,对待检验假设作出判断。假设检验的统计量与总体参数置信区间估计所采用的统计量相同。在两组均数的差异性检验中,检验统计量$Z$的计算形式如下:

$$z=\frac{\overline{X}_1-\overline{X}_2}{S_{(\overline{X}_1-\overline{X}_2)}} \qquad （式5-18）$$

式中,$S_{(\overline{X}_1-\overline{X}_2)}$表示两样本均数之差的标准误（下一章节有详细介绍）。

例5-8中两个总体均数之差（$\overline{X}_1-\overline{X}_2$）是$-126$元,计算两样本均数之差的标准误为95元,代入式5-18得:

$$z=-126/95=-1.33$$

（三）$P$值及统计学意义的确定

在$H_0$成立的条件下,随机抽样获得现有样本统计量以及更极端情况的累积概率,称为假设检验的$P$值。

查附表1（标准正态分布界值表）,得到:

$$P(z\leq-1.33)=0.091\,8$$

因为标准正态分布以0为中心左右对称,因此$z\geq1.33$的概率与$z\leq-1.33$的概率相同,即:

$$P(z \geqslant 1.33) = 0.091\ 8$$

因此，$P = 2 \times 0.091\ 8 = 0.183\ 6$

将计算出的 $P$ 值与事先规定的检验水准 $\alpha$ 进行比较，即可得出统计学结论（图 5-6）。若 $P \leqslant \alpha$，按照 $\alpha$ 水准拒绝 $H_0$，接受 $H_1$，可以认为总体均数之间的差异有统计学意义。若 $P > \alpha$，按照 $\alpha$ 水准不拒绝 $H_0$，尚不能认为总体均数之间的差异有统计学意义。对于本例 $P > 0.05$，说明在 $\alpha = 0.05$ 水准上不拒绝 $H_0$，尚不能认为这所高校大一和大四学生平均网购花费不同。

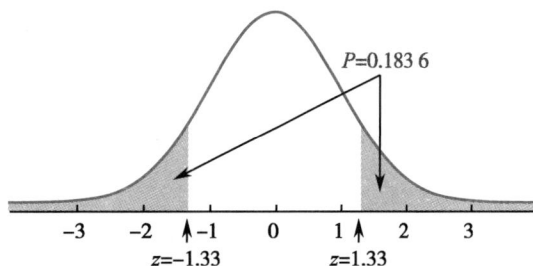

图 5-6　大一与大四学生平均网购花费是否有差异的 $P$ 值计算

### 三、假设检验中的两类错误

尽管假设检验可回答 $\mu_1$ 和 $\mu_2$ 是否相等的问题，其评价依据为 $P$ 值，但无论是拒绝 $H_0$ 还是不拒绝 $H_0$，都有可能犯错误。

#### （一）I 类错误和 II 类错误

如果 $H_0$ 实际上成立，由于抽样的原因，根据样本信息得出拒绝 $H_0$（接受 $H_1$）的结论，导致推断结论错误，这样"弃真"的错误称为 I 类错误（type I error），其概率用 $\alpha$ 表示，即检验水准，常为 0.05。

如果 $H_0$ 实际上不成立，但根据样本信息却得出不拒绝 $H_0$ 的结论，这样"存伪"的错误称为 II 类错误（type II error），其概率用 $\beta$ 来表示。一般情况下，$\beta$ 不超过 0.20。

拒绝实际上不成立的 $H_0$ 的概率，称为检验效能（power of test），记为 $1-\beta$。其意义是：当两个总体参数之间存在差异时（$H_1$ 成立），统计检验能够发现这种差异的概率。检验效能一般不应低于 0.80。

#### （二）I 类错误和 II 类错误的关系

以上关于两类错误的内容可总结为表 5-3 和图 5-7。从图 5-7 可以看出，对于某一具体的检验来说，当样本量 $n$ 一定时，如果把 I 类错误的概率 $\alpha$ 定得很小，势必增加 II 类错误的概率 $\beta$，从而降低检验效能；反之，如果把 II 类错误的概率 $\beta$ 定得很小，提高检验效能，势必增加 I 类错误的概率。要想在 $\alpha$ 不增加的前提下减小 $\beta$，可以通过增加样本量、减少抽样误差来实现。在假设检验时，应兼顾 I 类错误和 II 类错误的概率。

表 5-3　统计推断的两类错误及其概率

| 实际情况 | 统计推断 | |
| --- | --- | --- |
| | 拒绝 $H_0$ | 不拒绝 $H_0$ |
| $H_0$ 成立 | I 类错误，概率为 $\alpha$ | 推断正确，正确的概率为 $1-\alpha$ |
| $H_0$ 不成立 | 推断正确，正确的概率为 $1-\beta$ | II 类错误，错误的概率为 $\beta$ |

### 四、假设检验的正确应用

假设检验运算过程通常很简单，利用统计软件能够轻松得到 $P$ 值。然而，如何正确使用假设检验在实际应用中非常重要，这里有几点假设检验应用时的注意事项。

（一）选择合适的检验水准

假设检验需要给出一个"明确"的结论，拒绝或不拒绝 $H_0$。P 值其实衡量了基于样本数据拒绝 $H_0$ 的可信程度，当 $P \leqslant \alpha$ 时，认为"差异有统计学意义"。但是，"差异有统计学意义"和"差异无统计学意义"之间并没有严格的界限。例如，对于总体均数 $\mu$ 是否等于 0 的双侧检验，检验统计量 $z=1.95$；根据标准正态分布曲线下面积表，可以得到 $P=2 \times 0.025\ 6=0.051\ 2$，P 值 0.051 2 与检验水准 0.05 相差很小，此时不宜直接得出差异有无统计学意义的结论，建议增加样本量进一步验证结果的可靠性。

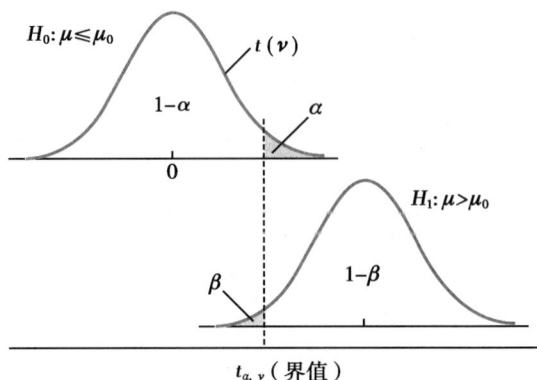

图 5-7 假设检验的两类错误（以单侧 t 检验为例）

本教材中，受现代统计学之父费希尔（Fisher）的影响，常用 $\alpha=0.05$ 作为检验水准；但在基因组学研究中，需同时评估两组间数以万计基因的表达差异，为控制错误发现率（false discovery rate，FDR），需对检验水准 $\alpha$ 进行校正，如 $\alpha/$ 基因个数；此外，在多重检验中，也需要对 $\alpha$ 进行校正。

（二）要有严密的研究设计

不科学的调查设计或实验设计通常无法获得有效的数据或结果，统计分析方法无法纠正设计本身的缺陷。常见的设计缺陷包括未遵循随机化的原则或随机化方法错误、组间缺乏可比性、该设盲的临床试验未设盲等。例如，想研究大学选修第二外语对英语词汇考试结果的影响，将一个班里选修过第二外语的学生和未选修过第二外语的学生进行对比，此时对比可能存在问题，因为选修第二外语的学生，很可能是因为英语成绩比较好，拟研究的真实效应受到两组学生之间英语成绩差异的影响，此时统计推断不一定有效。

（三）有统计学意义并不意味着有实际的专业意义

当样本量很大时，尽管差异十分微小，但也可能会有统计学意义。例如，为评价某种饮食干预方案对肥胖患者体重的影响，选 1 000 例肥胖患者为研究对象，饮食干预前和干预 1 个月后测量体重。结果显示，干预前后肥胖患者体重平均下降 0.5kg，标准差为 2.5kg，按 $\alpha=0.05$ 的检验水准，$P<0.001$，差异有统计学意义。然而，干预前后体重下降 0.5kg，这种微小的差异并不具有实际意义。

（四）P 值的正确理解和应用

当 $P \leqslant \alpha$ 时，可作出"拒绝 $H_0$，接受 $H_1$"的结论，但是不能把 P 值的大小误解为总体参数间差异的大小。P 值小仅仅说明犯 I 类错误的风险小。所以在报告统计结论时，如果 $P \leqslant \alpha$，表示"差异有统计学意义"（statistically significant）。将 $P \leqslant 0.05$ 说成"差异显著"，将 $P \leqslant 0.01$ 说成"差异非常显著"都不合适。

# 第五节　假设检验与区间估计的关系

前面初步介绍了区间估计与假设检验两种统计推断方法。实际上，每一种区间估计都可以对应一种假设检验方法，二者之间既有区别又有联系。

1. 置信区间具有假设检验的主要功能　对于例 5-8，对大一与大四学生平均网购花费差值的总体均数$(\mu_1-\mu_2)$作区间估计。利用式 5-13 计算差值的 95% 置信区间为：

$$\overline{X}\pm z_{\alpha/2}S_{\overline{X}}=126\pm1.96\times95=(-60.2,312.2)$$

显然，$\mu_1-\mu_2=0$ 在此区间内，这与按 $\alpha=0.05$ 水准不拒绝 $H_0$ 的推断结论是等价的。

2. **置信区间可提供假设检验没有提供的信息** 置信区间在回答差别有无统计学意义的同时，还可以提示差别是否具有实际意义。在图 5-8 中，置信区间 a～c 均不包含 $H_0$，意味着差异具有统计学意义。区间 a：差异有统计学意义，且置信区间下限＞有实际意义的值，提示差异具有实际意义。区间 b：差异有统计学意义，然而置信区间包括有实际意义的值，提示可能具有实际意义。区间 c：差异有统计学意义，但置信区间上限＜有实际意义的值，提示实际意义不大。区间 d 与 e 差异均无统计学意义，但 d 提示样本量不足，e 属于不拒绝 $H_0$ 的情况。

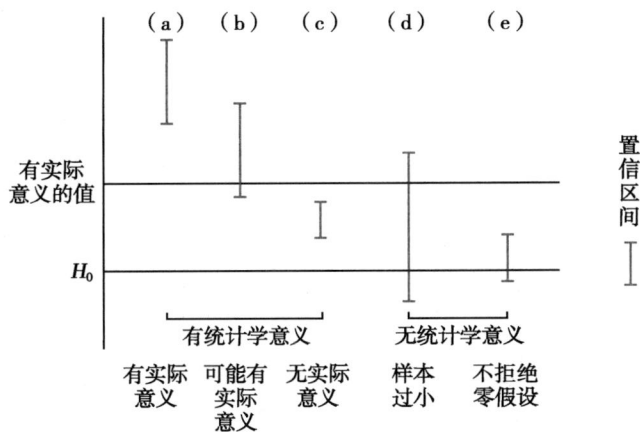

图 5-8 置信区间可以提供的信息

3. **假设检验可提供置信区间没有提供的信息** 假设检验可以报告确切 $P$ 值，置信区间只能在预先确定的置信度 $100(1-\alpha)\%$ 水平上进行推断。在不拒绝 $H_0$ 的场合，假设检验可以对检验效能作出估计，置信区间并不提供这方面的信息。

综上，置信区间与假设检验既能提供相互等价的信息，又有各自不同的功能，二者结合起来，可以提供更全面、完整的信息；因此在报告假设检验结果时，需要同时报告区间估计的结果。

（赵 杨 杨永利）

## 小结

从同一总体中，重复随机抽取相同样本量的样本，基于每一份样本可获得一个统计量，统计量的分布就是抽样分布。统计量的标准差称为标准误，标准误反映抽样误差的大小；若总体标准差为 $\sigma$，均数的标准误的理论值为 $\sigma_{\overline{X}}=\dfrac{\sigma}{\sqrt{n}}$，估计值为 $S_{\overline{X}}=\dfrac{S}{\sqrt{n}}$；若总体率为 $\pi$，频率的标准误的理论值为 $\sigma_p=\sqrt{\dfrac{\pi(1-\pi)}{n}}$，估计值为 $S_p=\sqrt{\dfrac{p(1-p)}{n}}$；由于个体变异的客观存在，抽样误差不可避免，但会随着样本量的增大而减小。

参数估计有两种方法：一种是直接利用统计量来估计总体参数，称为点估计；另一种是区间估计，即按一定的置信度来估计总体参数所在的范围。置信区间与参考值范围无论在含义、用途还是计算上均不相同（表5-4），实际应用中不能将两者混淆。

表5-4 参考值范围和总体均数置信区间的区别

| 类别 | 参考值范围 | 总体均数的置信区间 |
|------|-----------|------------------|
| 含义 | 绝大多数正常人某指标的波动范围 | 按一定的置信度估计某指标总体均数所在的范围 |
| 计算 | **正态分布**<br>1. 双侧 $\overline{X} \pm z_{\alpha/2}S$<br>2. 单侧($>\overline{X}-z_\alpha S$)或($<\overline{X}+z_\alpha S$)<br>**偏峰分布**<br>1. 双侧 $P_X \sim P_{100-X}$<br>2. 单侧($>P_X$)或($<P_{100-X}$) | $t$分布法（当$\sigma$未知且$n$较小，如$n \leqslant 50$）<br>1. 双侧 $\overline{X} \pm t_{\alpha/2,\nu}S_{\overline{X}}$<br>2. 单侧($>\overline{X}-t_{\alpha,\nu}S_{\overline{X}}$)或($<\overline{X}+t_{\alpha,\nu}S_{\overline{X}}$)<br>**正态分布法**<br>1. $\sigma$已知<br>（1）双侧 $\overline{X} \pm z_{\alpha/2}\sigma_{\overline{X}}$<br>（2）单侧($>\overline{X}-z_\alpha \sigma_{\overline{X}}$)或($<\overline{X}+z_\alpha \sigma_{\overline{X}}$)<br>2. $\sigma$未知但$n$足够大（$n>50$）<br>（1）双侧 $\overline{X} \pm z_{\alpha/2}S_{\overline{X}}$<br>（2）单侧($>\overline{X}-z_\alpha S_{\overline{X}}$)或($<\overline{X}+z_\alpha S_{\overline{X}}$) |
| 用途 | 判断某项指标是否正常 | 估计总体均数所在的范围 |

假设检验是依据样本提供的有限信息对总体进行判断，帮助研究者进行选择的统计学方法。基本步骤为：建立假设→确定检验水准→计算检验统计量→确定$P$值并作出统计学结论。假设检验存在两类错误。当拒绝$H_0$、接受$H_1$时，可能会犯Ⅰ类错误，其概率为$\alpha$；当不拒绝$H_0$时，可能会犯Ⅱ类错误，其概率为$\beta$。置信区间估计与假设检验都属于统计推断的范畴，两者既有联系又有区别，把二者结合起来，可以提供更全面、完整的信息。在报告假设检验结果时，需同时报告区间估计的结果。

## 思考与练习

**一、最佳选择题**

1. 表示均数抽样误差大小的统计指标是(　　　)

    A. 标准差　　　　　　　　　B. 方差　　　　　　　　　C. 标准误

    D. 变异系数　　　　　　　　E. 极差

2. 某指标的均数为$\overline{X}$，标准差为$S$，由公式($\overline{X}-1.96S$, $\overline{X}+1.96S$)计算出来的区间称为(　　　)

    A. 99% 参考值范围　　　　　B. 95% 参考值范围　　　　C. 99% 置信区间

    D. 95% 置信区间　　　　　　E. 90% 置信区间

3. 95% 置信区间的含义为(　　　)

    A. 此区间包含总体参数的概率是95%

    B. 此区间包含总体参数的可能性是95%

    C. "此区间包含总体参数"这句话可信的程度是95%

D. 此区间包含样本统计量的概率是95%

E. 此区间包含样本统计量的可能性是95%

4. 关于假设检验,下列说法正确的是(　　　)

A. 单侧检验优于双侧检验

B. 采用单侧检验还是双侧检验取决于检验统计量的大小

C. 若$P>0.05$,则不拒绝$H_0$

D. 若$P<0.05$,则接受$H_1$,会犯II类错误

E. 假设检验的检验水准可以等计算结果出来了再定

5. 关于$t$分布的描述,**不正确**的是(　　　)

A. 单峰对称分布

B. 与自由度$\nu$无关

C. 可以描述样本均数的抽样分布

D. 自由度$\nu$越小,$t$分布曲线越扁平

E. 当自由度为∞时$t$分布趋近标准正态分布

6. 对于两独立样本均数的比较,当样本量一定时,下列检验水准得到的第II类错误概率最小的是(　　　)

A. $\alpha=0.01$　　　　　　B. $\alpha=0.05$　　　　　　C. $\alpha=0.10$

D. $\alpha=0.15$　　　　　　E. $\alpha=0.20$

## 二、思考题

1. 什么是抽样误差?如何衡量抽样误差的大小?

2. 标准误和标准差有何区别与联系?

3. $t$分布的图形特征是什么?

4. 简述置信区间与医学参考值范围的区别。

5. 假设检验的两类错误之间的区别与联系是什么?

6. 假设检验中$P$值的含义是什么?可否用$P$值代表两组均数差异的大小?

7. 在进行总体均数置信区间估计时,若将置信度由90%调整到95%,置信区间会变宽还是变窄?哪一个估计的精度更好?为什么?

## 三、案例分析题

1. 一位学生在某篇文献上看到以下叙述:在95%的置信度下,美国青年人在全国教育进展评估中的平均分数为267.8~276.2。该学生认为,所有青年人中,95%的人得分在267.8~276.2之间。他的理解正确吗?请说出理由。

2. 为了解某市中年男性高血压患病情况,某研究者在城区随机调查了2 660名45~54岁的男性居民,检出高血压患者775例,试估计该市45~54岁男子高血压患病率及95%置信区间。

第五章介绍的 $t$ 分布使得小样本统计推断成为可能,被认为是统计学发展历史中的里程碑之一。以 $t$ 分布为基础的检验称为 $t$ 检验,在医学统计学中 $t$ 检验是应用较多的一类假设检验方法。本章将介绍定量资料均数比较的 $t$ 检验方法,根据研究设计和资料的类型有单样本 $t$ 检验、配对 $t$ 检验、两独立样本 $t$ 检验以及在方差不齐时的 $t'$ 检验。并介绍正态性检验和两独立样本资料的方差齐性检验。

## 第一节　单样本 $t$ 检验

单样本 $t$ 检验(t test for one sample)是推断该样本来自的总体均数 $\mu$ 与已知的某一总体均数 $\mu_0$（常为理论值、标准值或大量观察得到的稳定值）有无差别。零假设为 $H_0: \mu = \mu_0$。而备择假设要视具体问题的背景而定,即双侧的备择假设为 $H_1: \mu \neq \mu_0$;单侧的备择假设可以是 $H_1: \mu > \mu_0$ 或 $H_1: \mu < \mu_0$。

单样本 $t$ 检验的统计量为:

$$t = \frac{\overline{X} - \mu_0}{S / \sqrt{n}}, \nu = n - 1 \tag{式 6-1}$$

分子是样本均数与零假设中 $\mu_0$ 的差距,分母是样本均数的标准误。式 6-1 中的 $t$ 统计量实为用标准误来度量的样本均数 $\overline{X}$ 与已知总体均数 $\mu_0$ 的差距,没有量纲。这个差距小,有利于零假设;这个差距大,不利于零假设。

怎样才算"差距小"?怎样才算"差距大"?需要从理论上弄清楚统计量的分布。可以证明,$H_0$ 成立时,这个统计量服从自由度为 $\nu = n-1$ 的 $t$ 分布。根据这条知识计算相应 $P$ 值,进行统计推断。事先规定一个"小"的概率 $\alpha$ 作为检验水准,如果 $P$ 值小于 $\alpha$,则拒绝零假设,认为样本均数代表的未知总体均数 $\mu$ 与给定 $\mu_0$ 有差别;如果 $P$ 值不小于 $\alpha$,则不拒绝零假设。

【例 6-1】 某地区常规检测当地居民血常规指标,共检测 36 人的血白细胞计数,其样本均数 $6.76 \times 10^9/L$,样本标准差 $1.36 \times 10^9/L$。问该人群的白细胞计数与一般水平（$4 \times 10^9/L$）是否有差异?

一般情况下人群血白细胞含量服从正态分布,为比较该人群白细胞总体均数是否与一般水平有差别,可按式 6-1 进行单样本 $t$ 检验如下:

（1）建立检验假设,确定检验水准

$H_0: \mu = \mu_0$,该人群的白细胞总体均数与一般水平相同

$H_1: \mu \neq \mu_0$,该人群的白细胞总体均数与一般水平不同

$\alpha = 0.05$

（2）计算检验统计量

本例 $\mu_0 = 4 \times 10^9/L$,$n = 36$,$\overline{X} = 6.76 \times 10^9/L$,$s = 1.36 \times 10^9/L$,按式 6-1 得

$$t = \frac{\overline{X} - \mu_0}{s/\sqrt{n}} = \frac{6.76 - 4}{1.36/\sqrt{36}} = 12.18$$

$$\nu = n - 1 = 36 - 1 = 35$$

（3）确定 *P* 值，作出推断

查附表 2，得 $t_{0.05/2, 35} = 2.03$，$t > 2.03$，$P < 0.05$，按 $\alpha = 0.05$ 的检验水准，拒绝 $H_0$，接受 $H_1$，差异有统计学意义，认为该人群的平均白细胞含量与一般人群有差别，且认为该人群的平均白细胞含量高于一般人群。

## 第二节　配对 *t* 检验

配对 *t* 检验（ *t* test for paired samples）又称非独立两样本均数比较的 *t* 检验，适用于配对设计定量资料的两样本均数比较，理论上假设配对的差值服从正态分布，其比较目的是检验两配对样本均数所代表的未知总体均数是否有差别。

配对设计（paired design）是将受试对象按某些重要特征相近的原则配成对子，每对中的两个个体随机给予两种处理。配对的特征或条件主要考虑的是非研究因素（非处理因素，混杂因素），配对的条件越严格，对非研究因素的控制能力越强，配对的质量越高，但对配对的研究对象的要求也越高。配对设计主要适用于以下两种情形：①同源配对，同一受试对象或同一标本的两个部分，随机分配接受两种不同处理；②异源配对，为消除混杂因素的影响，将两个同质受试对象配对分别接受两种处理，例如把同窝、同性别和体重相近的动物配成一对，或把同性别、年龄相近及病情相同的患者配成一对，每对中的个体随机给予不同处理。

配对设计的资料具有对子内数据——对应的特征，研究者关心的变量常常是对子效应差值的均数而不是各自的效应值。因此进行配对 *t* 检验时，首先应计算各对数据间的差值 *d*，将 *d* 作为变量计算均数 $\overline{d}$。配对 *t* 检验的基本原理是假设两种处理效应相同，理论上差值 *d* 的总体均数 $\mu_d$ 为 0，故可理解为样本差值均数 $\overline{d}$ 所对应的总体均数 $\mu_d$ 与总体均数 0 比较，可将该检验理解为差值样本均数 $\overline{d}$ 与已知总体均数 $\mu_d = 0$ 比较的单样本 *t* 检验。

配对 *t* 检验的检验假设为：

$H_0$：$\mu_d = 0$，即差值的总体均数为 0

$H_1$：$\mu_d \neq 0$，即差值的总体均数不为 0

$\alpha = 0.05$

当 $H_0$ 成立时，检验统计量为：

$$t = \frac{\overline{d} - 0}{S_d/\sqrt{n}}, \nu = n - 1 \qquad \text{（式 6-2）}$$

其中，$\overline{d}$ 为差值的样本均数，$S_d$ 为差值的样本标准差，*n* 是对子数。同样，如果与 *t* 值相应的 *P* 值小于给定的检验水准 $\alpha$，拒绝 $H_0$；否则，不拒绝 $H_0$。

【例 6-2】　为了研究孪生兄弟的出生体重是否与其出生顺序有关，共收集了 15 对孪生兄弟的出生顺序和出生体重，见表 6-1。试问孪生兄弟中先出生者的出生体重与后出生者的出生体重是否相同？

表6-1　15对孪生兄弟的出生体重　　　　　　　　　　　　单位：kg

| 编号 | 先出生者体重 | 后出生者体重 | 差值 | 编号 | 先出生者体重 | 后出生者体重 | 差值 |
|---|---|---|---|---|---|---|---|
| 1 | 2.79 | 2.69 | 0.10 | 9 | 3.03 | 2.82 | 0.21 |
| 2 | 3.06 | 2.89 | 0.17 | 10 | 3.07 | 3.05 | 0.02 |
| 3 | 2.34 | 2.24 | 0.10 | 11 | 3.61 | 3.58 | 0.03 |
| 4 | 3.41 | 3.37 | 0.04 | 12 | 2.69 | 2.66 | 0.03 |
| 5 | 3.48 | 3.50 | −0.02 | 13 | 3.09 | 3.20 | −0.11 |
| 6 | 3.23 | 2.93 | 0.30 | 14 | 2.98 | 2.92 | 0.06 |
| 7 | 2.27 | 2.24 | 0.03 | 15 | 2.65 | 2.60 | 0.05 |
| 8 | 2.48 | 2.55 | −0.07 | | | | |

研究孪生兄弟的出生体重是否与其出生顺序有关，为同源配对设计，见图6-1A；因为先出生者体重与后出生者体重的差值（kg）服从正态分布，见图6-1B，进行 t 检验如下：

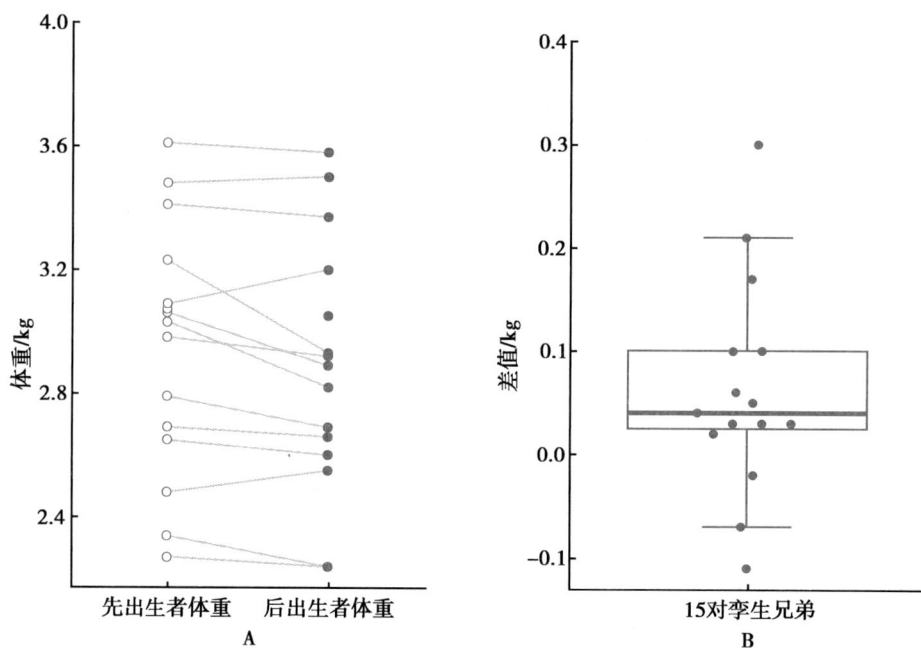

图6-1　15对孪生兄弟的出生体重配对设计示意及差值分布

（1）建立检验假设，确定检验水准

$H_0: \mu_d = 0$，即先出生者与后出生者出生体重的差值（kg）的总体均数为0

$H_1: \mu_d \neq 0$，即先出生者与后出生者出生体重的差值（kg）的总体均数不为0

$\alpha = 0.05$

（2）计算检验统计量

本例 $n=15$，$\bar{d}=0.06\text{kg}$，$S_d=0.10\text{kg}$，按式6-2得出：

$$t = \frac{\bar{d}-0}{S_d/\sqrt{n}} = \frac{0.06-0}{0.10/\sqrt{15}} = 2.32$$

$$\nu = n-1 = 15-1 = 14$$

（3）确定 *P* 值，作出推断

查附表 2，得 $0.02 < P < 0.05$，按 $\alpha = 0.05$ 的检验水准，拒绝 $H_0$，接受 $H_1$，可以认为孪生兄弟的出生体重与其出生顺序有关，且孪生兄弟中先出生者的出生体重大于后出生者的出生体重。

【例 6-3】 用两种方法测定 12 份血清样品中 $Mg^{2+}$ 含量（mmol/L）的结果见表 6-2。试问两种方法测定结果有无差异？

表 6-2 两种方法测定血清 $Mg^{2+}$ 的结果　　　　　　　单位：mmol/L

| 试样号 | 甲基百里酚蓝（MTB）法 | 葡萄糖激酶两点法 | 差值 | 试样号 | 甲基百里酚蓝（MTB）法 | 葡萄糖激酶两点法 | 差值 |
|---|---|---|---|---|---|---|---|
| 1 | 0.94 | 0.92 | 0.02 | 7 | 1.53 | 1.51 | 0.02 |
| 2 | 1.02 | 1.01 | 0.01 | 8 | 1.61 | 1.61 | 0.00 |
| 3 | 1.14 | 1.11 | 0.03 | 9 | 1.72 | 1.72 | 0.00 |
| 4 | 1.23 | 1.22 | 0.01 | 10 | 1.81 | 1.82 | −0.01 |
| 5 | 1.31 | 1.32 | −0.01 | 11 | 1.93 | 1.93 | 0.00 |
| 6 | 1.41 | 1.42 | −0.01 | 12 | 2.02 | 2.04 | −0.02 |

假定血清 $Mg^{2+}$ 测定结果的差值服从正态分布，进行配对 *t* 检验：

（1）建立检验假设，确定检验水准

$H_0: \mu_d = 0$，即两种方法测定结果之差的总体均数为 0

$H_1: \mu_d \neq 0$，即两种方法测定结果之差的总体均数不为 0

$\alpha = 0.05$

（2）计算检验统计量

本例 $n = 12$，$\bar{d} = 0.003\,3$mmol/L，$S_d = 0.014\,97$mmol/L，按式 6-2 得出：

$$t = \frac{\bar{d} - 0}{S_d / \sqrt{n}} = \frac{0.003\,3 - 0}{0.014\,97 / \sqrt{12}} = 0.76$$

（3）确定 *P* 值，作出推断

查附表 2，$t_{0.20/2,\,11} = 1.36$，知 $P > 0.20$，按 $\alpha = 0.05$ 的检验水准，不拒绝 $H_0$，尚不能认为两法测定结果不同。

# 第三节　两独立样本 *t* 检验

两独立样本 *t* 检验（*t* test for two independent samples）适用于完全随机设计下两样本均数的比较，其目的是检验两样本所来自总体的均数是否相等。完全随机设计（completely randomized design）是将同质的受试对象随机分配到两组中，每组对象分别接受不同的处理，分析比较两组的处理效应。一般把这样获得的两组资料视为代表两个总体的两个独立样本，依据两样本均数之差的抽样分布原理估计两个总体均数之差（$\mu_1 - \mu_2$）的 $1 - \alpha$ 置信区间，并推断它们的总体均数 $\mu_1$ 和 $\mu_2$ 是否相等（即 $H_0: \mu_1 = \mu_2$ 是否成立）。两独立样本 *t* 检验要求两样本所来自的总体服从正态分布 $N(\mu_1, \sigma_1^2)$ 和 $N(\mu_2, \sigma_2^2)$，且两总体方差 $\sigma_1^2 = \sigma_2^2$，即方差齐性（homogeneity of variance）。若两总体方差不齐，可采用 *t'* 检验进行分析。

## 一、两样本均数之差的抽样分布

图 6-2 说明两样本均数之差的抽样分布及其 $t$ 统计量的关系。

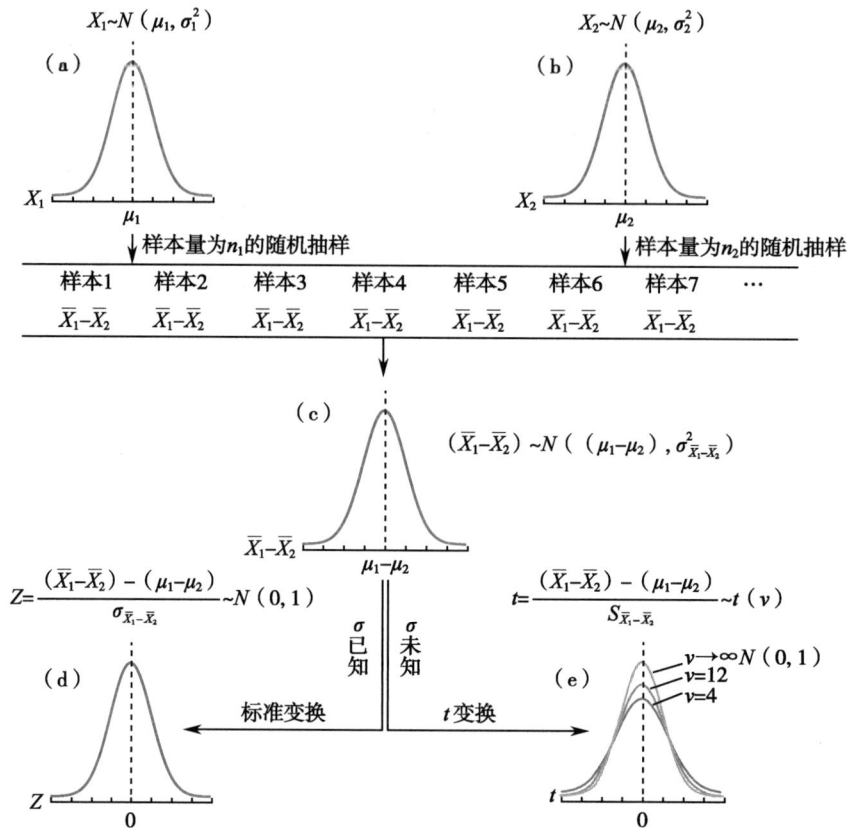

图 6-2　两样本均数之差的抽样分布及其 $t$ 统计量

如随机变量 $X_1$ 和 $X_2$ 相互独立，且 $X_1 \sim N(\mu_1, \sigma_1^2)$，$X_2 \sim N(\mu_2, \sigma_2^2)$，以样本量 $n_1$ 从图 6-2（a）所示的总体 $X_1 \sim N(\mu_1, \sigma_1^2)$ 中随机抽样，获得样本均数 $\overline{X}_1$ 及样本标准差 $S_1$；与此同时，以样本量 $n_2$ 从图 6-2（b）所示的总体 $X_2 \sim N(\mu_2, \sigma_2^2)$ 中随机抽样，获得样本均数 $\overline{X}_2$ 及样本标准差 $S_2$。重复多次上述抽样过程，获得如图所示的多个均数之差 $(\overline{X}_1 - \overline{X}_2)$。

（1）由于变量 $X_1$ 与 $X_2$ 相互独立且均服从正态分布，其样本均数 $\overline{X}_1$ 和 $\overline{X}_2$ 仍服从正态分布，根据数理统计中服从正态分布的两独立变量加减后仍然服从正态分布的原理，统计量 $(\overline{X}_1 - \overline{X}_2)$ 服从如图 6-2（c）所示的正态分布，即 $(\overline{X}_1 - \overline{X}_2) \sim N(\mu_1 - \mu_2, \sigma_{\overline{X}_1 - \overline{X}_2}^2)$；其中，$\sigma_{\overline{X}_1 - \overline{X}_2}^2 = \dfrac{\sigma_1^2}{n_1} + \dfrac{\sigma_2^2}{n_2}$ 为两均数差值的总体方差。

（2）将服从正态分布的统计量 $(\overline{X}_1 - \overline{X}_2)$ 作标准变换后，统计量 $\dfrac{(\overline{X}_1 - \overline{X}_2) - (\mu_1 - \mu_2)}{\sigma_{\overline{X}_1 - \overline{X}_2}^2}$ 服从标准正态分布，如图 6-2（c）到图 6-2（d）。

（3）实际工作中由于总体标准差 $\sigma_1$ 和 $\sigma_2$ 常常未知，所以只能用其相应的样本标准差 $S_1$ 和 $S_2$ 代替而得到两样本均数差值的标准误 $S_{\overline{X}_1 - \overline{X}_2}$。此时，统计量 $\dfrac{(\overline{X}_1 - \overline{X}_2) - (\mu_1 - \mu_2)}{S_{\overline{X}_1 - \overline{X}_2}}$ 不再服从标准正态分

布,而是服从 $t$ 分布,如图 6-2(c)到图 6-2(e)。

## 二、两样本所属总体方差相等(即具有方差齐性)

将两个正态分布总体分别记为 $X_1 \sim N(\mu_1, \sigma_1^2)$ 和 $X_2 \sim N(\mu_2, \sigma_2^2)$,且两总体方差相等($\sigma_1^2 = \sigma_2^2$),检验假设为:

$H_0: \mu_1 = \mu_2$,即两样本所属的两个总体均数相等

$H_1: \mu_1 \neq \mu_2$,即两样本所属的两个总体均数不相等

$\alpha = 0.05$

检验统计量为:

$$t = \frac{(\overline{X}_1 - \overline{X}_2) - (\mu_1 - \mu_2)}{S_{\overline{X}_1 - \overline{X}_2}} \qquad (式6\text{-}3)$$

其中,$S_{\overline{X}_1 - \overline{X}_2} = \sqrt{S_c^2 \left( \dfrac{1}{n_1} + \dfrac{1}{n_2} \right)}$ 为两样本均数差值的标准误;$S_c^2$ 是利用两样本联合估计的方差,称为合并方差(pooled variance),即:

$$S_c^2 = \frac{(n_1 - 1)S_1^2 + (n_2 - 1)S_2^2}{n_1 + n_2 - 2} \qquad (式6\text{-}4)$$

式 6-3 的分子是两个样本均数之差,分母是样本均数之差的标准差(标准误),检验统计量 $t$ 实为用标准误度量的均数之差。

可以证明,在 $H_0$ 成立的情况下,式 6-3 的 $t$ 统计量服从自由度为 $n_1 + n_2 - 2$ 的 $t$ 分布。根据式 6-3 算得 $t$ 统计量的数值后,利用 $t$ 分布可计算相应的 $P$ 值。若 $P$ 值小于给定的检验水准 $\alpha$,则拒绝 $H_0$;否则,不拒绝 $H_0$。

【例6-4】　某医师要观察两种药物对原发性高血压的疗效,将诊断为Ⅱ期高血压的 20 名患者随机分为两组(两组患者基线时血压之间的差别没有统计学意义),一组用卡托普利治疗,另一组用尼莫地平治疗,3 个月后观察舒张压下降的幅度(mmHg),结果如下,试比较两药的降压效果有无差异。

| 卡托普利组($X_1$) | 12 | 17 | 13 | 8 | 4 | 10 | 9 | 12 | 10 | 7 |
| 尼莫地平组($X_2$) | 11 | 8 | 12 | 13 | 9 | 10 | 8 | 0 | 7 | 16 |

经检验两组患者舒张压的下降值均服从正态分布且具有方差齐性(检验方法请见本章后续内容),以下进行两独立样本 $t$ 检验。

(1)建立检验假设,确定检验水准

$H_0: \mu_1 = \mu_2$,即两组患者舒张压下降值的总体均数相等

$H_1: \mu_1 \neq \mu_2$,即两组患者舒张压下降值的总体均数不相等

$\alpha = 0.05$

(2)计算检验统计量

本例 $\overline{X}_1 = 10.20 \text{mmHg}$,$S_1 = 3.58 \text{mmHg}$;$\overline{X}_2 = 9.40 \text{mmHg}$,$S_2 = 4.27 \text{mmHg}$;$n_1 = n_2 = 10$,按式 6-3 和式 6-4

$$S_c^2 = \frac{(n_1 - 1)S_1^2 + (n_2 - 1)S_2^2}{n_1 + n_2 - 2} = \frac{(10-1) \times 3.58^2 + (10-1) \times 4.27^2}{10 + 10 - 2} = 15.52$$

$$t = \frac{\overline{X}_1 - \overline{X}_2}{\sqrt{S_c^2\left(\dfrac{1}{n_1} + \dfrac{1}{n_2}\right)}} = \frac{10.20 - 9.40}{\sqrt{15.52 \times \left(\dfrac{1}{10} + \dfrac{1}{10}\right)}} = 0.45$$

（3）确定 P 值，作出推断

自由度 $\nu = 10 + 10 - 2 = 18$，查附表 2 得 $t_{0.05/2,\,18} = 2.10$，当 $t = 0.45$ 时，$P > 0.05$。按 $\alpha = 0.05$ 的检验水准，不拒绝 $H_0$，差异无统计学意义，尚不能认为卡托普利和尼莫地平两种药物的降压效果有差别。

## 三、两样本所属总体方差不等（Satterthwaite 近似法）

两独立样本均数的比较，当两总体方差不等 $\sigma_1^2 \neq \sigma_2^2$ 时，可采用数据变换、$t'$ 检验或基于秩次的非参数检验。数据变换是将原始数据作某种函数转换（如对数变换、平方根变换、平方根反正弦变换）使得数据满足两独立样本 $t$ 检验的方差齐性和正态分布要求，但有时函数转换值仍不满足方差齐性和正态分布要求，可采用本节介绍的 $t'$ 检验。

$t'$ 检验有三种方法，包括 Satterthwaite 近似法、Cochran & Cox 法和 Welch 法近似 $t$ 检验。Cochran & Cox 法是对临界值校正，Satterthwaite 近似法和 Welch 法是对自由度进行校正。Satterthwaite 近似法适合方差未知且不等的情况，特别是在自由度相对较小时。Cochran & Cox 法适合已知方差比的情况。Welch 法适合于样本量较大且方差不等的情况。

本节主要介绍 Satterthwaite 近似法，$t'$ 统计量的计算公式为：

$$t' = \frac{(\overline{X}_1 - \overline{X}_2) - (\mu_1 - \mu_2)}{\sqrt{\dfrac{S_1^2}{n_1} + \dfrac{S_2^2}{n_2}}} \qquad \text{（式 6-5）}$$

$t'$ 的分子仍是两样本均数之差，分母是均数之差的标准差（标准误），$t'$ 仍是用标准误度量的均数之差。在 $H_0$ 成立的情况下，$t'$ 的分布比较复杂，萨特思韦特（Satterthwaite）1946 年提出，可用自由度为式 6-6 的 $t$ 分布来近似 $t'$ 的分布，其自由度校正公式为：

$$\nu' = \frac{\left(\dfrac{S_1^2}{n_1} + \dfrac{S_2^2}{n_2}\right)^2}{\dfrac{\left(\dfrac{S_1^2}{n_1}\right)^2}{n_1 - 1} + \dfrac{\left(\dfrac{S_2^2}{n_2}\right)^2}{n_2 - 1}} \qquad \text{（式 6-6）}$$

利用式 6-5 算得 $t'$ 统计量的数值后，据此近似的 $t$ 分布可以得到相应的 $P$ 值。同样，若 $P$ 值小于给定的检验水准 $\alpha$，则拒绝 $H_0$；否则，不拒绝 $H_0$。

【例 6-5】　为了比较特殊饮食与药物治疗改善血清胆固醇（mmol/L）的效果，将 23 名志愿者随机分成两组，甲组为特殊饮食组，乙组为药物治疗组。受试者试验前后各测量一次血清胆固醇（mmol/L），差值的结果见表 6-3，请比较两种降血清胆固醇措施的效果是否相同？

表 6-3　两种降血清胆固醇措施差值的结果　　　　　　　　　　　单位：mmol/L

| 组别 | 例数 | 均数 | 标准差 |
|---|---|---|---|
| 特殊饮食组 | 11 | 0.559 2 | 0.511 0 |
| 药物治疗组 | 12 | 0.146 7 | 0.110 7 |

经正态性检验(见本章第五节),两组血清胆固醇差值均服从正态分布条件,现先将此资料视为总体方差不相等(关于方差齐性的检验见例 6-7),应用式 6-5 作假设检验,即 Satterthwaite 近似法检验如下。

(1)建立检验假设,确定检验水准

$H_0: \mu_1 = \mu_2$,即两种降血清胆固醇措施的效果相同

$H_1: \mu_1 \neq \mu_2$,即两种降血清胆固醇措施的效果不相同

$\alpha = 0.05$

(2)计算检验统计量

将 $n_1 = 11$,$\overline{X}_1 = 0.559\,2\text{mmol/L}$,$S_1 = 0.511\,0\text{mmol/L}$;$n_2 = 12$,$\overline{X}_2 = 0.146\,7\text{mmol/L}$,$S_2 = 0.110\,7\text{mmol/L}$,代入式 6-5

$$t' = \frac{\overline{X}_1 - \overline{X}_2}{\sqrt{\dfrac{S_1^2}{n_1} + \dfrac{S_2^2}{n_2}}} = \frac{0.559\,2 - 0.146\,7}{\sqrt{\dfrac{0.511\,0^2}{11} + \dfrac{0.110\,7^2}{12}}} = 2.62$$

$$\nu' = \frac{\left(\dfrac{S_1^2}{n_1} + \dfrac{S_2^2}{n_2}\right)^2}{\dfrac{\left(\dfrac{S_1^2}{n_1}\right)^2}{n_1 - 1} + \dfrac{\left(\dfrac{S_2^2}{n_2}\right)^2}{n_2 - 1}} = \frac{\left(\dfrac{0.511\,0^2}{11} + \dfrac{0.110\,7^2}{12}\right)^2}{\dfrac{\left(\dfrac{0.511\,0^2}{11}\right)^2}{11 - 1} + \dfrac{\left(\dfrac{0.110\,7^2}{12}\right)^2}{12 - 1}} = 10.86 \approx 11$$

(3)确定 $P$ 值,作出推断

查附表 2,得 $t_{0.05/2, 11} = 2.20$,而 $t' = 2.62$,故 $P < 0.05$,按 $\alpha = 0.05$ 的检验水准,拒绝 $H_0$,差异有统计学意义,可以认为两种降血清胆固醇措施的效果有差别,即特殊饮食组降血清胆固醇措施的效果优于药物治疗组。

实际应用中,对两组人群的某项指标进行比较,还可利用直条的高度来代表均数大小,在直条的顶端绘制一小段触须来代表标准差的大小,称之为误差条图(error bar plot)。例如图 6-3 比较了例 6-4 两种药物对原发性高血压的疗效。两个直条的高度分别代表两组患者舒张压下降值的平均水平,卡托普利组和尼莫地平组的均数分别是 10.2mmHg 和 9.4mmHg。在每个直条的上方还有一条"触须",代表"±标准差",卡托普利组和尼莫地平组的标准差分别是 3.58mmHg 和 4.27mmHg。

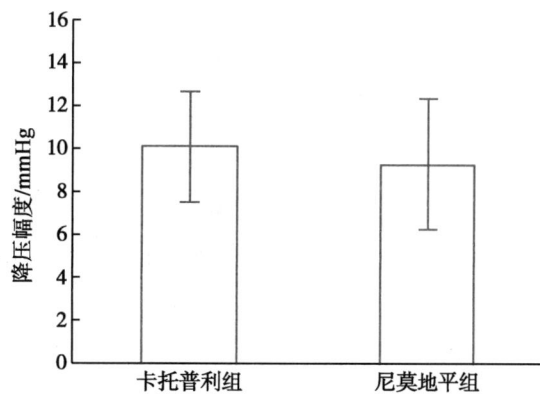

图 6-3　两组患者舒张压下降值的比较(均数 ± 标准差)

## 四、两总体均数之差的置信区间

实际工作中,常常需要估计两总体均数差值的大小。例如:艾滋病患者与正常人的血清 CD4 平均相差多少? 正常成年男女的红细胞计数平均相差多少? 高血压患者经某药物治疗后,试验组与对照组的总体血压降低均值相差多少? 此时,可以用两样本均数之差 $\overline{X}_1 - \overline{X}_2$ 推断两总体均数之差

$\mu_1-\mu_2$的置信区间。

（一）两总体方差相等情形

根据两样本均数抽样分布原理以及式6-3，$P(-t_{\alpha/2,\nu}<t<t_{\alpha/2,\nu})=1-\alpha$，故观察到数据后$\mu_1-\mu_2$的置信度为$1-\alpha$的置信区间如下：

$$(\overline{X}_1-\overline{X}_2-t_{\alpha/2,(n_1+n_2-2)}S_{\overline{X}_1-\overline{X}_2},\overline{X}_1-\overline{X}_2+t_{\alpha/2,(n_1+n_2-2)}S_{\overline{X}_1-\overline{X}_2})\qquad（式6-7）$$

当两样本的样本含量均较大时（$n_1,n_2$均大于50），$t$分布近似于正态分布，在式6-5中的$t_{\alpha/2,\nu}$可用相应的$z_{\alpha/2}$代替，$S_{\overline{X}_1-\overline{X}_2}$也可用$\sqrt{S_1^2/n_1+S_2^2/n_2}$来计算。

以例6-4资料说明两总体方差相等时，如何计算两组患者舒张压下降值之差的95%置信区间。

本例$\overline{X}_1=10.20$mmHg，$S_1=3.58$mmHg；$\overline{X}_2=9.40$mmHg，$S_2=4.27$mmHg；$n_1=n_2=10$。则$\nu=10+10-2=18$，查附表2得$t_{0.05/2,18}=2.10$，计算如下：

置信区间下限：

$$(10.20-9.40)-2.10\times\sqrt{\frac{(10-1)\times3.58^2+(10-1)\times4.27^2}{10+10-2}\left(\frac{1}{10}+\frac{1}{10}\right)}$$

置信区间上限：

$$(10.20-9.40)+2.10\times\sqrt{\frac{(10-1)\times3.58^2+(10-1)\times4.27^2}{10+10-2}\left(\frac{1}{10}+\frac{1}{10}\right)}$$

根据样本计算，卡托普利和尼莫地平两种药物降压效果之差的95%置信区间为（-2.90,4.50）mmHg，置信区间包含0，说明尚不能认为卡托普利和尼莫地平两种药物降压效果有差别。

（二）两总体方差不等情形

根据两样本均数抽样分布原理以及式6-5，由于$P(-t_{\alpha/2,\nu}<t<t_{\alpha/2,\nu})=1-\alpha$，故观察到数据后$\mu_1-\mu_2$的置信度为$1-\alpha$的置信区间为：

$$(\overline{X}_1-\overline{X}_2-t_{\alpha/2,\nu'}\sqrt{S_1^2/n_1+S_2^2/n_2},\overline{X}_1-\overline{X}_2+t_{\alpha/2,\nu'}\sqrt{S_1^2/n_1+S_2^2/n_2})\qquad（式6-8）$$

以例6-5资料说明两总体方差不等情形时，如何计算两种降血清总胆固醇措施效果之差的95%置信区间。

1. 求均数之差及其标准误

两样本均数之差：$\overline{X}_1-\overline{X}_2=0.559\ 2-0.146\ 7=0.412\ 5$

均数之差的标准误：$S_{\overline{X}_1-\overline{X}_2}=\sqrt{0.511\ 0^2/11+0.110\ 7^2/12}=0.157$

2. 求校正自由度：$\nu'\approx11$

3. 求95%置信区间

$t_{0.05/2,11}=2.20$，则按式6-8计算置信区间：

$$(\overline{X}_1-\overline{X}_2)\pm t_{\alpha/2,\nu'}\sqrt{S_1^2/n_1+S_2^2/n_2}=0.412\ 5\pm2.20\times0.157=(0.07,0.76)$$

通过样本计算，特殊饮食组和药物治疗组的降血清胆固醇措施的效果之差的95%置信区间为（0.07,0.76）mmol/L，因置信区间不包含0，故可以认为特殊饮食组和药物治疗组的降血清胆固醇措施的效果有差异。

## 第四节　两独立样本资料的方差齐性检验

与总体均数统计推断的原理类似,方差也具有抽样误差,即从方差相等的两个总体中抽样,两个样本方差也会不相等。若两个样本方差所代表的两个总体方差相等,则两个总体方差齐;反之,称两总体方差不齐。方差齐性检验(homogeneity test of variance)是指由样本方差推断总体方差是否相同的检验方法,本节将介绍适用于两独立样本资料方差齐性检验中常用的 $F$ 检验方法,其检验假设为:

$H_0$: $\sigma_1^2 = \sigma_2^2$,即两独立样本资料的总体方差相等

$H_1$: $\sigma_1^2 \neq \sigma_2^2$,即两独立样本资料的总体方差不相等

检验统计量为:

$$F = \frac{S_1^2}{S_2^2}, \nu_1 = n_1 - 1, \nu_2 = n_2 - 1 \qquad (\text{式 6-9})$$

其中, $S_1^2$ 和 $S_2^2$ 是两个样本方差。为了减少统计用表的篇幅, $S_1^2$ 为较大的样本方差, $S_2^2$ 为较小的样本方差。检验统计量 $F$ 值为两个样本方差之比,若样本方差的不同仅为抽样误差的影响, $F$ 值一般不会偏离 1 太远。可以证明, $H_0$ 成立时, $F$ 统计量服从 $F$ 分布。 $F$ 分布有两个自由度,分子的自由度 $\nu_1$ 和分母的自由度 $\nu_2$。为查表方便,方差齐性检验往往将较大方差作为分子(式 6-9),由此计算的 $F$ 值 $\geq 1$,故附表 4-2 只给出不对称 $F$ 分布的右侧界值。尽管这里只利用一侧界值,实则对应于双侧检验。因此,根据两个自由度和 $F$ 统计量的数值可查附表 4-2(供方差齐性检验用的 $F$ 界值表)得 $P$ 值。若 $F > F_{\alpha/2, (\nu_1, \nu_2)}$,则 $P < \alpha$,拒绝 $H_0$,接受 $H_1$,认为两总体方差不齐;反之,两总体方差具有齐性。

【例 6-6】　某口腔医院选择所在市 40～50 岁慢性牙周炎患者 36 例,测得吸烟组(17 人)菌斑指数(PLI)均值为 84.71、标准差为 8.14;非吸烟组(18 人)菌斑指数的均值为 82.20、标准差为 6.18,试检验两总体方差是否相等?

(1)建立检验假设,确定检验水准

$H_0$: $\sigma_1^2 = \sigma_2^2$,即两总体方差相等

$H_1$: $\sigma_1^2 \neq \sigma_2^2$,即两总体方差不相等

$\alpha = 0.10$

(2)计算检验统计量

$$F = \frac{S_1^2}{S_2^2} = \frac{8.14^2}{6.18^2} = 1.73$$

$$\nu_1 = n_1 - 1 = 17 - 1 = 16$$

$$\nu_2 = n_2 - 1 = 18 - 1 = 17$$

(3)确定 $P$ 值,作出推断

查附表 4-2(供方差齐性检验用的 $F$ 界值表), $F_{0.10/2, (16, 17)} = 2.29$,故 $P > 0.10$,在 $\alpha = 0.10$ 的检验水准上,接受 $H_0$,认为两个总体方差相等,即两总体方差齐。

类似地,对例 6-5 中资料,可以检验两个总体方差是否相等。

$H_0$: $\sigma_1^2 = \sigma_2^2$

$H_1$: $\sigma_1^2 \neq \sigma_2^2$

$\alpha = 0.10$

$$F = \frac{S_1^2}{S_2^2} = \frac{0.5110^2}{0.1107^2} = 21.31$$

$$\nu_1 = n_1 - 1 = 11 - 1 = 10, \ \nu_2 = n_2 - 1 = 12 - 1 = 11$$

查附表 4-2，$F_{0.10/2,(10,11)} = 2.85$，知 $P < 0.10$，在 $\alpha = 0.10$ 的检验水准上，拒绝 $H_0$，认为两个总体方差不相等。

其余方差齐性检验方法在方差分析章节中将会进行详细介绍，不再赘述。

# 第五节　正态性检验

资料是否取自正态分布总体对统计方法的确定具有重要意义。为此，本节将介绍常用的两类正态性检验方法。

## 一、图示法

1. P-P 图法　以样本累积频率（百分比）作为横坐标，以按照正态分布计算的相应累积概率作为纵坐标，把样本值表现为直角坐标系中的散点，所得到的散点图称为 P-P 图（proportion-proportion plot）。如果资料服从正态分布，样本点应围绕第一象限的对角线散布。

2. Q-Q 图法　以样本的分位数（$P_X$）作为横坐标，以按照正态分布计算的相应分位数作为纵坐标，把样本值表现为直角坐标系中的散点，所得到的散点图就是 Q-Q 图（quantile-quantile plot）。如果资料服从正态分布，样本点应围绕第一象限的对角线散布。

【例 6-7】　某医生测得 25 名正常人血清中 IL-6 水平（mg/L）数据为：63，106，112，88，150，104，88，75，78，140，167，155，122，128，99，130，113，45，133，133，124，187，101，87，70。试使用图示法检验该组数据是否服从正态分布。

25 例正常人 IL-6 资料的 P-P 和 Q-Q 图，见图 6-4。

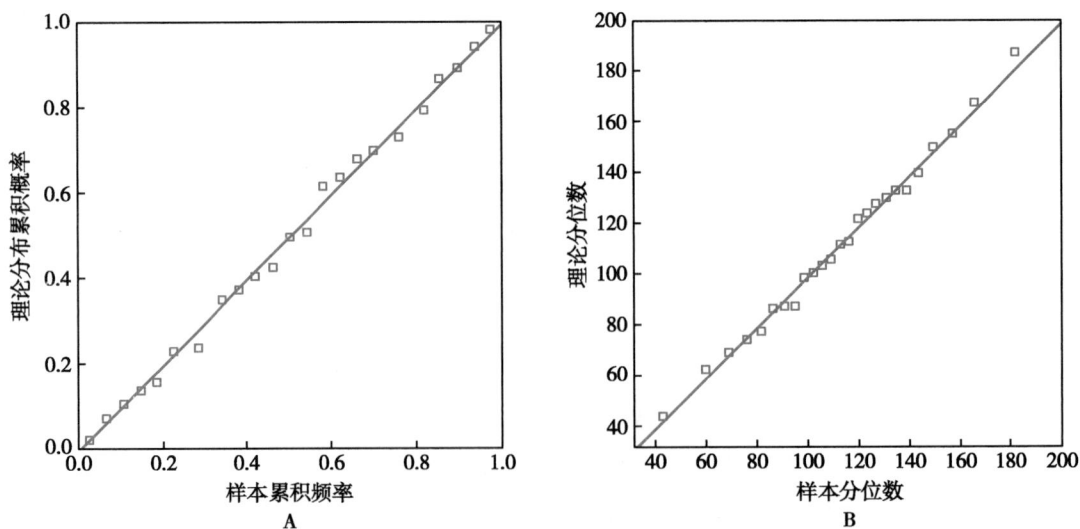

图 6-4　25 例正常人血清中 IL-6 水平（mg/L）的 P-P 图和 Q-Q 图
A. P-P 图；B. Q-Q 图。

## 二、统计检验法

1. $W$检验　检验假设为

$H_0$：来自正态分布

$H_1$：不来自正态分布

首先将取自同一总体的样本值 $X_1, \cdots, X_n$ 按升序排列为 $X_1^*, \cdots, X_n^*$。统计量为

$$W = \left[ \sum_{i=1}^{n/2} a_i \left( X_{n+1-i}^* - X_i^* \right) \right]^2 \bigg/ \sum_{i=1}^{n} \left( X_i - \overline{X} \right)^2 \qquad （式6\text{-}10）$$

其中，$[n/2]$ 为 $n/2$ 的整数部分；$a_i$ 需要从 $W$ 检验专用的数表中查得。

2. $D$检验　其检验假设与 $W$ 检验法相同，但用于样本量较大的资料。统计量为

$$D = \sum_{i=1}^{n} \left( i - \frac{n+1}{2} \right) X_i^* \bigg/ n^{3/2} \sqrt{\sum \left( X_i - \overline{X} \right)^2} \qquad （式6\text{-}11）$$

其中 $X_i^*$ 也是按照升序排列后的第 $i$ 个数据。

$W$ 检验与 $D$ 检验均需要查阅专门的统计用表以确定临界值。

3. 矩法　矩法是分别对分布偏度与峰度做检验。

检验偏度的统计量为

$$Z_{\text{SKEW}} = \frac{\text{SKEW}}{\sigma_{\text{SKEW}}} \qquad （式6\text{-}12）$$

其中 SKEW 为偏度系数，其标准误为

$$\sigma_{\text{SKEW}} = \sqrt{\frac{6n(n-1)}{(n-2)(n+1)(n+3)}} \qquad （式6\text{-}13）$$

检验峰度的统计量为

$$Z_{\text{KURT}} = \frac{\text{KURT}}{\sigma_{\text{KURT}}} \qquad （式6\text{-}14）$$

其中 KURT 为峰度系数，其标准误为

$$\sigma_{\text{KURT}} = \sqrt{\frac{24n(n-1)^2}{(n-3)(n-2)(n+3)(n+5)}} \qquad （式6\text{-}15）$$

如果上述两个检验结论均不拒绝相应的零假设，可以认为分布为正态。此外，拟合优度 $\chi^2$ 检验也可以用于正态性检验（参见本书第八章）。

# 第六节　大样本资料的 $Z$ 检验

$Z$ 检验又被称为 $u$ 检验，相应的检验统计量为 $Z$。

## 一、单样本资料的 $Z$ 检验

假定从一个正态（或非正态）总体随机抽取含量为 $n$ 的样本，总体均数和方差分别为 $\mu, \sigma^2$。当

*n* 较大时(例如大于 50),样本均数 $\overline{X}$ 的分布也服从(或近似地服从)正态分布,

$$\overline{X} \sim N\left(\mu, \frac{\sigma^2}{n}\right)$$

为检验零假设 $H_0: \mu = \mu_0$,统计量的计算与式 6-1 一样,只是左端记为 $Z$,

$$Z = \frac{\overline{X} - \mu_0}{S/\sqrt{n}} \qquad\qquad (式 6-16)$$

当 $H_0$ 成立时,该统计量服从标准正态分布。据此可以利用标准正态分布界值表完成检验。

## 二、两独立样本资料的 $Z$ 检验

假定从两个正态(或非正态)总体独立地抽取含量分别为 $n_1$ 和 $n_2$ 的样本,总体均数和方差分别为 $\mu_1, \sigma_1^2$ 和 $\mu_2, \sigma_2^2$。当 $n_1$ 和 $n_2$ 均较大时(例如均大于 50),样本均数 $\overline{X}_1, \overline{X}_2$ 的差值分布也服从(或近似地服从)正态分布,

$$(\overline{X}_1 - \overline{X}_2) \sim N\left(\mu_1 - \mu_2, \frac{\sigma_1^2}{n_1} + \frac{\sigma_2^2}{n_2}\right)$$

为了检验零假设 $H_0: \mu_1 = \mu_2$,统计量为:

$$Z = \frac{\overline{X}_1 - \overline{X}_2}{\sqrt{S_1^2/n_1 + S_2^2/n_2}} \qquad\qquad (式 6-17)$$

其中,$\overline{X}_1$、$\overline{X}_2$,$S_1$、$S_2$,$n_1$、$n_2$ 分别为两样本的均数、标准差、样本含量。

这个统计量类似于式 6-3,只因为样本量足够大,不需要假定方差相等和联合估计方差。

【例 6-8】 某地抽样调查了部分健康成人的红细胞计数,其中男性 360 人,均数为 $4.66 \times 10^{12}$/L,标准差为 $0.57 \times 10^{12}$/L;女性 255 人,均数为 $4.18 \times 10^{12}$/L,标准差为 $0.29 \times 10^{12}$/L,试问该地男、女红细胞计数的总体均数有无差别?

因为男、女样本例数都大于 100,所以可以采用 $Z$ 检验,步骤如下:

(1)建立检验假设,确定检验水准

$H_0: \mu_1 = \mu_2$,即该地男、女红细胞计数总体均数相等

$H_1: \mu_1 \neq \mu_2$,即该地男、女红细胞计数总体均数不相等

$\alpha = 0.05$

(2)计算检验统计量

本例 $\overline{X}_1 = 4.66 \times 10^{12}$/L,$S_1 = 0.57 \times 10^{12}$/L;$\overline{X}_2 = 4.18 \times 10^{12}$/L,$S_2 = 0.29 \times 10^{12}$/L

$$Z = \frac{\overline{X}_1 - \overline{X}_2}{\sqrt{S_1^2/n_1 + S_2^2/n_2}} = \frac{4.66 - 4.18}{\sqrt{0.57^2/360 + 0.29^2/255}} = 13.67$$

(3)确定 $P$ 值,作出推断

查附表 1,得 $P < 0.001$,按 $\alpha = 0.05$ 的检验水准,拒绝 $H_0$,差异有统计学意义,可认为该地男、女红细胞计数的均数不同,男性高于女性。

附带说明,对于大样本,两个均数的比较可以用 $Z$ 检验,也可以用 *t* 检验,二者结果很接近;而

对于小样本,两个均数的比较应该用 t 检验而不应该用 Z 检验,因后者将把 P 值估计得过小以至于把原来可能无统计学意义的资料解释为有统计学意义。

（张 涛 刘丽亚）

## 小结

定量资料均数比较的 t 检验方法,根据研究目的、研究设计和资料的类型有单样本 t 检验、配对 t 检验、两独立样本 t 检验,以及在方差不齐时的 t′ 检验。t 检验的前提条件:随机样本;来自正态分布总体;两独立样本的均数比较时,要求两总体方差相等(即方差齐性)。

单样本 t 检验的零假设为 $H_0: \mu = \mu_0$,检验统计量为 $t = \dfrac{\overline{X} - \mu_0}{S / \sqrt{n}} \sim t_{(\nu)}$, $\nu = n - 1$;

配对 t 检验首先应计算各对数据间的差值 $d$,检验假设为 $H_0: \mu_d = 0$,检验统计量为 $t = \dfrac{\overline{d} - 0}{S_d / \sqrt{n}} \sim t_{(\nu)}$, $\nu = n - 1$;

两独立样本 t 检验的零假设为 $H_0: \mu_1 = \mu_2$,检验统计量为:①两总体方差相等,统计量为 $t = \dfrac{\overline{X}_1 - \overline{X}_2}{\sqrt{S_c^2 \left( \dfrac{1}{n_1} + \dfrac{1}{n_2} \right)}}$, $\nu = n_1 + n_2 - 2$;②两总体方差不相等,统计量为

$t' = \dfrac{(\overline{X}_1 - \overline{X}_2)}{\sqrt{S_1^2 / n_1 + S_2^2 / n_2}}$, $\nu' = \dfrac{(S_1^2 / n_1 + S_2^2 / n_2)^2}{(S_1^2 / n_1)^2 / (n_1 - 1) + (S_2^2 / n_2)^2 / (n_2 - 1)}$。

正态性检验方法:一是图示法,包括 P-P 图法和 Q-Q 图法;二是统计检验法,包括 $W$ 检验、$D$ 检验和矩法等。

方差齐性检验是指由样本方差推断总体方差是否相同的假设检验方法,本章介绍的 $F$ 检验方法适用于两独立样本资料方差齐性检验,其零假设为 $H_0: \sigma_1^2 = \sigma_2^2$,检验统计量为 $F = \dfrac{S_1^2}{S_2^2}$, $\nu_1 = n_1 - 1$, $\nu_2 = n_2 - 1$。

大样本计量资料均数比较常用假设检验方法为 Z 检验,包括单样本资料的 Z 检验和两独立样本资料的 Z 检验。单样本资料的 Z 检验统计量为 $Z = \dfrac{\overline{X} - \mu_0}{S / \sqrt{n}}$;两独立样本资料的 Z 检验统计量为 $Z = \dfrac{X_1 - X_2}{\sqrt{S_1^2 / n_1 + S_2^2 / n_2}}$。

## 思考与练习

### 一、最佳选择题

1. 有两个独立随机的样本,样本含量分别为 $n_1$ 和 $n_2$,在进行两独立样本 t 检验时,自由度是(　　　)

A. $n_1 + n_2$　　　　　　　　B. $n_1 + n_2 - 1$　　　　　　　　C. $n_1 + n_2 + 1$

    D. $n_1+n_2-2$                 E. $n_1+n_2+2$

2. 两独立样本 *t* 检验中,差别有统计学意义时,$P$ 越小,说明(　　)

    A. 两样本均数差别越大          B. 两总体均数差别越大

    C. 越有理由认为两样本均数不同     D. 越有理由认为两总体均数不同

    E. Ⅰ型错误越大

3. 当样本例数相同时,两组定量资料的两独立样本 *t* 检验与配对 *t* 检验相比,一般情况下为(　　)

    A. 两独立样本 *t* 检验效率高一些     B. 配对 *t* 检验效率高一些

    C. 两者效率相等                 D. 大样本时两者效率一致

    E. 与两组样本均数的大小有关

4. 在总体方差相等的条件下,由两个独立样本计算两个总体均数之差的置信区间包含了 0,则(　　)

    A. 可认为两样本均数差别无统计意义

    B. 可认为两样本均数差别有统计意义

    C. 可认为两总体均数差别无统计意义

    D. 可认为两总体均数差别有统计意义

    E. 可认为两总体均数相等

5. 两样本方差齐性用 $F$ 检验属于(　　)

    A. 单侧检验,单尾面积         B. 单侧检验,双尾面积

    C. 双侧检验,单尾面积         D. 双侧检验,双尾面积

    E. 与方差分析用 $F$ 检验一致

## 二、思考题

1. *t* 检验的应用条件是什么?

2. 假设检验和置信区间的区别和联系有哪些?

3. *t* 检验的应用条件不满足时,如何比较两样本?

## 三、案例分析题

1. 已知某水样中含 $CaCO_3$ 含量的真值为 20.70(mg/L),现用某法重复测定该水样 11 次,$CaCO_3$ 含量(mg/L)为:20.99,20.41,20.10,20.00,20.91,22.60,20.99,20.41,20.00,23.00,22.00,问:用该法测定 $CaCO_3$ 含量所得的均值与真值有无差异?

2. 某地用溴酚法与改进淀粉显色法测定碘盐含碘量(mg/kg),资料见表 6-4。问两法测定碘盐含碘量的结果是否相同?

表 6-4　用溴酚法与改进淀粉显色法测定碘盐含碘量　　　　单位:mg/kg

| 样品号 | 1 | 2 | 3 | 4 | 5 | 6 | 7 | 8 | 9 | 10 |
| --- | --- | --- | --- | --- | --- | --- | --- | --- | --- | --- |
| 溴酚法 | 16.84 | 19.02 | 10.44 | 14.87 | 22.31 | 24.83 | 26.89 | 31.06 | 36.76 | 41.67 |
| 改进法 | 16.79 | 19.22 | 10.40 | 15.14 | 21.89 | 24.82 | 27.00 | 31.42 | 36.07 | 40.99 |

3. 欲考察某地正常人和牙周炎患者血清中 TNF-α(pg/ml)平均含量之间的差别是否有统计学意义。研究者测定了 12 名正常人和 12 名牙周炎患者 TNF-α 的含量。

请问两组间血清中 TNF-α 平均含量之间的差别是否有统计学意义？具体测定结果如下：

正常人组：6.52　6.80　7.12　5.50　4.89　7.03　8.00　4.55　5.67　6.77　6.89　7.05

牙周炎患者组：9.71　10.58　11.00　7.10　7.55　8.65　8.87　9.02　9.88　8.68　10.52　11.02

4. 为探讨某地习惯性流产与抗心磷脂抗体（ACA）的 IgG 的关系，研究人员检测了该地 33 例不育症（流产史＞2 次）妇女 ACA 的 IgG，得样本均数为 1.36U/ml，标准差为 0.25U/ml；同时检测了该地 40 例正常（有 1 胎正常足月产史）育龄妇女 ACA 的 IgG，相应样本均数为 0.73U/ml，标准差为 0.06U/ml。问该地习惯性流产者与正常妇女 IgG 水平是否不同？

5. 两组肿瘤患者，单纯放疗组（A 组）13 例，口服平消胶囊＋放疗组（B 组）12 例，接受放疗前后，血清 sIL-2R 水平（U/ml）如表 6-5 所示。试评价 A、B 两组患者血清 sIL-2R 水平治疗前后改变值有无差异。

表 6-5　两组肿瘤患者的血清 sIL-2R 水平　　　单位：U/ml

| A组 | No. | 1 | 2 | 3 | 4 | 5 | 6 | 7 |
|---|---|---|---|---|---|---|---|---|
| | 治疗前 | 1 183.03 | 822.52 | 1 294.00 | 852.50 | 568.89 | 532.12 | 896.36 |
| | 治疗后 | 983.08 | 469.34 | 704.39 | 979.66 | 1 040.33 | 895.93 | 612.27 |
| | No. | 8 | 9 | 10 | 11 | 12 | 13 | |
| | 治疗前 | 530.46 | 808.22 | 375.44 | 1 055.26 | 614.55 | 450.22 | |
| | 治疗后 | 616.70 | 870.14 | 1 245.54 | 1 753.67 | 1 850.56 | 538.45 | |
| B组 | No. | 1 | 2 | 3 | 4 | 5 | 6 | 7 |
| | 治疗前 | 992.85 | 767.33 | 645.85 | 709.54 | 995.41 | 1 043.40 | 1 022.76 |
| | 治疗后 | 236.66 | 293.00 | 166.77 | 204.81 | 127.27 | 186.63 | 200.80 |
| | No. | 8 | 9 | 10 | 11 | 12 | | |
| | 治疗前 | 486.27 | 694.28 | 871.44 | 973.73 | 1 063.76 | | |
| | 治疗后 | 151.47 | 254.49 | 178.09 | 147.19 | 111.22 | | |

# 第七章

# 方差分析基础

在医学科研工作特别是实验研究中，常根据研究日的将实验对象按照某处理因素的不同水平分为两个或多个处理组，然后对各处理组采取不同的措施进行干预，判断处理组之间有无差别。当观察值为定量数据的两个或多个均数比较时，可利用方差分析推断样本所代表总体均数之间的差别。方差分析（analysis of variance, ANOVA）是20世纪20年代发展起来的一种统计方法，由英国著名统计学家Fisher提出，又称$F$检验，也称为变异数分析。上一章介绍的$t$检验用于分析两个均数之间有无差别，本章的$F$检验主要用于分析多个均数之间有无差别，进而推断多个总体均数间的差别。

## 第一节　方差分析的基本思想与前提条件

### 一、方差分析的基本思想

方差分析是对数据变异的分析，利用方差的概念对变异度进行分解，所以方差分析亦称为变异度分析。方差分析的基本思想就是将全部观察值的不同（即总变异）按设计和需要分解成两个或多个部分，不同设计的总变异分解各有不同，其中一定包括随机误差部分。将各部分的变异分别与相应的随机误差进行比较，判断各变异与随机误差的差别是否具有统计学意义。下面利用例7-1和例7-2说明方差分析的基本思想。

【例7-1】　为分析大豆和猪肉来源的高蛋白饮食对小鼠肥胖的干预作用，开展以下研究：采用高脂膳食诱导构建小鼠肥胖模型，随后将30只肥胖小鼠随机等分为3组，每组10只，分别给予普通饮食（NR）、高大豆蛋白饮食（HSP）和高猪肉蛋白饮食（HPP），进行为期12周的膳食干预，记录前后小鼠体重的变化值（g）。结果如表7-1所示，分析三种不同喂养方式对肥胖小鼠体重变化值的影响有无差别。

表7-1　三种不同喂养方式下小鼠体重变化值　　　　　　　　　　　　　　单位：g

| | NR组 | HSP组 | HPP组 | 合计 |
|---|---|---|---|---|
| $X_{ij}$ | 3.98 | 1.98 | 2.68 | |
| | 5.51 | 2.83 | 4.02 | |
| | 4.93 | 2.30 | 3.46 | |
| | 5.92 | 3.20 | 4.40 | |
| | 5.54 | 2.86 | 4.05 | |
| | 5.39 | 2.72 | 3.90 | |
| | 5.20 | 2.55 | 3.72 | |
| | 6.14 | 3.04 | 4.61 | |
| | 5.95 | 3.23 | 4.43 | |
| | 5.80 | 3.10 | 4.29 | |

|  | NR组 | HSP组 | HPP组 | 合计 |
|---|---|---|---|---|
| $n_i$ | 10 | 10 | 10 | $30(N)$ |
| $\overline{X}_i$ | 5.436 0 | 2.781 0 | 3.956 0 | $4.057\ 7(\overline{X})$ |
| $S_i$ | 0.630 4 | 0.406 2 | 0.568 3 | $1.222\ 9(S)$ |

表7-1按完全随机设计获得30个数据,其变异分解见图7-1,可以看到以下三种变异:

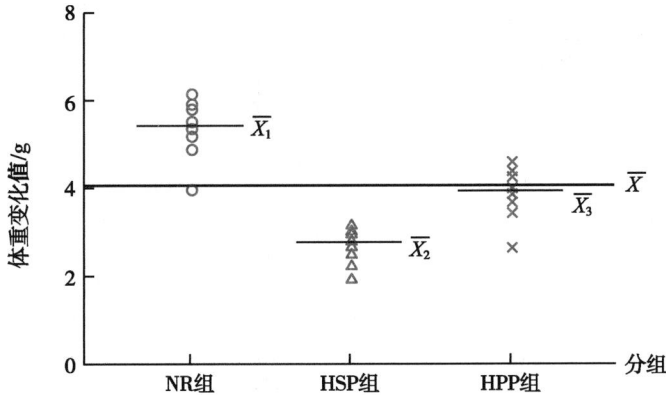

图7-1 例7-1小鼠体重变化值变异分解示意图

1. 总变异 30只小鼠喂养12周后测得体重变化值 $X$ 各不相同,即各 $X$ 与总均数 $\overline{X}$ 不同,这种变异称为总变异(total variation)。总变异反映所有观察值的变异,量化值用所有数据的离均差平方和(sum of squares of deviations from mean, $SS$)$SS_{总}$表示。

$$SS_{总}=\sum(X-\overline{X})^2 \qquad (式7-1)$$

$$\nu_{总}=N-1 \qquad (式7-2)$$

2. 组间变异 三种($k=3$)不同喂养方式的小鼠体重变化值均数 $\overline{X}_i$ 各不相同,即 $\overline{X}_i$ 与总均数 $\overline{X}$ 的不同,这种变异称为组间变异(variation between groups),用各组均值 $\overline{X}_i$ 与总均值 $\overline{X}$ 的离均差平方和 $SS_{组间}$表示。该变异既包括三种不同喂养方式的影响,同时也包括了随机误差。

$$SS_{组间}=\sum n_i(\overline{X}_i-\overline{X})^2 \qquad (式7-3)$$

$$\nu_{组间}=k-1 \qquad (式7-4)$$

3. 组内变异 每组内小鼠体重变化值 $X_{ij}$ 大小各不相同,即每组观察值 $X_{ij}$ 与本组的样本均数 $\overline{X}_i$ 的不同,这种变异称为组内变异(variation within groups),用各观测值 $X$ 与对应各组均数 $\overline{X}_i$ 的离均差平方和 $SS_{组内}$表示。组内变异仅反映了随机误差,又称误差变异。

$$SS_{组内}=\sum(X-\overline{X}_i)^2 \qquad (式7-5)$$

$$\nu_{组内}=N-k \qquad (式7-6)$$

三种不同变异之间的关系是 $SS_{总}=SS_{组间}+SS_{组内}$,相应的自由度的关系是 $\nu_{总}=\nu_{组间}+\nu_{组内}$。由于自由度不同,各部分离均差平方和不可直接比较,需要除以相应自由度后得到均方差,简称均方(mean square, $MS$),方可进行比较。组间变异对应的均方记为 $MS_{组间}$,组内变异对应的均方记

为 $MS_{组内}$。

$$MS_{组间} = \frac{SS_{组间}}{\nu_{组间}}$$ （式7-7）

$$MS_{组内} = \frac{SS_{组内}}{\nu_{组内}}$$ （式7-8）

若各样本所代表的总体均数相等，即各样本来自同一总体，本例中就是三种不同喂养方式的处理效应相同，此时组间变异和组内变异一样，只反映随机误差作用大小。可以证明，比值 $MS_{组间}/MS_{组内}$ 服从自由度为 $\nu_1$ 和 $\nu_2$ 的 $F$ 分布，可构建以下 $F$ 统计量。

$$F = \frac{MS_{组间}}{MS_{组内}}$$ （式7-9）

从理论上讲，如果处理效应相同，则 $F=1$，但由于抽样误差的影响 $F \approx 1$。相反，若各处理效应不同，即三个总体均数不全相同时，$MS_{组间} > MS_{组内}$，$F > 1$。但 $F$ 值大到什么程度才有统计学意义，这就需要根据自由度查 $F$ 界值表（附表4-1）或直接用统计软件得到相应的 $P$ 值，然后与已选取的检验水准 $\alpha$ 比较，进而作出推断结论。

【例7-2】 为研究某改良型富血小板纤维蛋白（A-PRF）在软骨再生中的作用，某研究者建立了兔膝关节软骨缺损模型，选取造模成功的8窝，每窝3只共24只兔，按照窝别将每窝3只兔随机分配到三个处理组，在缺损处分别给予：植入 A-PRF、植入 A-PRF+BMSCs（骨髓间充质干细胞）、不植入三种不同的处理方式。于术后12周处死兔，采用国际软骨修复协会宏观评估评分（ICRS评分）评估再生组织的质量，结果见表7-2。试分析不同植入方式间 ICRS 评分是否不同。

表7-2 三种不同植入方式下兔软骨修复 ICRS 评分 单位：分

| 区组 | 植入 A-PRF | 植入 A-PRF+BMSCs | 不植入 | $\bar{X}_j$ |
|---|---|---|---|---|
| 1 | 5.97 | 7.12 | 4.42 | 5.836 7 |
| 2 | 9.92 | 9.37 | 5.56 | 8.283 3 |
| 3 | 8.00 | 7.68 | 7.53 | 7.736 7 |
| 4 | 11.25 | 10.51 | 8.90 | 10.220 0 |
| 5 | 9.53 | 9.47 | 7.63 | 8.876 7 |
| 6 | 10.01 | 9.03 | 7.12 | 8.720 0 |
| 7 | 8.88 | 8.48 | 6.48 | 7.946 7 |
| 8 | 11.95 | 11.19 | 9.64 | 10.926 7 |
| $b$ | 8 | 8 | 8 | 24($N$) |
| $\bar{X}_i$ | 9.438 8 | 9.106 3 | 7.160 0 | 8.568 3($\bar{X}$) |
| $S_i$ | 1.873 4 | 1.357 1 | 1.693 2 | 1.885 5($S$) |

表7-2 中的数据是按随机区组设计获得的24个数据，其变异分解见图7-2，可以看到以下四种变异：

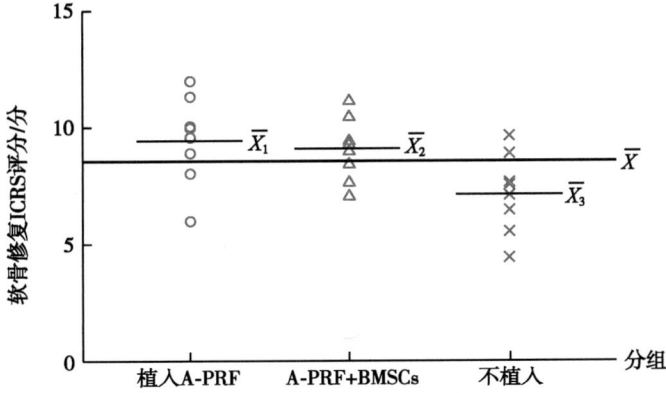

图 7-2 例 7-2 兔软骨修复 ICRS 评分变异分解示意图

1. 总变异 24 个 ICRS 评分 $X$ 大小各不相同,即 $X$ 与总均数 $\overline{X}$ 的不同。该变异包括处理因素的不同水平(3 个处理组)、不同区组作用(8 窝家兔)和随机误差,总变异的量化值用总的离均差平方和 $SS_{总}$ 来表示,采用式 7-1 计算。

2. 处理组间变异(variation between treatments) 三个不同处理组间的样本均数 $\overline{X}_i$ 各不相同,即 $\overline{X}_i$ 与总均数 $\overline{X}$ 的不同。它反映了三种不同处理方式( $k=3$ )对 ICRS 评分的影响,还包括随机误差,其大小可用处理组的离均差平方和 $SS_{处理}$ 表示。

$$SS_{处理} = \sum n_i (\overline{X}_i - \overline{X})^2 \qquad (式 7\text{-}10)$$

$$\nu_{处理} = k - 1 \qquad (式 7\text{-}11)$$

3. 区组间变异(variation between blocks) 8 个不同窝别的样本均数 $\overline{X}_j$ 各不相同,即 $\overline{X}_j$ 与总均数 $\overline{X}$ 的不同。反映了 8 个不同窝别( $b=8$ )对 ICRS 评分的影响,还包括随机误差,其大小可用区组的离均差平方和 $SS_{区组}$ 表示。

$$SS_{区组} = \sum n_j (\overline{X}_j - \overline{X})^2 \qquad (式 7\text{-}12)$$

$$\nu_{区组} = b - 1 \qquad (式 7\text{-}13)$$

4. 误差变异 随机区组设计的总变异中扣除处理组变异和区组变异后剩余的变异为误差变异,是由随机误差造成的,其大小用误差的离均差平方和 $SS_{误差}$ 表示。

$$SS_{误差} = SS_{总} - SS_{处理} - SS_{区组} \qquad (式 7\text{-}14)$$

$$\nu_{误差} = \nu_{总} - \nu_{处理} - \nu_{区组} \qquad (式 7\text{-}15)$$

四种不同变异之间的关系是 $SS_{总} = SS_{处理} + SS_{区组} + SS_{误差}$,相应的自由度的关系是 $\nu_{总} = \nu_{处理} + \nu_{区组} + \nu_{误差}$。由于自由度不同,各部分离均差平方和不可直接比较,需要除以相应自由度后得到相应的均方,方可进行比较。各部分变异对应的均方分别记为 $MS_{处理}$、$MS_{区组}$、$MS_{误差}$。

$$MS_{处理} = \frac{SS_{处理}}{\nu_{处理}} \qquad (式 7\text{-}16)$$

$$MS_{区组} = \frac{SS_{区组}}{\nu_{区组}} \qquad (式 7\text{-}17)$$

$$MS_{误差} = \frac{SS_{误差}}{\nu_{误差}} \qquad\qquad （式7-18）$$

在例 7-2 资料中，若 $\overline{X}_i$ 所代表的总体均数相等，也就是三种不同处理方式下 ICRS 评分相同，处理组变异和误差变异一样，只反映随机误差作用大小，理论上 $MS_{处理}=MS_{误差}$。构建 $F=\dfrac{MS_{处理}}{MS_{误差}}$，由于抽样误差的影响，$F \approx 1$。相反，若不同处理方式对 ICRS 评分的作用不同，即三个总体均数不全相同时，$MS_{处理} > MS_{误差}$，$F>1$。

同理，若 $\overline{X}_j$ 所代表的总体均数相等，也就是 8 个不同窝别的 ICRS 评分相同，区组变异和误差变异一样，只反映随机误差作用大小，则理论上 $MS_{区组}=MS_{误差}$，此时构建 $F=\dfrac{MS_{区组}}{MS_{误差}}$，由于抽样误差的影响，$F \approx 1$。若不同窝别对 ICRS 评分的作用不同，即 8 个区组总体均数不全相同时，$MS_{区组} > MS_{误差}$，$F>1$。

对于以上两个 $F$ 值，根据假设检验的思想，利用统计软件或查 $F$ 界值表得到相应的 $P$ 值，然后根据所取的检验水准 $\alpha$ 作出推断结论。

### 二、方差分析的前提条件

方差分析的数据应满足如下两个条件：

1. 多样本均数比较的方差分析要求各样本是相互独立的随机样本，均服从正态分布。

样本独立性指的是一个样本的取值与另一个样本的取值之间没有关系，相互间是独立的，独立性是保证统计推断有效性的一个重要前提。

当样本含量较小时，资料是否来自正态分布的总体难以进行直观判断和检验，常常需根据过去经验判断或进行正态性检验；当样本含量较大时，无论资料是否来自正态分布总体，数理统计的中心极限定理均保证了样本均数的抽样分布仍然服从或近似服从正态分布，此时方差分析是稳健的。如果总体极度偏离正态，需做数据转换改善其正态性或选用其他的统计分析方法。

2. 各样本的总体方差相等，即方差齐性（homogeneity of variance）。

方差齐性的判断通常采用方差齐性检验（homogeneity of variance test）的方法，常用 Bartlett $\chi^2$ 检验和 Levene 检验方法比较多个样本所代表的总体方差是否相等（见第五节），通常利用统计软件完成检验。实际上只要各组样本含量足够大且相等或相近，即使方差不齐，方差分析仍然稳健且检验效能较高。

## 第二节　完全随机设计资料的方差分析

完全随机设计（completely randomized design）是将同质的受试对象随机分配到各处理组，再观察其实验效应，是单因素多水平的实验设计方法。此设计只考察一个处理因素，分析处理因素各水平组间总体均数有无差别，可采用完全随机设计方差分析，又称为单向方差分析（one-way ANOVA）。

完全随机设计资料方差分析在科研中主要用于实验研究，观察性研究只要其他影响因素可以合理控制，如将观察对象可能影响处理因素的某些条件进行均衡，分析处理因素也可利用单向方差分析。譬如,比较某市社区卫生服务中心不同工作性质医务工作者对收入的满意度是否不同,随机抽取该市社区卫生服务中心的医生、护士以及公共卫生人员,在其他影响满意度因素均衡的前提下,分析收入指数(期望收入与实际收入的比值)可以利用完全随机设计方差分析。

## 一、离均差平方和与自由度的分解

完全随机设计资料方差分析的总变异分为组间变异和组内变异两部分,总变异、组间变异和组内变异离均差平方和的关系是 $SS_总=SS_{组间}+SS_{组内}$,相应的自由度的关系是 $\nu_总=\nu_{组间}+\nu_{组内}$;均方 $MS$ 和 $F$ 计算公式见表7-3。

表7-3　完全随机设计方差分析表

| 变异来源 | SS | $\nu$ | MS | F |
|---|---|---|---|---|
| 总变异 | $\sum(X-\overline{X})^2$ | $N-1$ | | |
| 组间变异 | $\sum n_i(\overline{X}_i-\overline{X})^2$ | $k-1$ | $\dfrac{SS_{组间}}{\nu_{组间}}$ | $\dfrac{MS_{组间}}{MS_{组内}}$ |
| 组内变异 | $SS_{组内}=SS_总-SS_{组间}$ | $N-k$ | $\dfrac{SS_{组内}}{\nu_{组内}}$ | |

## 二、完全随机设计资料方差分析的基本步骤

以例7-1资料说明完全随机设计资料的方差分析检验的基本步骤:

(1)建立检验假设,确定检验水准

$H_0:\mu_1=\mu_2=\mu_3$,三个总体均数相等,即三种不同喂养方式间小鼠体重变化值相同

$H_1:\mu_1,\mu_2,\mu_3$ 三个总体均数不全相等,即三种不同喂养方式间小鼠体重变化值不全相同

$\alpha=0.05$

(2)计算检验统计量

$$SS_总=\sum(X-\overline{X})^2=43.368\ 5$$

$$SS_{组间}=\sum n_i(\overline{X}_i-\overline{X})^2$$
$$=10\times(5.436\ 0-4.057\ 7)^2+10\times(2.781\ 0-4.057\ 7)^2+10\times(3.956\ 0-4.057\ 7)^2$$
$$=35.400\ 2$$

$$\nu_{组间}=k-1=3-1=2$$

$$MS_{组间}=\frac{SS_{组间}}{\nu_{组间}}=\frac{35.400\ 2}{2}=17.700\ 1$$

$$SS_{组内}=SS_总-SS_{组间}=43.368\ 5-35.400\ 2=7.968\ 3$$

$$\nu_{组内}=N-k=27$$

$$MS_{组内}=\frac{SS_{组内}}{\nu_{组内}}=\frac{7.968\ 3}{27}=0.295 1$$

$$F=\frac{MS_{组间}}{MS_{组内}}=\frac{17.700\ 1}{0.295\ 1}=59.980\ 0$$

计算结果列入表7-4。

表7-4　案例7-1资料的方差分析表

| 变异来源 | SS | ν | MS | F | P |
|---|---|---|---|---|---|
| 总变异 | 43.368 5 | 29 | | | |
| 组间变异 | 35.400 2 | 2 | 17.700 1 | 59.980 0 | <0.05 |
| 组内变异 | 7.968 3 | 27 | 0.295 1 | | |

注：手动计算过程中由于保留小数位数问题与软件计算结果可能稍有不同。

（3）确定 P 值并作出推断结论

根据分子自由度 $\nu_1$、分母的自由度 $\nu_2$ 查 F 界值表（附表4-1）得 P 值或利用统计软件获得 P 值。本例，$\nu_1=2$，$\nu_2=27$，$F_{0.05(2, 27)}=3.35$，$P<0.05$。按 $\alpha=0.05$ 水准，拒绝 $H_0$，接受 $H_1$，差异有统计学意义，可以认为三种不同喂养方式小鼠体重变化值的总体均值不全相等，即三个中至少有两个（最大和最小）总体均数不等。至于多个总体均数中两两均数之间的差异，需要利用均数间的多重比较方法进一步分析。

## 第三节　随机区组设计资料的方差分析

随机区组设计（randomized block design）又称配伍组设计，通常是将受试对象按性质（如动物的窝别、体重，人的年龄、性别等非实验因素）相同或相近者组成 b 个区组（配伍组），每个区组中的受试对象分别随机分配到 k 个处理组中。此设计既要分析处理因素的作用，还要分析区组的作用。分析处理因素和区组因素各个水平组间均数差别有无统计学意义，采用随机区组设计资料的方差分析，又称为双向方差分析（two-way ANOVA）。

随机区组设计的方差分析多应用于以下 3 种情形的多个均数比较：①在实验研究中，将 n 个研究对象按照影响研究效应的混杂因素特征配成区组，再将每个区组的个体随机分配至 k 个处理组。随机区组设计不止应用于实验研究，也可应用于观察研究；譬如，比较不同卫生服务人员（社区医生、社区护士以及公共卫生人员）的期望收入指数是否存在差别，将三类人群按社区中心、性别以及年龄先匹配为一个区组，再调查其期望收入指数情况，可控制地域、性别、年龄对收入期望不同的影响，并按照随机区组设计的方差分析进行比较。②将同一样品分成 k 份，分别采用 k 种不同的处理。例如将每个离体儿童龋牙切割成四份，分别放置在 4 种酸蚀液中，比较不同酸蚀液的龋齿脱矿能力指数。③同一研究对象 k 个部位的处理效应比较。例如，超声心动图在先天性心脏病右心室功能的应用价值研究中，使用四腔心切面和右心室全显示切面两不同角度的超声心动图，与右心室造影结果进行比较，定量评价三种检测方式下右心室射血分数（ml）是否存在差异。

### 一、离均差平方和与自由度的分解

随机区组设计资料方差分析的总变异分为处理组变异、区组变异和误差三部分，总变异、处理组变异、区组变异和误差离均差平方和的关系是 $SS_{总}=SS_{组间}+SS_{区组}+SS_{误差}$，相应自由度的关系是 $\nu_{总}=\nu_{组间}+\nu_{区组}+\nu_{误差}$；均方 MS 和 F 计算公式见表7-5。

### 二、随机区组设计资料方差分析的基本步骤

以例7-2资料说明随机区组设计方差分析的步骤：

表 7-5　随机区组设计方差分析表

| 变异来源 | $SS$ | $\nu$ | $MS$ | $F$ |
|---|---|---|---|---|
| 总变异 | $\sum(X-\overline{X})^2$ | $N-1$ | | |
| 处理组变异 | $\sum n_i(\overline{X}_i-\overline{X})^2$ | *$k-1$ | $\dfrac{SS_{处理}}{\nu_{处理}}$ | $\dfrac{MS_{处理}}{MS_{误差}}$ |
| 区组变异 | $\sum n_j(\overline{X}_j-\overline{X})^2$ | *$b-1$ | $\dfrac{SS_{区组}}{\nu_{区组}}$ | $\dfrac{MS_{区组}}{MS_{误差}}$ |
| 误差 | $SS_{总}-SS_{处理}-SS_{区组}$ | $\nu_{总}-\nu_{处理}-\nu_{区组}$ | $\dfrac{SS_{误差}}{\nu_{误差}}$ | |

注：*$k$ 为处理组的组数，$b$ 为区组的组数。

（1）建立检验假设，确定检验水准

处理组：

$H_0: \mu_1=\mu_2=\mu_3$，三个总体均数相等，即三种不同处理组间 ICRS 评分相同

$H_1: \mu_1, \mu_2, \mu_3$ 三个总体均数不全相等，即三种不同处理组间 ICRS 评分不全相同

区组：

$H_0: \mu_1=\mu_2=\cdots=\mu_8$，八个总体均数相等，即不同窝别间 ICRS 评分相同

$H_1: \mu_1, \mu_2, \cdots, \mu_8$，八个总体均数不全相等，即不同窝别间 ICRS 评分不全相同

$\alpha=0.05$

（2）计算检验统计量

$$SS_{总}=\sum(X-\overline{X})^2=81.769\ 9$$

$$SS_{处理}=\sum n_i(\overline{X}_i-\overline{X})^2=24.244\ 2$$

$$\nu_{处理}=k-1=2$$

$$MS_{处理}=\frac{SS_{处理}}{\nu_{处理}}=\frac{24.244\ 2}{2}=12.122\ 1$$

$$SS_{区组}=\sum n_j(\overline{X}_j-\overline{X})^2=51.087\ 3$$

$$\nu_{区组}=b-1=7$$

$$MS_{区组}=\frac{SS_{区组}}{\nu_{区组}}=\frac{51.087\ 3}{7}=7.298\ 2$$

$$SS_{误差}=SS_{总}-SS_{处理}-SS_{区组}=6.438\ 4$$

$$\nu_{误差}=\nu_{总}-\nu_{处理}-\nu_{区组}=14$$

$$MS_{误差}=\frac{SS_{误差}}{\nu_{误差}}=\frac{6.438\ 4}{14}=0.459\ 9$$

$$F_{处理}=\frac{MS_{处理}}{MS_{误差}}=\frac{12.122\ 1}{0.459\ 9}=26.358\ 1$$

$$F_{区组}=\frac{MS_{区组}}{MS_{误差}}=\frac{7.298\ 2}{0.459\ 9}=15.869\ 1$$

计算结果列入表 7-6。

表7-6 例7-2资料的方差分析表

| 变异来源 | SS | v | MS | F | P |
|---|---|---|---|---|---|
| 总变异 | 81.769 9 | 23 | | | |
| 处理变异 | 24.244 2 | 2 | 12.122 1 | 26.358 1 | <0.05 |
| 区组变异 | 51.087 3 | 7 | 7.298 2 | 15.869 1 | <0.05 |
| 误差变异 | 6.438 4 | 14 | 0.459 9 | | |

注:手动计算过程中由于保留小数位数问题与软件计算结果可能稍有不同。

（3）确定 P 值并作出推断结论

根据处理组 F 统计量分子的自由度 $v_{处理}$，分母的自由度 $v_{误差}$；区组 F 统计量分子的自由度 $v_{区组}$，分母的自由度 $v_{误差}$查 F 界值表（附表 4-1），得到处理组和区组的 P 值或利用统计软件获得 P 值。根据表 7-6（方差分析表），对于处理组，按 $\alpha=0.05$ 水准拒绝 $H_0$，接受 $H_1$，可以认为三种不同处理组间总体均数不全相同，即至少有两种处理的 ICRS 评分不同。同理，对于各区组按 $\alpha=0.05$ 水准，拒绝 $H_0$，接受 $H_1$，可以认为 8 个不同区组的 ICRS 评分不全相同。总体均数中具体哪些不同，需要用多个均数间的两两比较方法进一步分析。

# 第四节 均数的多重比较

例 7-1 和例 7-2，经方差分析后均得到处理组间 $P<0.05$，拒绝 $H_0$，只能说明各处理组总体均数不全相等，若要说明具体哪两个总体均数不等需进一步作多重比较。

方差分析后均数的多重比较是否能用 t 检验，现在通过一个实验回答该问题：从已知正态总体 $N(12,6^2)$ 中随机抽样，共抽取 10 组（k=10）样本，每组样本的样本含量 $n_i=15$，每组样本均可算出其均数和标准差，得表 7-7 的结果。

表 7-7 从正态总体 $N(12,6^2)$ 中随机抽取 10 个样本（$n_i=15$）的均数和标准差

| 统计量 | 1 | 2 | 3 | 4 | 5 | 6 | 7 | 8 | 9 | 10 |
|---|---|---|---|---|---|---|---|---|---|---|
| $\overline{X}$ | 14.44 | 10.05 | 13.98 | 10.36 | 10.45 | 13.58 | 11.18 | 13.00 | 10.21 | 9.97 |
| S | 5.86 | 7.28 | 4.55 | 5.40 | 5.51 | 7.32 | 6.15 | 5.12 | 4.68 | 5.32 |

10 个样本每两组进行 t 检验，比较次数为：$m=\binom{k}{2}=\dfrac{k(k-1)}{2}=\dfrac{10(10-1)}{2}=45$。实验结果表明：若 $\alpha=0.05$，则在 45 次 t 检验中，发现 4 次有统计学意义，结果见表 7-8。

表 7-8 45 次比较中 4 次有统计学意义的结果

| 统计量 | 1 与 9 | 1 与 10 | 3 与 9 | 1 与 9 |
|---|---|---|---|---|
| t | 2.19 | 2.19 | 2.24 | 2.22 |
| P | 0.037 | 0.037 | 0.033 | 0.035 |

理论上讲 10 个样本均来自同一正态总体 $N(12,6^2)$，差异应无统计学意义。两样本均数 t 检验时，规定允许犯Ⅰ类错误的概率为 $\alpha=0.05$。本实验犯Ⅰ类错误的概率为：$4/45\approx0.09$，大于 0.05，因此多个样本均数两两比较不能直接用前面学过的 t 检验。

多重比较的方法有多种,常根据以下情形进行选择:①在研究设计阶段未预先考虑均数多重比较,经方差分析得出多个总体均数不全相等的结论后,才决定进行多个均数的两两比较,如例 7-1。这类情况常用于探索性研究,往往涉及每两个均数的比较,可采用 SNK(Student-Newman-Keuls)法、Tukey 法、Scheffé 法、Bonferroni $t$ 检验、Šidák $t$ 检验等方法。②在设计阶段就根据研究目的或专业知识而计划好的某些均数间的两两比较,如例 7-2。它常用于事先有明确假设的证实性研究,如多个处理组与对照组的比较,可采用 Dunnett 法;如某一对或某几对在专业上有特殊意义的均数间的比较等,对比可采用 LSD-$t$ 检验(Fisher's least significant difference $t$ test),也可用 Bonferroni $t$ 检验、Šidák $t$ 检验等方法。本节介绍 SNK 法和 Dunnett 法。

## 一、SNK 法

在探索性研究中,研究设计时未考虑均数多重比较问题,经方差分析得出有统计学意义的结论后,才决定对每两个均数都进行比较,可采用 SNK 法。目的是比较每两个样本均数所代表的总体均数是否不同,其检验统计量为 $q$,又称 $q$ 检验。

$$q = \frac{\overline{X}_A - \overline{X}_B}{S_{\overline{x}_A - \overline{x}_B}} = \frac{\overline{X}_A - \overline{X}_B}{\sqrt{\dfrac{MS_e}{2}\left(\dfrac{1}{n_A} + \dfrac{1}{n_B}\right)}}, \nu = \nu_e \qquad (式 7\text{-}19)$$

式中分子为任意两个对比组 A、B 的样本均数之差,分母是差值的标准误,式中 $n_A$ 和 $n_B$ 分别为 A 和 B 两个样本的例数,$MS_e$ 为前述方差分析中算得的 $MS_{组内}$,即误差均方 $MS_{误差}$。

【例 7-3】 对例 7-1 资料三组总体均数进行两两比较。

(1)建立检验假设,确定检验水准

$H_0$:任意两对比组的总体均数相等

$H_1$:任意两对比组的总体均数不等

$\alpha = 0.05$

(2)计算检验统计量

首先将三个样本均数由大到小排列,并编组次:

| 组别 | HSP 组 | HPP 组 | NR 组 |
|---|---|---|---|
| $\overline{X}_i$ | 2.781 0 | 3.956 0 | 5.436 0 |
| 组次 | 1 | 2 | 3 |

例 7-1 资料的 $q$ 检验结果见表 7-9($MS_e = 0.295\ 1$)。

表 7-9 例 7-1 资料的 SNK 法检验计算表

| 对比组 A 与 B (1) | 两均数之差 $\overline{X}_A - \overline{X}_B$ (2) | 两均数之差标准误 $S_{\overline{x}_A - \overline{x}_B}$ (3) | $q$ $(4) = \dfrac{(2)}{(3)}$ | 对比组内包含组数 $a$ | $q$ 的临界值 0.05 | $q$ 的临界值 0.01 | $P$ |
|---|---|---|---|---|---|---|---|
| 3 与 1 | 2.655 0 | 0.171 8 | 15.454 0 | 3 | 3.49 | 4.45 | <0.01 |
| 2 与 1 | 1.175 0 | 0.171 8 | 6.839 3 | 2 | 2.89 | 3.89 | <0.01 |
| 3 与 2 | 1.480 0 | 0.171 8 | 8.614 7 | 2 | 2.89 | 3.89 | <0.01 |

（3）确定 $P$ 值并作出推断结论

以计算 $MS_e$ 的自由度 $\nu_e$=27（查表时取接近的 30）和对比组内包含组数 $a$ 查 $q$ 界值表得 $q_{(0.05, 30)}$ 和 $q_{(0.01, 30)}$ 的界值，列于表 7-9 中，将第（4）栏算得的 $P$ 值与相应 $q$ 界值进行比较得各组的 $P$ 值。可以看出 $\alpha$=0.05 水准下，三种不同喂养方式间的大鼠空腹血糖值的差别均有统计学意义，总体均数均不同。

## 二、Dunnett 法

在设计阶段就根据研究目的或专业知识而计划好的某些均数间的两两比较，它常用于事先有明确假设的证实性研究，如多个处理组与对照组的比较，某一对或某几对在专业上有特殊意义的均数间的比较等，可采用 Dunnett 检验。Dunnett 法检验统计量为 $t_D$，又称 Dunnett-$t$ 检验。

$$t_D = \frac{\overline{X}_T - \overline{X}_C}{S_{\overline{X}_T - \overline{X}_C}} = \frac{\overline{X}_T - \overline{X}_C}{\sqrt{MS_e\left(\dfrac{1}{n_T} + \dfrac{1}{n_C}\right)}} \qquad \nu = \nu_e \qquad\text{（式 7-20）}$$

式中 T 代表多个处理组，C 为对照组；分子为任意处理组与对照组样本均数的差值；分母是差值的标准误；$n_T$ 和 $n_C$ 分别为处理组与对照组的例数。

【例 7-4】 对例 7-2 资料，问植入 A-PRF 组和植入 A-PRF+BMSCs 组分别与不植入组（对照组）比较，其总体均数是否不同？

（1）建立检验假设，确定检验水准

$H_0$：各实验组与对照组的总体均数相同

$H_1$：各实验组与对照组的总体均数不同

$\alpha$=0.05

（2）计算检验统计量

$$MS_e = 0.459\,9 \qquad n_1 = n_2 = n_3 = 8$$

$$S_{\overline{X}_T - \overline{X}_C} = \sqrt{MS_e\left(\frac{1}{n_T} + \frac{1}{n_C}\right)} = 0.339\,1$$

（3）确定 $P$ 值并作出推断结论

将表 7-10 中 $t_D$ 取绝对值，并以计算 $MS_e$ 时的自由度 $\nu_e$=14 和实验组数 $a=k-1=2$（不含对照组）查 Dunnett $t$ 界值表得 $P$ 值，列于表中。按 $\alpha$=0.05 水准，植入 A-PRF 组和植入 A-PRF+BMSCs 组分别与不植入组相比，所对应 $P$ 值均小于 0.05，差异有统计学意义。

表 7-10 例 7-2 资料的 Dunnett-$t$ 检验计算表

| 对比组<br>T 与 C<br>（1） | 两均数之差<br>$\overline{X}_T - \overline{X}_C$<br>（2） | $\|t_D\|$<br>（3）= $\dfrac{（2）}{0.339\,1}$ | $t_D$ 临界值 | | $P$ |
|---|---|---|---|---|---|
| | | | 0.05 | 0.01 | |
| 植入 A-PRF 与不植入 | 2.278 8 | 6.720 1 | 2.08 | 2.94 | <0.01 |
| 植入 A-PRF+BMSCs 与不植入 | 1.946 3 | 5.739 6 | 2.08 | 2.94 | <0.01 |

上述两种方法都是基于方差分析中估计的、多组共有的误差均方，这是与 $t$ 检验最大的不同之处。实际应用中需根据统计设计和专业知识考虑来确定采用哪一种方法，不能多种方法一起上（统计软件可同时做十几种多重比较检验），然后选取"有利"的结果。

# 第五节　方差齐性检验

方差齐性的判断通常采用方差齐性检验,实际上只要各组样本含量 $n_i$ 相等或相近,即使方差不齐,方差分析仍然稳健且检验效能较高。如果样本含量相差较大,则方差分析的第一类错误概率将明显偏离规定的检验水准 $\alpha$。若较大方差组有较大样本含量,则方差分析的结果较容易拒绝 $H_0$,反之,若较大方差组有较小样本含量,则方差分析的结果较不容易拒绝 $H_0$。这也是有些统计学家不赞成进行方差齐性检验的原因之一,还有一个重要的原因就是过去检验两总体和多总体方差是否不等而采用的 $F$ 检验和 Bartlett $\chi^2$ 检验,对资料的正态性要求特别苛刻。为此,本节除介绍 Bartlett $\chi^2$ 检验外,还介绍一种更为稳健,且不依赖于资料分布类型的方差齐性检验方法——Levene 检验(Levene's test),同时介绍利用残差图直观判断方差的齐性,及不符合正态或方差不齐时的数据变换。

## 一、Bartlett $\chi^2$ 检验

资料服从正态分布的多个总体方差齐性检验法,该法用下式计算:

$$\chi^2 = \frac{\sum_i \left[ (n_i-1) \ln \dfrac{S_c^2}{S_i^2} \right]}{1+\dfrac{\sum_i (n_i-1)^{-1}-(N-k)^{-1}}{3(k-1)}} \quad v=k-1 \qquad (\text{式 7-21})$$

式中合并方差 $S_c^2$ 亦即组内或误差的均方 $MS_{组内}$ 或 $MS_{误差}$。

【例 7-5】　请对例 7-1 数据作方差齐性的 Bartlett $\chi^2$ 检验。

(1)建立检验假设,确定检验水准

$H_0$:$\sigma_1^2=\sigma_2^2=\sigma_3^2$,即三个总体方差全相等

$H_1$:三个总体方差不全相等,即至少有两个总体方差不等

$\alpha=0.10$(欲不拒绝 $H_0$,$\alpha$ 宜稍大以减少第二类错误的概率)

(2)计算检验统计量

根据式 7-21 和表 7-1 下半部分数据和表 7-4 来计算。

$$\chi^2 = \frac{(10-1)\ln\dfrac{0.295\,1}{0.630\,4^2}+(10-1)\ln\dfrac{0.295\,1}{0.406\,2^2}+(10-1)\ln\dfrac{0.295\,1}{0.568\,3^2}}{1+\dfrac{\left[(10-1)^{-1}+(10-1)^{-1}+(10-1)^{-1}\right]-(30-3)^{-1}}{3(3-1)}} = 1.659\,6$$

$$v=3-1=2$$

(3)确定 $P$ 值并作出推断结论

以自由度 $v=2$ 查 $\chi^2$ 界值表(附表 5),得 $P>0.10$。按 $\alpha=0.10$ 水准,不拒绝 $H_0$,无统计学意义,尚不能认为三个总体方差不齐。

## 二、Levene 检验

资料是任意分布时的方差齐性检验法,由 Levene 于 1960 年最先提出,既可用于检验两总体方差齐性,也可用于检验多个总体的方差齐性。

该法是将原始观测值 $X_{ij}$ 转换为相应的离差 $z_{ij}$，然后按下述公式进行单向方差分析，以相应自由度查 $F$ 界值表得出结论。

$$F = \frac{(N-k)\sum n_i(\bar{z}_i - \bar{z})^2}{(k-1)\sum\sum(z_{ij} - \bar{z}_i)^2} \quad \begin{aligned} \nu_1 &= k-1 \\ \nu_2 &= N-k \end{aligned} \qquad （式7-22）$$

式中 $N = \sum n_i$，$k$ 为样本数。离差 $z_{ij}$ 计算方法有如下四种：

$$（1）\ z_{ij} = |X_{ij} - \bar{X}_i| \qquad （式7-23）$$

$$（2）\ z_{ij} = (X_{ij} - \bar{X}_i)^2 \qquad （式7-24）$$

$$（3）\ z_{ij} = |X_{ij} - M_i| \qquad （式7-25）$$

$$（4）\ z_{ij} = \frac{(W+n_i-2)n_i(X_{ij} - \bar{X}_i)^2 - W(n_i-1)S_i^2}{(n_i-1)(n_i-2)} \qquad （式7-26）$$

其中 $\bar{X}_i$ 表示第 $i$ 组的算术均数、$M_i$ 表示第 $i$ 组的中位数。使用（3）计算离差的方法又称 Brown-Forsythe 法。使用（4）计算离差的方法又称 O'Brien 法，其中 $W$ 一般取 0.5，用它可以调整资料分布的峰度。本例以选用式 7-23 计算离差为例完成方差齐性检验。

【例 7-6】 请对例 7-1 作方差齐性的 Levene 检验。

（1）建立检验假设，确定检验水准

$H_0$：$\sigma_1^2 = \sigma_2^2 = \sigma_3^2$，即三个总体方差全相等

$H_1$：三个总体方差不全相等

$\alpha = 0.10$

（2）计算检验统计量

首先将例 7-1 原始观测值 $X_{ij}$ 换为相应的离差 $z_{ij}$，然后再作单向方差分析。具体计算步骤省略，仅列出方差齐性检验结果，如表 7-11 所示。

表 7-11　例 7-1 资料的方差齐性 Levene 检验

| 变异来源 | $SS$ | $\nu$ | $MS$ | $F$ | $P$ |
|---|---|---|---|---|---|
| 组间变异 | 0.096 2 | 2 | 0.048 1 | 0.398 5 | 0.675 3 |
| 组内变异 | 3.259 1 | 27 | 0.120 7 | | |
| 总变异 | 3.355 3 | 29 | | | |

注：手动计算过程中由于保留小数位数问题与软件计算结果可能稍有不同。

（3）确定 $P$ 值并作出推断结论

以相应自由度查 $F$ 界值表（附表 4-1）确定 $P$ 值或计算机直接给出 $P$ 值，$P>0.10$。按 $\alpha=0.10$ 水准，不拒绝 $H_0$，无统计学意义。尚不能认为三个总体方差不齐。

## 三、残差图

考察方差齐性最为简单、直观和有效的判断方法是残差图（residual plot）。以分组为横轴，以残差 $e$ 为 $y$ 轴作图；或以各组拟合的期望值为 $x$ 轴，以残差 $e$ 为 $y$ 轴作图。不同设计方案资料的方差分析，其残差计算的具体公式不同。完全随机设计资料的方差分析，其残差的计算公式为：

$$e_{ij} = X_{ij} - \bar{X}_i \qquad （式7-27）$$

随机区组设计资料的方差分析,其残差的计算公式为:

$$e_{ij}=X_{ij}-\overline{X}_i-\overline{X}_j+\overline{X} \qquad\qquad （式7-28）$$

图7-3为例7-1资料用计算机所作的残差图。如果数据符合方差分析的要求,则残差图的散点不应有任何特殊的结构,如存在远离大部分散点的异常点,变异有趋势等。因此,从上述残差图可大致判断例7-1资料满足方差分析的前提条件。

图7-4为例7-2资料用计算机所作的残差图。无论其横轴是处理组、区组,还是拟合值,该残差图的散点均匀分布,无特殊结构,故可认为该资料也满足方差分析的条件。

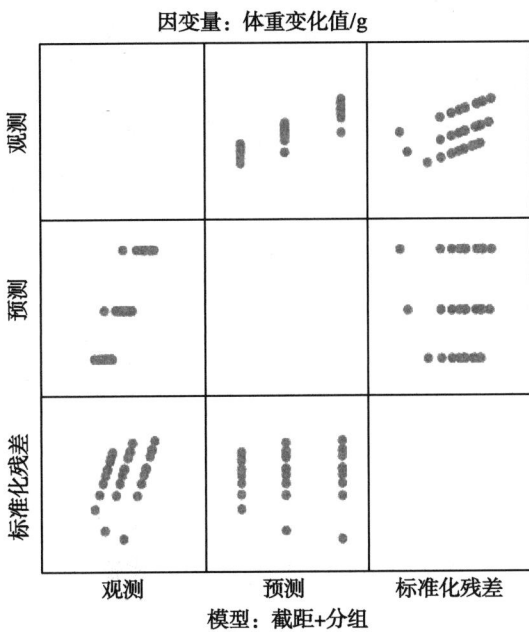

图7-3 例7-1资料的残差图

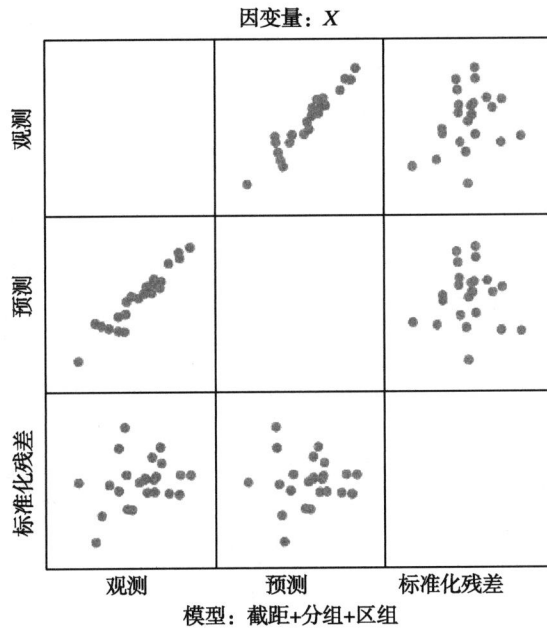

图7-4 例7-2资料的残差图

## 四、数据变换

对于明显偏离正态性或方差不齐的资料,通常有两种处理方式:一是通过某种形式的数据变换(data transformations),二是改用秩变换的非参数统计(nonparametric statistics)方法。数据变换应保证各组资料间的对比关系不变,而变换后的资料分布满足参数检验条件,其缺点是分析结果的解释欠直观。常用的数据变换方式有:

1. **对数变换** 对数变换就是将原始数据取自然对数或常用对数。其变换形式为 $X'=\ln X$ 或 $X'=\ln(X+1)$ 它适用于:①对数正态分布资料,如抗体滴度资料、疾病潜伏期和食品、蔬菜、水果中农药的残留量等;②标准差与均数成比例,或变异系数接近甚至等于某一常数的资料。

2. **平方根变换** 平方根变换就是将原始数据开算术平方根,其变换形式有:$X'=\sqrt{X}$ 或 $X'=\sqrt{X+0.5}$。它适用于方差与均数成比例的资料,如服从泊松分布的资料。

3. **平方根反正弦变换** 平方根反正弦变换又称角度变换,就是将原始数据开平方根再取反正弦,其变换形式为:$p'=\sin^{-1}\sqrt{p}$。也就是说该变换适用于百分比的数据资料。若变换为角度,则其方差为 $820.7/n$;若变换为弧度,则其方差为 $(4n)^{-1}$。

（刘美娜 张秋菊）

## 小结

方差分析可用于定量数据的两个或多个均数比较,要求数据满足独立性、正态性和方差齐性等要求。其基本思想是按设计方案的不同,将总变异分解成两个或多个部分,再将各部分变异与随机误差进行比较,各部分变异用离均差平方和表示;由于自由度不同,各部分离均差平方和不可直接比较,需要除以相应自由度后得到均方,构建能够显示处理因素变异与误差变异相对大小的检验统计量 $F$,继而确定 $P$ 值、判断是否具有统计学意义。

完全随机设计资料的方差分析将总变异分解为组间变异和组内变异两个部分;随机区组设计资料的方差分析将总变异分解为处理组间变异、区组间变异和误差变异三个部分;多个样本均数经方差分析后,若有统计学意义,需用两两比较的方法进一步确定具体情形。

## 思考与练习

### 一、最佳选择题

1. 方差分析的基本思想为(　　　)

    A. 组间均方大于组内均方

    B. 误差均方必然小于组间均方

    C. 组间方差显著大于组内方差时,该因素对所考察指标的影响显著

    D. 组内方差显著大于组间方差时,该因素对所考察指标的影响显著

    E. 总离均差平方和及其自由度按设计可以分解成几种不同的来源

2. 在方差分析过程中,统计量 $F$ 在理论上取值应为(　　　)

    A. 任意值　　　　　　　　B. 1　　　　　　　　　　C. $\infty$

    D. $-1$　　　　　　　　　E. 0

3. 完全随机设计的方差分析中,以下正确的是(　　　)

    A. $SS_{总}=SS_{组间}+SS_{组内}$　　　　　　B. $MS_{总}=MS_{组间}+MS_{组内}$

    C. $SS_{组间}>SS_{组内}$　　　　　　　　D. $MS_{组间}<MS_{组内}$

    E. $\nu_{组间}<\nu_{组内}$

4. 经过方差分析后,若 $P<0.05$,则结论应为(　　　)

    A. 各样本均数全相等　　　　　　B. 各样本均数不全相等

    C. 各总体均数全相等　　　　　　D. 各总体均数全不相等

    E. 至少有两个总体均数不等

5. 对 $k$ 个处理组,$b$ 个随机区组资料的方差分析,其误差的自由度为(　　　)

    A. $kb-k-b$　　　　　　　B. $kb-k-b-1$　　　　　C. $kb-k-b-2$

    D. $kb-k-b+1$　　　　　　E. $kb-k-b+2$

### 二、思考题

1. 方差分析最基本的思想及其应用条件是什么?

2. 在完全随机设计方差分析中 $SS_{总}$、$SS_{组间}$、$SS_{组内}$ 各表示什么含义?

3. 随机区组设计的方差分析与完全随机设计的方差分析在设计和变异分解上有什么不同?

4. 为什么在方差分析的结果为拒绝原假设,接受备择假设后,若想知道两两之间的差别需要进行多重比较?

**三、案例分析题**

1. 某医生研究不同疗法治疗缺铁性贫血的效果,选取 36 名缺铁性贫血患者随机等分为 3 组,每组 12 例,分别给予一般疗法、一般疗法+药物 A 低剂量,一般疗法+药物 A 高剂量三种处理,测量一个月后患者红细胞的升高数( $\times 10^{12}$/L )见表7-12,请比较三种治疗方法的效果。

表 7-12　三种方法治疗一个月后患者红细胞的升高数　　单位: $\times 10^{12}$/L

| 编号 | 一般疗法 | 一般疗法+A 低 | 一般疗法+A 高 |
|---|---|---|---|
| 1 | 0.81 | 1.32 | 2.35 |
| 2 | 0.75 | 1.41 | 2.50 |
| 3 | 0.74 | 1.35 | 2.43 |
| 4 | 0.86 | 1.38 | 2.36 |
| 5 | 0.82 | 1.40 | 2.44 |
| 6 | 0.87 | 1.33 | 2.46 |
| 7 | 0.75 | 1.43 | 2.40 |
| 8 | 0.74 | 1.38 | 2.43 |
| 9 | 0.72 | 1.40 | 2.21 |
| 10 | 0.82 | 1.40 | 2.45 |
| 11 | 0.80 | 1.34 | 2.38 |
| 12 | 0.75 | 1.46 | 2.40 |

2. 为探索丹参对肢体缺血再灌注损伤的影响,将 30 只纯种新西兰实验用大白兔,按窝别相同分为 10 个区组。每个区组的 3 只大白兔随机接受三种不同的处理,即在松止血带前分别给予丹参 2ml/kg、丹参 1ml/kg、生理盐水 2ml/kg,并分别测定松止血带前及松后 1 小时后血中白蛋白含量( g/L ),计算得到白蛋白的减少量如表 7-13 所示。问三种处理效果是否不同?

表 7-13　三种方案处理后大白兔血中白蛋白减少量　　单位: g/L

| 区组 | 丹参 2ml/kg | 丹参 1ml/kg | 生理盐水 2ml/kg |
|---|---|---|---|
| 1 | 2.21 | 2.91 | 4.25 |
| 2 | 2.32 | 2.64 | 4.56 |
| 3 | 3.15 | 3.67 | 4.33 |
| 4 | 1.86 | 3.29 | 3.89 |
| 5 | 2.56 | 2.45 | 3.78 |
| 6 | 1.98 | 2.74 | 4.62 |

续表

| 区组 | 丹参 2ml/kg | 丹参 1ml/kg | 生理盐水 2ml/kg |
|---|---|---|---|
| 7 | 2.37 | 3.15 | 4.71 |
| 8 | 2.88 | 3.44 | 3.56 |
| 9 | 3.05 | 2.61 | 3.77 |
| 10 | 3.42 | 2.86 | 4.23 |

3. 为研究某初中一年级、二年级和三年级学生周日锻炼时间情况,从这三个年级中各随机抽取 20 名学生,调查得到学生周日锻炼时间见表 7-14,问这三个年级学生周日锻炼时间是否不同?

表 7-14 初中不同年级学生的锻炼时间　　　　单位:分

| 一年级 | 二年级 | 三年级 | 一年级 | 二年级 | 三年级 |
|---|---|---|---|---|---|
| 38 | 59 | 49 | 53 | 63 | 21 |
| 71 | 37 | 51 | 45 | 38 | 46 |
| 87 | 39 | 48 | 40 | 33 | 42 |
| 59 | 49 | 48 | 44 | 38 | 37 |
| 74 | 29 | 43 | 33 | 49 | 36 |
| 61 | 42 | 52 | 63 | 49 | 31 |
| 64 | 69 | 54 | 42 | 42 | 45 |
| 67 | 33 | 36 | 62 | 47 | 41 |
| 49 | 39 | 55 | 58 | 65 | 39 |
| 63 | 53 | 36 | 63 | 38 | 27 |

数据分析结果见表 7-15。

表 7-15 三个年级之间的 $t$ 检验结果

| 组别 | $t$ | $P$ |
|---|---|---|
| 一年级和二年级 | 2.85 | 0.007 1 |
| 一年级和三年级 | 4.09 | 0.000 2 |
| 二年级和三年级 | 1.12 | 0.271 0 |

问:(1)该资料采用的是何种统计分析方法?

(2)所使用的统计分析方法是否正确?为什么?

(3)若不正确,可以采用何种正确的统计分析方法?请作分析。

# 第八章
# $\chi^2$ 检验

前两章学习了 $t$ 检验和方差分析,主要用于比较两个或多个均数之间的差别是否具有统计学意义。在医学研究中,有时还需要比较两个或多个率之间的差别有无统计学意义,如在临床研究中比较不同治疗方法的治愈率是否存在差异,$\chi^2$ 检验(chi-square test)是解决此类问题最常用的统计学方法之一。

$\chi^2$ 检验,即卡方检验,由英国著名统计学家卡尔·皮尔逊(Karl Pearson)于 1900 年提出,也称为 Pearson $\chi^2$ 检验,是一种针对两组或多组分类变量的总体率或总体频率分布进行推断的方法,其应用十分广泛。本章将主要介绍两个独立样本四格表资料的 $\chi^2$ 检验、多个独立样本列联表资料的 $\chi^2$ 检验、配对设计资料的 $\chi^2$ 检验、分类变量的独立性检验以及频数分布拟合优度的 $\chi^2$ 检验。

## 第一节　两个独立样本四格表资料的 $\chi^2$ 检验

### 一、$\chi^2$ 检验的基本思想

$\chi^2$ 检验的基本思想:将两个或多个总体率(或频率分布)的比较转化为实际频数(actual frequency)与理论频数(theoretical frequency)吻合程度的比较。如何实现这种转化?下面将通过例 8-1 详细介绍 $\chi^2$ 检验的基本思想。

【例 8-1】 某研究团队为了比较两种药物治疗慢性胃溃疡的疗效有无差异,将病情相似的 202 名慢性胃溃疡患者随机分成两组,分别采用甲药与乙药两种药物(外观与气味均一致)进行治疗,连续治疗 8 周后分别评价其疗效,结果如表 8-1 所示。

表 8-1　两种药物治疗慢性胃溃疡 8 周后治愈情况

| 治疗药物 | 治愈 | 未治愈 | 合计 | 治愈率/% |
|---|---|---|---|---|
| 甲药 | 81 | 20 | 101 | 80.20 |
| 乙药 | 63 | 38 | 101 | 62.38 |
| 合计 | 144 | 58 | 202 | 71.29 |

表 8-2 为两个独立样本的四格表(又称 2×2 交叉表),其通用格式如下:

表 8-2　两独立样本数据通用四格表

| 组别 | 属性 | | 合计 |
|---|---|---|---|
| | 属性 1 | 属性 2 | |
| 甲 | $A_{11}(T_{11})$ | $A_{12}(T_{12})$ | $n_{R1}$(固定值) |
| 乙 | $A_{21}(T_{21})$ | $A_{22}(T_{22})$ | $n_{R2}$(固定值) |
| 合计 | $n_{C1}$ | $n_{C2}$ | $n$(总例数) |

其中,$A_{11}$、$A_{12}$、$A_{21}$、$A_{22}$ 为实际频数,记为 $A_{ij}$,即研究中通过实际观察得到的频数;$T_{11}$、$T_{12}$、$T_{21}$、$T_{22}$ 为理论频数,记为 $T_{ij}$,即在 $H_0$ 成立的条件下,按照合并的样本率计算得到的各组应分配的频数;

$n_{R1}$、$n_{R2}$与$n_{C1}$、$n_{C2}$分别为四格表的行合计与列合计。

按照假设检验的基本思想,两样本统计量之间存在的差异,可能是来源于同一总体的抽样误差或不同总体的本质差别。例8-1中,首先假设两种药物的总体治愈率相等,即$H_0$:$\pi_1=\pi_2$;反之,$H_1$:$\pi_1\neq\pi_2$。若$H_0$成立,则甲药的治愈率$P_1$(80.20%)与乙药的治愈率$P_2$(62.38%)可以看作是在同一总体中进行两次随机抽样的结果,此时$P_1$与$P_2$之间的差异可解释为抽样误差所致。既如此,便可以将两样本合并形成一个更大的样本,利用此时所构成的频数分布作为对未知总体分布的近似估计,即$\pi_1=\pi_2=71.29\%$。

依照上述定义,在$H_0$成立的条件下,表8-1中四个格子的理论频数应分别近似地等于:

$$T_{11}=n_{C1}\left(\frac{n_{R1}}{n}\right)=\frac{n_{R1}n_{C1}}{n}=\frac{101\times144}{202}=72$$

$$T_{12}=n_{C2}\left(\frac{n_{R1}}{n}\right)=\frac{n_{R1}n_{C2}}{n}=\frac{101\times58}{202}=29$$

$$T_{21}=n_{C1}\left(\frac{n_{R2}}{n}\right)=\frac{n_{R2}n_{C1}}{n}=\frac{101\times144}{202}=72$$

$$T_{22}=n_{C2}\left(\frac{n_{R2}}{n}\right)=\frac{n_{R2}n_{C2}}{n}=\frac{101\times58}{202}=29$$

由此可以总结出理论频数的计算公式如下:

$$T_{ij}=\frac{n_{Ri}n_{Cj}}{n},i=1,2,\cdots,R;j=1,2,\cdots,C \qquad (式8\text{-}1)$$

式8-1中,$n$为总例数,$n_{Ri}$为第$i$行的行合计数,$n_{Cj}$为第$j$列的列合计数。

那么,四格表中所有格子的实际频数$A_{ij}$和理论频数$T_{ij}$之间的总差异,可用式8-2计算的$\chi^2$统计量来衡量:

$$\chi^2=\sum_{i=1}^{2}\sum_{j=1}^{2}\frac{(A_{ij}-T_{ij})^2}{T_{ij}} \qquad (式8\text{-}2)$$

简记为:

$$\chi^2=\sum\frac{(A-T)^2}{T} \qquad (式8\text{-}3)$$

可以证明,当检验假设$H_0$成立时,统计量$\chi^2$服从自由度为$\nu$的$\chi^2$分布。自由度计算公式:$\nu=$(行数$-1$)$\times$(列数$-1$),故上述四格表的自由度$\nu=(2-1)\times(2-1)=1$。

$\chi^2$分布是一种连续型随机变量的概率分布,具有唯一参数$\nu$,记为$\chi^2_\nu$。图8-1展示了5种自由度下$\chi^2$分布的概率密度曲线。

$\chi^2$分布具有如下性质:

1. 设有$k$个相互独立的随机变量$Z_1$,$Z_2$,$\cdots$,$Z_k$,其均服从标准正态分布,则$Z_1^2+$

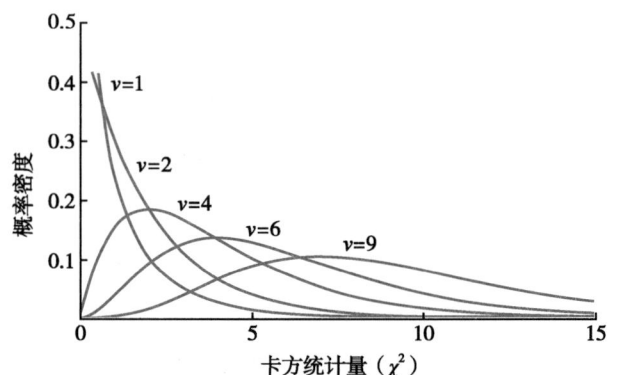

图8-1 5种自由度$\chi^2$分布的概率密度曲线

$Z_2^2+\cdots+Z_k^2$ 服从自由度为 $\nu(\nu=k)$ 的 $\chi^2$ 分布,记为 $\chi_\nu^2$。因此,$\chi^2$ 分布也可看作一种特殊的抽样分布。

2. $\chi^2$ 分布的概率密度曲线是一簇光滑且连续的曲线,其形状由自由度大小决定(图 8-1)。自由度 $\nu$ 越小,$\chi^2$ 分布曲线越偏斜;自由度 $\nu$ 越大,$\chi^2$ 分布曲线越趋于对称;当 $\nu$ 趋于 $\infty$ 时,$\chi^2$ 分布近似于正态分布。各种自由度取值下 $\chi^2$ 分布曲线右侧尾部下面积(概率)为 $\alpha$ 时的临界值记为 $\chi_{\alpha,\nu}^2$,列于 $\chi^2$ 界值表(附表 5)。当 $\nu=1$ 时,$\chi_{0.05,1}^2=3.84$;当 $\nu=2$ 时,$\chi_{0.05,2}^2=5.99$。

3. $\chi^2$ 分布的均数为 $\nu$,方差为 $2\nu$。随着自由度 $\nu$ 增大,$\chi^2$ 分布曲线将随均值 $\nu$ 的增大向数轴右侧延伸,而分布曲线也将随方差 $2\nu$ 的增大愈显低阔。

4. 当自由度 $\nu$ 一定时,$P$ 值越小,$\chi^2$ 界值越大,即 $\nu$ 一定时,若 $\chi_1^2>\chi_2^2$,则 $P_1<P_2$。当 $P$ 值一定时,自由度 $\nu$ 越大,$\chi^2$ 界值越大。

例 8-1 若 $H_0$ 成立,则两样本之间的差异可认为是由抽样误差导致,此时理论频数和实际频数之间的吻合程度应该较高,$\chi^2$ 值不会太大;反之,若理论频数和实际频数之间吻合程度较低,则 $\chi^2$ 值应偏大。又因为在固定自由度的 $\chi^2$ 分布曲线下,各个 $\chi^2$ 值与概率 $P$ 值相对应(图 8-2)。若 $\chi^2$ 值所对应的概率 $P$ 小于或等于检验水准 $\alpha$,则可说明实际频数和理论频数吻合程度较低,有理由拒绝 $H_0$,接受 $H_1$,认为总体间的差异有统计学意义;反之,若 $\chi^2$ 值所对应的概率 $P$ 大于检验水准 $\alpha$,则不拒绝 $H_0$,尚不能认为总体间存在差异。

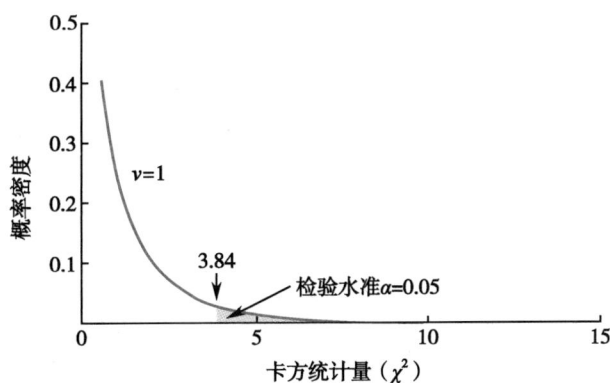

图 8-2 自由度为 1 的 $\chi^2$ 分布及所对应的界值示意图

## 二、四格表资料的 $\chi2$ 检验

$\chi^2$ 检验基于大样本理论,期望频数太低或样本量不足均会导致卡方分布无法有效近似,影响结果的准确性。因此,$\chi^2$ 检验也有着较为严格的适用条件。

1. 若 $n\geqslant40$,且所有格子的理论频数 $T_{ij}\geqslant5$,则可以直接使用。

2. 若 $n\geqslant40$,但有任意一个格子的理论频数 $1\leqslant T_{ij}<5$ 时,则需对 $\chi^2$ 值按式 8-4 进行连续性校正。校正公式如下:

$$\chi^2=\sum\frac{(|A-T|-0.5)^2}{T} \qquad (式8-4)$$

3. 若 $n<40$ 或者任意一个格子的理论频数 $T_{ij}<1$ 时,则 $\chi^2$ 检验不再适用,宜采用 Fisher 确切概率法进行计算。

现结合例 8-1,简述四格表资料 $\chi^2$ 检验的基本步骤。

1. 建立检验假设,确定检验水准

$H_0:\pi_1=\pi_2$,即甲药与乙药治疗慢性胃溃疡的治愈率相同

$H_1:\pi_1\neq\pi_2$,即甲药与乙药治疗慢性胃溃疡的治愈率不同

$\alpha=0.05$

## 2. 计算检验统计量

本例样本量 $n=202$ 且所有格子理论频数均大于 5，因此直接采用式 8-3 进行计算

$$\chi^2 = \sum \frac{(A-T)^2}{T} = \frac{(81-72)^2}{72} + \frac{(20-29)^2}{29} + \frac{(63-72)^2}{72} + \frac{(38-29)^2}{29} = 7.84$$

## 3. 确定 $P$ 值并作出推断结论

查 $\chi^2$ 分布界值表（附表 5），得 $\chi^2_{0.05,1}=3.84$。本例 $\chi^2=7.84>3.84$，$P<0.05$。按 $\alpha=0.05$ 水准，拒绝 $H_0$，接受 $H_1$，差异有统计学意义，可以认为甲药与乙药治疗慢性胃溃疡的治愈率不同；又因甲药治愈率（80.20%）高于乙药（62.38%），故可以认为甲药的慢性胃溃疡的治愈率大于乙药。

【例 8-2】 某研究者为了探究幽门螺杆菌在慢性胃溃疡患者和十二指肠溃疡患者中的检出率有无差异，调查了某医院的 58 名慢性胃溃疡患者与 103 名十二指肠溃疡患者，幽门螺杆菌检测结果如表 8-3 所示。

表 8-3 慢性胃溃疡患者与十二指肠溃疡患者幽门螺杆菌检出情况

| 对象 | 检出 | 未检出 | 合计 | 检出率/% |
|---|---|---|---|---|
| 慢性胃溃疡患者 | 55 | 3 | 58 | 94.83 |
| 十二指肠溃疡患者 | 97 | 6 | 103 | 94.17 |
| 合计 | 152 | 9 | 161 | 94.41 |

由表 8-3 可见，虽然总样本量 $n=161>40$，但 $1<T_{12}=\dfrac{58\times9}{161}=3.24<5$，故应使用 $\chi^2$ 检验的校正公式。具体检验步骤如下：

## 1. 建立检验假设，确定检验水准

$H_0: \pi_1=\pi_2$，即慢性胃溃疡患者与十二指肠溃疡患者幽门螺杆菌检出率相同

$H_1: \pi_1\neq\pi_2$，即慢性胃溃疡患者与十二指肠溃疡患者幽门螺杆菌检出率不同

$\alpha=0.05$

## 2. 计算检验统计量

根据式 8-1 得，$T_{11}=54.76$，$T_{12}=3.24$，$T_{21}=97.24$，$T_{22}=5.76$，则

$$\chi^2 = \sum \frac{(|A-T|-0.5)^2}{T}$$

$$= \frac{(|55-54.76|-0.5)^2}{54.76} + \frac{(|3-3.24|-0.5)^2}{3.24} + \frac{(|97-97.24|-0.5)^2}{97.24} + \frac{(|6-5.76|-0.5)^2}{5.76} = 0.035$$

## 3. 确定 $P$ 值并作出推断结论

查附表 5，得 $\chi^2_{0.05,1}=3.84$。本例 $\chi^2=0.035<3.84$，$P>0.05$。按 $\alpha=0.05$ 水准，不拒绝 $H_0$，差异无统计学意义，尚不能认为慢性胃溃疡患者与十二指肠溃疡患者幽门螺杆菌检出率不同。

此外，对于四格表资料的 $\chi^2$ 检验，亦可用如下专用公式：

$$\chi^2 = \frac{(ad-bc)^2 n}{(a+b)(c+d)(a+c)(b+d)} \tag{式 8-5}$$

式 8-5 中，$a$，$b$，$c$，$d$ 为四格表资料的实际频数；$a+b$，$c+d$，$a+c$，$b+d$ 分别为周边合计数，$n$ 为总例数。式 8-5 对应的校正公式为

$$\chi^2 = \frac{(|ad-bc|-n/2)^2 n}{(a+b)(c+d)(a+c)(b+d)} \qquad （式8-6）$$

式8-5和式8-6分别由式8-2和式8-4推导而来,并无本质区别,在应用过程中可根据实际情况灵活选用。

### 三、确切概率计算法

确切概率法由罗纳德·费希尔(Ronald Fisher)于1934年提出,也称Fisher确切概率法(Fisher's exact probability test),是一种基于超几何分布理论可直接计算概率的检验方法。此法虽不属于$\chi^2$检验范畴,但可作为$\chi^2$检验在应用上的重要补充。

通常,当四格表出现以下情况之一时,需采用Fisher确切概率法:

1. 样本量$n<40$。

2. 有一个格子的理论频数$T<1$。

3. $\chi^2$检验后所得概率$P$接近检验水准$\alpha$。

【例8-3】 将23名慢性胃溃疡患者随机分成两组,分别用两种药物治疗,结果见表8-4,请问两种药物的治疗效果是否存在差异?

表8-4 两种药物治疗慢性胃溃疡的效果

| 分组 | 治疗效果 | | 合计 | 有效率/% |
| --- | --- | --- | --- | --- |
| | 有效 | 无效 | | |
| 甲药 | 7 | 5 | 12 | 58.33 |
| 乙药 | 3 | 8 | 11 | 27.27 |
| 合计 | 10 | 13 | 23 | 43.48 |

本例$n=23<40$,不宜采用独立样本四格表资料的$\chi^2$检验,可使用四格表资料的Fisher确切概率法,结合例8-3介绍确切概率计算法的基本原理和检验步骤。

（一）Fisher确切概率法的基本思想

首先,在四格表边缘合计固定不变的条件下,计算表内4个实际频数变动时,所有可能组合所对应的概率$P_i$:

$$P_i = \frac{(a+b)!(c+d)!(a+c)!(b+d)!}{a!b!c!d!n!} \qquad （式8-7）$$

式8-7中,$a$、$b$、$c$、$d$为四格表中的实际频数,$n$为总例数,"!"表示阶乘,0!=1;组合的概率$P_i$服从超几何分布,且$\sum P_i=1$。在四格表边缘合计固定不变的条件下,四格表内实际频数变动的组合数等于边缘合计中的最小值+1。例8-3中,边缘合计最小值为10,所以可能的组合数为11,$\sum_{i=1}^{11} P_i=1$。

表8-5中列出了11种组合的四格表及分别按式8-7计算的确切概率值,以表8-4中甲药治疗后的有效数$a=7$这一情况,由式8-7计算相应的概率$P_8$:

$$P_8 = \frac{12!11!10!13!}{7!5!3!8!23!} = 0.1142$$

然后,按检验假设计算单侧或双侧的累计概率 $P$。$P_8=0.1142$ 是实际观察到的四格表资料的概率,而统计检验的 $P$ 值应为所有有利于拒绝 $H_0$ 的各种四格表所对应的概率之和。要想拒绝 $H_0$,必须四格表频数 $a$ 值更大,$c$ 值更小;或 $c$ 值更大,$a$ 值更小。把 11 种组合的四格表对应的甲乙两药的有效率及其差值的绝对值 $|P_甲-P_乙|$,分别列于表 8-5 中会发现,$a$ 值越大 $c$ 值越小或 $c$ 值越大 $a$ 值越小时,其 $|P_甲-P_乙|$ 也越大。要想拒绝 $H_0$,在双侧检验的条件下,$P$ 值的计算应包括所有 $|P_甲-P_乙|\geqslant0.3106$ 的四格表对应的确切概率相加所得到的累计概率(如果两组样本量相等,可只计算当前四格表一侧的累计概率,然后乘 2 即为双侧检验的 $P$ 值);在单侧检验的条件下,则取 $(P_甲-P_乙)\geqslant0.3106$ 或 $(P_甲-P_乙)\leqslant-0.3106$ 一侧的累计概率为单侧 $P$ 值。将 $P$ 值与检验水准 $\alpha$ 比较,作出是否拒绝 $H_0$ 的结论。

（二）Fisher 确切概率法的检验步骤

1. 建立检验假设,确定检验水准

$H_0$:$\pi_1=\pi_2$,即两种药物治疗效果相同

$H_0$:$\pi_1\neq\pi_2$,即两种药物治疗效果不同

$\alpha=0.05$

2. 在边缘合计数固定不变的条件下,计算表内 4 个实际频数变动时的各种组合的概率 $P_i$(表 8-5)。

表 8-5 各种组合的四格表计算的确切概率

| 四格表序号 $i$ | 药物 | 有效 | 无效 | $P$ | $\|P_甲-P_乙\|$ | $P_i$ |
|---|---|---|---|---|---|---|
| 1 | 甲药 | 0 | 12 | 0.0000 | 0.9091 | 0.0000 |
| | 乙药 | 10 | 1 | 0.9091 | | |
| 2 | 甲药 | 1 | 11 | 0.0833 | 0.7349 | 0.0006 |
| | 乙药 | 9 | 2 | 0.8182 | | |
| 3 | 甲药 | 2 | 10 | 0.1667 | 0.5606 | 0.0095 |
| | 乙药 | 8 | 3 | 0.7273 | | |
| 4 | 甲药 | 3 | 9 | 0.2500 | 0.3864 | 0.0635 |
| | 乙药 | 7 | 4 | 0.6364 | | |
| 5 | 甲药 | 4 | 8 | 0.3333 | 0.2122 | 0.1999 |
| | 乙药 | 6 | 5 | 0.5455 | | |
| 6 | 甲药 | 5 | 7 | 0.4167 | 0.0378 | 0.3198 |
| | 乙药 | 5 | 6 | 0.4545 | | |
| 7 | 甲药 | 6 | 6 | 0.5000 | 0.1364 | 0.2665 |
| | 乙药 | 4 | 7 | 0.3636 | | |
| 8 | 甲药 | 7 | 5 | 0.5833 | 0.3106 | 0.1142 |
| | 乙药 | 3 | 8 | 0.2727 | | |
| 9 | 甲药 | 8 | 4 | 0.6667 | 0.4849 | 0.0238 |
| | 乙药 | 2 | 9 | 0.1818 | | |
| 10 | 甲药 | 9 | 3 | 0.7500 | 0.6591 | 0.0021 |
| | 乙药 | 1 | 10 | 0.0909 | | |
| 11 | 甲药 | 10 | 2 | 0.8333 | 0.8333 | 0.0001 |
| | 乙药 | 0 | 11 | 0.0000 | | |

### 3. 确定 $P$ 值并作出推断结论

本例中研究目的是判断甲、乙两种药物的疗效是否存在差异,可以采用双侧检验。将表 8-5 中 $|P_{甲}-P_{乙}| \geqslant 0.3106$ 的 8 个四格表的值相加,得到:

$$P=P_1+P_2+P_3+P_4+P_8+P_9+P_{10}+P_{11}=0.2138$$

累计概率 $P=0.2138$,按 $\alpha=0.05$ 水准,不拒绝 $H_0$,差异无统计学意义,尚不能认为两药治疗慢性胃溃疡的效果不同。

若研究目的是探究甲药是否优于乙药,并有证据提示甲药不会次于乙药,则可使用单侧检验。将表 8-5 中 $|P_{甲}-P_{乙}| \geqslant 0.3106$ 的四格表序号为 8～11 的 $P$ 值相加得累计概率 $P=0.1402$,按 $\alpha=0.05$ 水准,亦不拒绝 $H_0$,两组药物疗效的差别无统计学意义,尚不能认为甲药治疗慢性胃溃疡的效果优于乙药。

当然,有时可先计算当前四格表所对应的概率,若该概率已能与检验水准作出大小比较,则可直接下结论。本例当前四格表计算的概率 $P$ 为 0.1142,已经大于检验水准 $\alpha$,可知两组差别无统计学意义,可不必计算两侧更极端情况的概率。确切概率法的计算量较大,对小样本使用此方法较理想;不过在有计算机和统计软件的条件下,大样本四格表资料用计算机软件作确切概率计算,速度并不慢,仍是一种很好的方法。此外,对于多行多列的 $R \times C$ 列联表资料,也有对应的 Fisher 确切概率法,但由于计算量巨大且烦琐,一般通过 SPSS、SAS 或 R 语言等统计软件实现。

## 第二节 多个独立样本列联表资料的 $\chi^2$ 检验

四格表资料的 $\chi^2$ 检验可推广到 $R \times C$ 列联表($R$ 或 $C \geqslant 3$)的 $\chi^2$ 检验,用于推断 2 个以上总体率(或频率分布)之间的差异。$R \times C$ 列联表资料 $\chi^2$ 检验的基本原理和计算步骤与四格表资料 $\chi^2$ 检验的基本原理和计算步骤类似:

1. 理论频数 $T_{ij}$ 也可以采用式 8-1 进行计算;

2. 使用式 8-8 计算 $\chi^2$ 统计量:

$$\chi^2 = \sum_{i=1}^{R} \sum_{j=1}^{C} \frac{(A_{ij}-T_{ij})^2}{T_{ij}} \tag{式 8-8}$$

由于这种方法需要先计算理论频数 $T_{ij}$($i=1, 2, \cdots, R$;$j=1, 2, \cdots, C$),比较烦琐,可将其化简后得 $R \times C$ 列联表资料的专用公式:

$$\chi^2 = n\left(\sum \frac{A^2}{n_R n_C} - 1\right), \nu=(R-1)(C-1) \tag{式 8-9}$$

3. 检验假设与推断结论详见后述。

需要注意的是,$R \times C$ 列联表资料的 $\chi^2$ 检验同样要求理论频数不宜过小,一般不宜有 1/5 以上的格子的理论频数小于 5,或不宜有 1 个格子的理论频数小于 1。如果出现理论频数不满足此要求,可考虑选择如下方法处理:①增加样本量,或结合专业知识对行或列进行合并。②采用 $R \times C$ 列联表资料的 Fisher 确切概率法,一般通过软件实现。

### 一、多个率比较的 $x^2$ 检验

【例8-4】 为研究 NOC(N-亚硝基化合物)和 DON(脱氧雪腐镰孢霉烯醇)对小鼠肝脏的致病作用,将94只小鼠随机分配到 NOC 组、DON 组和 NOC+DON 组,染毒剂量分别为:NOC 0.25mg/kg;DON 0.50mg/kg;NOC 0.25mg/kg+DON 0.50mg/kg,60天后观察小鼠肝脏出现大片脂肪变性的数量,整理结果如表8-6所示。现比较3种处理对小鼠肝脏的影响。

表8-6 3种处理致小鼠肝脏组织大片脂肪变性的比较

| 组别 | 病变 | 非病变 | 合计 | 病变率/% |
|---|---|---|---|---|
| DON 组 | 7 | 24 | 31 | 22.58 |
| NOC 组 | 9 | 22 | 31 | 29.03 |
| DON+NOC 组 | 21 | 11 | 32 | 65.63 |
| 合计 | 37 | 57 | 94 | 39.36 |

注:数据来源于文献《DON 与 NOC 对肝脏致病作用的实验研究》。

这是一个行数 $R=3$,列数 $C=2$ 的 $3\times2$ 列联表,比较三组小鼠肝脏脂肪变性的发生率是否存在差异,$x^2$ 检验步骤如下:

1. 建立检验假设,确定检验水准

$H_0$:三组脂肪变性的总体发生率相同

$H_1$:三组脂肪变性的总体发生率不全相同

$\alpha=0.05$

2. 计算检验统计量

按式8-9计算 $x^2$ 值

$$x^2 = 94 \times \left( \frac{7^2}{31\times37} + \frac{24^2}{31\times57} + \frac{9^2}{31\times37} + \frac{22^2}{31\times57} + \frac{21^2}{32\times37} + \frac{11^2}{32\times57} - 1 \right) = 14.29$$

3. 确定 $P$ 值并作出推断结论

自由度 $\nu=(3-1)\times(2-1)=2$,查附表5,得 $x^2_{0.05,2}=5.99$,$x^2=14.29>x^2_{0.05,2}$,$P<0.05$,按 $\alpha=0.05$ 水准,拒绝 $H_0$,接受 $H_1$,差异有统计学意义。可以认为三组脂肪变性的发生率不全相同。但若要进一步明确具体是哪两组脂肪变性的总体发生率不同,还需作率的多重比较,详见后述。

### 二、多个频率分布比较的 $x^2$ 检验

【例8-5】 为了比较急性白血病患者中儿童与成年人的血型分布是否存在差异。研究者对112名儿童急性白血病患者和77名成人急性白血病患者开展血型调查,数据整理见表8-7。

表8-7 儿童急性白血病患者与成年人急性白血病患者的血型分布

| 分组 | A 型 | B 型 | O 型 | AB 型 | 合计 |
|---|---|---|---|---|---|
| 儿童 | 30 | 38 | 32 | 12 | 112 |
| 成人 | 19 | 30 | 19 | 9 | 77 |
| 合计 | 49 | 68 | 51 | 21 | 189 |

表 8-7 是行数 $R=2$，列数 $C=4$ 的 $2\times4$ 列联表，比较两个样本频率分布是否存在差异，$\chi^2$ 检验步骤如下：

### 1. 建立检验假设，确定检验水准

$H_0$：儿童与成年人急性白血病患者的血型分布相同

$H_1$：儿童与成年人急性白血病患者的血型分布不同

$\alpha=0.05$

### 2. 计算检验统计量

按式 8-9 计算 $\chi^2$ 值

$$\chi^2 = 189\times\left(\frac{30^2}{112\times49}+\frac{38^2}{112\times68}+\frac{32^2}{112\times51}+\frac{12^2}{112\times21}+\frac{19^2}{77\times49}+\frac{30^2}{77\times68}+\frac{19^2}{77\times51}+\frac{9^2}{77\times21}-1\right)=0.70$$

### 3. 确定 $P$ 值并作出推断结论

自由度 $\nu=(2-1)\times(4-1)=3$，查附表 5，$\chi^2_{0.05,3}=7.81$，本例 $\chi^2=0.70<7.81$，$P>0.05$。按 $\alpha=0.05$ 水准，不拒绝 $H_0$，差异无统计学意义，尚不能认为儿童急性白血病患者与成年人急性白血病患者的血型分布不同。

## 三、多个率或频率分布的多重比较

多个率或频率分布比较的 $\chi^2$ 检验，当结论为拒绝 $H_0$ 时，表示总的来说多组之间有差别，即至少有两组的总体率或频率分布是不同的，但并不意味着任意两组之间都有差别。若要进一步明确哪两组间不同，可以选择 $\chi^2$ 分割法进行多个率或频率分布的多重比较，$\chi^2$ 分割法是将 $R\times C$ 列联表分解成为多个四格表进行检验。率的多重比较与均数多重比较的检验思想一致，研究者可以依据研究目的选择率的两两比较或与共用对照比较。但在具体分割过程中，尚需根据比较的次数合理地修正检验水准 $\alpha$，否则会增大犯第 I 类错误的概率。例如：原有检验水准 $\alpha=0.05$，若进行组数 $k=3$ 的两两比较，需比较 $C_3^2=3$ 次，故调整后的水准 $\alpha'=0.05/3=0.0167$；若设置一个共用对照进行 3 组比较，则只需（$k-1$）$=2$ 次，调整后水准 $\alpha'=0.05/2=0.025$；这是 Bonferroni 法在多个率或频率分布间多重比较中的应用。

现将例 8-4 中的 DON 组设置为共用对照，以表 8-8 为例介绍 $\chi^2$ 分割的过程。结果如下：

### 1. DON 组和 NOC 组比较

表 8-8  DON 组和 NOC 组致小鼠肝脏组织大片脂肪变性比较

| 分组 | 是否出现大片脂肪变性 | | 合计 |
|---|---|---|---|
| | 是 | 否 | |
| DON 组 | 7 | 24 | 31 |
| NOC 组 | 9 | 22 | 31 |
| 合计 | 16 | 46 | 62 |

（1）建立检验假设，确定检验水准

$H_0$：$\pi_1=\pi_2$，即 DON 组和 NOC 组肝脏脂肪变性发生率相同

$H_1$：$\pi_1\neq\pi_2$，即 DON 组和 NOC 组肝脏脂肪变性发生率不同

$\alpha=0.025$

（2）计算检验统计量

根据式 8-1 得 $T_{11}=8$，$T_{12}=8$，$T_{21}=23$，$T_{22}=23$，将理论频数代入式 8-3 求出 $\chi^2=0.34$。

（3）确定 $P$ 值并作出推断结论

自由度 $\nu=(2-1)\times(2-1)=1$，查附表 5，得 $\chi^2_{0.025,1}=5.02$，本例 $\chi^2=0.34<5.02$，$P>0.025$。按 $\alpha=0.025$ 水准，不拒绝 $H_0$，差异无统计学意义，尚不能认为 DON 组和 NOC 组脂肪变性的检出率不同。

2. DON 组与 NOC+DON 组进行比较（表 8-9）

表 8-9  DON 组和 NOC+DON 组致小鼠肝脏组织大片脂肪变性比较

| 分组 | 是否出现大片脂肪变性 | | 合计 |
| --- | --- | --- | --- |
| | 是 | 否 | |
| DON 组 | 7 | 24 | 31 |
| NOC+DON 组 | 21 | 11 | 32 |
| 合计 | 28 | 35 | 63 |

（1）建立检验假设，确定检验水准

$H_0$：$\pi_1=\pi_2$，即 DON 组和 NOC+DON 组肝脏脂肪变性发生率相同

$H_1$：$\pi_1\neq\pi_2$，即 DON 组和 NOC+DON 组肝脏脂肪变性发生率不同

$\alpha=0.025$

（2）计算检验统计量

根据式 8-1 得 $T_{11}=13.78$，$T_{12}=17.22$，$T_{21}=14.22$，$T_{22}=17.78$，将理论频数代入式 8-3，求出 $\chi^2=11.82$。

（3）确定 $P$ 值并作出推断结论

自由度 $\nu=(2-1)\times(2-1)=1$，查附表 5，$\chi^2_{0.025,1}=5.02$，本例 $\chi^2=11.82>5.02$，$P<0.025$。按 $\alpha=0.025$ 水准，拒绝 $H_0$，接受 $H_1$，差异有统计学意义，可以认为 DON 组和 NOC+DON 组脂肪变性的检出率不同，NOC+DON 组脂肪变性的发生率高于 DON 组。

# 第三节  配对设计资料的 $\chi^2$ 检验

前面介绍的有关两个独立样本四格表资料和多个独立样本列联表资料的 $\chi^2$ 检验，适用于完全随机设计的两个或多个率（或频率分布）的比较，强调的是样本的独立性。在实际问题中，有时要比较的样本资料并非具备相互独立的条件，比如配对设计下两样本频率分布的比较问题，这时的两样本不满足独立性，因此，不能直接用前面介绍的方法进行假设检验。本节将以配对设计四格表和多分类配对列联表资料为例，介绍配对设计资料的 $\chi^2$ 检验。

## 一、配对设计四格表资料的 $\chi^2$ 检验

通过例 8-6 介绍配对设计四格表资料的特征、配对设计四格表资料 $\chi^2$ 检验的基本思想和检验步骤。

【例 8-6】 探讨椎基底动脉经颅多普勒超声（TCD）和磁共振血管造影（MRA）对老年后循环缺血（PCI）的临床诊断价值，60 名 PCI 确诊患者分别进行两种检查，结果见表 8-10，现比较两种检查方法的阳性率有无不同。

表 8-10　MRA 和 TCD 诊断试验评价结果

| TCD | MRA | | 合计 |
| --- | --- | --- | --- |
| | 阳性(+) | 阴性(−) | |
| 阳性(+) | 19 | 18 | 37 |
| 阴性(−) | 20 | 3 | 23 |
| 合计 | 39 | 21 | 60 |

例 8-6 中的 60 名患者同时采取两种不同的检查方法,不满足独立性条件,不能直接用独立样本四格表资料的 $\chi^2$ 检验进行处理;本例属于同源配对的配对设计资料,推断两种检查方法的阳性概率有无差别,需要进行配对设计四格表的 $\chi^2$ 检验。

（一）配对设计四格表的 $\chi^2$ 检验的基本思想

配对设计四格表资料的 $\chi^2$ 检验,又称 McNemar $\chi^2$ 检验,原始数据为表 8-11 的四格表形式。这里的"两份样本"互不独立,虽然样本含量 $n$ 是固定的,但行合计与列合计并非事先确定。

表 8-11　配对四格表的一般格式

| 变量 1 | 变量 2 | | 合计 |
| --- | --- | --- | --- |
| | 阳性(+) | 阴性(−) | |
| 阳性(+) | $a$ | $b$ | $n_1$ |
| 阴性(−) | $c$ | $d$ | $n_2$ |
| 合计 | $m_1$ | $m_2$ | $n$（固定值） |

表 8-11 的 $a$、$b$、$c$、$d$ 四个数据中,$a=19$ 是两种检查方法检查结果的共同阳性数,$d=3$ 是两种检查方法检查结果的共同阴性数,这两个频数的大小无法比较两种检查方法的差别。而 $b=18$ 和 $c=20$ 是两种检查方法检查结果的不同部分,显然两种检查方法阳性率有无差别可以反映在这两个数据提供的信息上。

另外,由表 8-11 不难得出:

$$变量 1 的阳性率 = \frac{n_1}{n} = \frac{a+b}{n}$$

$$变量 2 的阳性率 = \frac{m_1}{n} = \frac{a+c}{n}$$

$$变量 1 的阳性率 - 变量 2 的阳性率 = \frac{a+b}{n} - \frac{a+c}{n} = \frac{b-c}{n}$$

此结果也显示,两个变量阳性率的比较只和 $b$、$c$ 有关,而与 $a$、$d$ 无关。综上,要比较两种检验方法阳性率有无差别,只需对频数 $b$ 与 $c$ 做 $\chi^2$ 检验即可。

在假设两种检验方法的阳性概率相同的条件下,$b$ 与 $c$ 两个格子理论频数都应该是 $(b+c)/2$,当 $b+c \geqslant 40$ 时,$\chi^2$ 统计量的计算公式类似于式 8-5,但该式有 4 项（$a$、$b$、$c$、$d$）,而此处只有 2 项（$b$、$c$）。

$$\chi^2 = \sum \frac{(A-T)^2}{T} = \frac{\left(b - \frac{b+c}{2}\right)^2}{\frac{b+c}{2}} + \frac{\left(c - \frac{b+c}{2}\right)^2}{\frac{b+c}{2}} = \frac{(b-c)^2}{b+c}$$

进而得到 $\chi^2$ 统计量的计算公式为：

$$\chi^2 = \frac{(b-c)^2}{b+c}, \nu = 1 \qquad\qquad (式 8\text{-}10)$$

若 $b+c < 40$，需对式 8-10 进行校正，校正公式为：

$$\chi^2 = \frac{(|b-c|-1)^2}{b+c}, \nu = 1 \qquad\qquad (式 8\text{-}11)$$

（二）配对设计四格表 $\chi^2$ 检验的计算步骤

例 8-6 的配对设计资料四格表的 $\chi^2$ 检验计算步骤：

1. 建立检验假设，确定检验水准

$H_0: \pi_1 = \pi_2$，即两种诊断方法的阳性率相同

$H_1: \pi_1 \neq \pi_2$，即两种诊断方法的阳性率不同

$\alpha = 0.05$

2. 计算检验统计量

例 8-6 的数据，$b+c = 18+20 = 38 < 40$，需做连续性校正，按式 8-11 计算得：

$$\chi^2 = \frac{(|b-c|-1)^2}{b+c} = \frac{(|18-20|-1)^2}{18+20} = 0.03$$

3. 确定 $P$ 值并作出推断结论

自由度 $\nu = 1$，查附表 5，得 $\chi^2_{0.05, 1} = 3.84$，$\chi^2 = 0.03 < 3.84$，$P > 0.05$。按 $\alpha = 0.05$ 水准，不拒绝 $H_0$，差异无统计学意义，尚不能认为两种诊断方法的阳性率不同。

## 二、多分类配对列联表的 $\chi^2$ 检验

实际工作中，不少分类变量的"取值"都大于 2 个，从而构成更泛化的多分类配对列联表，见表 8-12。这类研究通常需解决的问题为两个样本分布所对应的总体概率分布是否相同。

表 8-12 配对设计资料的 $R \times R$ 列联表

| 变量1 | 变量2 | | | | 合计 |
| --- | --- | --- | --- | --- | --- |
| | 1 | 2 | ... | $R$ | |
| 1 | $A_{11}$ | $A_{12}$ | ... | $A_{1R}$ | $n_1$ |
| 2 | $A_{21}$ | $A_{22}$ | ... | $A_{2R}$ | $n_2$ |
| ... | ... | ... | ... | ... | ... |
| $R$ | $A_{R1}$ | $A_{R2}$ | ... | $A_{RR}$ | $n_R$ |
| 合计 | $m_1$ | $m_2$ | ... | $m_R$ | $n$（固定值） |

类似于配对设计四格表的 $\chi^2$ 检验的基本原理，进行配对设计下两总体分布推断，采用的检验统计量为：

$$T = \frac{R-1}{R} \sum_{i=1}^{R} \frac{(n_i - m_i)^2}{n_i + m_i - 2A_{ii}} \qquad\qquad (式 8\text{-}12)$$

式中 $R$ 为类别数，$n_i$ 和 $m_i$ 分别为第 $i$ 行合计和第 $i$ 列合计，$A_{ii}$ 为第 $i$ 行第 $i$ 列的实际频数。当 $H_0$ 成立时，式8-12中的统计量 $T$ 服从自由度为 $R-1$ 的 $\chi^2$ 分布，当 $R=2$ 时，式8-12便可化简为式8-10。

【例8-7】 某研究者比较两种不同厂家生产的同类型培养基（培养基 A 和培养基 B）对细菌生长的影响，将 110 份细菌样本都一分为二，分别接种在两种培养基上，并观察细菌的生长情况。生长情况分为三类：无生长、正常生长和出现杂菌，细菌生长结果见表 8-13。现比较两种培养基细菌生长结果的概率分布是否相同。

表8-13 培养基 A 和培养基 B 细菌生长结果

| 培养基 A | 培养基 B | | | 合计 |
|---|---|---|---|---|
| | 无生长 | 正常生长 | 出现杂菌 | |
| 无生长 | 30 | 5 | 2 | 37 |
| 正常生长 | 7 | 25 | 8 | 40 |
| 出现杂菌 | 3 | 10 | 20 | 33 |
| 合计 | 40 | 40 | 30 | 110 |

1. 建立检验假设，确定检验水准

$H_0$：两种培养基的概率分布相同

$H_1$：两种培养基的概率分布不同

$\alpha=0.05$

2. 计算检验统计量

按式8-12求出：

$$T = \frac{R-1}{R} \sum_{i=1}^{R} \frac{(n_i - m_i)^2}{n_i + m_i - 2A_{ii}}$$

$$= \frac{3-1}{3} \times \left[ \frac{(37-40)^2}{37+40-2\times30} + \frac{(40-40)^2}{40+40-2\times25} + \frac{(33-30)^2}{33+30-2\times20} \right] = 0.53$$

3. 确定 $P$ 值并作出推断结论

自由度 $\nu=2$，查附表 5，$\chi^2_{0.05,2}=5.99$，$P>0.05$。按 $\alpha=0.05$ 水准，不拒绝 $H_0$，差异无统计学意义，尚不能认为两种培养基的概率分布不同。

## 第四节 分类变量的独立性检验

### 一、独立性检验的基本思想

医学实际工作中，研究者有时需了解两个分类变量之间有无关系，此时则需采用关联性检验，作为其反面也可称为独立性检验。针对一个随机样本，根据两个分类变量交叉分类计数整理为列联表资料，可以应用 $\chi^2$ 检验推断两个分类变量之间有无关系（是否独立）。在有关系即非独立的前提下，如需进一步说明关系的密切程度，可计算 Pearson 列联系数（Pearson contingency coefficient）：

$$r = \sqrt{\frac{\chi^2}{\chi^2 + n}}$$

（式8-13）

式 8-13 中 $\chi^2$ 为 Pearson $\chi^2$ 值，$n$ 为样本含量。列联系数 $r$ 取值范围在 $0\sim1$ 之间。该值愈接近于 0，关系愈不密切，愈接近于 1，关系愈密切；0 表示完全独立，1 表示完全相关。

需要注意的是，尽管独立性检验计算统计量 $\chi^2$ 值和自由度的公式与本章前述分类变量的两样本频数分布的 $\chi^2$ 检验相同，但研究的问题、设计、检验假设、意义以及推断结论都不同，独立性检验是推断一份样本的两种属性所对应的两个变量间的关系，而分类变量的两样本频数分布的 $\chi^2$ 检验是推断两个分类变量的总体概率分布（或频率分布）相同与否。

## 二、独立性检验的基本步骤

在独立性检验中，一般假设 $H_0$：两变量之间相互独立；$H_1$：两变量之间相互关联。在 $H_0$ 成立的条件下，该统计量应服从 $\chi^2$ 分布。若 $\chi^2$ 统计量大于检验水准对应的 $\chi^2$ 值，则拒绝 $H_0$，接受 $H_1$，认为两变量存在关联；反之，则可认为两变量相互独立。下面利用例 8-8、例 8-9 和例 8-10 分别说明四格表资料、配对设计资料和双向无序列联表资料独立性检验的基本步骤。

【例 8-8】 为研究血脂与高血压患病的关系，随机调查某社区 763 名居民，询问其病史，并进行临床资料调查及体检，收集血脂及血压信息，结果如表 8-14 所示，分析血脂异常与高血压患病是否关联？

表 8-14　血脂与高血压患病情况

| 血脂异常 | 高血压 | | 合计 |
| --- | --- | --- | --- |
| | 是 | 否 | |
| 是 | 190 | 90 | 280 |
| 否 | 251 | 232 | 483 |
| 合计 | 441 | 322 | 763 |

1. 建立检验假设，确定检验水准

$H_0$：血脂异常与高血压之间相互独立

$H_1$：血脂异常与高血压之间存在关联

$\alpha=0.05$

2. 计算检验统计量

$$\chi^2 = \sum \frac{(A-T)^2}{T} = 18.35 \quad \nu = (2-1)\times(2-1) = 1$$

3. 确定 $P$ 值并作出推断结论

查附表 5，得 $\chi^2_{0.05,1}=3.84$，$\chi^2>\chi^2_{0.05,1}$，$P<0.05$，拒绝 $H_0$，接受 $H_1$。可以认为血脂异常与高血压之间存在关联。

经 $\chi^2$ 检验推断血脂异常与高血压有关联性，若需进一步说明相关的密切程度，可计算列联系数 $r$。

$$r = \sqrt{\frac{\chi^2}{\chi^2+n}} = \sqrt{\frac{18.35}{18.35+763}} = 0.15$$

本例中血脂异常与高血压虽然有关联性，但列联系数 $r$ 仅为 0.15。

综上所述,分类变量的关联性分析与率(或频率分布)的差异性分析,在检验过程和方式上一致。需强调的是,这两大类分析在研究目的、设计方案、数据结构与结果解释方面有着本质的区别。关联性分析,主要针对同一随机样本的两个不同属性变量所形成的交叉表,侧重于推断两个不同属性变量之间存在关联性与否;而率(或频率分布)的比较,主要针对两个或多个独立随机样本所形成的交叉表,侧重于推断其分别所代表的总体率(或频率分布)之间是否存在差异,在应用时尤需注意。

【例8-9】　现有120份痰标本,每份痰标本分别用A和B两种培养基培养结核菌,结果如表8-15所示,请分析两种培养基的培养结果是否存在关联?

表8-15　两种培养基培养结核杆菌结果

| A培养基 | B培养基 | | 合计 |
|---|---|---|---|
| | + | − | |
| + | 66 | 9 | 75 |
| − | 13 | 32 | 45 |
| 合计 | 79 | 41 | 120 |

1. 建立检验假设,确定检验水准

$H_0$:两种培养基之间相互独立

$H_1$:两种培养基之间存在关联

$\alpha=0.05$

2. 计算检验统计量

$$\chi^2 = \sum \frac{(A-T)^2}{T} = 43.69 \quad \nu = (2-1)\times(2-1) = 1$$

3. 确定$P$值并作出推断结论

查附表5,得$\chi^2 > \chi^2_{0.05,1}=3.84$,$P<0.05$,按$\alpha=0.05$水准,拒绝$H_0$,接受$H_1$。可以认为两种培养基之间存在关联。若需进一步说明相关的密切程度,可计算列联系数$r$。

$$r = \sqrt{\frac{\chi^2}{\chi^2+n}} = \sqrt{\frac{43.69}{43.69+120}} = 0.52$$

【例8-10】　某医院观察测得1 989例下肢骨折患者的不同ABO血型和下肢深静脉血栓发生情况,结果如表8-16所示,请分析不同ABO血型和下肢深静脉血栓发生是否存在关联?

1. 建立检验假设,确定检验水准

$H_0$:不同ABO血型和下肢深静脉血栓发生相互独立

$H_1$:不同ABO血型和下肢深静脉血栓发生存在关联

$\alpha=0.05$

2. 计算检验统计量

$$\chi^2 = \sum \frac{(A-T)^2}{T} = 7.99 \quad \nu = (4-1)\times(2-1) = 3$$

表 8-16　不同血型下肢骨折患者深静脉血栓发生情况

| ABO 血型 | 下肢深静脉血栓 | | 合计 |
| --- | --- | --- | --- |
| | 发生 | 未发生 | |
| A 型 | 159 | 423 | 582 |
| B 型 | 170 | 408 | 578 |
| AB 型 | 211 | 399 | 610 |
| O 型 | 69 | 150 | 219 |
| 合计 | 609 | 1 380 | 1 989 |

3. 确定 $P$ 值并作出推断结论

查附表 5，得 $\chi^2_{0.05, 3}=7.81$，$\chi^2>\chi^2_{0.05, 3}$，$P<0.05$，按 $\alpha=0.05$ 水准，拒绝 $H_0$，接受 $H_1$。可以认为不同 ABO 血型和下肢深静脉血栓发生存在关联。可计算列联系数 $r$，进一步说明相关的密切程度。

$$r=\sqrt{\frac{\chi^2}{\chi^2+n}}=\sqrt{\frac{7.99}{7.99+1\,989}}=0.06$$

虽然不同 ABO 血型和下肢深静脉血栓发生存在关联，但列联系数 $r$ 数值较小，可以认为关系不密切。

值得注意的是，独立性检验分析两个随机变量（属性）之间的关联性，仅仅是一次抽样获得的数据，并非多次独立抽样；所以在本例 8-10 中，若四次抽样获得 ABO 血型患者的独立样本，即不能做关联性分析。

# 第五节　频数分布拟合优度的 $\chi^2$ 检验

## 一、频数分布的拟合优度

在医学研究中，需要推断样本观察频数分布是否符合某一理论分布，拟合优度检验是常用的方法之一。拟合优度检验（goodness-of-fit test）主要用于判断样本实际频数分布是否符合拟合的理论频数分布，即判断该样本是否来自某种分布。拟合的理论频数分布不同，计算理论频数时所采用的概率分布函数就不同，如泊松分布的概率函数为 $P(X)=\dfrac{\lambda^X}{X!}\mathrm{e}^{-\lambda}$，而二项分布的概率函数为 $P(X=k)=\dfrac{n!}{k!(n-k)!}p^k(1-p)^{n-k}$。鉴于 $\chi^2$ 值能够反映实际频数和理论频数的吻合程度，故 $\chi^2$ 检验亦可用于频数分布的拟合优度检验，主要见于连续性分布和离散分布。

## 二、频数分布拟合优度的 $\chi^2$ 检验

【例 8-11】　某医院随机抽取检查 168 名正常成年男子的红细胞计数（$\times10^{12}$/L），其测量结果如下：

| | | | | | | | | | | | | | | | | |
| --- | --- | --- | --- | --- | --- | --- | --- | --- | --- | --- | --- | --- | --- | --- | --- | --- |
| 5.15 | 4.86 | 4.48 | 4.57 | 4.61 | 4.94 | 5.00 | 4.76 | 4.29 | 4.69 | 5.06 | 4.92 | 4.64 | 5.06 | 4.65 | 4.95 | 5.43 |
| 4.30 | 4.81 | 4.73 | 4.64 | 5.35 | 4.42 | 4.85 | 4.58 | 4.40 | 5.39 | 4.49 | 4.01 | 4.54 | 4.87 | 4.15 | 4.47 | 5.30 |

| | | | | | | | | | | | | | | | | |
|---|---|---|---|---|---|---|---|---|---|---|---|---|---|---|---|---|
| 4.61 | 4.58 | 5.38 | 4.18 | 4.66 | 4.94 | 4.37 | 4.61 | 3.79 | 4.02 | 4.67 | 4.57 | 4.44 | 4.46 | 4.49 | 4.59 | 4.45 |
| 5.33 | 4.44 | 5.26 | 4.94 | 4.66 | 4.58 | 4.38 | 5.16 | 4.53 | 4.47 | 4.32 | 5.66 | 4.79 | 4.89 | 4.12 | 4.43 | 4.54 |
| 5.55 | 5.28 | 5.33 | 4.06 | 4.11 | 4.67 | 4.81 | 4.74 | 5.57 | 5.58 | 5.15 | 4.92 | 4.83 | 4.85 | 3.84 | 4.64 | 4.96 |
| 5.22 | 5.23 | 4.85 | 4.82 | 4.94 | 4.39 | 4.24 | 4.56 | 4.62 | 4.69 | 4.88 | 5.11 | 4.07 | 3.82 | 4.22 | 5.49 | 4.60 |
| 4.80 | 4.63 | 4.94 | 4.25 | 5.41 | 4.72 | 4.83 | 5.61 | 5.29 | 4.73 | 5.11 | 4.51 | 4.95 | 5.05 | 4.72 | 4.44 | 4.51 |
| 4.58 | 5.31 | 4.99 | 4.83 | 4.12 | 4.46 | 4.58 | 4.29 | 4.38 | 5.01 | 4.68 | 4.83 | 4.79 | 4.52 | 4.75 | 4.88 | 4.54 |
| 5.07 | 5.11 | 5.17 | 4.61 | 4.63 | 4.25 | 5.02 | 4.65 | 4.12 | 4.86 | 4.47 | 5.28 | 4.67 | 5.04 | 4.97 | 4.82 | 4.81 |
| 4.71 | 4.62 | 4.98 | 4.53 | 4.50 | 4.81 | 4.36 | 4.57 | 4.99 | 4.83 | 5.37 | 4.74 | 4.92 | 4.75 | 4.55 | | |

问此资料是否服从正态分布？

频数分布拟合优度的 $\chi^2$ 检验步骤：

1. 计算样本统计量

计算获得 168 名正常成年男子红细胞计数的基本信息：$\bar{x}=4.74$，$S=0.38$。将样本均数 $\bar{x}$ 和样本标准差 $S$ 作为总体参数 $\mu$ 和 $\sigma$ 的近似值。

2. 建立检验假设，确定检验水准

$H_0$：总体分布服从 $N(4.74, 0.38^2)$

$H_1$：总体分布不服从 $N(4.74, 0.38^2)$

$\alpha=0.05$

3. 计算统计量，具体结果见表 8-17

（1）假设 $X=(X_1, X_2, \cdots, X_n)$ 是来自总体的一个随机抽取的样本，共 168 个样本观测值（$n=168$）。

（2）计算全距 $R$，确定拟分组数：组数（$k$）的多少直接与 $\chi^2$ 统计量有关，即不同组数拟合的结果有所不同，一般要求各组理论频数不低于 5。同时，自由度 $\nu$ 与组数 $k$ 有关，分组越多自由度越大，同一检验水准所对应的临界值也越大；且在同一自由度下，$\chi^2$ 值越大，对应的概率 $P$ 值越小，越有理由拒绝 $H_0$，接受 $H_1$。本例 $R=5.66-3.79=1.87$，分为 5 组，组距 $m=1.87/5=0.37\approx0.4$。

（3）计算样本观测值落在各组段的实际频数：$A_i$ 表示 $n$ 个样本观察值中在第 $i$ 组段的个数，则有 $A_1, A_2, \cdots, A_k$ 共 $k$ 个观察频数。本例 $k=5$，$\sum_{i=1}^{5} A_k=168$。

（4）计算样本值落在第 $i$ 组段的概率：假设 $H_0$ 成立，则正常成年男子红细胞计数的总体分布将服从均数为 4.74，标准差为 0.38 的正态分布。利用式 8-14，计算正态分布下各组段的概率值：

$$P_i=P(l_i \leqslant X \leqslant u_i)=P\left(Z<\frac{u_i-\mu}{\sigma}\right)-P\left(Z<\frac{l_i-\mu}{\sigma}\right) \quad i=1,2,\cdots,k \qquad （式 8-14）$$

其中，$Z$ 为服从标准正态分布的随机变量，$l_i$ 为该组段的下限值，$u_i$ 为该组段的上限值。通过对 $l_i$ 和 $u_i$ 作标准正态变换后，查标准正态分布界值表获得相应的概率 $P_i$，结果如下：

$$P_1=P(3.79 \leqslant X<4.19)=P\left(Z<\frac{4.19-4.74}{0.38}\right)-P\left(Z<\frac{3.79-4.74}{0.38}\right)=0.073\,9-0.006\,2=0.067\,7$$

$$P_2=P(4.19 \leqslant X<4.59)=P\left(Z<\frac{4.59-4.74}{0.38}\right)-P\left(Z<\frac{4.19-4.74}{0.38}\right)=0.346\,5-0.073\,9=0.272\,6$$

$$P_3=P(4.59 \leqslant X<4.99)=P\left(Z<\frac{4.99-4.74}{0.38}\right)-P\left(Z<\frac{4.59-4.74}{0.38}\right)=0.744\,7-0.346\,5=0.398\,2$$

$$P_4 = P(4.99 \leqslant X < 5.39) = P\left(Z < \frac{5.39 - 4.74}{0.38}\right) - P\left(Z < \frac{4.99 - 4.74}{0.38}\right) = 0.956\ 4 - 0.744\ 7 = 0.211\ 7$$

$$P_5 = P(5.39 \leqslant X < 5.66) = P\left(Z < \frac{5.66 - 4.74}{0.38}\right) - P\left(Z < \frac{5.39 - 4.74}{0.38}\right) = 0.992\ 3 - 0.956\ 4 = 0.035\ 9$$

表 8-17　某医院 168 名正常成年男子红细胞计数频率分布

| 组段<br>（1） | 观察频数<br>$A_i$<br>（2） | $P\left(Z < \frac{l_i - \mu}{\sigma}\right)$<br>（3） | $P\left(Z < \frac{u_i - \mu}{\sigma}\right)$<br>（4） | $P_i$<br>（5）=（4）-（3） | 理论频数 $T_i$<br>（6） | $\frac{(A_i - T_i)^2}{T_i}$<br>（7） |
|---|---|---|---|---|---|---|
| 3.79～ | 13 | 0.006 2 | 0.073 9 | 0.067 7 | 11.37 | 0.23 |
| 4.19～ | 47 | 0.073 9 | 0.346 5 | 0.272 6 | 45.80 | 0.03 |
| 4.59～ | 69 | 0.346 5 | 0.744 7 | 0.398 2 | 66.90 | 0.07 |
| 4.99～ | 30 | 0.744 7 | 0.956 4 | 0.211 7 | 35.57 | 0.87 |
| 5.39～ | 9 | 0.956 4 | 0.992 3 | 0.035 9 | 6.03 | 1.46 |
| 合计 | 168 | — | — | — | — | 2.66 |

（5）计算各组对应的理论频数

$$T_i = nP_i \qquad\qquad （式8-15）$$

（6）计算 $\chi^2$ 值

$$\chi^2 = \sum \frac{(A-T)^2}{T} = 2.66$$

$\nu = k - s - 1$，$s$ 为样本统计量代替总体参数的个数。本例样本统计量有均数和标准差 2 个（$s=2$），即 $\nu = 5 - 2 - 1 = 2$。

4. 确定 $P$ 值并作出推断结论

查附表 5，得 $\chi^2_{0.05, 2} = 5.99$。本例 $\chi^2 = 2.66 < 5.99$，$P > 0.05$，按 $\alpha = 0.05$ 水准，不拒绝 $H_0$，可以认为该医院 168 名正常成年男子红细胞计数的总体分布服从均数为 4.74，标准差为 0.38 的正态分布。

需要注意的是，拟合优度 $\chi^2$ 检验要求足够的样本含量，一般要求 $n$ 至少为 50，最好在 100 以上；若样本含量不够大（如：频数表有 1/5 以上组的理论频数 $1 < T < 5$），可以通过连续性校正的 $\chi^2$ 检验公式进行统计量的估算，若样本量仍然很小，可人为进行适当的合并。

（邓 丹　武晓岩）

## 小结

$\chi^2$ 检验是一种用途广泛的假设检验，其理论基础是 $\chi^2$ 分布和 Karl Pearson 拟合优度检验，基本思想是衡量实际频数 $A$ 和理论频数 $T$ 之间的吻合程度，$A$ 与 $T$ 的吻合程度越高，$\chi^2$ 值越小，越有理由不拒绝 $H_0$。本章主要介绍两个独立样本四格表资料、多个独立样本列联表资料、配对设计资料的 $\chi^2$ 检验。

两个独立样本四格表资料的 $\chi^2$ 检验要求 $n$ 不小于 40，$T$ 不小于 5；当 $n \geqslant 40$，但有某个格子出现 $1 \leqslant T \leqslant 5$ 时，一般需要用 $\chi^2$ 检验的校正公式；当 $n < 40$ 或有任意格

子出现 $T<1$ 时,宜采用 Fisher 确切概率法进行分析。多个独立样本列联表资料的 $\chi^2$ 检验,当结论为拒绝 $H_0$ 时,仅表示多组之间至少有两组的总体率或频率分布不同,若需明确究竟是哪两组之间存在差别,可做率的多重比较即进行 $\chi^2$ 分割。配对设计资料的 $\chi^2$ 检验要求 $b+c \geq 40$,当 $b+c<40$ 时,需应用校正公式。

利用独立性的 $\chi^2$ 检验和列联系数可以描述一份随机样本的两个分类变量的关联性;需要注意的是作关联性分析的资料是一份随机样本,同时按两种属性分类,而两个或多个频数分布是两份或多份样本,谈不上关联性的问题。$\chi^2$ 值能够反映实际频数和理论频数的吻合程度,因此 $\chi^2$ 检验也可进行频数分布的拟合优度检验,包括连续性分布和离散分布的拟合优度检验。

## 思考与练习

### 一、最佳选择题

1. 当四格表的行、列合计固定不变时,若四个格子的实际频数发生变化,则理论频数
（　　）
   A. 增大　　　　　　　　　　　B. 减小
   C. 不变　　　　　　　　　　　D. 不确定
   E. 随格子 $a$ 实际频数增减而增减

2. $\chi^2$ 检验的自由度的计算公式是（　　）
   A. （行数 $-1$）×（列数 $-1$）　　　B. （行数）×（列数）
   C. （行数 $+1$）×（列数 $-1$）　　　D. （行数）×（列数 $-1$）
   E. （行数 $-1$）×（列数）

3. 进行三组独立样本率比较的 $\chi^2$ 检验时,若 $\chi^2 > \chi^2_{0.01, 2}$,则可认为（　　）
   A. 三组样本率均不相同　　　　　B. 三组总体率均不相同
   C. 三组样本率相差较大　　　　　D. 至少有两组样本率不相同
   E. 至少有两组总体率不相同

4. $R \times C$ 列联表进行 $\chi^2$ 检验的前提条件为（　　）
   A. 理论频数小于 5 的格子数少于总格子数的 1/5
   B. 理论频数小于 5 的格子数少于总格子数的 1/4
   C. 理论频数小于 5 的格子数少于总格子数的 1/5 且无任一理论频数小于 1
   D. 总例数大于等于 40
   E. 例数大于等于 40,并且理论频数大于 5

5. Pearson 列联系数 $r$ 的取值范围为（　　）
   A. $-1 \leq r \leq 1$　　　　B. $0 \leq r \leq 1$　　　　C. $-\infty < r < +\infty$
   D. $-1 \leq r \leq 0$　　　　E. 无法确定

### 二、思考题

1. 简述 $\chi^2$ 检验的主要用途。

2. 四格表资料运用 $\chi^2$ 检验的前提条件有什么?

3. 频数分布拟合优度 $\chi^2$ 检验的基本思想是什么?

### 三、案例分析题

1. 某研究人员在二乙基亚硝胺诱发大鼠鼻咽癌的实验中,一组单纯用亚硝胺向鼻腔滴注(鼻注组),另一组在鼻注的基础上加肌注维生素 $B_{12}$。实验结果为鼻注组的 80 只大鼠中 52 只发生鼻咽癌,鼻注加维生素 $B_{12}$ 组的 80 只大鼠中 69 只发生鼻咽癌,如表 8-18 所示。问两组大鼠鼻咽癌的发生率有无差别?

表 8-18 两组大鼠二乙基亚硝胺鼻咽癌诱导实验结果

| 组别 | 发生鼻咽癌 | 未发生鼻咽癌 | 合计 |
|---|---|---|---|
| 鼻注组 | 52 | 28 | 80 |
| 鼻注+维生素 $B_{12}$ | 69 | 11 | 80 |
| 合计 | 121 | 39 | 160 |

2. 某医院应用两种方法检查已确诊的卵巢癌患者 146 例,甲法检出 108 例,乙法检出 96 例,甲、乙两种方法检出一致的患者为 78 例,如表 8-19 所示,两种检测方法是否存在关联?

表 8-19 两种检测方法检出卵巢癌结果

| 甲法 | 乙法 | | 合计 |
|---|---|---|---|
| | 检出 | 未检出 | |
| 检出 | 78 | 30 | 108 |
| 未检出 | 18 | 20 | 38 |
| 合计 | 96 | 50 | 146 |

# 第九章

# 基于秩次的非参数检验

前面章节介绍了 $t$ 检验、方差分析、$\chi^2$ 检验,其中,$t$ 检验和方差分析能够比较定量资料的均数差异,但要求数据来自正态分布的总体且各组总体方差相等;$\chi^2$ 检验则能够比较定性资料的频率或频率分布差异。在实际研究中,还会经常遇到其他情形,例如,需比较不同组间研究对象的住院时间,此时数据为定量资料但不服从正态分布或分布类型未知,且经变换后仍不满足 $t$ 检验或方差分析的条件;或者,数据因超出仪器检测限,仅知道大于某值却无法精确测量;又或者,数据是临床疗效的等级评分,为等级资料,等等。在这些情况下,前述章节所介绍的方法往往不再适用,这时候,可以采用基于秩次的非参数检验(nonparametric test)方法。

## 第一节 非参数检验的应用

### 一、非参数检验的基本概念

参数检验(parametric test)和非参数检验是统计学中的两大类假设检验方法。其中,参数检验基于特定的分布假设,假定数据来自一个特定分布(如正态分布),数据需要满足相应条件(如正态性和方差齐性),并对该分布的参数(如均数)进行分析。如前面章节所介绍的 $t$ 检验和方差分析,都对数据分布有特定要求,所比较的均为均数,因此都属于参数检验方法。

参数检验对数据的要求较高,为了克服参数检验的条件限制,一系列不以特定的总体分布为前提,也不针对决定总体分布的参数做推断的方法相继出现,此类方法统称为非参数检验,由于其对分布没有特定要求,又被称为任意分布检验(distribution-free test)。非参数检验的方法很多,前面学过的 $\chi^2$ 检验便是其中之一。本章主要介绍通过样本实际数据排序编秩后,基于秩次进行比较的非参数检验。这里的秩(rank),指的是将数据从小到大排序后,每个数据点的位次。非参数检验方法适用于分布类型未知、已知不服从正态分布、一端或两端无界、存在极端值,以及以等级做记录的资料分析。

### 二、非参数检验的优势和不足

和参数检验方法相比,非参数检验的主要优势包括:①数据分析基于数据排序而不是原始数据,因此摆脱了对数据分布的严格假设要求,对极端值也不敏感,适用性广;②由于不依赖于总体分布,在使用中不容易出现总体分布偏离假定的情况,因而非参数检验方法天生就具备稳健性;③计算简便,通常计算方法和步骤均较为简单,便于理解和实施。

但非参数检验也有以下不足之处:①可能降低统计功效:由于基于秩次的非参数检验将原始数据转为秩次,通常在信息利用效率上不如参数检验,因此当数据符合参数检验的条件时,采用非参数检验方法可能导致统计功效低于参数检验;②结果解释相对抽象:由于非参数检验往往针对数据的排序而非原始数值,使得结果解释不那么直观。

尽管存在上述不足之处,但非参数检验在面对小样本、异常值或数据不满足参数检验条件的情况下,仍然是非常重要和有效的统计工具。在实际应用中,选择使用参数还是非参数方法,应根据数据特征来决定。

## 第二节　单样本和配对设计资料的符号秩和检验

威尔科克森(Wilcoxon)于 1945 年提出的 Wilcoxon 符号秩和检验(Wilcoxon signed rank sum test),可用于推断总体中位数是否等于某个指定值,还可用于推断配对样本差值的总体中位数是否为 0。秩和(rank sum)即秩次的和。

### 一、单样本数据的符号秩和检验

【例 9-1】 动物实验发现脱氧雪腐镰孢霉烯醇(DON)可导致家兔膝关节软骨和滑膜损伤,为研究大骨节病地区粮食中的 DON 含量水平,随机采集大骨节病高发地区面粉 20 份,测量面粉中 DON 含量,测量结果(μg/g)如下:0,0,0,0,0,12.4,34.1,69.0,98.4,129.5,156.1,163.5,170.9,177.6,172.4,180.3,189.2,192.2,196.8,205.3,中位数为 142.8μg/g。根据前期研究发现,非大骨节病区面粉中 DON 含量平均水平(中位数)为 18.9μg/g。是否可以认为大骨节病区与非大骨节病区面粉中 DON 含量不同?

对大骨节病病区面粉中 DON 含量数据进行正态性检验,发现数据不服从正态分布($P=0.002$),因此,该数据不适合采用单样本数据的 $t$ 检验进行分析,可采用非参数检验方法——Wilcoxon 符号秩和检验。

（一）基本思想

首先假设样本所对应的总体中位数与给定的总体中位数相同,即 $H_0: M_1=M_0$,$M_1$ 为样本所在总体的中位数,$M_0$ 为给定总体的中位数。计算样本中所有数值与给定中位数的差值,正差值表示样本中个体值大于给定中位数,负差值则为样本中个体值小于给定中位数,0 则为两者相等。进而根据所有差值的绝对值进行编秩,将所有正差值的秩相加就得到正秩和 $R_+$,同理,所有负差值的秩相加即为负秩和 $R_-$。假设 $H_0$ 成立,理论上,$R_+$ 与 $R_-$ 应相等或接近,可以证明,$R_+$ 与 $R_-$ 均服从均数为 $n(n+1)/4$,标准差为 $\sqrt{n(n+1)(2n+1)/24}$ 的正态分布。但若 $R_+$ 与 $R_-$ 相差悬殊,则有理由拒绝 $H_0$。具体可通过 $R_+$ 或 $R_-$ 的抽样分布计算 $P$ 值获得推断结论。

（二）检验步骤

现以例 9-1 为例,说明 Wilcoxon 符号秩和检验的检验步骤。

1. 建立检验假设,确定检验水准

$H_0: M_1=M_0$,即样本所对应总体的中位数等于已知总体中位数

$H_1: M_1 \neq M_0$,即样本所对应总体的中位数不等于已知总体中位数

$\alpha=0.05$

2. 计算检验统计量 $T$ 值

（1）求差值:首先计算所有数值与已知中位数的差值,见表 9-1 第(3)列。

（2）编秩:对差值的绝对值从小到大进行编秩,见表 9-1 第(4)列。若差值为 0 时,则弃去不计,$n$ 随之减少;当差值绝对值相等时,若符号相同,可顺次编秩也可以求平均秩次,若符号不同,求平均秩次并记原来符号。

（3）求秩和:分别计算正、负差值的秩和,得出 $R_+$ 与 $R_-$。本例得到 $R_+=184$,$R_-=26$。秩和计算是否正确可通过 $R_++R_-=n(n+1)/2$ 来验证。

表9-1　大骨节病高发地区20份面粉DON含量与已知中位数比较的编秩结果　单位：μg/g

| 序号<br>（1） | 原始值<br>（2） | 与已知中位数（18.9）的差值<br>（3） | 秩次<br>（4） |
|---|---|---|---|
| 1 | 0.0 | −18.9 | −5 |
| 2 | 0.0 | −18.9 | −5 |
| 3 | 0.0 | −18.9 | −5 |
| 4 | 0.0 | −18.9 | −5 |
| 5 | 0.0 | −18.9 | −5 |
| 6 | 12.4 | −6.5 | −1 |
| 7 | 34.1 | 15.2 | 2 |
| 8 | 69.0 | 50.1 | 8 |
| 9 | 98.4 | 79.5 | 9 |
| 10 | 129.5 | 110.6 | 10 |
| 11 | 156.1 | 137.2 | 11 |
| 12 | 163.5 | 144.6 | 12 |
| 13 | 170.9 | 152.0 | 13 |
| 14 | 172.4 | 153.5 | 14 |
| 15 | 177.6 | 158.7 | 15 |
| 16 | 180.3 | 161.4 | 16 |
| 17 | 189.2 | 170.3 | 17 |
| 18 | 192.2 | 173.3 | 18 |
| 19 | 196.8 | 177.9 | 19 |
| 20 | 205.3 | 186.4 | 20 |
| 秩和 | — | — | $R_+=184, R_-=26$ |

（4）确定统计量$T$：任取$R_+$或$R_-$为统计量$T$。本例以$R_+=184$或$R_-=26$为统计量$T$均可。

3. 确定$P$值，作出推断

当$n \leq 50$时，检验统计量所对应的$P$值可以通过查表（附表6）或者统计软件直接获得。自附表6左侧找到$n$，用所得统计量$T$值与相邻一栏的界值相比较，若$T$值在上下界值范围内，其$P$值大于上方对应的概率；若$T$值恰好等于界值，其$P$值等于上方对应的概率；若$T$值在上下界值范围外，其$P$值小于上方所对应的概率。

本例中$n=20$，通过查附表6，双侧尾部面积0.05时的$T$界值范围为$[52,158]$，$R_+=184$或$R_-=26$均在该范围外，因此$P<0.05$。在$\alpha=0.05$的检验水准下拒绝$H_0$，接受$H_1$，样本所对应的总体中位数与已知总体中位数有差异，可以认为大骨节病病区面粉中DON含量高于非大骨节病地区。

## 二、配对设计资料的符号秩和检验

【例9-2】　对9个水样分别用重量法和EDTA法测定硫酸盐含量，结果见表9-2，问两法测定结果有无差别。此配对设计资料的样本量较小，$n=9$，不确定差值$d$的分布类型，可采用配对设计资料的符号秩和检验。

（一）基本思想

配对设计资料的符号秩和检验的基本思想与单样本资料类似。假设两种处理效应相同，则每对变量差值的总体是以 0 为中心对称分布的，即此时差值总体的中位数为 0（$H_0: M_d=0$）。因此，若 $H_0$（差值的总体中位数为 0）成立，则样本的正、负秩和的绝对值 $R_+$ 与 $R_-$ 应相近；反之，若差值总体中位数不为 0，中位数偏离 0 越明显，正、负秩和绝对值 $R_+$ 与 $R_-$ 相差愈大，$H_0$ 成立的可能性愈小。

（二）检验步骤

1. 建立检验假设，确定检验水准

$H_0$：差值的总体中位数等于 0

$H_1$：差值的总体中位数不等于 0

$\alpha=0.05$

表 9-2 两种方法测定水中硫酸盐的含量比较　　　　　　　　单位：mmol/L

| 水样<br>（1） | EDTA 法<br>（2） | 重量法<br>（3） | 差值 $d$<br>（4）=（2）-（3） | 秩次<br>（5） |
|---|---|---|---|---|
| 1 | 6.07 | 6.07 | 0.00 | |
| 2 | 18.71 | 18.63 | 0.08 | 4 |
| 3 | 17.70 | 17.77 | −0.07 | −3 |
| 4 | 11.33 | 11.70 | −0.37 | −8 |
| 5 | 8.40 | 8.23 | 0.17 | 5 |
| 6 | 3.03 | 2.98 | 0.05 | 2 |
| 7 | 3.13 | 3.09 | 0.04 | 1 |
| 8 | 34.30 | 34.59 | −0.29 | −6 |
| 9 | 41.41 | 41.72 | −0.31 | −7 |
| | | | | $R_+=12, R_-=24$ |

2. 计算检验统计量 $T$ 值

（1）求差值 $d$：见表 9-2 第（4）栏。

（2）编秩：依差值的绝对值由小到大编秩，见表 9-2 第（5）栏。差值为 0 时，舍去不计，$n$ 相应减少；当差值绝对值相等时，若符号相同，可顺次编秩也可以求平均秩次，若符号不同，求平均秩次并记原来符号。

（3）求秩和：正秩和记为 $R_+$，负秩和记为 $R_-$。本例得到 $R_+=12, R_-=24$。秩和计算是否正确可通过 $R_++R_-=n(n+1)/2$ 来验证。本例 $R_++R_-=12+24=36$，由于第 1 对测量值的差值为 0，故舍去不计，$n$ 由 9 变为 8，$n(n+1)/2=8(8+1)/2=36$，表明秩和计算无误。

（4）确定检验统计量 $T$：任取 $R_+$ 或 $R_-$ 为统计量 $T$。本例以 $R_+=12$ 或 $R_-=24$ 为统计量 $T$ 均可。

3. 确定 $P$ 值，作出推断

采用查表法：当 $n \leqslant 50$ 时，根据 $n$ 和 $T$ 值查 $T$ 界值表。本例 $n=8$，$T=12$ 或 24，查附表 6 得，$T$ 值在 $T_{0.05(8)}$ 所对应的界值范围 [3, 33] 内，故 $P>0.05$，按 $\alpha=0.05$ 水准，不拒绝 $H_0$，尚不能认为两方法测定结果有差别。

随着 $n$ 的增大，$T$ 分布逐渐逼近均数为 $n(n+1)/4$，方差为 $n(n+1)(2n+1)/24$ 的正态分布。当 $n>50$ 时，正态近似程度较好，故当 $n>50$ 时可以采用正态近似法进行分析。标准正态统计量按式 9-1 计算。

$$Z = \frac{|T-n(n+1)/4|-0.5}{\sqrt{n(n+1)(2n+1)/24}}$$ （式 9-1）

式 9-1 中 0.5 为连续性校正数。排序时，出现相同秩次的现象称为相持或结（tie）。当相持较多时，用式 9-1 计算的 $Z$ 值偏小，可按式 9-2 计算校正的统计量 $Z_C$，经校正后，$Z_C$ 适当增大，$P$ 值相应减小。

$$Z_C = \frac{|T-n(n+1)/4|-0.5}{\sqrt{\dfrac{n(n+1)(2n+1)}{24}-\dfrac{\sum(t_j^3-t_j)}{48}}}$$ （式 9-2）

式中 $t_j(j=1,2,\cdots)$ 为第 $j$ 个相同秩次（即平均秩次）的个数，假定有 2 个差值为 1.5，3 个差值为 6，5 个差值为 13，则 $t_1=2$，$t_2=3$，$t_3=5$，故有

$$\sum(t_j^3-t_j)=(2^3-2)+(3^3-3)+(5^3-5)=150$$

若无相同秩次，则 $\sum(t_j^3-t_j)=0$，$Z_C=Z$。

## 第三节 两组独立样本比较的秩和检验

对于定量资料，如果两个独立样本分别来自方差相等的正态总体这一假设成立，就可以采用 $t$ 检验比较两样本所对应的总体均数是否有差别；如果此假设不成立或不能确定是否成立，则采用非参数检验——Wilcoxon 秩和检验（Wilcoxon rank sum test）来检验两样本是否来自同一总体更为合适。

### 一、两组定量资料比较

【例 9-3】 在某小学随机采集 12 岁男童和女童各 10 名的头发样品，检测发样中的钙（Ca）含量（μg/g），数据见表 9-3。男童与女童头发中 Ca 含量有无差异？

分别对两组数据进行正态性检验，发现数据均不服从正态分布，因此该数据不适合用两独立样本 $t$ 检验进行分析，宜采用两独立样本的 Wilcoxon 秩和检验。

（一）基本思想

假定两独立样本来自同一总体，可将两组独立样本数据统一编秩，以秩次代替原始数据进行分析，从而不受原始数据需满足正态分布的条件限制。设总样本量 $N=n_1+n_2$，$n_1$、$n_2$ 分别为两组的样本量，两组混合编秩后，$R_1$、$R_2$ 分别为两组的秩和。当 $H_0$ 为真，即两总体分布位置相同时，如 $n_1=n_2$，$R_1$ 与 $R_2$ 应大致相等；如 $n_1 \neq n_2$，则 $R_1$ 与 $R_2$ 的大小应与相应样本量有关，样本量较大的组有较大的秩和。样本量相同或不同两种情况下，$R_1+R_2$ 的和固定为 $N(N+1)/2$。当 $R_1$ 与 $R_2$ 偏离 $H_0$ 成立时的界值范围越远时，越有理由拒绝 $H_0$。

（二）检验步骤

1. 建立检验假设，确定检验水准

$H_0$：男童与女童头发中 Ca 含量的总体分布位置相同

$H_1$：男童与女童头发中 Ca 含量的总体分布位置不同

$\alpha=0.05$

表9-3　12岁男童与女童发样中Ca含量的比较　　　　　　　　　　　　　　单位：μg/g

| 男童 | | 女童 | |
|---|---|---|---|
| Ca含量（1） | 秩次（2） | Ca含量（3） | 秩次（4） |
| 1 843 | 18 | 842 | 14 |
| 383 | 4 | 336 | 2.5 |
| 406 | 5 | 742 | 12 |
| 334 | 1 | 1 367 | 15 |
| 443 | 6 | 1 623 | 16 |
| 676 | 11 | 597 | 8 |
| 771 | 13 | 1 976 | 19 |
| 336 | 2.5 | 1 818 | 17 |
| 607 | 9 | 643 | 10 |
| 484 | 7 | 4 534 | 20 |
| $n_1=10$ | $R_1=76.5$ | $n_2=10$ | $R_2=133.5$ |

**2. 计算检验统计量 $T$ 值**

（1）编秩：首先将男童和女童头发中Ca含量数据混合后，由小到大统一编秩，以顺序号作为秩次，遇相同数据时如果在同一组可顺次编秩，如果在不同组则必须取平均秩次。如本例两组中各有一个336，顺序编秩为2和3，因此取平均值秩次2.5，见表9-3列（2）和（4）。

（2）求秩和：将两组秩次分别相加得每组秩和，本例男童组秩和 $R_1=76.5$，女童组秩和 $R_2=133.5$。$R_1+R_2=20(20+1)/2=210$，可验证秩和计算正确。

（3）计算统计量 $T$：规定统计量 $T$ 为样本量较小一组的秩和，当样本量相等时为任一组的秩和。本例中两组样本量相等，$T=76.5$ 或 133.5。

**3. 确定 $P$ 值，作出推断**

以 $n$ 为样本量较小一组的样本量，利用 $n$，$|n_1-n_2|$ 和 $\alpha$ 查附表7，若 $T$ 在界值范围内则 $P>\alpha$，不拒绝 $H_0$，若 $T$ 在界值范围外则 $P<\alpha$，拒绝 $H_0$，接受 $H_1$，若 $T$ 等于界值则 $P=$ 相应 $\alpha$。本例以 $n=10$，$|n_1-n_2|=0$ 和 $\alpha$ 双侧0.05查附表7，界值为 $[78,132]$，$T$ 在界值外，$P<0.05$，按 $\alpha=0.05$ 水准，拒绝 $H_0$，接受 $H_1$，认为男童与女童的头发中Ca含量的差异有统计学意义。男童组平均秩为 76.5/10=7.65，女童组平均秩为 133.5/10=13.35，可以认为女童的头发中Ca含量高于男童。

当样本量较大，超出附表7的范围时（$n>10$ 或 $n_2-n_1>10$），可采用正态近似法进行检验。可以证明，$H_0$ 为真时，当样本量较大时，$T$ 近似服从均数为 $n(N+1)/2$，方差为 $n_1n_2(N+1)/12$ 的正态分布。所构造统计量 $Z$ 近似服从标准正态分布，$Z$ 的计算公式如式9-3，式中 $N=n_1+n_2$，$n$ 为样本量较小一组的样本量，0.5 为连续性校正系数：

$$Z=\frac{|T-n(N+1)/2|-0.5}{\sqrt{\dfrac{n_1n_2(N+1)}{12}}}$$

（式9-3）

当相持出现较多时（如超过25%），则需采用下面公式进行校正。

$$Z_c=\frac{Z}{\sqrt{C}}$$

（式9-4）

$$C = 1 - \frac{\sum_{i=1}^{j}(t_j^3 - t_j)}{N^3 - N}$$

（式 9-5）

需注意,采用正态近似法时,检验方法的实质仍然为非参数检验。此外,如样本量不大但采用正态近似算法,可能因为统计量的实际分布与正态分布的偏离程度较大而导致结论错误。

【例 9-4】 依降钙素具有抑制骨吸收,抑制破骨细胞活性和数量,减少骨钙释放的作用。某医生用其治疗绝经后妇女骨质疏松症,收集 30 例绝经后骨质疏松症妇女,随机分为两组,一组服用依降钙素 + 乳酸钙,另一组只服用乳酸钙,24 周后观察两组患者腰椎 $L_2 \sim L_4$ 骨密度改善率（%）（表 9-4）,以了解依降钙素治疗绝经后妇女骨质疏松是否有效。

表 9-4　两治疗组的绝经后妇女骨密度改善率比较　　　　　　　　　　单位: %

| 依降钙素 + 乳酸钙组（$n_1=16$） | | 乳酸钙组（$n_2=14$） | |
| --- | --- | --- | --- |
| 骨密度改善率 | 秩次 | 骨密度改善率 | 秩次 |
| −0.20 | 2 | −0.83 | 1 |
| 0.21 | 3 | 0.26 | 4 |
| 1.86 | 12 | 0.47 | 5 |
| 1.97 | 13 | 1.07 | 6 |
| 2.31 | 14.5 | 1.08 | 7 |
| 2.80 | 18 | 1.18 | 8 |
| 3.29 | 20 | 1.26 | 9 |
| 3.30 | 21 | 1.69 | 10 |
| 3.47 | 23 | 1.75 | 11 |
| 3.60 | 24 | 2.31 | 14.5 |
| 4.30 | 25 | 2.65 | 16 |
| 4.39 | 26 | 2.78 | 17 |
| 5.31 | 27 | 3.22 | 19 |
| 5.86 | 28 | 3.34 | 22 |
| 6.06 | 29 | | |
| 6.98 | 30 | | |
| $R_1=315.5$ | | $R_2=149.5$ | |

1. 建立检验假设

$H_0$: 两治疗组骨密度改善率的总体分布位置相同

$H_1$: 两治疗组骨密度改善率的总体分布位置不同

$\alpha=0.05$

2. 编秩和计算统计量 $T$

首先将两个治疗组骨密度的改善率进行混合,以顺序号作为其秩次,遇相同数据时如果在同一组可顺次编秩,如果在不同组取平均秩次。如本例两组中各有一个 2.31,顺序编秩为 14 和 15,取平均值秩次（14+15）/2=14.5。计算统计量: $T=149.5$,$n=14$,$|n_1-n_2|=2$。

### 3. 确定 $P$ 值, 作出推断

由于 $n=14$, 超出界值表的范围, 采用正态近似法。

本例中有 1 个结 (相持), $t=2$, $n_1=16$, $n_2=14$, $N=30$, $T=149.5$

$$C = 1 - \frac{\sum_{i=1}^{j}(t_j^3 - t_j)}{N^3 - N} = 1 - \frac{2^3 - 2}{30^3 - 30} = 0.999\ 7$$

$$Z = \frac{|T - n(N+1)/2| - 0.5}{\sqrt{\dfrac{n_1 n_2 (N+1)}{12}}} = \frac{|149.5 - 14 \times (30+1)/2| - 0.5}{\sqrt{\dfrac{14 \times 16 \times (30+1)}{12}}} = 2.785\ 1$$

$$Z_C = \frac{Z}{\sqrt{C}} = \frac{2.785\ 1}{\sqrt{0.999\ 7}} = 2.785\ 5$$

$Z_C > Z_{0.05/2} = 1.96$, $P < 0.05$, 拒绝 $H_0$, 接受 $H_1$, 两治疗组骨密度改善率的总体分布位置不同, 进一步比较两组平均秩, 可以认为依降钙素和乳酸钙治疗绝经后妇女骨质疏松的效果好于单纯用乳酸钙治疗的效果。

## 二、两组等级资料比较

在实际应用中, 经常会遇到两组比较的指标是等级变量, 例如临床疗效评价中常用 "无效" "有效" "显效" "治愈" 衡量治疗措施的效果, 又如评价调查对象对某项医疗服务的满意程度时经常采用 "非常不满意" "不满意" "一般" "满意" 和 "非常满意"。两组等级变量秩和检验的编秩方法和定量资料类似, 但现实中等级变量资料往往整理为如表 9-5 所示的频数表, 下面主要介绍两组等级变量频数表资料的秩和检验。

【例 9-5】 2007 年 7—11 月研究者对西藏拉萨市和山南市大骨节病进行流行病学调查, 获得了两个地区受检人群大骨节病不同临床分度的数据, 见表 9-5。现比较两个地区的大骨节病临床分度是否有差异。

表 9-5 2007 年拉萨市和山南市大骨节病临床分度的比较

| 临床分度 | 人数 拉萨 (1) | 人数 山南 (2) | 合计 $(t_i)$ (3) | 秩次范围 (4) | 平均秩 (5) | 秩和 拉萨 (6)=(1)×(5) | 秩和 山南 (7)=(2)×(5) |
|---|---|---|---|---|---|---|---|
| Ⅰ度 | 73 | 75 | 148 | 1~148 | 74.5 | 5 438.5 | 5 587.5 |
| Ⅱ度 | 21 | 22 | 43 | 149~191 | 170 | 3 570 | 3 740 |
| Ⅲ度 | 8 | 9 | 17 | 192~208 | 200 | 1 600 | 1 800 |
| 合计 | $n_1=102$ | $n_2=106$ | 208 | — | — | $R_1=10\ 608.5$ | $R_2=11\ 127.5$ |

本例大骨节病临床分度属于等级变量, 这种类型的资料在人群研究中比较常见: 结局为等级变量, 目的是比较两组间的结局高低程度 (而非结局的频率分布) 有无不同。此时宜用 Wilcoxon 秩和检验。

### 1. 建立检验假设, 确定检验水准

$H_0$: 两个地区的大骨节病临床分度的总体分布位置相同

$H_1$: 两个地区的大骨节病临床分度的总体分布位置不同

$\alpha = 0.05$

2. 计算检验统计量

（1）编秩：先计算各临床分度的两个地区合计人数，见表 9-5 第（3）栏，由此确定第（4）栏各临床分度的秩次范围，然后计算出各分度的平均秩，见第（5）栏。

（2）计算检验统计量：以各分度的平均秩分别与各地区人数相乘，再分别求和得到两个地区的秩和 $R_1$ 与 $R_2$，见第（6）与（7）栏。$R_1 = 10\,608.5$，$R_2 = 11\,127.5$。$T$ 为 $R_1 = 10\,608.5$。

因样本量较大，采用正态近似法，基于式 9-3、式 9-4 和式 9-5 计算：

$$Z = \frac{|T - n(N+1)/2| - 0.5}{\sqrt{\dfrac{n_1 n_2(N+1)}{12}}} = \frac{|10\,608.5 - 102 \times (208+1)/2| - 0.5}{\sqrt{\dfrac{102 \times 106 \times (208+1)}{12}}} = 0.115\,2$$

$$C = 1 - \frac{\sum_{i=1}^{j}(t_j^3 - t_j)}{N^3 - N} = 1 - \frac{(148^3 - 148) + (43^3 - 43) + (17^3 - 17)}{208^3 - 208} = 0.630\,4$$

$$Z_C = \frac{Z}{\sqrt{C}} = \frac{0.115\,2}{\sqrt{0.630\,4}} = 0.145\,1$$

3. 确定 $P$ 值，作出推断

$Z_C < Z_{0.05/2} = 1.96$，$P > 0.05$，不拒绝 $H_0$，尚不能认为拉萨市和山南市的大骨节病临床分度有差异。

# 第四节　多组独立样本比较的秩和检验

多组独立样本比较的秩和检验是由克鲁什科（Kruskal）和沃利斯（Wallis）于 1952 年在 Wilcoxon 两样本秩和检验的基础上扩展而来，又称 Kruskal-Wallis $H$ 检验，用于推断定量变量或等级变量的多个总体分布位置有无差别。

## 一、多组定量资料比较

【例 9-6】　随机抽取 3 组人群各 10 人，测定血浆总皮质醇值（μmol/L），数据见表 9-6。请问 3 种人群的血浆总皮质醇测定值有无差别？

在研究设计类型上，例 9-6 属于观察性研究，是从三组人群分别随机抽取一定数量的观察资料，测量某项指标进行比较，欲推断这三组人群血浆总皮质醇测定值有无差别。因本例为定量变量资料，经正态性检验，结果显示三组人群的正态性检验 $P$ 值分别为 0.750、0.085 和 0.005，由于不服从正态分布，不满足单因素方差分析的应用条件，因此选用非参数 Kruskal-Wallis $H$ 检验。

（一）基本思想

Kruskal-Wallis $H$ 检验的基本思想是用所有观测值的秩代替原始观测值进行单因素方差分析。思路是把样本量为 $n_1, n_2, \cdots, n_g$ 的 $g$ 个样本混合成为一个数据集，将数据按从小到大顺序编秩，每一个观测值在混合数据集中都有自己的秩，如果有相同的数值，则取秩的平均值。记观测值 $X_{ij}$ 的秩为 $R_{ij}$，对同一组所有观测值的秩求和，得到 $R_i = \sum_j^{n_i} R_{ij}$，$i = 1, \cdots, g$；再计算每组的平均秩次 $\overline{R}_i = R_i/n_i$，如果零假设（$H_0$：$g$ 个总体分布相同）成立，$g$ 个样本的秩应当均匀分布，每个样本实际的平均秩 $\overline{R}_i$ 与所有数据的平均秩 $(N+1)/2$ 的偏差应该很小；若这些 $\overline{R}_i$ 差异很大，就可以拒绝零假设。

表9-6 三种人群的血浆总皮质醇测定结果 单位：μmol/L

| 健康人 | | 单纯性肥胖 | | 皮质醇增多症 | |
|---|---|---|---|---|---|
| 皮质醇（1） | 秩次（2） | 皮质醇（3） | 秩次（4） | 皮质醇（5） | 秩次（6） |
| 0.11 | 1 | 0.17 | 2 | 2.70 | 20 |
| 0.52 | 4 | 0.33 | 3 | 2.81 | 21 |
| 0.61 | 6 | 0.55 | 5 | 2.92 | 22 |
| 0.69 | 8 | 0.66 | 7 | 3.59 | 23 |
| 0.77 | 9 | 0.86 | 10.5 | 3.86 | 25 |
| 0.86 | 10.5 | 1.13 | 14 | 4.08 | 26 |
| 1.02 | 12 | 1.38 | 16 | 4.30 | 27 |
| 1.08 | 13 | 1.63 | 17 | 4.30 | 28 |
| 1.27 | 15 | 2.04 | 19 | 5.96 | 29 |
| 1.92 | 18 | 3.75 | 24 | 9.62 | 30 |
| $R_i$ | 96.5 | — | 117.5 | — | 251 |
| $\overline{R}_i$ | 9.65 | | 11.75 | | 25.1 |
| $n_i$ | 10 | — | 10 | — | 10 |

$$Q_{总}=\sum_{j=1}^{N}\left(j-\frac{N+1}{2}\right)^2=N(N^2-1)/12 \tag{式9-6}$$

$$Q_{组间}=\sum_{i=1}^{g}n_i\left(\overline{R}_i-\frac{N+1}{2}\right)^2=\sum_{i=1}^{g}\frac{R_i^2}{n_i}-\frac{N(N+1)^2}{4} \tag{式9-7}$$

$H=\dfrac{Q_{组间}}{Q_{总}/(N-1)}$，即检验统计量 $H$ 为秩次的组间变异与平均总变异之比。可见，$H$ 越大，组间变异越大。当相持较多时，可对 $H$ 进行校正。

基于上述原理，Kruskal-Wallis $H$ 检验构造的检验统计量为

$$H=\frac{12}{N(N+1)}\sum_{i=1}^{g}n_i(\overline{R}_i-\overline{R})^2=\frac{12}{N(N+1)}\sum_{i=1}^{g}\frac{R_i^2}{n_i}-3(N+1) \tag{式9-8}$$

其中，$N=\sum_{i=1}^{g}n_i$，$\overline{R}=\dfrac{1}{N}\sum_{i=1}^{g}R_i=\dfrac{N+1}{2}$

$R_i$ 是样本 $i$ 的秩和；$g$ 是待比较的组数；$N$ 是所有样本个体总数；$n_i$ 是样本 $i$ 的个体数。

可以验证，两组样本的 Wilcoxon 秩和检验是 Kruskal-Wallis $H$ 检验在两样本时的特例。

当存在较多秩次相持时，检验统计量 $H$ 需修正为 $H_C$。

$$H_C=\frac{H}{C}=\frac{H}{1-\sum(t_j^3-t_j)/(N^3-N)} \tag{式9-9}$$

式中，$t_j$ 为第 $j$ 个相持的个数。

当样本量较大时，若 $H_0$ 成立，$H$ 近似服从自由度为 $g-1$ 的 $\chi^2$ 分布；当样本较小时可查秩和检验 $H$ 界值表（三样本比较的秩和检验用附表8），若 $H$ 值超过界值，可以拒绝 $H_0$。

（二）基本步骤

1. 建立检验假设，确定检验水准

$H_0$：3种不同人群的血浆总皮质醇测定值的总体分布位置相等

$H_1$：3种不同人群的血浆总皮质醇测定值的总体分布位置不等或不全相等

$\alpha=0.05$

2. 计算检验统计量$H$值

（1）编秩：将3组数据混合由小到大统一编秩，遇相同数值在同一组内，可顺次编秩；当相同数据出现在不同组时，则必须求平均秩次。见表9-6第（2）（4）（6）栏。

（2）求各组秩和$R_i$：将各组秩次相加即得各组秩和$R_i$。本例$R_1=96.5$，$R_2=117.5$，$R_3=251$。

（3）计算检验统计量$H$值：

$$H = \frac{12}{N(N+1)} \sum \frac{R_i^2}{n_i} - 3(N+1) = \frac{12}{30(30+1)} \left( \frac{96.5^2}{10} + \frac{117.5^2}{10} + \frac{251^2}{10} \right) - 3(30+1) = 18.13$$

3. 确定$P$值，作出推断结论

查$\chi^2$界值表（附表5）：本例$g=3$，由$\nu=3-1=2$，可得$\chi^2_{0.005,2}=10.60$，$H=18.13>\chi^2_{0.005,2}$，则$P<0.005$，按$\alpha=0.05$水准，拒绝$H_0$，接受$H_1$，可认为三种人群的血浆总皮质醇测定值有差异。

## 二、多组等级资料比较

【例9-7】 某医院用3种方法治疗慢性喉炎，结果见表9-7第（1）～（4）栏，问这3种方法的疗效是否有差别。

表9-7 3种方法治疗慢性喉炎的疗效比较

| 疗效等级（1） | 例数 | | | | 秩次范围（6） | 平均秩次（7） | 甲法秩和（8） | 乙法秩和（9） | 丙法秩和（10） |
|---|---|---|---|---|---|---|---|---|---|
| | 甲法（2） | 乙法（3） | 丙法（4） | 合计（5） | | | | | |
| 无效 | 24 | 20 | 20 | 64 | 1～64 | 32.5 | 780 | 650 | 650 |
| 好转 | 26 | 16 | 22 | 64 | 65～128 | 96.5 | 2 509 | 1 544 | 2 123 |
| 显效 | 72 | 24 | 14 | 110 | 129～238 | 183.5 | 13 212 | 4 404 | 2 569 |
| 治愈 | 186 | 32 | 22 | 240 | 239～478 | 358.5 | 66 681 | 11 472 | 7 887 |
| 合计 | 308 | 92 | 78 | 478 | — | — | 83 182 | 18 070 | 13 229 |
| $\bar{R}_i$ | | | | | | | 270.1 | 196.4 | 169.6 |

本例疗效等级为有序变量，三种疗法形成3个样本，分析3种疗法的疗效时，不能用$\chi^2$检验，而宜用Kruskal-Wallis $H$检验。

1. 建立检验假设，确定检验水准

$H_0$：3种方法疗效的总体分布位置相同

$H_1$：3种方法疗效的总体分布位置不同或不全相同

$\alpha=0.05$

2. 计算检验统计量

（1）编秩：同例9-5两组等级资料的编秩方法。先计算疗效等级的3种方法的合计人数，确定各疗效等级的秩范围,然后计算出各疗效等级的平均秩。

（2）求各组秩和:以各疗效等级的平均秩分别与各疗法人数相乘,再求和得到各种疗法的秩和 $R_i$。

$$R_{甲}=32.5\times24+96.5\times26+183.5\times72+358.5\times186=83\,182$$

同理可得到,$R_Z=18\,070$,$R_{丙}=13\,229$

（3）计算检验统计量 $H$ 值

$$H=\frac{12}{N(N+1)}\sum\frac{R_i^2}{n_i}-3(N+1)=\frac{12}{478(478+1)}\left(\frac{83\,182^2}{308}+\frac{18\,070^2}{92}+\frac{13\,229^2}{78}\right)-3(478+1)=44.011$$

由于相持出现较多,$H$ 值需进行校正。

$$C=1-\frac{(64^3-64)+(64^3-64)+(110^3-110)+(240^3-240)}{478^3-478}=0.856$$

$$H_C=\frac{H}{C}=\frac{44.011}{0.856}=51.41$$

**3. 确定 $P$ 值,作出推断结论**

本例 $g=3$,各组例数均大于5,可由 $\nu=g-1=3-1=2$,查 $\chi^2$ 界值表,得 $P<0.005$,按 $\alpha=0.05$ 水准,拒绝 $H_0$,接受 $H_1$,故可以认为3种方法治疗慢性喉炎的效果有差别。

### 三、多组独立样本资料的多重比较

经过多个独立样本比较的 Kruskal-Wallis $H$ 检验,当结论为拒绝 $H_0$ 时,只能得出各总体分布的位置不全相同的结论。究竟哪两个总体分布位置不同,还需要进一步做组间的多重比较。

下面介绍扩展的 $t$ 检验法。统计量 $t$ 值计算如下:

$$t=\frac{|\overline{R}_i-\overline{R}_j|}{\sqrt{\frac{N(N+1)(N-1-H)}{12(N-g)}\left(\frac{1}{n_i}+\frac{1}{n_j}\right)}}\qquad\nu=N-g\qquad\text{（式9-10）}$$

式中 $\overline{R}_i$、$\overline{R}_j$ 为两对比组的平均秩次;$n_i$、$n_j$ 为两对比组的样本含量;$g$ 为处理组数,$N=n_1+n_2+\cdots+n_g$;$H$ 为 Kruskal-Wallis $H$ 检验中的统计量 $H$;分母为($\overline{R}_i-\overline{R}_j$)的标准误。

以例9-6说明对完全随机设计资料进行多重比较的步骤。

**1. 建立检验假设,确定检验水准**

$H_0$:第 $i$ 组与第 $j$ 组人群的血浆总皮质醇测定值的总体分布位置相同

$H_1$:第 $i$ 组与第 $j$ 组人群的血浆总皮质醇测定值的总体分布位置不同

$\alpha=0.05$

**2. 计算检验统计量 $t$ 值**

（1）求出各组平均秩次

健康人、单纯性肥胖、皮质醇增多症组的平均秩次分别是9.65、11.75、25.1。

（2）列出两两比较计算表,求得 $t$ 值,见表9-8。

表9-8　3种治疗方法疗效两两比较

| 对比组<br>（1） | $n_i$<br>（2） | $n_j$<br>（3） | $\|\overline{R}_i-\overline{R}_j\|$<br>（4） | $\sigma_{\overline{R}_i-\overline{R}_j}$<br>（5） | $t$<br>（6） | $P$<br>（7） |
|---|---|---|---|---|---|---|
| 健康人与单纯性肥胖组 | 10 | 10 | 2.10 | 2.498 | 0.840 | $0.40<P<0.50$ |
| 健康人与皮质醇增多症组 | 10 | 10 | 15.45 | 2.498 | 6.183 | $<0.001$ |
| 单纯性肥胖组与皮质醇增多症组 | 10 | 10 | 13.35 | 2.498 | 5.342 | $<0.001$ |

表中第（6）栏为 $t$ 值。本例 $N=30$，$g=3$，$H_c=18.13$，则健康人与单纯性肥胖组比较的 $t$ 值为：

$$t=\frac{|\overline{R}_i-\overline{R}_j|}{\sqrt{\dfrac{N(N+1)(N-1-H)}{12(N-g)}\left(\dfrac{1}{n_i}+\dfrac{1}{n_j}\right)}}=\frac{|9.65-11.75|}{\sqrt{\dfrac{30(30+1)(30-1-18.13)}{12(30-3)}\left(\dfrac{1}{10}+\dfrac{1}{10}\right)}}=0.840$$

$$\nu=N-g=30-3=27$$

3. 确定 $P$ 值，作出推断

根据表9-8第（6）栏中的 $t$ 值，以 $\nu=27$ 查 $t$ 界值表，得 $P$ 值。但需注意，对 $g$ 个样本反复两两比较，会增加第一类错误的概率。为保证第一类错误的累计概率不超过 $\alpha$，每次比较的第一类错误概率 $\alpha'$ 必须严加控制：

$$\alpha'=\frac{\alpha}{比较的次数}\tag{式9-11}$$

将某两组比较所得 $P$ 值与调整以后的检验水准 $\alpha'$ 比较，若 $P<\alpha'$ 则拒绝 $H_0$。本例按 $\alpha'=\alpha/3=0.016\,7$ 水准，健康人与皮质醇增多症组、单纯性肥胖组与皮质醇增多症组比较均拒绝 $H_0$；而健康人与单纯性肥胖组比较不拒绝 $H_0$，故可以认为3种方法治疗慢性喉炎疗效的差别主要存在于皮质醇增多症组与其他两组之间，而健康人与单纯性肥胖组尚不能认为有差别。

对于多重比较还有如下基于调整 $\alpha$ 的方法，下面做简单介绍。

（1）精确法：样本含量较小时，应采用两样本秩和检验的方法，求得统计量的数值后，借助 SAS 或 SPSS 软件的 "exact" 功能得到相应的 $P$ 值（包括该数值对应的概率和更极端情形的概率）。

（2）正态近似法：样本含量较大时，计算统计量

$$Z_{ij}=\frac{\overline{R}_i-\overline{R}_j}{\sigma_{\overline{R}_i-\overline{R}_j}}=\frac{\overline{R}_i-\overline{R}_j}{\sqrt{\dfrac{N(N+1)}{12}\left(\dfrac{1}{n_i}+\dfrac{1}{n_j}\right)}}\tag{式9-12}$$

其中，$N=\sum\limits_{i=1}^{g}n_i$ 为 $g$ 个样本的总含量，$n_i$、$n_j$ 分别为第 $i$ 组和第 $j$ 组的样本量。

当相持的个数较多时（大于25%），用校正值：

$$Z_{ijc}=\frac{Z_{ij}}{\sqrt{c}}\tag{式9-13}$$

$$c=1-\frac{\sum(t_l^3-t)}{N^3-N}\tag{式9-14}$$

其中，利用标准正态分布表或统计软件求得统计量数值所对应的 $P$ 值。

例9-6用正态近似法结果见表9-9，与扩展 $t$ 检验结果一致。

表9-9 三种人群的血浆总皮质醇测定值的两两比较（正态近似法）

| 对比组<br>（1） | $n_i$<br>（2） | $n_j$<br>（3） | $\lvert \bar{R}_i - \bar{R}_j \rvert$<br>（4） | $\sigma_{\bar{R}_i - \bar{R}_j}$<br>（5） | $Z$<br>（6） | $P$<br>（7） |
|---|---|---|---|---|---|---|
| 健康人与单纯性肥胖组 | 10 | 10 | 2.10 | 3.936 | 0.534 | 0.594 |
| 健康人与皮质醇增多症组 | 10 | 10 | 15.45 | 3.936 | 3.925 | <0.001 |
| 单纯性肥胖组与皮质醇增多症组 | 10 | 10 | 13.35 | 3.936 | 3.392 | 0.001 |

例9-7资料进一步进行两两比较，结果见表9-10。

表9-10 三种治疗方法疗效两两比较（正态近似法）

| 对比组<br>（1） | $n_i$<br>（2） | $n_j$<br>（3） | $\lvert \bar{R}_i - \bar{R}_j \rvert$<br>（4） | $\sigma_{\bar{R}_i - \bar{R}_j}$<br>（5） | $Z$<br>（6） | $P$<br>（7） |
|---|---|---|---|---|---|---|
| 甲法与乙法 | 308 | 92 | 73.66 | 15.188 | 4.850 | <0.001 |
| 甲法与丙法 | 308 | 78 | 100.47 | 16.204 | 6.200 | <0.001 |
| 乙法与丙法 | 92 | 78 | 26.81 | 19.675 | 1.363 | 0.173 |

# 第五节 随机区组设计资料的秩和检验

## 一、随机区组设计的定量资料比较

【例9-8】 某研究者收集了13例高胆固醇血症患者的胆结石，从每位患者的结石中选取3枚外形、重量接近的结石，分别采用超声助溶、灌注助溶和静置助溶三种不同的溶石方法，结果见表9-11。问不同溶石方法溶解时间有无差异？

表9-11 三种溶石方法的溶解时间 单位：分

| 患者编号 | 超声助溶 | | 灌注助溶 | | 静置助溶 | |
|---|---|---|---|---|---|---|
| | 溶解时间 | 秩 | 溶解时间 | 秩 | 溶解时间 | 秩 |
| 1 | 40 | 1 | 43 | 2 | 644 | 3 |
| 2 | 30 | 1 | 36 | 2 | 690 | 3 |
| 3 | 25 | 1 | 30 | 2 | 645 | 3 |
| 4 | 32 | 1 | 35 | 2 | 390 | 3 |
| 5 | 22 | 1 | 35 | 2 | 420 | 3 |
| 6 | 13 | 1 | 16 | 2 | 700 | 3 |
| 7 | 8 | 1 | 15 | 2 | 690 | 3 |
| 8 | 12 | 1 | 30 | 2 | 570 | 3 |
| 9 | 8 | 1 | 13 | 2 | 670 | 3 |
| 10 | 10 | 1 | 18 | 2 | 690 | 3 |
| 11 | 14 | 1 | 16 | 2 | 660 | 3 |
| 12 | 10 | 1 | 15 | 2 | 712 | 3 |
| 13 | 20 | 1 | 25 | 2 | 676 | 3 |
| $R_i$ | — | 13 | — | 26 | — | 39 |

本例属随机区组设计,观察指标为连续型定量变量资料,各溶石方法的溶解时间来自非正态总体,不宜做随机区组设计方差分析。

现采用Friedman秩和检验(Friedman rank sum test)。该检验方法是由弗里德曼(Friedman)于1940年在符号检验的基础上提出来的,又称$M$检验,目的是推断各处理组样本分别代表的总体分布是否不同。

Friedman秩和检验的基本思想是:各区组内的观察值按从小到大的顺序进行编秩;如果各处理的效应相同,各区组内秩$1,2,\cdots,g$应以相等的概率出现在各处理(列)中,各处理组的秩和应该大致相等,不太可能出现较大差别。如果按上述方法所得各处理样本秩和$R_1,R_2,\cdots,R_g$相差很大,则有理由怀疑各处理组的总体分布不同。

现以例9-8说明Friedman秩和检验的步骤。

1. 建立检验假设

$H_0$:三个总体分布位置相同

$H_1$:三个总体分布位置不同或不全相同

$\alpha=0.05$

2. 编秩

先将各区组内数据由小到大编秩,遇相同数值取平均秩次。再将各处理组的秩次相加,得到各处理组秩和$R_i$。

3. 计算统计量$M$值

$$M=\frac{12}{bg(g+1)}\sum(R_i-\overline{R})^2=\frac{12}{bg(g+1)}\sum R_i^2-3b(g+1) \qquad (式9\text{-}15)$$

式中,$b$为区组数,$g$为处理组数。本例$b=13$,$g=3$,代入式9-15:

$$M=\frac{12}{13\times3(3+1)}\times(13^2+26^2+39^2)-3\times13(3+1)=26$$

4. 确定$P$值并作出推断结论

根据$b$及$g$查附表9的$M$界值表。

本例,区组数$b=13$,处理数$g=3$,查附表9得$M_{0.05}=6.615$,$M=26>6.615$,$P<0.05$;按$\alpha=0.05$检验水准,拒绝$H_0$,接受$H_1$。可以认为不同溶石方法对溶解结石的时间不同或不全相同。

## 二、随机区组设计资料的多重比较

对于随机区组设计资料,当用Friedman秩和检验拒绝$H_0$后,同样需要对各处理组间进行多重比较,与多组独立样本秩和检验的多重比较类似,只是正态近似检验中的估计方差的算法不同。

现通过例9-8说明其方法步骤:

1. 建立检验假设,确定检验水准

$H_0$:第$i$组与第$j$组溶石方法的溶解时间总体分布位置相同

$H_1$:第$i$组与第$j$组溶石方法的溶解时间总体分布位置不同

$\alpha=0.05$

2. 计算检验统计量并确定$P$值

设$R_i$和$R_j$分别为比较的第$i$组和第$j$组样本的秩和,其平均秩和分别为$\overline{R}_i$和$\overline{R}_j$。

（1）精确法：样本含量较小时，应采用配对设计的秩和检验方法，求得统计量的数值后，借助 SAS 或 SPSS 软件的"exact"功能得到相应的 $P$ 值（包括该数值对应的概率和更极端情形的概率）。

（2）正态近似法：样本含量较大时，计算 $Z_{ij}$ 值：

$$Z_{ij} = \frac{\overline{R}_i - \overline{R}_j}{\sigma_{\overline{R}_i - \overline{R}_j}} = \frac{\overline{R}_i - \overline{R}_j}{\sqrt{\dfrac{g(g+1)}{6b}}} \qquad （式 9\text{-}16）$$

利用标准正态分布表或统计软件求得统计量数值所对应的 $P$ 值。

### 3. 作出统计推断并下结论

将某两组比较所得 $P$ 值与调整以后的检验水准 $\alpha'$ 比较，若 $P < \alpha'$，则拒绝 $H_0$。

检验水准的调整（Bonferroni 法），与完全随机设计类似，为保证第一类错误的累计概率不超过 $\alpha$，按式 9-11 调整每次比较的第一类错误概率 $\alpha'$。

例 9-8 中，$g=3$，$b=13$，欲作两两比较，为保证第一类错误的累计概率不超过 0.05，每次比较的第一类错误概率应为 $\alpha' = \dfrac{\alpha}{g(g-1)/2} = \dfrac{0.05}{3(3-1)/2} = 0.016\,7$。表 9-12 给出了三种不同溶石方法间两两比较的结果。可以看出，按检验水准 $\alpha'=0.0167$，三种不同溶石方法间溶解时间的差别均有统计学意义。

表 9-12　不同溶石方法间的两两比较

| 对比组 (1) | $\|\overline{R}_i - \overline{R}_j\|$ (2) | $\sigma_{\overline{R}_i - \overline{R}_j}$ (3) | $Z_{ij}$ (4) | $P$ (5) |
|---|---|---|---|---|
| 超声助溶与灌注助溶 | 1 | 0.392 | 2.550 | 0.011 |
| 超声助溶与静置助溶 | 2 | 0.392 | 5.099 | <0.001 |
| 灌注助溶与静置助溶 | 1 | 0.392 | 2.550 | 0.011 |

（顾　菁　王　玖）

## 小结

参数检验建立在严格的假设条件基础之上，如不符合假设条件，其推断的正确性将存在问题。非参数检验所需假定条件少，不受总体分布限制，适用于总体分布形式未知或分布类型不明确的定量数据、偏峰分布数据、等级数据、方差不齐数据、数据一端或两端为无法测量的数据等。由于非参数检验不依赖于总体分布，在使用中不容易出现总体分布偏离假定的情况，因而非参数方法更稳健。非参数检验方法很多，有秩和检验、符号检验、游程检验等，其中基于秩次的非参数检验是比较系统和完整的一类非参数检验。

虽然非参数检验方法适用范围广，但如果数据符合参数检验条件，最好仍用参数检验。若对符合参数检验数据采用非参数检验，则会因为没有充分利用数据信息，进而导致检验效能降低。对于定性有序资料，若选用 $R \times C$ 列联表资料的 $\chi^2$ 检验，因 $\chi^2$

值与变量的有序性没有联系,体现不出有序性,只能推断频率分布的差别,而用基于秩次的非参数检验,可推断等级强度。

秩和检验是将原始数据转换为秩次,比较各组秩和的非参数检验。不同设计类型的秩和检验其编秩、求秩和、计算统计量、确定 $P$ 值的方法有所不同。注意编秩时计算平均秩次,以及相持现象较多时对统计量进行校正。与本章各设计类型的秩和检验相对应的参数检验见表9-13。

表9-13　常见设计类型的非参数检验和参数检验方法

| 设计类型 | 非参数检验 | 参数检验 |
| --- | --- | --- |
| 单样本资料 | Wilcoxon 符号秩和检验 | 单样本 $t$ 检验 |
| 配对设计资料 | Wilcoxon 配对符号秩和检验 | 配对 $t$ 检验 |
| 两独立样本资料 | Wilcoxon 秩和检验 | 两独立样本 $t$ 检验 |
| 多组独立样本资料 | Kruskal-Wallis $H$ 检验 | 单因素方差分析 |
| 随机区组设计多样本资料 | Friedman 秩和检验 | 两因素无交互作用的方差分析 |

单样本定量资料比较的思路:若样本满足正态性,则采用单样本 $t$ 检验,比较样本所来自的总体均数与给定的总体均数(往往是理论值、标准值或大规模调研获得的稳定数)有无差异;若样本不满足正态性,则采用 Wilcoxon 符号秩和检验,比较样本所对应的总体中位数与给定的总体中位数有无差异。

配对设计资料比较的思路:关键是将配对数据相减得到差值样本,考察差值样本是否符合正态分布。如果差值满足正态分布,可以采用配对 $t$ 检验,否则,采用配对设计资料的符号秩和检验。

两独立样本定量资料比较的思路:如果两样本均满足正态性和方差齐性,采用 $t$ 检验;如果满足正态性,但方差不齐,采用校正 $t$ 检验;如果有任何一组数据不服从正态分布,则应采用 Wilcoxon 秩和检验。

多组定量资料比较的思路:首先进行方差齐性及各样本的正态性检验。若满足方差齐性,且各样本均服从正态分布,选单因素方差分析。对于明显偏离正态性和方差齐性条件的资料,通常有两种处理方式:一是通过某种形式的数据变换使得变换后的数据满足假定条件;二是改用非参数统计方法 Kruskal-Wallis $H$ 检验。若方差分析或秩和检验结果差异有统计学意义,则需选择合适的方法(如 Bonferroni 法,LSD 法等)进行两两比较。

## 思考与练习

### 一、最佳选择题

1. 配对资料符号秩和检验的零假设是(　　　)

　　A. 两总体分布相同　　　　　　　　B. 两总体均数相同

　　C. 两组配对差值的中位数为 0　　　D. 两组配对差值的均数为 0

　　E. 两样本分布相同

2. 两组独立样本比较的秩和检验的零假设是(　　　)

  A. 两样本秩和相等      B. 两总体分布相同

  C. 两样本分布相同      D. 两总体秩和相等

  E. 两总体均数相等

3. 两独立样本比较的秩和检验, 其检验统计量 $T$ 的数值是(　　　)

  A. 以秩和较小者为 $T$ 的数值

  B. 以秩和较大者为 $T$ 的数值

  C. 以例数较小者对应的秩和为 $T$ 的数值

  D. 以例数较大者对应的秩和为 $T$ 的数值

  E. 任取一个样本的秩和为 $T$ 的数值

4. 多组样本比较的 Kruskal-Wallis $H$ 检验中, 当相同秩次较多时, 如果用 $H$ 值而不用校正后的 $H_C$ 值, 则会(　　　)

  A. 提高检验的灵敏度

  B. 第一、二类错误概率不变

  C. 会把一些有差别的总体推断成无差别

  D. 会把一些无差别的总体推断成有差别

  E. 对推断结果没有影响

5. 多样本定量资料比较, 当分布类型不清时应选择(　　　)

  A. 方差分析        B. $t$ 检验

  C. $Z$ 检验        D. Kruskal-Wallis $H$ 检验

  E. Wilcoxon 秩和检验

6. 在统计检验中是否选用非参数统计方法, 应该(　　　)

  A. 根据研究目的和数据特征作决定

  B. 在算出几个统计量和得出初步结论后进行选择

  C. 看哪个统计结论符合专业理论

  D. 看哪个 $P$ 值更小

  E. 看哪个专业结论更符合实际

**二、思考题**

1. 什么是非参数检验?

2. 非参数检验的检验效能一定低于参数检验吗?

3. 在秩和检验编秩次时, 为什么相同数据出现在不同组时要计算"平均秩次", 而相同数据出现在同一组时却不必计算"平均秩次"?

4. 多组定量资料比较时, 统计处理的基本流程是什么?

**三、案例分析题**

1. 某医生为了研究某药物的减肥效果, 将 BMI≥25kg/m² 的 194 名成年女性分成两组, 试验组采用药物治疗＋饮食治疗, 对照组采用饮食治疗, 数据见表 9-14。该医生选择采用 $\chi^2$ 检验来判定试验组和对照组的减肥效果有无统计学差异。该医生选择的假设检验方法对不对? 为什么? 应该采用什么方法? 若考察减肥效果的优良率(＋＋＋)有无差异应用什么方法?

表 9-14　试验组和对照组的减肥效果

| 组别 | 治疗例数 | 减肥效果等级 | | | |
|---|---|---|---|---|---|
| | | − | + | ++ | +++ |
| 试验组 | 113 | 6 | 17 | 20 | 70 |
| 对照组 | 81 | 64 | 9 | 7 | 1 |

2. 某研究人员将 15 只小白鼠随机分为 3 组, 比较小白鼠接种 3 种不同的细菌后存活的天数是否有差别, 实验数据如下:

A 细菌　2　4　5　7　9

B 细菌　4　5　7　8　12

C 细菌　8　9　10　17　23

该研究者对数据进行了方差分析( 表 9-15 ); 进而经 LSD 检验, C 细菌与 A 细菌、C 细菌与 B 细菌之间均有统计学差异, 而 A 细菌与 B 细菌之间无统计学差异。请问该研究者所做统计处理是否合理? 为什么? 正确的做法是什么?

表 9-15　小白鼠接种 3 种不同的细菌后存活的天数

| 细菌类别 | 例数 | $\bar{x} \pm S$ | $F$ 值 | $P$ 值 |
|---|---|---|---|---|
| A 细菌 | 5 | 5.40±2.70 | | |
| B 细菌 | 5 | 7.20±3.11 | 4.53 | 0.034 |
| C 细菌 | 5 | 13.40±6.43 | | |

# 第十章
# 两变量的相关与回归分析

在医学研究中，当研究两个变量之间的关系时，常常会用到相关分析和回归分析，如血压与年龄，体温与脉搏，吸烟方式与患慢性支气管炎，儿童龋齿与饮食习惯，大学生心理问题的发生与个人性格等。针对不同的变量，需要根据变量的性质、变量的数量及变量关系性质的不同，采用适宜的分析方法来揭示变量间的内在联系。相关分析与回归分析就是用于分析变量之间关系问题的一类统计方法，通过相关分析，我们可以了解这两个变量之间是否存在关联以及关联的程度，而通过回归分析，可以进一步探讨这两个变量之间的数量依存关系，从而更准确地预测一个变量的变化对另一个变量的影响。本章主要介绍两个变量之间的线性相关与线性回归方法。

## 第一节　线性相关

【例 10-1】　某研究者用 10 只体重相近的大白鼠做实验，研究一种饲料的营养价值。经过一段时间的喂养，观察大白鼠的进食量与体重增加的关系，具体资料如下（表 10-1）。如何判断这两项指标有无关联？

表 10-1　10 只大白鼠进食量与体重增加量的测量值　　　　　　　　　　　　　　　　单位：g

| 动物编号 | 进食量 $X$ | 体重增加量 $Y$ | 动物编号 | 进食量 $X$ | 体重增加量 $Y$ |
|---|---|---|---|---|---|
| 1 | 935 | 187 | 6 | 698 | 135 |
| 2 | 640 | 123 | 7 | 786 | 167 |
| 3 | 820 | 164 | 8 | 762 | 156 |
| 4 | 783 | 159 | 9 | 856 | 164 |
| 5 | 745 | 159 | 10 | 832 | 161 |

对此可以通过散点图来直观地说明两项指标测量的结果之间是否相关。若以进食量为横轴，以体重增加量为纵轴，可将表 10-1 中的数据绘成散点图（scatter plot），见图 10-1。

如图 10-1 所示，可见散点的分布呈近似线性关系，表明两项指标之间可能存在线性相关。

### 一、线性相关的概念

相关关系可分为线性相关和非线性相关。两个变量之间关系的性质可由散点图直观地说明，即将两个变量分别作为 $X$ 与 $Y$，在直角坐标系中一一标出对应的点。如果两个

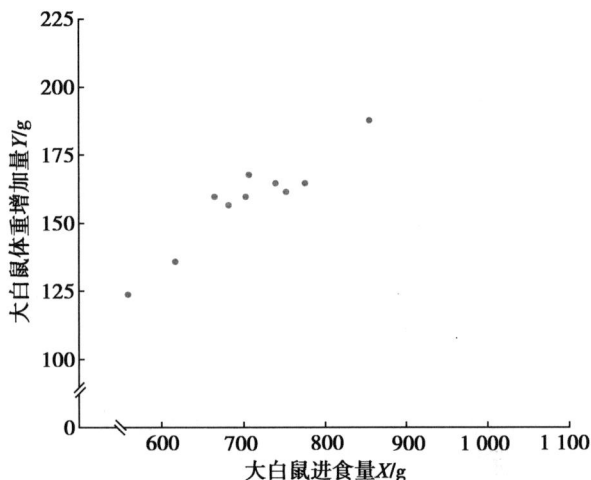

图 10-1　大白鼠进食量和体重增加量的散点图

具有相关关系的随机变量组成的坐标点(散点图)在直角坐标系中呈线性趋势,就称这两个变量存在线性相关关系。

宏观而言,图 10-2A 中两变量 X、Y 同时增大或减小,变化趋势是同向的,称为正相关(positive correlation);图 10-2B 中 X、Y 间呈反向变化,这种趋势称为负相关(negative correlation);散点图中各点恰好在一条直线上的情况(称为完全相关),这在实际中是非常罕见的。图 10-2C 中各点的趋势不呈直线趋势,而呈曲线关系;图 10-2D 中的散点杂乱无序。图 10-2C 和图 10-2D 这两种情形都不属于线性相关,但有所区别,前者表示两变量存在非线性联系,而后者表示两变量毫无联系。

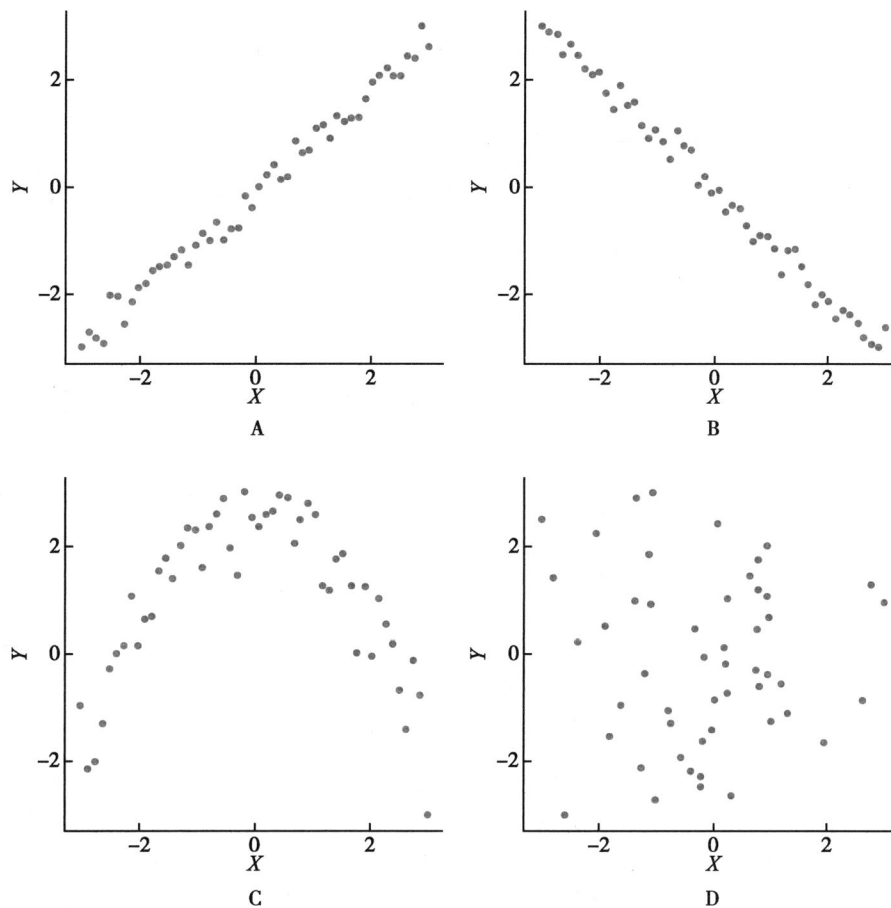

图 10-2　常见散点图

散点图仅能粗略地描述两变量间的关系,如果要准确描述两变量间线性关系的强度和方向,应进行相关分析。

线性相关(linear correlation)又称简单相关(simple correlation),用于描述两个随机变量 X、Y 之间的线性趋势的关系,适用于服从双变量正态分布(bivariate normal distribution)的资料。

## 二、线性相关系数

1. **线性相关系数(linear correlation coefficient)**　又称为 Pearson 积矩相关系数(Pearson product-moment correlation coefficient),简称相关系数(correlation coefficient),是定量描述两变量间线性关系的密切程度和相关方向的一个统计指标。总体相关系数用 $\rho$ 表示,样本的相关系数用 $r$ 表示。

## 2. 相关系数的计算

$$相关系数 = \frac{X \text{ 和 } Y \text{ 的协方差}}{\sqrt{(X \text{ 的方差})(Y \text{ 的方差})}} \qquad （式 10-1）$$

当式 10-1 右端分别为总体协方差和总体方差时，左端便是总体相关系数，记为 $\rho$。若 $\rho \neq 0$，称 $X$ 和 $Y$ 线性相关，简称相关；若 $\rho = 0$，则称 $X$ 和 $Y$ 无线性相关。当式 10-1 右端分别为样本协方差和样本方差时，左端使是样本相关系数，记为 $r$。

现在来解释协方差（covariance）的定义及其含义。当样本值为 $(X_1, Y_1), (X_2, Y_2), \cdots\cdots, (X_n, Y_n)$ 时，将 $X$ 和 $Y$ 的样本均数分别记为 $\overline{X}$ 和 $\overline{Y}$，如前所述，

$$X \text{ 的样本方差} = \frac{\sum_{i=1}^{n} (X_i - \overline{X})^2}{n-1}$$

$$Y \text{ 的样本方差} = \frac{\sum_{i=1}^{n} (Y_i - \overline{Y})^2}{n-1}$$

类似地，有定义式

$$X \text{ 和 } Y \text{ 的样本协方差} = \frac{\sum_{i=1}^{n} (X_i - \overline{X})(Y_i - \overline{Y})}{n-1} \qquad （式 10-2）$$

可见，样本协方差是离均差乘积在样本中的平均。同样，离均差乘积在总体中的平均就是总体协方差。与总体方差一样，在实际中，总体协方差常常是未知的。

可结合图 10-3 来理解协方差的含义。对一组成对的样本值而言，若其 $X$ 离均差与 $Y$ 离均差均为正或均为负时，离均差乘积为正，意即 $X$ 变量值大于其均值时，$Y$ 变量值也大于其均值，或者 $X$ 变量值小于其均值时，$Y$ 变量值也小于其均值，则变量 $X$ 与 $Y$ 是"同方向变化的"，如图 10-3A 所示，此时绝大多数数据点落在第 1、3 象限，离均差乘积和为正数，协方差为正，说明两变量有正相关趋势；若 $X$ 离均差与 $Y$ 离均差正负号相反，离均差乘积为负，意即 $X$ 变量值小于其均值时，$Y$ 变量值大于其均值，或者 $X$ 变量值大于其均值时，$Y$ 变量值小于其均值，则变量 $X$ 与 $Y$ 是"反方向变化的"，如图 10-3B 所示，此时绝大多数数据点落在第 2、4 象限，离均差乘积和为负数，协方差为负，说明两变量有负相关趋势；若变量 $X$ 和 $Y$ 的部分取值同方向，部分取值反方向，因而离均差乘积有正有负，离均差乘积和

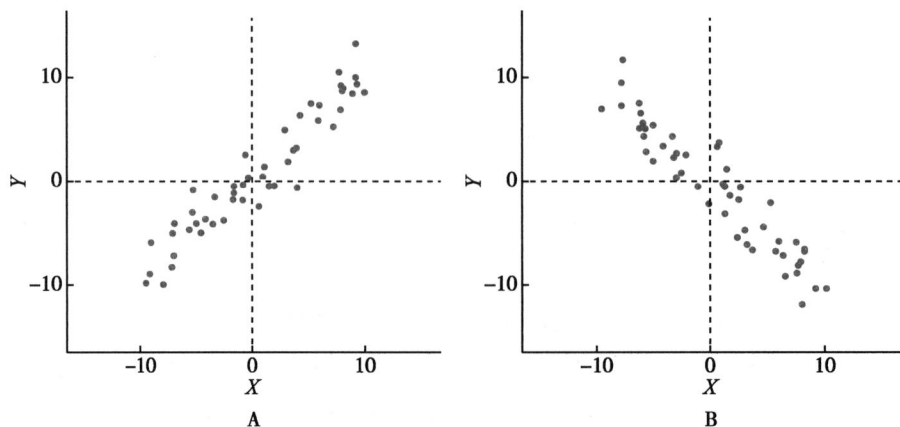

图 10-3 两变量线性相关示意图

就接近于零，数据将随机分布在图 10-3 的 4 个象限中，表明变量 $X$ 与 $Y$ 虽然是成对取值，但却杂乱无章，没有明显的线性关系。由此看出，协方差的大小和符号可以反映出两变量的线性相关趋势。

由于协方差的大小与 $X$、$Y$ 的量纲有关，不同问题中的协方差不可比较。于是就在 $X$ 与 $Y$ 分别标准化之后计算协方差，这就是相关系数。基于上述想法，样本相关系数的定义可写为：

$$r = \frac{\sum (X-\bar{X})(Y-\bar{Y})}{\sqrt{\sum (X-\bar{X})^2 \sum (Y-\bar{Y})^2}} = \frac{l_{XY}}{\sqrt{l_{XX} l_{YY}}} \qquad （式 10-3）$$

式中 $l_{XX}$、$l_{YY}$、$l_{XY}$ 分别表示 $X$ 的离均差平方和、$Y$ 的离均差平方和、$X$ 与 $Y$ 的离均差乘积和。

为便于计算，$l_{XX}$、$l_{YY}$、$l_{XY}$ 的计算公式为：

$$l_{XX} = \sum (X-\bar{X})^2 = \sum X^2 - \frac{(\sum X)^2}{n} \qquad （式 10-4）$$

$$l_{YY} = \sum (Y-\bar{Y})^2 = \sum Y^2 - \frac{(\sum Y)^2}{n} \qquad （式 10-5）$$

$$l_{XY} = \sum (X-\bar{X})(Y-\bar{Y}) = \sum XY - \frac{(\sum X)(\sum Y)}{n} \qquad （式 10-6）$$

3. 线性相关系数的特点　①相关系数 $r$ 没有单位；其取值范围为 $-1 \leqslant r \leqslant 1$。②$r$ 值的正负表示两变量之间线性相关的方向，即 $r>0$ 为正相关；$r<0$ 为负相关；$r=0$ 为零相关。③$r$ 的绝对值大小表示两变量之间线性相关的密切程度，$|r|$ 越接近于 1，说明密切程度越高，$|r|$ 越接近于 0，说明密切程度越低。④$|r|=1$，为完全相关。在实践中，完全相关的情况很少出现。

【例 10-2】　计算例 10-1 中大白鼠进食量和体重增加量的相关系数。

由式 10-4、式 10-5、式 10-6 分别先算出：

$$l_{XX}=61\ 698.1, \quad l_{YY}=2\ 760.5, \quad l_{XY}=12\ 219.5$$

代入式 10-3

$$r = \frac{12\ 219.5}{\sqrt{61\ 698.1 \times 2\ 760.5}} = 0.936$$

结果表明，10 只大白鼠的进食量与体重增加量的相关系数为 0.936，说明体重增加量随进食量增大而增大，两变量呈正相关。

## 三、相关系数的统计推断

根据样本资料计算得出的相关系数 $r$，是一个样本统计量，存在抽样误差。因此应做 $\rho$ 是否等于 0 的假设检验，以判断总体中两变量是否有线性相关关系。

常用的检验方法有两种：

1. 查表法　计算出相关系数后，根据 $\nu=n-2$，查 $r$ 界值表（见附表 10），比较 $|r|$ 临界值的大小，统计量绝对值越大，概率 $P$ 越小；统计量绝对值越小，概率 $P$ 越大。

2. $t$ 检验　$H_0: \rho=0$，$H_1: \rho \neq 0$，统计量 $t$ 值为：

$$t_r = \frac{r-0}{S_r} = \frac{r}{\sqrt{\frac{1-r^2}{n-2}}} \qquad （式 10-7）$$

$H_0$ 成立时，$t_r$ 值服从自由度 $\nu=n-2$ 的 $t$ 分布。

【例 10-3】　对例 10-2 求得的 $r$ 值，进行 $t$ 检验，检验相关关系是否具有统计学意义。

检验假设为：

$H_0:\rho=0$，即大白鼠的进食量与体重增加量无线性相关关系

$H_1:\rho\neq 0$，即大白鼠的进食量与体重增加量有线性相关关系

$\alpha=0.05$

已知：$n=10$，$r=0.936$

$$t_r=\frac{r-0}{S_r}=\frac{r}{\sqrt{\dfrac{1-r^2}{n-2}}}=7.521,\ \nu=10-2=8$$

查 $t$ 界值表（见附表 2），得双侧 $t_{0.001/2,\,8}=5.041$，由于 $|t_r|>t_{0.001/2,\,8}$，故 $P<0.001$，按 $\alpha=0.05$ 水准，拒绝 $H_0$，接受 $H_1$，可以认为进食量与体重增加量之间存在正相关关系。

上面的假设检验是为了定性地回答两变量之间是否存在线性相关，$P$ 值越小并不表示相关性就越强；相关性的强弱可利用样本相关系数对总体相关系数 $\rho$ 作出区间估计来回答。此时要先对 $r$ 按式 10-8 作 Fisher's $z$ 变换（Fisher's $z$-transformation），其中 tanh 为双曲正切函数，$\tanh^{-1}$ 为反双曲正切函数。Fisher's $z$ 变换是一种统计方法，主要用于对相关系数进行变换，以使得其更接近于正态分布。

$$z=\tanh^{-1}r\ \text{或}\ z=\frac{1}{2}\ln\left(\frac{1+r}{1-r}\right)\qquad\text{（式 10-8）}$$

$$r=\tanh\cdot z\ \text{或}\ r=\frac{e^{2z}-1}{e^{2z}+1}\qquad\text{（式 10-9）}$$

可以证明，$z$ 近似地服从均数为 $\dfrac{1}{2}\ln\left(\dfrac{1+\rho}{1-\rho}\right)$，标准差为 $\dfrac{1}{\sqrt{n-3}}$ 的正态分布。据此，可以计算 $\dfrac{1}{2}\ln\left(\dfrac{1+\rho}{1-\rho}\right)$ 的 $1-\alpha$ 置信区间

$$\left(z-\frac{z_\alpha}{\sqrt{n-3}},\,z+\frac{z_\alpha}{\sqrt{n-3}}\right)\qquad\text{（式 10-10）}$$

进而将式 10-10 的上、下限代入式 10-9 的右端，得到总体相关系数 $\rho$ 的 $1-\alpha$ 置信区间。

【例 10-4】　计算例 10-1 中大白鼠进食量和体重增加量的总体相关系数 $\rho$ 的 95% 的置信区间，例 10-2 中算得 $r=0.936$。

将 $r=0.936$ 代入式 10-8 的右端，得

$$z=\frac{1}{2}\ln\left(\frac{1+r}{1-r}\right)=\frac{1}{2}\ln\left(\frac{1+0.936}{1-0.936}\right)=1.704\,7$$

将 $z=1.704\,7$，$z_{0.05/2}=1.96$ 和 $n=10$ 代入式 10-10，得（0.963 9，2.445 6）；将上、下限分别代入式 10-8 的右端，

$$\frac{e^{2z}-1}{e^{2z}+1}=\frac{e^{2(0.963\,9)}-1}{e^{2(0.963\,9)}+1}=0.746\,0,\qquad \frac{e^{2z}-1}{e^{2z}+1}=\frac{e^{2(2.445\,6)}-1}{e^{2(2.445\,6)}+1}=0.985\,1$$

从而，$\rho$ 的 95% 置信区间为（0.746 0，0.985 1）。

## 四、线性相关分析时应注意的问题

1. 散点图可以使人们直观地判断两变量间是否具有线性关系,因此在进行相关分析前应先绘制散点图,以提示是否有必要进行线性相关分析。

2. 线性相关分析要求两个变量都是随机变量,而且仅适用于二元正态分布资料。有些研究中,一个变量的数值随机变动,而另一个变量的数值却是人为选定的,此时不宜作相关分析。在这种情况下,可以考虑使用非参数相关、回归分析、点二列相关和拟合优度检验等方法,在实际研究中,需要根据数据的特征和分析目的选择合适的分析方法。

3. 作相关分析时,应该剔除离群值。相关系数的数值受这些点的影响较大,当有此点时两变量相关,无此点时可能就不相关了。所以,应及时复核检查离群值或者极端值。

4. 相关分析要有实际意义,两变量相关并不代表两变量间一定存在内在联系。如根据儿童身高与小树树高资料算得的相关系数,有统计学意义,可两者并非因果关系,而是由于时间变量与二者的潜在联系,造成了儿童身高与树高相关的假象。

5. 样本的相关系数为 0 时,并不意味着两变量一定无相关性,可能还存在非线性关系。

6. 分层资料盲目合并时易出现假象。如图 10-4 所示,A 图中,本不相关的两样本合并造成相关的假象;B 图中,原本分层看各具相关性,合并后却显示不相关了。

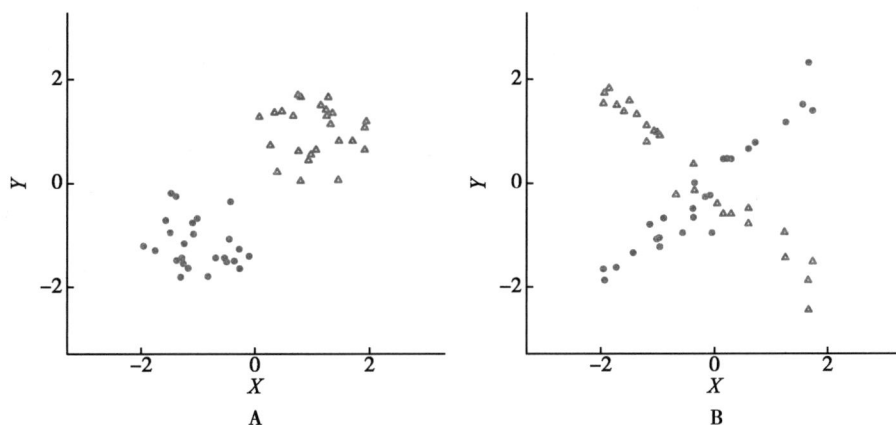

图 10-4　异常值与数据合并误用相关的两种情况

# 第二节　等级相关

【例 10-5】 为探讨贫血患者的体征与血红蛋白含量的相关性,某研究者检测了某市 10 例女性贫血患者的血红蛋白含量,研究其相关性,结果见表 10-2,试作秩相关分析。

上一节 Pearson 积矩相关分析仅适用于二元正态分布资料,对那些不服从双变量正态分布的资料,还有总体分布未知的资料和原始数据用等级表示的资料,都不宜用积矩相关系数来描述关联性。此时,可采用秩相关(rank correlation),也称等级相关,来描述两个变量间关联的程度与方向。

## 一、秩相关的概念

秩相关(rank correlation)也称等级相关,是描述两个变量间相关关系的密切程度与相关方向的指标。它是一种非参数统计方法,其中最常用的统计量是 Spearman 秩相关系数 $r_s$,又称等级相关系

表 10-2　某市 10 例女性贫血患者的血红蛋白含量与贫血体征　　　　　　　　　　　单位：g/L

| 患者编号<br>（1） | 血红蛋白含量 X<br>（2） | 秩次 p<br>（3） | 贫血体征 Y<br>（4） | 秩次 q<br>（5） |
|---|---|---|---|---|
| 1 | 27 | 1 | +++ | 9.5 |
| 2 | 36 | 2 | +++ | 9.5 |
| 3 | 45 | 3 | ++ | 7 |
| 4 | 58 | 4 | ++ | 7 |
| 5 | 62 | 5 | ++ | 7 |
| 6 | 73 | 6 | + | 4 |
| 7 | 82 | 7 | + | 4 |
| 8 | 93 | 8 | − | 1.5 |
| 9 | 102 | 9 | + | 4 |
| 10 | 115 | 10 | − | 1.5 |
| 合计 | — | 55 | — | 55 |

数，介于 −1 到 1 之间，$r_s > 0$ 为正相关，$r_s < 0$ 为负相关。秩相关应用范围：①偏态分布；②总体分布类型未知的资料；③原始数据用等级表示的资料。

Spearman 秩相关系数 $r_s$ 的计算分两步：先将 $n$ 对实测值 $X_i$ 与 $Y_i$（$i=1,2,3,\cdots,n$）分别从小到大排序编秩；接着以秩次代入式 10-3。

将两变量 $X$、$Y$ 成对的观察值分别从小到大排序编秩，见表 10-2 中秩次栏，观察值相同的取平均秩次；将 $p$、$q$ 直接替换式 10-3 中的 $X_i$ 与 $Y_i$，得：

$$l_{pp}=82.5, \quad l_{qq}=77.5, \quad l_{pq}=-75$$

$$r_s = \frac{l_{pq}}{\sqrt{l_{pp}l_{qq}}} = -0.938$$

由样本算得的秩相关系数是否有统计学意义，也应作假设检验。

## 二、秩相关系数的假设检验

类似于积矩相关系数，秩相关系数的假设检验为：

$$H_0: \rho_s=0, \quad H_1: \rho_s \neq 0, \alpha=0.05$$

当 $n \leq 50$ 时，可查 $r_s$ 界值表（见附表 11），若秩相关系数超过临界值，则拒绝 $H_0$；当 $n > 50$ 时，可以采用 $t$ 检验，公式见式 10-7。

【例 10-6】　对例 10-5 的秩相关系数作假设检验。

案例中算得 $r_s=-0.938$，$n=10$，查附表 11 得 $|r_s| > r_{s(0.001,10)}=0.903$，$P < 0.001$，按 $\alpha=0.05$ 水准，拒绝 $H_0$，接受 $H_1$，可以认为血红蛋白含量与贫血体征之间存在负相关关系。

## 三、分类变量的关联性分析

两个定量变量之间或定量变量与等级变量之间的关联性可用 Pearson 积矩相关系数或 Spearman

秩相关系数来描述；对至少一个变量为无序分类变量的两分类变量的关联性分析，通常是先根据交叉分类计数所得的列联表进行两种属性独立性的 $\chi^2$ 检验，然后计算关联系数。本知识点在第八章 $\chi^2$ 检验中有详细介绍，本章不再作介绍，详情可参考本书第八章。

# 第三节 线性回归

在前两节的内容中，介绍了两个定量变量之间关联性分析的方法，通过 Pearson 积矩相关系数或 Spearman 秩相关系数描述二者之间的线性联系，重点研究两个变量之间线性关系的强度和方向，两变量为同时测得的结果变量，不分主次。但在实际研究中，常需要通过可测或易测的变量对未知或难测的变量进行估计，以达到预测的目的。例如，用患病幼儿月龄预测其体重，用身高或体重这些容易测量的指标来估计体表面积等相对难测的指标。回归分析（regression analysis）就是研究一个变量如何随另一些变量变化的常用方法。

【例 10-7】 为探讨某种代乳粉的营养价值，用大白鼠进行实验，得到大白鼠进食量和体重增加量的资料如前表 10-1 所示，试进行线性回归分析，为了后面的计算方便，在表 10-1 基础上增加了 $XY$、$X^2$ 和 $Y^2$，具体见表 10-3。

表 10-3 大白鼠进食量和体重增加量的资料

| 调查对象 | 进食量/g $X$ | 增加量/g $Y$ | $XY$ | $X^2$ | $Y^2$ |
|---|---|---|---|---|---|
| 1 | 935 | 187 | 174 845 | 874 225 | 34 969 |
| 2 | 640 | 123 | 78 720 | 409 600 | 15 129 |
| 3 | 820 | 164 | 134 480 | 672 400 | 26 896 |
| 4 | 783 | 159 | 124 497 | 613 089 | 25 281 |
| 5 | 745 | 159 | 118 455 | 555 025 | 25 281 |
| 6 | 698 | 135 | 94 230 | 487 204 | 18 225 |
| 7 | 786 | 167 | 131 262 | 617 796 | 27 889 |
| 8 | 762 | 156 | 118 872 | 580 644 | 24 336 |
| 9 | 856 | 164 | 140 384 | 732 736 | 26 896 |
| 10 | 832 | 161 | 133 952 | 692 224 | 25 921 |
| 合计 | 7 857 | 1 575 | 1 249 697 | 6 234 943 | 250 823 |

在例 10-7 中，自变量为进食量（$X$），因变量为增加量（$Y$），研究目的是探讨大白鼠进食量和体重增加量之间的关系。线性回归是分析两个连续型变量之间数量依存关系的一种统计方法，即一个自变量如何影响一个定量因变量。在医学和生物学现象中，很多情况 $X$ 与 $Y$ 在数量上可能存在线性关系，如在研究儿童的年龄与体重的关系时，一般来说儿童的年龄越大其体重亦越重。根据本例题研究目的判断，可以考虑选择线性回归模型来进行数据分析。

## 一、线性回归模型

假设有两个变量 $X$ 和 $Y$，当一个变量 $X$ 改变时，另一个变量 $Y$ 也发生相应改变，此时，称 $X$ 为自变量（independent variable）或解释变量，$Y$ 为因变量（dependent variable）或响应变量。一般来说，自变量和因变量的关系是自变量影响因变量，或者说是因变量依赖于自变量。对此，可以用一个直线方程来表示二者关系，这样得出的直线方程叫做线性回归方程（linear regression equation），其一般表达形式为：

$$\hat{Y}=a+bX \tag{式10-11}$$

式中 $\hat{Y}$ 表示 $X$ 取某一定值时相应 $Y$ 的平均估计值（$Y$ 总体均数的点估计）；$a$ 为截距（intercept）或常数项（constant term），表示 $X$ 取值为 0 时 $Y$ 的平均水平；$b$ 为回归系数（regression coefficient），即斜率，表示自变量 $X$ 每改变一个单位，因变量 $Y$ 的平均改变量。若回归系数 $b>0$，说明 $Y$ 随 $X$ 增加而增加；若回归系数 $b<0$，说明 $Y$ 随 $X$ 增加而减少。

在进行线性回归分析前一般应先绘制散点图确定两个变量间是否存在线性趋势。根据表 10-1 的数据绘制散点图（见图 10-1）。从图中可以看出，大白鼠进食量和体重增加量之间存在着明显的线性趋势，可进一步考虑建立二者之间的线性回归方程。

在实际应用中，线性回归的类型取决于自变量和因变量的性质。当自变量是可以精确测量和严格控制的指标，而因变量呈随机变化时，称之为 I 型回归。例如，在单向环状免疫扩散法研究中，研究者通过精准控制 IgG 浓度（$X$），测量琼脂免疫板上沉淀环直径（$Y$）的变化。表 10-4 展示了这种实验的数据，其散点图（图 10-5）呈现出明显的线性趋势。相比之下，II 型回归则是指自变量和因变量都呈随机变化，且共同服从双变量正态分布的情况。在 II 型回归中，可以计算两个回归方程：$Y$ 关于 $X$ 的，或 $X$ 关于 $Y$ 的。

表 10-4　不同 IgG 浓度下的沉淀环直径数据

| IgG 浓度/（IU/ml）<br>$X$ | 1 | 2 | 3 | 4 | 5 |
|---|---|---|---|---|---|
| 沉淀环直径/mm<br>$Y$ | 4.0 | 5.5 | 6.2 | 7.7 | 8.5 |

线性回归模型的适用条件如下：

（1）因变量 $Y$ 与自变量 $X$ 呈线性（linear）关系。通过绘制（$X$，$Y$）的散点图，观察散点的分布是否有线性趋势，来判断线性关系是否成立。如果 $Y$ 与 $X$ 呈现非线性关系，应该尝试变量变换使其线性化，或直接使用非线性回归方法。

（2）每个个体观察值之间相互独立（independence）。通常利用专业知识来判断这项条件是否满足，即任意两个个体的观察值之间不应该有关联性。如果该条件不满足，表面上有 $n$ 对个体的资料，实际上提供的信息却没有这么多，导致回归分析的估计值不够准确和精确。

（3）在一定范围内，任意给定 $X$ 值，其对应的随机变量 $Y$ 均服从正态分布（normal distribution）（图 10-6）。通常利用专业知识来判断这项条件是否满足，也可用后面将介绍的残差的散点图来判断，或者通过预实验测定任意给定 $X$ 值对应的一系列 $Y$ 值，再通过正态性检验方法来判断。如果数据不满足正态性条件，首先考虑对原始数据 $Y$ 进行变量变换使其正态化。

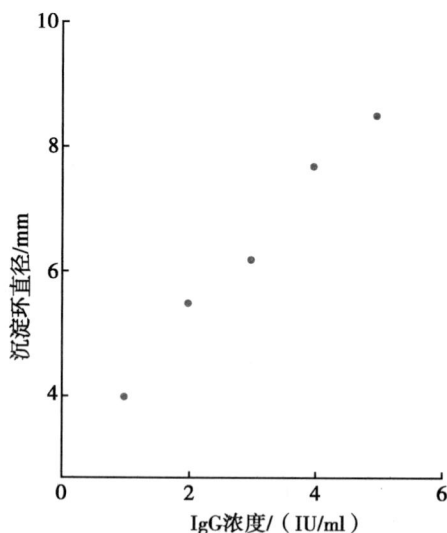

图 10-5　IgG 浓度与沉淀环直径的散点图

（4）在一定范围内，不同的 $X$ 值所对应的随机变量 $Y$ 的方差相等（equal variance）。通常可利用 $(X,Y)$ 的散点图或后面将介绍的残差的散点图来判断等方差性。如果数据不满足等方差条件，可试用变量变换使其方差齐性化后再进行线性回归分析，或者采用加权回归的办法。

若把上述线性回归模型适用条件的四个英语单词的首字母连在一起，恰好为"LINE"，便于记忆。

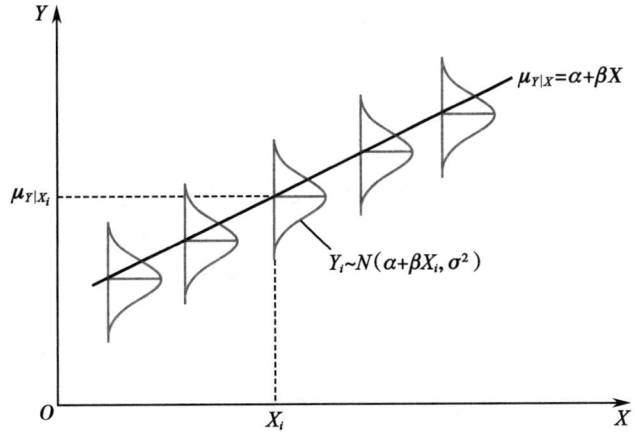

图 10-6　线性回归模型的适用条件示意图

## 二、线性回归模型的参数估计

### （一）参数估计的最小二乘原则

回归系数 $b$ 和常数项 $a$ 是回归方程中需要估计的两个参数，估计的原理是最小二乘法（method of least squares），该方法的原则是保证各实测点到回归直线的纵向距离的平方和最小，即 $\sum(Y-\hat{Y})^2$ 最小，从而使计算出的回归直线最能代表实测数据所反映出的直线趋势。对于本章案例 10-1 的数据，最小二乘法直观表达图见图 10-7。

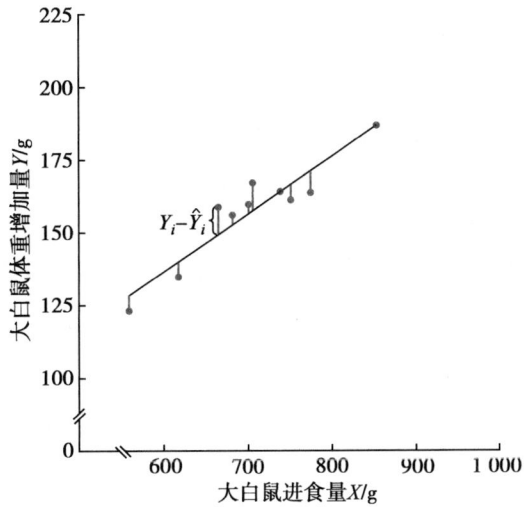

图 10-7　线性回归的最小二乘原则的直观表达

### （二）回归参数的估计方法

依据最小二乘法推导出回归系数 $b$ 的计算公式为：

$$b=\frac{l_{XY}}{l_{XX}}=\frac{\sum(X-\overline{X})(Y-\overline{Y})}{\sum(X-\overline{X})^2} \qquad （式 10-12）$$

$$a=\overline{Y}-b\overline{X} \qquad （式 10-13）$$

式中，$l_{XY}$ 表示 $X$ 与 $Y$ 的离均差积和，$l_{XX}$ 表示 $X$ 的离均差平方和；$\overline{X}$ 和 $\overline{Y}$ 分别为两个变量的均值。

【例 10-8】　计算例 10-7 大白鼠的体重增加量（$Y$）关于进食量（$X$）的线性回归方程。

1. 由例 10-7 计算结果代入式 10-12，求回归系数 $b$。

$$b=\frac{l_{XY}}{l_{XX}}=\frac{\sum(X-\overline{X})(Y-\overline{Y})}{\sum(X-\overline{X})^2}=0.198\,1$$

2. 用式 10-13 求截距 $a$。

$$a=\overline{Y}-b\overline{X}=157.5-155.610\,3=1.889\,7$$

3. 得回归方程为：

$$\hat{Y}=1.889\ 7+0.198\ 1X$$

为了进行直观分析或满足实际需求，可以根据求出的回归方程绘制回归直线图。在 $X$ 的实测极差范围内，选择两个相距较远且易读取的 $X$ 值，代入方程得到对应的 $Y$ 值，并通过直线连接这两个点，从而得到回归直线。回归直线的适用范围一般以样本数据中的自变量取值范围为限，若无充分理由证明超过自变量的取值范围还是直线，应该避免取值外延（即不要超过自变量取值范围计算 $\hat{Y}$ 值）。

### 三、线性回归模型的假设检验

由样本资料计算的回归系数 $b$ 和其他统计量一样，存在抽样误差，需要对线性回归方程进行假设检验。总体回归系数 $\beta$ 是回归方程有无意义的关键，如果 $\beta=0$，那么，$\hat{Y}=a$ 是个常数，回归方程无意义。所以对回归方程是否成立的假设检验就是对回归系数进行假设检验，可用方差分析或 $t$ 检验。

1. 方差分析　任意实测点 $Q(X,Y)$，其 $Y$ 值的变异可用 $\Sigma(Y-\bar{Y})^2$ 来反映，而每个 $Y-\bar{Y}$ 都可以分解为 $Y-\hat{Y}$ 和 $\hat{Y}-\bar{Y}$ 两部分，如图 10-8 所示。

因此可得等式：

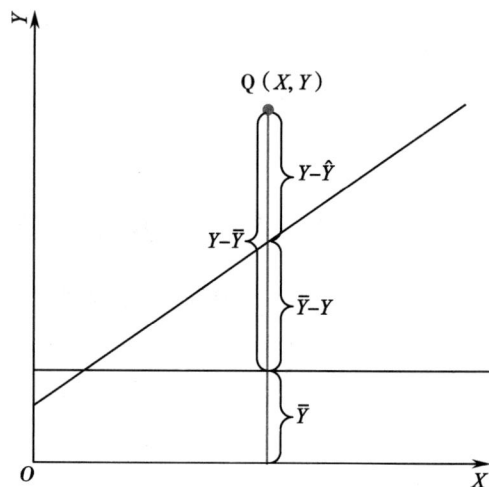

图 10-8　因变量 $Y$ 的离均差分解示意图

$$Y-\bar{Y}=(\hat{Y}-\bar{Y})+(Y-\hat{Y})$$

经推导得：

$$\Sigma(Y-\bar{Y})^2=\Sigma(\hat{Y}-\bar{Y})^2+\Sigma(Y-\hat{Y})^2 \qquad （式10-14）$$

式 10-14 中，$\Sigma(Y-\bar{Y})^2$ 为 $Y$ 的离均差平方和，表示因变量 $Y$ 的总变异，用 $SS_{总}$ 表示；$\Sigma(\hat{Y}-\bar{Y})^2$ 称回归平方和，表示在 $Y$ 的总变异中，可以用 $Y$ 与 $X$ 的线性关系解释的变异，用 $SS_{回归}$ 表示；$\Sigma(Y-\hat{Y})^2$ 称剩余平方和或残差平方和，它反映了除 $X$ 对 $Y$ 的回归关系影响之外的所有一切因素对 $Y$ 的变异的作用，也即在总平方和中无法用回归关系解释的部分，表示考虑回归关系之后 $Y$ 的变异，用 $SS_{残差}$ 表示。用公式表示为：

$$SS_{总}=SS_{回归}+SS_{残差} \qquad （式10-15）$$

式中相应的计算公式分别为：

$$SS_{总}=l_{YY} \qquad （式10-16）$$

$$SS_{回归}=bl_{YY}=\frac{l_{XY}^2}{l_{XX}} \qquad （式10-17）$$

$$SS_{残}=SS_{总}-SS_{回归}=l_{YY}-\frac{l_{XY}^2}{l_{XX}} \qquad （式10-18）$$

上述三项的自由度分别为：

$$\nu_{\text{总}}=n-1, \quad \nu_{\text{回}}=1, \quad \nu_{\text{残}}=n-2 \qquad (\text{式 10-19})$$

$$\nu_{\text{总}}=\nu_{\text{回}}+\nu_{\text{残}}$$

利用方差分析的基本原理可以建立 $H_0:\beta=0$，$H_1:\beta\neq0$ 的假设，并构造检验统计量 $F$ 为

$$F=\frac{MS_{\text{回}}}{MS_{\text{残}}} \qquad (\text{式 10-20})$$

其中，

$$MS_{\text{回}}=\frac{SS_{\text{回}}}{\nu_{\text{回}}}, MS_{\text{残}}=\frac{SS_{\text{残}}}{\nu_{\text{残}}} \qquad (\text{式 10-21})$$

利用公式求得 $F$ 值后可查 $F$ 界值表（附表 4-1）得到 $P$ 值，并以 $\alpha$ 水准判断假设检验中的 $\beta$ 是否为 0，即推断 $X$ 与 $Y$ 的总体回归方程是否成立。

【例 10-9】 试对例 10-8 中的样本回归方程用方差分析法作假设检验。

$H_0:\beta=0$，即体重增加量与进食量无线性回归关系

$H_1:\beta\neq0$，即体重增加量与进食量有线性回归关系

$\alpha=0.05$

结合式 10-4、式 10-5、式 10-6 和式 10-17、式 10-18、式 10-19 计算得：

$$SS_{\text{总}}=l_{YY}=2\,760.5$$

$$SS_{\text{回归}}=bl_{YY}=\frac{l_{XY}^2}{l_{XX}}=\frac{12\,219.5^2}{61\,698.1}=2\,420.11$$

$$SS_{\text{残}}=SS_{\text{总}}-SS_{\text{回归}}=340.39$$

由式 10-20、式 10-21、式 10-22 计算得到：

$$F=\frac{MS_{\text{回}}}{MS_{\text{残}}}=\frac{SS_{\text{回}}/\nu_{\text{回}}}{SS_{\text{残}}/\nu_{\text{残}}}=\frac{2\,420.11/1}{340.39/8}=56.878\,5$$

已知 $\nu_1=\nu_{\text{回}}=1$，$\nu_2=\nu_{\text{残}}=n-2=8$，查 $F$ 界值表（附表 4-1）得 $F_{0.05(1,8)}=5.32$ 求得 $F=56.878\,5>5.32$，则 $P<0.05$，按 $\alpha=0.05$ 水准拒绝 $H_0$，接受 $H_1$，差异有统计学意义，可以认为大白鼠体重增加量与进食量有线性回归关系。

方差分析法对回归方程进行假设检验应遵从方差分析的基本思想，即如果 $X$ 与 $Y$ 之间无线性回归关系，则 $SS_{\text{回归}}$ 与 $SS_{\text{残差}}$ 都只包含除 $X$ 之外的一切因素对 $Y$ 的影响，因此其均方 $MS_{\text{回归}}$ 与 $MS_{\text{残差}}$ 应相差不大，如果两者差别较大，并超出能够用上述其他因素波动解释的程度，则认为回归方程具有统计学意义。各指标计算结果见表 10-5。

表 10-5 线性回归的方差分析表

| 变异来源 | SS | $\nu$ | MS | F | P |
|---|---|---|---|---|---|
| 总变异 | 2 760.50 | 9 | | | |
| 回归 | 2 420.11 | 1 | 2 420.11 | 56.878 5 | <0.05 |
| 残差 | 340.39 | 8 | 42.548 8 | | |

2. $t$ 检验　回归系数检验也可以采用 $t$ 检验的方法,检验统计量的计算公式为:

$$t_b = \frac{|b-0|}{S_b}, \nu = n-2 \qquad （式 10\text{-}22）$$

$$S_b = \frac{S_{Y \cdot X}}{\sqrt{l_{XX}}} \qquad （式 10\text{-}23）$$

$$S_{Y \cdot X} = \sqrt{\frac{SS_{残差}}{\nu_{残差}}} = \sqrt{MS_{残差}} \qquad （式 10\text{-}24）$$

其中,$S_b$ 为样本回归系数 $b$ 的标准误,反映样本回归系数的抽样误差;$S_{Y \cdot X}$ 为回归残差的标准误 (standard error of residual),表示因变量 $Y$ 值对于回归直线的离散程度。$t_b$ 服从自由度为 $\nu = n-2$ 的 $t$ 分布。求得 $t$ 值后查 $t$ 界值表(附表2)得到 $P$ 值,并按 $\alpha$ 水准作出推断结论。

【例 10-10】　试对例 10-8 中的样本回归方程用回归系数 $t$ 检验法作假设检验。

检验假设同上。

根据例 10-8、例 10-9 的计算结果,由式 10-24、式 10-23、式 10-22 可得:

$$S_{Y \cdot X} = \sqrt{\frac{SS_{残差}}{n-2}} = 6.522\ 9$$

$$S_b = \frac{S_{Y \cdot X}}{\sqrt{l_{XX}}} = \frac{6.522\ 9}{248.391} = 0.026\ 3$$

$$t_b = \frac{|b-0|}{S_b} = \frac{0.198\ 1}{0.026\ 3} = 7.542$$

由 $\nu = 10-2 = 8$,查 $t$ 界值表(附表2)得 $t_{0.05/2,8} = 0.706$,已求得 $t_b = 7.542 > 0.706$,则 $P < 0.05$,按 $\alpha = 0.05$ 水准拒绝 $H_0$,接受 $H_1$,差异有统计学意义,可以认为大白鼠体重增加量与进食量有线性回归关系。

在双变量回归分析中,对同一资料作总体回归系数 $\beta$ 是否为零的假设检验,方差分析和 $t$ 检验是等价的,并且有 $t_b = \sqrt{F}$ 的关系。对同一资料作总体相关系数 $\rho$ 和总体回归系数 $\beta$ 的假设检验分别得到 $t_r$ 和 $t_b$,可以证明,二者相等,即 $t_r = t_b$。鉴于相关系数的假设检验的简便性,可以用相关系数的假设检验来回答回归系数假设检验的问题。

3. **总体回归系数 $\beta$ 的置信区间**　由例 10-8 计算得到的样本回归系数 $b = 0.198\ 1$,只是总体回归系数 $\beta$ 的一个点估计值。类似于总体均数的置信区间,$\beta$ 的 $(1-\alpha)$ 置信区间可由式 10-25 计算:

$$b \pm t_{\alpha/2, n-2} S_b \qquad （式 10\text{-}25）$$

其中,$S_b$ 为样本回归系数 $b$ 的标准误;$t_{\alpha/2, n-2}$ 为对应于残差自由度 $n-2$ 的 $t$ 界值。

前例中已求得 $b = 0.198\ 1$ 与 $S_b = 0.026\ 3$,$\nu = 8$,$t_{0.05/2, 8} = 0.706$,若要求大白鼠体重增加量与进食量线性回归的总体回归系数 $\beta$ 的 95% 的置信区间,按式 10-26 计算得:

$$（0.198\ 1 - 0.706 \times 0.026\ 3,\ 0.198\ 1 + 0.706 \times 0.026\ 3）=（0.179\ 5,\ 0.216\ 7）$$

4. **决定系数**　回归平方和与总离均差平方和之比称为决定系数(coefficient of determination),记为 $R^2$。

$$R^2 = \frac{SS_{回}}{SS_{总}} \qquad （式 10\text{-}26）$$

$R^2$ 取值在 0 到 1 之间,且无单位。它反映了回归贡献的相对程度,即在因变量 $Y$ 的总变异中回归关系所能解释的比例。可以证明,回归平方和与总离均差平方和之比恰好等于相关系数的平方。在应用中,通过决定系数大小来反映回归的实际效果。

根据例 10-9,由式 10-26 可计算出 $R^2$ 的值。

$$R^2=\frac{SS_{回}}{SS_{总}}=\frac{2\ 420.11}{2\ 760.5}=0.876\ 7$$

例 10-8 中 $R^2$ 取值为 0.876 7,说明大白鼠体重增加的信息大约可被进食量解释 87.67%,剩余 12.33% 的信息则通过进食量以外的因素来解释。

## 四、线性回归分析的应用

### (一)线性回归的应用

1. 统计预测　利用回归方程进行统计预测是回归分析最重要的应用。所谓预测就是将预测因子(自变量 $X$)代入回归方程对预测量进行估计。将自变量 $X$ 的值代入回归方程,即可得到因变量 $Y$ 的估计值及总体均数的可信区间。

(1)$Y$ 的总体均数的置信区间:给定 $X=X_p$ 时,$Y_p$ 的总体均数 $\mu_{Y|X_p}$ 的点估计为

$$\hat{Y}_p=a+X_p$$

可以证明,其标准误为:

$$S_{\hat{Y}_p}=S_{Y\cdot X}\sqrt{\frac{1}{n}+\frac{(X_p-\overline{X})^2}{l_{XX}}} \qquad（式 10-27）$$

$\mu_{Y|X_p}$ 的(1$-\alpha$)的置信区间为:

$$\hat{Y}_p\pm t_{\alpha/2,\ n-2}S_{\hat{Y}_p} \qquad（式 10-28）$$

例 10-7 中,第一观测点 $X_1$=935,$S_{Y\cdot X}$=6.522 9,$l_{XX}$=61 698.1,$\overline{X}$=785.7,代入式 10-27,获得第一观测点 $X_1$ 对应的 $\hat{Y}_1$ 的标准误为:

$$S_{\hat{Y}_1}=S_{Y\cdot X}\sqrt{\frac{1}{n}+\frac{(X_1-\overline{X})^2}{l_{XX}}}=6.522\ 9\times\sqrt{\frac{1}{10}+\frac{(935-785.7)^2}{61\ 698.1}}=4.430\ 2$$

当置信度为 95%,$t_{0.05/2,\ 8}$=0.706,$\hat{Y}_p=a+X_p$=1.889 7+0.198 1×935=187.113 2,代入式 10-28 可得 $Y$ 的总体均数的 95% 置信区间为:

$$187.076\ 3\pm0.706\times4.430\ 2=（183.948\ 6,190.204\ 0）$$

用同样的方式,可计算出对应于所有 $X$ 值的 $Y$ 的总体均数的置信区间,以相应的 $X$ 为横坐标,$Y$ 为纵坐标,将置信区间的上下限分别连起来形成的两条弧形线间的区域,称为回归直线的置信带(confidence band),见图 10-9 中的浅灰色区域。

可知,当 $X_p=\overline{X}$ 时标准误 $S_{\hat{Y}_p}$ 最小,所以在均数点($\overline{X}$,$\overline{Y}$)处置信带宽度最小,越远离该均数点,置信带宽度越大。(1$-\alpha$)置信带的意义是:在满足线性回归的假设条件下,可以认为真实的回归直线落在两条弧形曲线所形成的区带内,其置信度为 1$-\alpha$。

（2）个体 $Y$ 值的预测区间：总体中，当 $X_p$ 为某一固定值时，个体 $Y$ 值围绕着对应于 $X_p$ 值的 $\hat{Y}_p$ 波动，

$$Y=\hat{Y}_p+(Y-\hat{Y}_p)$$

其方差计算公式为：

$$S_{Y|X_p}^2=S_{\hat{Y}_p}^2+S_{Y\cdot X}^2=S_{Y\cdot X}^2\left[\frac{1}{n}+\frac{(X_p-\overline{X})}{l_{XX}}\right]+S_{Y\cdot X}^2$$

所以，个体 $Y$ 值的标准差按下式计算：

$$S_{Y|X_p}=S_{Y\cdot X}\sqrt{1+\frac{1}{n}+\frac{(X_p-\overline{X})^2}{l_{XX}}}$$ （式10-29）

个体 $Y$ 值的预测区间（prediction interval）为：

$$\hat{Y}_p\pm t_{\alpha/2,n-2}S_{Y|X_p}$$ （式10-30）

仍以例 10-7 中第一观测点数据为例，利用上例计算结果，该点预测 $Y$ 值的标准差为：

$$S_{Y|X_1}=S_{Y\cdot X}\sqrt{1+\frac{1}{n}+\frac{(X_1-\overline{X})^2}{l_{XX}}}=6.522\,9\times\sqrt{(1+0.1+0.361\,3)}=7.885\,2$$

代入式 10-30 得第一数据点 $Y$ 值的 95% 的预测区间为：

$$187.076\,3\pm0.706\times7.885\,2=(181.509\,3,192.643\,3)$$

用同样的方法，可计算出对应于所有 $X$ 值的 $Y$ 的预测区间，以相应的 $X$ 为横坐标，$Y$ 为纵坐标，将预测区间的上下限分别连起来形成的两条弧形线间的区域，称为 $Y$ 值的预测带（图10-9）。

2. 统计控制　统计控制（statistical control）是利用回归方程进行的逆估计，即若要求因变量 $Y$ 在一定数值范围内变化，可以通过控制自变量 $X$ 的取值来实现。

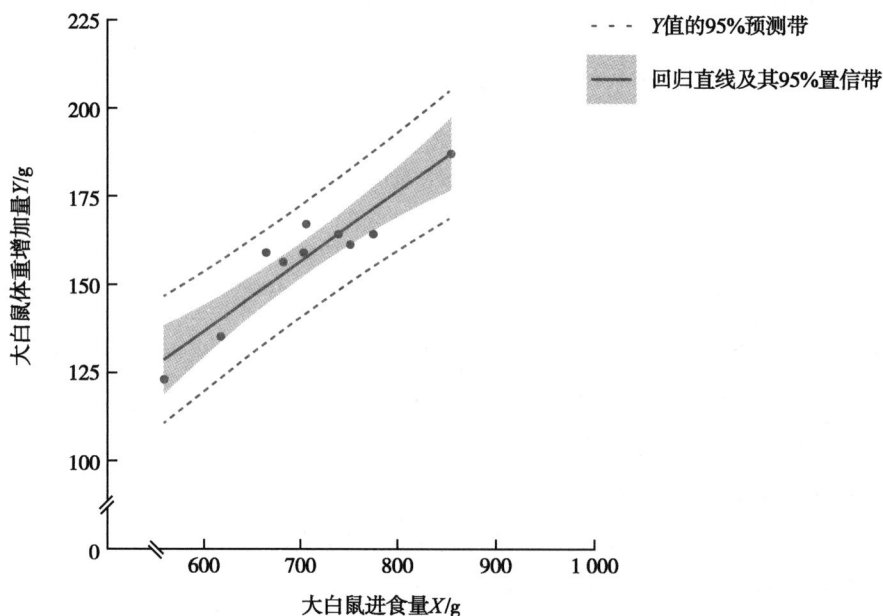

【**例 10-11**】 在硝酸钠的溶解试验中,测得在不同温度(℃)$X$下,溶解于 100 份水中的硝酸钠份数 $Y$ 的数据见表 10-6。若要求溶解于 100 份水中的硝酸钠份数在 80 份以上,温度应如何控制?设置信度为 95%。

表 10-6 不同温度下溶解于 100 份水中的硝酸钠份数

| 温度/℃ $X$ | 0 | 4 | 10 | 15 | 21 | 29 | 36 | 51 | 68 |
|---|---|---|---|---|---|---|---|---|---|
| 溶解的硝酸钠份数 $Y$ | 66.7 | 71 | 76.3 | 80.6 | 85.7 | 92.9 | 99.4 | 113.6 | 125.1 |

由原始数据计算可知 $\hat{Y}=67.508+0.871X$,$\overline{X}=26$,$l_{XX}=4\,060$,$S_{Y\cdot X}=0.959\,4$,$\alpha=0.05$,$\nu=9-2=7$,查附表 2($t$ 界值表)得单侧 $t_{0.05,7}=1.895$。本例要求溶解于 100 份水中的硝酸钠份数 $Y$ 在 80 份以上,对应于个体 $Y$ 值的 95% 预测区间单侧下限值:

$$\hat{Y}_{\text{下限}}=\hat{Y}_p-t_{0.05,\nu}S_{Y|X_p}$$

当 $\hat{Y}_{\text{下限}}=80$ 时,通过上式解得 $X_p=16.56$(℃),即把温度控制在 $16.56\sim68$℃区间内,就有 95% 的可能使溶解于 100 份水中的硝酸钠份数在 80 份以上。

## (二)残差分析

残差分析(residual analysis)旨在通过残差分布深入了解实际资料是否符合回归模型假设(如正态性、等方差),尤其在识别离群值(outlier)方面,有着重要作用。残差 $e_i$ 是实际观测值 $Y_i$ 与回归估计值 $\overline{Y}_i$ 之差:

$$e_i=Y_i-\overline{Y}_i$$

残差分析常通过标准化残差图(standardized residual plot)来进行。若以因变量 $Y$ 为横坐标,以标准化残差为纵坐标,构成的散点图即是标准化残差图,见图 10-10。

类似地,也可以自变量取值 $X$ 为横坐标,以标准化残差为纵坐标作标准化残差图。

当标准化残差图中散点的分布,绝大部分在 ±2 倍标准差之间,在以 0 为参考线的上下随机且均匀地散布时,可以认为模型与数据拟合得较好。一般认为在 ±3 倍标准差以外区域出现的点所对应的原始数据为离群点,在 ±2 倍标准差以外、±3 倍标准差以内区域出现的点所对应的原始数据可能为离群点。

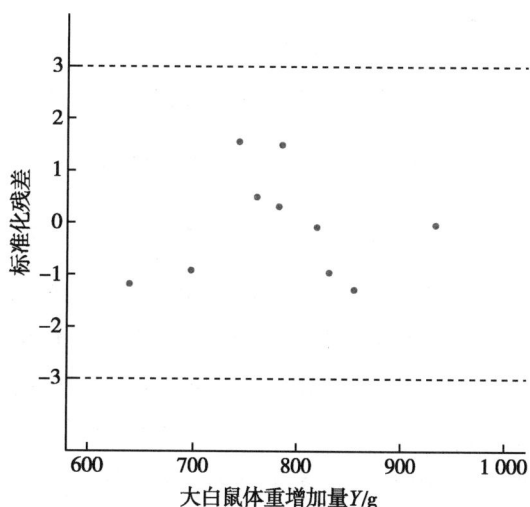

图 10-10 线性回归的标准化残差图

图 10-11 给出的是以因变量为横坐标,以标准化残差为纵坐标的残差图的不同类型。其中,图 10-11A、图 10-11B 中散点的分布呈扩张或收缩的喇叭形状,表明误差的方差随着 $Y$ 的增大而增大或减小,表明误差不满足方差齐性;图 10-11C 中散点呈弯曲的点带形状,显示存在非线性关系;图 10-11D 中散点呈线性趋势的点带形状,表明可能漏掉了另外的自变量;图 10-11E 显示的是带有 ±2 倍标准差和 ±3 倍标准差参考线的某个模型的标准化残差图,显示在 ±3 倍标准差以外有一个离

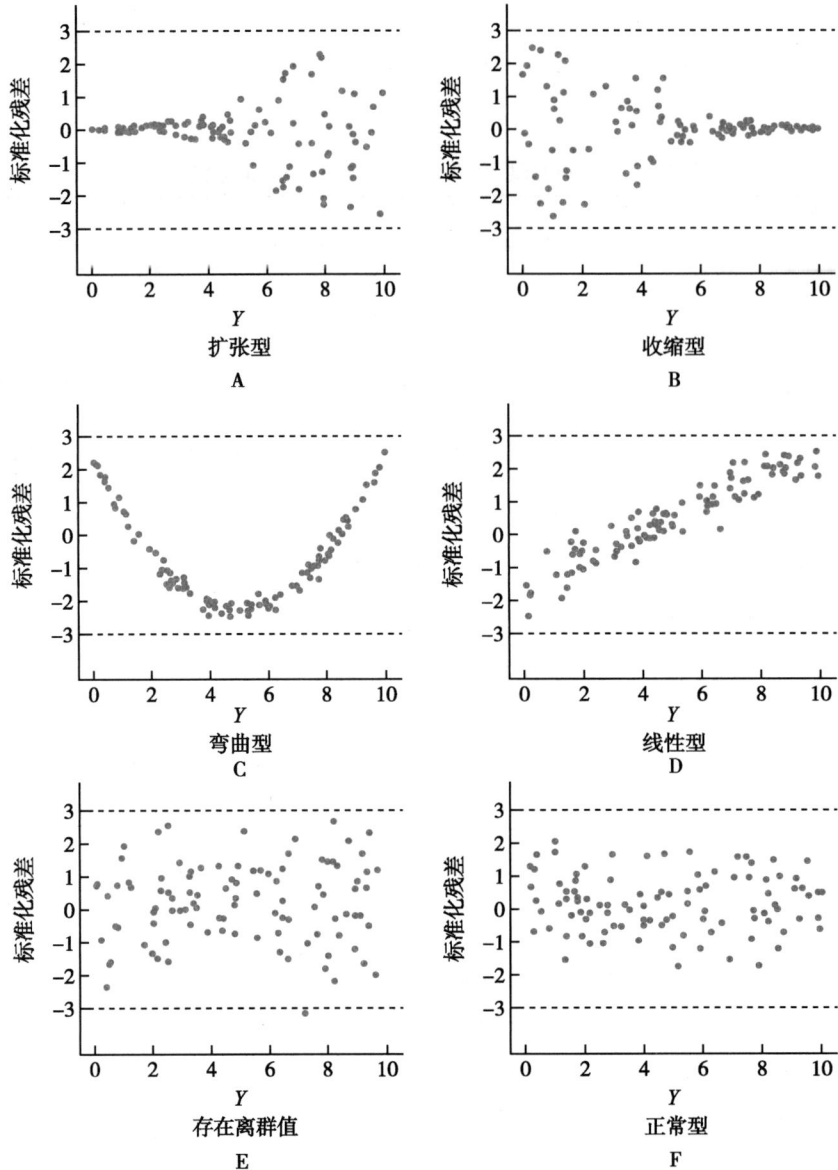

图 10-11　不同类型的标准化残差图

群点,而在 ±2 倍标准差和 ±3 倍标准差之间有多个可疑值;图 10-11F 显示模型恰当。

在医学科研实践中,两个连续型变量间并非都呈现线性关系。例如,在毒理学的动物实验中,药物剂量与动物死亡率间的关系;在环境科学的空气安全检测中,污染物的浓度与污染源距离间的关系。此外,药物在体内的浓度与时间的关系、细菌在溶液中繁殖数量与时间的关系、放射性核素随时间而衰减的关系等都属于非线性关系。因此,当想建立非线性关系的回归模型来解决实际问题时,需要借助非线性回归( non-linear regression )或称曲线拟合( curve fitting )来实现。

## 第四节　线性回归与相关的区别与联系

### 一、区别

1. 资料要求不同　相关分析要求两个变量均为随机变量,并服从双变量正态分布。回归分析

只要求因变量 $Y$ 服从正态分布,而自变量 $X$ 可以是正态分布的随机变量,也可以是能精确测量和严格控制的变量。

2. 统计意义不同  相关反映两变量间的相互关系,这种关系是对等的。回归则反映两变量间的依存关系,有自变量与因变量之分,因变量随自变量的变化而变化。

3. 分析目的不同  相关分析表明两变量间线性关系的密切程度及相关方向。回归分析则用函数公式定量表达因变量随自变量变化的关系。

## 二、联系

1. 变量间关系的方向一致  对同一资料,其相关系数 $r$ 与回归系数 $b$ 的正负号一致。

2. 假设检验等价  对同一样本,有 $t_r = t_b = \sqrt{F}$。由于 $t_b$ 计算较复杂,实际分析中常以 $r$ 的假设检验代替对 $b$ 的检验。

3. $r$ 与 $b$ 值可相互换算

$$r = \frac{l_{XY}}{\sqrt{l_{XX} l_{YY}}} = \frac{l_{XY}}{l_{XX}} \sqrt{\frac{l_{XX}}{l_{YY}}} = b\sqrt{\frac{l_{XX}}{l_{YY}}}$$

$$b = r\sqrt{\frac{l_{YY}}{l_{XX}}} \qquad (式 10\text{-}31)$$

4. 用回归解释相关  相关系数的平方 $r^2$ 称为决定系数(coefficient of determination):

$$r^2 = \frac{l_{XY}^2}{l_{XX} l_{YY}} = \frac{l_{XY}^2 / l_{XX}}{l_{YY}} = \frac{SS_{回}}{SS_{总}} \qquad (式 10\text{-}32)$$

$r^2$ 是回归平方和与总的离均差平方和之比(同上述 $R^2$),表示由 $X$ 与 $Y$ 的直线关系导致的 $Y$ 的变异 $SS_{回归}$ 在总变异 $SS_总$ 中所占的比重,即回归效果的好坏,$r^2$ 越接近 1,回归的效果越好;反之,则说明回归的效果不好或意义不大。

(潘发明)

## 小结

散点图用于描述两个定量变量之间的关系。在散点图中用一个点表示一个观测单位,且需观察关联形式、方向和强度的总体趋势,并识别离群点和强影响点。相关系数 $r$ 用于刻画两个定量变量之间线性相关的方向和密切程度。相关系数的正负表示相关的方向:$r > 0$ 为正相关,$r < 0$ 为负相关。相关系数总是满足 $-1 \leq r \leq 1$,$|r|$ 越接近于 1,说明密切程度越高。

如果一个变量 $X$ 可以解释甚至引起另一个变量 $Y$ 的改变,那么称 $X$ 为解释变量,$Y$ 为反应变量。但相关分析不需要区别解释变量和反应变量,任一变量单位的改变都不会影响 $r$ 值,但相关系数大小受离群点的影响。

对线性相关系数 $r$ 进行假设检验有两种方法,即查表法和 $t$ 检验,两者结论一致,需注意假设检验的 $P$ 值大小不代表两变量相关关系的密切程度。总体相关系数的置信区间估计和相关系数的假设检验结论也是一致的。

两个分类变量的相关可采用交叉表的条件分布与列联系数进行描述。

线性回归常用于统计预测和统计控制。线性回归分析是根据最小二乘原则建立线性回归方程,用自变量($X$)的数值估计因变量($Y$)的数值及其变异,最小二乘原则确保样本数据中各实测点到回归直线的纵向距离($Y_i - \hat{Y}_i$)的平方和最小。其中线性回归模型的适用条件概括为:①因变量$Y$与自变量$X$之间呈线性关系;②各观测值之间相互独立;③在　定范围内,给定白变量$X$值,其对应的因变量$Y$均服从条件正态分布;④在一定范围内,不同的自变量$X$值,所对应的因变量$Y$的方差相等。总体回归系数$\beta$是否为零的假设检验,可用方差分析或$t$检验。

决定系数反映了回归平方和在总平方和中所占的比例,常用来反映回归的实际效果。残差定义为观测值$Y_i$与回归模型拟合值$\hat{Y}_i$之差。通过绘制残差图可以简单而直观地评价回归模型与数据拟合的优劣,判断适用条件是否满足,识别离群点和可疑值。

散点图是判断线性关系或非线性关系及其类型的既简单又实用的方法。对于非线性关系,可以尝试变量变换使其线性化,或直接采用非线性回归方法。

## 思考与练习

**一、最佳选择题**

1. 设$\rho$为总体相关系数,根据实际资料算得样本相关系数$r$后,需进行显著性检验,其无效假设应设为(　　)

A. $H_0: r=0$
B. $H_0: r \neq 0$
C. $H_0: \rho=0$
D. $H_0: \rho \neq 0$
E. $H_0: \rho < 0$

2. 某人测得20人的身高和体重数据,求出了二者之间的线性相关系数,查$r$界值表,其自由度应为(　　)

A. 20
B. 19
C. 18
D. 17
E. 16

3. 对于同一份双变量正态分布资料进行线性回归和线性相关分析时,下列正确的情形是(　　)

A. $\rho > 0$时,$b > 0$
B. $r < 0$时,$b < 0$
C. $r > 0$时,$b < 0$
D. $\rho < 0$时,$r > 0$
E. $\rho > 0$时,$r < 0$

4. 线性回归分析中,当(　　)时,回归方程拟合的效果越佳

A. 截距越大
B. 斜率越大
C. 相关系数越大
D. 决定系数越大
E. 回归系数越大

5. 线性相关系数$r$的计算需(　　)

A. 说明两变量间有线性相关

B. 说明两变量无关系

C. 两变量关系密切

D. 应先绘制散点图,经观察分析后才可下结论

E. 审查数据是否满足参数法的条件,同时观察散点图再做结论

6. 关于线性回归和相关,正确的是(　　)

A. 既能描述两变量间线性关系的方向和密切程度,又能描述曲线关系

B. 不受离群值的影响

C. $r$ 和 $b$ 的符号一致

D. $r=b$

E. $r$ 和 $b$ 无量纲

7. 秩相关分析（　　）

   A. 只能用于等级变量

   B. 可用于两个分类变量

   C. 取值介于 0 和 1 之间

   D. 秩相关系数的计算与线性相关系数相似，区别在于计算线性相关系数时用原始数据，而计算秩相关系数时用秩次

   E. 如果出现"相持"时，可以不计算平均秩次

8. 最小二乘法确定线性回归方程的原则是（　　）

   A. 各观测点距直线的垂直距离相等

   B. 各观测点距直线的垂直距离平方和最小

   C. 各观测点距直线的纵向距离相等

   D. 各观测点距直线的纵向距离平方和最小

   E. 各观测点距直线的横向距离相等

9. 两组服从双变量正态分布的资料，既作相关分析，又作回归分析，总体回归系数 $\beta_1$ 是否不为零的假设检验可用（　　）

   A. 回归系数 $t$ 检验　　　　B. 回归方差分析　　　　C. 相关系数 $t$ 检验

   D. $|r|$ 查 $r$ 界值表　　　　E. 以上都可以

10. 两组均服从双变量正态分布的资料，样本含量 $n_1 < n_2$，对相关系数检验的 $t$ 值记为 $t_r$，对回归系数检验的 $t$ 值记为 $t_b$。如果两样本相关系数 $r_1 = r_2$，那么（　　）

   A. $b_1 = b_2$　　　　　　B. $b_1 < b_2$　　　　　　C. $|t_{r_1}| > |t_{r_2}|$

   D. $|t_{b_1}| > |t_{r_1}|$　　　　E. $|t_{b_1}| < |t_{b_2}|$

## 二、思考题

1. Pearson 积矩相关系数 $r$ 经检验无统计学意义，是否意味着两变量间一定无关系？

2. Pearson 积矩相关系数 $r$ 经检验有统计学意义，$P$ 值很小，是否意味着两变量间一定有很强的线性关系？

3. 线性回归的统计推断问题基于 $F$ 分布，故线性回归应满足哪些条件？

4. 应用相关系数时，应注意哪些问题？

5. 简述线性相关和线性回归的区别与联系。

## 三、案例分析题

1. 对某省 8 个地区水质的碘含量及其甲状腺肿的患病率作了调查后得到表 10-7 的数据，试问不同地区的甲状腺肿的患病率高低与本地区水质的碘含量有无关联？

表 10-7　8 个地区水质中的碘含量及当地甲状腺肿的患病率

| 地区 | 1 | 2 | 3 | 4 | 5 | 6 | 7 | 8 |
|---|---|---|---|---|---|---|---|---|
| 碘含量/($\mu g/L$) | 1.0 | 2.0 | 2.5 | 3.5 | 3.5 | 4.0 | 4.4 | 4.5 |
| 患病率/% | 40.5 | 37.7 | 39.0 | 20.0 | 22.0 | 37.4 | 31.5 | 15.6 |

2. 某研究者观测 15 名儿童的身高与肺泡无效腔容积的数据如表 10-8 所示。

表 10-8　15 个个体的身高与肺泡无效腔容积的观测数据

| 身高/cm | 110 | 116 | 124 | 129 | 131 | 138 | 142 | 150 | 153 | 155 | 156 | 159 | 164 | 168 | 174 |
|---|---|---|---|---|---|---|---|---|---|---|---|---|---|---|---|
| 肺泡无效腔容积/ml | 44 | 31 | 43 | 45 | 56 | 79 | 57 | 56 | 58 | 81 | 78 | 64 | 88 | 109 | 101 |

试用该数据进行线性相关与回归分析：

（1）绘制身高与肺泡无效腔容积的散点图并观察二者变化趋势；

（2）计算相关系数并进行总体相关系数 $\rho$ 是否等于零的假设检验；

（3）以身高为 $X$，无效腔容积为 $Y$ 计算样本回归方程；

（4）分别用方差分析和 $t$ 检验进行总体回归系数 $\beta$ 是否等于零的假设检验；

（5）验证是否存在 $t_r = t_b = \sqrt{F}$ 的关系；

（6）估计总体参数 $\beta$ 的 95% 的置信区间；

（7）绘制身高与肺泡无效腔容积的标准残差图并做评价。

# 第十一章
# 多重线性回归

公共卫生和临床医学研究常常分析健康结局的影响因素,由于生命现象的复杂性,对某个结局指标(因变量)的影响因素进行深入研究往往会同时涉及多个影响因素(自变量)。例如,血压与年龄、肥胖、饮食习惯、家族史等因素的关系,某年龄儿童的发育状况与睡眠、运动及营养等因素的关系,以及糖尿病的患病风险与吸烟、饮酒、膳食等因素的关系等。多重线性回归(multiple linear regression)与复相关(multiple correlation)是研究一个因变量(连续型变量)和其他多个自变量间线性关系的统计学分析方法,包含一个因变量与多个自变量的回归、一个因变量与多个自变量线性组合之间的相关关系的统计分析,计算量虽然较大,但大量的计算工作可借助计算机统计软件来完成。多重线性回归与复相关是简单回归与相关的扩展与推广,其基本原理和方法与简单回归和相关完全一致。本章主要介绍多重线性回归与复相关的一些基本概念,尤其是如何从诸多自变量中,筛选出有统计学意义的自变量,并估计某自变量在其他自变量同时存在时对因变量的作用,这是公共卫生和临床医学以及其他医学研究的重要任务。

## 第一节 多重线性回归模型

### 一、数据与模型

【例 11-1】 通过收集某学校 20 名一年级女大学生体重(kg)、胸围(cm)、肩宽(cm)及肺活量(L),试分析影响女大学生肺活量的相关因素,实测数据见表 11-1。

表 11-1 某学校 20 名一年级女大学生肺活量及有关变量测量结果

| 编号 | 体重/<br>kg<br>$X_1$ | 胸围/<br>cm<br>$X_2$ | 肩宽/<br>cm<br>$X_3$ | 肺活量/<br>L<br>$Y$ | 编号 | 体重/<br>kg<br>$X_1$ | 胸围/<br>cm<br>$X_2$ | 肩宽/<br>cm<br>$X_3$ | 肺活量/<br>L<br>$Y$ |
|---|---|---|---|---|---|---|---|---|---|
| 1 | 51.3 | 73.6 | 36.4 | 1.99 | 11 | 48.8 | 83.8 | 33.9 | 3.10 |
| 2 | 48.9 | 83.9 | 34.0 | 3.11 | 12 | 52.6 | 88.4 | 38.0 | 3.28 |
| 3 | 42.8 | 78.3 | 31.0 | 1.91 | 13 | 42.7 | 78.2 | 30.9 | 1.92 |
| 4 | 55.0 | 77.1 | 31.0 | 2.63 | 14 | 52.5 | 88.3 | 38.1 | 3.27 |
| 5 | 45.3 | 81.7 | 30.0 | 2.86 | 15 | 55.1 | 77.2 | 31.1 | 2.64 |
| 6 | 45.3 | 74.8 | 32.0 | 1.91 | 16 | 45.2 | 81.6 | 30.2 | 2.85 |
| 7 | 51.4 | 73.7 | 36.5 | 2.98 | 17 | 51.4 | 78.3 | 36.5 | 3.16 |
| 8 | 53.8 | 79.4 | 37.0 | 3.28 | 18 | 48.7 | 72.5 | 30.0 | 2.51 |
| 9 | 49.0 | 72.6 | 30.1 | 2.52 | 19 | 51.3 | 78.2 | 36.4 | 3.15 |
| 10 | 53.9 | 79.5 | 37.1 | 3.27 | 20 | 45.2 | 74.7 | 32.1 | 1.92 |

从表11-1中可见，除增加了自变量的列数之外，数据结构与简单回归的数据表完全相同。而多重线性回归分析的基本目的是用一个以上的自变量 $X_1, X_2, \cdots, X_p$ 的数值估计另一个因变量 $Y$ 的平均水平。其数学模型为：

$$\mu_Y = \beta_0 + \beta_1 X_1 + \beta_2 X_2 + \cdots + \beta_p X_p \qquad （式11-1）$$

其中，$\mu_Y$ 表示模型中给定自变量取值时相应因变量 $Y$ 的总体均数；$p$ 为自变量个数；$\beta_0$ 为常数项，也称截距；$\beta_j$ 为自变量 $X_j$ 的偏回归系数（partial regression coefficient），表示当方程中其他自变量保持不变时，自变量 $X_j$ 变化一个计量单位，因变量 $Y$ 的平均值变化 $\beta_j$ 个单位。回归系数的符号可用于判断各自变量对因变量影响的方向，这也是多重线性回归在多因素分析中的作用。相应地由样本估计而得的多重线性回归方程为：

$$\hat{Y} = b_0 + b_1 X_1 + b_2 X_2 + \cdots + b_p X_p \qquad （式11-2）$$

其中，$\hat{Y}$ 为 $X_i=(X_1, X_2, \cdots, X_p)$ 时，因变量 $Y$ 的总体均数的点估计值；$b_0, b_1, b_2, \cdots, b_p$ 分别为式11-1中 $\beta_0, \beta_1, \beta_2, \cdots, \beta_p$ 的估计值。因为 $p$ 个自变量都具有各自的计量单位以及不同的变异程度，所以不能直接利用偏回归系数的数值大小来比较方程中各自变量对因变量 $Y$ 的贡献大小。为此，可首先将原始观测数据进行标准化，即：

$$X_i^* = \frac{X_i - \overline{X}_i}{S_i} \qquad （式11-3）$$

然后用标准化的数据进行回归模型拟合，此时所获得的回归系数称为标准化偏回归系数（standardized partial regression coefficient）。标准化偏回归系数绝对值越大的自变量在数值上对因变量 $Y$ 的贡献越大。

## 二、偏回归系数的估计

多重线性回归也是采用最小二乘法来估计未知参数，即使得因变量的观察值 $Y$ 和估计值 $\hat{Y}$ 之间的残差 $(Y-\hat{Y})$ 的平方和取到最小值时的 $b$ 作为相应 $\beta$ 的估计值。

当模型只有一个自变量时，回归的结果 $\hat{Y}$ 为二维平面上在自变量所取值范围内的一条线段；而有两个自变量时，回归的结果 $\hat{Y}$ 为自变量取值范围内三维空间的一个平面；有更多自变量时，回归的结果则是在三维以上空间的"超平面"，无法用图形直观表达。如图11-1中，最小二乘法的含义就是使得各点与回归平面的竖直距离的平方和 [用 $(Y-\hat{Y})^2$ 表示] 达到最小，合计最小也就对应于平均最小，所以利用最小二乘原则就可以找到直观上与数据点平均距离最接近的拟合模型。

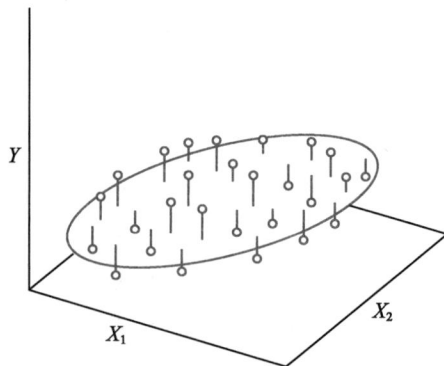

图 11-1　两个自变量时的回归平面示意图

虽然多重线性回归参数估计的原理和方法与简单回归分析相同，但是随着自变量个数的增加其计算量变得相当大，需要使用统计软件来完成，如 SPSS、R、SAS 等。对于例11-1的数据，经 R 软件计算可获得回归方程：

$$\hat{Y} = -5.532 + 0.066 X_1 + 0.056 X_2 + 0.017 X_3$$

## 第二节　多重线性回归的假设检验

### 一、整体回归效应的假设检验（方差分析）

如同简单回归，计算得回归系数的样本估计值 $b_0$，$b_1$，$b_2$，$\cdots$，$b_p$ 之后，还需要进一步检验 $H_0$：$\beta_1=\beta_2=\cdots=\beta_p=0$ 是否可以被拒绝，以推断在总体水平上所得回归方程是否有意义。多重线性回归的统计推断具有与简单线性回归相同的前提条件，即线性、独立、正态和等方差，也就是说，当因变量表达成如下形式时，相互独立的各误差项 $\varepsilon_i$ 均服从方差相等、均数为 0 的条件正态分布：

$$Y_i=\mu_{Y_i}+\varepsilon_i=\beta_0+\beta_1X_1+\beta_2X_2+\cdots+\beta_pX_p+\varepsilon_i \tag{式11-4}$$

应注意的是，上述正态分布的要求是以自变量取固定值为条件的，而不是指整个因变量的边际分布，所以上述前提在进行回归分析之前难以检查，通常是在对既定回归模型分析之后通过对残差的回归诊断（regression diagnostics）来判断是否符合前提条件，此不赘述。在以上假设条件下，多重线性回归的假设检验通常采取方差分析。对于例 11-1，其方差分析的结果如表 11-2 所示。

表 11-2　检验回归方程整体意义的方差分析表

| 变异来源 | 自由度 | $SS$ | $MS$ | $F$ | $P$ |
|---|---|---|---|---|---|
| 回归模型 | 3 | 3.496 | 1.165 | 10.730 | <0.001 |
| 残差 | 16 | 1.738 | 0.109 | | |
| 总变异 | 19 | 5.234 | | | |

多重线性回归方差分析的各部分变异来源的含义和简单线性回归相同。如表 11-2 中，$SS_{总}=$ 5.234 表示没有考虑 $X$ 对 $Y$ 的影响时，$Y$ 的观察值的总变异，其自由度为 $n-1=20-1=19$；回归模型对总变异的贡献，$SS_{回}=3.496$，其自由度为自变量个数 $p=3$；回归模型未能解释的那部分 $Y$ 的变异，$SS_{残}=SS_{总}-SS_{回}=1.738$，其自由度为 $n-p-1=20-3-1=16$。表中 $MS$ 一列是均方，即平方和 $SS$ 与自由度之比。当 $H_0$：$\beta_1=\beta_2=\beta_3=0$ 成立时，回归模型对应的 $MS_{回}$ 与残差对应的 $MS_{残}$ 之比服从 $F$ 分布。于是，根据上述 $F$ 值及其分子分母自由度查表可以得到相应的 $P$ 值。如果 $F$ 值较大，$P$ 值较小，就可以拒绝 $H_0$，认为回归模型具有统计学意义。表 11-2 显示，$P<0.001$，可按 0.05 水准拒绝 $H_0$。说明整体而言，用这三个自变量构成的回归方程解释一年级女大学生的肺活量具有统计学意义。

### 二、偏回归系数的 $t$ 检验

在整个回归方程具有统计学意义的情况下，偏回归系数的 $t$ 检验是检验某个总体偏回归系数是否等于零，以推断相应的那个自变量对回归是否确有贡献。如欲检验 $H_0$：$\beta_j=0$，类似于简单回归的情形，其检验统计量为：

$$t_{b_j}=\frac{b_j}{S_{b_j}} \tag{式11-5}$$

其中 $S_{b_j}$ 为第 $j$ 个偏回归系数的标准误。

利用 R 软件对例 11-1 的三个偏回归系数进行 $t$ 检验,并计算标准化偏回归系数,结果如表 11-3 所示。

表 11-3　偏回归系数的 $t$ 检验与标准化偏回归系数

| 变量 | 自由度 | 回归系数 | 标准误 | $t$ | $P$ | 标准化偏回归系数 |
|------|--------|----------|--------|-----|-----|------------------|
| 截距 | 1 | −5.532 | 1.503 | −3.681 | 0.002 | — |
| $X_1$(体重) | 1 | 0.066 | 0.024 | 2.795 | 0.013 | 0.498 |
| $X_2$(胸围) | 1 | 0.056 | 0.018 | 3.147 | 0.006 | 0.499 |
| $X_3$(肩宽) | 1 | 0.017 | 0.033 | 0.525 | 0.607 | 0.101 |

由表 11-3 可见,以 0.05 为检验水准,这三个变量中,变量 $X_1$ 和 $X_2$ 的偏回归系数具有统计学意义,而 $X_3$ 的偏回归系数无统计学意义,即在考虑肩宽的前提下,体重和胸围对肺活量有作用。标准化偏回归系数提示每个自变量对因变量作用的大小,两个有统计学意义的变量中对肺活量作用较大的是胸围,其次是体重。

### 三、决定系数与复相关系数

和简单回归一样,回归平方和在总平方和中所占百分比称为决定系数或确定系数,记为 $R^2$,定义为:

$$R^2 = \frac{SS_{回}}{SS_{总}} \qquad (式11-6)$$

其取值范围为 $0 \leqslant R^2 \leqslant 1$,$R^2$ 接近于 1,表示样本数据很好地拟合了所选用的线性回归模型。基于决定系数对回归方程进行拟合优度的假设检验完全等价于对整个回归方程的方差分析。

$$F = \frac{\dfrac{SS_{回}}{p}}{\dfrac{SS_{总}}{n-p-1}} = \frac{\dfrac{R^2}{p}}{(1-R^2)/(n-p-1)} \qquad (式11-7)$$

其中,$p$ 为回归模型中自变量的个数,$n$ 为样本含量。对例 11-1,由方差分析表可得:$SS_{总}=5.234$,$SS_{回}=3.496$,$SS_{残}=1.738$,代入式 11-6,得到:

$$R^2 = \frac{3.496}{5.234} = 1 - \frac{1.738}{5.234} = 0.668$$

由此说明,用包含这三个自变量的回归方程可解释一年级女大学生肺活量总变异的 66.8%。

决定系数的平方根 $R$ 称为复相关系数(multiple correlation coefficient),即:

$$R = \sqrt{\frac{SS_{回}}{SS_{总}}} \qquad (式11-8)$$

它表示变量 $Y$ 与 $p$ 个自变量$(X_1, X_2, \cdots, X_p)$的线性相关的程度。可以证明,复相关系数也等于 $Y$ 与其回归估计值 $\hat{Y}$ 的简单相关系数,即 $R=Cor(Y, \hat{Y})$。本例,$R = \sqrt{0.668} = 0.817$,表示体重、胸围及肩宽这三个变量的线性组合与肺活量的复相关系数为 0.817。

## 四、偏相关系数

扣除其他变量的影响后,因变量 $Y$ 与自变量 $X$ 的相关系数,称为 $Y$ 与 $X$ 的偏相关系数(partial correlation coefficient)。这里不给出偏相关系数的一般公式,其计算可借助统计软件完成。仍然以例 11-1 中的数据为例,一年级女大学生肺活量的数据例中,控制两个自变量的影响之后,才能真正看出 $Y$ 与另一个变量的相关性。经计算,例 11-1 中肺活量与体重、胸围和肩宽的简单相关系数和偏相关系数由表 11-4 给出,从中可见扣除了其他变量影响后的相关关系及其 $P$ 值均有不同程度的变化。从相关的数值来看,不考虑其他变量影响时,肺活量与肩宽的相关较强,且表现为正相关;而扣除了其他变量影响后,肺活量与肩宽的相关相对变弱。表 11-4 还给出了相应总体偏相关系数为零的假设检验结果。

表 11-4　肺活量与各自变量的相关系数和偏相关系数

| 自变量 | 简单相关系数 | | 偏相关系数 | |
|---|---|---|---|---|
| | 系数 | $P$ | 系数 | $P$ |
| $X_1$(体重) | 0.619 | 0.004 | 0.573 | 0.013 |
| $X_2$(胸围) | 0.601 | 0.005 | 0.618 | 0.006 |
| $X_3$(肩宽) | 0.588 | 0.006 | 0.130 | 0.607 |

# 第三节　多重线性回归的自变量筛选

应用回归方法解决实际问题时,往往根据专业理论知识和经验收集与因变量 $Y$ 可能有关的多个自变量 $X_1, X_2, \cdots, X_p$ 的信息,其中有些自变量也许实际上对因变量并无影响或影响甚微,若把它们都引入回归方程,不但计算量大,信息成本高,而且会使回归参数的估计和预测的精度降低;另外,若没有把对因变量有重要作用的自变量包含在模型中,回归的效果又不会好。为使回归方程尽可能包含对解释因变量有较大贡献的自变量,而把贡献不大或可有可无的自变量排除在方程之外,这一过程称为自变量的选择。多重线性回归的首要问题就是筛选自变量。

## 一、自变量筛选的标准与原则

多重线性回归方程 $\hat{Y}=b_0+b_1X_1+b_2X_2+\cdots+b_pX_p$ 中, $p$ 个自变量是研究者预先确定的,有时所拟合方程经假设检验不成立;或者虽然方程成立,但方程中有些变量经检验无统计学意义;或者希望从众多变量中挑选出对因变量有统计学意义的自变量,这些都需要通过统计学方法对自变量进行筛选。实际应用中,还需要从专业的角度考虑,将那些对因变量 $Y$ 无统计学意义,但是有实际影响的自变量强制纳入方程。一般来说,当回归模型中的自变量个数增加时,均会增加对因变量 $Y$ 的解释,减少剩余标准差,提高模型拟合的精度。但是自变量过多时,回归模型会出现过拟合现象,导致模型不稳定,预测效果较差,需要精简模型,尽可能选择拟合精度高且简单的模型。

实际应用中,需要结合一些指标评价回归模型的拟合精度,常用的统计量有 $R^2$、调整的 $R^2$、AIC、$C_p$ 等。

1. **决定系数 $R^2$** 若某一自变量被引入模型后 $SS_残$ 缩小很多,说明该变量对 $Y$ 的作用大,可被引入；反之，说明其对 $Y$ 的作用很小，不应被引入。另一方面，当某一自变量从模型中剔除后 $SS_残$ 增加很多，说明该自变量对 $Y$ 的作用大，不应剔除；反之，说明其对 $Y$ 的作用很小而应被剔除。

决定系数与残差平方和的关系为：

$$R^2 = 1 - \frac{SS_残}{SS_总}$$

（式 11-9）

所以，决定系数 $R^2$ 增大与残差平方和 $SS_残$ 缩小完全等价。

但因 $SS_残$ 的大小总是随模型所含自变量个数的增加而减少，故 $SS_残$ 变化量准则只适用于比较具有相同自变量个数的模型，而不适合自变量个数不同的子集之间的比较。

2. 调整决定系数 $R_a^2$　残差均方与残差平方和的关系式为：

$$MS_残 = \frac{SS_残}{n-p-1}$$

（式 11-10）

$MS_残$ 缩小的准则可以看作是在 $SS_残$ 缩小准则基础上增加因子 $(n-p-1)^{-1}$，该因子随模型中自变量个数 $p$ 的增加而增加，从而体现了对模型中自变量个数增加所实施的"惩罚"。模型从无自变量开始，逐渐引入自变量，自变量个数开始增加时，虽然因子 $(n-p-1)^{-1}$ 增大了，但此时 $SS_残$ 的减少量相对为大，故综合而言 $MS_残$ 是减少的；当模型中的自变量增加到一定程度后，对 $Y$ 变量作用较大的自变量已基本上引入，再增加变量时 $SS_残$ 的减少量相对不大，而 $(n-p-1)^{-1}$ 却增加很多，致使 $MS_残$ 增加。因此可以将"$MS_残$ 愈小愈好"作为选择自变量的准则。

可以证明，

$$R_a^2 = 1 - \frac{MS_残}{MS_总}$$

（式 11-11）

所以，调整决定系数"$R_a^2$ 愈大愈好"与"$MS_残$ 愈小愈好"完全等价。

但因 $MS_残$ 体现了模型所含自变量个数，故 $MS_残$ 变化量准则可用于不同自变量个数的模型之间的比较。

3. 赤池信息量准则　赤池信息量准则（Akaike information criterion，AIC）是日本学者赤池于 1973 年提出的，广泛应用于多重线性回归以及其他模型中自变量的筛选。在用最小二乘估计的模型中，AIC 的定义为：

$$\text{AIC} = n\ln\left[\frac{(n-p)\,S_{Y \cdot X_1 X_2 \cdots X_p}^2}{n}\right] + 2p$$

（式 11-12）

其中 $n$ 为样本量，$p$ 为模型或方程中参数的个数（包含常数项），$S_{Y \cdot X_1 X_2 \cdots X_p}^2$ 为残差的方差。AIC 由两部分组成，前面一部分反映了回归模型的拟合精度，其值越小越好；后一部分反映了回归模型中变量个数，即模型的复杂程度，是对自变量数量的惩罚。因而，AIC 越小越好，其基本原则也是"少而精"。

4. $C_p$ 统计量　$C_p$ 统计量由马洛斯（Mallows）1964 年提出，其定义为：

$$C_p = (n-p-1)\left(\frac{MS_{残p}}{\hat{\sigma}^2} - 1\right) + p + 1$$

（式 11-13）

其中，$p$ 为所选模型中的自变量个数；$MS_{残p}$ 为所选模型的残差均方；$\hat{\sigma}^2$ 为选用全部变量时的残差均方；$n$ 为样本含量。

如果含 $p$ 个自变量的模型是合适的，则其残差均方 $MS_{残p}$ 接近 $\hat{\sigma}^2$，$C_p$ 接近 $p+1$；相反，如果含 $p$ 个自变量的模型是不合适的，$MS_{残p}$ 远大于 $\hat{\sigma}^2$，$C_p$ 远大于 $p+1$。

用 $C_p$ 统计量选择模型的准则是选择 $C_p$ 最接近 $p$ 的那个模型。$C$ 表示准则，$p$ 表示选择的模型中参数的个数（包含常数项）。

## 二、自变量筛选的常用方法

在回归模型中，自变量的筛选方法有最优子集回归法（全局择优法）、逐步回归法、前进法、后退法、Lasso 技术等。在变量关系较复杂的情况下，可以基于有向无环图（directed acyclic graph，DAG）的方法构建变量间的因果关系网络，然后再使用变量筛选的方法筛选合适的自变量进入模型。

通过对自变量的筛选，建立"最优回归方程"。所谓"最优回归方程"是指：①对因变量 $Y$ 有统计学意义的自变量，全部入选回归方程；②对因变量 $Y$ 无统计学意义的自变量，都未入选回归方程。选择"最优回归方程"的方法主要有：

1. 最优子集回归法　就是在全部自变量所有可能组合的子集回归方程中，挑选最优者。这样所选结果最优，但计算量极大。

2. 向后剔除法（backward selection）　先建立一个包含全部自变量的回归方程，然后按照某种规则（如 $P$ 值最大且无统计学意义）每次剔除一个自变量，直到不能剔除时为止。

3. 向前引入法（forward selection）　回归方程按照某种规则（如 $P$ 值最小且有统计学意义）每次引入一个自变量，由少到多，直到没有可引入的自变量为止。

4. 逐步筛选法（stepwise selection）　取上述第 2、3 两种方法的优点，在向前引入每一个新自变量之后，都重新检验前面已选入的自变量有无继续保留在方程中的价值。引入和剔除交替进行，直到既无具有统计学意义的新变量可引入，也无失去其统计学意义的自变量可剔除出方程为止。

【例 11-1（续）】　利用统计软件对一年级女大学生肺活量和体重、胸围及肩宽的所有可能自变量子集的运算结果如表 11-5 所示。

表 11-5　所有可能子集回归的参数估计与统计量

| 编号 | $R^2$ | 模型参数估计 | | | |
| --- | --- | --- | --- | --- | --- |
| | | 常数项 | $X_1$ | $X_2$ | $X_3$ |
| 1 | 0.346 | −0.679 | — | — | 0.101 |
| 2 | 0.383 | −1.355 | 0.082 | — | — |
| 3 | 0.361 | −2.566 | — | 0.067 | — |
| 4 | 0.662 | −5.600 | 0.073 | 0.059 | — |
| 5 | 0.463 | −2.035 | 0.056 | — | 0.059 |
| 6 | 0.506 | −3.509 | — | 0.049 | 0.071 |
| 7 | 0.668 | −5.532 | 0.066 | 0.056 | 0.017 |

采用不同的变量筛选准则、检验水准和变量筛选方法，获得的最优回归模型可能不同。采用逐步法，在引入和剔除变量 $F$ 检验界值均取 $\alpha=0.10$ 时，逐步回归筛选过程和最终结果如表11-6和表11-7所示。

表11-6　逐步回归的变量筛选过程

| 步骤 | 引入变量 | 剔除变量 | 方程内变量数 | 模型 $R^2$ | $F$ | $P$ |
|---|---|---|---|---|---|---|
| 1 | $X_1$ | | 1 | 0.383 | 11.168 | 0.004 |
| 2 | $X_2$ | — | 2 | 0.668 | 16.667 | <0.001 |

步骤1：分别计算 $X_1$、$X_2$、$X_3$ 的 $P$ 值，其中 $X_1$ 的 $P$ 值最小，并且有统计学意义，引入模型。步骤2：在之前模型基础上，再纳入 $X_2$ 并计算 $P$ 值，有统计学意义，引入模型。

表11-7　变量筛选结果

| 变量 | 自由度 | 偏回归系数 | 标准误 | $t$ | $P$ | 标准化偏回归系数 |
|---|---|---|---|---|---|---|
| 截距 | 1 | −5.600 | 1.465 | −3.823 | 0.001 | — |
| 体重 $X_1$ | 1 | 0.073 | 0.019 | 3.892 | 0.001 | 0.553 |
| 胸围 $X_2$ | 1 | 0.059 | 0.016 | 3.750 | 0.002 | 0.533 |

经逐步回归筛选，最后得到的回归方程为：$\hat{Y}=-5.600+0.073X_1+0.059X_2$。根据上述结果，可以认为体重和胸围是影响该校一年级女大学生肺活量的主要因素，当胸围不变时，体重增加 1kg，估计肺活量平均增加 0.073L；当体重不变时，胸围增大 1cm，估计肺活量平均增加 0.059L；根据标准化偏回归系数判断体重对肺活量的影响大于胸围对肺活量的影响。

# 第四节　多重线性回归的应用

多重线性回归在公共卫生、临床医学等领域应用非常广泛，主要有以下两个方面：

1. **影响因素分析**　多重线性回归在医学科研中主要用于观察性研究，适用于因变量为连续型定量变量的情形，如高血压患者的血压、糖尿病患者的血糖等。通过对每个变量的偏回归系数的检验及变量的筛选，可以获得影响因变量的所有因素；校正或平衡其他因素后，可以对某单个因素的作用进行解释；利用偏回归系数可以得到每个因素的作用大小及方向；利用标准化偏回归系数可以比较各因素对因变量相对贡献的大小。

2. **估计与预测**　估计与预测是回归方程的重要用途之一，基于建立的最优回归方程，确定各自变量和因变量的数量关系，根据较易测得的自变量来推算不易测得的因变量。如临床生化指标三碘甲状腺原氨酸（T3）不容易测得，但是可以利用甲状腺功能亢进患者的体重指数、高密度脂蛋白浓度、低密度脂蛋白浓度和血糖值来估计 T3。回归方程得到的 $\hat{Y}$ 值是对应于一组给定自变量观测值时 $Y$ 的总体均数的点估计值，据此可以根据各自变量的取值估计总体均数的置信区间和个体值的预测区间。如已知血压与性别、年龄等存在线性依存关系，实际应用中可利用多重线性回归方程来估计不同性别、不同年龄段人群的平均血压以及不同性别、不同年龄段的正常成年人血压值的波动范围，同简单线性回归，因变量总体均数的置信区间比个体值的预测区间窄。

### 一、多重线性回归应用的注意事项

简单线性回归是分析一个连续型变量（因变量）与另外一个连续型变量（自变量）之间的线性回归关系。多重线性回归是分析一个连续型变量与多个自变量之间的线性回归关系，其中因变量 $Y$ 是连续型变量，自变量没有限制，可以是连续型变量，也可以是二分类变量、无序多分类变量和有序多分类变量。多重线性回归模型的基本假定与简单线性回归类似，即线性、独立、正态及等方差（即 LINE 条件）。线性是指用于分析的多个自变量同因变量 $Y$ 存在线性关系；独立是指用于分析的每个个体观察值之间是独立的；正态是指因变量 $Y$ 是随机的正态变量。一般使用残差图的方法，即通过做残差与自变量或因变量预测值的散点图来考察自变量与因变量的线性关系和方差齐性，若残差呈曲线形状则提示应加入非线性项或作合适的变量变换，残差呈扩大的喇叭形则提示方差不齐。残差图还可以发现异常值。多重线性回归分析时，随自变量个数的增加，自变量各水平的交叉分类数呈几何级数增加，因此需要有足够的样本量来保障参数估计的稳定性。一般建议，需要的样本量至少为自变量数的 10 倍。除满足基本的应用条件外，在多重线性回归应用中，还需要注意以下问题：

1. **自变量的赋值**　在多重线性回归分析中，要求因变量是连续型变量，且满足独立性、正态性、方差齐性条件。而对自变量没有要求，自变量可以是定量变量，也可以是分类变量。一般在分析前需要对分类变量的自变量进行赋值。

如自变量是二分类变量，一般常用 0、1 数值表示。如性别（男性、女性）赋值为男性 =0、女性 =1，也可男性 =1、女性 =0。

自变量是有序多分类的变量，则各类别按照等级的顺序依次赋值 1、2、3 等。

自变量为无序多分类的变量，则需要设置哑变量（dummy variable）。假设一个无序多分类变量，有 $g$（$g>2$）个分类，则需要设置 $g-1$ 个哑变量，哑变量的取值均为 0、1。如血型为无序多分类变量共有四个类别，在分析时被设置成 3 个哑变量 $X_1$、$X_2$、$X_3$。实际应用时，哑变量的设置可以参考表 11-8 进行类推。

表 11-8　血型分类变量设置哑变量

| 哑变量 | A 型 | B 型 | AB 型 | O 型 |
|---|---|---|---|---|
| $X_1$ | 0 | 1 | 0 | 0 |
| $X_2$ | 0 | 0 | 1 | 0 |
| $X_3$ | 0 | 0 | 0 | 1 |

2. **多重共线性**　多重共线性（multicollinearity）是对多个自变量进行回归分析时可能普遍存在的一个问题。若自变量之间高度相关，则可能产生多重共线性。例如，在分析某个慢性病相关危险因素时，自变量 $X_1$ 与 $X_2$ 分别为体重和 BMI，后者是通过身高体重计算得来的，两者包含了大量的共同信息，具有非常强的相关性，如果分析时同时纳入回归方程，会产生共线性，这种现象就称为自变量的共线性。共线性的存在使得人们无法真实地判定这两个变量对因变量的预测能力。在实际的回归应用中共线性的问题并不少见。当一个分析中存在很多自变量时，很难一眼发现变量间的共线性，需要用专门的统计量来分析判断，如方差膨胀因子（VIF），VIF 值越大，多重共线性越严重。一般认为 VIF 值大于 10 时，存在严重的共线性问题。或以容忍度作为判断共线性的指标，容忍度为 VIF 值的倒数，容忍度大于 0.1 则说明没有共线性。应用时二者选其一即可，其他具体方法可参

考相关文献。多重共线性对回归的影响可能包括：回归系数的抽样误差即标准误增大，使得有统计学意义的变量变得无意义；使回归系数估计值大小发生改变，甚至使符号发生改变。利用逐步筛选方法筛选自变量可在一定程度上避免多重共线性问题。

【例 11-2】 对 8 名学生的身高 /m($X_1$)、体重 /kg($X_2$)与肺活量 /L($Y$)进行了检测，体重指数 $X_3 = X_2/X_1^2$。数据如表 11-9 所示。

表 11-9 8 名学生的身体测量数据

| 身高 /m($X_1$) | 体重 /kg($X_2$) | 体重指数 /($kg \cdot m^{-2}$)($X_3$) | 肺活量 /L($Y$) |
|---|---|---|---|
| 1.351 | 28.5 | 15.61 | 1.85 |
| 1.398 | 33.8 | 17.29 | 2.03 |
| 1.636 | 51.2 | 19.13 | 2.64 |
| 1.468 | 48.1 | 22.32 | 2.29 |
| 1.568 | 51.9 | 21.11 | 2.42 |
| 1.582 | 61.8 | 24.69 | 2.75 |
| 1.542 | 48.8 | 20.52 | 2.39 |
| 1.465 | 41.8 | 19.48 | 2.32 |

通过 R 进行多重线性回归分析，如表 11-10 所示，回归方程为：

$$\hat{Y} = 0.205\,34 + 0.944\,39X_1 + 0.022\,62X_2 - 0.016\,07X_3$$

$R^2 = 0.954\,0$；整体回归效果检验 $F = 27.66$，$P = 0.003\,9$，回归方程具有统计学意义。但是从表中可以发现，对各自偏回归系数的检验却显示没有一个自变量对因变量的回归具有统计学意义。

表 11-10 回归参数估计与假设检验

| 变量 | 自由度 | 偏回归系数 | 标准误 | $t$ | $P$ |
|---|---|---|---|---|---|
| 截距 | 1 | 0.205 34 | 3.605 32 | 0.057 | 0.957 3 |
| $X_1$ | 1 | 0.944 39 | 2.451 81 | 0.385 | 0.719 7 |
| $X_2$ | 1 | 0.022 62 | 0.043 29 | 0.523 | 0.628 9 |
| $X_3$ | 1 | −0.016 07 | 0.097 21 | −0.165 | 0.876 7 |

因体重指数本质上由身高和体重派生，$X_1$、$X_2$、$X_3$ 含有相当多共同的信息。故对各变量进行相关分析，得相关系数如表 11-11 所示。

表 11-11 学生身体测量值的相关系数

| | $X_1$ | $X_2$ | $X_3$ | $Y$ |
|---|---|---|---|---|
| $X_1$ | 1.000 00 | 0.887 72 | 0.638 74 | 0.941 49 |
| $X_2$ | 0.887 72 | 1.000 00 | 0.917 33 | 0.955 21 |
| $X_3$ | 0.638 74 | 0.917 33 | 1.000 00 | 0.796 73 |
| $Y$ | 0.941 49 | 0.955 21 | 0.796 73 | 1.000 00 |

因 $X_1$，$X_2$ 和 $X_3$ 与 $Y$ 共线性，以致偏回归系数极不稳定，标准误过大而没有统计学意义。逐步筛

选变量是一定程度上解决此类多重共线性问题最简单的办法,一个自变量进入了回归方程,与其高度相关的变量由于并没有增加更多信息而进不了方程。

按照 $\alpha=0.10$ 水准,对上例中 8 名学生的数据进行肺活量($Y$)关于身高($X_1$)、体重($X_2$)与体重指数($X_3$)的逐步回归分析。

从表 11-12 中可见,使用逐步回归得到的结果中与方程中的身高与体重高度相关的变量体重指数并没有被引入,此时整个方程的 $R^2=0.976\ 6$,整体 $F$ 检验 $P=0.000\ 5$,回归方程为:

$$\hat{Y}=-0.375\ 45+1.332\ 60X_1+0.015\ 55X_2$$

表 11-12　逐步回归的参数估计与假设检验

| 变量 | 自由度 | 偏回归系数 | 标准误 | $t$ 值 | $P$ 值 |
|---|---|---|---|---|---|
| 截距 | 1 | −0.375 45 | 0.724 15 | −0.52 | 0.626 3 |
| $X_1$ | 1 | 1.332 60 | 0.631 19 | 2.11 | 0.088 5 |
| $X_2$ | 1 | 0.015 55 | 0.005 77 | 2.70 | 0.043 0 |

3. 交互作用　多重线性回归模型的一般表达式为自变量之间无交互作用形式。若一个自变量的效应依赖于另一个自变量的水平,即一个自变量与因变量的关系随着另一个自变量取值的改变而改变,则称这两个自变量间存在交互作用。回归模型表示为:

$$\mu_Y=\beta_0+\beta_1X_1+\beta_2X_2+\beta_3X_1X_2 \qquad\qquad (式 11-14)$$

当 $X_2$ 固定时,$X_1$ 每增加一个单位,$Y$ 的平均改变量为 $\beta_1+\beta_3X_2$;同理,当 $X_1$ 固定时,$X_2$ 每增加一个单位,$Y$ 的平均改变量为 $\beta_2+\beta_3X_1$。因此,给定 $X_2$ 水平时 $X_1$ 的效应和给定 $X_1$ 水平时 $X_2$ 的效应,均依赖于另一个变量的水平,那么 $X_1X_2$ 存在交互作用。考察两个自变量是否存在交互作用的最直接方法就是在回归模型中引入可能存在交互作用的两个自变量的乘积项,即交互作用项,然后检验该交互作用项是否有统计学意义。应注意,引入变量间交互作用时,各变量的主效应必须纳入模型中。

【例 11-3】　假若有 A、B 两种药品都对帕金森综合征有改善作用,而且相信联合用药效果比两种药单独作用之和还要好。为探讨联合用药方案的可行性,进行了随机平行对照临床试验。试验结果如表 11-13 所示。

表 11-13　A、B 两种药品联合应用的疗效观测结果

| ID | $X_1$/ml | $X_2$/ml | $Y$/h | ID | $X_1$/ml | $X_2$/ml | $Y$/h |
|---|---|---|---|---|---|---|---|
| 1 | 1 | 2 | 43 | 9 | 3 | 2 | 40 |
| 2 | 1 | 4 | 41 | 10 | 3 | 4 | 37 |
| 3 | 1 | 6 | 37 | 11 | 3 | 6 | 34 |
| 4 | 1 | 8 | 33 | 12 | 3 | 8 | 32 |
| 5 | 2 | 2 | 41 | 13 | 4 | 2 | 37 |
| 6 | 2 | 4 | 38 | 14 | 4 | 4 | 35 |
| 7 | 2 | 6 | 35 | 15 | 4 | 6 | 33 |
| 8 | 2 | 8 | 32 | 16 | 4 | 8 | 32 |

其中 ID 为病例号，$X_1$ 表示 A 药剂量（ml），$X_2$ 表示 B 药剂量（ml），$Y$ 表示症状缓解的时间（h）。使用该样本数据拟合包含药品 A 与药品 B 交互项的多重线性回归模型。整体模型效应的方差分析结果见表11-14，模型参数估计与假设检验结果如表11-15 所示。

表 11-14　含自变量交互项模型整体效应的方差分析

| 变异来源 | 自由度 | $SS$ | $MS$ | $F$ | $P$ |
| --- | --- | --- | --- | --- | --- |
| 模型 | 3 | 190.259 8 | 63.419 9 | 277.73 | <0.000 1 |
| 残差 | 12 | 2.740 2 | 0.228 4 | | |
| 总变异 | 15 | 193.000 0 | | | |

表 11-15　含自变量交互项模型的参数估计与检验

| 参数 | 参数估计 | 标准误 | $t$ | $P$ |
| --- | --- | --- | --- | --- |
| 截距 | 49.475 5 | 0.726 5 | 68.10 | <0.000 1 |
| $X_1$ | −2.535 3 | 0.271 2 | −9.35 | <0.000 1 |
| $X_2$ | −1.943 6 | 0.134 3 | −14.48 | <0.000 1 |
| $X_1X_2$ | 0.221 2 | 0.051 1 | 4.33 | 0.001 0 |

由表 11-14 可见，就整体而言，包含自变量交互项的模型效应具有统计学意义；表 11-15 也说明，自变量的交互项（$X_1X_2$）在 $\alpha=0.05$ 水平下具有统计学意义，A 药和 B 药的联合应用具有交互效应。

当交互效应有统计学意义时，不再对 A 药和 B 药的平均效应或主效应进行解释。

最后，得到 $Y$ 关于 $X_1$ 和 $X_2$ 的回归方程为：

$$\hat{Y}=49.475-2.535X_1-1.944X_2+0.221X_1X_2$$

4. 通径分析　多重线性回归分析的主要目的是解决用多个自变量对一个连续型因变量进行预测的问题。但是当自变量个数较多时，相互间的关系变得十分复杂，而且有些自变量并不是直接影响因变量，而是通过对其他自变量的作用间接影响因变量。处理这种具有较为复杂变量关系的统计学方法可以选择通径分析（path analysis）。

【例 11-4】　观察 680 名新生儿的出生体重/kg（$Y$）及其母亲的年龄/岁（$X_1$）、产次/次（$X_2$）、孕周/周（$X_3$）、产前体重/kg（$X_4$）的资料，求得变量间的简单相关系数如表11-16 所示。

表 11-16　新生儿的出生体重与相关变量的简单相关系数

| | $X_1$ | $X_2$ | $X_3$ | $X_4$ | $Y$ |
| --- | --- | --- | --- | --- | --- |
| $X_1$ | 1.000 | 0.509 | 0.300 | 0.382 | 0.305 |
| $X_2$ | 0.509 | 1.000 | 0.300 | 0.420 | 0.314 |
| $X_3$ | 0.300 | 0.300 | 1.000 | 0.550 | 0.820 |
| $X_4$ | 0.382 | 0.420 | 0.550 | 1.000 | 0.630 |
| $Y$ | 0.305 | 0.314 | 0.820 | 0.630 | 1.000 |

采用多重线性回归模型拟合数据的结果如表 11-17 所示。

表 11-17 多重线性回归模型拟合的结果

| 变量 | 自由度 | 偏回归系数 | 标准误 | $t$ | $P$ | 标准化偏回归系数 |
|---|---|---|---|---|---|---|
| Intercept | 1 | 0 | 0.020 41 | 0.00 | 1.000 0 | 0 |
| $X_1$ | 1 | 0.003 20 | 0.024 39 | 0.13 | 0.895 5 | 0.003 20 |
| $X_2$ | 1 | 0.001 80 | 0.024 77 | 0.07 | 0.942 1 | 0.001 80 |
| $X_3$ | 1 | 0.678 26 | 0.024 65 | 27.51 | <0.000 1 | 0.678 26 |
| $X_4$ | 1 | 0.254 98 | 0.026 11 | 9.77 | <0.000 1 | 0.254 98 |

由标准化偏回归系数结果可见，自变量 $X_1$、$X_2$ 对 $Y$ 的贡献甚微。从专业知识考虑变量间的关系，$X_1$ 与 $X_2$ 是分别通过 $X_3$、$X_4$ 影响 $Y$ 的。分析这种间接作用可采用通径分析，其步骤为：

（1）根据专业知识绘制变量间相互影响的通径图（path diagram）。如图 11-2 所示。箭头始发处的变量影响箭头所指的变量；双箭头表示箭头所指的两个变量彼此相关；$e_1$、$e_2$、$e_3$ 分别表示随机误差。

（2）按照通径图建立线性回归方程，以箭头所指向的变量为因变量，箭头始发处的变量为自变量：

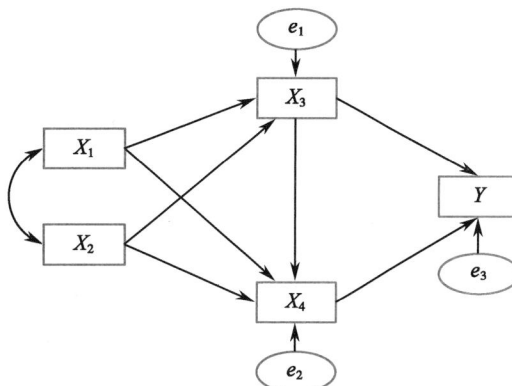

图 11-2 影响新生儿的出生体重的通径图

$$X_3=a_1X_1+a_2X_2+e_1$$
$$X_4=b_1X_1+b_2X_2+b_3X_3+e_2$$
$$Y=c_1X_3+c_2X_4+e_3$$

拟合上述通径模型，检验统计量 $\chi^2=0.036\ 7$，$P=0.981\ 8$，显示该数据拟合该通径图的整体效果良好；该模型的参数估计如下：

$$X_3=0.198\ 8X_1+0.198\ 8X_2+e_1$$
$$X_4=0.443\ 5X_1+0.138\ 9X_2+0.216\ 3X_3+e_2$$
$$Y=0.678\ 9X_3+0.256\ 6X_4+e_3$$

（3）将各个系数添加于通径图中，重绘通径图 11-3。

（4）根据通径图计算各变量对因变量的直接效应和间接效应（表 11-18）。

由通径图 11-3 可见，$X_1$、$X_2$ 对 $Y$ 变量无直接通径，$X_3$ 对 $Y$ 的直接通径（$X_3 \rightarrow Y$）系数为 0.678 9，故变量 $X_3$ 对 $Y$ 的直接效应为 0.678 9；同理，$X_4$ 对 $Y$ 的直接效应（$X_4 \rightarrow Y$）为 0.256 6。

间接效应是指某一变量通过其他变量对 $Y$ 变量所产生的影响，如变量 $X_1$ 通过三个路径：（$X_1 \rightarrow X_3 \rightarrow Y$）、（$X_1 \rightarrow X_3 \rightarrow X_4 \rightarrow Y$）和（$X_1 \rightarrow X_4 \rightarrow Y$）对 $Y$ 变量所产生的影响，于是变量 $X_1$ 对 $Y$ 变量的间接效应由三个部分相加而成，即（$X_1 \rightarrow X_3 \rightarrow Y$）的效应加上（$X_1 \rightarrow X_3 \rightarrow X_4 \rightarrow Y$）和（$X_1 \rightarrow X_4 \rightarrow Y$）：

$$（0.198\ 8 \times 0.678\ 9）+（0.198\ 8 \times 0.443\ 5 \times 0.256\ 6）+（0.138\ 9 \times 0.256\ 6）=0.193\ 23$$

同理可计算出 $X_2$ 对 $Y$、$X_3$ 对 $Y$ 的间接效应，示于表 11-18 的第三列中。第四列的总效应为相应直接效应与间接效应之和。

（5）解释直接效应和间接效应的意义。

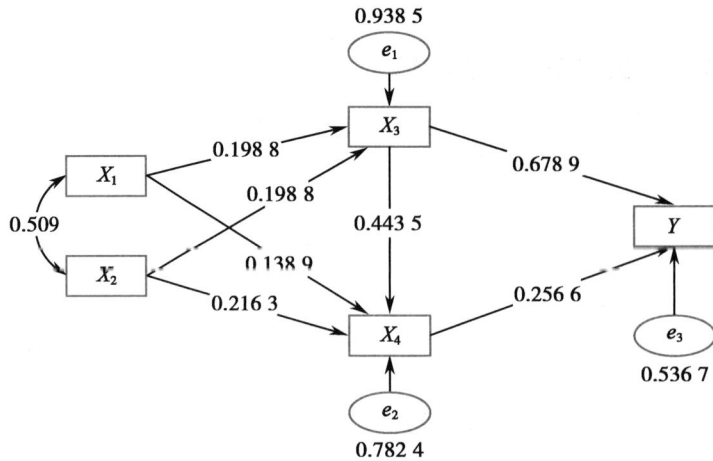

图 11-3 结果通径图

表 11-18 通径模型的效应分析

| 自变量 | 直接效应 | 间接效应 | 总效应 |
|---|---|---|---|
| $X_1$ | 0 | 0.193 23 $(X_1{\to}X_3{\to}Y, X_1{\to}X_3{\to}X_4{\to}Y, X_1{\to}X_4{\to}Y)$ | 0.193 23 |
| $X_2$ | 0 | 0.213 09 $(X_2{\to}X_3{\to}Y, X_2{\to}X_4{\to}Y)$ | 0.213 09 |
| $X_3$ | 0.678 9 $(X_3{\to}Y)$ | 0.113 8 $(X_3{\to}X_4{\to}Y)$ | 0.792 66 |
| $X_4$ | 0.256 63 $(X_4{\to}Y)$ | 0 | 0.256 63 |

孕周$(X_3)$与产前体重$(X_4)$对新生儿的出生体重$(Y)$的直接效应分别为 0.678 9 与 0.256 63；

母亲的年龄$(X_1)$通过三种路径对出生体重$(Y)$产生间接效应：一是通过孕周$(X_3)$对变量 $Y$ 产生影响，记为 $X_1{\to}X_3{\to}Y$；二是通过孕周$(X_3)$作用于产前体重$(X_4)$再对出生体重$(Y)$产生的效应，记为 $X_1{\to}X_3{\to}X_4{\to}Y$；三是通过产前体重$(X_4)$对出生体重$(Y)$产生的效应，记为 $X_1{\to}X_4{\to}Y$。

## 二、案例讨论与结果报告

【例 11-5】 为研究某药物的肝脏积蓄规律，取 19 只大白鼠按一定剂量口服给药，经一定的时间后取鼠肝，测定单位肝组织的药量 /g$(Y)$，并测定体重 /g$(X_1)$，全肝重 /g$(X_2)$及服药剂量 /g$(X_3)$。表 11-19 给出了各变量之间的简单相关系数，可以看出，自变量 $X_1$、$X_2$、$X_3$ 与因变量 $Y$ 的相关甚弱，而自变量 $X_1$ 与 $X_3$ 的相关系数达 0.990 2。

表 11-19 例 11-5 资料的简单相关系数

| | $X_1$ | $X_2$ | $X_3$ | $Y$ |
|---|---|---|---|---|
| $X_1$ | 1.000 0 | 0.500 0 | 0.990 2 | 0.151 1 |
| $X_2$ | 0.500 0 | 1.000 0 | 0.490 1 | 0.203 3 |
| $X_3$ | 0.990 2 | 0.490 1 | 1.000 0 | 0.227 5 |
| $Y$ | 0.151 1 | 0.203 3 | 0.227 5 | 1.000 0 |

表11-20给出了所有可能的自变量子集回归的结果。

表11-20　所有可能的自变量子集回归

| 自变量子集 | 变量个数 | $R_2$ | $R_{a2}$ | $b_0$ | $b_1$ | $b_2$ | $b_3$ |
|---|---|---|---|---|---|---|---|
| $X_3$ | 1 | 0.051 8 | −0.004 0 | 0.133 0 | | | 0.234 6 |
| $X_2$ | 1 | 0.041 3 | −0.015 0 | 0.220 4 | | 0.014 7 | |
| $X_1$ | 1 | 0.022 8 | −0.034 7 | 0.196 2 | 0.000 8 | | |
| $X_1X_3$ | 2 | 0.334 7 | 0.251 5 | 0.285 5 | −0.020 4* | | 4.125 3* |
| $X_2X_3$ | 2 | 0.062 9 | −0.054 3 | 0.117 4 | | 0.008 7 | 0.173 6 |
| $X_1X_2$ | 2 | 0.044 6 | −0.074 8 | 0.278 4 | 0.000 4 | 0.012 3 | |
| $X_1X_2X_3$ | 3 | 0.363 9 | 0.236 7 | 0.265 9 | −0.021 2* | 0.014 3 | 4.178 1* |

注：* 表示在 $\alpha=0.05$ 水平上有统计学意义。

分析：①由表11-19看出数据体重（$X_1$）和服药剂量（$X_3$）相关性较高。②由表11-20可见只包含一个自变量的简单回归均无统计学意义，而包含二个自变量的回归与包含三个自变量的回归则显示 $X_1$ 和 $X_3$ 对 $Y$ 有作用；除包含 $X_1$ 和 $X_3$ 的回归方程外，所有其他回归方程的调整确定系数均呈现负值，显示回归方程包括 $X_1$ 和 $X_3$ 的结果与简单回归情况相悖，如何解释其矛盾现象。

关于多重线性回归分析需报告的主要结果有变量筛选方法、检验水准 $\alpha$、各变量偏回归系数及其 $P$ 值。表11-1数据的逐步回归分析的结果见表11-7。按 $\alpha=0.05$ 水准，一年级女大学生肺活量可能受体重（$P=0.001$）和胸围（$P=0.002$）影响。回归方程为 $\hat{Y}=-5.600+0.073X_1+0.059X_2$。

（王学梅　金丽娜）

## 小结

多重线性回归分析是简单线性回归分析的拓展，因变量仍然只有一个，而自变量的数目却多于一个。模型的前提假设、最小二乘原则都与简单线性回归分析相同。模型中的偏回归系数表示在其他自变量对因变量的影响固定的条件下，该自变量每改变一个计量单位所引起因变量的平均变化量，即在校正了其他变量影响的情形下某因素单独的回归效应。由于受各变量量纲的影响，偏回归系数并不能直接用来比较其对因变量的影响大小，而标准化偏回归系数消除了变量的计量单位及其离散程度的影响，其绝对值可用来比较各自变量对因变量 $Y$ 的影响大小。

决定系数（$R^2$）直接说明模型中的自变量解释因变量总变异的百分比；复相关系数（$R$）可用来说明某一个变量与多个变量的线性相关程度；偏相关系数可以反映排除了其他变量影响后两变量的线性相关程度与方向。

变量筛选的目的是使得方程中尽可能保留对回归贡献较大的重要变量而不包括对回归贡献较小的变量，以期用尽量简洁的模型达到尽可能高的估计精度。

有的自变量直接影响因变量，有的却间接影响因变量。多重线性回归模型只适用于解决因变量 $Y$ 对前一类自变量的回归问题，对于直接作用的自变量和间接作用的自变量同时存在的复杂情况，最好采用通径分析方法。

## 思考与练习

### 一、最佳选择题

1. 多重线性回归自变量筛选过程中,如果自变量的个数增加,则(　　)

    A. 总平方和与回归平方和均减小

    B. 总平方和与回归平方和均增加

    C. 回归平方和与残差平方和均减小

    D. 回归平方和减小,残差平方和增加

    E. 回归平方和增加,残差平方和减小

2. 可用于多重线性回归的假设检验方法是(　　)

    A. $F$ 检验 　　　　　　　　B. $\chi^2$ 检验 　　　　　　　　C. $U$ 检验

    D. Wald 检验 　　　　　　　E. $Z$ 检验

3. 残差是指(　　)

    A. 观察值 $Y_i$ 与平均值 $\overline{Y}$ 之差

    B. 观察值 $Y_i$ 与估计值 $\hat{Y}$ 之差

    C. 观察值 $Y_i$ 与平均值 $\overline{Y}$ 之差的平方和

    D. 观察值 $Y_i$ 与估计值 $\hat{Y}$ 之差的平方和

    E. 平均值 $\overline{Y}$ 与估计值 $\hat{Y}$ 之差的平方和

4. 多重线性回归分析中,某一自变量的数值扩大 $k$ 倍,则(　　)

    A. 该偏回归系数和标准化偏回归系数均不变

    B. 该偏回归系数和标准化偏回归系数均变为原来的 $1/k$ 倍

    C. 该偏回归系数和标准化偏回归系数均变为原来的 $k$ 倍

    D. 该偏回归系数变为原来的 $1/k$ 倍,标准化偏回归系数不变

    E. 该偏回归系数变为原来的 $k$ 倍,标准化偏回归系数不变

5. 多重线性回归分析中,能够用于比较不同自变量对因变量影响大小的指标是(　　)

    A. 偏回归系数 　　　　　　　　　　　　B. 标准化偏回归系数

    C. 决定系数 　　　　　　　　　　　　　D. 复相关系数

    E. 偏相关系数

### 二、思考题

1. 多重线性回归模型中偏回归系数的含义是什么?

2. 多重线性回归参数估计的最小二乘法的含义?

3. 简述多重线性回归自变量筛选中逐步回归的原理。

4. 如何判断多重共线性?

5. 如何评价多重线性回归方程的优劣?

### 三、案例分析题

1. 为了研究影响糖尿病患者糖化血红蛋白( HbA1c )的主要危险因素,某研究者调查了某医院内分泌科就诊的 400 例糖尿病患者的糖化血红蛋白、年龄、体重指数、总胆固醇、舒张压、收缩压、饮食、运动、服药、吸烟等情况,并采用逐步回归分析影响糖

化血红蛋白的主要因素。为了简化问题，这里取自变量为年龄（$X_1$，岁）、体重指数（$X_2$，$kg/m^2$）、总胆固醇（$X_3$，mmol/L）、收缩压（$X_4$，mmHg）、舒张压（$X_5$，mmHg），因变量为糖化血红蛋白（$Y$，%），随机抽取40例，具体资料见表11-21，试用该数据进行多重线性回归分析。

表 11-21 40 例糖尿病患者调查资料

| 编号 | 年龄/岁 $X_1$ | 体重指数/（$kg/m^2$）$X_2$ | 总胆固醇/（mmol/L）$X_3$ | 收缩压/mmHg $X_4$ | 舒张压/mmHg $X_5$ | 糖化血红蛋白/% $Y$ |
|---|---|---|---|---|---|---|
| 1 | 61.70 | 22.9 | 5.09 | 114 | 74 | 9.5 |
| 2 | 53.40 | 22.4 | 5.20 | 130 | 85 | 9.9 |
| 3 | 54.27 | 24.8 | 4.78 | 131 | 76 | 11.1 |
| 4 | 39.62 | 22.3 | 4.09 | 141 | 82 | 9.9 |
| 5 | 54.91 | 20.1 | 4.51 | 120 | 65 | 8.8 |
| 6 | 61.08 | 27.3 | 4.91 | 115 | 77 | 10.2 |
| 7 | 53.84 | 24.2 | 4.05 | 150 | 80 | 9.8 |
| 8 | 59.96 | 23.9 | 5.26 | 163 | 81 | 10.3 |
| 9 | 37.60 | 23.4 | 4.99 | 120 | 73 | 9.0 |
| 10 | 51.42 | 26.2 | 4.15 | 130 | 70 | 10.5 |
| 11 | 54.02 | 25.3 | 4.53 | 110 | 75 | 10.2 |
| 12 | 45.20 | 26.8 | 5.71 | 130 | 80 | 10.5 |
| 13 | 51.02 | 22.8 | 5.08 | 125 | 80 | 9.9 |
| 14 | 52.11 | 26.6 | 5.15 | 130 | 80 | 11.3 |
| 15 | 46.96 | 24.9 | 4.82 | 90 | 60 | 10.5 |
| 16 | 59.56 | 26.0 | 5.29 | 120 | 80 | 10.7 |
| 17 | 53.61 | 23.0 | 5.06 | 120 | 80 | 9.1 |
| 18 | 52.96 | 26.6 | 5.18 | 120 | 70 | 9.4 |
| 19 | 62.74 | 25.2 | 4.94 | 118 | 65 | 9.8 |
| 20 | 60.04 | 23.2 | 3.14 | 120 | 65 | 8.4 |
| 21 | 43.09 | 27.8 | 5.09 | 120 | 85 | 9.7 |
| 22 | 60.70 | 26.5 | 5.90 | 150 | 70 | 9.8 |
| 23 | 58.35 | 21.2 | 3.71 | 130 | 70 | 7.9 |
| 24 | 55.59 | 29.8 | 6.30 | 150 | 90 | 11.3 |
| 25 | 56.54 | 24.0 | 4.40 | 115 | 70 | 8.2 |
| 26 | 64.66 | 22.3 | 5.63 | 138 | 80 | 9.6 |
| 27 | 44.46 | 23.1 | 3.76 | 110 | 78 | 9.4 |
| 28 | 53.98 | 25.0 | 4.35 | 136 | 79 | 8.8 |

续表

| 编号 | 年龄/岁 $X_1$ | 体重指数/ （kg/m²） $X_2$ | 总胆固醇/ （mmol/L） $X_3$ | 收缩压/ mmHg $X_4$ | 舒张压/ mmHg $X_5$ | 糖化血红蛋白/ % $Y$ |
|---|---|---|---|---|---|---|
| 29 | 47.67 | 20.7 | 3.78 | 110 | 70 | 8.8 |
| 30 | 62.14 | 23.8 | 5.23 | 140 | 80 | 9.3 |
| 31 | 58.77 | 23.0 | 4.54 | 140 | 80 | 9.3 |
| 32 | 64.55 | 26.4 | 4.75 | 140 | 80 | 9.5 |
| 33 | 64.18 | 24.9 | 5.70 | 140 | 80 | 11.2 |
| 34 | 60.32 | 23.0 | 4.58 | 124 | 78 | 8.9 |
| 35 | 60.97 | 23.4 | 4.92 | 112 | 66 | 9.0 |
| 36 | 48.00 | 25.7 | 5.55 | 120 | 70 | 9.2 |
| 37 | 53.30 | 31.6 | 4.99 | 150 | 80 | 10.7 |
| 38 | 58.28 | 24.8 | 5.30 | 135 | 70 | 9.8 |
| 39 | 63.21 | 24.0 | 3.66 | 122 | 67 | 8.4 |
| 40 | 56.13 | 26.3 | 4.83 | 120 | 80 | 9.6 |

2. 表 11-22 是 11 名儿童的智力测试数据,试以 IQ 为因变量拟合多重线性回归模型, 并讨论本例应用回归分析所存在的问题。

表 11-22　儿童智力测试数据

| 常识 $X_1$ | 算术 $X_2$ | 理解 $X_3$ | 拼图 $X_4$ | 积木 $X_5$ | 译码 $X_6$ | IQ $Y$ |
|---|---|---|---|---|---|---|
| 14 | 13 | 28 | 14 | 22 | 39 | 54 |
| 10 | 14 | 15 | 14 | 34 | 35 | 37 |
| 12 | 12 | 19 | 13 | 24 | 39 | 28 |
| 7 | 8 | 7 | 9 | 20 | 24 | 19 |
| 13 | 12 | 24 | 12 | 26 | 38 | 36 |
| 19 | 15 | 23 | 16 | 24 | 38 | 28 |
| 19 | 16 | 26 | 21 | 38 | 69 | 53 |
| 9 | 10 | 14 | 9 | 31 | 46 | 40 |
| 10 | 8 | 15 | 13 | 15 | 43 | 51 |
| 9 | 8 | 12 | 10 | 22 | 43 | 55 |
| 12 | 10 | 20 | 14 | 12 | 28 | 42 |

3. 为研究 0～8 岁儿童身高增长规律,调查了 20 名男童和 20 名女童的身高 $Y$（cm） 和性别 $X_1$、年龄 $X_2$（岁）,数据见表 11-23,试用该数据拟合简单线性、多重线性回 归模型,并评价模型的拟合优度。

表 11-23 20名男童和20名女童的身高(cm)和年龄(岁)数据

| 编号 | 性别 $X_1$ | 年龄/岁 $X_2$ | 身高/cm $Y$ | 编号 | 性别 $X_1$ | 年龄/岁 $X_2$ | 身高/cm $Y$ |
|------|------|--------|---------|------|------|--------|---------|
| 1 | 1 | 0.3 | 65 | 21 | 0 | 0.9 | 72 |
| 2 | 1 | 0.4 | 66 | 22 | 0 | 4.6 | 103 |
| 3 | 1 | 0.8 | 69 | 23 | 0 | 1.8 | 80 |
| 4 | 1 | 1.0 | 69 | 24 | 0 | 0.8 | 72 |
| 5 | 1 | 1.6 | 75 | 25 | 0 | 6.4 | 118 |
| 6 | 1 | 4.4 | 98 | 26 | 0 | 2.2 | 85 |
| 7 | 1 | 4.5 | 99 | 27 | 0 | 4.7 | 105 |
| 8 | 1 | 4.9 | 101 | 28 | 0 | 2.8 | 90 |
| 9 | 1 | 5.1 | 102 | 29 | 0 | 5.5 | 112 |
| 10 | 1 | 2.0 | 80 | 30 | 0 | 5.4 | 109 |
| 11 | 1 | 2.1 | 80 | 31 | 0 | 3.2 | 93 |
| 12 | 1 | 3.3 | 89 | 32 | 0 | 0.4 | 68 |
| 13 | 1 | 4.1 | 94 | 33 | 0 | 5.7 | 111 |
| 14 | 1 | 4.4 | 98 | 34 | 0 | 7.1 | 126 |
| 15 | 1 | 5.4 | 106 | 35 | 0 | 0.7 | 71 |
| 16 | 1 | 6.7 | 114 | 36 | 0 | 3.3 | 94 |
| 17 | 1 | 6.9 | 117 | 37 | 0 | 6.9 | 121 |
| 18 | 1 | 7.1 | 119 | 38 | 0 | 5.7 | 113 |
| 19 | 1 | 7.5 | 124 | 39 | 0 | 3.6 | 94 |
| 20 | 1 | 4.8 | 101 | 40 | 0 | 0.8 | 72 |

注:性别列中1表示男童;0表示女童。

# 第十二章
# logistic 回归分析

在医学研究中，线性回归通常研究一个连续性因变量 $Y$ 与 一个自变量 $X=X_1$ 或者一组自变量 $X=(X_1, X_2, \cdots, X_p)$ 的数量关系。但医学研究中还常遇到因变量 $Y$ 为非连续的二分类变量（如患病与未患病、阳性与阴性等）或多分类变量（如治愈、显效、好转、无效）。对于这类资料，线性回归分析方法就不是最佳选择了。而 logistic 回归（logistic regression）分析则是处理该类资料的有效方法。logistic 回归按所分析数据来自的研究设计类型的不同，分为非条件 logistic 回归（unconditional logistic regression）与条件 logistic 回归（conditional logistic regression）；按因变量分类情况，分为二分类 logistic 回归与多分类 logistic 回归。本章将重点介绍医学研究中最常用的二分类因变量的非条件 logistic 回归分析和应用场景，简要介绍条件 logistic 回归分析和多分类因变量的 logistic 回归分析方法。

## 第一节 logistic 回归模型

### 一、logistic 回归模型的基本形式

logistic 回归模型的因变量 $Y$ 为二分类变量，通常编码为 0 或 1，以 $Y=1$ 代表研究者关注的结局发生，以 $Y=0$ 代表研究者关注的结局未发生。这里用例 12-1 来展示 logistic 回归模型的基本形式。

【例 12-1】 肥胖是高血压的危险因素之一。为研究社区居民发生高血压与肥胖状态的关联，并根据风险因素预测社区居民发生高血压的风险，某研究者收集了 465 名无高血压病史的社区居民相关信息，包括性别（女：0，男：1）、年龄、BMI 分类（BMI＜18.5kg/m²，消瘦：0；18.5kg/m²≤BMI＜24kg/m²，正常：1；24kg/m²≤BMI＜28kg/m²，超重：2；BMI≥28kg/m²，肥胖：3）、吸烟史（无：0，有：1）、饮酒史（无：0，有：1）、运动情况（依据《国际体力活动量表》，低强度：1，中等强度：2，高强度：3）和汤森剥夺指数（较高的汤森剥夺指数意味着较高水平的物质缺乏与资源不足）。通过一段时间随访观察这部分居民发生高血压的情况（未患病：0，患病：1）。居民有关资料整理结果见表 12-1。

这里假设对因变量 $Y$ 可能的影响因素（即自变量）$X$ 有 $p$ 个，记为 $X=(X_1, X_2, \cdots, X_P)$。在 $p$ 个自变量作用下，$Y=1$ 发生的概率记为 $\pi$，$Y=0$ 的概率为 $1-\pi$。欲建立 $\pi$ 与 $X_1, X_2, \cdots, X_p$ 之间的回归关系，因 $\pi$ 为概率，其取值区间在 0～1 间，而 $X_1, X_2, \cdots, X_p$ 的线性组合 $\beta_0+\beta_1X_1+\cdots+\beta_pX_p$ 的取值在 $(-\infty, +\infty)$ 之间变化，两者难以直接对等。因此，对 $\pi$ 做 logit 变换，$\text{logit}(\pi)=\ln\left(\dfrac{\pi}{1-\pi}\right)$。变换后，$\text{logit}(\pi)$ 的取值区间转换为 $(-\infty, +\infty)$，可以与影响因素的线性组合的取值区间用等号进行连接。此时可建立下面方程：

$$\text{logit}(\pi) = \ln\left(\frac{\pi}{1-\pi}\right) = \beta_0+\beta_1 X_1 + \cdots + \beta_p X_p \tag{式 12-1}$$

经代数转换，上述模型还可表达为：

$$\pi = \frac{e^{\beta_0+\beta_1 X_1+\cdots+\beta_p X_p}}{1+e^{\beta_0+\beta_1 X_1+\cdots+\beta_p X_p}} = \frac{1}{1+e^{-(\beta_0+\beta_1 X_1+\cdots+\beta_p X_p)}} \tag{式 12-2}$$

表 12-1　465 位社区居民上述危险因素及高血压罹患状态资料

| 患者编号 | 性别($X_1$) | 年龄/岁($X_2$) | BMI 分类($X_3$) | 吸烟史($X_4$) | 饮酒史($X_5$) | 运动情况($X_6$) | 汤森剥夺指数($X_7$) | 高血压($Y$) |
|---|---|---|---|---|---|---|---|---|
| 1 | 1 | 45 | 1 | 0 | 1 | 3 | 1.87 | 0 |
| 2 | 1 | 56 | 1 | 0 | 1 | 1 | 2.30 | 1 |
| 3 | 1 | 63 | 3 | 1 | 0 | 3 | −2.25 | 0 |
| 4 | 0 | 60 | 1 | 0 | 1 | 3 | 1.09 | 0 |
| 5 | 0 | 47 | 1 | 1 | 1 | 2 | −4.78 | 0 |
| ... | ... | ... | ... | ... | ... | ... | ... | ... |
| 461 | 1 | 58 | 1 | 0 | 1 | 3 | −5.01 | 1 |
| 462 | 0 | 62 | 0 | 0 | 1 | 1 | −1.50 | 1 |
| 463 | 1 | 57 | 1 | 0 | 1 | 1 | −3.45 | 0 |
| 464 | 0 | 53 | 3 | 1 | 1 | 3 | −4.22 | 1 |
| 465 | 1 | 58 | 1 | 0 | 1 | 2 | −0.90 | 1 |

式 12-2 即为 logistic 回归模型的基本形式,其中 e 表示自然对数的底,即 2.718,$\beta_0$ 为常数项(截距),$\beta_1, \beta_2, \cdots, \beta_p$ 为回归系数。上述公式可用来估计或预测当 $X_1, X_2, \cdots, X_p$ 取某一组确定数值时,$Y=1$ 的概率 $\pi$ 以及 $Y=0$ 的概率 $1-\pi$。

## 二、logistic 回归模型参数的意义

在上述 logistic 回归模型中,$\text{logit}(\pi)$ 的解释可与流行病学中的优势比(odds ratio, OR)联系起来,这里优势(odds)表示事件 $A$ 出现的概率与非事件 $A$ 出现的概率之比,在本例中是指高血压发生率 $\pi$ 和未发生率 $1-\pi$ 之比,即患高血压的优势 $\text{odds}=\dfrac{\pi}{1-\pi}$。因此 logistic 回归模型亦可表达为:

$$\text{logit}(\pi)=\ln(\text{odds})=\beta_0+\beta_1 X_1+\cdots+\beta_p X_p \qquad (式 12-3)$$

其中 $\beta_0$ 表示模型中所有自变量均为 0 时,$\ln(\text{odds})$ 的值;回归系数 $\beta_j$ 表示在控制其他自变量时,自变量 $X_j$ 增加一个单位所引起 $\ln(\text{odds})$ 的改变量,公式如下:

$$\ln(\text{odds}_0)=\beta_0+\beta_1 X_1+\cdots+\beta_j X_j+\cdots+\beta_p X_p$$
$$\ln(\text{odds}_1)=\beta_0+\beta_1 X_1+\cdots+\beta_j(X_j+1)+\cdots+\beta_p X_p \qquad (式 12-4)$$
$$\ln(\text{odds}_1)-\ln(\text{odds}_0)=\beta_j(X_j+1)-\beta_j X_j=\beta_j$$

两个优势之比即为优势比(OR),又称比值比。通过对式 12-4 进行改写,得到自变量 $X_j$ 增加一个单位后与增加前的优势比(OR)的对数就等于 $\beta_j$,或者说自变量 $X_j$ 增加一个单位后与增加前优势比就等于 $e^{\beta_j}$:

$$\ln(\text{OR})=\ln\left(\frac{\text{odds}_1}{\text{odds}_0}\right)=\beta_j$$
$$\text{OR}=\frac{\text{odds}_1}{\text{odds}_0}=e^{\beta_j} \qquad (式 12-5)$$

一般地,对于多个自变量的logistic回归模型,在其他自变量取值不变的情形下,与自变量$X_j$的两个水平$C_1$与$C_2(C_2>C_1)$相对应的优势比为:

$$OR_j=e^{\beta_j(C_2-C_1)}$$

（式12-6）

当因变量$Y=1$表示患病或死亡等"不良结局"时,若自变量$X_j$的回归系数$\beta_j>0$,则$X_j$增加后与增加前相比,事件的优势比$OR_j>1$,表明$X_j$为危险因素;若$\beta_j<0$,则$X_j$增加后与增加前相比,事件的优势比$OR_j<1$,表明$X_j$为保护因素;若$\beta_j=0$,则$X_j$增加后与增加前相比,事件的优势比$OR_j=1$,表明$X_j$与结局在logit尺度下不存在关联性。

当相关因素对因变量不产生作用,或者暴露不存在时,此时$\ln\left(\dfrac{\pi}{1-\pi}\right)=\beta_0$,即常数项$\beta_0$等于结局发生与不发生的概率之比的自然对数。在流行病学队列研究中,$e^{\beta_0}$代表在无暴露情况下发生结局事件的优势,也可以估计无暴露情况下结局事件发生的概率$P=\dfrac{e^{\beta_0}}{1+e^{\beta_0}}$。

# 第二节　logistic回归模型的参数估计与假设检验

## 一、logistic回归的参数估计

logistic回归模型中的参数$\beta_0,\beta_1,\cdots,\beta_p$需要通过样本资料进行估计,估计值记为$b_0,b_1,\cdots,b_p$。参数估计方法有多种,最大似然估计（maximum likelihood estimation, MLE）最为常用,其基本思想是选择能有最大概率获得当前样本的值作为参数的估计值。

假设$n$例观察对象彼此独立,个体$i(i=1,2,\cdots,n)$的自变量为$X_i=(X_{i1},X_{i2},\cdots,X_{ip})$,因变量为$Y_i$（取值为0或1）。对于个体$i$,给定$X_i$时,出现观察结果$Y_i=1$和$Y_i=0$的概率分别为:

$$P(Y_i=1|X_i)=\frac{1}{1+e^{-(\beta_0+\beta_1X_{i1}+\cdots+\beta_pX_{ip})}}$$

$$P(Y_i=0|X_i)=1-\frac{1}{1+e^{-(\beta_0+\beta_1X_{i1}+\cdots+\beta_pX_{ip})}}=\frac{e^{-(\beta_0+\beta_1X_{i1}+\cdots+\beta_pX_{ip})}}{1+e^{-(\beta_0+\beta_1X_{i1}+\cdots+\beta_pX_{ip})}}$$

将这两个概率结合起来,可以简洁地写为:

$$P(Y_i|X_i)=\left(\frac{1}{1+e^{-(\beta_0+\beta_1X_{i1}+\cdots+\beta_pX_{ip})}}\right)^{Y_i}\left(\frac{e^{-(\beta_0+\beta_1X_{i1}+\cdots+\beta_pX_{ip})}}{1+e^{-(\beta_0+\beta_1X_{i1}+\cdots+\beta_pX_{ip})}}\right)^{1-Y_i}$$

（式12-7）

对于$n$个独立个体,给定自变量$X_i$时,出现当前观察结果$Y_i(i=1,2,\cdots,n)$的概率为上述$n$个概率的乘积。对于$n$个概率的乘积可以构造如下似然函数（likelihood function）:

$$L(\beta_0,\beta_1,\cdots,\beta_p)=P(Y_1,Y_2,\cdots,Y_n|X_1,X_2,\cdots,X_n)$$

$$=\prod_{i=1}^{n}\left(\frac{1}{1+e^{-(\beta_0+\beta_1X_{i1}+\cdots+\beta_pX_{ip})}}\right)^{Y_i}\left(\frac{e^{-(\beta_0+\beta_1X_{i1}+\cdots+\beta_pX_{ip})}}{1+e^{-(\beta_0+\beta_1X_{i1}+\cdots+\beta_pX_{ip})}}\right)^{1-Y_i}$$

（式12-8）

对该似然函数取对数即可得到对数似然函数:

$$\ln L(\beta_0, \beta_1, \cdots, \beta_p)$$
$$= \sum_{i=1}^{n} \left\{ Y_i \ln\left( \frac{1}{1+e^{-(\beta_0+\beta_1 X_{i1}+\cdots+\beta_p X_{ip})}} \right) + (1-Y_i)\ln\left( \frac{e^{-(\beta_0+\beta_1 X_{i1}+\cdots+\beta_p X_{ip})}}{1+e^{-(\beta_0+\beta_1 X_{i1}+\cdots+\beta_p X_{ip})}} \right) \right\} \quad (\text{式 12-9})$$

通过使似然函数或对数似然函数达到极大值可以求解 $\beta_0, \beta_1, \beta_2, \cdots, \beta_p$，得到的解记为 $b_0, b_1, b_2, \cdots, b_p$，称为参数 $\beta_0, \beta_1, \beta_2, \cdots, \beta_p$ 的一组最大似然估计值。

针对例 12-1 资料，本例因 $X_3$（BMI 分类）和 $X_6$（运动情况）为多分类变量资料，需要使用哑变量技术进行处理。当以其中一个分类水平为参照时，需要的哑变量个数为原变量分类个数减 1。因此对于 $X_3$（BMI 分类）和 $X_6$（运动情况），可分别利用 3 个和 2 个哑变量来表示，最终方程中自变量数增至 10 个。这里以 $X_3$（BMI 分类）为例，以正常组为参照，3 个哑变量见表 12-2，其中 $X_{31}$ 代表是否消瘦（消瘦：1，非消瘦：0），$X_{32}$ 代表是否超重（超重：1，非超重：0），$X_{33}$ 代表是否肥胖（肥胖：1，非肥胖：0）。

表 12-2 BMI 分类哑变量

| $X_3$ | $X_{31}$ | $X_{32}$ | $X_{33}$ |
|---|---|---|---|
| 1（正常） | 0 | 0 | 0 |
| 2（消瘦） | 1 | 0 | 0 |
| 3（超重） | 0 | 1 | 0 |
| 4（肥胖） | 0 | 0 | 1 |

基于 R 软件的 logistic 回归分析输出结果如表 12-3 所示，常数项及回归系数的估计值见表 12-3 第 2 列。

表 12-3 参数估计、Wald 检验和 OR 估计

| 变量<br>（1） | 回归系数<br>（2） | 标准误<br>（3） | Wald $\chi^2$ 值<br>（4） | $P$ 值<br>（5） | OR<br>（6） | OR 95% 置信区间<br>（7） |
|---|---|---|---|---|---|---|
| 常数项 | −4.345 | 0.928 | 21.914 | <0.001 | — | — |
| $X_1$ | 0.347 | 0.203 | 2.922 | 0.087 | 1.414 | （0.951, 2.108） |
| $X_2$ | 0.068 | 0.013 | 27.335 | <0.001 | 1.070 | （1.044, 1.098） |
| $X_{31}$ | 0.298 | 1.279 | 0.054 | 0.816 | 1.347 | （0.058, 15.36） |
| $X_{32}$ | 0.600 | 0.228 | 6.905 | 0.009 | 1.823 | （1.167, 2.861） |
| $X_{33}$ | 0.765 | 0.280 | 7.477 | 0.006 | 2.150 | （1.245, 3.736） |
| $X_4$ | 0.535 | 0.202 | 6.996 | 0.008 | 1.707 | （1.150, 2.541） |
| $X_5$ | −0.226 | 0.467 | 0.235 | 0.628 | 0.798 | （0.315, 2.000） |
| $X_{61}$ | −0.382 | 0.282 | 1.835 | 0.176 | 0.683 | （0.392, 1.184） |
| $X_{62}$ | −0.367 | 0.268 | 1.883 | 0.170 | 0.693 | （0.409, 1.169） |
| $X_7$ | −0.015 | 0.031 | 0.218 | 0.641 | 0.985 | （0.926, 1.048） |

在上述案例中，对于连续型变量年龄（$X_2$），回归系数为 0.068，计算得对应的优势比 OR 为 1.070，表明在保持其他自变量不变的情况下，年龄每增加一岁，居民发生高血压的风险增加了 0.070 倍。对于多分类变量，通过设定其中一个分类水平作为参照，将其他几个分类水平转化为哑

变量,其 OR 值反映了某个哑变量对应的分类水平相较于参照水平发生结局的优势比的改变。例如,对于 BMI 分类($X_3$),哑变量 $X_{33}$ 的回归系数为 0.765,相应的 OR 值为 2.150,意味着 BMI 分类处于肥胖水平的居民相较于正常水平的居民而言,发生高血压的风险增加了 1.150 倍。

## 二、logistic 回归的参数假设检验

由样本估计参数,建立了 logistic 回归方程后,参数的估计值 $b_j \neq 0$($j=1,2,\cdots,p$)并不一定意味着对应的总体参数 $\beta_j \neq 0$,也不一定意味着总体回归方程成立,还需通过假设检验才能作出推断。

与 logistic 回归分析有关的假设检验包括两个内容:一是检验整个模型,即检验因变量与自变量之间的关系能否用所建立的回归方程来表示;二是检验单个回归系数是否为 0,即检验单个自变量对因变量的影响是否存在。常用的检验方法有似然比检验和 Wald 检验,均可用于单个回归系数或者多个回归系数的检验。

1. 似然比检验(likelihood ratio test) 似然比检验假设模型 A 含有 $p$ 个自变量,相应的达到极大的对数似然函数值记为 $\ln L_0$;模型 B 是在模型 A 的 $p$ 个自变量基础上新加入一个或几个自变量,自变量个数变为 $l$,其相应的达到极大的对数似然函数值记为 $\ln L_1$。通过比较模型 A 与模型 B 的极大似然函数值,构建似然比检验统计量 $G=2(\ln L_1 - \ln L_0)$。如果说,极大对数似然函数值 $\ln L_0$ 和 $\ln L_1$ 分别度量 $p$ 个自变量和 $l$ 个自变量模型"似然"的程度,那么,统计量 $G$ 度量的则是增加 $l-p$ 个自变量后,模型"似然"程度的增量。可以证明,在零假设成立的前提下,即新加入的变量对模型没有贡献,回归系数均为 0,如果样本量较大,似然比检验统计量 $G$ 近似地服从自由度为 $l-p$ 的 $\chi^2$ 分布。

似然比检验用于多个回归系数检验时,常用于对整个模型的检验,检验的假设通常为

$H_0$:所有自变量的总体回归系数均为 0

$H_1$:自变量的总体回归系数不全为 0

似然比检验在对整个模型进行检验时,$H_0$ 假设所有自变量的总体回归系数均为 0,此时模型 A 仅有常数项,自变量个数为 0;模型 B 纳入所有的自变量。

针对例 12-1 资料,当模型中仅有常数项时,$-2\ln L_0=641.007$,当模型中加入 10 个自变量(包括哑变量)后,$-2\ln L_1=581.741$,似然比检验统计量

$$G=2(\ln L_1 - \ln L_0)=-581.741+641.007=59.266$$

自由度为 10,$P<0.0001$,拒绝 $H_0$,可以认为所建立的 logistic 回归方程在统计学意义上显著成立。

2. Wald 检验(Wald test) Wald 检验可用于对单个回归系数的检验,检验的假设为

$H_0$:$\beta_j=0$

$H_1$:$\beta_j \neq 0$

Wald 检验的统计量为 $z=\dfrac{b_j-0}{S_{b_j}}$,等价于 $\chi^2=\left(\dfrac{b_j}{S_{b_j}}\right)^2$,其中 $b_j$,$S_{b_j}$ 分别表示 $\beta_j$ 的估计值以及估计值的标准误。可以证明,在 $H_0$ 成立的条件下,如果样本量较大,$z$ 近似服从标准正态分布 $N(0,1)$,$\chi^2$ 近似地服从自由度为 1 的 $\chi^2$ 分布。

针对例 12-1 资料,对单个回归系数进行 Wald 检验,统计量 Wald $\chi^2$ 与 $P$ 值见表 12-3 中第 4 列与第 5 列,可以认为,$X_2$、$X_{32}$、$X_{33}$、$X_4$ 和常数项对于模型的作用有统计学意义($P<0.05$)。可知超重与肥胖对于高血压的发生具有显著影响。

### 三、logistic 回归系数的区间估计

当样本量较大时，已知总体回归系数 $\beta_j$ 的抽样分布近似地服从正态分布，根据正态分布理论，总体回归系数 $\beta_j$ 的（$1-\alpha$）置信区间为 $b_j \pm z_{\alpha/2}S_{b_j}$，则 OR 的估计值为 $e^{b_j}$，双侧（$1-\alpha$）置信区间为：

$$e^{b_j \pm z_{\alpha/2}S_{b_j}}$$

针对例 12-1 资料，超重个体相比正常个体对应的 OR 估计值为：

$$e^{b_{32}} = e^{0.600} = 1.822$$

OR 的 95% 置信区间为：

$$e^{b_{32} \pm z_{\alpha/2}S_{b_{32}}} = e^{0.600 \pm 1.96 \times 0.228} = (1.167, 2.861)$$

该 OR 的 95% 置信区间下限大于 1，意味着超重个体相比正常个体具有更高的风险发生结局事件，并且具有统计学意义（$P < 0.05$）。

### 四、logistic 回归预测

利用 logistic 回归模型进行风险预测研究的时候，一些已知公认的风险因素即便未通过统计显著性检验，通常也会将其纳入预测模型中。针对例 12-1 资料，由表 12-3，可以写出对应的 logistic 回归方程

$$P(Y=1 \mid X_1, X_2, \cdots, X_7) = \frac{1}{1+e^{-(-4.345+0.347X_1+0.068X_2+0.298X_{31}+0.600X_{32}+0.765X_{33}+0.535X_4-0.226X_5-0.382X_{61}-0.367X_{62}-0.015X_7)}}$$

左端是 $P$ 而不是 $\pi$，这是因为右端的系数是参数的估计值 $b$，而不是 $\beta$，表明这里的 logistic 回归方程是根据样本资料对理论模型的估计。

根据极大似然函数值，建立自变量 $X_1, X_2, \cdots, X_7$ 与因变量 $Y$ 的 logistic 回归方程，且模型的似然比检验显示所建立的 logistic 回归方程成立，则可应用该方程对社区其他居民高血压可能发生情况进行预测。如某居民性别为男（$X_1=0$）、年龄为 53（$X_2$）、BMI 为超重（$X_3=3$）、吸烟（$X_4=1$）、不饮酒（$X_5=0$）、日常中等强度运动（$X_6=2$）及汤森剥夺指数为 $-2.35$（$X_7$），则预测该居民发生高血压的概率为：

$$P(Y=1 \mid X_1, X_2, \cdots, X_7) = \frac{1}{1+e^{-(-4.345+0.347\times 0+0.068\times 53+0.600\times 1+0.535\times 1-0.226\times 0-0.382\times 1+0.015\times 2.35)}} = 0.512$$

## 第三节　其他常用的 logistic 回归模型

### 一、条件 logistic 回归模型

医学研究中，研究者为控制潜在混杂效应，通常为病例组的每一个研究对象匹配一个或几个有同样特征的未患病者，作为该病例的对照，匹配的特征是已知的混杂因子，或者有充分理由可疑的混杂因子。这种设计为匹配的病例对照设计，通过这种研究设计，可以控制除了研究因素外，病例

与对照的匹配特征相同,从而消除"匹配特征"的混杂作用。

这里以常用的 1∶1 匹配形式,即 1 个病例匹配 1 个对照,对配对设计的条件 logistic 回归模型进行简单介绍。假设有 $n$ 个独立的匹配层,每层含 2 个人,第 1 个为病例,第 2 个为对照。假设只有一个自变量为 $X$,第 $i$ 层($i=1,2,\cdots,n$)第 1 个人的自变量记为 $X_{i0}$,第 2 个人的自变量记为 $X_{i1}$(表 12-4)。

表 12-4　1∶1 配对设计数据的一般格式

| 配对号 | 病例 | | 对照 | |
|:---:|:---:|:---:|:---:|:---:|
| | $X$ | $Y$ | $X$ | $Y$ |
| 1 | $X_{10}$ | 1 | $X_{11}$ | 0 |
| 2 | $X_{20}$ | 1 | $X_{21}$ | 0 |
| … | … | … | … | … |
| $n$ | $X_{n0}$ | 1 | $X_{n1}$ | 0 |

根据第一节中的 logistic 回归模型,在第 $i$ 层中,第 1 个人患病和未患病的概率分别为:

$$\pi_0 = \frac{e^{\beta_0+\beta X_{i0}}}{1+e^{\beta_0+\beta X_{i0}}} \text{ 和 } 1-\pi_0 = \frac{1}{1+e^{\beta_0+\beta X_{i0}}} \qquad (\text{式 12-10})$$

第 2 个人患病和未患病的概率分别为:

$$\pi_1 = \frac{e^{\beta_0+\beta X_{i1}}}{1+e^{\beta_0+\beta X_{i1}}} \text{ 和 } 1-\pi_1 = \frac{1}{1+e^{\beta_0+\beta X_{i1}}} \qquad (\text{式 12-11})$$

理论上,在第 $i$ 层中,第 1 个人"患病"而第 2 个人"未患病"的概率为:

$$\pi_0(1-\pi_1) = \frac{e^{\beta_0+\beta X_{i0}}}{1+e^{\beta_0+\beta X_{i0}}} \frac{1}{1+e^{\beta_0+\beta X_{i1}}} \qquad (\text{式 12-12})$$

同理,第 2 个人"患病"而第 1 个人"未患病"的概率为:

$$\pi_1(1-\pi_0) = \frac{e^{\beta_0+\beta X_{i1}}}{1+e^{\beta_0+\beta X_{i1}}} \times \frac{1}{1+e^{\beta_0+\beta X_{i0}}} \qquad (\text{式 12-13})$$

假设第 $i$ 层的 2 个人中,只有 1 人患病。在只有 1 人患病的条件下,恰好第 1 个人"患病"而第 2 个人"未患病"的条件概率为:

$$
\begin{aligned}
P(\text{第 1 个人患病} \mid \text{第 } i \text{ 层中有 1 人患病}) &= \frac{\pi_0(1-\pi_1)}{\pi_0(1-\pi_1)+\pi_1(1-\pi_0)} \\
&= \frac{e^{\beta_0+\beta X_{i0}}}{e^{\beta_0+\beta X_{i0}}+e^{\beta_0+\beta X_{i1}}} = \frac{1}{1+e^{\beta(X_{i1}-X_{i0})}}
\end{aligned}
\qquad (\text{式 12-14})
$$

式 12-14 为单个自变量时的条件 logistic 回归模型。若自变量扩展到 $p$ 个,$X_{i0j}$ 和 $X_{i1j}$ 分别代表第 $i$ 层中病例和对照样本的第 $j$ 个自变量的取值,$j=1,2,\cdots,p$:

$$P(\text{第 1 个人患病} \mid \text{第 } i \text{ 层中有 1 人患病}) = \frac{1}{1+e^{\sum_j^p \beta_j(X_{i1j}-X_{i0j})}} \qquad (\text{式 12-15})$$

当每个病例匹配的对照增加到 $m$ 个（$m>1$），编号 $k=1, 2, \cdots, m$。可进一步可以推导出 $1:m$ 配对设计的条件 logistic 回归模型为：

$$P(\text{第 1 个人患病} \mid \text{第 } i \text{ 层中有 1 人患病}) = \frac{1}{1+\sum_{k=1}^{m} e^{\sum_{j}^{p}\beta_j(X_{ikj}-X_{i0j})}} \qquad （\text{式 12-16}）$$

由于上述公式为条件概率，相应的 logistic 回归称为条件 logistic 回归，前述非匹配资料的 logistic 回归则称为非条件 logistic 回归。条件 logistic 回归模型的右端也是一个 logistic 函数，其参数包括 $\beta_1, \beta_2, \cdots, \beta_p$。假设每个研究因素在不同匹配组中对反应变量的作用是相同的，那么对于 $n$ 个匹配组的资料，假设完全匹配，即每一个病例都有 $m$ 个对照，按照独立事件的概率乘法原理，可以构造如下似然函数：

$$L(\beta_1, \cdots, \beta_p) = \prod_{i=1}^{n} \frac{1}{1+\sum_{k=1}^{m} e^{\sum_{j}^{p}\beta_j(X_{ikj}-X_{i0j})}} \qquad （\text{式 12-17}）$$

条件 logistic 回归模型与非条件 logistic 回归模型的似然函数类似，但是也有两点不同：第一，条件 logistic 回归模型，与系数 $\beta_1, \beta_2, \cdots, \beta_p$ 相乘的是病例与对照相应变量之差；第二，条件 logistic 回归模型，不含常数项 $\beta_0$。对条件 logistic 回归模型的似然函数取对数转换后即为对数似然函数，可用 Newton-Raphson 迭代法求得参数的估计值及标准误，从而可以对整个模型或者每个变量回归系数进行统计检验，构造每个参数的置信区间。

【例 12-2】　某研究旨在探讨吸烟对肺癌风险的影响。研究者设计了一项 $1:1$ 匹配的病例对照研究，病例和对照按照年龄和性别进行配对。现将吸烟史作为可能的危险因素并选取了 100 对肺癌患者（病例组）和健康对照者（对照组）的相关资料（表 12-5）。拟进行条件 logistic 回归评估吸烟史（无吸烟史：0；有吸烟史：1）与肺癌（未发生：0；发生：1）之间的潜在关联。

表 12-5　100 对肺癌病例和对照的吸烟史资料

| 配对号 | 病例 | | 对照 | |
| --- | --- | --- | --- | --- |
| | 吸烟史（$X$） | 肺癌（$Y$） | 吸烟史（$X$） | 肺癌（$Y$） |
| 1 | 0 | 1 | 0 | 0 |
| 2 | 0 | 1 | 0 | 0 |
| 3 | 1 | 1 | 0 | 0 |
| … | … | … | … | … |
| 98 | 1 | 1 | 0 | 0 |
| 99 | 1 | 1 | 0 | 0 |
| 100 | 0 | 1 | 1 | 0 |

使用 R 软件对该数据构建条件 logistic 回归模型，并进行参数估计、参数假设检验和区间估计，结果如表 12-6 所示：

表 12-6　吸烟史的参数估计、Wald 检验和 OR 估计

| 变量 | 回归系数 | 标准误 | Wald $\chi^2$ 值 | $P$ 值 | OR | OR 95% 置信区间 |
| --- | --- | --- | --- | --- | --- | --- |
| 吸烟史 | 1.581 | 0.415 | 14.501 | <0.001 | 4.857 | （2.153, 10.957） |

可以看出,对于选取的数据,在消除年龄和性别的混杂作用后,吸烟史与肺癌的发生具有显著关联($P<0.001$)。有吸烟史者发生肺癌的风险是无吸烟史者的4.857倍。

## 二、多分类 logistic 回归模型

当因变量 $Y$ 是一个有序多分类变量时,例如流行病学中一些慢性病的危险因素研究,观察结果为"无、轻、中、重";临床中的疗效评价,结果为"尤效、好转、治愈"不同等级进行分类等数据,可以采用有序多分类 logistic 模型进行分析。有序多分类 logistic 模型是根据有序多分类变量拆分成多个二分类因变量,拟合多个二分类 logistic 回归,并基于累积概率构建回归模型。假设此时因变量 $Y$ 有 $r$ 个不同等级的水平,排序后取值为 $0,1,2,3,\cdots,r-1$,则需要拟合 $r-1$ 个累加 logistic 模型,即

$$\text{logit}\left[P(Y_i \geq l \mid X_i)\right] = \ln \frac{P(Y_i \geq l \mid X_i)}{1-P(Y_i \geq l \mid X_i)} = \beta_{0l} + \beta_1 X_{i1} + \cdots + \beta_p X_{ip}$$

其中 $l=1,2,3,\cdots,r-1$,每个累加 logistic 模型回归系数相同,截距不同。

当因变量 $Y$ 是一个无序多分类变量时,例如研究胃炎、不典型增生和恶性病变与一些诊断变量之间的关系,可以使用无序多分类 logistic 回归模型进行回归分析。分析过程是将多分类因变量拆分成多个二分类变量,分别拟合多个二分类 logistic 回归模型。假设因变量 $Y$ 有 $r$ 个不同的水平,不同水平之间不存在等级关系,可以设定其中一个水平为参考,假设以水平 1 作为参考,其他水平的 logistic 模型为 $\text{logit}(P(Y_i = l \mid X_i)) = \ln \frac{P(Y_i = l \mid X_i)}{P(Y_i = 1 \mid X_i)} = \beta_{0l} + \beta_{1l} X_{i1} + \cdots + \beta_{pl} X_{ip}$,其中 $l=2,3,\cdots,r$。每个 logistic 回归模型的回归系数和截距都不同。

有序多分类 logistic 模型和无序多分类 logistic 模型的参数估计和检验方法和前面二分类 logistic 回归模型类似,详细介绍可以参考有关专著。

【例 12-3】体育运动可以降低肥胖的风险。为研究社区居民的 BMI 状态与体育运动强度的关联,某研究者收集了 866 名社区居民相关信息,包括性别(女:0,男:1)、年龄、体育运动强度(从不锻炼:0,低强度:1,中等强度:2,高强度:3)、BMI 状态(消瘦:0,正常:1,超重:2,肥胖:3)。居民有关资料整理结果见表 12-7。

表 12-7　866 位社区居民 BMI 状态与体育运动强度资料

| 患者编号 | 性别 $X_1$ | 年龄/岁 $X_2$ | 运动情况 $X_3$ | BMI 分类 $Y$ |
|---|---|---|---|---|
| 1 | 1 | 65 | 2 | 3 |
| 2 | 1 | 63 | 2 | 2 |
| 3 | 1 | 64 | 2 | 1 |
| 4 | 1 | 41 | 3 | 2 |
| 5 | 0 | 69 | 2 | 1 |
| ... | ... | ... | ... | ... |
| 862 | 1 | 63 | 2 | 1 |
| 863 | 1 | 52 | 2 | 1 |
| 864 | 1 | 43 | 3 | 2 |
| 865 | 0 | 67 | 2 | 2 |
| 866 | 0 | 64 | 2 | 3 |

本例中体育运动情况 $X_3$ 为多分类变量,需要使用哑变量技术进行处理。这里以从不锻炼为参考,设置 3 个哑变量,分别为 $X_{31}$、$X_{32}$ 和 $X_{33}$,三个哑变量取 1 时分别对应于低强度、中等强度和高强度的体育运动。BMI 状态为等级资料,作为有序多分类因变量纳入模型中。对该资料拟合有序 logistic 回归模型,结果见表 12-8。

表 12-8 BMI 状态与体育运动强度的有序 logistic 回归分析结果

| 变量<br>(1) | 回归系数<br>(2) | 标准误<br>(3) | Wald $\chi^2$ 值<br>(4) | $P$ 值<br>(5) | OR<br>(6) | OR 95% 置信区间<br>(7) |
|---|---|---|---|---|---|---|
| 常数项 1 | −4.823 | 0.665 | 52.573 | <0.001 | — | — |
| 常数项 2 | −0.510 | 0.533 | 0.915 | 0.339 | — | — |
| 常数项 3 | 1.357 | 0.535 | 6.438 | 0.011 | — | — |
| $X_1$ | 0.497 | 0.130 | 14.665 | <0.001 | 1.643 | (1.274, 2.118) |
| $X_2$ | 0.013 | 0.008 | 2.716 | 0.099 | 1.013 | (0.998, 1.029) |
| $X_{31}$ | 0.064 | 0.419 | 0.023 | 0.879 | 1.066 | (0.469, 2.422) |
| $X_{32}$ | −0.773 | 0.287 | 7.224 | 0.007 | 0.462 | (0.263, 0.811) |
| $X_{33}$ | −1.342 | 0.344 | 15.218 | <0.001 | 0.261 | (0.133, 0.513) |

按照 $\alpha$=0.05 的检验水准,男性居民($X_1$)的肥胖风险显著高于女性;对于体育运动强度而言,中等强度($X_{32}$)和高强度($X_{33}$)体育锻炼的居民的肥胖风险,显著低于从不锻炼的居民。二分类变量性别($X_1$)的回归系数为 0.497,计算得到对应的优势比 OR 为 1.643,表明在保持其他自变量不变的情况下,男性居民相对于女性居民发生肥胖的风险增加了 0.643 倍。对于多分类变量体育锻炼频率($X_3$),通过设定从不锻炼的组别作为参照,将其他几个分类水平转化为哑变量($X_{31}$,$X_{32}$ 和 $X_{33}$)。哑变量 $X_{32}$ 的回归系数为 −0.773,相应的 OR 值为 0.462,哑变量 $X_{33}$ 的回归系数为 −1.342,相应的 OR 值为 0.261,意味着中等强度和高强度体育锻炼的居民的肥胖风险,分别是从不锻炼的居民的 0.462 倍和 0.261 倍。

# 第四节 logistic 回归的应用及注意的问题

## 一、logistic 回归的应用

logistic 回归模型将原本非线性的关系通过适当的变量变换,转化为线性关系。随着 logistic 回归分析方法的不断发展、完善和计算机及其应用软件的普及,logistic 回归分析在医学中的应用日益广泛。

1. 校正混杂因素 生物医学中,观察对象的某一结局(生存或死亡、阳性或阴性等)常常受到诸多因素的综合作用,包括研究因素与混杂因素。设计阶段,通过分层、匹配设计等手段校正混杂因素。但当混杂因素较多时,分层数成倍增长,部分层中某些格子的频数将可能为零,分层统计方法难以处理。若采用 logistic 回归分析技术,将研究因素和混杂因素均体现于模型中,可在校正混杂因素的作用下,研究结局变量与主要因素间的联系。

例 12-1 中主要目的是研究社区居民发生高血压与肥胖情况间的关联,但性别、年龄、吸烟等因素可能对肥胖和高血压的关联性有混杂作用。应采用 logistic 回归分析,将性别、年龄、吸烟等因素纳入 logistic 回归方程，重新计算肥胖对高血压风险的 OR 值。校正这些混杂因素作用后的 OR 称为校正优势比（adjusted OR），未校正混杂因素的 OR 称为粗优势比（crude OR），在表 12-3 中，相应的 OR 均为校正优势比。

2. 筛选危险因素　设计阶段，根据理论基础和专业知识选择对结局可能有影响的变量作为自变量。由于可供考虑的变量往往太多，需要按照事先规定的检验水准，剔除无统计学意义的变量，以保证模型相对较优。

例 12-1 中研究肥胖状况和高血压之间的关联，在 logistic 回归模型中校正了一些潜在高血压影响因素或者混杂因素的影响。如果前期对高血压风险因素没有开展过相关研究，研究目的是筛选识别高血压的风险因素。通常可以先对每个变量进行单因素 logistic 回归分析，再将显著的变量进行多因素 logistic 回归分析；或者采用逐步回归的策略筛选纳入变量到多因素 logistic 回归分析，最后纳入多因素 logistic 回归模型中显著的变量可以认为是高血压的风险因素；或者基于惩罚的策略，采用 lasso 算法或者岭回归（ridge regression）算法等。例如，在例 12-1 中，通过逐步回归分析可以发现性别、年龄、肥胖状况和吸烟史为高血压的风险因素。

3. 预测与判别　非条件 logistic 回归的重要应用之一即预测与判别。对于队列研究和现况调查研究，如果通过假设检验，确定所建立的回归方程能很好地解释变量间的关系，且结果具有较好的拟合优度，则给定自变量数值时，可通过非条件 logistic 回归方程计算出所关心事件发生的概率，从而对个体的结局类别做出相应的判别，比如根据预测概率阈值 0.5 进行二分类判别。对于病例对照研究，虽然也可利用非条件 logistic 回归建立概率模型，但是，需对常数项进行校正方能用于预测与判别；对于条件 logistic 回归，由于回归模型不能估计常数项 $\beta_0$，其结果只能帮助分析变量的效应，不能用于预测与判别。在实际应用过程中，通常可以采用计分制系统（points score system）、图形计分表（graphical score chart）或者列线图（nomogram）对预测模型进行呈现。

例 12-1 中如某居民性别为男（$X_1=0$）、年龄为 53（$X_2$）、BMI 为超重（$X_3=3$）、吸烟（$X_4=1$）、不饮酒（$X_5=0$）、日常中等强度运动（$X_6=2$）及汤森剥夺指数为 −2.35（$X_7$），可以预测该居民发生高血压的风险为 0.512，可以认为该居民患高血压的风险较高，可以进行一些早期的干预，比如控制体重等。

## 二、logistic 回归应用中需注意的问题

1. 个体间的独立性　建立 logistic 回归模型时，要求研究个体之间彼此独立。因此，logistic 回归分析不适合运用于研究个体间具有聚集性特征的资料分析。例如，为研究某地初中学生吸烟的影响因素，研究者采用整群抽样的方法，在该地城市与郊区的学校中各选择初一年级一个班的全部学生进行调查，试图筛选吸烟的影响因素。因学生之间的吸烟行为是相互影响的，个体之间互不独立，建议使用能考虑非独立性的分析方法。

2. 足够的样本量　logistic 回归统计推断是建立在大样本基础上的，要求有足够的样本含量；模型中变量个数越多，需要的样本含量就越大。当样本含量过少时，参数估计值不稳定，甚至可能出现专业上无法解释的结果，一般要求阳性事件的样本量是自变量个数的 10 倍以上。

3. 变量的赋值　在 logistic 回归中，连续型变量、有序分类变量和无序分类变量都可以作为回归模型的自变量。连续型变量可以按原数据形式参与分析，也可离散化成有序分类变量，或离散化后用几个哑变量来描述。原数据形式建模相对简单，且保持了信息的完整性，但有时所估参数的实际意义却不突出。例如，年龄为高血压的危险因素，当年龄由 $X$ 岁增加到 $X+1$ 岁，患高血压的优势

比是年龄增加 1 岁与增加前的优势之比。实际上,相对于生命的全过程,1 岁的变化对患高血压的影响微不足道,这个优势比的实际意义并不重要。

4. **模型评价** 建立模型并进行假设检验只表明模型以及回归系数是否具有统计学意义,但并不表明模型拟合的效果如何。评价模型拟合效果,即评价模型的预测值与观测值的一致性,需要做拟合优度检验。拟合优度检验是 logistic 回归分析过程中不可缺少的一部分,拟合效果好,所作出的结论才更符合事实。评价模型拟合优度的指标主要有 Pearson $\chi^2$、偏差(deviance)等,具体内容请参考有关专著。

5. **标准化回归系数** 多个自变量 logistic 回归分析得到多个回归系数值,若各自变量单位不同,则各回归系数的绝对值大小并不直接表明它们对结局变量的相对重要性;如需比较各自变量对结局变量的相对重要性,则要使用各自变量的标准化回归系数。对所有自变量标准化后进行 logistic 回归,即可求得标准化回归系数。

(王超龙)

## 小结

logistic 回归模型是多变量统计方法中的重要内容,它是研究二分类或者多分类因变量 $Y$ 与一个自变量 $X=X_1$ 或者一组自变量 $X=(X_1,X_2,\cdots,X_p)$ 的数量关系的一种分析技术,主要应用于筛选危险因素、校正混杂因素、预测和判别。

根据因变量 $Y$ 类型的不同,大致可分为二分类 logistic 回归、有序多分类 logistic 回归、无序多分类 logistic 回归三种类型。按研究设计的不同,可分为非条件 logistic 回归与条件 logistic 回归两种类型。

logistic 回归模型的参数估计常采用极大似然法,求得回归系数估计值后,需对整个回归模型或对单个回归系数进行假设检验。整个回归方程的检验一般用似然比检验,而对单个回归系数的检验常用 Wald 检验。

## 思考与练习

**一、最佳选择题**

1. logistic 回归模型适用的因变量为( )
   - A. 二分类变量资料
   - B. 正态分布资料
   - C. 正偏态分布资料
   - D. 负偏态分布资料
   - E. 连续性计量资料

2. 在 logistic 回归模型中,回归系数的意义是( )
   - A. 表示自变量的平均值
   - B. 表示自变量对因变量的效应和方向
   - C. 表示因变量的分布
   - D. 表示自变量之间的相关性
   - E. 表示模型的拟合优度

3. 在 logistic 回归模型中,参数的估计通常采用( )
   - A. 最小二乘法
   - B. 最大似然估计
   - C. 贝叶斯估计
   - D. 逐步回归法
   - E. 最大后验估计

4. 在构建 logistic 回归模型时，假设有一个名为"饮食习惯"的分类变量，其取值为"素食""肉食"和"杂食"，当以"素食"为参考在进行哑变量编码时，以下表示方式正确的是(　　　)

  A. 素食：1,0,0；肉食：0,1,0；杂食：0,0,1

  B. 素食：0,0；肉食：1,0；杂食：0,1

  C. 素食：0,1；肉食：1,0；杂食：0,0

  D. 素食：1；肉食：0；杂食：0

  E. 素食：0,1；肉食：0,0；杂食：1,0

5. 在 logistic 回归分析中，为了比较不同自变量对因变量的相对重要性，以下方法合适的是(　　　)

  A. 比较不同自变量回归系数的绝对值

  B. 比较参数假设检验的 $P$ 值

  C. 比较标准化回归系数

  D. 比较相对风险比

  E. 比较每个变量的均值

## 二、思考题

1. logistic 回归分析的适用范围是什么？

2. logistic 回归分析参数假设检验包括哪些内容？

3. 对于有序因变量应该采用哪种分析？

4. 条件 logistic 回归应用情景是什么？

5. logistic 回归分析的应用中需要注意哪些问题？

## 三、案例分析题

某研究人员为调查血清钙升高、性别、肥胖情况、吸烟史与肾结石疾病间的关联情况，在某地收集了居民的相应资料。各变量的赋值及 logistic 回归分析的结果见表 12-9 与表 12-10。

（1）请写出 logistic 回归方程。

（2）对该 logistic 回归模型的各项系数进行参数假设检验。

（3）以第一个分类水平为参考，用表格表示肥胖情况($X_3$)哑变量。

（4）计算"血清钙水平升高"($X_1$)的优势比 OR 的估计值及 95% 置信区间。

（5）若某超重男子血清钙水平升高且长期吸烟，请依此初步评估其可能发生肾结石的概率。

表 12-9　各变量及其赋值说明

| 因素 | 变量名 | 赋值说明 |
| --- | --- | --- |
| 血清钙水平升高 | 自变量 $X_1$ | 0：无；1：有 |
| 性别 | 自变量 $X_2$ | 0：女性；1：男性 |
| 肥胖情况 | 自变量 $X_3$ | 1：正常；2：消瘦；3：超重；4：肥胖 |
| 吸烟史 | 自变量 $X_4$ | 0：无；1：有 |
| 发生肾结石疾病 | 因变量 $Y$ | 0：阴性；1：阳性 |

表 12-10　logistic 回归分析结果

| 变量 | 回归系数 | 标准误 |
|------|---------|--------|
| 常数项 | −1.343 | 0.252 |
| $X_1$ | 1.432 | 0.662 |
| $X_2$ | 0.721 | 0.217 |
| $X_{31}$ | −3.316 | 1.031 |
| $X_{32}$ | 0.271 | 0.269 |
| $X_{33}$ | 0.909 | 0.286 |
| $X_4$ | −0.250 | 0.214 |

# 第十三章

# 生存分析

医学随访研究中,有时观察结果并非在短期内能够确定,需做长期随访观察,例如对一些慢性病或恶性肿瘤的预后及远期疗效观察等。研究者除了关心终点事件(terminal event)出现与否,还对观察对象到达终点所经历的时间长短感兴趣,此时数据兼有时间和结局两种属性,这一类数据被称为生存数据或生存资料(survival data)。将终点事件的出现与否和到达终点所经历的时间结合起来分析的一类统计分析方法称为生存分析(survival analysis)。本章将介绍生存分析的基本概念、生存率的估计与生存曲线的比较、Cox 回归模型及应用等内容。

## 第一节  生存分析的基本概念

### 一、生存时间与删失

生存时间(survival time)泛指从规定的观察起点到特定终点事件出现经历的时间长度。观察性研究中,观察起点可以是发病时间、第一次确诊时间或接受正规治疗的时间等;随机对照临床试验的观察起点通常是患者随机化入组的时间。终点事件泛指标志某种处理措施失败或失效、某种疾病的发生、复发或死亡等特征事件。例如,膀胱肿瘤患者从手术切除到死亡的时间;急性白血病患者从药物化疗到完全缓解或部分缓解的时间;乳腺增生症妇女经药物治疗,从阳性体征消失至首次复发的时间等。临床试验中常见的总生存时间(overall survival, OS)、无进展生存时间(progression-free survival, PFS)和无病生存时间(disease-free survival, DFS)通常用于复合事件,以先发生者为准。OS 一般指患者开始接受某种治疗至任何原因导致死亡的时间,PFS 一般指患者开始接受某种治疗至事先规定的疾病进展(例如肿瘤远处转移或继发性肿瘤)或死亡的时间,DFS 指患者开始接受某种治疗至疾病复发或由于疾病进展导致患者死亡的时间。如果将终点事件统称为失效事件(failure event),生存时间又称为失效时间(failure time)或事件时间(time-to-event)。

与生存时间相关的要素有三个:观察起点(起点事件)、观察终点(终点事件)和时间间隔的度量。这三者都需要根据研究目的,在研究设计阶段明确地定义出来,且在整个研究过程中保持不变。观察起点的设置有两种:一是所有观察对象在同一时间点进入观察(图 13-1A),二是观察对象在不同时间点进入观察(图 13-1B),其中"×"表示出现终点事件,"○"表示尚未出现终点事件。在进行研究时可根据实际情况选择其中一种方式进行,通常后者更为常见。

【例 13-1】 为了评估肺腺癌脑转移患者的生存情况,某研究者选取 2012 年至 2015 年间确诊的 361 例肺腺癌脑转移患者,随访终点为因肺腺癌脑转移死亡,随访的终止日期为 2016 年 12 月 30 日。记录了研究对象的年龄($X_1$,≤65 岁:1,>65 岁:2)、性别($X_2$,男:1,女:2)、KPS 评分($X_3$,功能状态评分,得分越高健康状况越好,<70:1,70~80:2,>80:3)、脑转移个数($X_4$,单个:0,≥2 个:1)、颅外转移($X_5$,无:0,有:1)、全脑放疗($X_6$,无:0,有:1)、靶向治疗($X_7$,无:0,有:1)、全身化疗($X_8$,无:0,有:1)、原发灶控制($X_9$,无:0,有:1)等,表 13-1 列出前 6 例患者的生存数据。

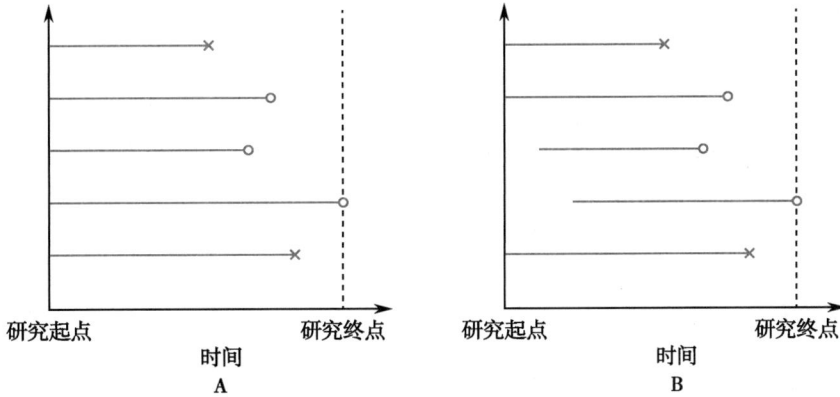

图 13-1　研究对象两种不同纳入形式示意图

表 13-1　前 6 例肺腺癌脑转移患者的生存数据

| ID | $X_1$ | $X_2$ | $X_3$ | $X_4$ | $X_5$ | $X_6$ | $X_7$ | $X_8$ | $X_9$ | 随访起点/<br>（月/日/年） | 随访终点/<br>（月/日/年） | 生存<br>时间/<br>年 | 生存<br>结局<br>标签 | 生存<br>结局 |
|---|---|---|---|---|---|---|---|---|---|---|---|---|---|---|
| 1 | 1 | 2 | 2 | 1 | 0 | 1 | 0 | 0 | 1 | 01/04/2013 | 01/18/2016 | 3.04 | 1 | 死亡 |
| 2 | 1 | 2 | 1 | 0 | 1 | 0 | 1 | 0 | 0 | 02/08/2012 | 10/28/2013 | 1.72 | 1 | 死亡 |
| 3 | 1 | 2 | 2 | 1 | 1 | 0 | 1 | 0 | 1 | 03/25/2014 | 01/22/2016 | $1.83^+$ | 0 | 失访 |
| 4 | 1 | 2 | 2 | 1 | 0 | 1 | 0 | 1 | 0 | 04/14/2012 | 09/15/2013 | $1.42^+$ | 0 | 死于车祸 |
| 5 | 2 | 1 | 3 | 0 | 1 | 0 | 1 | 0 | 0 | 03/20/2014 | 12/30/2016 | $2.78^+$ | 0 | 存活 |
| 6 | 1 | 1 | 3 | 1 | 1 | 1 | 0 | 0 | 1 | 05/06/2013 | 02/08/2015 | 1.76 | 1 | 死亡 |

注：标记"+"者为删失生存时间。

随访研究中，某些观察对象如观察到了事先定义的终点事件和准确的生存时间，这样的数据称为完全数据（complete data），如表 13-1 中 1 号、2 号和 6 号患者，生存结局均为死于肺腺癌脑转移，对应的生存时间分别为 3.04 年、1.72 年和 1.76 年。另一类数据是在整个研究过程中，由于某种原因未能观察到事先定义的终点事件，无法获得确切生存时间，这种现象称为删失（censoring），包含删失的数据称为不完全数据（incomplete data），如表 13-1 中 3 号、4 号和 5 号患者，生存结局标签为 0。

删失数据的产生原因有：①失访，由于个体变更联系方式、搬迁失去联系、自觉治疗效果不好中途退出治疗等原因，无法继续随访，未能观察到终点事件，如表 13-1 中 3 号患者；②因其他原因终止观察，如果研究事先规定终点事件为死于所研究的疾病，则因为其他原因死亡即为删失，如 4 号患者死于车祸；③研究结束时终点事件尚未发生，例如研究者事先规定了研究的终止日期，但随访对象到研究的终止时间仍存活，如表 13-1 中 5 号患者；或动物实验中事先规定由于染毒而死亡的动物数达到一定比例就停止实验，则实验停止时就会有一部分动物未达到事先规定的终点事件。

无论删失数据的产生原因如何，删失生存时间的计算均为规定的起点至删失点（3 号患者为最后一次随访时间；4 号患者为死于车祸时间；5 号患者为研究结束时间）所经历的时间。本章着重讨论常见的右删失（right censoring），即从时间轴上看，右删失表示终点事件发生在删失点的右方，其真实的生存时间只能长于观察到的时间而不会短于这个时间，常在其右上角标记"+"，如 5 号个体生存时间可记为 $2.78^+$。本章所有方法均假定删失观测与非删失观测具有同样的风险发生感兴趣的终点事件,这种删失称为非信息性删失(uninformative censoring)。

生存时间的度量单位可以是年、月、日、小时等。多数生存分析方法建立在对生存时间排序的基础上,时间单位越精细准确性越高。生存资料的特点可概括为:①同时考虑生存结局和生存时间;②生存时间可能含有删失数据;③生存时间的分布通常不服从正态分布,如指数分布、Weibull分布、对数正态分布、对数logistic分布、Gamma分布或更为复杂的分布,因此分析此类数据需要特殊的统计方法。

## 二、生存概率与死亡概率

生存概率(probability of survival)用 $p$ 表示,指某时段开始时存活的个体,到该时段结束时仍存活的可能性。如年生存概率表示年初存活人口存活满一年的可能性。

$$p = 同年活满一年人数 / 某年年初人口数 \qquad (式13-1)$$

死亡概率(probability of death)用 $q$ 表示,指某时段开始时存活的个体,在该时段内死亡的可能性。如年死亡概率表示年初存活人口在今后 1 年内死亡的可能性。

$$q = 年内死亡人数 / 某年年初人口数 \qquad (式13-2)$$

若观察时段相同,则 $p+q=1$。

## 三、生存函数与风险函数

生存函数(survival function)也称为生存率,指观察对象经历 $t$ 个时段后仍存活的可能性,常用 $S(t)$ 表示,$0 \leqslant S(t) \leqslant 1$。生存函数是一个随时间下降的函数,$t=0$ 时,生存函数值为 1,表示观察对象在研究开始前未出现终点事件;当 $t$ 趋于无穷大时,生存函数值趋于 0,表示观察对象的生存时间是有限的。

若数据中无删失值,生存函数可用式 13-3 估计:

$$S(t)=P(T>t)=t 时刻仍存活的观察例数 / 总观察例数 \qquad (式13-3)$$

若数据中有删失值,须分时段计算生存概率。假定观察对象在各个时段的生存事件独立,应用概率乘法定理将分时段的生存概率相乘得到生存率。即对于不同单位时间的生存概率 $p_i(i=1, 2, \cdots, k)$,将 $p_i$ 相乘得到 $t_k$ 时刻生存率,即

$$S(t_k)=P(T>t_k)=S(t_{k-1}) \cdot p_k=p_1 \cdot p_2 \cdots p_k \qquad (式13-4)$$

可以看出,生存概率与生存率仅一字之差,但含义却大不相同。生存概率是单位时间上生存的可能性,生存率是某个时间段(由一个或多个单位时间组成的时间段)生存的可能性,即多个单位时间生存概率的累积结果,故生存率又称累积生存概率(cumulative survival probability)。如评价肿瘤治疗后 3 年生存率,是指第 1 年存活,第 2 年也存活,第 3 年仍存活的累积概率,而这 3 年间每 1 年有不同的生存概率。其关系可用图 13-2 表示:

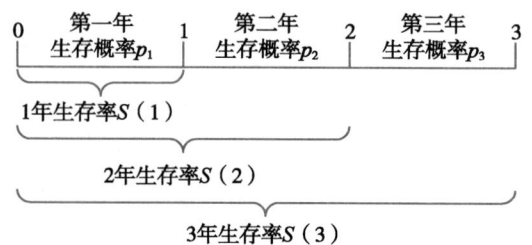

图 13-2　生存概率与生存率关系示意图

如终点事件为死亡,风险函数(hazard function)表示 $t$ 时刻存活的个体在 $t$ 时刻的瞬时死亡风险,即条件失效率(conditional failure rate),记为 $h(t)$,描述了某个体的瞬时死亡风险随时间变化的情况。

$$h(t) = \lim_{\Delta t \to 0} \frac{P(t \leqslant T < t + \Delta t \mid T \geqslant t)}{\Delta t}$$ （式 13-5）

当 $\Delta t = 1$ 时,$h(t) \approx P(t \leqslant T < t + \Delta t \mid T \geqslant t)$,可见 $h(t)$ 近似地等于 $t$ 时刻存活的个体在此后一个单位时段内的死亡概率。$h(t) = 0$ 意味着没有死亡风险,$t$ 时刻 $S(t)$ 平坦;$h(t)$ 大意味着 $S(t)$ 快速下降,风险函数越大,生存函数下降越快。注意 $h(t)$ 是速率而不是概率,其取值范围为 $0$ 至 $+\infty$。所有生存函数都具有单调非升的共同特征,其提供的信息有限。而风险函数可以是增函数、减函数、保持常量或者较复杂的函数,它比生存函数提供更多关于失效机制的信息,因此生存分析模型通常以 $h(t)$ 的形式给出,如第四节的 Cox 回归便是基于特定形式的 $h(t)$。

生存函数 $S(t)$ 与风险函数 $h(t)$ 的关系如下

$$S(t) = \exp\left[-\int_0^t h(u)\,\mathrm{d}u\right]$$ （式 13-6）

$$h(t) = -\left[\frac{\mathrm{d}S(t)/\mathrm{d}t}{S(t)}\right]$$ （式 13-7）

### 四、生存曲线与中位生存期

以生存时间($t_i$)为横轴,各时间点的生存率为纵轴,连接各个时间点所对应的生存率得到的曲线称为生存曲线(survival curve)。生存曲线是一条下降的曲线,分析时应注意曲线的高度和下降的坡度,曲线高、下降平缓表示高生存率或较长生存期,曲线低、下降陡峭表示低生存率或较短生存期。

中位生存期(median survival time),又称半数生存期,表示当且仅当有 50% 的个体尚存活的时间,即生存曲线上纵轴 50% 所对应的生存时间,记为 $T_{50}$,即 $S(T_{50}) = 0.5$。中位生存期越长,表示疾病的预后越好;反之,中位生存期越短,预后越差。估计中位生存期常用图解法或线性内插法,若删失的数据个数超过一半时,则无法估计中位生存期。处理这种情况的常用方法是计算生存时间超过给定时间长度(如 1 年、3 年或 5 年)的概率或者计算限于给定时间 $L$ 的平均生存时间。

## 第二节　生存率的估计

对于随访资料生存率的估计,既可以采用参数法,亦可采用非参数法。如果生存时间服从某种特定的参数分布,则采用参数法分析对生存资料内在的特点和规律的表达更为准确。但在医学研究中,大多数生存资料分布是不规则、不确定或未知的,因此,非参数法在生存率的估计中应用更为广泛,常用的有 Kaplan-Meier 法和寿命表法。二者均应用定群寿命表的基本原理,先求出各个时段的生存概率,然后根据概率乘法定理计算生存率。前者适用于含个体生存时间的大样本或小样本资料,后者适用于按生存时间区间分组的大样本资料。

### 一、Kaplan-Meier 法

Kaplan-Meier 法由爱德华·卡普兰(Edward Kaplan)和保罗·迈耶(Paul Meier)于 1958 年首先提

出，又称乘积极限法（product-limited method）。乘积极限的含义：生存率等于生存概率的乘积，而且是标准寿命表方法的极限情形，即在寿命表中的区间无限增多并且除最后一个外所有区间的长度接近于 0 时得到的。Kaplan-Meier 法能够充分利用每条记录的信息，估计不同生存时间点的生存率。该法的基本思想是将所有观察对象的生存时间（包括删失数据）由小到大依次排列，对每个时间点进行死亡概率、生存概率和生存率的估计。

【例 13-2】 按例 13-1，欲进一步了解靶向治疗对肺腺癌脑转移患者预后的影响，研究者收集了 361 例肺腺癌脑转移患者的随访资料，其生存时间见表 13-2，试估计两组（有靶向治疗组和无靶向治疗组）患者的生存率。

表 13-2 两组肺腺癌脑转移患者的生存时间

| 组别 | 生存时间/年 |
| --- | --- |
| 有靶向治疗组（$n=104$） | 1.26, 0.58, 2.83[+], 0.66, 2.40[+], $\cdots$, 0.44[+], 1.58, 1.48, 2.07[+], 0.85 |
| 无靶向治疗组（$n=64$） | 3.04, 2.06[+], 0.95, 0.81, 1.42, $\cdots$, 1.50[+], 2.05, 0.71[+], 0.39, 1.66 |

注：标记"+"者为右删失数据。

以有靶向治疗组的肺腺癌脑转移患者为例，生存率计算见表 13-3，步骤如下：

1. 编号和排序。将生存时间 $t_i$ 从小到大排序并编号 $i$，$i=1,2,3,\cdots,k$。相同的生存时间只取其中一个参加排序；完全数据与删失数据相同时，分别列出，完全数据列在删失数据前面，见表 13-3 第（2）栏。

2. 列出时间区间 $[t_i, t_{i+1})$ 上的死亡例数（$d_i$）和删失例数（$c_i$），见表 13-3 第（3）（4）栏。

3. 计算期初例数（$n_i$）。即每一时间点 $t_i$ 之前可能发生结局事件风险的人数（number at risk），其计算方法为：

$$n_i = n_{i-1} - d_{i-1} - c_{i-1} \tag{式 13-8}$$

式中 $n_1$＝期初总人数，本例 $n_i$ 列于表 13-3 的第（5）栏。如生存时间为 0.08 年时对应的期初例数为 123，表示在 0.08 年初时有 123 人仍存活。

4. 计算各时间区间上的死亡概率（$\hat{q}_i$）和生存概率（$\hat{p}_i$）。分别按照式 13-9 和式 13-10 计算，结果列于表 13-3 的第（6）（7）栏。

$$\hat{q}_i = \frac{d_i}{n_i} \tag{式 13-9}$$

$$\hat{p}_i = 1 - \hat{q}_i \tag{式 13-10}$$

注意：所有删失时间点上的 $\hat{q}_i$ 为 0，$\hat{p}_i$ 为 1。

5. 计算各时间点生存率 $\hat{S}(t_i)$。根据概率乘法法则式 13-4 计算，见表 13-3 第（8）栏。有靶向治疗的肺腺癌脑转移患者 0.03 年生存率为 99.2%，0.04 年生存率为 97.6%，其余时间类推。由于删失数据所对应的死亡数为 0，生存概率为 1，所以删失数据对应时间点的生存率与前一个完全数据时间点的生存率相同，删失数据的影响只体现在期初例数的计算上。

Kaplan-Meier 法生存曲线为阶梯形曲线，见图 13-3。它以水平横线的长短代表一个时点 $t_i$ 到下一个时点 $t_{i+1}$ 的距离，相邻两个时间点之间生存率不变，但在右端点处生存率即刻改变。随着生存时间的增加，曲线呈下降趋势。如果曲线阶梯陡峭，表现为下降速度快，往往生存期较短。随着时

表 13-3 Kaplan-Meier 法估计有靶向治疗组患者的生存率计算表

| 序号 $i$ （1） | 时间/年 $t_i$ （2） | 死亡数 $d_i$ （3） | 删失数 $c_i$ （4） | 期初例数 $n_i$ （5） | 死亡概率 $\hat{q}_i$ （6） | 生存概率 $\hat{p}_i$ （7） | 生存率 $\hat{S}(t_i)$ （8） | 生存率标准误 $SE[\hat{S}(t_i)]$ （9） |
|---|---|---|---|---|---|---|---|---|
| 1 | 0.03 | 1 | 0 | 126 | 1/126=0.008 | 0.992 | 0.992 | 0.008 |
| 2 | 0.04 | 2 | 0 | 125 | 2/125=0.016 | 0.984 | 0.992×0.984=0.976 | 0.014 |
| 3 | 0.08 | 1 | 0 | 123 | 1/123=0.008 | 0.992 | 0.976×0.992=0.968 | 0.016 |
| 4 | 0.13 | 1 | 0 | 122 | 1/122=0.008 | 0.992 | 0.968×0.992=0.960 | 0.017 |
| 5 | 0.15 | 2 | 0 | 121 | 2/121=0.017 | 0.983 | 0.960×0.983=0.944 | 0.020 |
| 6 | 0.16 | 1 | 0 | 119 | 1/119=0.008 | 0.992 | 0.944×0.992=0.936 | 0.022 |
| 7 | 0.17 | 1 | 0 | 118 | 1/118=0.008 | 0.992 | 0.936×0.992=0.929 | 0.023 |
| 8 | 0.19 | 1 | 0 | 117 | 1/117=0.009 | 0.991 | 0.929×0.991=0.921 | 0.024 |
| 9 | 0.21 | 1 | 0 | 116 | 1/116=0.009 | 0.991 | 0.921×0.991=0.913 | 0.025 |
| 10 | 0.22 | 1 | 0 | 115 | 1/115=0.009 | 0.991 | 0.913×0.991=0.905 | 0.026 |
| 11 | 0.23 | 1 | 0 | 114 | 1/114=0.009 | 0.991 | 0.905×0.991=0.897 | 0.027 |
| 12 | 0.25 | 1 | 1 | 113 | 1/113=0.009 | 0.991 | 0.897×0.991=0.889 | 0.028 |
| 13 | 0.27 | 2 | 1 | 111 | 2/111=0.018 | 0.982 | 0.889×0.982=0.873 | 0.030 |
| 14 | 0.28 | 4 | 0 | 108 | 4/108=0.037 | 0.963 | 0.873×0.963=0.841 | 0.033 |
| 15 | 0.33 | 2 | 0 | 104 | 2/104=0.019 | 0.981 | 0.841×0.981=0.825 | 0.034 |
| … | … | … | … | … | … | … | … | … |

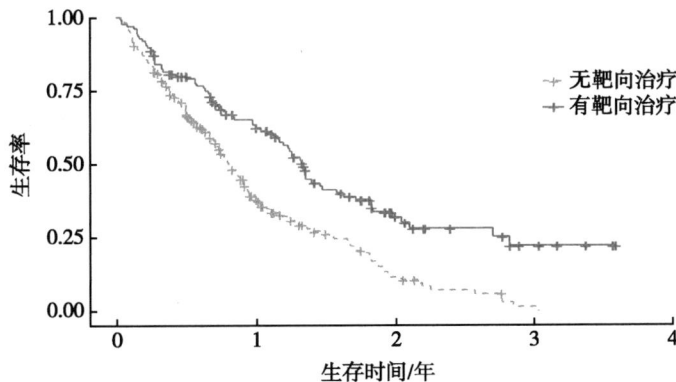

图 13-3 Kaplan-Meier 法估计肺腺癌脑转移患者有无靶向治疗的生存曲线

间点的增多，曲线阶梯形不明显。例 13-2 肺腺癌脑转移患者有靶向治疗组和无靶向治疗组（计算表略）的生存曲线见图 13-3，中位生存期分别为 1.34 年和 0.81 年。

## 二、寿命表法

某些队列研究，如肿瘤登记等大型监测系统，随访中某些个体死亡或删失发生在两次随访之间，无法确定个体确切的死亡时间或删失时间，但可以按照生存时间分为不同组段从而得到各组段频数，针对这类大样本分组资料，可以采用寿命表法进行描述。下面简要介绍寿命表法计算生存率的步骤。

【例 13-3】 收集 374 名食管癌患者随访资料,取时间区间均为 1 年,整理结果见表 13-4 中(1)～(5)栏,试估计各年生存率。

1. 计算期初有效例数 $n_i$。由于在 $t_i$ 区间内的删失个体并未观察至区间的终点,区间内的有效人数不是 $n_i$。假定 $c_i$ 个删失个体在该区间内的删失时点是均匀分布的,平均每个删失个体观察到半个区间时间,即期初有效例数为:

$$n_i = n_i' - c_i/2 \qquad (式 13-11)$$

无删失数据的区间不须校正。见表 13-4 第(6)栏。

2. 计算各时间区间上的死亡概率 $\hat{q}_i$ 和生存概率 $\hat{p}_i$。$\hat{q} = \dfrac{d_i}{n_i}$,$\hat{p}_i = 1 - \hat{q}_i$,见表 13-4 第(7)(8)栏。

表 13-4 寿命表法估计生存率计算表

| 序号 $i$ (1) | 确诊后年数 $t_i$ (2) | 期内死亡数 $d_i$ (3) | 期内删失数 $c_i$ (4) | 期初病例数 $n_i'$ (5) | 期初有效例数 $n_i$ (6) | 死亡概率 $\hat{q}_i$ (7) | 生存概率 $\hat{p}_i$ (8) | 生存率 $\hat{S}(t_i)$ (9) | 生存率标准误 $SE[\hat{S}(t_i)]$ (10) |
|---|---|---|---|---|---|---|---|---|---|
| 1 | 0～ | 90 | 0 | 374 | 374.0 | 90/374.0=0.241 | 0.759 | 0.759 | 0.022 |
| 2 | 1～ | 76 | 0 | 284 | 284.0 | 76/284.0=0.268 | 0.732 | 0.759×0.732=0.556 | 0.026 |
| 3 | 2～ | 51 | 0 | 208 | 208.0 | 51/208.0=0.245 | 0.755 | 0.556×0.755=0.420 | 0.026 |
| 4 | 3～ | 25 | 12 | 157 | 151.0 | 25/151.0=0.166 | 0.834 | 0.420×0.834=0.350 | 0.025 |
| 5 | 4～ | 20 | 5 | 120 | 117.5 | 20/117.5=0.170 | 0.830 | 0.350×0.830=0.291 | 0.024 |
| 6 | 5～ | 7 | 9 | 95 | 90.5 | 7/90.5=0.077 | 0.923 | 0.291×0.923=0.268 | 0.024 |
| 7 | 6～ | 4 | 9 | 79 | 74.5 | 4/74.5=0.054 | 0.946 | 0.268×0.946=0.254 | 0.023 |
| 8 | 7～ | 1 | 3 | 66 | 64.5 | 1/64.5=0.016 | 0.984 | 0.254×0.984=0.250 | 0.023 |
| 9 | 8～ | 3 | 5 | 62 | 59.5 | 3/59.5=0.050 | 0.950 | 0.250×0.950=0.237 | 0.023 |
| 10 | 9～10 | 2 | 5 | 54 | 51.5 | 2/51.5=0.039 | 0.961 | 0.237×0.961=0.228 | 0.023 |

注:生存时间长于 10 年者共有 47 例。

3. 计算生存率 $\hat{S}(t_i)$。根据概率乘法原理,$\hat{S}(t_i)$ 的计算见式 13-4,结果见表 13-4 第(9)栏。寿命表法估计的是时间区间右端点的生存率,食管癌患者 1 年生存率为 75.9%,2 年生存率为 55.6%,其余时间类推。

寿命表法估计生存率可以绘制成连续的折线型生存曲线,例 13-3 生存曲线见图 13-4,可见确诊后 5 年内食管癌对患者的死亡威胁较大。中位生存期为 2.4 年。

## 三、生存率的区间估计

样本资料计算出的生存率 $\hat{S}(t_i)$ 是 $t_i$ 时刻总体生存率的点估计值,可据此进行总体生存率的区间估计。生存率的标准误可以采用 Greenwood 法进行近似计算,公式为:

$$SE[\hat{S}(t_i)] = \hat{S}(t_i) \sqrt{\sum_{j=1}^{i} \frac{d_j}{n_j(n_j - d_j)}} \qquad (式 13-12)$$

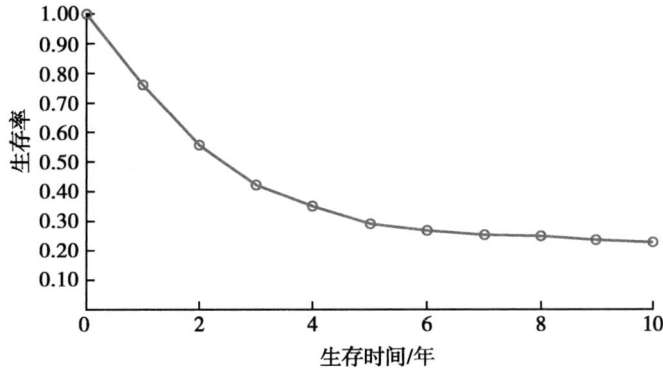

图 13-4　寿命表法估计食管癌患者的生存曲线

没有删失数据时，生存率的点估计和标准误估计退化为二项分布法的计算结果。大样本时，生存率近似地服从正态分布，总体生存率的$(1-\alpha)$置信区间为：

$$\hat{S}(t_i)\pm Z_{\alpha/2}\cdot SE[\hat{S}(t_i)] \qquad （式13-13）$$

式中$Z_{\alpha/2}$为标准正态分布对应于$\alpha$的双侧临界值，当$\alpha=0.05$时，$Z_{0.05/2}=1.96$。例13-2中$SE[\hat{S}(t_i)]$的计算结果列于表13-3的第（9）栏中。

表13-3中肺腺癌脑转移患者有靶向治疗组0.08年生存率的点估计为96.8%，标准误为：

$$SE[\hat{S}(t_i)]=0.968\times\sqrt{\frac{1}{126\times125}+\frac{2}{125\times123}+\frac{1}{123\times122}}=0.016$$

因此，总体生存率95%置信区间为$0.968\pm1.96\times0.016=(0.937,0.999)$。

当$\hat{S}(t_i)$接近0或1时，由式13-13计算的置信区间可能会出现超出$[0,1]$范围的不合理情况，这是因为$\hat{S}(t_i)$接近0或1时为偏态分布。对此可采用渐近正态分布对$\hat{S}(t_i)$作变换：

$$\hat{v}(Z)=\ln[-\ln[\hat{S}(t_i)]] \qquad （式13-14）$$

$$SE[\hat{v}(t_i)]=\frac{SE(\hat{S}(t_i))}{|\ln\hat{S}(t_i)|\cdot\hat{S}(t_i)} \qquad （式13-15）$$

利用$(t_i)$的近似正态性质，得到$\ln[-\ln\hat{S}(t_i)]$的95%置信区间：

$$\hat{v}(t_i)\pm1.96SE[\hat{v}(t_i)] \qquad （式13-16）$$

则$\hat{S}(t_i)$的95%置信区间为：

$$\hat{S}(t_i)^{\exp\{\pm1.96SE[\hat{v}(t_i)]\}} \qquad （式13-17）$$

## 第三节　生存曲线的比较

### 一、log-rank 检验

在随访研究中，人们往往关心结局事件的出现与否和对应的生存时间，通过第二节的方法能够估计出样本的生存率、中位生存时间以及绘制生存曲线，但这仅仅是对样本中个体的生存率随生存时间的变化过程的统计描述,有时候更关心的是不同样本所代表的总体的生存情况是否存在差异。实际工作中常应用 log-rank 检验比较两条或多条生存曲线。与第 8 章介绍的 $\chi^2$ 检验不同之处是 log-rank 检验能充分利用生存时间(包括删失数据),而且能对各组的生存曲线做整体比较。

log-rank 检验是一种常用的非参数检验方法,其基本思想是假定拟进行比较的不同总体生存函数相等,根据不同生存时间的期初观察人数和理论死亡概率,计算两个(或多个)比较组的理论死亡数;将各组所有时点的理论死亡数累加,便得到各组的理论死亡总数 $T_g$;将各组的理论死亡总数 $T_g$ 和实际死亡总数 $A_g$ 作比较,形成 log-rank 检验的 $\chi^2$ 统计量。

$$\chi^2 = \sum_{g=1}^{k} \frac{(A_g - T_g)^2}{T_g} \quad \nu = k-1 \tag{式 13-18}$$

式中 $k$ 表示组数。$H_0$ 为真时,各组实际死亡总数和理论死亡总数应该比较接近,$\chi^2$ 值比较小,检验统计量 $\chi^2$ 近似服从自由度为$(k-1)$的 $\chi^2$ 分布;若各组实际死亡总数和理论死亡总数相差相对比较大,$\chi^2$ 值相对比较大。可按相应自由度查 $\chi^2$ 界值表,得到 $P$ 值,作出推断结论。

【例 13-4】 接例 13-2,试比较肺腺癌脑转移患者有靶向治疗组和无靶向治疗组的总体生存曲线是否有差别。

1. 建立检验假设,确定检验水准

$H_0: S_1(t) = S_2(t)$,两组总体生存曲线相同

$H_1: S_1(t) \neq S_2(t)$,两组总体生存曲线不同

$\alpha = 0.05$

2. 计算检验统计量

(1)将各组患者按生存时间 $t_i$ 统一从小到大排序,见表 13-5 第(1)栏。注意:排序时删失生存时间的处理同前。

(2)分别列出各组在时间 $t_i$ 上的死亡数 $d_{gi}$、期初例数 $n_{gi}$ 和删失数 $c_{gi}$,见表 13-5 第(2)~(4)及(7)~(9)栏。两组合计的死亡数 $d_i$ 和期初例数 $n_i$ 见表 13-5 第(12)(13)栏。

(3)分别计算各组在时间 $t_i$ 上的理论死亡数 $T_{gi}$,$T_{gi} = n_{gi} \times d_i / n_i$。两组患者理论死亡数分别见表 13-5 第(5)(10)栏。

(4)计算各组的实际死亡总数与理论死亡总数。有靶向治疗组实际死亡总数 $A_1 = 76$,理论死亡总数 $T_1 = 111.238$;无靶向治疗组实际死亡总数 $A_2 = 173$,理论死亡总数 $T_2 = 137.762$。注意:$A_1 + A_2 = T_1 + T_2 = 249$,可用来核对计算。

(5)计算 $\chi^2$ 统计量:

$$\chi^2 = \sum_{g=1}^{k} \frac{(A_g - T_g)^2}{T_g} = \frac{(76 - 111.238)^2}{111.238} + \frac{(173 - 137.762)^2}{137.762} = 20.176 \quad \nu = 1$$

3. 确定 $P$ 值,作出推断

查 $\chi^2$ 界值表得 $P < 0.001$,两组肺腺癌脑转移患者的生存曲线差异具有统计学意义,肺腺癌脑转移患者有靶向治疗组的生存率高于无靶向治疗组。

## 二、log-rank 检验应用注意事项

1. 式 13-18 有时称为生存资料的 Mantel-Haenszel 检验,1972 年由理查德·佩托(Richard Peto)

表 13-5 两组肺腺癌脑转移患者生存曲线的 log-rank 检验计算表

| 时间/年 | 有靶向治疗组 | | | | | 无靶向治疗组 | | | | | 合计 | |
|---|---|---|---|---|---|---|---|---|---|---|---|---|
| $t_i$<br>（1） | $d_{1i}$<br>（2） | $n_{1i}$<br>（3） | $c_{1i}$<br>（4） | $T_{1i}$<br>（5） | $V_{1i}$<br>（6） | $d_{2i}$<br>（7） | $n_{2i}$<br>（8） | $c_{2i}$<br>（9） | $T_{2i}$<br>（10） | $V_{2i}$<br>（11） | $d_i$<br>（12） | $n_i$<br>（13） |
| 0.03 | 1 | 126 | 0 | 0.349 | 0.227 | 0 | 235 | 0 | 0.651 | 0.227 | 1 | 361 |
| 0.04 | 2 | 125 | 0 | 1.042 | 0.676 | 1 | 235 | 0 | 1.958 | 0.676 | 3 | 360 |
| 0.05 | 0 | 123 | 0 | 0.689 | 0.450 | 2 | 234 | 0 | 1.311 | 0.450 | 2 | 357 |
| 0.06 | 0 | 123 | 0 | 0.346 | 0.226 | 1 | 232 | 0 | 0.654 | 0.226 | 1 | 355 |
| 0.08 | 1 | 123 | 0 | 2.085 | 1.341 | 5 | 231 | 0 | 3.915 | 1.341 | 6 | 354 |
| 0.09 | 0 | 122 | 0 | 0.701 | 0.454 | 2 | 226 | 0 | 1.299 | 0.454 | 2 | 348 |
| 0.10 | 0 | 122 | 0 | 0.353 | 0.228 | 1 | 224 | 0 | 0.647 | 0.228 | 1 | 346 |
| 0.11 | 0 | 122 | 0 | 1.061 | 0.682 | 3 | 223 | 0 | 1.939 | 0.682 | 3 | 345 |
| 0.12 | 0 | 122 | 0 | 1.784 | 1.134 | 5 | 220 | 0 | 3.216 | 1.134 | 5 | 342 |
| 0.13 | 1 | 122 | 0 | 1.086 | 0.689 | 2 | 215 | 1 | 1.914 | 0.689 | 3 | 337 |
| 0.14 | 0 | 121 | 0 | 0.363 | 0.231 | 1 | 212 | 0 | 0.637 | 0.231 | 1 | 333 |
| 0.15 | 2 | 121 | 0 | 1.458 | 0.918 | 2 | 211 | 0 | 2.542 | 0.918 | 4 | 332 |
| 0.16 | 1 | 119 | 0 | 1.088 | 0.689 | 2 | 209 | 0 | 1.912 | 0.689 | 3 | 328 |
| 0.17 | 1 | 118 | 0 | 0.363 | 0.231 | 0 | 207 | 0 | 0.637 | 0.231 | 1 | 325 |
| 0.19 | 1 | 117 | 0 | 1.444 | 0.914 | 3 | 207 | 0 | 2.556 | 0.914 | 4 | 324 |
| 0.20 | 0 | 116 | 0 | 0.725 | 0.461 | 2 | 204 | 0 | 1.275 | 0.461 | 2 | 320 |
| … | … | … | … | … | … | … | … | … | … | … | … | … |
| 合计 | 76 | — | 60 | 111.238 | 58.841 | 173 | — | 62 | 137.762 | 58.841 | 249 | — |

和朱利安·佩托（Julian Peto）重命名为 log-rank 检验。因为如果时间区间足够小，使得每个区间死亡数 $d_k \leqslant 1$，则对 $H_0$ 的检验仅依赖于死亡时间出现的位次，而不是死亡的具体时间，因此 log-rank 检验也称时序检验。

2. 式 13-18 称为 log-rank 检验的近似法。组间生存曲线比较还可以采用 Breslow 检验或 Tarone-Ware 检验，实际上三种检验的 $\chi^2$ 统计量计算公式可以统一为：

$$\chi^2 = \frac{\sum [w_i(d_{gi} - T_{gi})]^2}{V_g} \qquad （式 13-19）$$

式中，$V_g$ 为方差估计，$V_g = \sum w_i^2 \dfrac{n_{gi}}{n_i}\left(1 - \dfrac{n_{gi}}{n_i}\right)\left(\dfrac{n_i - d_i}{n_i - 1}\right)$，$w_i$ 为权重，最常见的权重是对所有时间 $t$，$w_i = 1$，即 log-rank 检验的精确法，该检验给任意时间点处两组间死亡的差别相同的权重，当比较的两总体风险曲线呈比例时，检验效能最大。$w_i = n_i$ 则对应 Breslow 检验或 Wilcoxon 检验，其中 $n_i$ 表示 $t_i$ 时间处所对应的期初例数。$n_i$ 通常逐渐减小，所以相较于 log-rank 检验，该检验给两组间死亡的早期差别更大的权重，即对近期差异敏感。而 Tarone-Ware 检验中 $w_i = n_i^{1/2}$。

例 13-4 采用 log-rank 检验精确法，分别计算各组在时间 $t_i$ 上的方差，见表 13-5 第（6）（11）栏，两组合计方差为 $V_1 = V_2 = 58.841$，代入式 13-19，

$$\chi^2 = \frac{\sum\left[w_i(d_{gi}-T_{gi})\right]^2}{V_g} = \frac{(76-111.238)^2}{58.841} = \frac{(173-137.762)^2}{58.841} = 21.103$$

Breslow 检验, $\chi^2$=12.061; Tarone-Ware 检验, $\chi^2$=15.618, 结论同前。

3. log-rank 检验并不指定生存时间服从某种特定的分布, 所比较的是整个生存时间的分布, 而不是仅仅比较某个特定时间点的生存率。若比较两组某时间点处的生存率, 如 2 年生存率或 3 年生存率, 可按两个率比较的正态近似法计算:

$$Z = \frac{\hat{S}_1(t)-\hat{S}_2(t)}{\sqrt{\left\{SE\left[\hat{S}_1(t)\right]\right\}^2+\left\{SE\left[\hat{S}_2(t)\right]\right\}^2}} \qquad (式13\text{-}20)$$

如比较多个时间点处生存率, 检验水准应取 Bonferroni 法校正, 即 $\alpha'=\alpha/k$, 其中 $k$ 为比较的次数, 以保证总的 I 型错误概率不超过 $\alpha$。

4. 多组生存率比较时, 若分组变量是等级变量, 如肿瘤分期为 I 期、II 期、III 期, 或连续型变量等级化分组, 如年龄(岁)为<30, 30～<40, 40～<50, ≥50, 在 log-rank 检验组间生存率差别有统计学意义后, 还可作趋势检验(trend test), 分析生存率是否有随分组等级变化而变化的趋势。

5. log-rank 检验属单因素分析方法, 应用条件是除比较因素外, 影响生存率的各混杂因素在组间均衡可比。比较直观的方法是看不同组的生存曲线是否有明显的交叉, 如果出现交叉, 提示可能存在混杂因素, 可进行分层分析或采用多因素回归分析方法。另外, log-rank 检验的分层分析只限于一个分层变量, 且必须是分类变量, 不适用于混杂因素较多或混杂因素为连续型变量的情形, 此时应采用 Cox 比例风险回归模型, 控制这些混杂因素后进行组间比较。

## 第四节　Cox 回归模型及应用

log-rank 检验属单因素分析方法, 若同时分析多个因素对生存结局和生存时间的影响, 传统的多因素分析方法无能为力。logistic 回归以生存结局为因变量, 仅考虑了结局(死亡或生存)发生与否, 未考虑出现该结局的时间长短, 无论死亡发生在随访早期或晚期, 对它们的处理均相同。多重线性回归以生存时间为因变量, 虽能考虑生存时间, 但生存时间一般不呈正态分布, 而且传统线性回归不能有效利用删失时间。剔除删失数据又导致信息损失和估计偏差, 当删失比例较大时, 会导致较大的偏差。另外, 如将 1 年未死亡者的生存时间假定为 1 年的话, 会明显低估生存时间, 同样会造成大的偏差。因此传统回归分析方法不能同时处理生存结局和生存时间, 也不能充分利用删失时间所提供的不完全信息。

目前对生存资料的多因素分析最常用的是 Cox 比例风险回归模型(Cox proportional hazards regression model), 简称 Cox 回归。该模型以生存结局和生存时间为因变量, 可同时分析多个因素对生存期的影响, 允许有删失生存时间的数据, 且不要求资料服从特定的分布类型。由于具有上述优良性质, 该模型自英国统计学家戴维·考克斯(David Cox)于 1972 年提出以来, 在医学随访研究中得到广泛应用。

### 一、Cox 回归模型

1. 模型结构　Cox 回归模型的基本表达式为:

$$h(t, X) = h_0(t)\exp(\beta_1 X_1 + \cdots + \beta_p X_p) \qquad （式13-21）$$

式中 $X_1, X_2, \cdots, X_p$ 为自变量, 例如, 研究开始时个体的年龄、性别、临床及生化指标等; $h(t)$ 为具有自变量 $X_1, X_2, \cdots, X_p$ 的个体在 $t$ 时刻的风险函数; $h_0(t)$ 为 $X_1, X_2, \cdots, X_p = 0$ 时 $t$ 时刻的风险函数, 称为基准风险函数（baseline hazard function）; $\beta_1, \beta_2, \cdots, \beta_p$ 为各自变量的回归系数, 需由样本资料作出估计。

此模型假定个体在 $t$ 时刻的风险函数为两个因子的乘积, 第一个因子为基准风险函数 $h_0(t)$; 第二个因子为以 $p$ 个自变量的线性组合为指数的指数函数, 其中回归系数反映自变量的效应。Cox 回归模型对第一个因子 $h_0(t)$ 的内容不作任何设定, 具有非参数的特点, 第二个因子却具有参数模型的形式, 所以 Cox 回归模型实为半参数模型（semi-parametric model）, 这使得它在解决问题时兼具灵活性和稳健性。若 $h_0(t)$ 的函数形式已知, 则为参数模型, 如指数回归、Weibull 回归等。

由 Cox 回归模型表达式 13-21 可知, $p$ 个自变量共同作用时, $h(t) = h_0(t) \cdot \exp(\beta_1 X_1) \cdot \exp(\beta_2 X_2) \cdots \exp(\beta_p X_p)$, 风险函数由 $h_0(t)$ 增至 $\exp(\beta_1 X_1) \cdot \exp(\beta_2 X_2) \cdots \exp(\beta_p X_p)$ 倍, 故 Cox 回归模型是一种乘法模型。

2. 模型假定　任意两个个体风险函数之比, 即风险比（hazard ratio, HR）为:

$$\begin{aligned} \text{HR} &= \frac{h_i(t, X)}{h_j(t, X)} = \frac{h_0(t)\exp(\beta_1 X_{i1} + \beta_2 X_{i2} + \cdots + \beta_p X_{ip})}{h_0(t)\exp(\beta_1 X_{j1} + \beta_2 X_{j2} + \cdots + \beta_p X_{jp})} \\ &= \exp[\beta_1(X_{i1} - X_{j1}) + \beta_2(X_{i2} - X_{j2}) + \cdots + \beta_p(X_{ip} - X_{jp})] \end{aligned} \qquad （式13-22）$$

该比值与 $h_0(t)$ 无关, 也与时间 $t$ 无关, 即模型中自变量的效应不随时间而改变, 称为比例风险（proportional hazards, PH）假定, 简称 PH 假定, 比例风险模型由此得名。

式 13-22 又可表示为:

$$\ln\text{HR} = \ln h_i(t) - \ln h_j(t) = \beta_1(X_{i1} - X_{j1}) + \beta_2(X_{i2} - X_{j2}) + \cdots + \beta_p(X_{ip} - X_{jp}) \qquad （式13-23）$$

即随着时间的推移, 两个个体风险函数的对数应严格平行。

3. 参数解释　式 13-23 中, 左边为风险比的自然对数, 右边为自变量的变化量与相应回归系数的线性组合。故 $\beta_j (j=1, 2, \cdots, p)$ 的实际意义是在其他自变量不变条件下, 变量每增加一个单位所引起的风险比的自然对数, 即:

$$\ln\text{HR}_j = \beta_j \text{ 或 } \text{HR}_j = \exp(\beta_j) \qquad （式13-24）$$

当 $\beta_j > 0$ 时, $\text{HR}_j > 1$, 说明 $X_j$ 增加时, 风险函数增加, 即 $X_j$ 为危险因素; 当 $\beta_j < 0$ 时, $\text{HR}_j < 1$, 说明 $X_j$ 增加时, 风险函数下降, 即 $X_j$ 为保护因素; 当 $\beta_j = 0$ 时, $\text{HR}_j = 1$, 说明 $X_j$ 增加时, 风险函数不变, 即 $X_j$ 为无关因素。

4. 参数估计与假设检验　回归系数 $\beta_1, \beta_2, \cdots, \beta_p$ 的估计需借助偏似然理论, 用极大似然估计方法得到。偏似然函数（partial likelihood function）为:

$$L(\beta) = \prod_{i=1}^{n} \left[ \frac{\exp(\beta_1 X_{i1} + \beta_2 X_{i2} + \cdots + \beta_p X_{ip})}{\sum_{j \in R_i} \exp(\beta_1 X_{j1} + \beta_2 X_{j2} + \cdots + \beta_p X_{jp})} \right]^{\delta_i} \qquad （式13-25）$$

其中 $\prod$ 为连乘积符号, $R_i$ 为 $t_i$ 处风险集, $j$ 代表 $t_i$ 时刻后风险集 $R_i$ 中对似然函数有贡献的个体, $\delta_i = 1$ 和 0 分别表示死亡和删失。与 logistic 回归一样, 为了简化计算, 对式 13-25 取自然对数, 求其关

于 $\beta_j$ 的一阶偏导数,并令其等于 0,采用 Newton-Raphson 迭代法即可得到 $\beta_j$ 的极大偏似然估计值。

偏似然估计的最大优点是不需确定基准风险函数 $h_0(t)$ 的形式就能估计回归系数;另一特性是估计结果仅与生存时间的排序有关,而不是生存时间的数值大小,这意味着生存时间的单调变换,如对生存时间加一个常数、乘以一个常数或取对数,都不会改变回归系数的估计值。

记回归系数 $\beta_1,\beta_2,\cdots,\beta_p$ 的估计值为 $b_1,b_2,\cdots,b_p$,相应的标准误为 $SE(b_1),SE(b_2),\cdots,SE(b_p)$,则对于自变量 $X_j$ 改变一个单位,其他自变量不变时,导致 HR 改变的 95% 置信区间估计公式为:

$$\exp\left[b_j \pm Z_{0.05/2}SE(b_j)\right] \tag{式 13-26}$$

若自变量的度量衡单位不同,可通过标准化回归系数比较各变量的作用大小。

假设检验方法类似于 logistic 回归,有似然比检验、Wald 检验和 Score 检验,检验统计量均服从 $\chi^2$ 分布,自由度为模型中待检验的参数个数,以上方法均可用于对总模型的检验;单个回归系数的检验常采用 Wald 检验。

5. **变量筛选与用途** Cox 回归变量筛选方法类似于多重线性回归和 logistic 回归,主要有最优子集法、向前引入法、向后剔除法和逐步引入-剔除法,检验水准 $\alpha$ 可取 0.10 或 0.20(变量数较少或探索性研究)、0.05 或 0.01(变量数较多或证实性研究)等。

多变量 Cox 回归分析可以在其他变量保持不变的情形下,考察某个或某些变量对生存的影响,具体用途包括以下三个方面:影响因素分析、多变量生存预测和校正协变量后的组间比较。

## 二、Cox 回归模型的实例应用

### 1. 影响因素分析

【例 13-5】 接例 13-1,肺腺癌脑转移患者的生存数据见表 13-6,试进行肺腺癌脑转移患者生存状况的影响因素分析。

表 13-6 肺腺癌脑转移患者的生存数据

| ID (1) | $X_1$ (2) | $X_2$ (3) | $X_3$ (4) | $X_4$ (5) | $X_5$ (6) | $X_6$ (7) | $X_7$ (8) | $X_8$ (9) | $X_9$ (10) | time (11) | status (12) | PI (13) | $S(t)$ (14) |
|---|---|---|---|---|---|---|---|---|---|---|---|---|---|
| 1 | 1 | 2 | 2 | 1 | 0 | 1 | 0 | 0 | 1 | 3.04 | 1 | −2.683 | 0.005 |
| 2 | 1 | 2 | 1 | 0 | 1 | 0 | 1 | 0 | 0 | 1.72 | 1 | −1.633 | 0.001 |
| 3 | 1 | 2 | 2 | 1 | 1 | 0 | 1 | 0 | 1 | 1.83 | 0 | −3.016 | 0.151 |
| 4 | 1 | 2 | 2 | 1 | 1 | 0 | 1 | 0 | 1 | 1.42 | 0 | −3.016 | 0.277 |
| 5 | 2 | 1 | 3 | 0 | 1 | 0 | 1 | 0 | 0 | 2.78 | 0 | −3.997 | 0.221 |
| 6 | 1 | 2 | 3 | 1 | 1 | 1 | 0 | 0 | 1 | 1.76 | 1 | −4.066 | 0.736 |
| ... | ... | ... | ... | ... | ... | ... | ... | ... | ... | ... | ... | ... | ... |
| 356 | 1 | 2 | 2 | 1 | 1 | 0 | 0 | 0 | 0 | 0.97 | 0 | −2.364 | 0.392 |
| 357 | 1 | 1 | 1 | 1 | 1 | 1 | 0 | 0 | 1 | 1.10 | 1 | −1.300 | 0.095 |
| 358 | 1 | 1 | 2 | 0 | 0 | 0 | 1 | 0 | 0 | 1.17 | 0 | −3.016 | 0.296 |
| 359 | 2 | 2 | 2 | 1 | 0 | 0 | 1 | 0 | 0 | 2.07 | 0 | −2.614 | 0.006 |
| 360 | 1 | 1 | 3 | 1 | 0 | 0 | 1 | 0 | 0 | 3.38 | 0 | −4.399 | 0.161 |
| 361 | 1 | 2 | 3 | 1 | 1 | 0 | 0 | 0 | 1 | 1.68 | 1 | −4.079 | 0.581 |

对每个备选的自变量作单因素 Cox 回归,得到表 13-7。结果表明,在 $\alpha=0.10$ 水准上,有统计学意义的因素为年龄($X_1$)、性别($X_2$)、KPS 评分($X_3$)、颅外转移($X_5$)和靶向治疗($X_7$)。

表 13-7 肺腺癌脑转移患者单因素 Cox 回归分析结果

| 变量 | $b$ | $SE(b)$ | $Z$ | $P$ | HR(95%CI) |
|---|---|---|---|---|---|
| $X_1$ | 0.340 | 0.150 | 2.270 | 0.023 | 1.405(1.047, 1.884) |
| $X_2$ | −0.256 | 0.128 | −2.002 | 0.045 | 0.774(0.603, 0.995) |
| $X_3$ | −1.437 | 0.123 | −11.670 | <0.001 | 0.238(0.187, 0.303) |
| $X_4$ | 0.173 | 0.133 | 1.306 | 0.191 | 1.189(0.917, 1.542) |
| $X_5$ | 0.316 | 0.134 | 2.355 | 0.019 | 1.372(1.054, 1.785) |
| $X_6$ | −0.053 | 0.127 | −0.414 | 0.679 | 0.949(0.739, 1.217) |
| $X_7$ | −0.635 | 0.140 | −4.533 | <0.001 | 0.530(0.403, 0.697) |
| $X_8$ | 0.170 | 0.161 | 1.054 | 0.292 | 1.185(0.864, 1.624) |
| $X_9$ | −0.216 | 0.150 | −1.436 | 0.151 | 0.806(0.600, 1.082) |

在所有变量基础上进行多因素 Cox 逐步回归,$\alpha_{引入}=0.10$,$\alpha_{剔除}=0.15$,结果(表 13-8)显示,年龄($X_1$)、KPS 评分($X_3$)、全脑放疗($X_6$)、靶向治疗($X_7$)和全身化疗($X_8$)为晚期肺癌患者生存的独立影响因素。年龄的回归系数为正值,提示>65 岁为肺腺癌脑转移患者死亡的危险因素;KPS 评分、全脑放疗、靶向治疗和全身化疗的回归系数为负值,提示较高 KPS 评分、有全脑放疗、靶向治疗和全身化疗为肺腺癌脑转移患者死亡的保护因素。KPS 评分、有无全脑放疗、靶向治疗和全身化疗相同时,>65 岁的肺腺癌脑转移患者的死亡风险是≤65 岁患者的 1.495 倍;年龄、有无全脑放疗、靶向治疗和全身化疗相同时,KPS 评分增高一个等级,肺腺癌脑转移患者的死亡风险降低 74.9%;年龄、KPS 评分、有无靶向治疗和全身化疗相同时,有全脑放疗的肺腺癌脑转移患者的死亡风险是无全脑放疗患者的 72.7%;年龄、KPS 评分、有无全脑放疗和全身化疗相同时,有靶向治疗的肺腺癌脑转移患者的死亡风险是无靶向治疗患者的 52.1%;年龄、KPS 评分、有无全脑放疗和靶向治疗相同时,有全身化疗的肺腺癌脑转移患者的死亡风险是无全身化疗患者的 71.8%。

表 13-8 肺腺癌脑转移患者多因素 Cox 回归分析结果

| 变量 | $b$ | $SE(b)$ | $Z$ | $P$ | HR(95%CI) |
|---|---|---|---|---|---|
| $X_1$ | 0.402 | 0.151 | 2.654 | 0.008 | 1.495(1.111, 2.011) |
| $X_3$ | −1.383 | 0.122 | −11.359 | <0.001 | 0.251(0.198, 0.318) |
| $X_6$ | −0.319 | 0.156 | −2.043 | 0.041 | 0.727(0.535, 0.987) |
| $X_7$ | −0.652 | 0.163 | −3.996 | <0.001 | 0.521(0.378, 0.717) |
| $X_8$ | −0.332 | 0.207 | −1.606 | 0.108 | 0.718(0.479, 1.076) |

需要注意的是,自变量的筛选事实上是一个复杂的建模过程,各种逐步方法只是一个计算手段,并不能保证总是得到最好的模型。变量筛选时首先要进行专业上的充分考虑,很重要的自变量不能遗漏,专业上无关的变量不参与计算。可以更换筛选变量的方法并调整检验水准,多数情况下总在方程中的变量可能是有意义的,最终备选的模型一定要结合专业知识来判断。

2. **多变量生存预测** 由 Cox 回归分析结果,得出风险函数的表达式为:

$$h(t)=h_0(t)\exp(0.402\times X_1-1.383\times X_3-0.319\times X_6-0.652\times X_7-0.332\times X_8)$$

表达式右边变量的线性组合取值越大,则风险函数 $h(t)$ 越大,预后越差。线性组合的取值称为预后指数(prognostic index,PI)。

例 13-5 的预后指数为

$$PI=0.402\times X_1-1.383\times X_3\ 0.319\times X_6\ 0.652\times X_7\ 0.332\times X_8$$

例如,表 13-6 中 1 号患者 $X_1=1$,$X_3=2$,$X_6=1$,$X_7=0$,$X_8=0$,则预后指数 PI=0.402×1−1.383×2−0.319×1−0.652×0−0.332×0=−2.683;2 号患者,$X_1=1$,$X_3=1$,$X_6=0$,$X_7=1$,$X_8=0$,则预后指数 PI=0.402×1−1.383×1−0.319×0−0.652×1−0.332×0=−1.633。肺腺癌脑转移患者的预后指数 PI 见表 13-6 第(13)栏。按预后指数的若干分位数可将观察对象分成若干组(2~5 组),如低危组、中危组和高危组,对制定合理的治疗方案,正确指导患者的治疗,提高生存率有指导意义。

具有自变量 $X_1,X_2,\cdots,X_p$ 的个体在 $t$ 时刻的生存率可由式 13-27 估计

$$\hat{S}(t)=\left[\hat{S}_0(t)\right]^{\exp(\Sigma b_j X_j)} \tag{式 13-27}$$

式中 $\hat{S}_0(t)$ 为基准生存率,可采用 Breslow 估计,

$$\hat{S}_0(t)=\exp\left[\sum_{t_{(i)}\leqslant t}\frac{-d_i}{\sum_{i\in R_i}\exp(\Sigma b_j X_j)}\right] \tag{式 13-28}$$

式中 $t_{(i)}$ 为排序的生存时间(不含删失值),$d_i$ 为 $t_{(i)}$ 时刻死亡数,$R_i$ 为 $t_{(i)}$ 时刻前一瞬间的风险集。例 13-5 中肺腺癌脑转移患者所对应生存时间的生存率见表 13-6 第(14)栏。如 3 号患者,年龄≤65岁,KPS 评分为 70~80 分,无全脑放疗,有靶向治疗,无全身化疗,1.83 年生存率为 15.1%;5 号患者,年龄>65 岁,KPS 评分>80 分,无全脑放疗,有靶向治疗,无全身化疗,2.78 年生存率为 22.1%。

3. 校正混杂因素后的组间比较

【例 13-6】 一项治疗晚期非鳞癌非小细胞肺癌的随机、双盲、安慰剂对照、多中心Ⅱ期临床试验,试验组服用甲磺酸新阿帕替尼片,对照组用安慰剂,主要评价指标为无进展生存时间(PFS)。180 例患者中 163 例发生肿瘤进展或死亡,17 例删失(占 9.4%),部分原始数据见表 13-9。试分析试验组新药是否有效。

表 13-9　180 例肺癌患者生存资料原始记录表

| 序号 | 组别 | 年龄/岁 | 性别 | 肿瘤临床分期 | 放疗史 | 基线 ECOG 评分 | 生命质量评分/分 | 疾病进展时间/天 | 结局 |
|---|---|---|---|---|---|---|---|---|---|
| 1 | 1 | 49 | 1 | 4 | 0 | 0 | 45 | 262 | 0 |
| 2 | 0 | 69 | 2 | 3 | 0 | 0 | 51 | 65 | 0 |
| 3 | 1 | 56 | 2 | 4 | 0 | 1 | 50 | 62 | 1 |
| 4 | 0 | 73 | 2 | 4 | 1 | 0 | 48 | 121 | 1 |
| … | … | … | … | … | | … | … | … | … |
| 180 | 1 | 54 | 1 | 3 | 0 | 0 | 45 | 142 | 1 |

注:(1)组别:试验=1,对照药=0;(2)性别:女=1,男=0;(3)肿瘤临床分期:Ⅳ期=4,Ⅲ期=3;(4)放疗史:有=1,无=0;(5)基线 ECOG 评分:能自由走动及从事轻体力活动,包括一般家务或办公室工作,但不能从事较重的体力活动=1,活动能力完全正常,与起病前活动能力无任何差异=0;(6)结局:已进展=1,删失=0。

以组别为主效应（main effect），年龄、性别、肿瘤临床分期、有无放疗史、基线 ECOG 评分和生命质量评分为协变量，Cox 比例风险回归结果见表 13-10。结果表明，校正上述协变量后，试验药无进展生存率高于安慰剂，即试验药有效。

表 13-10　180 例肺癌患者 Cox 比例风险回归模型结果

| 变量 | $b$ | $SE(b)$ | Wald $\chi^2$ | $P$ | HR（95%CI） |
|---|---|---|---|---|---|
| 组别 | −0.685 | 0.190 | 12.943 | <0.001 | 0.504（0.347, 0.732） |
| 年龄 | −0.007 | 0.008 | 0.753 | 0.386 | 0.993（0.978, 1.009） |
| 性别 | −0.271 | 0.160 | 2.874 | 0.090 | 0.763（0.558, 1.043） |
| 肿瘤临床分期 | 0.386 | 0.208 | 3.427 | 0.064 | 1.471（0.978, 2.214） |
| 放疗史 | −0.211 | 0.323 | 0.428 | 0.513 | 0.809（0.430, 1.525） |
| 基线 ECOG 评分 | −0.012 | 0.170 | 0.005 | 0.943 | 0.988（0.708, 1.379） |
| 生命质量评分 | −0.001 | 0.009 | 0.008 | 0.927 | 0.999（0.981, 1.017） |

### 三、Cox 回归应用的注意事项

1. PH 假定的考察　Cox 回归模型的基本假定是比例风险假定（PH 假定）。只有满足该假定的前提下，基于此模型的分析预测才是可靠有效的。检查某自变量是否满足 PH 假定，最简单的方法是观察按该变量分组的 Kaplan-Meier 生存曲线，若生存曲线明显交叉，提示不满足 PH 假定。建议绘制按该变量分组的 $\ln[-\ln\hat{S}(t)]$ 对生存时间 $t$ 的图，曲线应大致平行或等距，这是由于比例风险假定等价于 $S_1(t)=[S_2(t)]^{HR}$，因此 $\ln[-\ln S_1(t)]-\ln[-\ln S_2(t)]=\ln(HR)$。图形法有一定的主观性，但由于图法简便、直观，实际中很常用。例 13-5 中，有无靶向治疗的 $\ln[-\ln\hat{S}(t)]$ 对 $t$ 的曲线见图 13-5，图中曲线大致平行。另外，也可通过在模型中引入一个构造的时依协变量，如 $X \times \ln t$，即在模型中加入一个含时间的交互作用项，然后检验该交互作用项的显著性，交互作用项无统计学意义提示满足 PH 假定。如各变量满足或近似满足 PH 假定，可直接应用基本 Cox 回归模型；如有的变量不满足 PH 假定，可拟合各种扩展 Cox 回归模型，如分层 Cox 回归模型或含时依协变量的 Cox 回归模型等。

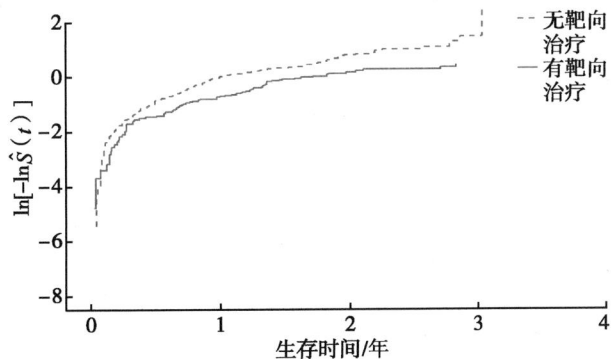

图 13-5　肺腺癌脑转移有无靶向治疗患者的 $\ln[-\ln\hat{S}(t)]$ 对 $t$ 的曲线

2. 样本量估计　利用 Cox 回归进行多因素分析要求样本量足够大，经验估算方法是至少需要相当于自变量个数 10～15 倍的阳性结局事件数，即每个自变量的事件数（events per variable，EPV）原则。与 EPV 相比，每个待估自变量参数的事件数（events per candidate predictor parameter，EPP）是更合理的原则，即至少需要相当于待估参数个数 10～15 倍的阳性结局事件数。临床试验中生存分析所需样本量估计方法请参考有关专著。

（余红梅）

## 小结

生存分析是将终点事件的出现与否和到达终点所经历的时间结合起来分析的一种统计分析方法，其主要特点就是考虑了每个观察对象到达终点所经历的时间长短。终点事件不限于死亡，可以是疾病的发生、一种处理（治疗）的反应、疾病的复发等。生存分析可用于生存率估计、生存曲线比较、影响因素分析和生存预测。

基于一组生存资料估计生存率的非参数方法有 Kaplan-Meier 法和寿命表法，Kaplan-Meier 法适用于小样本或大样本未分组资料，寿命表法适用于观察例数较多的分组情形，二者均利用概率乘法定理计算生存率。

log-rank 检验是比较两条或多条生存曲线的非参数方法，由于该检验能对各组的生存曲线做整体比较，实际工作中应用较多。

Cox 回归模型属比例风险模型和半参数模型，其回归系数 $\beta_j$ 的统计学意义是：其他变量不变条件下，自变量 $X_i$ 每变化一个单位所引起的风险比的自然对数，或使风险函数增至 $\exp(\beta_j)$ 倍。Cox 回归可用于影响因素分析、多变量生存预测以及校正协变量后的组间比较。

## 思考与练习

### 一、最佳选择题

1. 下列有关生存率估计的描述中**不正确**的是（　　　）

    A. Kaplan-Meier 法即乘积极限法

    B. Kaplan-Meier 法适用于小样本资料

    C. 寿命表法适用于大样本资料

    D. Kaplan-Meier 法和寿命表法均利用概率乘法定理来计算生存率

    E. Kaplan-Meier 法是一种参数方法

2. 下列有关 log-rank 检验的描述中，正确的是（　　　）

    A. log-rank 检验是各组生存率的整体比较

    B. log-rank 检验是各组生存率某时间点的比较

    C. log-rank 检验属生存曲线比较的参数法

    D. log-rank 检验中，各组实际死亡数必等于理论死亡数

    E. log-rank 检验的自由度为 1

3. Cox 回归模型要求数据满足的前提假定为（　　　）

    A. 风险比为常数

    B. 因变量为二分类数据

    C. 各自变量均为分类变量

    D. 自变量服从正态分布

    E. 删失数据不能超过 20%

4. 多重线性回归、logistic 回归和 Cox 回归分析均可用于(　　　)

    A. 预测自变量

    B. 预测自变量取某值时因变量 Y 的概率

    C. 预测风险函数

    D. 筛选影响因素与控制混杂因素

    E. 克服多重共线性

5. 某疾病发病受吸烟($X_1$, 无 : 0, 有 : 1)和饮酒($X_2$, 无 : 0, 有 : 1)的影响, 构建疾病发病的 Cox 回归模型, 吸烟($X_1$)和饮酒($X_2$)的回归系数分别为 $b_1=0.870$, $b_2=0.510$。则既吸烟又饮酒的发病风险是既不吸烟又不饮酒的(　　　)倍

    A. 0.870                           B. 0.510

    C. $e^{0.870}$                         D. $e^{0.510}$

    E. $e^{(0.870+0.510)}$

## 二、思考题

1. 生存资料的特点是什么?

2. 生存分析的主要用途及其统计学方法有哪些?

3. Cox 回归中的 HR 表示什么? 如何解释 HR 的大小?

4. 多重线性回归、logistic 回归和 Cox 回归作为常用的多因素分析方法有哪些异同?

## 三、案例分析题

1. 某医师收集 20 例脑瘤患者甲、乙两种疗法治疗的生存资料(表 13-11), 试估计两疗法组的生存率, 并比较两疗法组生存曲线是否有差别?

表 13-11　20 例脑瘤患者治疗的生存时间　　　　　　　　　　　　单位: 周

| 甲疗法组 | 5 | 7+ | 13 | 13 | 23 | 30 | 30+ | 38 | 42 | 42 | 45+ |
|---|---|---|---|---|---|---|---|---|---|---|---|
| 乙疗法组 | 1 | 3 | 3 | 7 | 10 | 15 | 15 | 23 | 30 | | |

注: 标记"+"者为删失生存时间。

2. 表 13-12 是对 949 名卵巢癌患者的随访结果, 时间区间均为 5 年。试估计生存率。

表 13-12　949 名卵巢癌患者的随访结果

| 诊断后年数 | 期内死亡数 | 期内删失数 |
|---|---|---|
| 0～ | 731 | 18 |
| 5～ | 52 | 16 |
| 10～ | 14 | 75 |
| 15～ | 10 | 33 |

3. 某医院泌尿外科医师选择 2006—2010 年间经手术治疗的膀胱肿瘤患者, 记录从手术切除到死亡的时间, 终点事件为死于所研究疾病, 随访截止日期为 2010 年 12 月 30 日, 膀胱肿瘤患者多因素 Cox 回归分析结果见表 13-13。试解释膀胱肿瘤患者预后影响因素 Cox 回归分析结果。

表 13-13　膀胱肿瘤患者多因素 Cox 回归分析结果

| 变量 | $b$ | $SE(b)$ | Wald $\chi^2$ | $P$ | HR（95%CI） |
|---|---|---|---|---|---|
| 肿瘤分级 | 1.650 | 0.382 | 18.661 | <0.001 | 5.205（2.462，11.002） |
| 肿瘤大小 | 1.065 | 0.461 | 5.340 | 0.021 | 2.902（1.176，7.162） |
| 是否复发 | 0.954 | 0.461 | 4.282 | 0.039 | 2.597（1.052，6.412） |

注：肿瘤分级：Ⅰ级：1，Ⅱ级：2，Ⅲ级：3；肿瘤大小：<3.0cm：0，>3.0cm：1；是否复发：未复发：0，复发：1；生存结局：死亡：1，删失：0。

# 第十四章
# 调查研究设计

在医药卫生领域,调查研究是一种常用且基本的研究方法,属于观察性研究。调查研究的主要特点是观察研究对象在自然状态下的情况,不施加任何处理因素,也不对研究对象进行随机分组。例如,全国青少年心理健康调查(National Youth Mental Health Survey, NYMHS)是一项旨在评估青少年健康状况及其影响因素的横断面调查研究。该调查采用随机抽样的方法,从全国范围内选取不同年龄段的青少年参与,调查内容涵盖自我报告的心理健康状况、生活满意度、社会支持、家庭背景以及学业表现等多个方面。调查研究通常为进一步的实验性研究提供线索或形成研究假设。本章将介绍调查设计的基本内容和一般方法,重点介绍概率抽样方法及其样本量估计,简要介绍常用的非概率抽样方法以及调查问卷的质量评价指标。

## 第一节 调查设计的基本内容

调查研究的方法众多,在科学研究和实际工作中被广泛应用,主要包括普查和抽样调查两种方法。普查(census)是对总体中的每一个个体进行全面调查。而抽样调查(sample survey)是从总体中抽取一定数量的观察单位组成样本,通过了解样本信息推断总体特征。根据抽样方式,抽样调查可分为概率抽样和非概率抽样;根据时间维度可分为横断面调查(cross-sectional study)和纵向调查(longitudinal study),其中纵向调查按时间顺序可分为回顾性调查(retrospective study)、前瞻性调查(prospective study)和双向性调查(ambispective study)。流行病学研究常见的两种纵向调查是病例对照研究和队列研究,前者属于回顾性调查,后者则可以是回顾性的、前瞻性的,甚至是双向的;根据调查性质可分为定量调查(quantitative study)和定性调查(qualitative study)。横断面调查的优点在于数据收集快速且成本较低,适合于获取特定时间点的信息,但其缺点是无法确定因果关系,仅反映特定调查时点状态。纵向调查则能观察长期变化并分析因果关系,提供更全面的数据,但时间和成本较高,并可能面临失访的问题。在选择方法时,如果研究目标是快速描述某一时点的情况,且不太关注因果关系,则应优先考虑横断面调查;而如果需要探讨因果关系或观察随时间变化的趋势,则应优先选择纵向调查。不论选用何种方法进行调查,都需要根据调查目的进行科学设计,选择适合的调查对象,收集相关数据,并对数据进行整理和分析,从而回答相关研究问题。下面简要介绍调查研究设计的基本内容及相关步骤。

### 一、调查目的

从统计学的角度来看,调查研究通常有两个主要目的:一是了解总体参数,揭示总体特征,比如调查西藏地区大骨节病的流行情况、某地高血压患病情况、某地居民头发中的汞含量等;二是研究事物之间的关联,比如膳食摄入与大骨节病的关系、空气污染与肺癌的联系、吸烟与心血管疾病的相关性等。

【例14-1】 研究人员调查西藏地区大骨节病的流行情况,并探讨可能的致病因素。本例的调查目的是通过流行病学调查,探讨该病的病因。调查目的通过具体的调查指标来体现。调查指标应该精心选择,尽可能选用客观、敏感、准确的指标。本例中的调查内容包括大骨节病的患病率及地域分布,以及人口学特征和饮食环境因素等。

## 二、调查对象与观察单位

在明确调查目的后,需要确定调查对象和观察单位,即研究的对象和数据来源。首先,要确定调查的总体范围,明确调查对象的同质性。调查对象应具体,明确调查的人群、时间和地点。观察单位是构成总体的个体,不在总体范围内的个体不应作为观察单位。例如,若调查对象为居住在西藏地区的居民,则观察单位为符合该条件的每个居民,不在该地区居住的人应被排除。若调查同时限定为"儿童"或"成人",则非相应年龄段的居民也应被排除。

## 三、调查方法与调查项目

### (一)调查方法和调查项目

根据调查目的、调查对象和现有的调查条件(如人力、物力等资源),确定适当的调查方法。一般来说,如果调查目的是了解总体特征,可以采用横断面调查方法;如果调查目的是研究事物之间的相互关系,还可以采用病例对照或队列研究方法。根据调查指标确定调查项目,即调查的具体内容,包括分析项目和备查项目。分析项目是直接用于计算调查指标以及探讨因素之间关系所必需的内容;备查项目是为了便于核查而设置的,通常不直接用于分析,如姓名、地址、编号等。

### (二)调查方式

调查方式有很多种,包括观察法、问卷法、访谈法等。不同的方法适用于不同的情况,有时需相互结合使用。

1. 观察法 通常用于测量客观指标和检查样本,例如测量身高、体重,检查粪便中的蛔虫卵,进行血液生化检查等。此外,观察法也可用于调查行为方式,比如医生对待患者的态度、某些少数民族的生活习惯,以及检验人员对仪器操作是否规范等。在例 14-1 中,研究人员对调查地区居民的骨关节进行 X 线扫描检查就属于观察法。

2. 问卷法 问卷法常用于收集主观指标和一些无法通过检查测量获取的客观指标的信息。被访者可以自行填写问卷,也可以由调查员协助填写。在调查大骨节病流行地区居民的人口学特征、膳食习惯、生活习惯等信息时,可以采用问卷调查的方法。问卷调查的质量取决于调查表的设计、调查项目的数量以及被访者的配合程度等多个因素。

3. 访谈法 访谈可以采取直接形式,如面对面访谈、会议等;也可以采取间接形式,如信函、电话、网络等。访谈的形式多样,问题的数量和类型可以灵活调整,有助于获取广泛和深入的信息。选择访谈方式时需综合考虑以下因素:研究目的、受访者特征、时间与预算、信息敏感性及数据质量要求,以便选择最合适的访谈形式,获取所需的信息。访谈法不仅可以作为问卷调查的补充,还适用于调查个人隐私等敏感问题。通过座谈会进行集体访谈,可以快速获得调查结果。目前最常用的是专题小组讨论。

### (三)调查表

调查表是包括所有调查项目的纸质或电子文件材料,可以是简单的调查提纲,包括多个问题的调查表格,或是标准的测量量表,统称为问卷(questionnaire)。调查表通常包括标题、说明、基本信息、主要内容、编码以及作业证明的记录等。制定调查表应遵循标准流程,并经过信度和效度等方面的评估后方可使用。

在例 14-1 的研究中,对大骨节病高危地区居民进行膳食结构调查,以便了解膳食结构与大骨节病的关联性。膳食调查可以利用调查表进行,表 14-1 给出了调查表中的部分项目。

表 14-1　西藏地区大骨节病项目食物频率调查表

| 食物频率调查表 | | | | | | | |
|---|---|---|---|---|---|---|---|
| 您好!我们是××单位西藏地区大骨节病项目研究团队。本调查表是希望了解您的日常饮食摄入状况,以便对您提出更合理的饮食建议。该调查仅针对您日常饮食习惯做了解,不涉及隐私和敏感问题,请您放心作答。请按照问题回答填写,谢谢合作! | | | | | | | |
| 姓名: | | 编号: | | | (工作人员填写) | | |
| 家庭地址: | | | | | | | |
| 联系电话: | | | | | | | |
| 调查员: | | 调查日期:　　年　　月　　日 | | | | | |
| 请回忆在过去 12 个月里,你是否吃过以下食物,并估计这些食物的平均食用量和次数。 | | | | | | | |

| 食物名称 | | 是否吃 1否 2是 | 进食次数(选择一项) | | | | 平均每次食用量/克 | 过录框(审核员填写) |
|---|---|---|---|---|---|---|---|---|
| | | | 次/天 | 次/周 | 次/月 | 次/年 | | |
| 主食 | | | | | | | | |
| 1 | 当地糌粑 | | | | | | | |
| 2 | 当地面 | | | | | | | |
| 3 | 外地糌粑 | | | | | | | |
| 4 | 外地面 | | | | | | | |
| 5 | 大米 | | | | | | | |
| 6 | …… | | | | | | | |
| 肉类 | | | | | | | | |
| 1 | 牛肉 | | | | | | | |
| 2 | 羊肉 | | | | | | | |
| 3 | 猪肉 | | | | | | | |
| 4 | 鸡肉 | | | | | | | |
| 5 | 鱼肉 | | | | | | | |
| 6 | 山羊肉 | | | | | | | |
| 7 | …… | | | | | | | |

以下将对调查表的制定做详细阐述:

1. **调查表的构成**　从表 14-1 可以看出,一份完整的调查表通常具有以下结构:

(1)标题:标题应简明扼要,概括调查主题。例如,可以使用类似于表 14-1 中的"食物频率调查表"这样的标题,或者其他类似"中学生卫生习惯调查表""农村妇女生殖道感染调查表"等。建议避免使用过于简单的标题,如"问卷调查",因为这可能会导致受访者产生不必要的怀疑而拒绝回答。

(2)说明:在问卷的开头或封面通常会包含简短的封面信或卷首语,旨在向受访者解释调查的目的和意义。对于自填式调查表,还可以包括填表须知、交表时间、地点及其他相关事项的说明。这些说明可以帮助受访者了解调查的目的,消除顾虑,并按要求填写调查表。有些调查表的说明还可以进行一定程度的宣传,以引起受访者对调查表的重视。

（3）被访者基本情况:指被访者的基本社会人口学特征,如性别、年龄、民族、文化程度、婚姻状况、职业、家庭人口等。这些特征通常用于对调查数据进行分组分析,以探讨它们对调查主要结果的影响。在实际调查中,应根据调查目的慎重选择列入哪些特征,而非盲目增加。

（4）主要内容:研究者需要了解的主要内容是调查表中最关键的部分,这些内容是根据调查目的必须收集的信息,并用于计算分析指标。这些内容通常以提问的形式呈现给被访者,例如表14-1中的食物摄入情况、进食频率、单次进食量等。

（5）编码:应包括调查表编号、调查项目编号和回答选项编号。正规的调查表还应该设有选项框,用于填写各种数据和编码,以便后续录入计算机进行处理。随着信息技术的迅速发展,电子问卷的应用越来越普遍。因此,后台项目和选项的编码变得尤为重要,以便于后期数据的处理和分析。

（6）作业证明的记录:在调查表中,通常需要记录调查员的姓名、访问日期和时间等信息,以明确调查人员完成任务的情况。如有必要,还可记录被访者的姓名、单位或家庭住址、电话等信息,以便审核和进一步追踪调查情况。

2. 调查表制定的一般步骤

（1）明确调查目的:根据调查目的确定调查内容,选择已被广泛认可的调查表或重新制定调查表。若现有调查表已被广泛认可且内容符合本次调查需求,则选择现有调查表;若现有调查表尚未得到广泛认可,缺乏信度和效度证据,或内容无法覆盖本研究需求,则可在其基础上进行修订或重新制定调查表。

（2）提出调查项目:根据调查目的和对象,设立由相关人员组成的工作组负责制定调查表。根据专业知识和经验提出调查项目,也可借鉴同类调查表的项目,形成调查项目池。对调查对象特征的分析是拟定调查表的基础,包括调查对象的文化程度、理解能力和社会阶层等特征。

（3）项目筛选:对提出的调查项目进行分析和筛选,以精简调查内容。可通过专家咨询或专题小组讨论的方式进行。在项目筛选时,应考虑调查表长度、被访者负担、避免重复、保持相似项目的一致性以及项目在调查表中的排序等方面。

（4）确定提问形式:一般调查项目可以采用开放性问题（open-ended question）和封闭性问题（closed-ended question）两种提问形式。开放性问题不列出可能的答案,让被访者自由回答,例如"您为什么没去看病?"。优点是能够获取丰富的意见和信息,但缺点是整理和分析资料较困难,可能存在调查偏差。被访者可能因表达能力差异或缺乏准备而放弃回答或答非所问。开放性问题适用于答案复杂或未知、探索性调查等情况。

封闭性问题预先设计可能的答案,被访者从中选择一个或多个。例如表14-1中的"是否吃"。封闭性问题便于回答,提高回收率,便于统计分析,但被访者只能在规定范围内回答,可能无法真实表达想法。设计封闭性问题较困难,设计缺陷可能影响调查质量,被访者难以正确回答问题。

在实际调查中,两种类型的问题往往结合使用,如封闭性问题中,在列出答案的最后,增加一个开放性选项"其他（详述）＿＿＿＿＿＿＿",让回答者有表明自己意见的可能。甚至在同一个问题中,也可将两者结合起来使用。例如:

您最近两周生过病吗?　1）是　　　2）否

若是,生的什么病?＿＿＿＿＿＿＿

（5）确定项目的回答选项:回答选项需要根据项目提问的方式进行相应设计。例如,在研究经济状况时,针对每月工资收入和年龄等项目,需要了解具体数字,可以采用填空式提问,如"您的每月工资收入是____元""您的年龄是____岁"。对于开放性问题,没有固定的回答选项,可以留出空白供回答。而对于封闭性问题,应列出各种可能的答案,并按一定顺序编号。一般来说,等级项目按照等级关系编号,如文化程度可以是:①小学及以下;②中学;③大专及以上;分类项目则按照习惯或一定的逻辑顺序编号,如职业可以是:①工人;②农民;③干部等。

(6)预调查及评价:预调查是在正式调查前进行的小范围验证,以评估正式调查方案的可行性,发现潜在问题。预调查数据可以为正式调查需要的样本量估计提供参考,如估计失访比例和预测效应值大小等。在新的人群和地区开展的调查项目中,预调查尤为重要,有时预调查的质量会直接影响正式调查的成败。

为了形成初步的调查表,筛选出的调查项目应按一定的逻辑顺序排列。可采用专家评价和小组讨论等方法进行初步修改并完善。初步形成的调查表需要进行小范围的预调查,以评估其信度和效度等特性,为进一步修改完善调查表提供依据。具体考评过程和指标详见本章第四节。

(7)修改完善:在上述基础上进一步修改完善,形成最终调查表。最终调查表在实际应用中可能会发现问题或需要进一步完善。

3. 问题的设置

(1)避免不确切的表述。一些副词和形容词,如"很久""经常""一些"等,各人理解往往不同,应避免使用或给出明确界定。如"您是否经常生病?"可改问为"您上月生了几次病?"或"最近半年内您生了几次病?"。如果问"您在哪儿出生?",有可能回答"在医院",如改为"您的出生地是____省____市(或县)"则可避免类似问题的发生。

(2)避免判定性问题。如"您一天抽多少支烟?"这种问题即为判定性问题,被访者如果根本不抽烟,就会无法回答。正确的处理办法是在此问题前加一条"过滤"性问题,如"您抽烟吗?",如果回答"是",可继续提问,否则终止提问。

(3)避免引导性问题。如问题带着研究者的观点和见解的暗示,则有可能使被访者跟随这种倾向回答。如"有人认为被动吸烟会导致肺癌,您同意吗?"。引导性提问会导致被访者不加思考就同意问题中暗示的结论。引导性提问是调查的大忌,常常会引出有严重偏倚的结论。

(4)避免难堪或禁忌的敏感问题。各地风俗和民族习惯中忌讳的问题、涉及个人隐私或利害关系的问题等属于敏感问题,如"您是否有婚外性关系?"。对于这类问题,被访者不愿回答或不予真实回答,因此调查表中应尽量避免。如果有些问题非调查不可,可采用一些特殊的调查方法,如敏感问题调查技术。

(5)避免笼统和抽象的问题。年龄、经济收入等许多调查项目都可能会产生歧义。例如,年龄有虚岁、实岁;收入是税前还是税后,仅指工资,还是包括奖金、津贴、其他收入等。

(6)避免多重问题。一个问题最好只问一个要点,如"您的父母是知识分子吗?",这个问题使那些父母中仅有一个是知识分子的人无法回答"是"或"否",当然"知识分子"本身也需要界定清楚。

(四)组织计划和实施

调查的组织计划包括组织领导、任务分工、调查员选择和培训、宣传动员、时间进度、经费预算、调查表和宣传资料的印制、器材的准备等。这里仅简要介绍调查员的选择和培训。

1. 调查员的选择 调查员是资料收集的具体执行者,其水平和能力直接影响调查实施的成功与否,选择和培训合格的调查员是调查研究中的一项重要任务。应根据调查的具体内容、社区的性质、被访对象的特点等挑选合适的调查员。调查员的性别、年龄、民族、职业等特征要符合调查的要求。如当被访者为青年时,应尽量选择青年做调查员;对妇女的调查最好选择女性调查员;医学生作为调查员在健康问题调查中则更为得心应手。从社区的角度考虑,应挑选熟悉被访地区风俗习惯、文化传统的调查员,有时还要求调查员会讲当地方言。此外,调查员的文化程度也非常重要。

2. 调查员的培训 对调查员的培训一般应包括以下内容:

(1)介绍调查背景:介绍本次调查的目的、计划、内容、方法等,使调查员对该研究有一个整体性的认识。

(2)明确具体任务:包括抽样方法、调查地点、调查对象、调查范围及数量、每个调查员的工作量、工作时间、报酬等,让调查员明确自己在调查中的任务和权利。

(3)问卷培训:逐项讨论问卷内容,统一理解每个问题,规范调查方法和用语。同时,介绍一些基本的访问技术,包括如何自我介绍、如何取得被访者的信任等。所有调查员的培训应该采用统一标准,通过培训使其达到较为统一的水平,以防止因调查员不同而导致调查质量差异。

(4)模拟调查:采用参与式方法、角色扮演等方法进行模拟调查,使调查员有身临其境的感觉。

(5)建立监督机制:建立监督、管理和相互联系的方法及规定,以保证正式调查工作的顺利开展。

(6)预调查:可组织调查员进行小范围的实地调查,收集调查中出现的问题,进一步修改调查表和完善调查实施方案。

## 四、数据整理分析计划

在研究设计阶段就应该制定数据的整理分析计划。数据整理分析是将原始数据进行科学加工,并用适当的统计分析方法对整理后的数据进行分析,提取有用信息并形成结论。基于调查表的数据整理分析通常分为以下几个步骤。

### (一)问卷核查

在数据整理阶段,问卷核查分为完整性核查和逻辑检查。完整性核查是在调查现场由调查员对调查表全部项目进行自查和互查,核对填写是否完整无缺,如有漏项,应立即补填;无法补填的,应尽快重新访问被访者;逻辑检查主要检查逻辑上的矛盾,如出生日期与死亡日期的矛盾等。逻辑检查应和完整性核查同时进行。

### (二)数据编码

数据编码(coding)是为每一个问题以及每一个可能答案分配一个代码。在问卷设计时进行的编码称为事前编码,在数据收集后进行的编码称为事后编码。事后编码主要针对开放性问题和封闭性问题中的"其他"选项。一般来说,针对每一个问题,将所有回答归纳整理成一些主要类型,并给予适当编码。编码需要统一的规则,以方便后续数据分析。可将编码信息制定成编码手册,方便数据分析人员快速了解数据。

### (三)数据录入

通常采用数据库系统如 Excel、Epidata 等建立数据库结构后输入原始数据。需要为每位数据录入员提供一份统一的录入说明书,并进行必要的培训。为了保障质量,往往需要两位录入员双录比对。数据输入完毕,应进行抽查或全面核查。值得一提的是,随着科技的发展,越来越多的调查采用电子调查表,在电子设备上完成的调查表可以直接通过数据导出的方法转换为可以分析的文件格式,从而省略数据录入环节,减少录入环节产生的错误。

（四）数据整理

录入后的数据作为原始数据应妥善保存,在此基础上,需要对数据变量和内容进行清理和检查,如变量的缺失值检查、连续型变量变换为分类变量等。需要对数据整理的过程做详细记录,并保留统计软件中的程序文件。不同版本的数据应实时标记和保存。

（五）数据分析

数据分析常用的软件包括 Excel、SPSS、SAS、STATA 和 R 等。不同的统计软件功能和操作略有不同,研究者可根据实际需要加以选择。数据分析应当按照调查研究设计遵循一定的计划,有时也需要在实际分析过程中灵活调整,采用更为恰当的分析方法。需要注意的是,数据分析方法仅仅是解决问题的工具和手段,存在一定的局限性,研究结论应当基于统计分析结果,并结合专业知识,通过全面且综合的分析过程得出。

# 第二节　基本的概率抽样方法及其样本量估计

按照某种特定的机会抽取样本的方法叫做概率抽样（probability sampling）。简单随机抽样就是典型的概率抽样,它使得总体中每一个个体具有相等的机会被抽中。但当总体较大或变异范围较大时,通常会采用比简单随机抽样更为复杂的随机抽样方法。例如,将总体按照某个特征分成很多层,各层分别进行随机抽样然后组合形成样本,这就是分层随机抽样（stratified random sampling）。另外一种常见的概率抽样方法就是多个阶段的抽样,它是通过多次抽取不同的次级抽样单位,最后在抽中的次级抽样单位中再抽取若干观察单位组成样本,这称为多阶段抽样（multi-stage sampling）。实际上,这些复杂的概率抽样设计均以简单随机抽样为基础,只是在技术细节,而非概念上,比简单随机抽样复杂一些。此外,常用的概率抽样方法还有系统抽样、整群抽样等。不论采用何种方法,抽样的目的都是保证样本对总体具有良好的代表性,以支持利用样本信息以一定的可靠度对未知总体参数作出统计推断。

样本量估计是抽样设计的一个重要部分。通过前面章节的学习可以知道,如果样本量不足,则抽样误差较大,抽样结果的可靠性较差,在统计推断时,检验效能偏低,总体中本来存在的差异难以被检测出来,导致假阴性结果。当然也需注意避免另外一种趋向,就是片面追求大的样本量,甚至认为样本量越大越好,其结果是不仅导致人力、物力和时间的浪费,也可能引入其他一些偏倚。

在调查研究设计中,需根据设计类型、抽样方法及结局变量的性质,借助适当的公式进行样本量的估计。本节介绍几种常用的概率抽样方法及其样本量估计方法。

## 一、简单随机抽样

### （一）基本方法与应用

在日常生活中,一些人有购买彩票的经历。假如有 1 万张彩票,由 1 万人购买,其中特等奖 1 个,则购买者每人都有同等的机会（1/10 000）获得特等奖。像这样保证总体中的每一个个体都有同等的机会被抽出来作为样本的抽样方法就是简单随机抽样,是最基本的抽样方法,也是其他抽样方法的基础。其具体做法就是将总体的全部观察单位编号,形成抽样框（sampling frame）,在抽样框中随机抽取部分观察单位组成样本。

简单随机抽样的优点是简单直观、均数（或率）及其标准误的计算简便；缺点是当总体较大时,难以对总体中的个体一一进行编号,且抽到的样本较分散,不易组织调查。

【例 14-2】　抽样调查学生的卫生习惯。某班有学生 100 人，欲抽取 10 人参加调查。为使每个学生都有同等机会参与，采取简单随机抽样。

最简单的方法是将 100 名学生编上号，如 1～100 号，并写在 100 张小纸条上，放到盒子里充分搅匀，然后任意取出 10 张小纸条，上面的号码所对应的学生入选。也可以用随机数字法抽取 10 个同学，方法是先将 100 个学生编为 0～99 号，然后用附表 12 的随机数字表，从任意一个随机数字开始（比如从第四行第八列的两位数 16 开始），横向（也可以纵向）依次读取 10 个随机数字（每个都是两位数，有相同者跳过）：16、12、04、49、03、26、49（跳过）、76、76（跳过）、39、96、14。于是编号为这 10 个数的学生被抽中。

（二）样本量估计

1. 样本量估计的依据　估计简单随机抽样所需的样本量，需掌握以下 3 个方面的信息。

（1）总体中个体的变异程度：如果个体间变异程度小，则所需样本量也较少；反之，如果变异程度大，则需较大的样本量。对于计量资料通常用变异系数 $CV$ 来反映个体间变异；对于计数资料则需基于总体率 $\pi$ 来计算。实际工作中往往不知道 $CV$ 或 $\pi$ 的大小，常通过文献查阅或预调查数据进行粗略估计。

（2）调查的精度：用最大相对误差 $\varepsilon$ 反映精度的要求，即测定值与真实值之差相对于真实值的比值，即绝对误差相对于真实值的比例。精度要求越高，所需样本量就越大。$\varepsilon$ 可由研究者根据研究问题的背景加以确定。

（3）置信水平：通常用置信水平 $1-\alpha$ 反映测定值达到精度要求的概率。置信水平要求越高，所需样本量越大。置信水平也可由研究者根据研究问题的背景加以确定，通常取 90%、95% 或 99%。

2. 样本量的估计　基于上述信息，样本量的估计公式如下。

（1）总体均数所需的样本量估计公式为：

$$n=\left(\frac{z_{\alpha/2}CV}{\varepsilon}\right)^2 \qquad\text{（式 14-1）}$$

（2）总体率 $\pi$ 所需的样本量估计公式理论上需用到 $\pi$，但 $\pi$ 是未知的（否则无需利用样本对总体率 $\pi$ 进行推断），因此常通过文献、资料查阅或预调查获得样本率 $p$ 作为 $\pi$ 的近似用于样本量估计。

当预期 $\pi$ 在 0.2～0.8 时，

$$n=\frac{z_{\alpha/2}^2(1-p)}{\varepsilon^2 p} \qquad\text{（式 14-2）}$$

当预期 $\pi$ 小于 0.2 或大于 0.8 时，

$$n=\left\{\frac{57.3\cdot z_{\alpha/2}}{\arcsin\left(\dfrac{\varepsilon p}{\sqrt{p(1-p)}}\right)}\right\}^2 \qquad\text{（式 14-3）}$$

【例 14-3】　在西藏某地区 5 400 名居民中抽取 270 人作为预调查样本测量血清硒含量，结果发现，居民血清硒含量均数为 26.80μg/L，标准差为 3.49μg/L，患大骨节病的居民 123 人。为调查西藏该地区居民平均血清硒含量及患大骨节病的比例，基于上述信息，估计进行简单随机抽样所需样本量。

根据已知信息，血清硒含量均数 26.80μg/L，标准差 3.49μg/L。若要求最大相对误差为 $\varepsilon$=0.02，置信水平为 $1-\alpha$=95%，则由式 14-1 得

$$n=\left(\frac{z_{\alpha/2}CV}{\varepsilon}\right)^2=\left[\frac{1.96\times(3.49/26.80)}{0.02}\right]^2\approx163$$

因此，欲调查血清硒含量的平均水平，至少需要调查 163 名居民。

同时，根据以上预调查数据，$p=\dfrac{123}{270}$=0.456（预期 $\pi$ 介于 0.2～0.8 之间），若要求最大相对误差为 $\varepsilon$=10%，置信水平为 $1-\alpha$=95%，则由式 14-2 可得

$$n=\frac{z_{\alpha/2}^2(1-p)}{\varepsilon^2 p}=\frac{1.96^2\times(1-0.456)}{0.1^2\times0.456}\approx459$$

因此，欲调查患大骨节病的居民比例，至少需要调查 459 名居民。

由于该实例拟通过同一项调查同时达到以上 2 个目的，故样本量需取 163 和 459 两个数的最大值，即需调查 459 名居民。

## 二、系统抽样

### （一）基本方法与应用

系统抽样（systematic sampling）又称机械抽样，是按照某种顺序将总体中的个体编号，然后随机地抽取一个号码作为第一调查个体，其他的调查个体则按照某种确定的规则"系统"地抽取。最简单也是最常用的系统抽样是等距抽样，即先将总体中的全部个体按与研究现象无关的特征排序编号；再根据需要的样本量大小，规定抽样间隔 $k$；然后从随机选定的第 $i$（$<k$）号个体开始，每隔 $k$ 个个体抽取　个个体，最终形成样本。抽取的样本编号为：$i, i+k, i+2k, i+3k, \cdots, i+(n-1)k$。其中，$n$ 为样本量。若总体为 $N$，则 $k$ 为 $N/n$ 的整数部分。

系统抽样的优点是易于理解，简便易行，容易得到一个在总体中分布均匀的样本。缺点是当总体中的观察个体按顺序有周期性或单调增减趋势时，可能产生偏倚，且抽到的样本较分散，不易组织调查。系统抽样的抽样误差可按简单随机抽样的方法估计。

例 14-2 中，若采用系统抽样方法，可将 100 名学生编为 1～100 号，要抽取 10 人作样本，其抽样间隔为 $k$=100/10=10；在附表 12 的随机数字表中，从任意一个随机数字开始，得到第一个 01～10 间的随机数，例如为 $i$=2，则抽取的个体号依次为 2, 12, 22, 32, $\cdots$, 92。

### （二）样本量估计

由于系统抽样无专用的标准误计算公式，因此往往按简单随机抽样的方法来估计样本量。

## 三、分层抽样

### （一）基本方法与应用

分层抽样（stratified sampling）先将总体中全部个体按某种特征分成若干"层"（stratum），再从每一层内随机抽取一定数量的个体组成样本。例如，调查某县农村妇女生殖道感染情况，可按乡镇分层（如经济状况好、中、差三层），在各个层中再进行简单随机抽样。分层抽样的各层还可以独立分析。常见的分层因素有地貌（如坝区、半山区、山区）、行政区划（城市、乡村）、学校年级（高中、初中、小学）等。

分层抽样一般可分为等比例分配（proportional allocation）与非等比例分配（non-proportional allocation）。等比例分配就是大层多抽，小层少抽，各层中抽取的比例与该层在总体中所占的比例相同，即 $n_i/n=N_i/N$。其中，$n_i$ 为从第 $i$ 层中抽出的样本数，$n$ 为总的样本量，$N_i$ 为总体中第 $i$ 层具有的个体数，$N$ 为总体中总的个体数。这样抽取的样本是总体的缩影，各层构成与总体相同，否则即为按非等比例分配抽样，例如，分层后在各层抽取数量相同的个体组成样本。

如果在抽样时除了考虑各层在总体中的比例外，还考虑其变异情况，变异大的层多抽，变异小的层少抽，则可以减小抽样误差，因此又称最优分配分层随机抽样（optimum allocation in stratified random sampling）。

分层抽样的优点是样本具有较好的代表性，抽样误差较小；各层可根据调查对象的特征，采取不同的抽样方法以及资料收集方式；统计分析内容更丰富，可以对不同层进行独立分析，还可以比较不同层间的差异。

例 14-2 中，也可以采用分层抽样方法，例如，先将学生按年级分层，再用简单随机抽样或系统抽样的方法在各年级中抽取一部分学生进行调查。

（二）样本量估计

1. 样本量估计依据　类似简单随机抽样，分层随机抽样的样本量估计需要以下信息。

（1）计量资料总体变异程度 CV 的估计：以预调查数据对总体 CV 做粗略估计：

$$\widehat{CV}=\frac{s}{\bar{x}}$$

上式中，样本均数：

$$\bar{x}=\sum_{h=1}^{L} w_h \bar{x}_h \qquad\qquad (式 14\text{-}4)$$

样本方差：

$$s^2=\sum_{h=1}^{L} w_h s_h^2 \qquad\qquad (式 14\text{-}5)$$

式中，$w_h=N_h/N$ 为总体中各层的观察单位数占总观察单位数的比例，$L$ 为"层"数，$\bar{x}_h$ 为各层的均数，$s_h^2$ 为各层的方差。

（2）计数资料总体率的估计值 $p$：可通过预调查，以各层的观察单位数占总观察单位数的比重作为权数，粗略估计加权合计率。

（3）相对误差 $\varepsilon$：是绝对误差相对于真实值的比例，可根据研究问题的背景加以确定。

（4）置信水平 $1-\alpha$：也可根据研究问题的背景加以确定。

2. 样本量估计　对于按比例分配分层抽样的样本量估计，可以先按照简单随机抽样的样本量估计方法估计出总的样本量，再按比例分配至各层。如果要提高抽样效率，采用最优分配分层随机抽样，其样本量估计可参考相关文献。

【例 14-4】 在例 14-3 的总体中，牧区有 2 900 人，林区有 2 500 人，如先将总体分为牧区和林区两个层，预调查得到牧区、林区各层内居民 145 和 125 人，平均血清硒含量分别为 $\bar{x}_1=27.80\mu g/L$，$\bar{x}_2=26.20\mu g/L$，标准差分别为 $s_1=4.30\mu g/L$，$s_2=3.43\mu g/L$，患大骨节病的频率分别为 $p_1=30\%$，$p_2=55\%$。现在估计分层随机抽样所需样本量。

按总体均数估计：

$$\bar{x} = \frac{2\,900\times27.80+2\,500\times26.20}{5\,400} \approx 27.06$$

$$s^2 = \frac{2\,900\times4.30^2+2\,500\times3.43^2}{5\,400} \approx 15.38$$

$$\widehat{CV}^2 = \left(\frac{s}{\bar{x}}\right)^2 = \frac{15.38}{27.06^2} \approx 0.02$$

若仍以 $\varepsilon=0.02$，置信水平为 $1-\alpha=95\%$，则样本量为：

$$n = \left(\frac{z_{\alpha/2}CV}{\varepsilon}\right)^2 = \frac{1.96^2\times0.02}{0.02^2} \approx 192$$

按比例分到 2 个地区：

$$n_1 = 192 \times \frac{2\,900}{5\,400} \approx 103 , n_2 = 192 \times \frac{2\,500}{5\,400} \approx 89$$

可见，欲调查平均血清硒含量，两个地区分别至少需要调查 103 和 89 名居民。

按总体率估计，首先粗略估计总的频率：

$$p = \frac{2\,900\times0.30+2\,500\times0.55}{5\,400} \approx 0.42$$

仍以 $\varepsilon=10\%$，置信水平为 $1-\alpha=95\%$，代入式 14-2：

$$n = \frac{z_{\alpha/2}^2(1-p)}{\varepsilon^2 p} = \frac{1.96^2\times(1-0.42)}{0.1^2\times0.42} \approx 531$$

按比例分配，则两个地区需抽取的居民人数分别为：

$$n_1 = 531 \times \frac{2\,900}{5\,400} \approx 286 , n_2 = 531 \times \frac{2\,500}{5\,400} \approx 246$$

可见，欲调查患大骨节病居民所占百分比，两个地区分别至少需要调查 286 和 246 名居民。

由于例 14-3 拟通过同一项调查同时达到估计平均血清硒含量和患大骨节病居民百分比两个目的，因此，两个地区的最小样本量应分别取（103，286）和（89，246）的最大值，即最少分别需调查 286 和 246 名居民。

## 四、整群抽样

### （一）基本方法与应用

整群抽样（cluster sampling）是以"群"（cluster）为基本单位的抽样方法。先将总体分成若干个群，从中随机抽取一些群，被抽中群内的全部个体组成调查的样本。例如，调查某县农村儿童贫血状况，可将乡镇作为群，随机抽取一些乡镇，对其中的全部儿童进行调查。

"群"可以是村民小组、村、街道、乡镇、行政区、县等自然区划，也可以是人为划分的一定人群。如果各群内部的个体数相等，则对整群抽样的抽样误差估计较准确。实际情况可能很难做到，但一般相差不宜太大，比如较小的两个自然村可以合并为一个"群"，以使各群的人数相差不太大。显然，群间差异越小，抽取的群越多，则抽样误差越小；反之，群间差异越大，抽取的群数越少，则抽样误差越大。

整群抽样的最大优点是便于组织调查,节约成本,容易控制调查质量。缺点是样本量相同时其抽样误差一般大于简单随机抽样。

（二）样本量估计

1. 样本量估计依据 整群抽样样本量的估计同样需要以下信息。

（1）总体方差的估计值 $s^2$：可以借助既往资料或通过小规模预调查获取。设从无限总体或有 $K$ 个群的有限总体中进行预调查,随机抽取 $k$ 个群,第 $i$ 个群含有 $N_i$ 个个体,$\bar{N}$ 为平均每群的个体数,$p_i$（或 $\bar{x}_i$）为第 $i$ 个群的样本频率（或样本均数）,$p$（或 $\bar{x}$）为总体率（或总体均数）,$s^2$ 为预调查样本的样本方差（无论是均数估计还是频率估计都用其表示）,用来作为总体方差的估计值。

对于总体均数估计:

$$s^2 = \frac{\sum \left[ \left( N_i / \bar{N} \right) \left( \bar{x}_i - \bar{x} \right) \right]^2}{k-1}$$ （式 14-6）

对于总体率估计,当总体为无限总体时:

$$s^2 = \frac{\sum \left[ \left( N_i / \bar{N} \right) \left( p_i - p \right) \right]^2}{k-1}$$ （式 14-7）

当总体为有限总体时:

$$s^2 = \frac{\left( 1 - k/K \right) \sum \left[ \left( N_i / \bar{N} \right) \left( p_i - p \right) \right]^2}{k-1}$$ （式 14-8）

（2）相对误差 $\varepsilon$：可根据研究问题的背景加以确定。

（3）置信水平 $1-\alpha$：也可根据研究问题的背景加以确定。

整群抽样抽多少群,主要与数据的 $s^2$ 有关,其主要取决于各群的频率（或均数）与总体率（或均数）的差。群数与 $N_i / \bar{N}$ 有直接的关系,因此每个群个体数不宜相较于平均个体数太大。

2. 样本量估计 整群抽样由于抽样单位是群,次级观察单位过于集中,因此其抽样误差相对较大。应抽取的样本群数 $G$ 的计算公式如下。

$$G = \frac{z_{\alpha/2}^2 s^2}{\varepsilon^2}$$ （式 14-9）

【例 14-5】 西藏某大骨节病区共有 120 个乡镇,根据 3 个乡镇的预调查结果,获得血清硒含量和大骨节病患病情况如表 14-2 的数据,其中 $\bar{x}=27.0\mu g/L$,$p=0.54$。如果要求平均血清硒含量估计相对误差不超过 0.1,患病率估计相对误差不超过 10%,置信程度达到 95%,则采用整群抽样需要调查多少个乡镇?

按总体均数估计:

$$s^2 = \frac{\sum \left[ \left( N_i / \bar{N} \right) \left( \bar{x}_i - \bar{x} \right) \right]^2}{k-1} \approx \frac{0.06}{3-1} = 0.03$$

$$G = \frac{z_{\alpha/2}^2 s^2}{\varepsilon^2} = \frac{1.96^2 \times 0.03}{0.1^2} \approx 12$$

可见,欲调查平均血清硒含量,至少需调查 12 个乡镇。

表 14-2 西藏某大骨节病区血清硒含量及大骨节病患病率预调查数据

| 乡镇 | 人数 | $N_i/\overline{N}$ | 大骨节病患病人数 | 平均血清硒含量/$(\mu g/L)$ | $\overline{x_i}-\overline{x}/$ $(\mu g/L)$ | 患病率 | $p_i-p$ |
|------|------|------|------|------|------|------|------|
| 1 | 512 | 1.33 | 235 | 27.0 | 0.0 | 0.46 | −0.08 |
| 2 | 437 | 1.14 | 300 | 27.2 | 0.2 | 0.69 | 0.15 |
| 3 | 206 | 0.54 | 98 | 26.8 | −0.2 | 0.48 | −0.06 |
| 合计 | 1 155 | — | 633 | — | — | — | — |

按总体率估计，因是有限总体，故：

$$s^2 = \frac{(1-k/K)\sum[(N_i/\overline{N})(p_i-p)]^2}{k-1} \approx \frac{\left(1-\dfrac{3}{120}\right)\times 0.04}{3-1} \approx 0.02$$

$$G = \frac{z_{\alpha/2}^2 s^2}{\varepsilon^2} = \frac{1.96^2\times 0.02}{0.1^2} \approx 8$$

可见，欲调查大骨节病患病居民所占百分比，至少需调查 8 个乡镇。

同样，该调查拟通过同一项调查同时达到估计平均血清硒含量和患大骨节病居民百分比两个目的，因此最小样本量应取 12 和 8 的最大值，即最少需调查 12 个乡镇。

以上 4 种基本的概率抽样方法，就抽样误差而言，分层抽样最小，系统抽样次之，简单随机抽样再次之，整群抽样最大。

## 五、多阶段抽样

### （一）基本方法与应用

前面介绍了 4 种常用的概率抽样方法，它们各有优缺点（表 14-3），可单独使用，也可几种方法联合使用。比如整群抽样，如果调查的不是抽中群内的所有个体，而是在群内再进行抽样，调查其中的部分个体，则称为二阶段抽样（two-stage sampling），抽中的群则为初级抽样单位。

表 14-3 四种基本抽样方法比较

| | 简单随机抽样 | 系统抽样 | 整群抽样 | 分层抽样 |
|------|------|------|------|------|
| 优点 | 简单直观；均数（或率）及其标准误计算简便 | 易于理解，简便易行；可得到按比例分配的样本；样本在总体中的分布较均匀 | 便于组织调查；节约成本；容易控制调查质量 | 抽样误差相对较小；可对不同层采用不同的抽样方法；可对不同层进行独立分析 |
| 缺点 | 观察单位较多时，编号在实际工作中难以实现；当总体变异大时，抽样误差较分层抽样大；样本分散，难以组织调查 | 观察单位按顺序有周期趋势或递增（减）时易产生偏差 | 样本例数一定时，抽样误差大于简单随机抽样（因样本未广泛散布于总体中） | 若分层变量选择不当，层内变异较大，层间变异较小，则分层抽样失去意义 |
| 适用范围 | 是其他抽样方法的基础，主要用于总体不太大的情形 | 主要用于按抽样顺序个体随机分布的情形 | 主要用于群间差异较小的情形 | 主要用于层间差异较大的情形 |

多阶段抽样（multi-stage sampling）将整个抽样过程分成若干个阶段进行，在初级抽样单位中抽取二级抽样单位，又在二级抽样单位中抽取三级抽样单位等。如调查某省农村居民高血压患病情况，可按地理位置分层抽取几个市（州），然后再在每个抽中的市（州）内部按经济或地貌分层抽取几个县（区），再在抽中的县（区）内部随机抽取若干乡（镇）……多阶段抽样中每个阶段的抽样方法不一定相同，其抽样误差的计算随抽样阶段及抽样方法的增多变得更加复杂。

（二）概率比例抽样

在多阶段整群抽样中，作为初级抽样单位的群，其大小在实际情况中通常都不完全相同。如果对不同群按照相同概率抽取，则有可能出现非常极端的情况，如全抽到较小的群或较大的群，导致最终样本出现较大的偏倚。解决此问题的方法之一，是根据群的大小分层，然后从每层中抽取样本，但是这样的方法可能会受限于分层因素的合理选择，或因分层因素较多而使抽样变得十分复杂。若采用概率比例抽样则不需要根据群的大小分层，能较好地控制由于群的大小不同而造成的偏倚。

概率比例抽样（probability proportionate to size，PPS）是一种多阶段整群抽样方法，其中的群被选中的概率并不相等，而是与其规模大小成比例。虽然就单位规模对概率的影响来说，概率比例抽样方法是一种不等概率抽样，即规模较大的单位被抽取的概率较大，但在单位内部抽取下一阶段的样本时，规模较大的单位中的每个下级单位被抽中的概率则较小，两相抵消，概率比例抽样方法对最终的研究对象个体而言仍然是等概率抽样。

假设例14-5中，西藏某大骨节病区的120个乡镇共有68 000户家庭，现拟采用二阶段的概率比例抽样方法对该地区大骨节病患病情况进行抽样调查。将抽样单位分为两级，初级抽样单位为乡镇，二级抽样单位为家庭。由样本量计算方法确定需要抽样调查200户家庭，计划从每个乡镇中抽取10户，则需要抽取的乡镇为200/10=20个。用表格列出每个乡镇的家庭户数以及累积家庭户数如表14-4所示。计算抽样间隔为68 000户/20乡镇=3 400户，产生一个小于3 400的随机数作为起始号码，如3 021，将累积家庭户数包含3 021的乡镇2作为第1个样本，包含3 021+3 400=6 421的乡镇4作为第2个样本，如此类推，第20个样本为包含3 021+3 400×19=67 621的乡镇120。接着从上述初级抽样抽出的20个乡镇中用系统抽样的方法各抽出10户家庭，如乡镇2中的第3 523–3 021=502户家庭为第1户，计算抽样间隔为1 503÷10≈150，后续采用150为抽样间隔抽取剩下的样本家庭。值得注意的是，如果初级抽样单位规模很大，有可能被抽中2次，那么在第二阶段抽样中，应加倍抽取二级抽样单位，这样才能保障个体被抽取的机会相等。

表14-4　西藏某大骨节病区家庭户分布情况

| 乡镇编号 | 家庭户数<br>（降序排列） | 累积<br>家庭户数 | 抽样过程 | 抽样结果 |
|---|---|---|---|---|
| 乡镇1 | 2 020 | 2 020 | | |
| 乡镇2 | 1 503 | 3 523 | 含3 021 | 1 |
| 乡镇3 | 1 500 | 5 023 | | |
| 乡镇4 | 1 427 | 6 450 | 含3 021+3 400=6 421 | 2 |
| … | … | … | … | … |
| 乡镇120 | 380 | 68 000 | 含3 021+3 400×19=67 621 | 20 |

概率比例抽样的优点是即使调查总体的规模大、范围广，也可以高效地抽取样本。在进行现场调查时，调查区域不会过于分散。但与简单随机抽样和系统抽样相比，精度相对较低。

### （三）样本量估计

多阶段抽样设计一般较为复杂,尤其是多种抽样方法结合使用时,得到精确的方差估计公式很困难。单独按照上述各类方法估算的样本量一般偏小,需要进行相应的调整。可以采用设计效应进行调整,设计效应(design effect, Deff)最早是1965年莱斯利·基什(Leslie Kish)在他的代表作《抽样调查》中提出的,Deff是复杂抽样设计相对于简单随机抽样设计估计量的方差之比,用来反映复杂抽样设计的效率或相对精确程度。Deff一般可取1～3,也可在正式调查前进行预调查,对Deff进行合理的测算。实际工作中,通常首先使用简单随机抽样的方法估算样本量$n$,在此基础上采用设计效应进行调整,最终确定样本量为$n \times$Deff。

## 第三节 非概率抽样方法

### 一、非概率抽样方法的应用

上一节介绍的是常用的概率抽样方法,但在实际工作中,严格的概率抽样在很多情况下几乎无法进行,非概率抽样在这些情形下就成为一种无奈之举。非概率抽样不考虑随机抽样中的等概率原则,而主要依据研究者的主观意愿、经验或方便程度等条件来抽取调查对象,因此,在应用时需要研究人员具备深厚的专业背景知识与相关经验。

值得特别指出的是,基于概率抽样产生的数据才是进行统计推断的基础。然而,某些情形下更适合应用非概率抽样,主要包括以下几个原因:①严格的概率抽样可能几乎无法进行。例如,调查对象总体边界不清而无法制作抽样框,或调查对象不确定,如艾滋病高危人群等;②如果调查目的仅是为了对研究问题作初步探索,或是为了获得进一步研究的线索,或是提出初步研究假设,此时不需由样本推论总体;③总体各单位间离散程度不大,如果研究人员具有丰富的抽样调查经验,此时即便是非概率抽样,仍然可以依据经验进行判断或推论。

### 二、常用的非概率抽样方法

#### （一）偶遇抽样

偶遇抽样(accidental sampling)又称便利抽样(convenience sampling),是指研究者根据现实情况而采用最便利的方式来选取样本,可以抽取偶然遇到的人,或选择那些距离最近的、最容易找到的人作为调查对象。如医生要调查患者对目前医疗收费的看法,直接选择到他那里看病的患者进行调查就是便利抽样。又如大学老师要了解大学生对艾滋病的知晓程度,可直接在他执教的班级分发问卷调查,该班级就构成一个便利样本。其他类似的抽样方式还有,记者在街头拦住过往行人进行调查,在公交车站、电影院门口对乘客、观众进行调查等。

这种遇上谁就选谁的抽样方法往往被误认为是随机抽样,其实不然,因为这不能保证总体中的每个个体都有同等机会被遇上。这种方式取得的样本偶然性很大,很难说明其对总体代表性的好坏,有时会因为抽取的样本过于极端而呈现两极分化,从而导致抽样偏倚很大。但偶遇抽样简单易行,能够及时取得所需的信息数据,节约成本,能为非正式的探索性研究提供数据。特别地,当总体各单位之间差异不大时,这种方式抽取的样本对总体具有较好的代表性。例如,科学家可以用这种抽样方法来判定一个湖泊是否已经被污染,假定湖水确实充分混合均匀,这样任何样本点所含的信息都是类似的,于是科学家可以在自己最方便的地点取样,而不必担心抽到的样本对整个湖水的代表性问题。

### （二）目的抽样

目的抽样（purposive sampling）又称判断抽样（judgmental sampling），是研究者根据研究目标以及对情况的主观判断，来选择和确定调查对象的方法，是"有目的"地去选择对总体具有代表性的样本。因此，应用这种抽样方法的前提是研究人员对总体的有关特征有相当程度的了解，常常用于无法确定总体边界，或者总体规模较小、调查所涉及的范围较窄，或因调查时间、人力、费用等条件有限而难以进行大规模抽样的情况。比如，吸毒者较少，吸毒又是十分隐蔽的行为，无法估计总体有多大，难以采用随机抽样的方法，只能是找到一个符合条件的吸毒者就调查一个，在样本达到一定数量的时候进行分析。一些特殊人群，如同性恋人群等的调查也常常采用目的抽样。通常所说的重点调查和典型调查也是目的抽样的特例。

目的抽样由于样本的选取具有主观性，估计精度严重依赖于研究人员的自身素质，因此，样本的代表性经常受到质疑，一般不用于对总体进行数量方面的推断。然而，当研究人员具有较强的分析判断能力，且对研究的总体情况比较熟悉的时候，采用目的抽样方法不仅方便，也较为有效。

### （三）滚雪球抽样

滚雪球抽样（snowball sampling）又称链式抽样（chain-referral sampling）或网络抽样（network sampling）。当无法了解总体情况时，可以从能找到的少数个体入手，对他们进行调查，并请他们介绍其他符合条件的人，扩大调查面，如此重复下去，直到达到所需的样本量。这如同滚雪球一样，可以找到越来越多具有相同性质的成员。例如，对于吸毒者、性服务者等的调查，均可采取滚雪球抽样的方法。

运用滚雪球抽样的前提是总体中的各单位之间具有一定的联系，通常用于对稀少而难以发现的总体的研究。比如，对无家可归者、流动劳工及非法移民等的研究，滚雪球抽样方法就十分适用。滚雪球抽样便于有针对性地选取样本而不至于"大海捞针"，但这种抽样方式对于起始样本的依赖程度较高，因此必须慎重选择。

### （四）定额抽样

定额抽样（quota sampling）又称配额抽样，是按照总体的某种特征（如年龄、性别、社会阶层等）进行分层（组），然后在每一层（组）中按照事先规定的比例或数量（即定额）用便利抽样或目的抽样的方法选取样本。定额抽样与分层概率抽样较为接近，最大的不同是分层概率抽样中的各层样本是随机抽取的，而定额抽样的各层样本是非随机抽取的。例如，在研究自杀问题时，考虑到婚姻与性别都可能对自杀有影响，可将研究对象分为未婚男性、已婚男性、未婚女性和已婚女性四个组，然后从各组中非随机地进行抽样。

定额抽样由于在各层样本的选取过程中给予了调查员过多的自由处置权，很难说明样本的代表性是否够好，可能会产生样本的选择偏倚。但定额抽样也有其优点：一是在选取样本的时候不需要精确的抽样框；二是调查员不必多次去现场才能接触到像概率抽样那样事先确定的受访者。

### （五）空间抽样

空间抽样（spatial sampling）是对具有空间关联性的各种调查对象及资源进行抽样的一种方法。这种抽样方法在生态、海洋、渔业、林业、农业、人口健康、环境、土壤及水资源等方面得到了广泛应用。例如，研究我国南方稻区水稻的播种面积，需要综合考虑研究区田块大小的平均水平、农作物种植结构复杂程度等空间地理因素。又如，对某市住宅区进行问卷调查，需要考虑该市的空间地形、人口密度和基准地价因素等，这就需要使用空间抽样的方法。

空间抽样与传统抽样技术最大的差别就在于其调查对象具有地理空间坐标，并且如果改变调查对象的空间位置,则改变了抽样调查总体,将影响抽样调查结果。在空间抽样过程中,调查者个人主观经验的差异会对抽样结果产生较大影响。

# 第四节　调查问卷的质量评价

调查问卷的质量直接关系到数据的真实性和可靠性,这是统计分析的重要前提,因此,严谨的研究还需对调查问卷的质量进行评价。

## 一、效度的概念及其评价指标

效度(validity)即真实性,也称准确度(accuracy),指调查表确实测定了研究者所要测定的特征及其程度,即测量指标或观察结果在多大程度上反映了所测对象信息的客观真实性。调查表的效度越高,说明调查的结果越能显示其所测对象的真正特征。效度评价可从以下几个方面进行。

### (一)内容效度

内容效度(content validity)也称内在效度(intrinsic validity),是指调查表测量的内容与所要测量的内容之间的符合情况。内容效度的评价主要通过主观经验判断,通常考虑以下几个方面的问题:项目所测量的是否真属于应测量的领域;测验所包含的项目是否覆盖了应测领域的各个方面;测验题目的构成比例是否恰当等问题。若调查表包含了所要测量的内容,则可认为其具有较好的内容效度;反之,内容效度不佳。也可用调查结果分析来评价,如果调查目的是想了解某病可疑的危险因素,调查后进行的分析没有找到可疑危险因素,说明在调查表设计时遗漏了一些重要的因素,其内容效度不好。

### (二)结构效度

结构效度(construct validity)也称构思效度或特征效度(trait validity),说明调查表的结构是否符合理论构想和框架,即调查表是否真正测量了所提出的理论构思,因而结构效度是最重要的效度指标之一。结构效度的评价较为复杂,验证性因子分析是一种常用的方法,用于检验调查表中的项目是否与理论构想一致。如果因子分析结果支持理论模型,那么结构效度较高。验证性因子分析方法可参阅相关文献。

### (三)效标效度

效标效度(criterion validity)也称准则效度或标准关联效度(criterion-related validity),是调查表所得数据与某种公认有效外部标准(效标)间的关联程度,通常用测量数据与效标之间的相关系数表示。效标可以是该调查表以外的一些客观指标,或从另一种调查表中获得的数据。一般而言,效标需要具有相当的可靠性,否则无法有效预测所编制的量表。

### (四)区分效度

区分效度(discriminant validity)又称判别效度、区别效度,是指调查表能够区分两个不同但相关的概念,即调查表对已知不同群体得分的差异能力。例如,调查表中测量抑郁和焦虑症状的项目应有显著区别,且不应在同一因子下聚集。若测量项 A 和 B 分别测量不同的属性,且分属不同的因子,则区分效度高;若二者属同一因子,则区分效度不明显,量表设计不佳。

## 二、信度的概念及其评价指标

信度(reliability)反映了观测误差引起的变异程度,因此它与测量的可靠性、稳定性和一致性有关。评价信度的方法较多,这里介绍常用的几种。

### (一)重测信度

重测信度(test-retest reliability)指用同一调查表在不同时间对同一组调查对象进行重复测量,以评估两次测量结果之间的一致性。通常,使用两次测量结果的相关分析来评价重测信度,也可称为稳定性评价,因为它说明了使用同一测量工具重复测量时所得结果的稳定性。在评价重测信度时,需要注意不同种类的调查可能需要不同的间隔期限。原则上,应该在调查的主要内容还未发生变化的期间内进行重复测量,一般两次测量的时间间隔为半个月到半年,根据调查内容的特点确定具体时间间隔,以确保结果的可靠性。

### (二)分半信度

重测信度评价需要对个体进行两次测量,而研究者更愿意采用一次性测量的评价方法,分半信度评价可达到这一目的。分半信度(split-half reliability)是在一次测量后将条目分为相等但独立的两个部分(常见的三种分半方法为奇偶分半法、前后分半法和随机分半法),分别计算两个部分的得分,并以其相关系数作为信度指标。这实际上考察的是指标间的一致性,因为测量同一特征的各个指标间关系密切,指标间一致性较好则说明结果可靠。此外,两个部分之间的相关系数($r_h$)只表明一半条目的信度,需用 Spearman-Brown 公式来确定整个调查表的信度($r$):

$$r = \frac{2r_h}{1+r_h} \qquad (式 14\text{-}10)$$

### (三)内部一致性信度

内部一致性信度(internal consistency reliability)评价无需将条目分为两个部分,而是以条目之间的联系程度对信度作出估计,是分半信度的推广。内部一致性信度主要有克朗巴赫 $\alpha$ 系数(Cronbach's alpha coefficient)。克朗巴赫 $\alpha$ 系数的计算公式为:

$$\alpha = \frac{K}{K-1}\left(1 - \frac{\sum S_i^2}{S^2}\right) \qquad (式 14\text{-}11)$$

式中 $K$ 为整个调查表的条目数,$S_i^2$ 为第 $i$ 个条目得分的方差,$S^2$ 为整个调查表得分的方差。克朗巴赫 $\alpha$ 系数根据一次测量的结果即可算得,利用的信息充分,在实际工作中应用广泛。

## 三、信度与效度的关系

效度指真实性,信度指可靠性,两者具有一定的关系。信度高效度未必高,信度低则很难有高的效度。相比而言,效度更为重要,因为一个效度很低的调查即使信度高也是没有意义的。因此,从开始编制调查表就应该注重提高效度,尽可能地收集各种效度证据。一般而言,内容效度和结构效度必须考察,至于效标效度则视情况而定,如不能找到恰当的效标也可不作此项考评。同时,也要尽可能地得到各种信度证据。通常,分半信度和内部一致性信度根据一次测量即可计算,原则上都要考评;若进行了重复测定,则重测信度也应考评。

在评价效度和信度时,通常使用各种相关系数。虽然目前没有公认的标准判断值,但一般来说,0.9 以上被认为很好,0.7 以上为良好,低于 0.4 则较差。信度与效度的考评方法适合于各条目均有得分的调查表,如心理测量、态度测量、生存质量测量等的标准化调查量表。对测定量表的评价,可以对各个维度或领域评价,也可以对具体条目进行评价。对于标准化测量量表,通常要分别评价总量表和各个维度。但对于包括各种问题形式的一般调查问卷，很难对整个调查表进行信度和效度的全面评价，因此会对某些条目或领域进行考评。

（吴思英　吴　莹）

## 小结

调查设计需明确调查目的、调查对象与观察单位、调查方法与调查项目、制定数据整理分析计划，注意调查问题的设置技巧。

基本的概率抽样方法包括简单随机抽样、系统抽样、分层抽样和整群抽样，可单独使用，也可联合使用，多阶段抽样通常联合运用上述抽样方法。常用的非概率抽样方法包括偶遇抽样、目的抽样、滚雪球抽样、定额抽样和空间抽样等。样本量估计时需要相关的信息，包括总体变异程度（或用样本变异程度近似）、置信水平 $1-\alpha$、相对误差 $\varepsilon$ 等。

调查表需考评其效度和信度。效度包括内容效度、结构效度、效标效度和区分效度等；信度包括重测信度、分半信度和内部一致性信度等。

## 思考与练习

### 一、最佳选择题

1. 下列关于调查设计的叙述，正确的是（　　）

　A. 采用抽样调查还是普查是由该地区的经济水平决定的

　B. 明确调查目的是调查研究最核心的问题

　C. 调查设计出现缺陷时，可以通过相应的统计分析方法弥补

　D. 一旦制定了调查研究计划，在实际操作过程中，就不可改变

　E. 调查的质量控制主要在调查问卷设计阶段

2. 以下抽样调查方法中均属于概率抽样的是（　　）

　A. 简单随机抽样、分层抽样、系统抽样、整群抽样

　B. 二阶段抽样、滚雪球抽样、便利抽样、系统抽样

　C. 简单随机抽样、分层抽样、系统抽样、定额抽样

　D. 系统抽样、整群抽样、偶遇抽样、空间抽样

　E. 分层抽样、系统抽样、链式抽样、判断抽样

3. 以下多种抽样方法中相对而言抽样误差最大的是（　　）

　A. 简单随机抽样　　　　B. 系统抽样　　　　C. 整群抽样

　D. 分层整群抽样　　　　E. 分层抽样

4. 为了利用调查研究估计总体率，进行样本量估计需要的信息**不包括**（　　）

　A. $\alpha$　　B. $p$　　C. $1-p$　　D. $\varepsilon$　　E. $\beta$

5. 下列指标**不能**反映调查问卷准确度的是（　　）

　A. 内容效度　　　　B. 结构效度　　　　C. 克朗巴赫 $\alpha$ 系数

　D. 效标效度　　　　E. 区分效度

**二、思考题**

1. 简述调查研究的主要特点。

2. 常用的概率抽样方法有哪些？各自的优缺点是什么？

3. 简述非概率抽样方法的概念和应用场景。

4. 简述信度和效度之间的关系。

**三、案例分析题**

1. 为了解某地区成人糖尿病患病情况，根据前期研究已掌握的资料，我国成人总糖尿病患病率在 0.12 上下波动，若容许误差不超过 0.015，置信水平 $1-\alpha=95\%$，试估计采用单纯随机抽样方法进行调查所需的样本含量。

2. 某市共有 78 个社区，某研究拟采用整群抽样调查该市成人心脑血管疾病患病率，根据前期对 2 个社区的预调查结果，获得成人心脑血管疾病患病情况见表 14-5。如果要求对该市成人心脑血管疾病患病率估计相对误差不超过 10%，置信程度达到 95%，则采用整群抽样需要调查多少个社区？

表 14-5 某市成人心脑血管疾病患病率预调查数据

| 分类 | 人数 | 成人心脑血管疾病患病人数 | 患病率 |
|---|---|---|---|
| 社区 1 | 5 368 | 1 860 | 0.346 5 |
| 社区 2 | 6 236 | 1 268 | 0.203 3 |

# 第十五章
## 实验研究设计

严谨的研究设计是保证数据质量的前提，也是进行统计分析和推断的基础。实验研究与调查研究的本质区别在于，实验研究中人为地对实验对象施以处理（干预）措施。本章将具体介绍如何进行一项严谨的实验研究设计，包括实验研究设计的基本内容、基本原则、常用的设计类型及其样本量估计方法等。

## 第一节　实验设计的基本内容与原则

实验设计是对科学研究的一般程序的设计，包括问题的提出、假说的形成、变量的选择、误差的控制、结果的分析等，以最大限度地获得丰富而可靠的数据、准确而详实的结论。本节主要介绍实验设计的基本要素、基本原则及质量控制，适用于所有类型的实验性研究。

### 一、研究目的

研究假说是根据已知的科学理论或探索性研究获得的线索，对拟研究的现象和规律做出的假定性说明，也就是基于实践经验、文献分析、探索性研究等方法对研究对象的特征，以及有关现象之间的相互关系所作的推测性判断或设想。实验研究的目的是将研究假说具体化为研究问题，并通过科学实验予以验证。

（一）形成研究假说

1854 年伦敦宽街暴发霍乱，英国医生约翰·斯诺（John Snow）调查了疫情发生的地点和死亡病例，利用标点地图方法把死亡病例标记在地图上，发现所有死亡病例均有一个共同的特征，即发病前都喝过该区某个水井里的水，据此提出霍乱的暴发与该水井有密切联系这一假说，并建议当局封闭水井，从而控制了疫情。后来的研究证实，霍乱是饮用受霍乱弧菌污染的水而引起腹泻，是一种急性传染性疾病。吸烟和工业污染是公认的肺癌病因，我国云南省宣威市肺癌高发，但已有研究表明这两种因素对宣威地区肺癌发生影响不大。宣威地区烟煤量丰富，当地农村居民长年习惯在室内烧烟煤取暖做饭，但烧煤的火塘没有进风口和烟囱，从而造成室内空气严重污染，由此提出烧烟煤引起的室内空气严重污染是该地区肺癌的主要病因之一的假说。由以上两个研究假说的提出可见，研究假说是研究者根据经验事实、科学理论和探索性研究结果，对所研究的问题的规律或原因作出的一种推测性论断和假定性解释，具有科学性和猜测性两个显著特点。因此，假说既是对现有研究结果的解释，也是进一步实验性研究的起点，通过实验性研究可对其科学性进行验证。

（二）确定研究目的

经过实验验证的假说才可以形成科学理论，科学研究就是提出假说和验证假说的过程，实验研究设计的实质是说明如何验证假说。在实验设计时，需要将研究假说具体化为研究目的，同时要明确研究的主要目的和次要目的及其实际价值。主要目的是研究的主要问题，次要目的是需要进一步补充和完善研究的结果。

例如李群伟等人研究发现，大骨节病发病率的高低和病情的严重程度与粮食中脱氧雪腐镰孢霉烯醇（deoxynivalenol, DON）含量有一定关联，所食用粮食中 DON 含量高的老年人发病率高于食用粮食中 DON 含量低者，且病情较严重。基于此观察性研究结果提出了 DON 是大骨节病病因之一这一假说。为了进一步验证这一假说，将该假说具体化为新西兰家兔接受 DON 注射后会发生骨关节炎。为此，课题组以新西兰家兔为实验对象，通过随机对照试验观察注射不同剂量 DON 后新西兰家兔膝关节软骨和滑膜的改变及不同剂量组间的差异。那么，该研究的主要目的为注射不同剂量 DON 后新西兰家兔膝关节软骨和滑膜的改变。研究还发现，白细胞介素 1β（IL 1β）、肿瘤坏死因子 α（TNF-α）、一氧化氮（NO）与骨关节炎的形成有关，因此，研究的次要目的是新西兰家兔注射不同剂量 DON 后膝关节冲洗液中 IL-1β、TNF-α、NO 水平的差异。

## 二、实验设计的基本要素

### （一）实验对象

实验对象（experiment subject）是接受处理因素作用的基本单位，亦称研究对象。实验对象可分为生物体和非生物体。非生物体主要是化学的、物理的实验材料；生物体又可分为人体和非人体。非人体有动物、植物，也可以是某个器官、血清、组织、细胞等；人体可以是某病的患者，也可以是正常人。根据实验对象不同，可将实验分为 3 类：以动物、器官、细胞或血清等生物材料为实验对象的动物实验（animal experiment），以某病患者为试验对象的临床试验（clinical trial）和以人群为试验对象的现场试验（field trial）。在医学研究中，需要先进行动物实验，在动物实验确定安全和有效的前提下再进行人体试验。

实验对象是实验设计的基本要素之一，不同性质的实验研究需要选取不同种类的实验对象。在确定实验对象时要明确对象的总体范围，注意样本的同质性和代表性，这样所得研究结果才具有可推论性。因此，在选择实验对象前，应有明确的纳入标准和排除标准，以保证实验对象的同质可比。此外，设计还需注意以下问题。

若实验对象为动物，应明确种属、品系、年龄、性别、体重、窝别和营养状况等。同时要注意满足以下要求：生物学特性与研究目的相适应；功能、代谢、结构及疾病特征与人类相似；除特殊要求外，尽可能是成年动物、雌雄各半、排除孕期和哺乳期动物，符合伦理要求；遵循减少（reduction）、优化（refinement）和替代（replacement）的 3R 原则，其中，"减少"就是尽可能地减少实验中所用动物的数量，提高实验动物的利用率；"优化"是减少动物的精神紧张和痛苦，比如采用麻醉或其他适当的实验方法；"替代"就是不利用活体动物进行实验，而是以单细胞生物、微生物或细胞、组织、器官等加以替代。一般来说，动物所处的进化阶段愈高，其功能、结构、反应也愈接近人类，动物的物种进化程度在选择实验动物时应该是优先考虑的问题。在可能的条件下，应尽量选择结构、功能、代谢方面与人类相近的动物做实验。由于实验动物和人类的生活环境不同，生物学特性存在许多相同和相异之处，研究者在选择动物用于实验之前，应充分了解各种实验动物的生物学特性。通过实验动物与人类之间特性方面的比较，做出恰当的选择。

实验对象的计数单位要根据具体情况决定，如实验对象为眼睛，则计数单位可以是"只"，也可以是"双"；实验对象为牙齿，则计数单位可以是"颗"，也可以是"口"；实验对象为细胞，则计数单位可以是"个"，也可以是"批"。

### （二）处理因素

1. 处理因素和处理水平　处理因素（treatment）是根据研究目的施加于研究对象的干预因素，可以是物理因素、化学因素或生物因素。根据研究目的可以采用单一的处理因素，如药物处理；也可以同时采用多种处理因素,如在非药物治疗的基础上增加药物治疗。

为了解处理因素的实验效应,有时需将处理因素分为不同水平。所谓水平,即处理因素在剂量或强度上的不同。如在比较不同 DON 注射剂量组新西兰家兔膝关节软骨和滑膜的形态学改变的研究中,2 个 DON 剂量组和 1 个生理盐水对照组,此时处理因素有 3 个水平,即 DON 注射剂量分别为 $0.05\mu g/g$、$0.10\mu g/g$ 和 $0\mu g/g$。

根据处理因素与水平的不同,可将实验研究分为两类:

(1)单因素多水平:实验只有 1 个处理因素,处理因素的水平数大于 1。如比较不同 DON 注射剂量组新西兰家兔膝关节软骨和滑膜的形态学改变的研究中,设 1 个 DON 剂量组和 1 个生理盐水对照组,这属于单因素两水平。如设 2 个 DON 剂量组和 1 个生理盐水对照组,则属于单因素三水平。

(2)多因素多水平:实验同时有多个处理因素,每个处理因素均多于 1 个水平。如在比较不同 DON 剂量组新西兰家兔膝关节软骨和滑膜的形态学改变的研究中,有 2 个处理因素即 DON 注射和染毒方式,DON 剂量为 $0.05\mu g/g$ 和 $0.10\mu g/g$ 2 个水平,染毒方式有注射和灌胃 2 个水平。

**2. 处理因素标准化**　在实验过程中,同一组内各实验对象接受的处理因素应保持不变,包括处理因素的施加方式、力度、频次和持续时间等。如比较不同 DON 注射剂量组新西兰家兔膝关节软骨和滑膜的形态学改变的研究中,共有 3 个组:对照组、低剂量组和高剂量组,每组均有 5 只家兔。对照组的 5 只家兔每日均采用耳缘静脉注射 5ml/kg 的生理盐水,低剂量组和高剂量组也应均采用耳缘静脉分别注射 $0.05\mu g/g$、$0.10\mu g/g$ 的 DON,3 组耳缘静脉注射期限均为 20 天。

**3. 处理因素与非处理因素**　在研究过程中,除处理因素外,还有很多其他因素会对研究结果产生影响。在确定处理因素的同时,还需根据专业知识和实验条件明确可能对研究结果产生影响的非处理因素,即混杂因素或协变量,并加以控制。非处理因素通常取决于研究对象本身,主要指难以人为改变的、可能对研究结果有影响的因素。一项优良的实验研究设计,应该突出处理因素的主导作用,控制非处理因素的干扰作用。在实验研究中,在研究设计阶段往往通过随机化分组,使非处理因素尽可能在各组间分布均衡,通过配对或区组等实验设计来控制主要的非处理因素;在数据分析阶段,可通过分层分析、多因素分析等方法对非处理因素的影响进行校正或控制,以最大限度地控制非处理因素对研究结果的影响。

在比较不同剂量 DON 注射组新西兰家兔膝关节软骨和滑膜的形态学改变的研究中,处理因素为 DON 注射,根据专业知识,除 DON 外,与膝关节软骨和滑膜形态学改变有关的因素还有遗传因素、性别、年龄、营养状况等。那么该研究的非处理因素即家兔的窝别、年龄、性别、营养状况等,同时还应注意不同组的家兔饲养的环境、温度、湿度、通风、可活动空间等均应相同。

**(三)实验效应**

处理因素施加给实验对象后产生的效应或反应称为实验效应(experimental effect),实验效应可用观察指标来度量。观察指标必须与研究目的存在本质联系,并能确切反映实验效应。与研究的主要目的和次要目的相对应,观察指标也有主要指标和次要指标之分。同时按性质分类,观察指标有主观指标和客观指标之分。主观指标是实验对象的主观感觉、记忆、陈述或观察者的主观判断结果。如评价护士工作压力的研究,护士的主观感受如紧张、焦虑等指标即为主观指标;又如在实验过程中研究者对实验动物的活跃程度等进行观察记录。这些主观指标常常与实验对象和观察者既往的经验有关,并易受实验对象和观察者的心理因素影响。客观指标是借助仪器设备测量所得,相较于主观指标,客观指标具有较好的真实性和可靠性,如用某种降血脂药物治疗高脂血症的疗效研究中,选择血清中的三酰甘油、胆固醇为观察指标,此即为客观指标。另外有些指标虽然是客观的,但判断上会受到主观因素的影响,如不同医生看同一张 X 线片的结果,这样的指标可称为半客观指标。

观察指标选择的好坏直接关系到研究的成败。如果指标选择不当,未能准确地反映处理因素的作用,获得的研究结果就缺乏科学性。选择观察指标时需要注意:①要选择客观性强、能代表整体实验过程的代表性指标,以便能够比较客观地看清实验的全貌与趋势;②要选择可信度高,不宜受到干扰的指标,以免影响实验的准确性;③要选择灵敏度高,能够在实验过程中及时发现参数变化的指标;④要选择可操作性强,检测和测量操作比较容易的指标。除了上述的本质关联和尽可能客观外,还需注意以下问题。

**1. 具有较高的准确度与精密度**

(1)准确度(accuracy):指观察值与真实值的接近程度,主要受系统误差(偏倚)影响,通常用绝对误差和相对误差来表示。

(2)精密度(precision):指相同条件下对同一对象的同一指标进行重复观察时,所得观察值与其均数的接近程度,是衡量测量结果之间的一致性或重复性的指标,主要受抽样误差影响,常用变异系数、标准差、方差等来表示。

准确度与精密度的关系:①精密度是保证准确度的先决条件,精密度不符合要求,表示所测结果不可靠,也就失去了衡量准确度的前提;②精密度高并不能保证准确度高,准确的实验一定是精密的,精密的实验不一定准确。观察指标应当既准确又精密。

**2. 具有较高的灵敏度与特异度**

(1)灵敏度(sensitivity):指用该指标检出真阳性的能力。对于实验研究的观察指标而言,灵敏度是指用该指标检出效应差异的能力,灵敏度高的指标能将处理因素的效应更好地显示出来。例如,研究某药治疗缺铁性贫血的效果,血清铁蛋白较临床症状、体征和血红蛋白含量更为灵敏。

(2)特异度(specificity):指用该指标检出真阴性的能力。特异度高的指标能较好的揭示处理因素的效应,不易受混杂因素的干扰,可减少假阳性率。例如,研究某药治疗败血症的效果,白细胞计数较体温的特异度高。

灵敏度与特异度的关系:灵敏度高的观察指标,特异度往往较低;而特异度较高的指标,灵敏度往往较低。高灵敏度和高特异度是最为理想的指标,在实际工作中,需兼顾灵敏度和特异度,根据研究目的权衡两者的重要性。

在比较不同剂量 DON 注射组新西兰家兔膝关节软骨和滑膜的形态学改变的研究中,主要研究目的是了解不同剂量 DON 注射组家兔膝关节软骨和滑膜的形态学改变,与该研究目的相对应的具有高准确度、高精密度、高灵敏度、高特异度的客观指标为膝关节切片的光镜观察结果。

## 三、实验研究的基本原则

实验研究必须遵循随机、对照和重复这 3 个基本原则。通过随机化使各处理组间研究对象的基本情况相近,通过设立对照控制非处理因素的影响,而重复则可减少随机误差。

### (一)随机化原则

随机化可使大量难以控制的非处理因素在实验组和对照组间分布均衡。随机化包括随机分组和实验顺序随机。根据是否按照混杂因素对实验对象进行分层,随机分组的方法可以分为完全随机和分层随机两种。直接对实验对象进行随机分组即完全随机;若先按混杂因素将实验对象分成若干层,再对每一层内的实验对象进行随机分组,即为分层随机。此外,实验顺序随机是指每个实验对象均有相同的机会先后接受处理,即样本中的每个个体接受先后处理的机会相同,从而保证实验顺序的影响在各组间尽可能均衡。随机化往往需要借助随机数来实现,获得随机数的方法主要有随机数字表和计算机随机数发生器两种。为使获取的随机数具有重现性,需要设定随机数字表开始的行和列。若用计算机随机数发生器,则需要编制生成随机数的程序,并设定随机数发生器的种子数。

1. **完全随机化**(complete randomization)　即直接对受试对象进行随机化分组,分组后各组受试对象的例数可以相等,也可以不等。其具体步骤如下:

(1)编号:将 $n$ 个受试对象编号,编号过程可以按照方便的原则进行,如按动物体重大小,患者可按就诊顺序编号等。

(2)取随机数:可从随机数字表或计算机随机数发生器获得。每个受试对象获得的随机数可以是一位数,也可以是两位数或三位数,一般要求与例数 $n$ 的位数相同。

(3)排序:对随机数字由小到大排序。

(4)分组:根据事先设定的规则,按照受试对象获得的随机数确定受试对象分配到哪一组。例如分两组可按随机数的奇偶;分 $k$ 组按随机数除以 $k$ 后的余数或随机数重新排序后的序号确定组别。

【例15-1】　试将种属、性别相同的15只家兔随机等分到A、B、C三组。

(1)先将家兔从1到15编号,见表15-1第一行;

(2)从随机数字表中任一行任一列开始,如第16行第1列开始横向连续取15个两位随机数字,若遇到相同值则跳过,见表15-1第二行;

(3)将全部随机数按从小到大的顺序排序,见表15-1第三行;

(4)规定序号1～5进入A组、6～10进入B组、11～15进入C组。据此得到表15-1的分组结果:第4、6、7、12、14号分到A组;第2、3、5、10、13号分到B组;其余分到C组,见表15-1第四行。

表15-1　15只家兔完全随机分组结果

| 家兔编号 | 1 | 2 | 3 | 4 | 5 | 6 | 7 | 8 | 9 | 10 | 11 | 12 | 13 | 14 | 15 |
|---|---|---|---|---|---|---|---|---|---|---|---|---|---|---|---|
| 随机数 | 88 | 56 | 53 | 27 | 59 | 33 | 35 | 72 | 67 | 47 | 77 | 34 | 55 | 45 | 70 |
| 排序序号 | 15 | 9 | 7 | 1 | 10 | 2 | 4 | 13 | 11 | 6 | 14 | 3 | 8 | 5 | 12 |
| 分组 | C | B | B | A | B | A | A | C | C | B | C | A | B | A | C |

2. **分层随机化**(stratified randomization)　完全随机化虽然在一定程度上保证了各处理组间的均衡性,但为了使某个(些)已知的、重要的、对观察结果影响较大的非处理因素在各组间达到更好的均衡,可先根据这些因素进行分层,然后在每一层内进行完全随机化分组,即为分层随机化。分层因素需根据研究目的确定,包括影响处理效应的重要特征或影响因素。分层随机化有助于保证层内的均衡性,提高实验效率。然而,分层随机分组的实施难度较大,需要充分考虑实验对象的特征和分层标准,否则可能导致分层不准确,影响实验结果的客观性。配对随机化和区组随机化可看成是分层随机化的实际应用。分层随机化的具体步骤为:

(1)编号:将每层的实验对象编号,同时规定每个处理的序号,如处理A对应序号为1,处理B对应序号为2,处理C对应序号为3,以此类推。

(2)取随机数:从随机数字表或计算机获得随机数,给每个实验对象赋予一个随机数字。

(3)排序:对每一层内的随机数字由小到大排序。

（4）分组：根据每一层内实验对象获得的随机数字的大小顺序确定实验对象的组别。

【例15-2】　将家兔体重作为分层因素，试将种属、性别相同的15只家兔随机等分到A、B、C三组。

（1）先将家兔按照体重由小到大的顺序编号，体重相近的3只配成一个区组，见表15-2第一行和第二行；

（2）从随机数字表中任一行任一列开始，如第8行第3列开始横向连续取两位随机数字，若遇到相同值则跳过，见表15-2第三行；

（3）在每个区组内将随机数从小到大排序，赋予序号，见表15-2第四行；

（4）各区组内序号为1的进入A组、序号为2的进入B组、序号为3的进入C组，见表15-2第五行。

表15-2　15只家兔分层随机分组结果

| 区组号 | 1 | | | 2 | | | 3 | | | 4 | | | 5 | | |
|---|---|---|---|---|---|---|---|---|---|---|---|---|---|---|---|
| 动物编号 | 1 | 2 | 3 | 4 | 5 | 6 | 7 | 8 | 9 | 10 | 11 | 12 | 13 | 14 | 15 |
| 随机数 | 68 | 35 | 26 | 00 | 99 | 53 | 93 | 61 | 28 | 52 | 70 | 05 | 48 | 34 | 56 |
| 序号 | 3 | 2 | 1 | 1 | 3 | 2 | 3 | 2 | 1 | 2 | 3 | 1 | 2 | 1 | 3 |
| 分组 | C | B | A | A | C | B | C | B | A | B | C | A | B | A | C |

（二）对照原则

在确定实验组时，应同时设立对照组。只有设立了对照组，才能消除非处理因素对实验结果的影响，从而把处理因素的效应分离出来。设立对照应满足"均衡性"原则，即在设立对照时除处理因素不同外，其他对实验结果有影响的非处理因素尽量一致，这是实验成败的关键，关系到医学研究的价值。例如，在动物实验中，动物的来源、种属、性别、原始体重、健康状态应尽量相同或相近，给药途径、饲养条件、麻醉程度、消毒情况、术后护理等也应一致。常用的对照形式有以下几种。

1. 空白对照（blank control）　指对照组不接受任何处理，常用于动物实验，在临床试验中主要用于安慰剂及盲法无法执行或执行困难的情况。

2. 安慰剂对照（placebo control）　安慰剂又称伪药物，是一种无药理作用的制剂，不含试验药物的有效成分，但其外观如剂型、大小、颜色、重量、气味及口味等都与试验药物一样，不能为患者所识别。安慰剂对照适用于研究的疾病尚无有效治疗药物，或使用安慰剂后对该病病情、临床过程、预后无影响或不利影响小的临床试验，一般与盲法结合使用。对于急性、重症或器质性疾病的研究不宜使用安慰剂对照。

3. 实验对照（experimental control）　指对照组不接受处理因素，但接受某种与处理因素有关的实验因素。如在小学生课间添加高钙牛奶对生长发育的影响研究中，试验组小学生课间饮用高钙牛奶，对照组小学生课间饮用普通牛奶。这里课间饮用牛奶是与处理因素有关的试验因素，两组间除是否在牛奶中加钙外，其他条件一致，这样才能分析钙对生长发育的作用。

4. 标准对照（standard control）　指用现有公认的标准方法或常规方法作为对照。临床试验不给患者任何治疗不符合伦理要求，这时采用当前确认疗效的常规药物作为对照是最好的选择。在实验研究中常用于某种新方法是否能代替传统方法的研究。

5. 自身对照（self control）　指对照与试验在同一对象身上进行，如身体对称部位或试验不同阶段分别接受不同的试验因素,一个为对照,一个为试验,比较其差异。自身对照简单易行,使用广泛。例如,研究不同药物的皮肤过敏反应,对受试者一侧手臂内侧皮下注射试验药,另一侧手臂内侧皮下注射对照药,对两种药物产生的皮试反应进行比较。又如在比较某体育锻炼项目对青少年心率的影响时,以参加研究前的心率作为对照,但严格地说,该研究使用的是非同期对照,若试验前后某些自身因素或环境因素发生了改变,并且可能影响试验结果,这种自身前后对照就难以说明任何问题,这时常常需要另外设立一个平行对照组,用试验组与对照组处理前后效应的差值来进行比较。

6. 相互对照(mutual control) 指各实验组(如同一药物的不同剂量组)互为对照,而不专门设立对照组。例如,研究饲料中蛋白质含量对幼鼠体重增加的影响,依据饲料中蛋白质含量设立低(1%)、中(5%)、高(10%)3个剂量组,互为对照。

(三)重复原则

重复具有3个层面的含义:①整个实验的重复。不可重复的实验不具有科学性。在实验研究设计中,应确保整个实验在相同条件下可以重现,从而提高研究结果的可靠性。②多个实验对象进行实验。为避免将个别情况误认为普遍情况,将偶然或巧合的现象当成必然的规律,错误地将实验结果推广到群体,实验组和对照组需要足够数量的实验对象进行重复实验。换言之,实验研究要有足够的样本量才可能获得可靠的结论。③同一实验对象的重复观察。由于客观因素、实验对象或实验条件不稳定或有规律的变动时,往往需要对同一实验对象进行多次重复测量,以提高观测结果的精密度。例如,血压一般测3次,以3次的平均值作为最终结果。在实验研究中,重复原则更多强调应该确保有足够数量的实验对象,需要对样本量进行估算。

## 四、质量控制

在实验研究的每个阶段都有可能产生误差,从而影响结果的真实性和可靠性。因此,在设计阶段就要了解和掌握可能产生的各种误差,并事先计划相应的控制方法以提高研究的质量。

(一)误差来源

误差包括随机误差和非随机误差。随机误差是一类不恒定的、随机变化的误差。实验过程中在同一条件下对同一对象反复进行测量,每次测量结果难免出现一些随机性的变化,这就属于随机误差。非随机误差也称为系统误差或偏倚,是由各种人为因素或偶然因素造成的,涉及研究者和实验对象,并贯穿于实验设计、数据收集、整理和分析的全过程。质量控制主要针对非随机误差进行。

1. 选择偏倚(selection bias) 指在研究过程中,由于研究对象的选择或分组方式不当,使样本缺乏代表性或同质性,组间缺乏可比性等产生的偏倚。这种偏倚会使从样本推断到总体的结论出现系统偏差。

2. 测量偏倚(measurement bias) 又称信息偏倚,指在实验过程中,由于研究者的主观原因或实验仪器未校准等客观原因而产生的观察或测量偏倚。

3. 混杂偏倚(confounding bias) 指由于某些非处理因素与处理因素同时并存而影响到观察结果,从而导致处理因素与效应之间的联系被歪曲,这样的非处理因素也称为混杂因素。

(二)质量控制措施

1. 设计阶段 在研究设计阶段需要明确定义实验对象,正确划分观察范围,避免遗漏研究对象或包含非研究对象;研究对象分组需遵循随机化原则,如采用随机数字表、计算机产生随机数等方式,选用合适的随机分组方式进行随机化分组,确保分组的随机性和无偏性;正确选择观察指标,明确定义观察项目;制定标准操作程序(standard operating procedure,SOP)对处理因素、实验过程各种操作进行标准化和规范化,处理因素在整个实验过程中应始终保持不变,包括施加方法、强度、频率、持续时间等,以保证实验质量、减少误差。开展预实验,对实验方案进行可行性评估,考察是否合理可行,能否达到预期目的。

2. **数据收集阶段**　数据收集阶段的误差主要来源于研究人员和研究对象,如研究对象缺失、拒绝回答、记忆不清等影响研究的准确性和应答率。因而需要对研究人员进行仔细选择与认真培训。盲法是避免观察者或研究对象的主观因素对研究结果产生影响的有效措施,它是指观察者或研究对象不知道研究的分组情况,可分为单盲和双盲。单盲是只有研究对象不知道分组情况,双盲是研究对象和观察者均不知道分组情况。定期督导和检查研究记录,如某研究要收集研究对象的血压值,规定用每日清晨以同一血压计重复测量三次的平均值作为报告值,而不是仅报告单次测量结果。采取有效措施减少研究对象的失访,提高其依从性。

3. **数据整理分析阶段**　此阶段的质量控制主要包括检查记录的完整性与准确性;数据双录入,不同人员独立地进行数据整理,并核对结果是否一致;利用计算机程序对数据进行核查,针对重要的非研究因素进行分层分析或多因素分析,以调整和控制其对研究结果的影响等。

在 DON 致家兔骨关节损伤的实验研究中,也可能产生上述 3 种非随机误差。除了在设计阶段明确定义研究对象、正确划分观察范围、正确选择观察指标、选择恰当的观察方式、进行预实验和遵循实验设计的基本原则外,还可制定以下质量控制措施:①选择家兔时,除要求雄性、月龄 5～6 个月、体重为 2.2～3.4kg 外,还要求营养状况良好、活动度正常;②15 只家兔分别放入形状容积相同的兔笼中,并置于相同通风条件、温度、湿度的房间内;③制定整个实验的标准操作程序,内容包括:家兔的喂养、DON 溶液的配制、耳缘静脉注射、膝关节石蜡包埋切片的制作、光镜观察、关节冲洗液的提取、IL-1β 含量的测定,TNF-α 含量的测定和 NO 含量的测定。所有参与实验的人员均需经过培训,并对其是否掌握标准操作程序进行考核,考核通过者才可参与实验。

## 第二节　常用的实验设计类型及其样本量估计

实验研究设计按处理因素的多少可分为单因素设计和多因素设计。单因素设计只安排一种处理因素,若不安排任何配伍因素,则为完全随机设计;若安排一种配伍因素,为随机区组设计;若安排两种配伍因素,为拉丁方设计。多处理因素设计一般安排两种或两种以上处理因素,如析因设计、正交设计、裂区设计等。本节主要介绍完全随机设计、随机区组设计和析因设计 3 种常用的实验研究设计方法。

### 一、完全随机设计

#### (一)概念与特点

完全随机设计(completely randomized design)又称简单随机设计(simple randomized design),其采用完全随机化分组方法将同质的实验对象分配到不同组,各组分别接受不同的处理。各组样本量相等为平衡设计,不等则为非平衡设计。图 15-1 为完全随机设计分为两组的示意图。

完全随机设计的优点是设计简单、易于实施。缺点是样本量较小时,均衡性较差,与随机区组设计相比,效率较低。

（二）样本量估计

一般情况下，观测指标的变异程度越大，所需要的样本量越大；各对比组间参数差异越大，所需要的样本量越小；检验水准 $\alpha$ 越大，所需要的样本量越小；检验效能 $1-\beta$ 越大，所需要的样本量越大。

1. **两样本均数比较**　若实验观测指标为定量指标，则两样本均数差异比较所需样本量用式 15-1 计算。

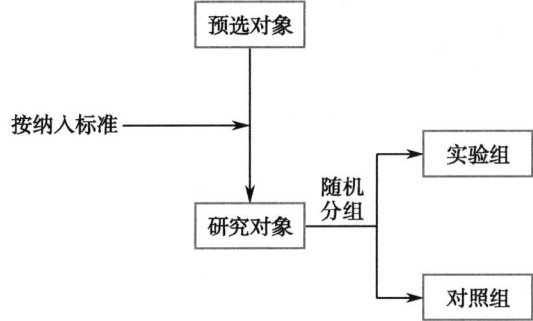

图 15-1　完全随机设计示意图

$$N=\left[\frac{(z_{\alpha/2}+z_{\beta})S}{\delta}\right]^{2}(Q_{1}^{-1}+Q_{2}^{-1})　\text{（式 15-1）}$$

式中，$Q_1$ 和 $Q_2$ 为样本比例（sample fraction），$Q_1=n_1/N$，$Q_2=n_2/N$，$N=n_1+n_2$，因而 $n_1=Q_1N$，$n_2=Q_2N$，$Q_1+Q_2=1$。若 $n_1=n_2$，则 $Q_1=Q_2=0.5$。$\delta=|\mu_1-\mu_2|$ 为两总体均数之差的绝对值，$S$ 为样本标准差（假设两总体方差相等），$z_{\alpha/2}$ 为标准正态分布的双侧临界值，单侧检验时应改为单侧临界值 $z_\alpha$。不论双侧还是单侧检验，均取单侧临界值 $z_\beta$。

【例 15-3】　观察 DON 对家兔膝关节软骨和滑膜的损伤，将成年雄性家兔随机分为实验组和对照组，观察两组关节冲洗液白细胞介素的差别。设两组的标准差相等，若要求以 $\alpha=0.05$、$\beta=0.10$ 的概率达到能辨别出两者之间的差别，需要多少只家兔？假设 $\delta=S$，$S=2$。

已知 $\delta=S=2$，双侧 $\alpha=0.05$，$z_{0.05/2}=1.96$，$\beta=0.1$，$z_{0.1}=1.28$，$Q_1=Q_2=0.5$。代入式 15-1 得：

$$N=\left[\frac{(1.96+1.28)\times 2}{2}\right]^{2}(2+2)=41.99$$

故两组共需 42 只，每组需家兔 21 只。

2. **多个样本均数比较**　用式 15-2 进行计算。

$$n=\psi^{2}(\textstyle\sum S_i^2/g)/\left[\sum(\overline{X}_i-\overline{X})^2/(g-1)\right]　\text{（式 15-2）}$$

式中，$n$ 为每组所需样本量，$g$ 为组数，$\overline{X}_i$、$S_i$ 分别为各组的均数与标准差，$\overline{X}=\sum X_i/g$，$\psi$ 值根据 $\alpha$、$\beta$、$\nu_1$、$\nu_2$ 由 $\psi$ 值表（附表 13）查得，此公式适用于各组样本含量相同的情形。

计算时先以 $\alpha$、$\beta$、$\nu_1=g-1$、$\nu_2=\infty$ 时的 $\psi$ 值代入式中求 $n_1$，再用 $\alpha$、$\beta$、$\nu_1=g-1$、$\nu_2=g(n_1-1)$ 时的 $\psi$ 值代入式中求 $n_2$，再用 $\alpha$、$\beta$、$\nu_1=g-1$、$\nu_2=g(n_2-1)$ 时的 $\psi$ 值代入式中求 $n_3$，……直至前后两次求得的结果趋于稳定为止，即为所求样本量。当为随机区组设计时，第 2 次 $\nu_2=(k-1)(n_1-1)$，式中的 $\sum S_i^2/k$ 用误差均方代替即可。

【例 15-4】　某研究者拟研究双歧杆菌与秋水仙碱抗小鼠肝纤维化的作用。将实验小鼠随机分为模型组（对照组）、双歧杆菌组和秋水仙碱组，其中一个主要观察指标为小鼠肝脏重量指数。估计实验结束后各组小鼠肝脏重量指数分别为 6.20、5.40、4.70，标准差分别为 1.87、1.56、1.52。设 $\alpha=0.05$，$\beta=0.10$，问每组需多少只小鼠？

已知 $\alpha=0.05$，$\beta=0.1$，$\overline{X}_1=6.20$，$\overline{X}_2=5.40$，$\overline{X}_3=4.70$。

$$\overline{X}=\frac{(6.20+5.40+4.70)}{3}=5.43,\ \sum S_i^2=1.87^2+1.56^2+1.52^2=8.24,$$

$$\sum(\bar{X}_i-\bar{X})^2=(6.20-5.43)^2+(5.40-5.43)^2+(4.70-5.43)^2=1.13$$

以 $\alpha=0.05$，$\beta=0.1$，$\nu_1=3-1=2$，$\nu_2=\infty$，查 $\psi$ 值表（附表 13）得：$\psi=2.52$，代入式 15-2 得

$$n_1=2.52^2\times(8.24/3)/[1.13/(3-1)]=30.87\approx31$$

同理：$\alpha=0.05$，$\beta=0.1$，$\nu_1=3-1=2$，$\nu_2=3\times(31-1)=90$ 时，$\psi\approx2.56$（$\nu_2$ 用 80 代替），代入式 15-2 得

$$n_2=2.56^2\times(8.24/3)/[1.13/(3-1)]=31.85\approx32$$

两次计算结果相近，故每组需要观察 32 例，3 组共需 96 例。

3. **两样本率的比较**　两样本率比较所需样本量用式 15-3 计算。

$$N=\left[\frac{z_{\alpha/2}\sqrt{p_c(1-p_c)(Q_1^{-1}+Q_2^{-1})}}{p_1-p_2}+\frac{z_\beta\sqrt{p_1(1-p_1)/Q_1+p_2(1-p_2)/Q_2}}{p_1-p_2}\right]^2 \qquad（式 15-3）$$

$p_1$ 和 $p_2$ 分别为两总体率的估计值，$p_c$ 为两样本的合计率。

【**例 15-5**】　根据文献报道 A、B 两种药物治疗大鼠实验性结肠炎的效果，已知 A 药有效率约为 95%，B 药有效率约为 80%，现拟进一步实验，设 $\alpha=0.05$，$1-\beta=0.90$，问每组需要多少只大鼠才能得出两种药物的疗效有差别？

本例采用双侧检验。已知 $p_1=0.95$，$p_2=0.80$，$z_{0.05/2}=1.96$，$z_{0.1}=1.28$，$Q_1=Q_2=0.5$。代入式 15-3 得

$$N\approx201$$

故两组共需 201 只，两组例数相等时，每组各需 101 只。

## 二、配对设计

### （一）概念与特点

配对设计（paired design）是将实验对象按一定条件配成对子，再将每对中的两个实验对象随机分配到 2 个不同的处理组。配对因素应为可能影响实验结果的主要非处理因素。

在动物实验中，常将窝别、性别、体重等作为配对条件；在临床试验中，常将病情轻重、性别、年龄等作为配对条件。此外，同一实验对象分别接受两种不同的处理，如同一份血样，分别用 A、B 两种血红蛋白测定仪器检测其血红蛋白含量，这种设计也属于配对设计。图 15-2 为配对设计的示意图。

在医学研究中，配对设计主要有以下两种情形。

（1）将两个条件相同或相近的实验对象配成对子分别接受两种不同的处理，如欲研究维生素 E 缺乏对肝脏中维生素 A 含量的影响，先将同种属的大白鼠按性别、月龄、体重相近配成对子，再将每个对子中的两只大白鼠随机分配到正常饲料组和维生素 E 缺乏饲料组。

（2）同一实验对象分别接受两种不同的处

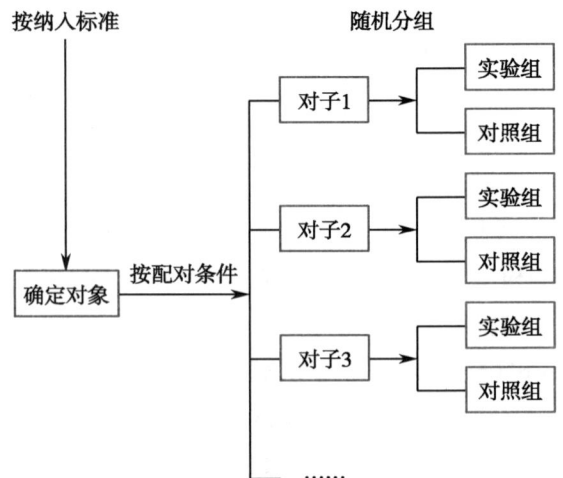

图 15-2　配对设计示意图

理,如同一份血样,采用 A、B 两种方法测量血红蛋白含量。

配对设计和完全随机设计相比,其优点在于抽样误差较小、实验效率较高、所需样本含量也较小;其缺点在于当配对条件未严格控制造成配对失败时,反而会降低效率。

（二）样本量估计

1. 配对设计均数的比较   在样本量估计的过程中需使用总体标准差 $\sigma$,而实际应用中由于 $\sigma$ 未知,常通过文献查阅或预实验获得的样本标准差 $S$ 对其进行预估。估计公式为式 15-4。

$$n = \left[ \frac{(z_{\alpha/2} + z_\beta) S}{\delta} \right]^2 \tag{式 15-4}$$

式中,$S$ 为每对实验对象差值的标准差,$\delta$ 为配对两总体均数之差的绝对值,$n$ 为对子数。

【例 15-6】 比较两种减肥药物对肥胖患者的减肥效果,假设平均减轻 2.0kg 可认为有意义。若每对对象体重差值的标准差 $S$=3.0kg,$\alpha$ 取双侧 0.05,检验效能 $1-\beta$ 取 0.90,现在需要多少对样本量?

本例,$S$=3.0kg,$\delta$=2.0kg;$\alpha$=0.05,$z_{0.05/2}$=1.96;$\beta$=0.10,$z_{0.1}$=1.28,代入式 15-4 得

$$n = \left[ \frac{(1.96+1.28) \times 3.0}{2.0} \right]^2 = 23.62$$

需要 24 对（共 48 名）肥胖患者进行试验。

2. 配对设计两样本率的比较   在样本量估计的过程中需使用总体率 $\pi$,而实际应用中由于 $\pi$ 未知,常通过文献查阅或预实验获得的样本率 $p$ 对其进行预估。估计公式为式 15-5。

$$n = \left[ \frac{z_{\alpha/2} \sqrt{2\bar{p}} + z_\beta \sqrt{2(p_1-p)(p_2-p)/\bar{p}}}{p_1-p_2} \right]^2 \tag{式 15-5}$$

式中,$p_1$ 和 $p_2$ 为两总体的阳性率,$p$ 为两处理结果一致的总体阳性率,$\bar{p}=(p_1+p_2-2p)/2$。

【例 15-7】 比较 A、B 两种检测方法对实验动物弓形虫感染的检出率的差别。对弓形虫感染的豚鼠血清标本进行检测,估计 A 方法的阳性检出率为 74%,B 方法的阳性检出率为 41%,两种方法均为阳性的率为 38%。若取双侧 $\alpha$=0.05,检验效能 $1-\beta$ 取 0.90,现在估计所需样本量。

本例,$p_1$=0.74,$p_2$=0.41,$p$=0.38,$\bar{p}$=(0.74+0.41−2×0.38)/2=0.195,$z_{0.05/2}$=1.96,$z_{0.10}$=1.28。代入式 15-5 得

$$n = \left[ \frac{1.96 \times \sqrt{2 \times 0.195} + 1.28 \times \sqrt{2 \times (0.74-0.38) \times \frac{0.41-0.38}{0.195}}}{0.74-0.41} \right]^2 = 25.02$$

因此,需要 26 份豚鼠血清标本进行实验。

## 三、随机区组设计

（一）概念与特点

随机区组设计（randomized block design）又称配伍设计,随机区组设计是将几个实验对象按性质（如动物的性别、体重,患者的病情、性别、年龄等主要非处理因素）相同或相近者组成区组（或称配伍组）,再分别将各区组内的实验对象随机分配到几个处理组。它实际上就是配对设计的扩展,换

言之，配对设计就是配伍设计最简单的情形。设计时应遵循"区组间差别越大越好，区组内差别越小越好"的原则。图 15-3 为随机区组设计的示意图。

随机区组设计的优点是每个区组内的实验对象具有较好的同质性，比完全随机设计减少了误差，因而更容易发现处理组间的差别，提高了实验效率。缺点是要求区组内的处理因素个数与实验对象数量相等，实验结果中若有缺失值，统计分析比较麻烦。

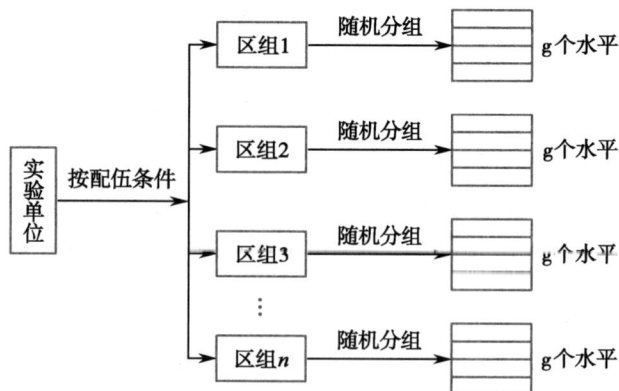

图 15-3　随机区组设计示意图

（二）样本量估计

随机区组设计均数比较的样本量估计采用式 15-6。

$$n = 2\frac{MS_e}{D^2}(Q+z_\beta)^2 \qquad （式 15-6）$$

式中，$n$ 为每组样本量，$MS_e$ 为误差均方，$D$ 为组间差值，当 $\alpha=0.05$ 时，$Q$ 界值表见表 15-3。

表 15-3　随机区组设计样本含量估计 $Q$ 界值表（$\alpha=0.05$）

| 组数 | 3 | 4 | 5 | 6 | 7 | 8 | 9 | 10 |
|---|---|---|---|---|---|---|---|---|
| $Q$ 值 | 3.4 | 3.8 | 4.0 | 4.2 | 4.4 | 4.5 | 4.6 | 4.7 |

## 四、析因设计

（一）概念和特点

析因设计（factorial design）是将两个或两个以上处理因素的各水平进行组合，对各种可能的组合进行实验。医学研究中常采用析因设计研究两个或多个处理因素的主效应以及因素间的交互作用。

析因设计的显著特征是有两个或两个以上因素，每个因素至少有两个水平，每个处理是各因素各水平的一种组合，总处理数是各因素各水平的全面组合数。在析因设计中，要求各处理组内的实验对象数量相等且每组至少有两个实验对象，否则无法分析因素间的交互作用。析因设计中实验对象可以采用完全随机设计或随机区组设计方法来安排。

在析因设计中，通常用数学表达式表示不同因素和水平的设计。如 $2\times2$（或 $2^2$）析因设计表示有 2 个因素，每个因素有 2 个水平；$2\times2\times2$（或 $2^3$）析因设计表示有 3 个因素，每个因素有 2 个水平；$3\times5$ 析因设计表示有 2 个因素，其中一个因素有 3 个水平，另一个因素有 5 个水平。最简单的析因设计是 $2\times2$ 析因设计。表 15-4 为 $2\times2$ 析因设计模式，其中各因素各水平均搭配一次，共有 $4（2\times2）$种处理，$a_1$、$a_2$ 为 A 因素的两个水平，$b_1$、$b_2$ 为 B 因素的两个水平。

析因设计可以全面均衡地对各因素的不同水平进行组合，分组进行实验，探讨各因素不同水平的效应，即主效应（main effect），同时可分析各因素间的交互作用（interaction）。交互作用是指两个或多个因素间的效应互不独立，当某一因素取不同水平时，另一个或多个因素的效应相应地发生变

表 15-4 2×2 析因设计模式

| 处理因素 A | 处理因素 B | |
|:---:|:---:|:---:|
| | $b_1$ | $b_2$ |
| $a_1$ | $a_1b_1$ | $a_1b_2$ |
| $a_2$ | $a_2b_1$ | $a_2b_2$ |

化。两因素间的交互作用为一阶交互作用,三因素间交互作用为二阶交互作用,以此类推,通常人们主要关心一阶交互作用。

（二）样本量估计

析因设计可通过在预先设定的样本量（可先从每个格子中样本量为 2 开始）下,计算在交互效应和主效应下的非中心参数 $\phi$,获得相应的 $\beta$ 值,若满足所设定的检验效能,则所设定的样本含量即为所需样本含量,否则应重新设定样本含量,直到满足条件为止。由于计算过程比较复杂,这里不作详细介绍。

### 五、重复测量设计

（一）概念和特点

重复测量设计（repeated measures design）是指对同一研究对象在不同条件下就同一观察指标进行多次重复观察或测量的设计方法。这里的不同条件通常是指不同时点,即时间因素的不同水平。前述的自身对照实验是重复测量设计的一个特例。由于这种设计方法符合许多医学或生物学现象本身的特点,在医学和生物学研究中十分常见,尤其对于处理效应随时间变化规律的研究。

重复测量设计相较于其他设计方法,能收集更多的信息;而且多次测量在同一对象上进行,有效地控制了个体间变异,提高效率,减少样本量。但存在以下问题:①由于是对同一研究对象在不同条件下的多次测量,多个测量值之间必然存在一定的相关性,统计学上常用组内相关（intra-class correlation）来度量。②多次测量间的两两相关性不等,如在不同时点的重复测量中,间隔越近,相关性越强,反之亦然。只有正确地定义其相关结构,才能有效地反映数据的内在规律。③数据缺失较为常见。④观测指标既可以是定性的,也可以是定量的。这些特点决定了重复测量资料的统计分析比较复杂。

（二）样本量估计

对于具有重复测量的单因素两水平设计,所需总样本含量的估计公式为式 15-7。

$$N=\frac{(z_{\alpha/2}+z_{\beta})^2[1+(m-1)\rho]S^2}{m(1-\pi-\pi^2)\delta^2}$$ （式 15-7）

式 15-7 中,$z_{\alpha/2}$ 和 $z_\beta$ 含义同上,$m$ 为重复测量的次数,$S$ 为标准差,$\delta$ 为具有专业意义的最小差值,$\rho$ 为组内相关系数,反映多次测量间的相关性。假设 $n_1$、$n_2$ 分别为两个组的样本含量,则 $\pi=n_1/N$（若两组样本含量相等,则 $\pi=0.5$）。

【例 15-8】 欲研究某药对小鼠烧伤的治疗效果。将小鼠制成烧伤模型后,随机分配到实验组和对照组,对照组给予硼酸治疗,每天敷药两次,分别于实验前和实验后第 4 天、8 天及 12 天测量小鼠皮损面积。若已知皮损面积的标准差 $S=14.64mm^2$,设具有专业意义的最小差值为 $\delta=18.26mm^2$,相关系数 $\rho=0.65$,问需要多少只小鼠? $\alpha$ 取 0.05,检验效能 $1-\beta$ 取 0.90,进行双侧检验,要求两组样本含量相等。

$$N=\frac{(z_{\alpha/2}+z_\beta)^2\left[1+(m-1)\rho\right]S^2}{m(1-\pi-\pi^2)\delta^2}=\frac{(1.96+1.282)^2(1+3\times0.65)\times14.64^2}{4\times(1-1/2-1/4)\times18.26^2}\approx20$$

$n_1=n_2=N/2=20/2\approx10$，即每组需 10 只模型小鼠。

## 第三节　临床试验设计

临床试验（clinical trial）是针对"人体"进行的有"干预"的医学研究，其目的是观察"干预"的作用。由于以人为研究对象，临床试验除需考虑实验研究中的基本原则外，还要考虑受试者的知情同意、心理因素、伦理道德等问题，因此，临床试验的设计与分析具有其特殊性。

### 一、基本概念

临床试验是旨在揭示或证实产品的临床、药学或其他药物动力学的效应，识别、研究产品的不良反应、安全性或效果，或试验药物的吸收、分布、代谢以及排泄而在人身上进行的研究。广义的临床试验是指在人为控制条件下，以特定人群为受试对象（患者或健康志愿者），以发现和证实干预措施（药品、特殊检查、特殊治疗手段）对特定疾病的防治、诊断的有效性（包括药品的作用、吸收、分布、代谢、排泄）和安全性（不良反应）；狭义的临床试验是指任何在人体（患者或健康志愿者）进行药物的系统性研究，以证实或揭示试验药物的作用、不良反应和/或试验药物的吸收、分布、代谢和排泄，目的是获得新药在人体的药代动力学参数，确定试验药物的疗效、适应证与安全性。

（一）临床试验的特点

临床试验有两个特点：①以人为研究对象，这就要求临床试验不得无视受试者的尊严和风险，必须遵循伦理要求；②进行比较的目标因素是人为施加的。这就要求试验必须有良好的设计，必须具有科学性。为了保证伦理性和科学性，需要制定相关的法律法规进行全程监管，因此，临床试验还具有规制性特点。伦理性、科学性和规制性是临床试验不可或缺的，特别是药物的临床试验。

（二）临床试验的基本要求

（1）符合医学伦理规范，符合《赫尔辛基宣言》，符合良好临床实践（good clinical practice，GCP），符合国家、行业和地方政府相关法律法规。

（2）临床试验方法必须同时符合科学性和伦理性两个要求。

（3）保护受试者权益，如安全和隐私。

（4）人体试验前必须有充分的临床前资料作为依据。

（5）必须有详细的临床研究试验方案。

（6）试验方案须经伦理委员会批准并严格执行，受试者要签署知情同意书。

（7）研究者必须具有相应的资质、专业特长和能力。

（8）所有试验文档须完整记录、处理和保管。

临床试验机构常出现的问题是缺少统计学专业人员，不遵守试验方案，病例报告表填写不准确、缺失或涂改，没有试验的标准操作程序等。

（三）临床试验的分期

临床试验主要用于疾病的治疗和预防效果评价。我国《药品注册管理办法》规定临床试验分为Ⅰ、Ⅱ、Ⅲ、Ⅳ期，新药在批准上市前，一般情况下应进行Ⅰ、Ⅱ、Ⅲ期临床试验。

1. **Ⅰ期临床试验**　主要用于初步的临床药理学及人体安全性评价,用于观察人体对于新药的耐受程度和药代动力学,为制定给药方案提供依据。

2. **Ⅱ期临床试验**　是治疗作用的初步评价阶段。其目的是初步评价药物对目标适应症患者的治疗效果和安全性,也包括为Ⅲ期临床试验研究设计和给药剂量方案的确定提供依据。

3. **Ⅲ期临床试验**　是治疗效果的确证阶段,目的是进一步验证药物对目标适应症患者的疗效和安全性,评价利益与风险,为药品注册申请的审查提供依据。

4. **Ⅳ期临床试验**　是新药上市后的研究阶段,目的是考察在广泛使用条件下药物的疗效和不良反应,评价在普通或特殊人群中使用的利益与风险关系以及改进给药剂量等。

随机对照临床试验能够提供有关干预措施效果和安全性的强有力证据,是提供因果推论的最佳研究类型,但由于伦理学的限制,有些试验并不总是能够在符合伦理的情况下随机分配处理因素。

## 二、临床试验设计的基本类型

### (一)平行设计

平行设计(parallel design)是最常用的临床试验设计类型,可为试验药设置一个或多个对照组,试验药也可设多个剂量组。对照组可分为阳性或阴性对照。阳性对照一般采用按所选适应症的当前公认的有效药物,阴性对照一般采用安慰剂,但必须符合伦理学要求。

平行设计临床试验的优点包括:设立同期对照组,使试验组和对照组在同等时间和条件下进行效果比较;随机化分组平衡了两组的非处理因素,有利于凸显处理因素的作用;通常使用盲法观察结果,有利于减少研究对象和研究者的主观偏性;试验过程容易做到标准化,利于保证研究结果的可重复性。

### (二)交叉设计

交叉设计(cross-over design)是按事先设计好的试验顺序,在各个时期对研究对象先后实施各种处理,以比较各处理间的差异。交叉设计时可以采用完全随机设计或随机区组设计来安排受试对象。该设计不仅平衡了处理顺序的影响,而且能把处理水平间的差别、时间先后的差别和试验对象间的差别分开来进行分析。

交叉设计虽然在形式上与随机区组设计相近,但与随机区组设计的区别是,交叉设计的处理是按不同时间阶段分别安排的,因而可以减少试验对象的数量。交叉设计中第一阶段与第二阶段间的间隔时间称为洗脱期(washout period)。原则上应在第一个阶段试验中使用的处理因素作用消失后方可进入第二阶段试验,否则两阶段的处理效应重叠。如果处理因素是药物,洗脱期一般为药物的 6~8 个半衰期。还应注意处理因素的生物作用特点。例如,阿司匹林的半衰期仅 0.5 小时,可是它对血小板的影响至少需要 1 周才会消失,因此洗脱期应是 10 天左右。

交叉设计最简单的形式是完全随机分组的二处理、二阶段交叉设计,即 2×2 交叉设计。假定有两种处理 A 和 B,先将受试对象完全随机分为两组,然后将 A、B 两种处理先后施于同一批受试对象,第一组受试对象在第Ⅰ阶段接受 A 处理,第Ⅱ阶段接受 B 处理,试验顺序为 AB;第二组受试对象在第Ⅰ阶段接受 B 处理,第Ⅱ阶段接受 A 处理,试验顺序为 BA。设计模式见表 15-5。

交叉设计的优点:①节约样本量,统计效率较高;②兼有异体和自身配对的优点,减少了个体差异,从而增加了组间可比性,能够控制个体差异和时间对处理因素的影响;③每个受试对象同时接受了两种处理,因此均等地考虑了每个患者的利益。交叉设计的缺点:①每个处理时间不能太

表 15-5 2×2 交叉设计模式

| 组别 | 受试对象 | 阶段 I | | 洗脱阶段 | | 阶段 II |
|------|---------|--------|---|---------|---|---------|
| 第一组 | 1 | 处理 A | → | 无处理 | → | 处理 B |
| | 2 | … | | … | | … |
| | … | … | | … | | … |
| | $n_1$ | 处理 A | → | 无处理 | → | 处理 B |
| 第二组 | 1 | 处理 B | → | 无处理 | → | 处理 A |
| | 2 | … | | … | | … |
| | … | … | | … | | … |
| | $n_2$ | 处理 B | → | 无处理 | → | 处理 A |

长,因在同一受试对象上作了多种处理,处理时间过长会导致整个试验周期过长,受试对象可能中断试验;②当受试对象的状态发生根本变化时,如死亡、治愈等,后一阶段的处理将无法进行;③受试对象一旦在某一阶段退出试验,就会造成该阶段及其以后的数据缺失,增加统计分析的困难。

交叉设计时应当注意:①各种处理不能相互影响,即受试对象在接受第二种处理时,不能有前一种处理的残滞效应(carry-over effects)。因此两次处理之间应有适当间隔,即足够时间的洗脱阶段;②应采用盲法进行观察,使研究者和患者都不知道不同药物在哪一阶段使用,以提高受试对象的依从性;③不宜用于具有自愈倾向或病程较短的疾病研究。

### 三、临床试验的三种试验类型

一般统计检验的零假设是两组(或多组)总体参数间没有差别,而对立假设为两组(或多组)总体参数间有差别。前面介绍的大部分假设检验都是这种检验,称为差异性检验。这种检验不能评价差别的大小,难以满足临床试验评价疗效差别的要求。临床试验中还有与优效性、等效性和非劣效性试验相对应的假设检验,简要介绍如下。

#### (一)非劣效性试验

检验一种药物是否不劣于另一种药物的试验,称为非劣效性试验。其零假设为试验药总体疗效比对照药的总体疗效要差,且两药总体疗效之差大于或等于非劣效界值 $\Delta$;而对立假设为试验药总体疗效比对照药的总体疗效要好,或者试验药总体疗效虽然比对照药差,但两药总体疗效之差小于 $\Delta$。拒绝了零假设便可得出试验药非劣于对照药的结论。

以两种药物有效率比较为例,非劣效性试验的检验假设:

$H_0: \pi_1 - \pi_2 \leqslant -\Delta$(试验药劣于对照药,差值是 $-\Delta$ 或更小的负值)

$H_1: \pi_1 - \pi_2 > -\Delta$(试验药虽劣于对照药但差值比 $-\Delta$ 大,或试验药优于对照药)

其中,$\pi_1$ 为试验药的总体阳性率;$\pi_2$ 为对照药的总体阳性率。$\Delta$ 为非劣效界值,它必须小于标准治疗与安慰剂比较的效应差值(如果已知)。$\Delta$ 的确定一般采用两步法,先估计出阳性对照(以安慰剂为对照)的绝对疗效 $M_1$,再根据 $M_1$ 确定出 $M_2$ 即 $\Delta$。$\Delta$ 由主要研究者和统计学专家根据既往研究或循证医学证据共同确定,最终由主要研究者确认。$M_1$ 的确定采用综合分析法,其中最常用的是 meta 分析;计算出阳性对照与安慰剂效应之差的 95% 双侧置信区间下限,该下限须大于 0,否则不能视其为阳性对照。考虑到疗效一致性的问题或者历史数据的质量,一般取 $M_1$ 小于阳性对照与安慰剂效应之差的 95% 双侧置信区间下限。获得 $M_1$ 后,非劣效界值一般取 $\Delta = M_2 = f \times M_1$。建议在非

劣效设计中取 $f=0.5$。$f$ 值越接近 0 时，如果仍能得出非劣效的结论，说明试验药疗效与阳性对照药疗效越相近。不过 $f$ 值取得太小会使得试验所需样本量大到试验无法进行。如果没有历史资料可供借鉴，也可采用目标值法确定 $\Delta$，此时 $\Delta$ 一般取阳性对照药疗效的 10%～15%。阳性对照药的疗效可根据文献报道或有目的的医学调查所得。

### （二）等效性试验

检验一种药物是否与另一种药物的疗效"相等"，实际为两药的疗效相差不超过一个指定的界值 $\Delta$。如以一种仿制药与原药进行比较，如果其疗效被判为"相等"，则仿制药可被接受。此外，如研究能否用小剂量代替大剂量以减少药物的不良反应和节约费用；用不良反应小的药代替不良反应大的药；用疗程短的药代替疗程长的药以及用口服药代替注射药等。这种检验称为"等效性检验"，$\Delta$ 为等效性界值。等效性试验的零假设为总体参数间差别超过或等于一个研究者规定的等效性界值 $\Delta$，而对立假设为总体参数间差别小于研究者规定的 $\Delta$。为了说明"等效"，需要同时进行两次非劣效性检验，分别推断，仅当既说明试验药非劣效于对照药，又说明对照药非劣效于试验药时，才可得出两药为"等效"的结论。

以两种药物有效率比较为例，等效性试验的检验假设：

$H_0: |\pi_1 - \pi_2| \geq \Delta$ 或 $H_{01}: \pi_1 - \pi_2 \leq -\Delta$，$H_{02}: \pi_2 - \pi_1 \leq -\Delta$

即试验药劣于对照药，其差值小于或等于 $-\Delta$ 或对照药劣于试验药，其差值小于或等于 $-\Delta$。

$H_1: |\pi_1 - \pi_2| < \Delta$ 或 $H_{11}: \pi_1 - \pi_2 > -\Delta$，$H_{12}: \pi_2 - \pi_1 > -\Delta$

即试验药与对照药之差不超过 $\Delta$。

等效性界值 $\Delta$ 是一个有临床意义的值，应由临床专家来确定。若 $\Delta$ 选大了，可能会将疗效达不到要求的药物推向市场；若 $\Delta$ 选小了，则可能会埋没一些本可推广使用的药物。两个频率比较，$\Delta$ 一般取 10% 左右或取阳性对照药有效率的 10%。两个均数比较，$\Delta$ 可酌情取 0.2～0.5 倍标准差或对照组均数的 1/10~1/5，也可以根据既往经验确定。

### （三）优效性试验

检验一种药物是否优于另一种药物的试验，称为优效性试验。以安慰剂为对照的试验尤其应当作优效性试验。优效性试验的零假设为试验药总体疗效小于或等于对照药的总体疗效，而对立假设为试验药总体疗效比对照药好。拒绝了零假设即可得出试验药比对照药优效的结论。

以两种药物有效率比较为例，优效性试验（统计优效）的检验假设：

$H_0: \pi_1 \leq \pi_2$（两药疗效相等或试验药劣于对照药）

$H_1: \pi_1 > \pi_2$（试验药优于对照药）

有些学者认为试验药比对照药优于某一具有临床意义的数值时才是优效，这时优效性试验称为临床优效性试验，其检验假设：

$H_0: \pi_1 - \pi_2 \leq \Delta$（临床上两药疗效相等或试验药劣于对照药）

$H_1: \pi_1 - \pi_2 > \Delta$（临床上试验药优于对照药）

$\Delta$ 即为某一具有临床意义的数值，在此称之为优效性界值。

## 四、统计分析计划

在进行统计分析之前应拟订详细的统计分析计划（statistical analysis plan，SAP）。统计分析计划由统计学专业人员起草，并与主要研究者商定，意在全面而详细地陈述临床试验数据的分析方法和表达方式，以及对统计分析结果的解释。

统计分析计划可包含在方案正文中,也可在方案中仅对统计分析中的关键问题加以说明,并在附录中细述。统计分析计划应形成于试验方案和病例报告表确定之后。在临床试验进行过程中,可以修改、补充和完善。但在第一次揭盲前必须以文件形式予以确认,此后不能再做变动。

统计分析计划应包含对整个临床试验设计的简要描述,包括试验的目的、研究设计类型等;统计分析集的选择;主要指标、次要指标;统计分析方法;疗效及安全性评价方法等,并按预期的统计分析结果列出统计表和统计图。

（一）分析集的定义

在临床试验数据的统计分析中,哪些受试者应当包括在内,哪些受试者不应包括在内,这是分析试验结果时首先要考虑的问题。

如果临床试验中所有随机化的受试者都符合入组标准而没有一项符合排除标准,如果试验过程中一切都符合试验方案的要求,如果没有失访或任何数据缺失,则所有病例都可包括在分析集中。但在实际情况中很难做到。那些对方案有所违反的病例、在试验中途退出的病例以及数据严重缺失的病例是否应当包括在分析集中需要慎重考虑。在试验方案中不仅应考虑如何减少对方案的违反,也要说明违反方案的类型、频数及其处理方法,并描述其可能对试验结果的影响。

1. 意向性分析（intention to treat, ITT） 指主要分析应当包括所有随机化的受试者,按其所分到的组别进行随访、评价和分析,而不论其是否完全依从试验计划。

2. 全分析集（full analysis set, FAS） 鉴于意向性分析原则在实践中贯彻的困难,人用药品技术要求国际协调理事会（International Council for Harmonization of Technical Requirements for Pharmaceuticals for Human Use, ICH）统计分析指导原则中提出了全分析集的概念。全分析集是指尽可能按意向性分析原则,在所有随机化的受试者中,以合理的方法尽可能少地排除受试者,尽可能完整地包括随机化的受试者。

3. 符合方案集（per protocol set, PPS） 指全分析集中符合方案的受试者子集。什么情况应该把受试者排除出全分析集,须写入方案;实施中,应根据特定的考察,在破盲前完全确定,并以书面形式说明。

4. 安全集（safety set, SS） 包括所有随机化后至少接受过一次治疗的受试者,用于安全性分析。

（二）缺失值的处理方法

缺失值是临床试验过程中偏倚的一个来源,会降低评估的精确性和损耗随机化的效果,甚至得出偏倚性结论。

根据 1976 年罗德里克·利特尔（Roderick Little）和唐纳德·鲁宾（Donald Rubin）提出的理论,缺失机制可分为三类:①完全随机缺失（missing completely at random, MCAR）,即观察对象的数据缺失完全是由随机因素造成的,既不取决于已观测到的数据,也不取决于未被观测到的数据;②随机缺失（missing at random, MAR）,即观察对象缺失的概率取决于已有的观察结果,不取决于未观察到的结果;③非随机缺失（missing not at random, MNAR）,即观察对象的缺失概率与当前尚未观察到的结果有关。

由于实际操作中,既不能肯定缺失值与未被观测的结局变量间的相关性,也不能判断缺失数据是否能从已测值中得到很好的预测,因此不能确定是否应将其视为 MCAR 还是 MAR。另外,要想明确区分 MAR 和 MNAR 也很困难。研究者只能对同一份有缺失数据的资料分别进行 MAR 和

MNAR 的假设,并在各自的假设下进行数据分析,然后进行敏感性分析,以比较所得结论是否一致,结果是否稳定。当出现缺失值时,可采用如下方法进行处理:

1. 忽视缺失值(ignore/disregard missing data) 只有当缺失值属于 MCAR 时才可以忽视这些缺失值,否则会得出有偏倚的结论。需要指出的是,忽视缺失值仅采用完整病例进行分析,违背了 ITT 原则,不推荐将其作为确证性试验主要结果的缺失数据处理方法。该方法可考虑在以下情况下使用:①在探索性研究中,尤其是在药物研发的初期阶段;②在确证性试验中,作为次要结果的处理方法,用以支持性分析来说明结论的稳健性。

2. 数据填补(data imputation) 通常考虑数据填补的情况是:①相对小的缺失率(例如 10%~15%);②无论在临床上,还是在生物学上,含有缺失值的变量对所要研究的问题都具有非常重要的意义;③有合理的假设和结转技术策略,一般宜遵循保守原则;④不同填补方式产生的结论需进行敏感性分析。

（三）敏感性分析

敏感性分析(sensitivity analysis)是通过一系列分析来显示采取不同分析方法对试验结果的影响,这将有助于证实所选特定方法的正确性。在临床试验过程中,敏感性分析可作为主要分析的辅助支持,其实施应在研究方案和统计分析计划中明确叙述;此后的任何调整必须写入研究报告,并说明其合理性。例如,在缺失值处理时,如果敏感性分析的结果是稳定的,可认为缺失信息对整个研究结论没有影响,说明结论是稳健的。相反,如果敏感性分析的结果不一致,那么对试验结果的影响就必须进行讨论。在某些情况下,当敏感性分析的结果表明缺失值可能影响试验结果时,试验的有效性就会打一定折扣。

（四）分析的一般原则

临床试验中数据分析所采用的统计方法和软件应是国内外公认的;统计分析应建立在正确、完整的数据基础上;采用的统计模型应根据研究目的、试验方案和观察指标选择。数据分析大致可概括为以下几个方面:

1. 描述性统计分析 多用于人口学资料、基线资料和安全性资料,包括对主要指标和次要指标的统计描述。

2. 参数估计和假设检验 参数估计和假设检验是对主要指标及次要指标进行评价的必不可少的手段。试验方案中,应当说明要检验的假设和待估计的处理效应、统计分析方法以及所涉及的统计模型。处理效应的估计应同时给出置信区间,并说明估计方法。假设检验应明确说明所采用的是单侧还是双侧,如果采用单侧检验,应说明理由。

3. 协变量分析 评价药物有效性的主要指标除药物作用外,常常还有其他因素的影响,如受试者的基线情况、不同治疗中心受试者之间差异等因素,这些因素在统计学中可作为协变量处理。在试验前应认真识别可能对主要指标有重要影响的协变量及如何进行分析以提高估计的精度,克服处理组间由于协变量不均衡所产生的影响。

（尚 磊 刘红波）

## 小结

实验设计的基本内容包括研究目的、实验对象、处理因素、实验效应以及质量控制,实验对象、处理因素和实验效应被称为实验设计的三个要素。实验设计的基本原则是随机、对照和重复。对照的形式有空白对照、安慰剂对照、实验对照、标准对照、自身对照和相互对照;随机包括随机分组和实验顺序随机;重复包含整个实验的重复、多个实验对象进行重复、同一实验对象的重复观察。常用的实验设计方法有完全随机设计、配对设计、随机区组设计、析因设计和重复测量设计,不同的设计类型各有其优缺点及样本量估计方法。

临床试验以人为研究对象,进行比较的目标因素是人为施加的,因此具有伦理性、科学性和规制性特点。临床试验的基本设计类型有平行设计和交叉设计,依据假设检验目的不同,可分为优效性、等效性和非劣效性试验。不同的临床试验设计均有相应的优点及应用的注意事项。

观测值与真实值的差值称为误差,误差有随机误差和非随机误差,非随机误差的来源主要有选择偏倚、测量偏倚和混杂偏倚等。在实际研究的指标选择时,应根据研究目的权衡准确度与精密度、灵敏度与特异度的重要性。

## 思考与练习

### 一、最佳选择题

1. 关于随机化原则,下列说法**不正确**的是( )

   A. 保证实验组和对照组各种已知和未知的特征均衡

   B. 是统计假设检验的前提条件

   C. 没有随机化的研究结果是不能作为证据使用的

   D. 避免研究者主观意愿的影响

   E. 是实验设计的基本原则之一

2. 某医生欲研究一种支架对骨折愈合的效果,将 20 只骨折模型狗随机分为两组,实验组实施手术植入支架后缝合,对照组实施手术但不放入支架后缝合,此属于( )

   A. 实验对照      B. 空白对照      C. 安慰剂对照

   D. 标准对照      E. 潜在对照

3. 在进行两样本均数比较的假设检验时,下列因素**不会**影响样本量估计的是( )

   A. I 型错误概率 $\alpha$      B. II 型错误概率 $\beta$

   C. 两总体均数之差 $\delta$      D. 研究对象的种类

   E. 总体标准差

4. 实验设计的三个要素是( )

   A. 实验单位、实验效应、观察指标      B. 随机化、重复、设置对照

   C. 齐同对比、均衡性、随机化      D. 处理因素、实验对象、实验效应

   E. 设置对照、重复、盲法

5. 实验设计的基本原则是( )

   A. 随机、盲法、对照      B. 重复、随机、配对

   C. 随机、盲法、配对      D. 齐同、均衡、随机

   E. 随机、重复、对照

**二、思考题**

1. 实验设计中设置对照的意义是什么？设置对照时应注意什么问题？

2. 随机化的目的是什么？

3. 和完全随机设计相比，配对设计的优点是什么？

4. 空白对照和实验对照的区别是什么？

**三、案例分析题**

1. 研究甲、乙两种药物治疗水杨酸钠诱发大鼠急性胃炎的疗效。据文献报道甲药的有效率为 92.5%，乙药的有效率为 82.0%。若取双侧 $\alpha=0.05$，$\beta=0.10$，两组样本含量相同的情况下，各组需要多少只大鼠才能发现两药疗效有差别？

2. 欲研究消渴灵对糖尿病大鼠模型血糖的影响。将 40 只 SD 大鼠先随机分成 A、B 两组，然后制备糖尿病大鼠模型。其中，A 组 20 只大鼠均造模成功，给予消渴灵灌服；B 组 15 只造模成功，给予等剂量的生理盐水灌服。各组均每天灌胃 1 次，连续 28 天，问：该实验属何种设计方案？其设计是否合理？若不合理，应该怎么进行改进？

寿命表(life table)也称为死亡率表或保险计算表,在人口学、流行病学、保险精算学等领域应用广泛,是一种呈现不同年龄组死亡概率、预期寿命及相关指标的表格。通过寿命表计算出来的预期寿命(life expectancy),不受人群年龄构成的影响,是评价不同地区或国家健康状况、经济社会发展和民生福祉的主要指标之一。本章将介绍寿命表的编制方法、相关指标的含义及其应用。

## 第一节　寿命表的基本概念及用途

### 一、寿命表的基本概念

寿命表主要分为两类:定群寿命表(cohort life table)和现时寿命表(current life table)。定群寿命表也称队列寿命表,是描述特定出生群体的寿命表。它基于连续观察到的年龄组死亡率,反映了一个实际群体从出生到无人存活的全过程死亡经历。例如,1900年出生的所有个体,从出生开始经历连续日历年的各个年龄阶段。与定群寿命表不同,现时寿命表并不代表实际出生群体的死亡经历。它呈现的是一个假设群体在其整个生命周期中经历不同年龄段的死亡规律的情景。例如,2023年的现时寿命表假设一个群体在其整个生命周期中经历2023年实际人口的不同年龄组死亡率。因此,现时寿命表可被视为当前死亡规律的"切片",展示了特定年份年龄组死亡率的长期影响。定群寿命表反映的是同时出生一代人的情况,而不是特定时期的人群综合死亡规律。因此,在描述特定时期的死亡规律与预期寿命时,现时寿命表在实际的应用中更加广泛。例如,世界卫生组织报道的各个国家和地区的寿命表均为现时寿命表。

现时寿命表数据来源于横断面监测或调查,在获得某年(或某一时期内)所有年龄组死亡率后,假定同时出生的一代人(一般为10万人),按照这些年龄组死亡率先后死去,直至全部死亡,分别计算出这一代人在各年龄组的尚存人数、死亡人数及预期寿命等指标。表16-1为世界卫生组织报告的我国2019年现时寿命表,本节将以该寿命表为例解释寿命表主要指标的含义及其内在逻辑。

1. 年龄组　用$X\sim$表示,指以$X$为起始年龄,$n_X$为组距的年龄组。根据年龄组组距可将寿命表分为完全寿命表(complete life table)和简略寿命表(abridged life table):当$n_X=1$时,即为完全寿命表;$n_X \geq 1$,即为简略寿命表。简略寿命表一般以5岁为1个年龄组,由于婴儿死亡率对寿命表的影响很大,所以将第1个5岁年龄组拆分成组距为1岁的"0$\sim$"岁组和组距为4岁的"1$\sim$"岁组,从5岁开始年龄组的组距才为5岁。

2. 死亡概率　用$q_X$表示,指$X$岁尚存者在今后$n_X$年内死亡的概率,由式16-1计算:

$$q_X = \frac{D_X}{N_X} \tag{式16-1}$$

其中,$N_X$为$X$岁时实际存活人数,$D_X$为$X\sim$年龄组实际死亡人数。

表 16-1　2019 年中国现时寿命表 *

| 年龄组/岁<br>($X\sim$) | 尚存人数<br>($l_X$) | 死亡概率<br>($q_X$) | 死亡人数<br>($d_X$) | 生存人年数<br>($L_X$) | 生存总人年数<br>($T_X$) | 预期寿命/岁<br>($e_X$) |
|---|---|---|---|---|---|---|
| 0～ | 100 000 | 0.006 764 | 676 | 99 391 | 7 743 322 | 77.43 |
| 1～ | 99 324 | 0.001 144 | 114 | 397 022 | 7 643 931 | 76.96 |
| 5～ | 99 210 | 0.000 925 | 92 | 495 821 | 7 246 909 | 73.05 |
| 10～ | 99 118 | 0.000 970 | 96 | 495 351 | 6 751 089 | 68.11 |
| 15～ | 99 022 | 0.001 797 | 178 | 494 666 | 6 255 738 | 63.18 |
| 20～ | 98 844 | 0.002 811 | 278 | 493 526 | 5 761 072 | 58.28 |
| 25～ | 98 566 | 0.003 053 | 301 | 492 079 | 5 267 546 | 53.44 |
| 30～ | 98 265 | 0.004 240 | 417 | 490 286 | 4 775 466 | 48.60 |
| 35～ | 97 849 | 0.006 188 | 605 | 487 730 | 4 285 181 | 43.79 |
| 40～ | 97 243 | 0.009 315 | 906 | 483 952 | 3 797 451 | 39.05 |
| 45～ | 96 337 | 0.012 327 | 1 188 | 478 718 | 3 313 499 | 34.39 |
| 50～ | 95 150 | 0.019 566 | 1 862 | 471 095 | 2 834 780 | 29.79 |
| 55～ | 93 288 | 0.030 500 | 2 845 | 459 328 | 2 363 685 | 25.34 |
| 60～ | 90 443 | 0.048 779 | 4 412 | 441 185 | 1 904 357 | 21.06 |
| 65～ | 86 031 | 0.078 139 | 6 722 | 413 350 | 1 463 172 | 17.01 |
| 70～ | 79 309 | 0.137 237 | 10 884 | 369 334 | 1 049 823 | 13.24 |
| 75～ | 68 425 | 0.221 446 | 15 152 | 304 243 | 680 489 | 9.95 |
| 80～ | 53 272 | 0.371 374 | 19 784 | 216 902 | 376 246 | 7.06 |
| 85～ | 33 488 | 1.000 000 | 33 488 | 159 344 | 159 344 | 4.76 |

注：* 来源于世界卫生组织官网。

3. 死亡人数与尚存人数　死亡人数用 $d_X$ 表示，指假设同时出生的一代人中，$X$ 岁尚存者按死亡概率 $q_X$ 死于 $X\sim$ 年龄组的"理论"人数，可由式 16-2 计算：

$$d_X = l_X \times q_X \qquad\qquad （式 16\text{-}2）$$

其中，尚存人数用 $l_X$ 表示，指假设同时出生的一代人中，$X$ 岁尚存活的人数。一般假定初始人群数为 10 万人，即"0～"岁组的尚存人数 $l_0 = 100\ 000$，其余年龄可由式 16-3 计算：

$$l_{X+n_X} = l_X - d_X \qquad\qquad （式 16\text{-}3）$$

4. 年龄组生存人年数　用 $L_X$ 表示，指假设同时出生的一代人中，$X$ 岁尚存者在今后 $n_X$ 年的生存人年数。由式 16-4 计算：

$$L_X = 期内未死亡者存活人年数 + 期内死亡者存活人年数 = n_X \times l_{X+n_X} + n_X \times a_X \times d_X \qquad （式 16\text{-}4）$$

其中，$a_X$ 为 $X\sim$ 年龄组每位死亡者每年平均存活年数（average number of years lived）。一般而言，每年的平均存活年数为 0.5 年，组距为 5 的简略寿命表中各年龄组的平均存活年数为 2.5 年。但由于婴儿或幼儿的早期死亡率较高，特别是新生儿第一周死亡占比较大，因此寿命表的"0～"岁和"1～"岁组平均存活年数小于 0.5。参考国内外研究，通常采用 $a_0 = 0.09$，$a_1 = 0.38$，也可根据各地区实际情况选择合适值。

**5. 生存总人年数**　用 $T_X$ 表示,指假设同时出生一代人中,$X$ 岁尚存者今后存活的平均总人年数,它是 $X$ 岁及以上的各年龄组生存人年数的总和。可由式 16-5 计算:

$$T_X = L_X + L_{X+n_X} + \cdots + L_w \qquad\qquad （式 16-5）$$

其中,$L_w$ 表示最后一个年龄组的生存人年数。

**6. 预期寿命**　用 $e_X$ 表示,指同时出生的一代人活到 $X$ 岁时,还能存活的平均年数。可由生存总人年数除以尚存人数获得:

$$e_X = \frac{T_X}{l_X} \qquad\qquad （式 16-6）$$

### 二、寿命表的用途

上述指标组成寿命表的基本参数,其中 $l_X$、$q_X$、$d_X$、$e_X$ 均可用于评价居民的健康状况。如图 16-1 所示,尚存人数反映了假设同时出生的一代人的生存过程(图 16-1A),尚存人数随年龄增大而下降;死亡概率和死亡人数反映了假设的同时出生的一代人 $X$ 岁时的死亡规律(图 16-1B、C),死亡概率和死亡人数随年龄增大而升高;上述 3 个指标均表明 55 岁及以上年龄组居民的死亡风险迅速增加。预期寿命随年龄增大而下降,是评价不同时期人口健康水平的重要指标,预期寿命越高则健康水平越高(图 16-1D)。

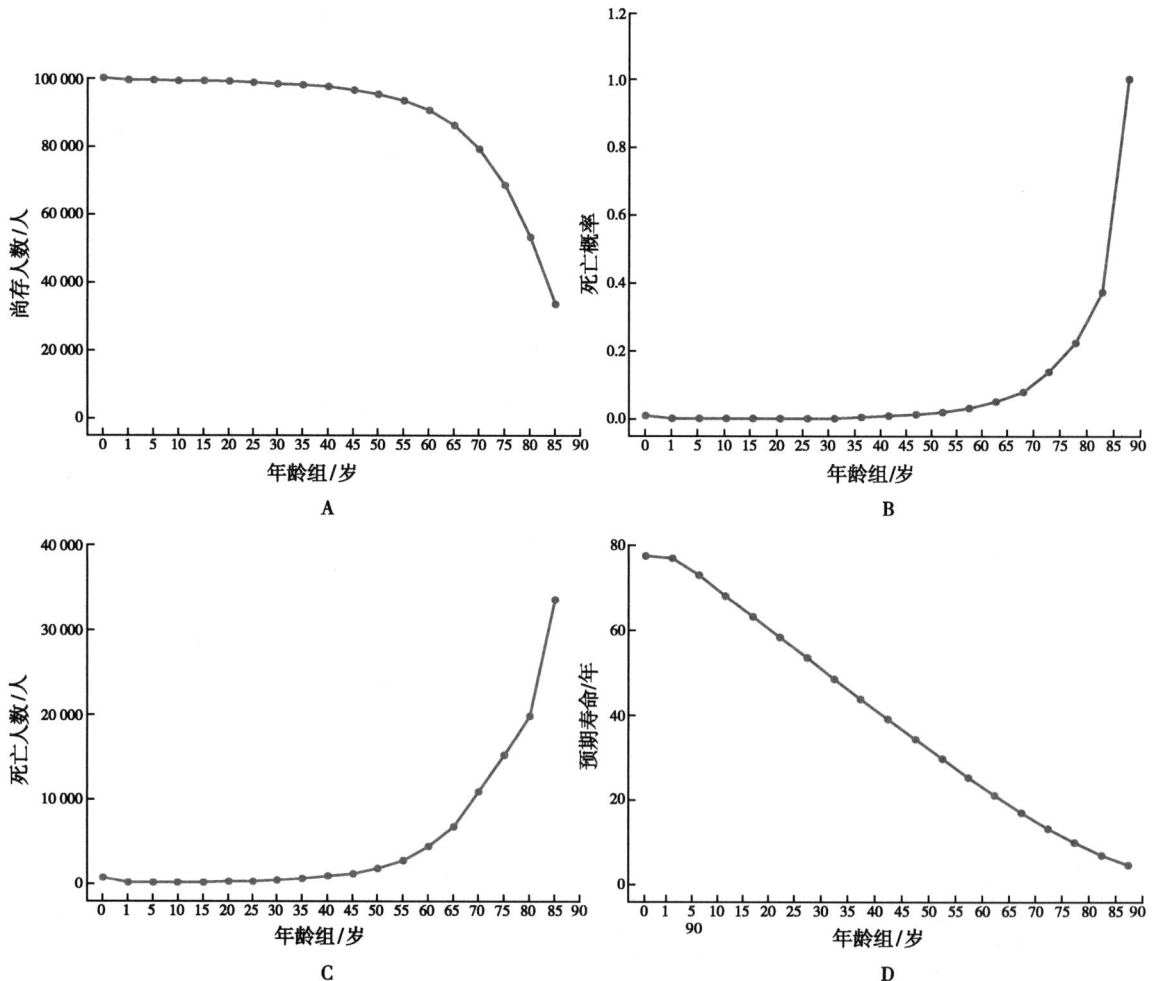

图 16-1　尚存人数、死亡概率、死亡人数和预期寿命随年龄变化趋势

## 第二节　寿命表的编制方法

### 一、编制思想

由上节可知,寿命表的构建过程是假设同时出生的一代人(人数为 $l_0$),在各个年龄段内按照死亡概率 $q_x$ 发生死亡事件。通过数据计算出各年龄组死亡概率 $q_x$ 后,即可依次计算出寿命表中的其他参数。因此,寿命表的编制仅需要两类输入参数 $l_0$ 与 $q_x$,$l_0$ 由研究者人为指定,$q_x$ 则需通过死亡监测数据或调查数据进行参数估计。

### 二、数据来源

寿命表编制理论上只需各年龄组年平均人口数和实际死亡人数,即可估计各年龄组的死亡概率。我国的分年龄组死亡数据与人口数据来源于多种途径,如中国人口普查、全国 1% 人口抽样调查、中国国家妇幼卫生监测系统、中国统计年鉴、中国死因监测等。综上所述,我国各年龄组的死亡概率的估算得益于上述多种监测系统的建立和不断完善,这些系统在数据收集、分析及寿命表的制定中发挥了不可或缺的作用,为制定准确的寿命表提供了坚实的基础。

【例 16-1】　已知某市 2015 年男性各年龄组的年平均人口数及实际死亡人数(表 16-2 第 2 列和第 3 列),该表展示了编制寿命表所需的原始数据,后文将介绍如何基于原始数据编制完整的寿命表。

表 16-2　某市 2015 年男性各年龄段实际死亡数和年平均人口数

| 年龄组/岁<br>（$X\sim$）<br>（1） | 年平均人口数<br>（$P_X$）<br>（2） | 实际死亡人数<br>（$D_X$）<br>（3） | 年龄组/岁<br>（$X\sim$）<br>（1） | 年平均人口数<br>（$P_X$）<br>（2） | 实际死亡人数<br>（$D_X$）<br>（3） |
|---|---|---|---|---|---|
| 0～ | 43 251* | 395 | 50～ | 247 076 | 752 |
| 1～ | 46 871 | 41 | 55～ | 199 665 | 986 |
| 5～ | 48 099 | 24 | 60～ | 103 820 | 1 278 |
| 10～ | 51 256 | 18 | 65～ | 95 382 | 2 291 |
| 15～ | 60 005 | 18 | 70～ | 66 789 | 2 291 |
| 20～ | 86 920 | 28 | 75～ | 39 368 | 2 126 |
| 25～ | 102 502 | 50 | 80～ | 11 207 | 1 381 |
| 30～ | 151 494 | 112 | 85～ | 8 112 | 1 368 |
| 35～ | 182 932 | 179 | 90～ | 1 109 | 271 |
| 40～ | 203 107 | 264 | 95～ | 990 | 288 |
| 45～ | 240 289 | 477 | 100～¶ | 73 | 28 |

注:*年内活产数。
¶寿命表一般将 85 岁以上合并为一组,而本例拟探索老年人情况,所以年龄段延展至 100～。

### 三、寿命表编制过程

编制寿命表需首先计算死亡概率 $q_x$,本部分将基于表 16-3 说明如何计算出各个年龄组的死亡概率 $q_x$,该表前 3 列即是表 16-2 中的原始数据。

表 16-3　某市 2015 年男性简略现时寿命表死亡概率的计算

| 年龄组/岁<br>（X~）<br>（1） | 年平均人口数<br>（$P_X$）<br>（2） | 实际死亡人数<br>（$D_X$）<br>（3） | 平均存活年数<br>（$a_X$）<br>（4） | 死亡率<br>（$M_X$）<br>（5） | 死亡概率<br>（$q_X$）<br>（6） |
|---|---|---|---|---|---|
| 0~ | 43 251 | 395 | 0.09* | — | 0.009 133 |
| 1~ | 46 871 | 41 | 0.38* | 0.000 875 | 0.003 491 |
| 5~ | 48 099 | 24 | 0.5 | 0.000 499 | 0.002 492 |
| 10~ | 51 256 | 18 | 0.5 | 0.000 351 | 0.001 754 |
| 15~ | 60 005 | 18 | 0.5 | 0.000 300 | 0.001 499 |
| 20~ | 86 920 | 28 | 0.5 | 0.000 322 | 0.001 609 |
| 25~ | 102 502 | 50 | 0.5 | 0.000 488 | 0.002 436 |
| 30~ | 151 494 | 112 | 0.5 | 0.000 739 | 0.003 690 |
| 35~ | 182 932 | 179 | 0.5 | 0.000 979 | 0.004 881 |
| 40~ | 203 107 | 264 | 0.5 | 0.001 300 | 0.006 478 |
| 45~ | 240 289 | 477 | 0.5 | 0.001 985 | 0.009 877 |
| 50~ | 247 076 | 752 | 0.5 | 0.003 044 | 0.015 103 |
| 55~ | 199 665 | 986 | 0.5 | 0.004 938 | 0.024 390 |
| 60~ | 103 820 | 1 278 | 0.5 | 0.012 310 | 0.059 711 |
| 65~ | 95 382 | 2 291 | 0.5 | 0.024 019 | 0.113 293 |
| 70~ | 66 789 | 2 291 | 0.5 | 0.034 302 | 0.157 964 |
| 75~ | 39 368 | 2 126 | 0.5 | 0.054 003 | 0.237 898 |
| 80~ | 11 207 | 1 381 | 0.5 | 0.123 227 | 0.471 026 |
| 85~ | 8 112 | 1 368 | 0.5 | 0.168 639 | 0.593 132 |
| 90~ | 1 109 | 271 | 0.5 | 0.244 364 | 0.758 466 |
| 95~ | 990 | 288 | 0.5 | 0.290 909 | 0.842 105 |
| 100~ | 73 | 28 | — | 0.383 562 | 1.000 000 |

注：* 婴儿或幼儿的早期死亡率较高，因此寿命表的"0~"岁和"1~"岁组每年平均存活年数 a 小于 0.5。国内外研究通常采用 $a_0$=0.09，$a_1$=0.38，但也可根据各地区实际情况选择合适值。

## （一）死亡概率 $q_X$ 的估计

式 16-1 给出了死亡概率的计算公式，但 X 岁时的实际存活人数 $N_X$ 往往未知，因此无法直接利用式 16-1，而是利用死亡概率和死亡率关系进行计算。死亡率亦称为死亡密度。$[X, X+n_X)$ 年龄组的死亡率 $M_X$ 定义为：

$$M_X = \frac{在年龄区间[X, X+n_X)内死亡的人数}{X\,时活着的人活过[X, X+n_X)的总人年数}$$

$M_X$ 采用人年作为分母，包括 X~岁年龄组未死亡者存活人年数和死亡者存活人年数。因此，$M_X$ 的公式可写为：

$$M_X = \frac{D_X}{n_X(N_X - D_X) + a_X n_X D_X} \tag{式 16-7}$$

通过与式 16-1 对比可发现,死亡率与死亡概率的分子相同但分母不同。计算 $M_X$ 时通常采用年中年龄组 $[X, X+n_X)$ 的人口数 $P_X$ 代替式 16-7 中的分母,即:

$$n_X(N_X-D_X)+a_X n_X D_X = P_X \qquad (式 16-8)$$

故式 16-7 可以改写为:

$$M_X = \frac{D_X}{P_X} \qquad (式 16-9)$$

式 16-1、式 16-8 和式 16-9 联立求解,可建立死亡率和死亡概率之间的关联如下:

$$q_X = \frac{n_X M_X}{1+(1-a_X)n_X M_X} \qquad (式 16-10)$$

综上所述,利用表 16-3 中的数据,在本例中 "5~" 岁组的死亡率为:

$$M_5 = \frac{D_5}{P_5} = \frac{24}{48\,099} = 0.000\,499$$

余类推。将计算获得的 $M_X$ 代入式 16-10 即可获得死亡概率 $q_X$ 的估计。如 "5~" 岁组死亡概率为:

$$q_5 = \frac{n_5 \times M_5}{1+(1-a_5)\times n_5 \times M_5} = \frac{5\times 0.000\,499}{1+(1-0.5)\times 5 \times 0.000\,499} = 0.002\,492$$

由于死亡的必然性,最后一组的死亡概率为 1,即本例中 "≥100" 岁组的死亡概率为 $q_{100}=1$。

（二）死亡概率 $q_X$ 估计后寿命表的编制

在估计出死亡概率 $q_X$ 后,便可根据第一节中各指标的公式获得完整的寿命表。表 16-4 展示了简略现时寿命表的后续计算结果。

1. 尚存人数与死亡人数 表 16-4 第 4 列的 "0~" 岁组尚存人数为 $l_0$ 为 10 万人;第 5 列的 "理论" 死亡人数由式 16-2 计算,即第 2、4 列相应行数据之乘积,$d_0=l_0 \times q_0 = 100\,000 \times 0.009\,133 = 913$。尚存人数与死亡人数的计算是交叉进行的,例如用 "0~" 岁组的尚存人数与死亡人数之差,获得 "1~" 岁组的尚存人数,即 $l_1=100\,000-913=99\,087$ 人;进一步的 "1~" 岁组的死亡人数 $d_1=99\,087 \times 0.003\,492=346$ 人,其余类推。

2. 生存人年数 表 16-4 第 6 列为各年龄组生存人年数,根据式 16-4,"0~" 岁组生存人年数为:

$$L_0 = n_0 \times l_1 + n_0 \times a_0 \times d_0 = 1 \times 99\,087 + 1 \times 0.09 \times 913 = 99\,169$$

"60~" 岁组生存人年数为

$$L_{60} = n_{60} \times l_{65} + n_{60} \times a_{60} \times d_{60} = 5 \times 86\,161 + 5 \times 0.50 \times 5\,471 = 444\,483$$

其余类推。特别地,由于最后一个年龄组为开放年龄区间,无法确定死亡个体的平均存活年数,因而该年龄组生存人年数由该组的尚存人数 $l_w$ 与死亡率 $M_w$ 之比得到,即:

$$L_w = \frac{l_w}{M_w} = \frac{402}{0.383\,562} = 1\,048$$

3. 生存总人年数 表 16-4 第 7 列为各年龄组生存总人年数,可根据式 16-5 从最大年龄组开始由下向上累加计算,本例中

表 16-4　某市 2015 年男性简略现时寿命表

| 年龄组/岁 $(X\sim)$ (1) | 死亡概率 $(q_x)$ (2) | 平均存活年数 $(a_x)$ (3) | 尚存人数 $(l_x)$ (4) | 死亡人数 $(d_x)$ (5) | 生存人年数 $(L_x)$ (6) | 生存总人年数 $(T_x)$ (7) | 预期寿命/岁 $(e_x)$ (8) |
|---|---|---|---|---|---|---|---|
| 0~ | 0.009 133 | 0.09 | 100 000 | 913 | 99 169 | 7 630 246 | 76.30 |
| 1~ | 0.003 491 | 0.38 | 99 087 | 346 | 395 490 | 7 531 077 | 76.00 |
| 5~ | 0.002 492 | 0.50 | 98 741 | 246 | 493 090 | 7 135 587 | 72.27 |
| 10~ | 0.001 754 | 0.50 | 98 495 | 173 | 492 043 | 6 642 497 | 67.44 |
| 15~ | 0.001 499 | 0.50 | 98 322 | 147 | 491 243 | 6 150 454 | 62.55 |
| 20~ | 0.001 609 | 0.50 | 98 175 | 158 | 490 480 | 5 659 211 | 57.64 |
| 25~ | 0.002 436 | 0.50 | 98 017 | 239 | 489 488 | 5 168 731 | 52.73 |
| 30~ | 0.003 690 | 0.50 | 97 778 | 361 | 487 988 | 4 679 243 | 47.86 |
| 35~ | 0.004 881 | 0.50 | 97 417 | 475 | 485 898 | 4 191 255 | 43.02 |
| 40~ | 0.006 478 | 0.50 | 96 942 | 628 | 483 140 | 3 705 357 | 38.22 |
| 45~ | 0.009 877 | 0.50 | 96 314 | 951 | 479 193 | 3 222 217 | 33.46 |
| 50~ | 0.015 103 | 0.50 | 95 363 | 1 440 | 473 215 | 2 743 024 | 28.76 |
| 55~ | 0.024 390 | 0.50 | 93 923 | 2 291 | 463 888 | 2 269 809 | 24.17 |
| 60~ | 0.059 711 | 0.50 | 91 632 | 5 471 | 444 483 | 1 805 921 | 19.71 |
| 65~ | 0.113 293 | 0.50 | 86 161 | 9 761 | 406 403 | 1 361 438 | 15.80 |
| 70~ | 0.157 964 | 0.50 | 76 400 | 12 068 | 351 830 | 955 035 | 12.50 |
| 75~ | 0.237 898 | 0.50 | 64 332 | 15 304 | 283 400 | 603 205 | 9.38 |
| 80~ | 0.471 026 | 0.50 | 49 028 | 23 093 | 187 408 | 319 805 | 6.52 |
| 85~ | 0.593 132 | 0.50 | 25 935 | 15 383 | 91 218 | 132 397 | 5.10 |
| 90~ | 0.758 466 | 0.50 | 10 552 | 8 003 | 32 753 | 41 179 | 3.90 |
| 95~ | 0.842 105 | 0.50 | 2 549 | 2 147 | 7 378 | 8 426 | 3.31 |
| 100~ | 1.000 000 | — | 402 | 402 | 1 048 | 1 048 | 2.61 |

$$T_{100}=L_{100}=1\ 048$$

$$T_{95}=L_{95}+L_{100}=7\ 378+1\ 048=8\ 426$$

$$T_{90}=L_{90}+L_{95}+L_{100}=32\ 753+7\ 378+1\ 048=41\ 179$$

其余类推。

4. 预期寿命　表 16-4 第 8 列为各年龄组预期寿命,可根据式 16-6 计算。世界卫生组织将出生预期寿命和 60 岁预期寿命作为常用指标,本例为:

$$e_0=\frac{T_0}{l_0}=\frac{7\ 630\ 246}{100\ 000}=76.30$$

$$e_{60}=\frac{T_{60}}{l_{60}}=\frac{1\ 805\ 921}{91\ 632}=19.71$$

其余类推。

## 第三节 去死因寿命表

研究某种死因对居民死亡的影响,可编制去死因寿命表(cause eliminated life table)。其基本思想是:消除了某种死因,则原死于该死因的人不死于该死因,寿命就会有所延长。如果消除了对生命威胁更大的死因,寿命就会延长更多。去死因寿命表的优点是:①以某死因耗损的预期寿命和尚存人数合理地说明了该死因对群体生命的影响程度;②去死因寿命表的指标既能综合说明某死因对全人口的作用,又能分别说明某死因对各年龄组人口的作用;③去死因寿命表的指标同样不受人口年龄构成的影响,便于相互比较。

【例16-2】 在例16-1基础上,如果知道该市2015年男性各年龄组年肿瘤死亡数(表16-5中第2列),便可求得各年龄组尚存者去肿瘤死亡后的预期寿命。

表 16-5 某市 2015 年男性年龄别肿瘤死亡数

| 年龄组/岁<br>($X\sim$)<br>(1) | 肿瘤死亡数<br>($D'_X$)<br>(2) | 年龄组/岁<br>($X\sim$)<br>(1) | 肿瘤死亡数<br>($D'_X$)<br>(2) | 年龄组/岁<br>($X\sim$)<br>(1) | 肿瘤死亡数<br>($D'_X$)<br>(2) |
|---|---|---|---|---|---|
| 0～ | 2 | 35～ | 34 | 75～ | 327 |
| 1～ | 4 | 40～ | 80 | 80～ | 160 |
| 5～ | 8 | 45～ | 142 | 85～ | 176 |
| 10～ | 7 | 50～ | 210 | 90～ | 78 |
| 15～ | 6 | 55～ | 315 | 95～ | 94 |
| 20～ | 5 | 60～ | 360 | 100～ | 8 |
| 25～ | 7 | 65～ | 381 | | |
| 30～ | 21 | 70～ | 348 | | |

去死因寿命表中各项指标的意义与全死因寿命表相同,为了区分,在有关符号的右上角加以标记"′"表示某死因或去除某死因。例如,与实际全死因死亡人数 $D_X$ 不同,$D'_X$ 表示 $X\sim$ 岁年龄组因肿瘤死亡人数。此外,去死因寿命表与全因寿命表的编制思想也高度一致,只需将全因死亡概率 $q_X$ 替换为去死因死亡概率 $q'_X$ 即可,在"年龄组内等风险比"假定下,数理上推导可发现二者关系为:

$$q'_X = 1-(1-q_X)^{\frac{D_X-D'_X}{D_X}} \qquad (式16-11)$$

按式16-11计算去肿瘤死亡率 $q'_X$,如"60～"岁组男性的去肿瘤死亡率为:

$$q'_{60} = 1-(1-q_{60})^{\frac{D_{60}-D'_{60}}{D_{60}}} = 1-(1-0.059\ 820)^{\frac{1\ 278-360}{1\ 278}} = 0.043\ 341$$

其余指标计算步骤同第二节的编制步骤,不再赘述。表16-6为按照以上理论计算得到的去肿瘤死亡寿命表。

表 16-6　某市 2015 年男性去肿瘤死亡简略现时寿命表

| 年龄组/岁 ($X\sim$) (1) | 平均存活年数 ($a_X$) (2) | 实际死亡人数 ($D_X$) (3) | 肿瘤死亡数 ($D'_X$) (4) | 死亡概率 ($q_X$) (5) | 去肿瘤死亡概率 ($q'_X$) (6) | 尚存人数 ($l'_X$) (7) | 死亡人数 ($d'_X$) (8) | 生存人年数 ($L'_X$) (9) | 生存总人年数 ($T'_X$) (10) | 去肿瘤预期寿命/岁 ($e'_X$) (11) |
|---|---|---|---|---|---|---|---|---|---|---|
| 0～ | 0.09 | 395 | 2 | 0.009 133 | 0.009 087 | 100 000 | 909 | 99 173 | 7 848 516 | 78.49 |
| 1～ | 0.38 | 41 | 4 | 0.003 492 | 0.003 152 | 99 091 | 312 | 395 590 | 7 749 342 | 78.20 |
| 5～ | 0.5 | 24 | 8 | 0.002 492 | 0.001 662 | 98 779 | 164 | 493 485 | 7 353 752 | 74.45 |
| 10～ | 0.5 | 18 | 7 | 0.001 754 | 0.001 072 | 98 615 | 106 | 492 810 | 6 860 267 | 69.57 |
| 15～ | 0.5 | 18 | 6 | 0.001 499 | 0.001 000 | 98 509 | 98 | 492 300 | 6 367 457 | 64.64 |
| 20～ | 0.5 | 28 | 5 | 0.001 609 | 0.001 322 | 98 411 | 130 | 491 730 | 5 875 157 | 59.70 |
| 25～ | 0.5 | 50 | 7 | 0.002 437 | 0.002 096 | 98 281 | 206 | 490 890 | 5 383 427 | 54.78 |
| 30～ | 0.5 | 112 | 21 | 0.003 688 | 0.002 998 | 98 075 | 294 | 489 640 | 4 892 537 | 49.89 |
| 35～ | 0.5 | 179 | 34 | 0.004 884 | 0.003 958 | 97 781 | 387 | 487 938 | 4 402 897 | 45.03 |
| 40～ | 0.5 | 264 | 80 | 0.006 481 | 0.004 522 | 97 394 | 440 | 485 870 | 3 914 959 | 40.20 |
| 45～ | 0.5 | 477 | 142 | 0.009 879 | 0.006 948 | 96 954 | 674 | 483 085 | 3 429 089 | 35.37 |
| 50～ | 0.5 | 752 | 210 | 0.015 114 | 0.010 916 | 96 280 | 1 051 | 478 773 | 2 946 004 | 30.60 |
| 55～ | 0.5 | 986 | 315 | 0.024 407 | 0.016 675 | 95 229 | 1 588 | 472 175 | 2 467 231 | 25.91 |
| 60～ | 0.5 | 1 278 | 360 | 0.059 820 | 0.043 341 | 93 641 | 4 058 | 458 060 | 1 995 056 | 21.31 |
| 65～ | 0.5 | 2 291 | 381 | 0.113 549 | 0.095 601 | 89 583 | 8 564 | 426 505 | 1 536 996 | 17.16 |
| 70～ | 0.5 | 2 291 | 348 | 0.158 464 | 0.136 119 | 81 019 | 11 028 | 377 525 | 1 110 491 | 13.71 |
| 75～ | 0.5 | 2 126 | 327 | 0.238 464 | 0.205 877 | 69 991 | 14 410 | 313 930 | 732 966 | 10.47 |
| 80～ | 0.5 | 1 381 | 160 | 0.464 464 | 0.424 281 | 55 581 | 23 582 | 218 950 | 419 036 | 7.54 |
| 85～ | 0.5 | 1 368 | 176 | 0.579 386 | 0.529 810 | 31 999 | 16 953 | 117 613 | 200 086 | 6.25 |
| 90～ | 0.5 | 271 | 78 | 0.710 000 | 0.585 874 | 15 046 | 8 815 | 53 193 | 82 473 | 5.48 |
| 95～ | 0.5 | 288 | 94 | 0.782 779 | 0.642 456 | 6 231 | 4 003 | 21 148 | 29 280 | 4.70 |
| 100～ | — | 28 | 8 | 1.000 000 | 1.000 000 | 2 228 | 2 228 | 8 132 | 8 132 | 3.65 |

如 $e'_{60}$=21.31 表示扣除肿瘤死亡的原因后，"60～"岁年龄组的预期寿命为 21.31 岁。计算得到去肿瘤预期寿命后，将原始预期寿命和去肿瘤后的预期寿命对比，结果如表 16-7 所示。

由表 16-7 可知，该市 2015 年"60～"岁年龄组男性因肿瘤死亡而减少的出生预期寿命为

$$e'_{60} - e_{60} = 21.31 - 19.71 = 1.60$$

"60～"岁年龄组男性因肿瘤死亡的预期寿命变化百分比为

$$\frac{e'_{60} - e_{60}}{e_{60}} \times 100\% = \frac{21.31 - 19.71}{19.71} \times 100\% = 8.10\%$$

换言之，60 岁预期寿命因肿瘤而损失 1.60 岁，如果肿瘤死亡得到有效控制，60 岁时的预期寿命可增加 8.10%。其余年龄组因肿瘤而损失预期寿命和预期寿命变化百分比见表 16-7。由此可见，在不同年龄组中，肿瘤对预期寿命的影响具有明显差异。

表 16-7　现时简略寿命表预期寿命与去肿瘤简略寿命表预期寿命对比

| 年龄/岁<br>（X～）<br>（1） | 预期寿命/岁<br>（$e_x$）<br>（2） | 去肿瘤预期寿命/岁<br>（$e'_x$）<br>（3） | 预期寿命差值/岁<br>（$e'_x-e_x$）<br>（4） | 预期寿命变化百分比/%<br>$[(e'_x-e_x)/e_x]$<br>（5） |
|---|---|---|---|---|
| 0～ | 76.30 | 78.49 | 2.18 | 2.86 |
| 1～ | 76.00 | 78.20 | 2.20 | 2.89 |
| 5～ | 72.27 | 74.45 | 2.18 | 3.02 |
| 10～ | 67.44 | 69.57 | 2.13 | 3.15 |
| 15～ | 62.55 | 64.64 | 2.08 | 3.33 |
| 20～ | 57.64 | 59.70 | 2.06 | 3.57 |
| 25～ | 52.73 | 54.78 | 2.04 | 3.87 |
| 30～ | 47.86 | 49.89 | 2.03 | 4.24 |
| 35～ | 43.02 | 45.03 | 2.00 | 4.66 |
| 40～ | 38.22 | 40.20 | 1.97 | 5.17 |
| 45～ | 33.46 | 35.37 | 1.91 | 5.72 |
| 50～ | 28.76 | 30.60 | 1.83 | 6.38 |
| 55～ | 24.17 | 25.91 | 1.74 | 7.21 |
| 60～ | 19.71 | 21.31 | 1.60 | 8.10 |
| 65～ | 15.80 | 17.16 | 1.36 | 8.58 |
| 70～ | 12.50 | 13.71 | 1.21 | 9.65 |
| 75～ | 9.38 | 10.47 | 1.10 | 11.69 |
| 80～ | 6.52 | 7.54 | 1.02 | 15.58 |
| 85～ | 5.10 | 6.25 | 1.15 | 22.49 |
| 90～ | 3.90 | 5.48 | 1.58 | 40.46 |
| 95～ | 3.31 | 4.70 | 1.39 | 42.16 |
| 100～ | 2.61 | 3.65 | 1.04 | 40.01 |

去死因预期寿命是一种能够反映特定死因对人群整体健康状况影响的指标，它不仅揭示了某种死因的严重程度，还能精确衡量该死因对不同年龄组人群的具体影响。通过分析去除特定死因后的预期寿命与原始预期寿命之间的差异，研究人员可以明确这些疾病或死因对不同年龄段的影响程度，从而为制定公共卫生政策和确定疾病预防控制的优先领域提供科学依据。

# 第四节　健康预期寿命与伤残调整寿命年

## 一、健康预期寿命

随着人口结构老龄化，心血管疾病与癌症等慢性病的患病率不断上升，单纯采用以死亡为主导的预期寿命已无法完整、准确地衡量人群健康水平。对此，世界卫生组织提出良好健康状况下的预期寿命，即健康预期寿命（healthy life expectancy，HLE），该指标是在预期寿命基础上进一步关注人群健康状态的综合性健康测量指标。健康的概念具有多维性，其界定通常包括：躯体有无疾病、生理有无缺陷、心理是否适应、功能是否受限等。由于社会文化背景的不同，人们对于健康的理解和测量维度的选择存在较大差异，因此出现了诸多衡量健康预期寿命的指标。

目前，广泛使用的健康预期寿命指标可分为四类：①无疾病预期寿命（disease-free life expectancy，Dis-FLE）：关注是否存在疾病；②无残损及残障预期寿命（disability-free life expectancy，DFLE）：侧重于是否存在损伤、残疾和障碍；③自评健康预期寿命（self-rated health life expectancy，SRHLE）：反映个人对健康的主观感受；④健康调整预期寿命（health-adjusted life expectancy，HALE）：是一个综合性指标，通过对不同健康状态赋权来全面评估健康水平。这些指标从客观到主观，从单一维度到多维度，有助于更深入地理解和比较不同人群的健康状况。

【例16-3】　欲了解2015年某市居民在不受疾病影响的完全健康状态下生存的健康预期寿命。此时，在例1的年龄组死亡概率已知的基础上，还需知道该地区各年龄组的患病率 $\pi_X$（表16-8），才可以计算该市的无疾病健康预期寿命。

表 16-8　某市 2015 年男性的死亡概率与患病率

| 年龄组/岁<br>（X~） | 患病率<br>（$\pi_X$） | 年龄组/岁<br>（X~） | 患病率<br>（$\pi_X$） | 年龄组/岁<br>（X~） | 患病率<br>（$\pi_X$） | 年龄组/岁<br>（X~） | 患病率<br>（$\pi_X$） |
|---|---|---|---|---|---|---|---|
| 0~ | 0.053 | 25~ | 0.067 | 55~ | 0.174 | 85~ | 0.425 |
| 1~ | 0.053 | 30~ | 0.076 | 60~ | 0.175 | 90~ | 0.486 |
| 5~ | 0.053 | 35~ | 0.077 | 65~ | 0.178 | 95~ | 0.512 |
| 10~ | 0.053 | 40~ | 0.104 | 70~ | 0.236 | 100~ | 0.552 |
| 15~ | 0.053 | 45~ | 0.123 | 75~ | 0.293 | — | — |
| 20~ | 0.062 | 50~ | 0.151 | 80~ | 0.344 | — | — |

利用寿命表计算健康预期寿命与计算预期寿命的步骤类似，其唯一变化是：根据患病率（$\pi_X$）对各年龄组的生存人年数（$L_X$）进行打折，得到健康生存人年数（$HL_X$），再用之前的方法获得健康预期寿命。本例健康预期寿命的计算见表16-9。

第5列的健康生存人年数（$HL_X$）可由式16-12计算：

$$HL_X = L_X(1-\pi_X) \tag{式16-12}$$

式中 $L_X$ 为表16-9中第3列的生存人年数，$\pi_X$ 为表16-9中第4列的患病率。如"60~"岁组的健康生存人年数为：

$$HL_{60} = L_{60}(1-\pi_{60}) = 444\,483 \times (1-0.175) = 366\,698$$

由第二节寿命表编制方法可知"60~"岁组健康生存总人年数通过累加：

$$HT_{60} = HT_{60} + HT_{65} + \cdots + HT_w = 1\,366\,219$$

此时"60~"岁组的健康预期寿命为：

$$He_{60} = HT_{60}/l_{60} = 1\,366\,219/91\,632 = 14.91$$

其含义是该年龄组的人群在没有重大健康问题或残疾的情况下，预计可以继续健康生活14.91年。

表 16-9　某市 2015 年男性的健康预期寿命

| 年龄组/岁<br>（X～）<br>（1） | 尚存人数<br>（$l_x$）<br>（2） | 生存人年数<br>（$L_x$）<br>（3） | 患病率<br>（$\pi_x$）<br>（4） | 健康生存<br>人年数<br>（$HL_x$）<br>（5） | 健康生存<br>总人年数<br>（$HT_x$）<br>（6） | 健康预期<br>寿命/岁<br>（$He_x$）<br>（7） |
|---|---|---|---|---|---|---|
| 0～ | 100 000 | 99 169 | 0.053 | 93 913 | 6 687 013 | 66.87 |
| 1～ | 99 087 | 395 490 | 0.053 | 374 529 | 6 593 100 | 66.54 |
| 5～ | 98 741 | 493 090 | 0.053 | 466 956 | 6 218 571 | 62.98 |
| 10～ | 98 495 | 492 043 | 0.053 | 465 965 | 5 751 615 | 58.39 |
| 15～ | 98 322 | 491 243 | 0.053 | 465 207 | 5 285 650 | 53.76 |
| 20～ | 98 175 | 490 480 | 0.062 | 460 070 | 4 820 443 | 49.10 |
| 25～ | 98 017 | 489 488 | 0.067 | 456 692 | 4 360 372 | 44.49 |
| 30～ | 97 778 | 487 988 | 0.076 | 450 901 | 3 903 680 | 39.92 |
| 35～ | 97 417 | 485 898 | 0.077 | 448 484 | 3 452 779 | 35.44 |
| 40～ | 96 942 | 483 140 | 0.104 | 432 893 | 3 004 295 | 30.99 |
| 45～ | 96 314 | 479 193 | 0.123 | 420 252 | 2 571 402 | 26.70 |
| 50～ | 95 363 | 473 215 | 0.151 | 401 760 | 2 151 150 | 22.56 |
| 55～ | 93 923 | 463 888 | 0.174 | 383 171 | 1 749 390 | 18.63 |
| 60～ | 91 632 | 444 483 | 0.175 | 366 698 | 1 366 219 | 14.91 |
| 65～ | 86 161 | 406 403 | 0.178 | 334 063 | 999 520 | 11.60 |
| 70～ | 76 400 | 351 830 | 0.236 | 268 798 | 665 457 | 8.71 |
| 75～ | 64 332 | 283 400 | 0.293 | 200 364 | 396 659 | 6.17 |
| 80～ | 49 028 | 187 408 | 0.344 | 122 940 | 196 295 | 4.00 |
| 85～ | 25 935 | 91 218 | 0.425 | 52 450 | 73 355 | 2.83 |
| 90～ | 10 552 | 32 753 | 0.486 | 16 835 | 20 905 | 1.98 |
| 95～ | 2 549 | 7 378 | 0.512 | 3 600 | 4 070 | 1.60 |
| 100～ | 402 | 1 048 | 0.552 | 470 | 470 | 1.17 |

表 16-10 展示了该市 2015 年男性各年龄组的预期寿命与健康预期寿命及二者之间的差异。
如"60～"岁组患病损失预期寿命为：

$$e_{60}-He_{60}=19.71-14.91=4.80$$

表示活满 60 岁的人预期寿命为 19.71 岁，能健康生存的预期寿命为 14.91 岁，因患病而受到影响的预期寿命为 4.80 岁。

## 二、伤残调整寿命年

传统的健康评估通常只聚焦于死亡率，忽视了患者在患病过程中遭受的长期痛苦及其对生活质量的影响。随着医疗技术的进步，越来越多的患者得以存活，但他们往往会面临长期的健康问题，如功能障碍、慢性疼痛或精神健康问题。因此，仅仅用死亡率或生存率来衡量疾病的影响已经

表 16-10 某市 2015 年男性的预期寿命与健康预期寿命

| 年龄组/岁<br>（X~）<br>（1） | 预期寿命/岁<br>（$e_x$）<br>（2） | 健康预期寿命/岁<br>（$He_x$）<br>（3） | 患病损失健康预期寿命/岁<br>（$e_x-He_x$）<br>（4） |
|---|---|---|---|
| 0～ | 76.30 | 66.87 | 9.43 |
| 1～ | 76.00 | 66.54 | 9.47 |
| 5～ | 72.27 | 62.98 | 9.29 |
| 10～ | 67.44 | 58.39 | 9.04 |
| 15～ | 62.55 | 53.76 | 8.80 |
| 20～ | 57.64 | 49.10 | 8.54 |
| 25～ | 52.73 | 44.49 | 8.25 |
| 30～ | 47.86 | 39.92 | 7.93 |
| 35～ | 43.02 | 35.44 | 7.58 |
| 40～ | 38.22 | 30.99 | 7.23 |
| 45～ | 33.46 | 26.70 | 6.76 |
| 50～ | 28.76 | 22.56 | 6.21 |
| 55～ | 24.17 | 18.63 | 5.54 |
| 60～ | 19.71 | 14.91 | 4.80 |
| 65～ | 15.80 | 11.60 | 4.20 |
| 70～ | 12.50 | 8.71 | 3.79 |
| 75～ | 9.38 | 6.17 | 3.21 |
| 80～ | 6.52 | 4.00 | 2.52 |
| 85～ | 5.10 | 2.83 | 2.28 |
| 90～ | 3.90 | 1.98 | 1.92 |
| 95～ | 3.31 | 1.60 | 1.71 |
| 100～ | 2.61 | 1.17 | 1.44 |

无法满足现代公共卫生的需求。除健康预期寿命外，另一全面评估疾病导致社会整体负担的指标为伤残调整寿命年（disability-adjusted life year，DALY）。该指标是由早死寿命损失年（years-of-life lost，YLL）和伤残损失寿命年（years lived with disability，YLD）两者相加而得。DALY 将死亡和非致死伤残的后果信息加以整合，综合反映某人群的健康状况。特定原因的 DALY 是针对特定疾病、伤害、健康状态或危险因素计算出的 DALY 损失。非特定原因的 DALY 是指一个群体的总 DALY，它提供了一个群体健康负担的整体图景。非特定原因的 DALY 本质上是所有个体特定病因 DALY 的总和，它汇总了所有个体疾病和状况的影响，以提供该群体所面临健康挑战的完整图景。DALY 作为疾病负担的测量指标，广泛应用于全球疾病负担研究，其用于衡量一个国家或地区人群的健康损失情况，其结果在不同地区或国家间、年代间具有可比性，可为所关注地区确定风险人群健康的主要疾病种类、重点防控人群提供重要依据，为全球公共卫生提供了一个强有力的工具。

【例 16-4】 欲了解某市 2015 年男性人群因饮酒导致的肝癌的早死寿命损失年（YLL）和伤残损失寿命年（YLD），研究者收集了肝癌死亡人数和患病人数，如表 16-11 所示。

表 16-11　某市 2015 年男性饮酒导致的肝癌死亡的人数和患病人数

| 年龄组/岁<br>（X~） | 肝癌死亡的人数<br>（$W_X$） | 患病人数<br>（$S_X$） | 年龄组/岁<br>（X~） | 肝癌死亡的人数<br>（$W_X$） | 患病人数<br>（$S_X$） |
|---|---|---|---|---|---|
| 0~ | 0 | 0 | 50~ | 4 897 | 9 554 |
| 1~ | 0 | 0 | 55~ | 7 817 | 13 652 |
| 5~ | 0 | 0 | 60~ | 10 551 | 17 347 |
| 10~ | 0 | 0 | 65~ | 13 151 | 19 336 |
| 15~ | 6 | 12 | 70~ | 11 800 | 15 169 |
| 20~ | 31 | 59 | 75~ | 8 347 | 9 852 |
| 25~ | 102 | 327 | 80~ | 5 703 | 6 051 |
| 30~ | 301 | 849 | 85~ | 2 693 | 2 992 |
| 35~ | 717 | 1 720 | 90~ | 862 | 466 |
| 40~ | 1 418 | 2 791 | 95~ | 153 | 51 |
| 45~ | 2 719 | 5 400 | | | |

（一）早死寿命损失年

对个体而言，早死寿命损失年是因某病死亡时的年龄与标准预期寿命之差。对于 X~年龄组的 YLL，其计算公式为 $YLL_X = W_X \times e_X$，其中，$W_X$ 是因该疾病或原因死亡的人数，$e_X$ 是该年龄组的预期寿命，通常采用表 16-12 所示的世界卫生组织全球健康估计的标准预期寿命表进行计算。通过该表，可为所有国家设定一个统一的健康目标以计算和比较疾病负担。

表 16-12　全球疾病负担研究和世界卫生组织采用的男性的标准预期寿命表

| 年龄组/岁<br>（X~） | 预期寿命/岁<br>（$e_X$） | 年龄组/岁<br>（X~） | 预期寿命/岁<br>（$e_X$） | 年龄组/岁<br>（X~） | 预期寿命/岁<br>（$e_X$） |
|---|---|---|---|---|---|
| 0~ | 80.00 | 30~ | 50.51 | 65~ | 17.50 |
| 1~ | 79.36 | 35~ | 45.57 | 70~ | 13.58 |
| 5~ | 75.38 | 40~ | 40.64 | 75~ | 10.17 |
| 10~ | 70.40 | 45~ | 35.77 | 80~ | 7.45 |
| 15~ | 65.41 | 50~ | 30.99 | 85~ | 5.24 |
| 20~ | 60.44 | 55~ | 26.32 | 90~ | 3.54 |
| 25~ | 55.47 | 60~ | 21.81 | 95~ | 2.31 |

以"60~"岁的数据为例，该年龄组肝癌早死寿命损失年为：

$$YLL_{60} = W_{60} \times e_{60} = 10\ 551 \times 21.81 = 230\ 117.31$$

最终的 YLL 的计算结果如表 16-13 所示。

（二）伤残损失寿命年

伤残损失寿命年是衡量疾病或伤残对个体健康和生命质量的负面影响的指标。YLD 结合了疾病或伤残的持续时间和疾病的严重程度，即伤残权重（disability weight，DW）。YLD 不考虑死亡，只考虑疾病对生活质量的负面影响，其计算公式为：$YLD_X = S_X \times DW_X$，其中，$S_X$ 为分年龄组、分性别的

表 16-13 某市 2015 年男性因饮酒导致的肝癌早死寿命损失年

| 年龄组/岁<br>（X~） | 早死寿命<br>损失年/年<br>（YLL$_X$） | 年龄组/岁<br>（X~） | 早死寿命<br>损失年/年<br>（YLL$_X$） | 年龄组/岁<br>（X~） | 早死寿命<br>损失年/年<br>（YLL$_X$） |
|---|---|---|---|---|---|
| 0~ | 0.00 | 35~ | 32 673.69 | 75~ | 84 888.99 |
| 1~ | 0.00 | 40~ | 57 627.52 | 80~ | 42 487.35 |
| 5~ | 0.00 | 45~ | 97 258.63 | 85~ | 14 111.32 |
| 10~ | 0.00 | 50~ | 151 758.03 | 90~ | 3 051.48 |
| 15~ | 392.46 | 55~ | 205 743.44 | 95~ | 353.43 |
| 20~ | 1 873.64 | 60~ | 230 117.31 | 合计 | 1 333 585.24 |
| 25~ | 5 657.94 | 65~ | 230 142.50 | | |
| 30~ | 15 203.51 | 70~ | 160 244.00 | | |

患病人数，DW$_X$ 为某疾病的伤残权重。DW$_X$ 反映疾病导致伤残的严重程度，取值范围从 0 到 1，其中 0 代表完全健康状态，1 代表死亡；因此，伤残权重值越大，表示该疾病造成的伤残程度越重。不同国家或民族对特定疾病或伤残状况的认知和价值观存在差异，因此，伤残权重可能因地域和文化而异，在比较全球健康负担时需要特别考虑这些差异。伤残权重可从全球疾病负担研究进行检索获得。全球疾病负担研究是一项旨在评估不同疾病、伤害和风险因素对全球健康影响的研究项目，全球疾病负担研究已有 30 年历史，其目标是对关键健康指标提供及时、有效的评估。最新版本结果对 200 多个国家和地区的数千种疾病、伤害和风险因素的结果进行了评估。目前有来自 150 多个国家的 8 000 多名科学家和分析师在共同合作开展全球疾病负担研究。经查询全球疾病负担数据库，由饮酒而导致的肝癌的伤残权重为 0.54。此处仍以"60~"岁的男性数据为例，因饮酒导致的肝癌造成的伤残损失寿命年为：

$$YLD_{60}=S_{60} \times DW_{60}=17\,347 \times 0.54 = 9\,367.38$$

最终的 YLD 的计算结果如表 16-14 所示。

表 16-14 某市 2015 年男性因饮酒导致的肝癌造成的伤残损失寿命年

| 年龄组/岁<br>（X~） | 伤残损失<br>寿命年/年<br>（YLD$_X$） | 年龄组/岁<br>（X~） | 伤残损失寿命<br>年/年<br>（YLD$_X$） | 年龄组/岁<br>（X~） | 伤残损失寿命<br>年/年<br>（YLD$_X$） |
|---|---|---|---|---|---|
| 0~ | 0.00 | 35~ | 928.80 | 75~ | 5 320.08 |
| 1~ | 0.00 | 40~ | 1 507.14 | 80~ | 3 267.54 |
| 5~ | 0.00 | 45~ | 2 916.00 | 85~ | 1 615.68 |
| 10~ | 0.00 | 50~ | 5 159.16 | 90~ | 251.64 |
| 15~ | 6.48 | 55~ | 7 372.08 | 95~ | 27.54 |
| 20~ | 31.86 | 60~ | 9 367.38 | 合计 | 57 039.12 |
| 25~ | 176.58 | 65~ | 10 441.44 | | |
| 30~ | 458.46 | 70~ | 8 191.26 | | |

基于以上 YLL 和 YLD 的结果，2015 年某市男性总的伤残调整寿命年为：

$$DALY=YLL+YLD=1\ 333\ 585.24+57\ 039.12=1\ 390\ 624.36（人年）$$

该市 2015 年男性因肝癌导致的 DALY 为 1 390 624.36 人年，承受了较大的疾病负担。除了测量因过量饮酒导致的肝癌的 DALY，还能够测量其他类型的疾病，如心血管疾病，通过比较各类疾病的DALY，能更好地确定该市需要重点干预哪种疾病，减少该市的疾病负担，优化资源分配，提高整体健康水平。

（赵　星）

## 小结

　　寿命表主要分为定群寿命表和现时寿命表：定群寿命表描述特定出生群体的实际死亡经历，从出生到无人存活的全过程；而现时寿命表呈现假设群体在整个生命周期中经历不同年龄段死亡规律的情景，是当前死亡规律的"切片"。现时寿命表在描述特定时期的死亡规律与预期寿命时应用更广泛。

　　寿命表的编制仅需要两类输入参数，即尚存人数 $l_0$ 与死亡概率 $q_x$。其中，$l_0$ 由研究者人为指定，$q_x$ 则需通过利用死亡监测数据或调查数据，将死亡率化为死亡概率。0～岁组死亡概率通常用婴儿死亡率代替，最后一个年龄组的死亡概率为 1。

　　去死因寿命表能衡量某种死因对期望寿命的影响程度。编制的关键是计算某死因死亡人数占全部死亡人数的比例。通过消除特定死因，去死因寿命表可以估算预期寿命的变化，从而帮助理解该死因对人口健康的影响。不仅可以全面展示某一死因对整个群体的影响，还能具体分析其对不同年龄组的作用。

　　健康预期寿命指标可分为四类：①无疾病预期寿命；②无残损及残障预期寿命；③自评健康预期寿命；④健康调整预期寿命。

　　伤残调整寿命年（DALY）是一种用于评估和比较公共健康状况的综合指标。它从健康差距的角度出发，将由于死亡和非致死性伤残所带来的健康损失整合为一个单一的数值，量化了疾病和伤残对人口健康的整体影响，用于识别和优先处理公共卫生领域中的关键问题。早死寿命损失年（YLL）是相对于标准期望寿命而言，死于某年龄组标准期望寿命之前的年数，即过早死亡所致的寿命损失人年数。伤残损失寿命年（YLD）是因为非致命的患病或损伤所导致伤残引起的健康寿命损失人年数。

　　世界卫生组织常用寿命及健康评价指标的数据来源和常用分层维度见表 16-15。

表 16-15　世界卫生组织常用寿命及健康评价指标

| 中文名称 | 英文名称 | 数据来源 | 常用分层维度 |
| --- | --- | --- | --- |
| 出生时预期寿命 | life expectancy at birth | 分年龄组的年平均人口数、实际死亡人数 | 性别 |
| 60 岁时预期寿命 | life expectancy at age 60 | | |

续表

| 中文名称 | 英文名称 | 数据来源 | 常用分层维度 |
|---|---|---|---|
| 出生时<br>健康预期寿命（HLE） | healthy life expectancy at birth | 分年龄组的年平均人口数、实际死亡人数、患病率等 | 年龄<br>性别 |
| 60岁时<br>健康预期寿命（IILE） | healthy life expectancy at age 60 | | |
| 早死寿命损失年（YLL） | years of life lost from mortality | 分年龄组的年平均人口数、实际死亡人数 | 年龄<br>性别<br>疾病 |
| 伤残损失寿命年（YLD）<br>（每10万人口） | years of life lost（per 100 000 population） | | |
| 伤残调整<br>寿命年（DALY） | disability-adjusted life years | 分年龄组的年平均人口数、实际死亡人数、发病率、患病率、疾病别死亡 | 年龄<br>性别<br>疾病<br>风险因素 |

## 思考与练习

### 一、最佳选择题

1. 简略现时寿命表的主要指标**不包括**（　　　）

　　A. 尚存人数　　　　　　　　　　　B. 死亡概率

　　C. 死亡人数　　　　　　　　　　　D. 期望寿命

　　E. 年龄别死亡率

2. 制作简略现时寿命表时需要用到的原始数据包括（　　　）

　　A. 年平均人口数　　　　B. 实际死亡人数　　　　C. 死亡概率

　　D. A 和 B　　　　　　　E. B 和 C

3. 伤残调整寿命年（DALY）是（　　　）

　　A. 一种衡量国家经济发展的指标

　　B. 一种评估疾病对人群健康影响的综合指标，考虑了死亡和伤残的年限

　　C. 一种专门用于计算医疗费用的工具

　　D. 一种用于评估环境污染对人群健康影响的指标

　　E. 一种扣除了死亡与疾病后的平均期望寿命

### 二、思考题

请比较伤残调整寿命年（DALY）与死亡率、发病率等其他健康指标的不同之处，并讨论它们各自的优缺点。

### 三、案例分析题

1. 基于文中式 16-1、式 16-8 和式 16-9，试着推导出式 16-10，并说说如何理解死亡概率 $q_X$ 与死亡率 $M_X$。

2. 表 16-16 为某市 2020 年男性居民的按年龄分组的生存资料，请试着编制简略寿命表。

表 16-16 某市 2020 年男性居民的按年龄分组的生存资料

| 年龄组 | 平均存活年数 | 年平均人口数 | 实际死亡人数 |
| --- | --- | --- | --- |
| 0～ | 0.09 | 18 753 | 246 |
| 1～ | 0.38 | 54 325 | 60 |
| 5～ | 0.5 | 64 063 | 46 |
| 10～ | 0.5 | 94 683 | 64 |
| 15～ | 0.5 | 114 332 | 90 |
| 20～ | 0.5 | 126 941 | 123 |
| 25～ | 0.5 | 118 930 | 127 |
| 30～ | 0.5 | 91 922 | 104 |
| 35～ | 0.5 | 62 290 | 92 |
| 40～ | 0.5 | 56 806 | 134 |
| 45～ | 0.5 | 65 863 | 239 |
| 50～ | 0.5 | 54 243 | 346 |
| 55～ | 0.5 | 43 355 | 528 |
| 60～ | 0.5 | 32 004 | 763 |
| 65～ | 0.5 | 24 445 | 972 |
| 70～ | 0.5 | 12 818 | 897 |
| 75～ | 0.5 | 5 813 | 647 |
| 80～ | — | 2 685 | 517 |

meta 分析（meta analysis）又称荟萃分析，是由亨利·贝歇尔（Henry Beecher）于 1955 年最先提出，并由心理学家吉恩·格拉斯（Gene Glass）在 1976 年首次命名。目前，meta 分析已在教育学、心理学、社会科学、生物医学等领域得到越来越广泛的应用。从某种意义上说，meta 分析是对现有信息的最优利用。随着我国医学研究文献质量的提高，meta 分析已在循证医学和循证卫生管理中发挥越来越重要的作用。

## 第一节　meta 分析概述

### 一、问题的提出

【例 17-1】　关于某药物对提高哮喘患者抗过敏能力的疗效，以免疫球蛋白 IgE 为结局变量（单位 mg/dl）进行判断，5 位作者的研究结果列于表 17-1。若某学者要了解这种药物对提高哮喘患者抗过敏能力的疗效，该学者应如何综合评价这 5 个研究者的结果，怎样得到比较合理的结论？

简单将 5 个研究结果合并求均数显然是不行的，而必须用新的方法进行综合分析，本章介绍的 meta 分析正是解决这类问题的有效方法。

表 17-1　某药提高哮喘患者抗过敏能力疗效的 5 个临床试验结果

| 研究 | 药物组 | | | 对照组 | | |
|---|---|---|---|---|---|---|
| | $n_{1i}$ | $\overline{X}_{1i}$ | $S_{1i}$ | $n_{2i}$ | $\overline{X}_{2i}$ | $S_{2i}$ |
| 1 | 24 | 1.27 | 0.70 | 25 | 1.63 | 0.70 |
| 2 | 33 | 1.29 | 0.96 | 30 | 1.75 | 0.93 |
| 3 | 44 | 1.28 | 2.41 | 40 | 2.21 | 1.94 |
| 4 | 35 | 1.32 | 1.85 | 36 | 1.91 | 1.80 |
| 5 | 43 | 1.22 | 1.70 | 41 | 1.98 | 1.75 |

### 二、meta 分析的含义

在世界范围内，对同一目的研究可能有几个、几十个、甚至上百个学者在不同地区进行研究并报告结果，但各学者在研究设计、对象选择、样本含量、指标选择、统计方法等方面不完全相同，导致研究结果并不完全一致，对这些结果进行综合评价和取舍是比较困难的，而 meta 分析正是对这些结果进行定量综合的适宜统计方法。

1976 年英国心理学家吉恩·格拉斯（Gene Glass）给 meta 分析的定义是 meta 分析是以综合研究结果为目的而对不同研究结果进行收集、合并及统计分析的一种方法；1987 年戴维·萨基特（David Sackett）的定义是 meta 分析是对先前研究结果进行统计合并和评述的一种新方法。

meta 分析实质上就是汇总多个针对相同的研究目的而开展的研究结果，分析评价其合并效应量的一系列过程，即通过综合多个研究结果而提供一个量化的平均效果或关联。meta 分析是对具有相同目的且相互独立的多个研究结果进行系统的综合评价和定量分析的一种研究方法。

实施 meta 分析时，应选择适当的统计模型进行参数估计，以得到合并效应量的点估计和区间估计。其中，统计模型包括固定效应模型（fixed effect model）和随机效应模型（random effect model）。固定效应模型假设各独立研究是来自同一总体的样本，各研究的效应值只是总体参数的一次实现；各研究间的差异只由抽样误差引起，不同研究间的变异很小；一项研究内部个体间的方差与另一项研究内部个体间的方差相等（方差齐性）。随机效应模型假定各研究来自不同的总体；各研究间的变异较大，既包括各个研究内部的方差，也包括各个研究之间的方差；每个研究有其相应的总体参数，meta 分析的合并效应值是多个不同总体参数的加权平均。

在选择 meta 分析的统计模型时，首先要对各研究作同质性检验（homogeneity test），又称异质性检验（heterogeneity test），是用假设检验的方法检验多个独立研究的同质性（异质性）是否具有统计学意义。若检验结果不拒绝零假设，即各研究间的差异没有统计学意义，可采用固定效应模型，其主要统计方法包括 Mantel-Haenszel 法（简称 M-H 法）、Peto 法和 General variance-based 法；若拒绝零假设，则认为研究间存在异质性，应采用随机效应模型，其统计方法主要是 DerSimonian-Laird 法。

常用 meta 分析的模型选择及方法见表 17-2。

表 17-2　常用 meta 分析的模型选择及统计方法

| 结局变量类型 | 同质性 | 效应量 | 模型选择 | 统计方法 |
|---|---|---|---|---|
| 分类 | 满足 | OR | 固定效应模型 | M-H 法或 Peto 法 |
| | 满足 | RD、对数 RR 等 | 固定效应模型 | General variance-based 法 |
| | 不满足 | OR | 随机效应模型 | DerSimonian-Laird 法 |
| 定量 | 满足 | MD、SMD 等 * | 固定效应模型 | General variance-based 法 |
| | 不满足 | MD、SMD 等 * | 随机效应模型 | DerSimonian-Laird 法 |

注：*要求近似服从正态分布。

OR, odds ratio, 比值比；RD, rate difference, 率差；RR, relative risk, 相对危险度；MD, mean difference, 均数差；SMD, standardized mean difference, 标准化均数差。

### 三、meta 分析的用途

在生物医学领域中应用 meta 分析主要解决以下问题：病因学研究中因果联系的强度与特异性；各种干预措施效果的程度、特异性以及卫生经济学问题；卫生策略的效果评价。这些问题通过 meta 分析可达到下列目的：

1. 提高统计学检验效能　在进行假设检验时，能否得到"有统计学意义"的结果与样本含量存在一定关系，meta 分析是对多个同类研究结果进行综合，总样本量增大，因而可提高统计检验的效能。

2. 解决单个研究间的矛盾，评价结果的一致性　由于各种研究在设计、对象选择、样本含量、试验条件等方面不同，其研究结果的质量存在很大差异，一般综述方法很难对研究结论进行合理取舍，而 meta 分析可以估计各个研究可能存在的偏倚以及异质性的来源，采用统计方法对各个研究结果进行定量综合评价。

3. 改善对效应量的估计　多个同类研究的结果可能在程度和方向上存在差异，有时甚至得到相互矛盾的研究结论。用 meta 分析的综合结果可以估计各个研究效应量的平均水平，从而可得到一个供选择的明确结论。

4. 解决既往单个研究未明确的新问题 meta 分析可以探讨单个研究未阐明的某些问题,发现既往研究存在的缺陷,继而提出新的研究问题和研究思路。

### 四、meta 分析的适用性

针对某一主题能否开展 meta 分析是一个初学者较易疑惑的问题。本章建议可以从以下几方面考虑:①某一主题存在一定数量的原始研究,但是研究结论不一致;②同一主题原始研究样本量均很小;③同一主题缺乏总体性报道,且存在一定量分散的个体研究;④同一主题的大多数原始研究的结果均无统计学意义;⑤目前关于某一主题的系统综述和 meta 分析已经发表,可以从"发表的meta 分析纳入的文献设计类型是否合适,研究结果是否存在种族、地区差异,混杂因素是否考虑或某些影响 meta 分析结论的因素是否考虑,是否新涌现出一批高质量的原始研究比如前瞻性队列研究"等方面去思考是否有必要开展新的同一主题的 meta 分析。

## 第二节 meta 分析的基本步骤与方法

### 一、meta 分析的基本步骤

meta 分析的基本步骤是:提出所需要解决的问题,制定 meta 分析方案;检索并筛选文献,纳入满足要求的文献,提取文献中相关信息和数据,评价文献质量;进行同质性检验,数据统计分析;对分析结果进行解释并给出报告。一份完整的 meta 分析报告,应至少包括提出问题、收集和分析数据、报告结果等几个部分。

1. 提出问题,制定研究计划 通过系统复习大量文献提出需要解决的问题,meta 分析所研究和需要解决的问题一般来自生物医学研究领域中不确定或有争议的问题。与其他科学研究一样,meta 分析课题的研究计划包括研究目的、现状、意义、方法、数据收集与分析、结果解释等。

2. 检索相关文献 一般从研究问题入手,确定检索来源(如 Cochrane 图书馆、PubMed、EMBASE、OVID、中国生物医学文献数据库、万方数据库、CNKI 数据库、维普中文科技期刊数据库等)和检索词,制定并完善检索策略。规范的检索词是确保文献不遗漏以及今后对 meta 分析进行更新的保证。对检索结果要进行查全、查准与否的分析评价,这是至关重要的,否则会影响 meta 分析结论的可靠性和真实性。

3. 筛选纳入文献 以明确的纳入和排除标准从检索出的文献中筛选合乎要求的文献。在制定文献纳入和排除标准时,要考虑研究对象、研究设计类型、文献发表的年限和语种、样本量和随访期限、干预措施/暴露因素/结局指标的定义/测量、重复发表、信息的完整性、能否满足统计分析的需求等方面的问题。应该注意,文献检索、筛选以及后面涉及的文献质量评价、数据提取均应由两名研究者独立完成,如遇不一致应该进一步核查信息或通过讨论解决。

4. 提取纳入文献的数据信息 从文献中提取数据时,应预先制定一个数据提取表,确定应提取哪些数据。提取的数据主要包括:纳入研究的基本信息、研究设计方案及实施情况、研究方法、结果测量情况、可能存在的偏倚、混杂因素的控制、主要研究结果等内容。

5. 纳入文献的质量评价 meta 分析是对原有研究结果的再分析,评价纳入研究的质量对客观判断 meta 分析结果和结论的真实性、可靠性至关重要。文献质量评价主要采用量表评价法,这些量表大多是针对某一特定研究类型而设计。例如,对随机对照试验评价,Cochrane 协作网推荐采用由方法学家、编辑和系统评价员共同制定的新的"偏倚风险评估"工具;对队列研究和病例对照研究,可采用 NOS 量表(Newcastle-Ottawa Scale)进行质量评价。

6. **数据的统计学处理** 主要包括:明确资料类型、选择恰当的效应指标;进行同质性检验、选择适合的统计分析模型;效应合并值的参数估计与假设检验;效应合并值参数估计的图示(如森林图)。

对于结局为二分类变量的资料,$k$ 个独立的同类研究结果收集整理如表 17-3;对于结局为定量变量的资料,$k$ 个独立的同类研究结果收集整理如表 17-4。

表 17-3 结局为二分类变量的 $k$ 项独立研究资料整理表

| 研究序号 $i$ | 试验组 | | 对照组 | |
|---|---|---|---|---|
| | 考察事件发生数 $n_1$ | 试验例数 $N_1$ | 考察事件发生数 $n_2$ | 试验例数 $N_2$ |
| $i=1$ | $n_{11}$ | $N_{11}$ | $n_{21}$ | $N_{21}$ |
| $i=2$ | $n_{12}$ | $N_{12}$ | $n_{22}$ | $N_{22}$ |
| $i=3$ | $n_{13}$ | $N_{13}$ | $n_{23}$ | $N_{23}$ |
| … | … | … | … | … |
| $i=k$ | $n_{1k}$ | $N_{1k}$ | $n_{2k}$ | $N_{2k}$ |

表 17-4 结局为定量变量的 $k$ 项独立研究资料整理表

| 研究序号 $i$ | 试验组 | | | 对照组 | | | 合计 |
|---|---|---|---|---|---|---|---|
| | 例数 $n_{1i}$ | 均数 $\bar{X}_{1i}$ | 标准差 $S_{1i}$ | 例数 $n_{2i}$ | 均数 $\bar{X}_{2i}$ | 标准差 $S_{2i}$ | $N_i$ |
| $i=1$ | $n_{11}$ | $\bar{X}_{11}$ | $S_{11}$ | $n_{21}$ | $\bar{X}_{21}$ | $S_{21}$ | $N_1$ |
| $i=2$ | $n_{12}$ | $\bar{X}_{12}$ | $S_{12}$ | $n_{22}$ | $\bar{X}_{22}$ | $S_{22}$ | $N_2$ |
| $i=3$ | $n_{13}$ | $\bar{X}_{13}$ | $S_{13}$ | $n_{23}$ | $\bar{X}_{23}$ | $S_{23}$ | $N_3$ |
| … | … | … | … | … | … | … | … |
| $i=k$ | $n_{1k}$ | $\bar{X}_{1k}$ | $S_{1k}$ | $n_{2k}$ | $\bar{X}_{2k}$ | $S_{2k}$ | $N_k$ |

7. **敏感性分析** 目的是了解 meta 分析结论的稳定性,也可用于探究异质性来源。在敏感性分析中常用的操作方法包括:

(1)每次排除 1 篇文献,计算剩余文献的合并效应量,可以获得单篇研究对合并效应量及异质性的影响;

(2)当各研究结果间无显著异质性时,比较随机效应模型和固定效应模型的结果差异;

(3)根据研究质量评价标准,比较全部纳入文献与排除质量较差文献后结果的差异;

(4)改变纳入和排除标准,考察结论有无变化;

(5)比较全部纳入文献与排除小样本研究资料后剩余文献之间结果的差异;

(6)根据研究方法、研究对象的不同特征,排除某些特殊文献后计算合并效应量,考察结论有无变化。

8. **结果的分析与讨论** 包括同质性及其对效应合并值的影响;亚组分析;各种差异的识别与控制;meta 分析结果的实际意义。其中,亚组分析可以将研究数据按不同变量(如设计方案、研究质量、参加人群特征、治疗时间长短、发表年代、样本量大小、研究地域等)分成亚组,计算各亚组的合并效应量。

## 二、meta 分析的统计方法

利用 meta 分析对纳入研究的文献数据进行统计处理时,首先要明确资料的类型及结局变量,然后对纳入分析的多个研究进行同质性检验,选择适宜的统计分析模型。

要注意选择恰当的效应指标,结局变量类型不同,需选择不同的效应指标。如结局变量为分类变量,效应可以是频率、比值比(odds ratio,OR)、相对危险度(relative risk,RR)、率差(rate difference,RD)等;结局变量为定量变量,效应可以是标准化均数差、回归系数、相关系数等;某些统计量(如 $z$、$t$、$\chi^2$ 等)也可作为 meta 分析的效应指标。

### (一)定量结局变量的 meta 分析方法

对定量结局变量的资料进行 meta 分析,可选择均数差或标准化均数差作为效应指标。由于标准化均数差消除了多个研究测量单位不同的影响,尤其适用于单位不同或均数相差较大的资料汇总分析。根据各个研究间的同质性情况,选择不同的统计分析模型。

#### 1. 固定效应模型

【例 17-2】　为研究某药物对提高哮喘患者抗过敏能力的疗效,以免疫球蛋白 IgE 为结局变量(单位 mg/dl)对表 17-1 的资料进行 meta 分析,结果见表 17-5。

表 17-5　某药提高哮喘患者抗过敏能力疗效的 5 个临床试验结果

| 研究 | 药物组 | | | 对照组 | | | $S_i$ | $d_i$ | 加权合并计算 | | |
|---|---|---|---|---|---|---|---|---|---|---|---|
| | $n_{1i}$ | $\overline{X}_{1i}$ | $S_{1i}$ | $n_{2i}$ | $\overline{X}_{2i}$ | $S_{2i}$ | | | $w_i$ | $w_i d_i$ | $w_i d_i^2$ |
| 1 | 24 | 1.27 | 0.7 | 25 | 1.63 | 0.7 | 0.20 | −0.36 | 24.99 | −9.00 | 3.24 |
| 2 | 33 | 1.29 | 0.96 | 30 | 1.75 | 0.93 | 0.24 | −0.46 | 17.62 | −8.10 | 3.73 |
| 3 | 44 | 1.28 | 2.41 | 40 | 2.21 | 1.94 | 0.48 | −0.93 | 4.42 | −4.11 | 3.83 |
| 4 | 35 | 1.32 | 1.85 | 36 | 1.91 | 1.8 | 0.43 | −0.59 | 5.33 | −3.14 | 1.85 |
| 5 | 43 | 1.22 | 1.70 | 41 | 1.98 | 1.75 | 0.38 | −0.76 | 7.05 | −5.36 | 4.07 |
| 合计 | 179 | | | 172 | | | | | 59.40 | −29.71 | 16.72 |

分析结果如下:

(1)计算每个研究的效应值(即:均数差 $d_i$)

$$d_i = \overline{X}_{1i} - \overline{X}_{2i} \qquad (式 17\text{-}1)$$

公式中,$\overline{X}_{1i}$ 和 $\overline{X}_{2i}$ 分别为第 $i$ 个研究的试验组和对照组的均数。

(2)计算各研究权重($w_i$)和效应值 $d_i$ 的加权均数($\overline{d}$)

$$w_i = \frac{1}{S_i^2} \qquad (式 17\text{-}2)$$

$$S_i = \sqrt{\frac{S_{1i}^2}{n_{1i}} + \frac{S_{2i}^2}{n_{2i}}} \qquad (式 17\text{-}3)$$

$$\overline{d} = \frac{\sum w_i d_i}{\sum w_i} \qquad (式 17\text{-}4)$$

$n_{1i}$ 和 $n_{2i}$ 分别为第 $i$ 个研究的试验组和对照组的样本量;$S_{1i}^2$ 和 $S_{2i}^2$ 分别为方差;$S_i^2$ 为 $d_i$ 的标准误。

本例,

$$\bar{d} = \frac{-29.71}{59.40} = -0.50$$

（3）同质性检验

$H_0$:各研究结果效应 $d_i$ 的总体均数相等

$H_1$:各研究结果效应 $d_i$ 的总体均数不全相等

$\alpha = 0.05$

计算统计量 $Q$:

$$Q = \sum w_i (d_i - \bar{d})^2 = \sum w_i d_i^2 - (\sum w_i) \bar{d}^2 \qquad （式17-5）$$

本例,

$$Q = 16.72 - 59.40 \times (-0.50)^2 = 1.86$$

已知 $H_0$ 成立时, $Q$ 服从自由度($\nu$)为 $k-1$ 的 $\chi^2$ 分布, $Q$ 值越大, $P$ 越小。若 $P \leq \alpha$（$\alpha$ 一般取 0.10 或 0.05）, 则拒绝 $H_0$, 可以认为各研究间的异质性大, 应选择随机效应模型进行加权合并; 反之, 若 $P > \alpha$, 则不拒绝 $H_0$, 可以认为各研究间具有同质性, 应采用固定效应模型进行加权合并。本例, 自由度 $\nu = 5-1=4$, 查 $\chi^2$ 分布表得 $\chi^2_{0.05,4} = 9.49$, $P > 0.05$, 在 $\alpha = 0.05$ 的水准不拒绝 $H_0$, 故采用固定效应模型进行加权。

（4）效应合并值的 95% 置信区间为

$$\bar{d} \pm 1.96 S_{\bar{d}} \qquad （式17-6）$$

其中,

$$S_{\bar{d}} = \sqrt{\frac{1}{\sum w_i}} \qquad （式17-7）$$

本例,

$$\bar{d} \pm 1.96 S_{\bar{d}} = \bar{d} \pm 1.96 \sqrt{\frac{1}{\sum w_i}} = -0.50 \pm 1.96 \times 0.13 = (-0.75, -0.25)$$

95% 置信区间的范围未包括 0, 表明效应合并值与 0 的差异具有统计学意义, 可以认为药物组的 IgE 低于对照组, 该药物可改善哮喘患者抗过敏能力。

meta 分析进行同质性检验时, 其统计量 $Q$ 易受研究文献数量的影响。若研究文献多, 合并方差小, 则权重人, 对 $Q$ 的贡献也大, 这时容易得出假阳性(即拒绝 $H_0$, 不同质)的结果; 反之, 如果研究文献较少, 权重也较小, 检验效能又往往太低, 容易得出假阴性(即不拒绝 $H_0$, 同质)的结果。因此, 容易导致分析模型的选择错误, 特别是理应采用随机效应模型进行分析却错误地选择了固定效应模型, 使得两者结果可能相差很远, 甚至结论相反。为解决这一问题, 可用自由度对统计量 $Q$ 进行校正, 获得 $I^2$ 统计量, 以降低研究文献的数量对异质性检验结果的影响。$I^2$ 统计量法是目前常用的另一种基于统计量 $Q$ 的异质性判断方法, 其计算公式为

$$I^2 = \begin{cases} \dfrac{Q-(k-1)}{Q} \times 100\% , & 当 Q > k-1 \\ 0 , & 当 Q \leq k-1 \end{cases} \qquad （式17-8）$$

其中，$k$ 为纳入 meta 分析的研究个数。

一般地，$I^2 < 31\%$ 时，则可认为各个研究是同质的；$I^2 > 56\%$ 时，提示各研究间存在较大的异质性。$I^2$ 在 $31\% \sim 56\%$ 之间，往往无法排除其异质性的存在。

2. 随机效应模型

【例 17-3】 为研究某药物对降血脂的疗效（甘油三酯，mmol/L），对表 17-6 资料进行 meta 分析。

表 17-6 某药物降血脂疗效 5 项临床试验的 meta 分析结果

| 研究 | 治疗组 | | | 对照组 | | | $S_i$ | $d_i$ | 加权合并值 | | |
|---|---|---|---|---|---|---|---|---|---|---|---|
| | $n_{1i}$ | $\overline{X}_{1i}$ | $S_{1i}$ | $n_{2i}$ | $\overline{X}_{2i}$ | $S_{2i}$ | | | $w_i$ | $w_i d_i$ | $w_i d_i^2$ |
| 1 | 13 | 4.5 | 4.3 | 13 | 7.2 | 2.8 | 1.42 | −2.70 | 0.49 | −1.33 | 3.60 |
| 2 | 30 | 4.3 | 1.7 | 48 | 7.6 | 2.1 | 0.43 | −3.30 | 5.31 | −17.53 | 57.86 |
| 3 | 31 | 19 | 2.8 | 25 | 24.9 | 3.38 | 0.84 | −5.90 | 1.41 | −8.31 | 49.04 |
| 4 | 18 | 10.5 | 1.47 | 20 | 13.3 | 1.66 | 0.51 | −2.80 | 3.88 | −10.86 | 30.41 |
| 5 | 8 | 5.8 | 0.65 | 12 | 8.38 | 1.01 | 0.37 | −2.58 | 7.26 | −18.72 | 48.30 |
| 合计 | | | | | | | | | 18.35 | −56.76 | 189.20 |

（1）根据式 17-1、式 17-2、式 17-3 和式 17-4，计算各研究效应值（均数差 $d_i$）、权重（$w_i$）和效应值 $d_i$ 的加权均数（$\overline{d}$），其中，$d_i$ 和 $w_i$ 的计算结果见表 17-6。

$$\overline{d} = \frac{\sum w_i d_i}{\sum w_i} = \frac{-56.76}{18.35} = -3.09$$

（2）同质性检验

$H_0$：各研究结果效应 $d_i$ 的总体均数相等

$H_1$：各研究结果效应 $d_i$ 的总体均数不全相等

$\alpha = 0.05$

根据式 17-5 计算统计量 $Q$，本例：

$$Q = 189.20 - 18.35 \times (-3.09)^2 = 13.99$$

本例 $\nu = 5 - 1 = 4$，查 $\chi^2$ 分布表，$P < 0.05$，在 $\alpha = 0.05$ 的水准上拒绝 $H_0$，接受 $H_1$。各研究结果不一致，$d_i$ 的合并应采用效应模型。

（3）随机效应模型加权合并

两均数差值的合并采用随机效应模型时，权重系数 $w_i$ 要改为 $w_i'$，$w_i'$ 的计算公式为：

$$w_i' = \frac{1}{\dfrac{1}{w_i} + \tau^2} \tag{式 17-9}$$

其中，

$$\tau^2 = \begin{cases} \dfrac{Q - (k-1) \sum w_i}{(\sum w_i)^2 - \sum w_i^2}, & 当\ Q \geqslant k-1 \\ 0, & 当\ Q < k-1 \end{cases} \tag{式 17-10}$$

本例，$Q=13.65>4$，则：

$$\tau^2 = \frac{[13.99-(5-1)]\times 18.35}{18.35^2-(0.49^2+5.31^2+1.41^2+3.88^2+7.26^2)} = 0.77$$

$w_i'$ 的计算结果见表 17-7。

表 17-7　5 项临床试验的 meta 分析部分计算结果

| 研究 | $w_i$ | $w_i^2$ | $w_i'$ | $w_i'd_i$ | 研究 | $w_i$ | $w_i^2$ | $w_i'$ | $w_i'd_i$ |
|---|---|---|---|---|---|---|---|---|---|
| 1 | 0.49 | 0.24 | 0.36 | −0.96 | 4 | 3.88 | 15.05 | 0.97 | −2.72 |
| 2 | 5.31 | 28.20 | 1.04 | −3.44 | 5 | 7.26 | 52.71 | 1.10 | −2.84 |
| 3 | 1.41 | 1.99 | 0.68 | −3.99 | 合计 | 18.35 | 98.19 | 4.15 | −13.96 |

则效应合并值 $\bar{d}$ 为：

$$\bar{d} = \frac{\sum w_i'd_i}{\sum w_i'} = \frac{-13.96}{4.15} = -3.36$$

（4）效应合并值的 95% 置信区间

根据式 17-6 和式 17-7 计算效应合并值的 95% 置信区间为：

$$\bar{d}\pm 1.96S_{\bar{d}} = \bar{d}\pm 1.96\sqrt{\frac{1}{\sum w_i'}} = -3.36\pm 0.96\times\sqrt{\frac{1}{4.15}} = (-3.83,-2.89)$$

95% 置信区间的范围未包括 0，表明效应合并值与 0 的差异具有统计学意义，可以认为药物组的 IgE 低于对照组，该药物对降血脂的疗效优于对照药物。

（二）分类结局变量的 meta 分析方法

对于分类结局变量的资料，主要讨论四格表资料的 meta 分析。能够形成四格表资料的研究方法最常见的有临床随机化试验、病例对照研究、队列研究和诊断试验评价等。这些研究的数据基本格式见表 17-8。

表 17-8　四格表资料的基本格式

| 组别 | 暴露（某事件发生） | 未暴露（某事件未发生） | 合计 |
|---|---|---|---|
| 病例（处理）组 | $a_i$ | $b_i$ | $n_{1i}$ |
| 对照组 | $c_i$ | $d_i$ | $n_{2i}$ |
| 合计 | $m_{1i}$ | $m_{2i}$ | $T_i$ |

1. 固定效应模型　对于分类变量资料而言，适用于固定效应模型的 meta 分析方法有 Mantel-Haenszel 法（M-H 法）、Peto 法、Fleiss 法以及 General variance-based 法。本章将以结局变量 OR 为例介绍 Peto 法，以结局变量率差 RD 为例介绍 General variance-based 法。

（1）Peto 法：也称为改良的 M-H 法。

【例 17-4】某学者为了解吸烟与肝细胞癌的关系，利用 Peto 法对 5 个病例对照研究资料进行 meta 分析，结果见表 17-9。

表 17-9　吸烟与肝细胞癌关系 5 个病例对照研究资料的 meta 分析

| 研究 | 吸烟 | | 不吸烟 | | $OR_i$ | $E_i$ | $(O_i-E_i)$ | $V_i$ | $\dfrac{(O_i-E_i)^2}{V_i}$ |
| --- | --- | --- | --- | --- | --- | --- | --- | --- | --- |
| | 病例组 | 对照组 | 病例组 | 对照组 | | | | | |
| 1 | 49 | 566 | 67 | 557 | 0.72 | 57.58 | −8.58 | 26.30 | 2.80 |
| 2 | 44 | 714 | 64 | 707 | 0.68 | 53.54 | −9.54 | 25.11 | 3.63 |
| 3 | 27 | 290 | 32 | 277 | 0.81 | 29.88 | −2.88 | 13.38 | 0.62 |
| 4 | 102 | 730 | 126 | 724 | 0.80 | 112.78 | −10.78 | 49.30 | 2.36 |
| 5 | 85 | 725 | 52 | 354 | 0.80 | 91.26 | −6.26 | 27.06 | 1.45 |
| 合计 | | | | | | | −38.03 | 141.15 | 10.85 |

Peto 法的计算步骤如下：

①计算每个研究的 $OR_i$

$$OR_i = \frac{a_i d_i}{b_i c_i}$$ （式 17-11）

②计算每个研究中某事件发生数的期望值 $E_i$

$$E_i = \frac{m_{1i} n_{1i}}{T_i}$$ （式 17-12）

③计算每个研究中某事件发生数的方差 $V_i$

$$V_i = \frac{m_{1i} n_{1i} m_{2i} n_{2i}}{T_i^2 (T_i-1)}$$ （式 17-13）

④同质性检验

$H_0$：各研究结果效应量 $OR_i$ 的总体均数相等

$H_1$：各研究结果效应量 $OR_i$ 的总体均数不全相等

$\alpha = 0.05$

统计量为：

$$Q = \sum \frac{(O_i-E_i)^2}{V_i} - \frac{(O_i-E_i)^2}{\sum V_i}$$ （式 17-14）

其中，$O_i$ 为每个研究中所观察到某事件的发生数（如本例为病例组中吸烟事件的发生数）。

已知 $H_0$ 成立时，$Q$ 服从自由度为 $\nu=k-1$ 的 $\chi^2$ 分布，$Q$ 值越大，$P$ 越小。若 $P \leqslant \alpha$，则拒绝 $H_0$，可以认为各研究间的异质性大，应选择随机效应模型；反之，若 $P > \alpha$，则不拒绝 $H_0$，可以认为各研究间的异质性不大，应采用固定效应模型。

本例，

$$Q = \sum \frac{(O_i-E_i)^2}{V_i} - \frac{(O_i-E_i)^2}{\sum V_i} = 10.85 - \frac{(-38.03)^2}{141.15} = 0.60$$

$\nu=k-1=5-1=4$，$P > 0.05$，认为 5 个研究间异质性不大，可使用固定效应模型进行分析。

⑤计算合并效应值（$\overline{\text{OR}}$）

$$\overline{\text{OR}} = \exp\left(\frac{\sum(O_i - E_i)}{\sum V_i}\right)$$
（式17-15）

本例，

$$\overline{\text{OR}} = \exp\left(\frac{-38.03}{141.15}\right) = 0.76$$

⑥置信区间

$\overline{\text{OR}}$ 的95%置信区间为：

$$\exp\left[\ln(\overline{\text{OR}}) \pm \frac{1.96}{\sqrt{\sum V_i}}\right]$$
（式17-16）

本例，

$$\exp\left[\ln(0.76) \pm \frac{1.96}{\sqrt{141.15}}\right] = (0.65, 0.90)$$

95%置信区间的范围未包括1，具有统计学意义。

（2）General variance-based法：该方法主要用于分析率差（RD）和相对危险度（RR）。本节仅介绍以RD为结局变量的分析过程。

【例17-5】　为了研究某药物对治疗急性心肌梗死的疗效，对5项临床随机对照试验进行meta分析，结果见表17-10。

表17-10　某药治疗急性心肌梗死疗效的5个随机对照试验资料的meta分析

| 研究 | 治疗组 | | 对照组 | | $RD_i$ | $w_i$ | $w_i RD_i$ |
|---|---|---|---|---|---|---|---|
| | 死亡 | 未死亡 | 死亡 | 未死亡 | | | |
| 1 | 182 | 1 068 | 264 | 986 | 0.065 6 | 4 264.07 | 279.73 |
| 2 | 348 | 1 273 | 204 | 610 | 0.035 9 | 3 091.13 | 111.07 |
| 3 | 490 | 1 678 | 348 | 834 | 0.068 4 | 4 078.10 | 278.95 |
| 4 | 157 | 998 | 188 | 876 | 0.040 7 | 4 217.86 | 171.92 |
| 5 | 346 | 1 340 | 312 | 768 | 0.083 7 | 3 631.09 | 303.81 |
| 合计 | | | | | | 19 282.25 | 1 145.48 |

以RD为结局变量，分析过程如下：

①计算每个研究的率差（$RD_i$）

$$RD_i = \left|\frac{a_i}{n_{1i}} - \frac{c_i}{n_{2i}}\right|$$
（式17-17）

②计算每个研究的方差[$Var(RD_i)$]和权重（$w_i$）

$$Var(\mathrm{RD}_i) = \frac{m_{1i}m_{2i}}{n_{1i}n_{2i}T_i} \qquad\qquad\text{（式 17-18）}$$

$$w_i = \frac{1}{Var(\mathrm{RD}_i)} \qquad\qquad\text{（式 17-19）}$$

③求合并效应值（$\overline{\mathrm{RD}}$）

$$\overline{\mathrm{RD}} = \frac{\sum(w_i\mathrm{RD}_i)}{\sum w_i} \qquad\qquad\text{（式 17-20）}$$

本例，

$$\overline{\mathrm{RD}} = \frac{\sum(w_i\mathrm{RD}_i)}{\sum w_i} = \frac{1\,145.48}{19\,282.25} = 0.059\,4$$

④同质性检验

$H_0$：各研究结果效应量 $\mathrm{RD}_i$ 的总体均数相等

$H_1$：各研究结果效应量 $\mathrm{RD}_i$ 的总体均数不全相等

$\alpha=0.05$

统计量为：

$$Q = \sum w_i(\mathrm{RD}_i - \overline{\mathrm{RD}})^2 \qquad\qquad\text{（式 17-21）}$$

已知，$H_0$ 成立时，$Q$ 服从自由度为 $v=k-1$ 的 $\chi^2$ 分布。

本例，

$$Q = \sum w_i(\mathrm{RD}_i - \overline{\mathrm{RD}})^2 = 5.800$$

$v=5-1=4$，查 $\chi^2$ 分布表，得 $P>0.05$，不能拒绝 $H_0$，认为 5 项研究间异质性不大，应采用固定效应模型。但若 $P<0.05$，则应使用随机效应模型。

⑤求 $\overline{\mathrm{RD}}$ 的 95% 置信区间

$$\overline{\mathrm{RD}} \pm \frac{1.96}{\sqrt{\sum w_i}} \qquad\qquad\text{（式 17-22）}$$

本例，$\overline{\mathrm{RD}}$ 的 95% 置信区间为：

$$0.059\,4 \pm \frac{1.96}{\sqrt{19\,282.25}} = (0.045\,3, 0.073\,5)$$

⑥$\overline{\mathrm{RD}}$ 的假设检验：如果上述置信区间不含 0，则可以认为 $\mathrm{RD}_G$ 与 0 的差异具有统计学意义；否则，无统计学意义。本例，95% 置信区间不含 0，故可以认为治疗组患者发生死亡的机会不等于对照组。

2. 随机效应模型　在进行分类变量资料的 meta 分析时，若同质性检验拒绝零假设，应采用随机效应模型。

【例 17-6】　某学者拟分析鼻咽癌与 EB 病毒感染的关系，资料结果见表 17-11。

（1）计算各个研究 $\mathrm{OR}_i$ 的公式见式 17-11。

表 17-11 鼻咽癌与 EB 病毒感染关系的 6 项病例对照研究资料的 meta 分析

| 研究 | EB+ | | EB- | | $OR_i$ | $w_i$ |
|---|---|---|---|---|---|---|
| | 病例组 | 对照组 | 病例组 | 对照组 | | |
| 1 | 31 | 2 | 320 | 120 | 5.81 | 0.78 |
| 2 | 20 | 3 | 72 | 205 | 18.98 | 0.52 |
| 3 | 31 | 3 | 79 | 51 | 6.67 | 0.81 |
| 4 | 62 | 10 | 57 | 30 | 3.26 | 1.21 |
| 5 | 43 | 12 | 60 | 32 | 1.91 | 1.33 |
| 6 | 55 | 18 | 49 | 17 | 1.06 | 1.41 |
| 合计 | | | | | | 6.06 |

（2）用 M-H 法估计 $OR_{MH}$ 值

$$OR_{MH} = \frac{\sum \frac{b_i c_i}{T_i} OR_i}{\sum \frac{b_i c_i}{T_i}}$$
（式 17-23）

本例，

$$OR_{MH} = \frac{58.96}{18.35} = 3.21$$

（3）同质性检验

$H_0$：各研究结果效应量 $OR_i$ 的总体均数相等

$H_1$：各研究结果效应量 $OR_i$ 的总体均数不全相等

$\alpha=0.05$

检验统计量 $Q$ 计算公式见式 17-24。

$$Q = \sum \frac{b_i c_i}{T_i} [\ln(OR_i) - \ln(OR_{MH})]^2$$
（式 17-24）

已知 $H_0$ 成立时，$Q$ 服从自由度为 $\nu=k-1$ 的 $\chi^2$ 分布，$Q$ 值越大，$P$ 越小。若 $P \leq \alpha$，则拒绝 $H_0$，可以认为各研究间的异质性大，应选择随机效应模型；反之，若 $P > \alpha$，则不拒绝 $H_0$，可以认为各研究间的异质性不大，应采用固定效应模型。

本例，

$$Q=0.48+2.27+0.77+0.00+1.32+7.80=12.64$$

$\nu=k-1=6-1=5$，$P<0.05$，拒绝 $H_0$，认为 6 个研究间异质性大，应该使用随机效应模型进行分析。

（4）计算校正因子 $D$

若 $Q<k-1$，则 $D=0$；若 $Q \geq k-1$，则按下式计算 $D$：

$$D = \frac{[Q-(k-1)]\sum\frac{b_i c_i}{T_i}}{\left(\sum\frac{b_i c_i}{T_i}\right)^2 - \sum\left(\frac{b_i c_i}{T_i}\right)^2} \qquad （式17-25）$$

本例，$Q=12.64 \geqslant k-1=6-1=5$，应按照式17-25计算校正因子。

$$D = \frac{[Q-(k-1)]\sum\frac{b_i c_i}{T_i}}{\left(\sum\frac{b_i c_i}{T_i}\right)^2 - \sum\left(\frac{b_i c_i}{T_i}\right)^2} = \frac{[12.64-(6-1)]\times18.35}{18.35^2-81.54} = 0.55$$

（5）用DerSimonian-Laird法计算权重（$w_i$）

$$w_i = \frac{1}{D+\frac{T_i}{b_i c_i}} \qquad （式17-26）$$

（6）用DerSimonian-Laird法计算合并的OR值

$$\mathrm{OR_{DL}} = \exp\left(\frac{\sum w_i \ln(\mathrm{OR}_i)}{\sum w_i}\right) \qquad （式17-27）$$

本例，

$$\mathrm{OR_{DL}} = \exp\left(\frac{6.78}{6.06}\right) = 3.07$$

（7）计算95%置信区间

$$\exp\left[\ln(\mathrm{OR_{DL}}) \pm \frac{1.96}{\sqrt{\sum w_i}}\right] \qquad （式17-28）$$

本例，

$$\exp\left[\ln3.07 \pm \frac{1.96}{\sqrt{6.06}}\right] = (1.38, 6.82)$$

所得95%置信区间的范围内未包括1，可以认为合并的OR不等于1，即鼻咽癌与EB病毒感染之间存在一定联系。

值得注意的是，有时各个研究并不提供四格表的原始资料，而只有RR和95%CI（$\mathrm{RR}_L$，$\mathrm{RR}_U$），此时可按照下列公式估计方差。

$$Var(\mathrm{RR}_i) = \left[\frac{\ln\left(\frac{\mathrm{RR}_L}{\mathrm{RR}_i}\right)}{1.96}\right]^2 = \left[\frac{\ln\left(\frac{\mathrm{RR}_U}{\mathrm{RR}_i}\right)}{1.96}\right]^2 \qquad （式17-29）$$

若每个研究仅提供了RR和$P$值，则按下式估计方差值：

$$Var(\mathrm{RR}_i) = \left[\frac{\ln(\mathrm{RR}_i)}{z}\right]^2 \qquad （式17-30）$$

式中的 $z$ 值可根据 $P$ 值查正态分布表而求得。

若每个研究仅提供了 RR 和 $\chi^2$ 值，则按下式估计方差值：

$$Var(\mathrm{RR}_i) = \left[ \frac{\ln(\mathrm{RR}_i)}{\chi^2} \right]^2 \qquad （式 17-31）$$

### 三、森林图的解读

meta 分析最常使用森林图（forest plot）展示其统计分析的内容。森林图提供每篇纳入研究的效应量和 95% 置信区间、合并的效应量和 95% 置信区间、异质性检验的结果以及合并效应量假设检验的结果。图 17-1 为基于例 17-3 的数据、应用 RevMan 软件得到的森林图。图中，竖线为无效线，其横坐标为 1，即 OR=1；每条横线为一个研究 95% 置信区间上下限的连线，其线条长短表示置信区间范围的大小，横线中央的小方块为 OR 值点估计的位置，其方块大小为该研究权重大小。若某个研究 95% 置信区间的线条横跨无效竖线，按 $\alpha$=0.05 水准可认为该研究无统计学意义，反之，若该横线落在无效竖线的左侧或右侧，按 $\alpha$=0.05 水准可认为该研究有统计学意义。本例统计模型采用固定效应模型。异质性检验结果见图 17-1 左侧的下部，$\chi^2$=0.57，$P$=0.97，说明异质性不大，可用固定效应模型。

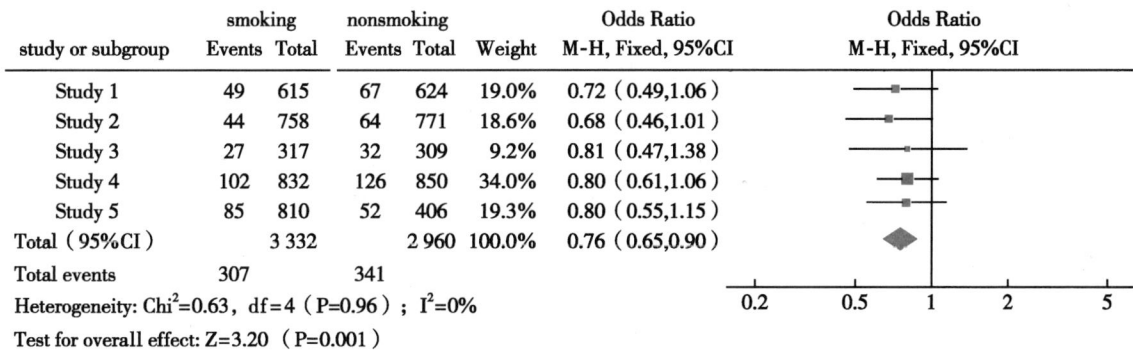

| study or subgroup | smoking Events | Total | nonsmoking Events | Total | Weight | Odds Ratio M-H, Fixed, 95%CI | Odds Ratio M-H, Fixed, 95%CI |
|---|---|---|---|---|---|---|---|
| Study 1 | 49 | 615 | 67 | 624 | 19.0% | 0.72（0.49,1.06） | |
| Study 2 | 44 | 758 | 64 | 771 | 18.6% | 0.68（0.46,1.01） | |
| Study 3 | 27 | 317 | 32 | 309 | 9.2% | 0.81（0.47,1.38） | |
| Study 4 | 102 | 832 | 126 | 850 | 34.0% | 0.80（0.61,1.06） | |
| Study 5 | 85 | 810 | 52 | 406 | 19.3% | 0.80（0.55,1.15） | |
| Total（95%CI） | | 3 332 | | 2 960 | 100.0% | 0.76（0.65,0.90） | |
| Total events | 307 | | 341 | | | | |

Heterogeneity: Chi$^2$=0.63, df=4（P=0.96）; I$^2$=0%

Test for overall effect: Z=3.20（P=0.001）

（横轴刻度：0.2　0.5　1　2　5）

图 17-1　吸烟与肝细胞癌发生关系 meta 分析的森林图

## 第三节　meta 分析的偏倚及注意事项

meta 分析实质上是一种观察性研究，在分析过程中可能存在使结果与实际之间产生差异的各种偏倚，因此，偏倚的识别和控制对 meta 分析结果的真实性和可靠性是非常重要的。在 meta 分析中可能出现的偏倚主要包括抽样偏倚（sampling bias）、选择偏倚（selection bias）、研究内偏倚（within study bias）和发表偏倚（publication bias）。

1. 抽样偏倚　是指查找有关文献时产生的偏倚，包括查找偏倚、索引偏倚、引文偏倚和语种偏倚等。

2. 选择偏倚　是指根据文献的纳入和排除标准选择符合 meta 分析的文献时产生的偏倚。包括纳入标准偏倚和选择者偏倚等。由于纳入标准不一样，对同一课题的 meta 分析，不同的人可能得到不同的结论，甚至是相互矛盾的结论。

3. 研究内偏倚　是指在资料提取时产生的偏倚。包括提取者偏倚、研究质量评分偏倚和报告偏倚。

4. **发表偏倚** 是指具有统计学意义的研究结果较无统计学意义或无效的结果被报告和发表的可能性更大,是 meta 分析中最常见的偏倚。识别和控制发表偏倚的方法包括漏斗图(funnel plot)分析、线性回归分析、秩相关检验法和失安全系数(fail-safe number)法。

(1)漏斗图分析:该方法以效应大小作为横坐标,效应量方差的倒数(或样本含量)为纵坐标作散点图,若纳入的研究无发表偏倚,理论上纳入 meta 分析的各个独立研究效应的点估计在坐标轴上的集合应该呈现倒置的漏斗形,即漏斗图上的点是围绕研究效应点估计的真实值对称地散并的,且小样本研究的结果离散程度较大,散开在漏斗图的底部,随着样本含量增加,标准误减少,研究精度增加,散点趋向密集,大样本研究效应的点估计密集在一个较窄的范围内;若漏斗图不对称或不完整,则提示可能存在发表偏倚。例 17-3 的数据,应用 meta 分析专门软件 RevMan 分析所得的漏斗图(图 17-2),其图形较对称,可认为该研究的偏倚较小。实际使用时应注意,当纳入的研究文献数量较少时不宜做漏斗图,一般推荐当 meta 分析的研究文献数量在 10 篇及以上才需做漏斗图。此外,一个漏斗图是否对称,有时候只凭肉眼检查难以判断。目前,有一些定量判断是否存在偏倚的方法,比如 Egger 线性回归、Begg 秩相关检验或 Macaskill 检验等,这些方法就是假设检验的方法,一般以 $\alpha=0.10$ 作为检验水准,若 $P>0.10$ 可认为不存在发表偏倚。

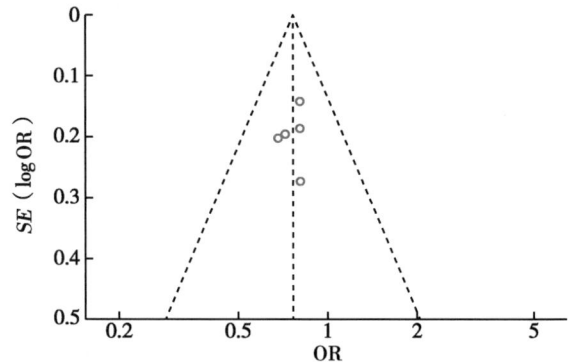

图 17-2 吸烟与肝细胞癌发生关系 meta 分析的漏斗图

(2)失安全系数法:当 meta 分析的结果有统计学意义时,为排除发表偏倚的可能,计算最少需要多少未发表的研究(特别是阴性结果的研究)才能使研究结论发生逆转。即用失安全系数($N_{fs}$)来估计发表偏倚的程度。$\alpha$ 为 0.05 和 0.01 时的失安全系数计算公式如下:

$$N_{fs0.05}=\left(\sum \frac{z}{1.64}\right)^2-k \qquad (式 17\text{-}32)$$

$$N_{fs0.01}=\left(\sum \frac{z}{2.33}\right)^2-k \qquad (式 17\text{-}33)$$

式中 $k$ 为研究个数,$z$ 为各独立研究的 $z$ 值,通过各个研究得到的 $\alpha$ 值查标准正态分布表获得 $z$ 值。失安全系数越大,说明研究的结果越稳定,结论被推翻的可能性越小。

例如,在某项专题的 meta 分析中,共有 9 项研究纳入分析,所得结果具有统计学意义,通过查表得到各独立研究的 $z$ 值之和为 12.71,根据式 17-32 和式 17-33,则有

$$N_{fs0.05}=\left(\sum \frac{z}{1.64}\right)^2-k=\left(\frac{12.71}{1.64}\right)^2-9=51.06$$

$$N_{fs0.01}=\left(\sum \frac{z}{2.33}\right)^2-k=\left(\frac{12.71}{2.33}\right)^2-9=20.76$$

即在 $\alpha=0.05$ 水平,需要 51 个阴性结果才能使研究结果发生逆转;在 $\alpha=0.01$ 水平,有 21 个阴性结果即可使结果发生逆转,结论被推翻。

# 第四节　meta 分析的进展及分析软件介绍

meta 分析作为一种数据综合的分析方法，具有其独特优势，目前已在医学研究的各个领域得到了广泛的应用。新的理论和方法也不断涌现，该方法越来越成为一个医学研究必不可少的工具，发挥着越来越大的作用。特别是新的工具软件的出现，使得一些复杂的统计分析方法可以很容易地实现，进而得到大量的应用，促进了 meta 分析的发展，同时出现了一些非常规 meta 分析方法，研究人员可以根据研究目的和潜在拥有的文献资料灵活选用。

1. **累积 meta 分析**　累积 meta 分析（cumulative meta-analysis）是指将研究资料作为一个连续的统一体，按研究开展的时间顺序及时将新出现的研究纳入原有 meta 分析的一种方法。因此，累积 meta 分析是在先纳入若干最早发表的研究进行分析的基础上，按时间顺序每加入一个研究后均重复一次分析，可以反映研究结果的动态变化趋势及各研究对结果的影响，也有助于尽早发现有统计学意义的干预措施。

2. **网状 meta 分析**　在临床实践中，若有一系列的药物可以治疗某种疾病，但 RCT 均是药物与安慰剂的对照，而药物相互之间的 RCT 都没有进行或很少，那么在这种情况下，就需要将间接比较和直接比较的证据进行合并，即网状 meta 分析（network meta-analysis）。网状 meta 分析是可对≥3种干预措施效益排序的一种证据综合评价工具，其最典型的特点是要形成至少一个闭合环。网状 meta 分析的基本流程与传统 meta 分析相似，但在传统 meta 分析同质性基础上，还需考虑调整间接比较研究间的相似性和直接与间接证据合并的一致性。在传统 meta 分析两两比较的基础上，还需采用相应软件进行多组比较；结果在呈现传统 meta 分析结果的基础上，还需呈现网状 meta 分析结果。例如，应呈现网状关系图，使得干预措施间的脉络关系清晰可见；并应简述网状关系图的特点，围绕两两比较所涉及的研究数量、样本量、网状证据结构中直接证据缺失情况和可能存在的潜在偏倚等方面进行解读。

3. **个体数据 meta 分析**　个体数据（individual patient data, IPD）meta 分析是近年来发展起来的一种特殊类型，其不是直接利用已经发表的研究结果总结数据进行 meta 分析，而是通过从原始研究作者那里获取每个参与者的原始数据，并对这些数据进行 meta 分析。与常规 meta 分析相比，个体数据 meta 分析具有以下优点：能够最大限度地纳入未发表的试验或灰色数据，能够进行时间事件分析，能够更新长期随访的数据，能够进行更复杂的多变量统计分析；但耗费大量时间、资源等是其最大的缺陷。目前，建立在 IPD 基础上的 meta 分析被称为系统评价的金标准。

4. **前瞻性 meta 分析**　前瞻性 meta 分析（prospective meta-analysis, PMA）是指在任何研究（通常为随机对照试验）的结果尚未出来之前，先进行系统检索、评价和制定纳入及排除标准的一种meta 分析。PMA 分析可以克服回顾性 meta 分析的某些缺点，并且还有其独特优势，如收集和分析单个患者的资料、进行时间事件分析和亚组分析、标化所有临床试验结果测量方法等。当前认为，PMA 是针对需要进行多中心、大样本研究但现实又不能实现的情况下的最有效方式，但成本非常高、操作困难且需要耗费大量的时间。

总之，meta 分析因为其对于既往研究资料进行综合定量分析的优点，在最近十几年得到了迅猛发展，应用的领域越来越广泛。值得注意的是，meta 分析的飞速发展离不开各类软件的快速发展，因此有必要熟悉和了解 meta 分析软件的发展情况。当然，随着 meta 分析软件的种类增加，如何选择和使用好这些软件也成为了一个新的挑战。有关学者整理了 meta 分析的有关软件和特点，汇总成了表 17-12。从该表中可以看出，meta 分析的软件分为专业软件和通用软件，又根据是否需要编程分为编程软件和非编程软件。但不同软件的性价比，针对的数据类型、使用的难易程度各有千秋，使用者需要根据自身的需要和基础，选择合适的软件进行分析。

表 17-12  meta 分析常用软件

| 软件名称 | 特点 | 适用 meta 分析类型 |
|---|---|---|
| Stata | 收费、编程 | 几乎所有的 meta 分析 |
| R 语言 | 免费、编程 | 几乎所有的 meta 分析 |
| SAS | 收费、编程 | 几乎所有的 meta 分析 |
| SPSS | 收费、编程 | 几乎所有的 meta 分析 |
| RevMan（Review Manager） | 免费、非编程 | 大部分的 meta 分析，但不能完成间接比较及网状 meta 分析 |
| CMA（Comprehensive Meta-Analysis） | 收费、非编程 | 除间接比较及网状 meta 分析之外的所有传统 meta 分析 |
| Meta-DiSc1.4 | 免费、非编程 | 诊断准确性研究、单组率及二分类数据的 meta 分析 |
| TSA（Trialequential Analysis） | 免费、非编程 | 随机对照试验直接比较证据的 meta 分析（二分类及连续型数据） |
| MIX（Meta-analysis with Interactive Explanations） | 收费、非编程 | 除间接比较及网状 meta 分析之外的所有传统 meta 分析 |
| Meta-Analyst 3.13 | 免费、非编程 | 二分类资料、连续型资料、诊断性研究的 meta 分析 |
| ITC（Indirect Treatment Comparison） | 免费、非编程 | 间接比较的 meta 分析 |
| ADDIS（Aggregate Data Drug Information System） | 免费、非编程 | 二分类及连续型数据、间接比较及网状 meta 分析 |
| GeMTC（Generate Mixed Treatment Comparisons） | 免费、非编程 | 二分类及连续型数据、间接比较及网状 meta 分析 |
| WinBUGS/OpenBUGS | 免费、编程 | 几乎所有的 meta 分析 |
| JAGS（Just Another Gibbs Sampler） | 免费、编程 | 几乎所有的 meta 分析 |
| Stan | 免费、编程 | 几乎所有的 meta 分析 |
| StatsDirect | 收费、非编程 | 除间接比较及网状 meta 分析之外的所有传统 meta 分析 |

（秦家碧）

## 小结

  meta 分析是对具有相同目的且相互独立的多个研究结果进行系统的综合评价和定量分析的一种研究方法。meta 分析实质上就是汇总相同研究目的的多个研究结果，并分析评价其合并效应量的一系列过程，其基本步骤包括提出问题、制定研究计划、检索文献、筛选文献、文献质量评价、数据提取、数据统计分析、结果报告与讨论等。其中，统计分析涉及效应量的选择、同质性检验、合并效应量的估计和推断以及敏感性分析等内容。meta 分析的统计模型包括固定效应模型和随机效应模型。若多项研究具有同质性,可选择固定效应模型;若多项研究不具有同质性,宜选择随机效应模型。meta 分析的实施可达到提高统计学检验效能、解决单个研究间的矛盾、改善对效应量的估计以及发现既往单项研究未明确的新问题等目的。但在应用 meta 分析时要注意识别和控制各种偏倚(如发表偏倚、选择偏倚等),选择适宜的效应指标和恰当的统计分析方法。

## 思考与练习

### 一、最佳选择题

1. 关于 meta 分析,下列描述正确的是( )

   A. 可以综合比较和综合多个不同类别研究的结果

   B. 对多个相互独立的研究结果进行定性分析

   C. 概念上基本等同于系统综述

   D. 不需要对纳入的文献质量进行评价

   E. 通过综合多个研究结果而提供一个量化的平均效果或关联

2. 为了避免 meta 分析是因为没有收集到足够的"阴性"结果而出现假阳性错误,需要对可能遗漏的"阴性"结果文献数量作一个估计,即( )

   A. 敏感性分析      B. 亚组分析

   C. 异质性分析      D. 异质性来源分析

   E. 失效安全数分析

3. 在以实验组与对照组的相对危险度(RR)作为合并效应量的 meta 分析中,合并效应量的 95% 置信区间下限如果大于 1,则可以认为( )

   A. 两组结局发生风险相同

   B. 实验组结局发生风险高于对照组

   C. 实验组结局发生风险低于对照组

   D. 只能认为两组效应不同

   E. 无法确定

4. 在以实验组与对照组标准化均数差作为合并效应量的 meta 分析中,合并效应量的 95% 置信区间下限如果小于零,则可以认为( )

   A. 两组效应不同      B. 两组效应相同

   C. 实验组效应高于对照组      D. 对照组效应高于实验组

   E. 无法确定

5. 在 meta 分析的异质性检验中,若 $P<0.05$,则合并效应量的计算应选择( )

   A. 固定效应模型

   B. 随机效应模型

   C. 计量指标采用固定效应模型

   D. 分类指标采用随机效应模型

   E. 两种模型都适用

**二、思考题**

1. meta分析的基本步骤有哪些?

2. 在meta分析中,如何解读森林图的意义?

3. 在meta分析中,固定效应模型与随机效应模型的主要区别是什么?

4. meta分析中最常见的是哪类偏倚,如何识别与分析?

# 第十八章
# 贝叶斯统计简介

贝叶斯统计的起源可以追溯到 18 世纪中期,当时英国的牧师兼数学家托马斯·贝叶斯(Thomas Bayes,1702—1761)在其遗稿中留下了一个关于概率计算的重要公式。这些手稿后来被他的朋友理查德·普莱斯(Richard Price,1723—1791)发现,并由普莱斯整理后在 1763 年以贝叶斯的名字发表了题为《论机遇问题的解法》(An Essay towards Solving a Problem in the Doctrine of Chances)的文章。这篇文章首次介绍了贝叶斯定理——一种基于先验知识和新证据来更新事件发生概率的方法。

虽然贝叶斯的想法在当时并未引起广泛关注,但它们为后来的统计学家提供了一种全新的思考方式。到了 20 世纪 30 年代,随着对概率理论更深入的理解,贝叶斯方法开始受到重视,并逐渐形成一个独立的统计学派别。尤其是在 20 世纪中叶,计算机技术的飞速进步使得复杂的贝叶斯计算成为可能,这大大促进了该领域的发展。贝叶斯统计不仅能够处理不确定性,还能将专家意见和历史数据融入模型中,因此在多个学科领域内获得了广泛的应用。

如今,贝叶斯统计与传统的频率学派统计并驾齐驱,共同构成了现代统计学的两大支柱。两者各有侧重,贝叶斯方法特别适用于需要结合先前信息进行推断的情景,在机器学习、人工智能以及决策分析等领域发挥着不可或缺的作用。

## 第一节　贝叶斯统计理论的基本观点与现状

### 一、贝叶斯学派与频率学派

概率论是统计学的重要基础。频率学派和贝叶斯学派的根本分歧在于,对于"概率是什么?"这一根本问题具有不同的理解和解释。频率学派将"概率"定义为:在独立重复实验中,事件发生次数占实验总次数的比例(即频率)的极限。频率学派认为,随机事件发生的概率是在相同条件下进行大量重复试验时,该事件出现的频率。随机事件的概率客观存在,固定不变,不以人的主观意志而改变。频率学派的统计推断基于同一总体的重复随机抽样。

例如:一枚正反两面无差异的硬币,被重复抛掷 $n$ 次,有 $k$ 次正面朝上,其正面朝上的比例为 $f=k/n$。对于单次抛掷来说,结果是完全无法预知的,但是随着抛掷次数 $n$ 的增多,正面朝上的比例 $f$ 必定会逐渐趋向于 0.5。这是一种偶然性中所蕴含的必然性,而概率就是对这种必然性的一种数学描述。这种必然性来自硬币的客观属性(正反两面无差异),因此称这种概率为客观概率,这就是频率学派对于概率的解释。频率学派的"概率定义"在哲学意义上似乎是完美的,但在实际应用上却存在明显的局限性,因为客观概率只有在大量重复实验下才有意义。而在现实中,人们通常只能基于很少次数甚至是一次观测结果进行推断和决策。

在很多情形下,观测事件不具有可重复性。例如:医生说"如果现在开始戒烟,你患心脏病的概率将会降低 70%",这在现实中是很有意义的概率估计,但是却难以从频率学派的观点进行解释。又如天气预报中报告明天下雨的概率为 0.4,这显然无法从重复实验的角度加以解释。

贝叶斯学派将"概率"定义为对一个事件发生可能性的相信程度。因为相信程度是人们的主观看法，因此贝叶斯学派所说的概率就称为主观概率，这一观点也更接近于人们对概率的直观理解。贝叶斯学派认为，随机事件发生的概率是研究者个人对该事件发生可能性的一个相信程度（degree of belief），概率本身是随机的而不是固定不变的，并服从于某种分布。这些分布指的是用来表示对某个事件概率信念的概率分布。因为随机事件具有不确定性，故用概率分布表达其不确定性是最好的方法。这些分布反映了对某个事件发生的不同可能性的主观信念，并且可以随着获取更多数据而更新。在实际应用中，要结合事件性质、先验知识、数据类型和模型需求来选择不同的分布。

例如：一个人 A 手中握着一枚平放的硬币，问这枚硬币正面朝上的概率。这个问题以频率学派的观点就完全无法回答，而贝叶斯学派认为，这个概率应是 $P=0.5$，这和前面抛掷硬币例子中的概率数值相同，但却具有完全不同的含义。此处概率 $P=0.5$，反映的是对那个人手中硬币"一无所知"的状态，和硬币本身的性质（正反面是否对称）无关。如果另一个人 B 对持硬币者 A 的习惯有一些了解，那么可能更倾向于相信硬币正面朝上，B 对"硬币正面朝上"的主观概率就大于 0.5。因此，对同一个客观对象（硬币），每个人的主观概率是不同的，这取决于所掌握信息的多少。而且随着掌握信息的增多，对同一个客观对象的主观概率也会发生变化。

因此，贝叶斯学派的概率观点在实际应用中具有明显的优势。例如：在疾病筛查和诊断中，居民 A 首次参与大肠癌筛查时，医生根据 A 的性别、年龄以及当地人群的大肠癌发病率等因素，初步估计 A 患大肠癌的可能性（不同的医生可能因掌握的信息差异而给出不同的评估）。当粪便隐血测试结果为阳性时，医生可能会提高对 A 患病可能性的估计，并建议进一步进行肠镜检查。如果肠镜结果显示阴性，医生则会相应降低对 A 患病概率的估计。在这个过程中，尽管 A 的实际健康状况未变，医生对 A 患病概率的认知却随着新证据的出现而更新。这种动态调整概率的过程正是贝叶斯方法的核心。

贝叶斯学派与频率学派的主要分歧在于他们对概率本质的理解不同。贝叶斯学派认为概率是对个人信念强度的一种度量，这种信念可以随着新信息的获得而改变；而频率学派则将概率视为长期频率，即在无限次重复实验中某一事件发生的比例。因此，对于同一客观现象，不同的人可能会有不同的主观概率，这取决于各自所掌握的信息量及其质量。随着更多信息的积累，人们对该现象的主观概率也会随之变化。

贝叶斯统计强调的是信息的综合运用。它不仅依赖于观测到的数据（即客观数据），还重视其他形式的信息，如科学常识、专家经验和相关研究结果等先验信息。这是因为现实世界中的数据往往存在局限性，比如样本量不足、抽样偏差或数据收集过程中的误差等问题。通过结合先验信息，贝叶斯方法能够更全面地反映实际情况，从而提供更加准确的参数估计。然而，频率学派批评这种做法引入了过多的主观因素，可能导致结论的多样性，因为不同的研究者可能会选择不同的先验信息，进而影响最终的结果。但贝叶斯学者认为，承认并合理利用这些多样化的信息来源是至关重要的，它们可以增强人们对事物的理解。

为了确保贝叶斯分析的有效性和可靠性，研究者需要谨慎选择适当的先验分布，充分利用可用数据，并对先验选择的敏感性进行评估。此外，保持方法论上的透明性也是至关重要的，这样可以保证结果的可重复性和可信度。无论是倾向于依赖数据本身的频率学派，还是主张融合主观经验的贝叶斯学派，两者的方法都有其合理性和价值。不同的视角有助于深化对问题的认识，真理往往在多种观点的交流与融合中逐渐显现。

## 二、贝叶斯统计的发展与现状

贝叶斯关于概率计算的公式最初并未引起广泛关注，直到 1774 年，皮埃尔 - 西蒙·拉普拉斯（Pierre-Simon Laplace，1749—1827）等人对其进行了深入研究和推广，才真正开始受到重视。拉普拉斯的工作不仅导出了一些有意义的结果，还对贝叶斯思想进行了全面而通俗的解释，为后来的发展奠定了基础。

尽管早期有了一些进展，但由于理论框架尚不完善以及应用中遇到的问题，贝叶斯方法在很长一段时间内受到了批评和质疑，未能获得广泛接受。20 世纪初，随着经典统计学的迅速崛起，贝叶斯理论逐渐被边缘化，成为统计学界的一个次要分支。

转折点出现在 20 世纪 50 年代，赫伯特·罗宾斯（Herbert Robbins，1915—2001）提出了经验贝叶斯方法（empirical Bayes methods），这种方法通过数据本身来估计先验分布，减少了主观性并提高了计算效率。经验贝叶斯方法的提出引起了统计学界的广泛关注，使得贝叶斯学派重新获得了认可和发展机遇。1958 年，*Biometrika* 期刊重新发表了贝叶斯的经典论文，进一步推动了该领域的发展。

随后，一系列重要贡献涌现出来，推动了贝叶斯统计的理论和技术进步：

（1）伦纳德·萨维奇（Leonard Savage，1917—1971）提出的最大期望效用准则（Savage Criterion），为基于贝叶斯推断的决策提供了理论框架，并促进了主观概率理念的发展。

（2）哈罗德·杰弗里斯（Harold Jeffreys，1891—1989）引入了 Jeffreys 先验，这是一种非信息性先验，有助于处理参数估计中的不确定性问题。

（3）丹尼斯·林德利（Dennis Lindley，1923—2013）发展了 Lindley-Barton 方法，解决了复杂的积分问题，并对贝叶斯模型检验和比较提出了重要的见解。

（4）乔治·博克斯（George Box，1919—2013）与刁锦寰（George Tiao，1933— ）合作提出了 Box-Tiao 模型，这对贝叶斯推断的实践产生了深远影响。

（5）詹姆斯·伯杰（James Berger，1950— ）对贝叶斯决策理论做出了贡献，特别是后验检验和贝叶斯决策规则方面。

尽管这些进展丰富了贝叶斯理论，但在实际应用中，高维积分求解仍然是一个重大挑战。这个问题直到 20 世纪 80 年代末期才得到解决，当时马尔可夫链蒙特卡洛（Markov chain Monte Carlo，MCMC）算法的出现彻底改变了这一局面。MCMC 算法，如 Gibbs 抽样（由斯图尔特·杰曼和唐纳德·杰曼兄弟在 1984 年提出）和 Metropolis-Hastings 算法（最早由尼古拉斯·梅特罗波利斯在 1953 年提出，后由威尔弗雷德·黑斯廷斯在 1970 年推广），提供了一种有效的数值近似方法，能够处理高维数据的复杂积分问题。

1989 年，一个由英国医学会统计学组、剑桥大学和帝国理工学院专家组成的研究团队开发了专门用于贝叶斯分析的软件——BUGS（Bayesian Inference Using Gibbs Sampling）。其 Windows 版本 WinBUGS 更是通过图形界面简化了模型构建过程，极大地促进了贝叶斯方法的应用。WinBUGS 的影响迅速扩展，几乎涵盖了所有科学研究领域。

进入 21 世纪以来，贝叶斯统计已经成长为统计学界一支不可或缺的力量，与经典频率学派共同构成了现代统计学的两大支柱。从最初的提出、发展、被遏制到再次复兴，贝叶斯统计在不到 250 年的时间里经历了显著的变化。如今，它不仅在理论上趋于成熟，而且在计算机技术和模拟算法的支持下，其应用范围不断扩大，几乎涉及所有需要进行概率预测的领域。贝叶斯方法已经成为现代数据分析不可或缺的一部分，继续影响着科学探索和技术发展的进程。

## 第二节　先验分布与后验分布

### 一、贝叶斯公式

频率学派和贝叶斯学派在统计推断上的主要区别源于它们对概率的不同理解和解释。频率学派侧重于从样本数据中直接推断总体特征，强调的是基于观测到的数据进行客观估计。而贝叶斯学派则不仅依赖样本信息，还结合了人们对于总体特征的先验认知，即在数据分析之前已经存在的知识或信念，来更新对总体的理解。这种方法允许将专家意见、历史数据以及其他相关背景信息融入推断过程中，从而提供更加综合和灵活的分析视角。

贝叶斯推断的核心工具是贝叶斯公式，它为如何结合先验信息和新证据提供了数学框架。通过贝叶斯公式，可以根据新的观测数据动态调整对某一事件发生概率的估计。因此，在深入探讨贝叶斯推断之前，理解贝叶斯公式的原理及其背后的逻辑是非常重要的。为了更好地说明这一点，用一个实际的例子进行说明：前列腺癌的筛检试验。

【例 18-1】　早期发现有助于前列腺癌的有效治疗，对 50 岁以上男性进行早期筛查是一种常见方法。总前列腺特异性抗原（total prostate-specific antigen, TPSA）检测是其中方法之一，当 TPSA＞4ng/ml 则判为阳性。已知前列腺癌患者 TPSA 阳性的条件概率为 75%，即 TPSA 灵敏度为 75%；非前列腺癌的人中 TPSA 是阴性的条件概率为 94%，即特异度为 94%。美国 65 岁以上男性人群中前列腺癌发病率高达 939/10 万，那么如果在美国 65 岁以上男性人群中进行 TPSA 筛检试验，检测阳性的概率是多少？

一个受检者的 TPSA 检测结果为阳性可被分解为以下两种情况：{65 岁以上患前列腺癌的病人，其 TPSA 为阳性} 或 {65 岁以上不患前列腺癌的病人，其 TPSA 为阳性}，这两种情形的概率之和就是一个受检者的 TPSA 检测结果为阳性的概率。

为计算美国 65 岁以上男性人群中 TPSA 筛检试验中检测阳性的概率，定义事件集如下：

$$A_1 = \{65 \text{ 岁以上患前列腺癌的男性}\}$$
$$A_2 = \{65 \text{ 岁以上不患前列腺癌的男性}\}$$
$$B = \{\text{TPSA 检测阳性}\}$$

$A_1$ 与 $A_2$ 构成一个完备集：$P(A_1)=0.009\,39$，$P(A_2)=0.990\,61$，且 $P(B|A_1)=0.75$，$P(B^c|A_2)=0.94$。根据概率乘法原则，$P(A,B)=P(A)P(B|A)$，可知：

$P(\{65 \text{ 岁以上患前列腺癌的病人，其 TPSA 为阳性}\})$
$=P(\{65 \text{ 岁以上患前列腺癌的病人}\}) \times P(\{\text{TPSA 为阳性}|65 \text{ 岁以上患前列腺癌的病人}\})$

$P(\{65 \text{ 岁以上非患前列腺癌的病人，其 TPSA 为阳性}\})$ 亦可用类似办法进行计算。

综上，利用全概率公式有：

$$P(B) = \sum_{i=1}^{2} P(A_i)P(B|A_i) = 0.009\,39 \times 0.75 + 0.990\,61 \times (1-0.94) = 0.066\,48$$

因此，在美国 65 岁以上男性人群中 TPSA 检测为阳性的人群占比为 6.648%，TPSA 检测为阴性的人群占 93.352%。

TPSA 检测阳性的概率转化为前列腺癌患者检测阳性的概率与非前列腺癌患者检测阳性的概率

之和。以上计算过程利用了全概率公式的思想。此处之所以称为全概率公式，是因为 {65 岁以上患前列腺癌的病人} 与 {65 岁以上不患前列腺癌的病人} 两者构成了一个完备事件组。完备事件组可用于刻画随机事件的完备性。对于随机事件，每次事件结果是不可预知的，但实验的所有可能结果所组成的集合是已知的。如投掷一枚骰子，其出现的事件为 {1}、{2}、{3}、{4}、{5}、{6} 共 6 种情况，称此随机实验所有可能的 6 种结果的组合为一个完备事件组。另外，骰子投掷结果这个事件可从另外一个角度分为两种情况，投掷结果为"奇数"或"偶数"两种情况，这两种情况构成了另外一个完备事件组。在完备事件组中需满足两个条件：

（1）相互之间交集是空集。如 {65 岁以上患前列腺癌的病人，其 TPSA 为阳性} 或 {65 岁以上不患前列腺癌的病人，其 TPSA 为阳性} 这两个事件交集是空集，一个人不可能同时属于这两种情况，即两个事件互斥。

（2）所有集合的并集是全集。如 {65 岁以上患前列腺癌的病人，其 TPSA 为阳性} 或 {65 岁以上不患前列腺癌的病人，其 TPSA 为阳性}。

这两个事件加在一起构成了所有的 {65 岁以上其 TPSA 为阳性的人}。

全概率公式是将对事件 $B$ 的概率求解问题转化为在不同情况下发生的概率求和问题，若 $A_1$，$A_2$，$\cdots$，$A_n$ 构成一个完备事件组，且 $P(A_i)>0$，$i=1,2,\cdots,n$，则对于任何事件 $B$，有：

$$P(B)=\sum_{i=1}^{n}P(A_i)P(B|A_i) \tag{式 18-1}$$

上述公式可由乘法法则简单推导得出，$B$ 发生的概率是完备事件组所有事件 $A_1$，$A_2$，$\cdots$，$A_n$ 引起 $B$ 发生的概率的总和，全概率公式中的"全"即为此意。

在上例中，前列腺癌患者与非前列腺癌两组人群中 TPSA 检测均存在阳性，如果一个男性检测 TPSA 为阳性，对于该个体更关注的是其患前列腺癌的概率有多大？结合条件概率的思想，$P(A|B)=\dfrac{P(A,B)}{P(B)}$，如知道 $P$（{65 岁以上患前列腺癌的病人，其 TPSA 为阳性}）与 $P$（{美国 65 岁男性检测 TPSA 为阳性}），则可计算出感兴趣的概率。

在前列腺癌筛检试验的例子中，如果一个 65 岁以上的美国男性 TPSA 检测为阳性，则其发生前列腺癌的概率可计算如下：

$$\begin{aligned}P(A_1|B)&=\frac{P(A_1)P(B|A_1)}{P(A_1)P(B|A_1)+P(A_2)P(B|A_2)}=\frac{0.009\ 39\times0.75}{0.009\ 39\times0.75+0.990\ 61+(1-0.94)}\\&=0.105\ 94\end{aligned}$$

即该个体患前列腺癌的概率为 10.594%。同理，美国 65 岁及以下的男性前列腺癌的发病率为 59/10 万，根据贝叶斯公式，TPSA 检测为阳性时其患前列腺癌的概率为 0.733%。若在中国 65 岁以上男性前列腺癌的发病率为 170/10 万，则对于中国 65 岁以上男性 TPSA 检测为阳性时其患前列腺癌的概率为 2.084%。从结果上看，对于美国 65 岁以上、美国 65 岁及以下、中国 65 岁以上三组男性前列腺癌的发病率不同时，TPSA 检测为阳性时患前列腺癌的概率分别为 10.594%、0.733% 及 2.084%，其检测阳性时对应的真正患前列腺癌的概率相差很大。

$$P(B|A)=\frac{P(A,B)}{P(A)} \tag{式 18-2}$$

式 18-2 称为贝叶斯公式，但经常把 $P(A)$ 展开为完备事件组的形式。如有 $n$ 个两两互斥的"原因"事件 $A_1, A_2, \cdots, A_n$ 均可导致"结果"事件 $B$ 的发生,若事件已经发生,可利用贝叶斯公式计算出在结果事件 $B$ 发生的条件下第 $i$ 个原因 $A_i$ 的条件概率。即贝叶斯公式是在"结果"事件(阳性)发生条件下,寻找各"原因"事件(患病与否)发生的条件概率。因此全概率公式可以认为是由"原因"事件推导"结果"事件。由条件概率定义、乘法法则及全概率公式可得到贝叶斯公式。

离散型贝叶斯公式:若 $A_1, A_2, \cdots, A_n$ 构成一个完备事件组,且 $P(A_i)>0$, $i=1,2,\cdots,n$,则对于任何事件 $B$ 有:

$$P(A_i|B) = \frac{P(A_i)P(B|A_i)}{\sum_{j=1}^{n} P(A_j)P(B|A_j)} \qquad (\text{式 18-3})$$

对于连续型随机变量,贝叶斯公式的解释与离散型随机变量基本一致,都是用来更新对某一事件发生概率的认知。然而,在具体计算时,连续型随机变量涉及的是概率密度函数(PDF),而非离散的概率值。因此,其计算过程需要借助微积分等高等数学工具,比如通过积分来计算累积分布函数(CDF)或期望值。

重要的是区分贝叶斯公式的应用和贝叶斯统计推断的概念。贝叶斯公式本身只是一个数学工具,用于根据新证据更新先验概率,得到后验概率。它可以在任何需要更新概率估计的情境中使用,而不一定涉及完整的贝叶斯统计推断框架。

## 二、先验分布

### (一)先验分布概述

贝叶斯学派认为,总体参数并不是一个固定的常数,而是一个随机变量。这意味着参数本身具有不确定性,并且可以通过概率分布来描述这种不确定性。在进行统计推断时,贝叶斯学派不仅依赖于样本数据,还结合了对总体特征的事先认知,即先验信息。因此,贝叶斯推断的核心在于通过观察到的样本数据更新对总体参数的理解,从而获得更为精确的估计。

在贝叶斯框架中,先验分布是总体分布参数 $\theta$ 的一个概率分布,它反映了在进行任何实验或观察之前,对 $\theta$ 的初始信念或知识。先验分布的选择是贝叶斯推断不可或缺的一部分,它基于领域知识、历史数据或合理的假设。通过引入先验分布,可以将已有的经验和信息融入统计分析中,使推断过程更加全面和灵活。为了更好地说明这一点,下面用一个实际的例子进行说明。

【例 18-2】　一般认为处于青少年期的高中生需要超过 8 小时的睡眠才能保证足够的精力用于学习。为了解某中学高中生的睡眠情况,在全校同学中随机调查了 10 位同学,发现只有 1 位同学的睡眠超过了 8 小时。那么该中学的同学睡眠超过 8 小时的比例是多少呢?

为了叙述方便,这里用 $\theta$ 表示感兴趣的参数,即被调查中学的同学睡眠超过 8 小时的比例。在利用观察到的样本数据去估计未知总体参数的过程中,频率学派与贝叶斯学派的差异可简要概括如下:频率学派基于总体重复抽样去研究参数的性质,而贝叶斯学派则是利用观察到的样本数据去更新参数的先验信息。运用第四章的知识可以知道,10 位同学中睡眠时间超过 8 小时的个数 $Y$ 服从二项分布,即 $Y \sim B(n,\theta)$,其中 $n$ 为 10,而观察到睡眠时间超过 8 小时的个数 $Y=1$, $\theta$ 为感兴趣的参数,即睡眠超过 8 小时同学的比例。

根据频率学派对二项分布参数的推断技术,$\theta$ 的点估计值为 1/10=0.1,基于二项分布得 95% 置信区间为(0.002 5, 0.445 0)。其结果解释为该中学学生睡眠超过 8 小时的比例 $\theta$ 是参数,是固有的、不变的一个常数。通过样本数据，频率学派认为该比例的估计值为0.1。

贝叶斯学派则认为此处的比例0.1就是样本信息。贝叶斯学派将未知参数$\theta$看作为随机变量，需要对其赋予先验信息。例如，了解到被调查中学为一所重点寄宿制高中，其宿舍熄灯管理制度严格，所以学生睡眠超过8小时的情况应较为普遍，这就是先验信息。为了有效表达此先验信息，贝叶斯学派采用了先验分布的做法。所谓先验分布（prior distribution）就是利用概率函数$P(\theta)$表达对参数$\theta$的信念，之所以叫"先验"是因为这是在没有观察到数据之前对参数的理解。

在高中生睡眠的例子中，设置参数$\theta$的先验概率分布如表18-1，此先验分布包含一定的外部信息（被调查中学为一所重点寄宿制高中，其宿舍熄灯管理制度严格），后面将讨论如何排除外部信息，用"客观"的先验信息。

表18-1　参数$\theta$的先验概率分布$P(\theta)$

| $\theta$ | $P(\theta)$ |
| --- | --- |
| 0.2 | 0.1 |
| 0.5 | 0.3 |
| 0.9 | 0.6 |

为叙述方便，这里假设该先验分布中参数$\theta$只能取3个离散的值0.2、0.5、0.9，因为取值0.9的概率较大为0.6，而取其他两个值的概率相对较小，所以该先验分布反映了先验信息，即认为该高中的学生睡眠超过8小时的比例较高。

到这一步，确定了这个案例中参数$\theta$的先验概率分布$P(\theta)$。确定先验分布$P(\theta)$是贝叶斯统计最重要的一步，同时也是贝叶斯统计历史上长期以来最具争议的话题。

很多人可能不同意给感兴趣的参数添加先验信息，之所以开展科学研究就是因为不了解这些参数的具体取值，而给定先验知识似乎存在逻辑上的悖论。对于先验分布的存在性，可从两个角度来理解：① 绝大多数情况下，人们具有一定的先验信息；② 即使人们希望对参数的了解完全来源于样本数据，仍然可使用先验信息。无论先验信息的设置属于以上哪种视角，也存在着多种候选先验分布，其选择需要一定的经验和技巧。根据是否使用到了专业背景知识或其他信息，一般将先验分布分为三类：有信息先验（informative prior）、无信息先验（non-informative prior）、部分信息先验（weakly informative prior）。

（二）先验分布的确定

1. 有信息先验　有信息先验可能来源于科学问题的背景知识、已有的相关研究成果，也可能来自业内专家根据经验或历史资料对某事件发生的可能性给出的个人观点。如一位外科医生做某一个手术，他认为成功的概率是0.9，这是该医生根据经验或手术难度而给出的手术成功的把握度。需要强调的是有信息先验绝不是主观臆造，它是建立在丰富的经验和充分的历史信息基础上的。

个别文献知识或专家经验往往只能给出几个数字，而无法形成完整的先验分布，需要综合大量文献和/或众多专家的意见，可利用百分位数法或众数百分位数法决定先验信息的概率分布形式。百分位数法是通过向专家咨询获取参数的分位数信息，如参数2.5%分位数和97.5%分位数，例如可构建如下问题："您有95%的把握认为参数$\theta$会落入什么范围内？"。众数百分位数法则是通过向专家咨询获取参数的众数和一个分位数信息，如获取95%分位数，这时的问题是："您认为参数$\theta$最可能出现的数值为多少？ 您有95%的把握认为参数$\theta$不会小于多少？"。这两种方法简单易行，相对而言众数百分位数法更容易使回答问题者接受和理解。

2. 无信息先验 无信息先验是指在获得现有研究资料之前,没有任何关于感兴趣参数的相关信息,它反映了研究者对参数取值没有偏好的思想状态,完全由数据决定参数的大小。无信息先验只包含了感兴趣参数模糊的或者一般的信息,是对后验分布影响最小的先验分布。很多研究者愿意选取无信息先验,因为这种先验与其他"主观"的先验相比更接近"客观",因此无信息先验在实际应用中广泛采用。

无信息先验本身也是先验。均匀先验(uniform prior)准则通常作为设置无信息先验的策略,这相当于在参数所有的可能值指派了相同的先验权重。然而,在实际应用中,由于均匀分布在某些情况下可能导致不合理的结果(特别是在小样本情况下),因此往往需要根据具体情况进行调整。

在高中生睡眠的例子中,参数 $\theta$ 无信息先验的设置可采取以下策略:参数 $\theta$ 的解释为事件发生的概率,其取值范围在 $0 \sim 1$,参数 $\theta$ 最直接的无信息先验分布是 $[0,1]$ 区间上的均匀分布。也可通过 $\log\left(\dfrac{\theta}{1-\theta}\right)$ 将 $\theta$ 转换到整个实数范围上,值得注意的是,该转换一一对应且单调递增。类似的,可以对参数 $\log\left(\dfrac{\theta}{1-\theta}\right)$ 设置均匀分布的无信息先验。

在高中生睡眠的例子中,为感兴趣参数 $\theta$ 设置 4 种不同的无信息先验。此处,考虑 $\theta$ 和 $\log\left(\dfrac{\theta}{1-\theta}\right)$ 两种形式。

A: $\theta \sim U(0,1)$,$\theta$ 服从 $[0,1]$ 的均匀分布;

B: $\log\left(\dfrac{\theta}{1-\theta}\right) \sim U(-5,5)$,$\log\left(\dfrac{\theta}{1-\theta}\right)$ 服从 $[-5,5]$ 的均匀分布;

C: $\log\left(\dfrac{\theta}{1-\theta}\right) \sim N(0,2)$,$\log\left(\dfrac{\theta}{1-\theta}\right)$ 服从均数为 0,方差为 2 的正态分布;

D: $\log\left(\dfrac{\theta}{1-\theta}\right) \sim N(0,2.71)$,$\log\left(\dfrac{\theta}{1-\theta}\right)$ 服从均数为 0,方差为 2.71 的正态分布。

图 18-1 描述了以上 4 种先验分布在 $\theta$ 原始尺度与 $\log\left(\dfrac{\theta}{1-\theta}\right)$ 尺度上的图形。每个图形的解释类似于正态分布的概率密度函数,曲线下面积为 1。观察图 18-1 发现设置 C 可使得 $\theta$ 在 0.5 处近似均匀分布,而设置 D 使得 $\theta$ 的分布近似于设置 A,即 $\theta \sim U(0,1)$。

这四种无信息先验分布都假设参数 $\theta\left[\text{或}\log\left(\dfrac{\theta}{1-\theta}\right)\right]$ 在某一范围内取值的概率相同或者近似相同,反映出了对参数取值的"公平性"和"客观性",反映了研究者并没有对参数 $\theta\left[\text{或}\log\left(\dfrac{\theta}{1-\theta}\right)\right]$ 的取值有主观性,体现了无信息先验的内涵。这 4 种无信息先验分布相应的概率密度函数可从前面章节所学知识获得,即将学习后验概率分布,根据贝叶斯公式可以计算出相应的后验概率分布,见图 18-2A。

在以均匀准则设置无信息先验并进行以上分析时,至少可以发现 5 个问题:①不同的先验分布会使最终分析结果相差较大,因此先验分布的选择可能影响结论,如图 18-2A 所示。②均匀的先验分布受参数具体形式的影响。在一个尺度上均匀,在另一个尺度上往往就不均匀,如图 18-1 所示。

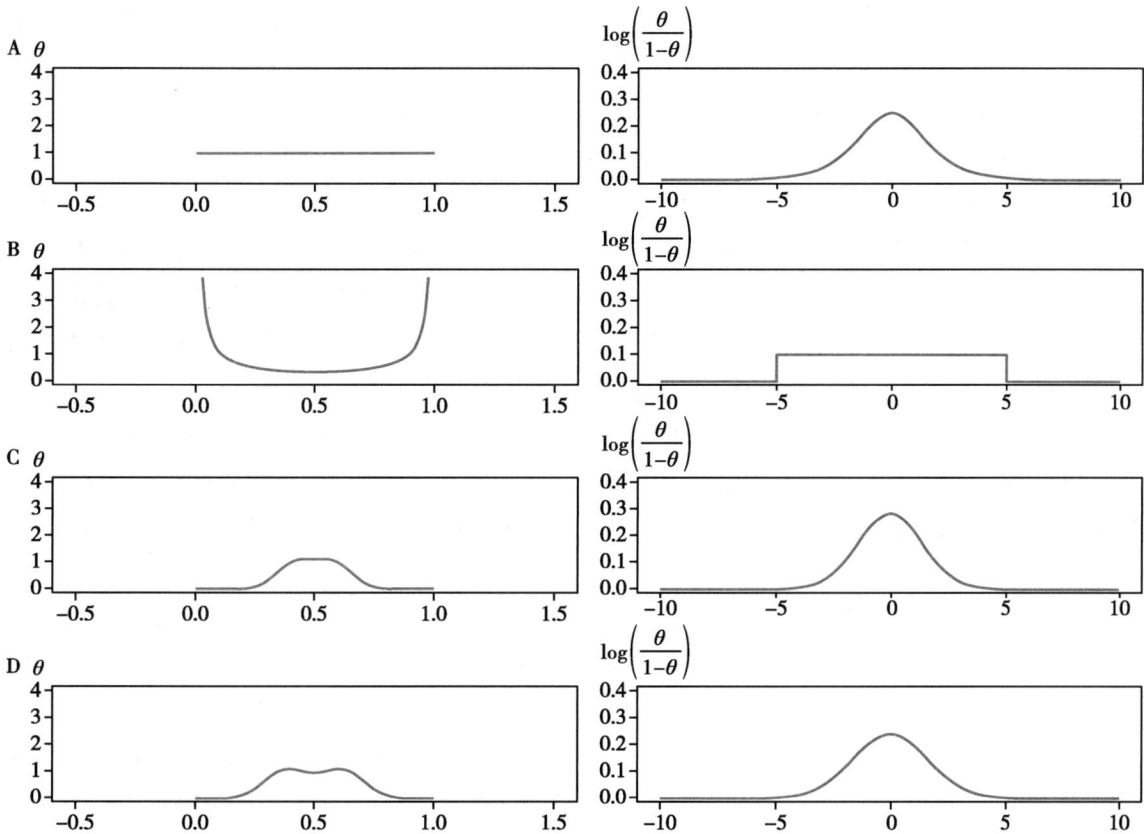

图 18-1 4 种无信息先验的概率密度函数

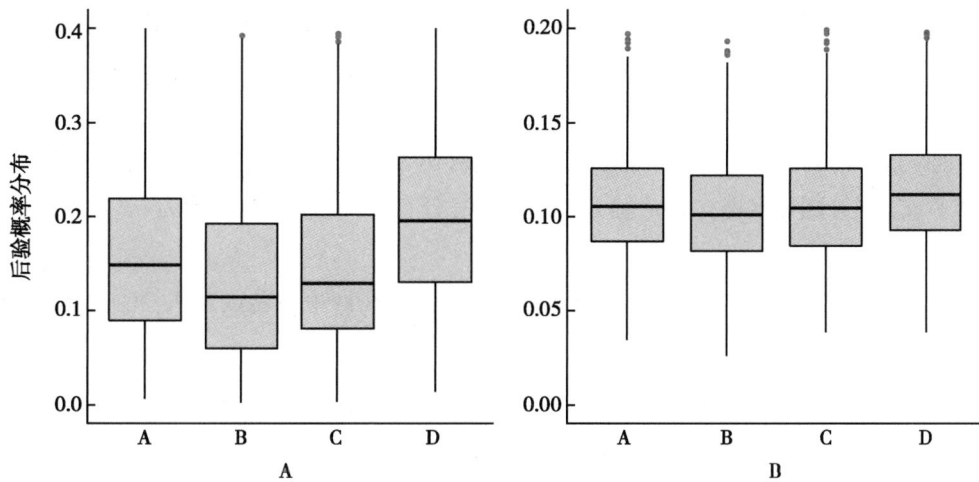

图 18-2 4 种无信息先验下的后验概率分布

A. 1/10 高中学生睡眠超过 8 小时；B. 10/100 高中学生睡眠超过 8 小时。

③不存在完全绝对的无信息的先验分布，均匀分布从某种角度看本身就是一种信息。另一方面，所用的概率模型也可看成一部分先验信息，例如二项分布的使用就假设了个体与个体间的独立性，又比如往往假设定量数据服从正态分布，而其他概率分布也可用于描述数据的分布。因此以上这些常用的假设皆蕴含着先验信息。④无信息先验在提出假设时往往面临一个分割问题。例如，假设某大学某食堂第一个去就餐的人只可能属于以下三类人，男同学、女同学、老师。感兴趣的问题是，这三类人中第一个去就餐的概率是否相等。如果没有某大学人员构成信息，为了使得先验信息不

325

影响数据对判断结论的影响,可能会假设先验概率为(1/3,1/3,1/3),每类人都是等概率的。当想探讨的问题是老师与同学是否等可能第一个到达食堂就餐,可能会设置先验信息为同学和老师是等可能的,均为1/2,而对于男同学、女同学、老师,先验分布可能为(1/4,1/4,1/2)。⑤均匀无先验信息的先验在有些情况下会导致有瑕疵的后验分布(后验概率密度积分不等于1)。

对于上面的第①个问题,在真实的数据分析中可能不是一个问题。如在该例子中,观察的数据为10/100而非1/10,即调查了100个人,有10个人回答睡眠超过了8小时,则此时的后验分布结果见图18-2B。对比图18-2A和图18-2B可以发现,在样本量较大的情况下,不同的无信息先验对后验概率并无明显影响;但在本例中样本量较小,基于不同无信息先验得到的后验概率存在一定差异。样本量较小时统计推断结论可能不可靠并非贝叶斯推断独有,此时不管运用什么统计理论和方法,得到的结果都难以令人信服,这一点是十分容易理解的。为保证数据分析结论的有效性,应有足够的数据保证先验信息的选择不会较大地影响对参数的后验分布推断。此外,为验证先验分布是否会影响后验分布的结论,可采用不同的先验设置以探查数据是否对先验信息敏感。

3. 部分信息先验　部分信息先验是一种大致指定参数先验分布的方法,使得参数的绝大部分取值被认为处于合理的范围,但又几乎不添加任何主观信息(类似于无信息先验)。部分信息先验还可在数学上避免无信息先验的第⑤个问题,即后验分布不会出现有瑕疵的情形。此外,部分信息先验可有效地限制几乎不可能的参数取值,从而从有限的数据中获取信息的先验。例如,男女性别比的研究中,可认为性别比几乎不可能超过0.4~0.6这个范围,此时的部分信息先验可设置$N(0.5, 0.1^2)$。部分信息先验在复杂统计模型的设置时尤其重要。

### (三)共轭先验分布

给定先验分布后,当经过贝叶斯公式运算得到的后验分布与先验分布具有相同的形式时,则该先验分布称为共轭先验(conjugate prior)分布。共轭先验分布的优点在于参数的后验分布与先验分布的形式一致,这样就大大简化了计算。

例如,设$X=(x_1, x_2, \cdots, x_n)$是来自正态分布$N(\mu, \sigma^2)$的一个样本,其中$\sigma^2$已知。若取$\mu$的先验分布为$N(\mu_0, \tau^2)$,则可推得$\mu$的后验分布仍为正态分布$N(\eta, \phi^2)$,其均数为$\omega\bar{x}+(1-\omega)\mu_0$,其中

$$\omega = \frac{\dfrac{1}{\sigma^2}}{\dfrac{1}{\sigma^2}+\dfrac{1}{\tau^2}}$$,方差为$\dfrac{1}{\phi^2}=\dfrac{n}{\sigma^2}+\dfrac{1}{\tau^2}$。方差的倒数越大,则对应的概率分布越集中,可将方差倒数视为

精度的指标。从后验方差公式可看出,后验均值可以解释为先验均值与样本均数加权后的调整结果,后验分布的精度是样本均数分布的精度和先验分布精度之和。增加样本含量或减少先验方差都有利于提高后验分布的精度。表18-2为一些常见的样本分布及其对应的共轭分布。

表18-2　不同样本分布及其对应的共轭分布

| 样本分布 | 共轭分布 | 适用场景 |
| --- | --- | --- |
| 二项分布$B(n, p)$ | $\beta$分布$Beta(\alpha, \beta)$ | 重复试验中概率估计 |
| 均匀分布$U(a, b)$ | $\beta$分布$Beta(\alpha, \beta)$ | 用于参数为概率值的估计,适用于简单随机抽样的问题 |
| 泊松分布$P(\lambda)$ | $\gamma$分布$Gamma(\alpha, \beta)$ | 适用于事件发生频率的建模 |
| 正态分布(已知方差)$N(\mu, \sigma^2)$ | $N(\mu_0, \tau^2)$ | 估计连续型变量的均值 |

### 三、后验分布

在上述高中生睡眠的例子中，根据贝叶斯公式，可计算出当观察到样本数据后总体参数 $\theta$ 的后验分布。所谓后验分布（posterior distribution）是观察到数据后，利用贝叶斯公式对参数 $\theta$ 的信念进行更新得到的概率分布，记作 $P(\theta|D)$，之所以叫"后验"是因为在观察到数据后对参数的理解。

在高中生睡眠的例子中，运用上一节中离散型贝叶斯公式，后验概率的计算过程如下：以 $P(\theta_i)$ 表示参数 $\theta$ 的取值为 $\theta_i$ 的先验概率，$P(Y=1|\theta_i)$ 表示观察到的样本概率，$P(\theta_i|Y=1)$ 表示后验概率。根据贝叶斯公式，

$$P(\theta=0.2|Y=1)=\frac{P(Y=1|\theta=0.2)P(\theta=0.2)}{P(Y=1)}=\frac{C_{10}^1 0.2^1 0.8^9 0.1}{\sum_{i=1}^{3}C_{10}^1 \theta_i^1 (1-\theta_i)^{10-1}P(\theta_i)}$$

$$=\frac{C_{10}^1 0.2^1 0.8^9 0.1}{C_{10}^1 0.2^1 0.8^9 0.1+C_{10}^1 0.5^1 0.5^9 0.3+C_{10}^1 0.9^1 0.1^9 0.6}$$

同理可计算出 $P(\theta=0.5|Y=1)$ 和 $P(\theta=0.9|Y=1)$ 的后验概率。这样就得到了参数 $\theta$ 的所有可能取值的后验概率并总结如下（表 18-3）：

表 18-3　参数 $\theta$ 的后验概率分布 $P(\theta|D)$

| $\theta$ | $P(\theta|D)$ |
| --- | --- |
| 0.2 | 0.902 |
| 0.5 | 0.098 |
| 0.9 | 0.000 |

可见，贝叶斯推断在抽样实验之前，假定未知参数已经有一个先验的概率函数。抽样之后，利用贝叶斯公式和样本数据的信息更新先验概率密度函数，最后生成未知参数的后验概率函数。对比表 18-1 和表 18-3，发现 $\theta$ 的先验概率和后验概率不同，先验分布中表达的信息是学生睡眠超过 8 小时的比例较高，而后验分布则恰恰相反。这种"矛盾"是由于样本数据造成的，样本数据中 10 位同学只有 1 位的睡眠时间超过 8 小时，所以后验信息认为该高中学生睡眠低于 8 小时的可能性更大，观察到的数据信息对先验概率进行了更新。通过先验信息结合样本信息得到后验概率分布是贝叶斯方法的最重要特点，也是其优势所在。贝叶斯推断可用下式总结：参数 $\theta$ 为感兴趣的总体数值特征，概率分布 $P(\theta)$ 表达对 $\theta$ 的先验看法。对于基于该参数观察到的数据 $P(D|\theta)$，可计算参数的后验分布 $P(\theta|D)$：

$$P(\theta|D)=\frac{P(D|\theta)P(\theta)}{P(D)}$$

（式 18-4）

以上公式虽然看似简单，但在参数 $\theta$ 的元素个数较多时，其计算十分困难，但随着计算机技术的迅速发展和新计算方法的引入，这一复杂的计算问题得以有效地解决。

边缘分布（marginal distribution）是指多维随机变量中，只包含其中部分变量的概率分布。例如，对于二维随机变量 $(X,Y)$，其边缘分布可以分别表示为 $X$ 和 $Y$ 的一维分布。在贝叶斯统计中，如果有一个多维参数向量 $\theta=(\theta_1,\theta_2,\cdots,\theta_n)$，其后验分布为 $P(\theta|D)$，而只对其中某个参数 $\theta_i$ 感兴趣，对

其他参数 $\theta_j(j\neq i)$ 不感兴趣，为了得到 $\theta_i$ 的边缘后验分布，可以对其余参数 $\theta_j$ 进行积分（若是连续的）或求和（若是离散的），从而"消除"这些不感兴趣的参数，得到：

$$P(\theta_i|D)=\int P(\theta_1,\theta_2,\cdots,\theta_n|D)\mathrm{d}\theta_{-i}$$

其中，$\theta_{-i}$ 表示除了 $\theta_i$ 之外的所有参数。

上面已经提到，贝叶斯统计中参数的后验分布 $P(\theta|D)=\dfrac{P(D|\theta)P(\theta)}{P(D)}$。其中，$P(D)$ 是边缘分布，常称作"边缘似然"，边缘似然是通过对参数 $\theta$ 的先验分布 $P(\theta)$ 和似然函数 $P(D|\theta)$ 的乘积进行积分（如果参数是连续的）或求和（如果参数是离散的）得到的：

$$P(D)=\int P(D|\theta)P(\theta)\mathrm{d}\theta \text{ 或 } P(D)=\sum_{i=1}^{n}P(D|\theta_i)P(\theta_i) \tag{式 18-5}$$

边缘似然的作用是确保后验分布是正确归一化的概率分布，即数据在模型下出现的概率，不依赖于参数 $\theta$ 的具体取值。也就是说，边缘似然衡量在所有可能的参数情况下，模型生成当前数据的总体可能性。

# 第三节 贝叶斯统计推断

在贝叶斯推断中，综合了总体分布信息、样本信息和先验信息。

（1）总体分布信息：总体分布信息是人们因为对总体的了解所带来的有关信息，它包括总体分布或者总体分布族的有关信息。例如，总体属于正态分布或二项分布等。

（2）样本信息：从总体中抽取的样本所提供的有关信息。样本信息是最有价值的信息，通过对样本信息的加工和处理，可以对总体特征作出统计推断。样本信息越强，对总体推断越准确。

基于以上两种信息所作出的统计推断即为频率学派的统计推断，前面章节介绍的 $t$ 检验、方差分析、直线回归、logistic 回归及 Cox 回归分析等均属于频率学派统计推断的范畴，其特征主要是把样本数据看成是来自具有一定概率分布的总体，进而推断总体的参数。

（3）先验信息：即在观察到样本数据之前人们关于感兴趣参数的任何知识和信息，一般而言，先验信息主要来源于主观经验和历史数据。

综上，贝叶斯推断模式可表达为：

先验分布 + 样本信息 → 后验分布

基于上述三种信息进行的统计推断就称为贝叶斯推断。贝叶斯统计非常重视先验信息的获取，通过加工形成先验分布，然后将先验分布纳入统计推断中，从而提高统计推断的可信度。

## 一、似然函数的概念与原理

似然函数（likelihood function）是基于假设的总体分布特征和给定的参数 $\theta$，出现当前观察数据的概率。更具体地说，似然函数是参数的一个函数，表示的是在不同参数值下，观测数据出现的"可能性"或"似然度"。在贝叶斯统计中，似然函数扮演着关键角色。它通常用于结合先验分布（对参数的初始信念）和观测数据，通过贝叶斯定理来更新对参数的信念，得到后验分布。

对于一组观测数据 $D=\{d_1,d_2,\cdots,d_n\}$ 和一个模型，该模型由参数 $\theta$ 确定。似然函数 $L(\theta|D)$ 或简

写为 $L(\theta)$ 是参数 $\theta$ 的函数（应该注意的是，似然函数并不是概率分布，因为它不是关于 $D$ 的函数，而是关于参数 $\theta$ 的函数），表示在给定 $\theta$ 的条件下，观测到数据 $D$ 的概率：

$$L(\theta|D)=P(D=d|\theta) \tag{式18-6}$$

$L$ 代表似然函数；$\theta$ 代表参数，是希望估计的值；$D$ 代表观测数据。注意这里的符号 $L(\theta|D)$ 有时会被简化为 $L(\theta)$ 或 $f(D|\theta)$（尤其当 $f$ 代表概率密度函数时），但重要的是理解其表达的是在给定参数 $\theta$ 下观测到 $D$ 的条件概率。

## 二、贝叶斯参数估计

在贝叶斯定理中，后验分布 $P(\theta|D)$，即在给定观测数据 $D$ 后参数 $\theta$ 的分布，可以表示为似然函数和先验分布的乘积：

$$P(\theta|D)=\frac{P(D|\theta)P(\theta)}{P(D)}$$

其中的 $P(D|\theta)$ 是似然函数，$P(\theta|D)$ 是后验分布，$P(\theta)$ 是先验分布，$P(D)$ 是归一化常数，即观测数据的全概率，不依赖于参数，是一个常数因子。

贝叶斯估计根据参数的先验分布 $P(\theta)$ 和一系列观察数据，求出参数 $\theta$ 的后验分布 $P(\theta|D)$，然后求出 $\theta$ 的期望值，作为其最终值。

例如，设总体 $X\sim B(N,\theta)$，$N$ 已知，参数 $\theta$ 未知，参数 $\theta$ 的先验分布为 $U(0,1)$。现有 $x_1,x_2,\cdots,x_n$ 样本，求 $\theta$ 的后验分布。

由于每个样本 $x_n$ 都来自 $B(N,\theta)$，可以分别得出似然函数：

$$P(X=x_1,x_2,\cdots,x_n|\theta)=\prod_{i=1}^{n}C_N^{x_i}\theta^{x_i}(1-\theta)^{N-x_i}$$

表示在给定参数 $\theta$ 的情况下，观测到样本 $X=x_1,x_2,\cdots,x_n$ 的概率；

先验分布 $U(0,1)$，则 $P(\theta)=1$；

边缘似然：

$$P(X=x_1,x_2,\cdots,x_n)=\int P(X=x_1,x_2,\cdots,x_n|\theta)P(\theta)\mathrm{d}\theta。$$

则后验分布：

$$P(\theta|X)=\frac{P(X=(x_1,x_2,\cdots,x_n)|\theta)P(\theta)}{\int P(X=(x_1,x_2,\cdots,x_n)|\theta)P(\theta)\mathrm{d}\theta}=\int_0^1\theta^{(\sum x_i+1)-1}(1-\theta)^{(nN-\sum x_i+1)-1}\mathrm{d}\theta,$$

其中，

$$\int_0^1\theta^{\sum x_i}(1-\theta)^{nN-\sum x_i}\mathrm{d}\theta=\frac{\Gamma(\sum x_i+1)\Gamma(nN-\sum x_i+1)}{\Gamma(nN+2)}$$

$\int_0^1\theta^{(\sum x_i+1)-1}(1-\theta)^{nN-(\sum x_i+1)-1}\mathrm{d}\theta$ 是 Beta 函数的形式，并且可以通过 Gamma 函数 $\dfrac{\Gamma(\sum x_i+1)\Gamma(nN-\sum x_i+1)}{\Gamma(nN+2)}$ 来表示。

故后验分布为：

$$P(\theta \mid X) = \frac{\Gamma(nN+2)\theta^{\Sigma x_i}(1-\theta)^{nN-\Sigma x_i}}{\Gamma(\Sigma x_i+1)\Gamma(nN-\Sigma x_i+1)}。$$

再求该后验分布的期望，该后验分布为 Beta 分布。故 $\theta$ 的贝叶斯估计为：

$$\theta = \frac{\Sigma x_i+1}{nN+2}$$

贝叶斯估计将先验知识与观测数据相结合，产生了对参数的更新估计，其中参数的不确定性在后验分布中反映出来。这是贝叶斯估计的核心思想。

### 三、贝叶斯假设检验

贝叶斯假设检验（Bayesian hypothesis testing）是一种基于贝叶斯统计理论进行假设检验的方法。与经典的频率学派假设检验（如 $t$ 检验、$\chi^2$ 检验等）不同，贝叶斯假设检验不依赖于长期频率的稳定性或重复采样的概念，而是将假设视为随机变量，并通过贝叶斯定理更新这些假设的概率分布。

在贝叶斯假设检验中，通常有两个或更多的假设（或模型）$H_1, H_2, \cdots, H_n$，这些假设被视为随机变量，每个假设都有一个先验概率 $P(H_i)$，表示在没有观测到数据之前对每个假设的信任程度。当收集到数据 $D$ 后，使用贝叶斯定理来计算每个假设的后验概率 $P(H_i \mid D)$，这表示在观测到数据后对每个假设的信任程度。

贝叶斯定理的公式为：$P(H_i \mid D) = \dfrac{P(H_i)P(D \mid H_i)}{\sum\limits_{j=1}^{n} P(H_j)P(D \mid H_j)}$，其中，$P(D \mid H_i)$ 是给定假设 $H_i$ 为真时观测到数据 $D$ 的概率，称为似然函数；$P(H_i)$ 是假设检验 $H_i$ 的先验概率；分母是数据 $D$ 在所有假设下的边缘概率。

在比较两个假设（如 $H_0$ 和 $H_1$）时，贝叶斯因子（Bayes factor, BF）是一个常用的量度，其定义为两个假设下观测到数据 $D$ 的概率的比值：

$$BF_{10} = \frac{P(D \mid H_1)}{P(D \mid H_0)}$$

如果 $BF_{10} > 1$，则数据支持 $H_1$ 多于 $H_0$；如果 $BF_{10} < 1$，则数据支持 $H_0$ 多于 $H_1$。贝叶斯因子的值越大，表示证据越强烈地支持 $H_1$（表 18-4）。

表 18-4　贝叶斯因子决策阈值

| $BF_{10}$ | 决策解释 | $BF_{10}$ | 决策解释 |
| --- | --- | --- | --- |
| <1/100 | 极强的证据支持 $H_0$ | 1～3 | 较弱的证据支持 $H_1$ |
| 1/100～1/30 | 非常强的证据支持 $H_0$ | 3～10 | 中等程度的证据支持 $H_1$ |
| 1/30～1/10 | 较强的证据支持 $H_0$ | 10～30 | 较强的证据支持 $H_1$ |
| 1/10～1/3 | 中等程度的证据支持 $H_0$ | 30～100 | 非常强的证据支持 $H_1$ |
| 1/3～1 | 较弱的证据支持 $H_0$ | >100 | 极强的证据支持 $H_1$ |
| 1 | 没有证据 | | |

# 第四节　贝叶斯统计应用

## 一、贝叶斯回归

贝叶斯回归是利用贝叶斯定理来更新对回归参数的估计。这种方法不仅考虑了数据的不确定性，还考虑了模型参数的不确定性，为预测提供了一个更加全面的框架。

贝叶斯回归基于贝叶斯定理，需要解决的问题主要有两部分，一是推断（即得到后验分布），二是预测（即通过 $x$ 得到 $y$）。贝叶斯公式当中：

$$P(\theta \mid D) = \frac{P(D \mid \theta)P(\theta)}{P(D)} = \frac{P(D \mid \theta)P(\theta)}{\int P(D \mid \theta)P(\theta)\,\mathrm{d}\theta} \propto P(D \mid \theta)P(\theta)$$

其中，$P(\theta \mid D)$ 是后验分布，$P(D \mid \theta)$ 是似然函数，$P(\theta)$ 是先验分布，$P(D)$ 是归一化常数项。在整个推断过程中，需要首先确定一个先验分布，然后不断根据样本计算出似然函数，最终得到后验分布。在得到后验分布这一步骤上往往会涉及到非常复杂的积分运算，直接计算会相当困难。因此一个顺理成章的想法就是不断地从样本中抽样，通过抽样分布来近似总体分布。

在得到参数的后验分布后就可以对新的数据样本进行预估了，预估一般有两种形式：点预测和分布预测。

点预测常使用后验分布的均值或中位数作为参数值代入线性回归模型中进行预测；分布预测只需将从参数后验分布中抽样出的参数值代入到线性回归中即可。

## 二、贝叶斯决策

决策是对一件事作出决定，它与推断的差别在于是否涉及后果。贝叶斯决策一般分为最小错误率贝叶斯决策与最小风险贝叶斯决策两种。

对于最小错误率贝叶斯决策而言，以二分类任务为例，先定义出在单个样本上的错误概率：

$$P(e \mid x) = \begin{cases} P(\omega_2 \mid x), & x \in \omega_1 \\ P(\omega_1 \mid x), & x \in \omega_2 \end{cases} \tag{式 18-7}$$

对于上面的分段函数，$e$ 代表有错误发生，$\omega_1$ 代表类别 1，$\omega_2$ 代表类别 2。该分段函数的含义即为：第一项指当把 $x$ 分类为 $\omega_1$ 时，实际上 $x$ 属于 $\omega_2$ 的概率。

对于总体样本而言，把错误率 $P(e)$ 定义为所有服从同样分布的独立样本上错误率的期望：

$$P(e) = E[P(e \mid x)] = \int P(e \mid x)P(x)\,\mathrm{d}x \tag{式 18-8}$$

在上式中，$P(e)$ 是 $e$ 的概率密度函数。那么，最小错误率的目标即使 $P(e)$ 最小化，即：

$$\min[P(e)] = \min\left[\int P(e \mid x)P(x)\,\mathrm{d}x\right] \tag{式 18-9}$$

而根据定积分的性质，当积分区域相同时，比较两个不同定积分的大小只需要比较里面被积函数的大小即可。也就是说，要使 $P(e)$ 最小，只需要使 $P(e \mid x)$ 最小即可［因为 $P(x)$ 是不会变的，而 $P(e \mid x)$ 根据给出的表达式可知它受决策结果的影响会改变］。

最后,从使 $P(e|x)$ 最小这个角度出发可以得到如下决策规则:

如果 $P(\omega_1|x)>P(\omega_2|x)$,则 $x\in\omega_1$;反之 $x\in\omega_2$。

以一个例子来看,如果在某医院,癌细胞识别正常($\omega_1$)、异常($\omega_2$)两个类别的先验概率 $P(\omega_1)=$ 0.9,$P(\omega_2)=0.1$。现有一待识别细胞,观察值为 $x$,已知 $P(x|\omega_1)=0.2$,$(x|\omega_2)=0.4$,用最小错误率贝叶斯决策对其分类。则可利用贝叶斯公式及全概率公式计算出:$P(\omega_1|x)=\dfrac{P(x|\omega_1)P(\omega_1)}{P(x)}=$ $\dfrac{0.2\times0.9}{0.2\times0.9+0.4\times0.1}=0.818$,$P(\omega_2|x)=1-P(\omega_1|x)=0.182$。此时,将 $x$ 分类到 $\omega_1$ 是合理的决策。

对于最小风险贝叶斯决策而言,其关注点与最小错误率决策不同。最小风险贝叶斯决策关注的是如何把决策出错之后的风险最小化。这往往在现实场景中是很有必要的,比如把正常细胞错判为癌细胞,后果是患者会留院检查,但是如果把癌细胞错判为正常细胞,那就会耽误患者的最佳治疗时机进而可能导致生命危险。所以基于这两种错误带来的风险,明显应该给予第二种错误更大的权重,不应该平等地看待犯这两种错误的概率。

对于最小风险贝叶斯决策,需要制定展示每一项决策风险的决策表。以 $\beta(a_i,\omega_j)$ 代表当待测样本 $x$ 属于 $\omega_j$ 类时,采用决策 $a_i$ 会带来的风险大小,可绘制决策风险表(表18-5)。

表18-5 待测样本 $x$ 属于 $\omega_j$ 时对应的决策 $a_i$ 风险表

| 决策 $a_i$ | 类别 $\omega_j$ | | |
|---|---|---|---|
| | $\omega_1$ | $\omega_2$ | $\omega_3$ |
| $a_1$ | $\beta(a_1,\omega_1)$ | $\beta(a_1,\omega_2)$ | $\beta(a_1,\omega_3)$ |
| $a_2$ | $\beta(a_2,\omega_1)$ | $\beta(a_2,\omega_2)$ | $\beta(a_2,\omega_3)$ |

与上面流程相似。先给出在单个样本 $x$ 采取决策 $a_i$ 的期望风险:

$$R(a_i|x)=E[\beta(a_i,\omega_j)|x]=\sum_{j=1}^{c}\beta(a_i,\omega_j)P(\omega_j|x) \tag{式18-10}$$

其中,$c$ 为风险类别数。在此基础上,对于整个同分布的孤立样本 $X$,采取策略 $a_1$ 的期望风险是:

$$R(a_i)=\int R(a_1|x)P(x)\mathrm{d}x \tag{式18-11}$$

为了最小化这一期望风险,只需最小化 $R(a_1|x)$ 即可。因此,可得出的最小风险的贝叶斯决策如下:

$$若 R(a_i|x)=\min R(a_j|x),j=1,2,\cdots,k,则 a=a_i$$

也就是说,对于样本 $x$,选择决策 $a_i$ 的风险最小,那么就选择决策 $a_i$。

同样使用上面的例子,并附加一张决策风险表如表18-6,其中决策 $a_1$ 代表把待测细胞分类为正常细胞,而决策 $a_2$ 代表分为癌细胞。

表18-6 待测细胞属于类别 $\omega_j$ 时对应的决策 $a_i$ 风险表

| 决策 $a_i$ | 类别 $\omega_j$ | |
|---|---|---|
| | $\omega_1$ | $\omega_2$ |
| $a_1$ | 0 | 6 |
| $a_2$ | 1 | 0 |

由之前的结果可知，$P(\omega_1|x)=0.818$，$P(\omega_2|x)=0.182$，由此可知，$R(a_1|x)=\beta(a_1,\omega_1)\times P(\omega_1|x)+\beta(a_1,\omega_2)\times P(\omega_2|x)=0\times0.818+6\times0.182=1.092$，$R(a_2|x)=\beta(a_2,\omega_1)\times P(\omega_1|x)+\beta(a_2,\omega_2)\times P(\omega_2|x)=1\times0.818+0\times0.182=0.818$。

此时发现，采取决策 $a_1$ 的风险要大于采取决策 $a_2$。因此，使用最小风险贝叶斯决策，要选择决策 $a_2$。

（孙世权）

## 小结

贝叶斯学派与频率学派的主要区别在于对概率的理解和是否纳入先验信息。频率学派将概率视为事件在大量重复试验中的长期频率，而贝叶斯学派则视概率为主观信念的度量，能够随着新证据的出现不断更新。贝叶斯统计的核心在于通过结合先验信息和样本数据，利用贝叶斯公式计算后验概率分布，从而动态更新对参数的理解。先验分布反映了在获取样本数据之前，对参数的初始信念或知识，可以基于领域知识、历史数据或合理假设。似然函数描述了在不同参数值下观测数据出现的可能性，独立于先验信息。后验分布结合了先验分布和似然函数，表示在观察到数据后的最新信念，是对参数的更新认识。

贝叶斯推断的主要方法包括：贝叶斯估计，贝叶斯假设检验，贝叶斯回归和贝叶斯决策。总之，贝叶斯统计通过结合先验信息和样本数据，提供了一种灵活且系统的方法，能够在不确定性和复杂性较高的情况下进行更为全面和合理的统计推断。

## 思考与练习

### 一、最佳选择题

1. 贝叶斯定理的核心思想是（    ）

    A. 根据频率数据估计参数

    B. 结合先验知识和数据更新概率

    C. 只基于数据进行推断

    D. 忽略先验信息，只依赖后验数据

    E. 通过最大化似然函数来估计模型参数

2. 贝叶斯定理中的先验概率指的是（    ）

    A. 在观察数据之前对某事件的概率估计

    B. 在观察数据之后对某事件的概率估计

    C. 数据中事件的实际发生频率

    D. 概率分布的标准差

    E. 事件发生的条件概率

3. 贝叶斯统计中的似然函数的正确含义是（    ）

    A. 描述在给定参数的条件下，观察到数据的概率

    B. 描述在给定数据的条件下，观察到参数的概率

C. 描述观察数据的实际频率

D. 描述数据的边际概率

E. 描述数据的标准差

4. 在贝叶斯推断中,处理模型参数不确定性的方法是( )

A. 使用固定参数值进行估计

B. 通过最大似然估计来减少不确定性

C. 计算参数的后验分布来量化不确定性

D. 忽略模型复杂性

E. 增加样本量来完全消除不确定性

5. 在贝叶斯决策中,考虑不同决策风险的方法是( )

A. 仅依赖于决策的先验分布

B. 计算每个决策的期望损失或期望效用

C. 比较不同决策的敏感性

D. 比较直接实验数据

E. 最大似然估计的结果

## 二、思考题

1. 描述贝叶斯定理的公式,并解释公式中的每个部分的含义。

2. 在贝叶斯推断中,如何通过计算后验分布来处理模型参数的不确定性?

3. 描述贝叶斯决策理论如何在实际决策中应用。

4. 在贝叶斯统计中,先验概率和后验概率有什么区别?

## 三、案例分析题

1. 某医疗机构使用一种新的血液检测方法来筛查一种罕见的疾病。已知该疾病的总体发病率为0.02。该检测方法的灵敏度为95%,特异度为90%。

（1）如果一名患者的测试结果为阳性,计算该患者实际患病的后验概率。

（2）如果在1 000名接受检测的受试者中,有多少名受试者预计会被误诊为患病者?

2. 某研究开发了一种生物标志物用于预测癌症复发。数据表明,300名患者中有150人检测结果为阳性,其中50人被确诊为复发。生物标志物的灵敏度为0.85,特异度为0.90。

（1）计算生物标志物检测结果为阳性时,患者实际复发的后验概率。

（2）如果该生物标志物的先验复发概率增加到0.3,计算更新后的后验概率。

# 第十九章
# 人工智能技术与医学应用

## 第一节　人工智能简介

### 一、人工智能发展历程

1956 年 8 月，约翰·麦卡锡（John McCarthy）、马文·闵斯基（Marvin Minsky）、克劳德·香农（Claude Shannon）、艾伦·纽厄尔（Allen Newell）、赫伯特·西蒙（Herbert Simon）等一批科学家研讨用机器模拟人类智能的一系列相关问题，首次提出"人工智能（artificial intelligence，AI）"这一术语，这标志着"人工智能"的正式诞生。人工智能是研究、开发用于模拟、延伸和扩展人的智能的理论、方法、技术及应用系统的一门新兴科学，旨在使计算机系统能够执行诸如学习、推理、感知、理解和产生人类智能行为的任务。

人工智能的发展至今已经历四个时期。20 世纪 50—70 年代属于早期的符号主义逻辑推理证明阶段，目的是赋予机器逻辑推理能力。但机器要有智能，还得拥有知识。自 20 世纪 70 年代中期开始，大量的以人工规则为核心的专家系统问世。但靠人类将提炼好的知识灌输给机器来实现人工智能是行不通的。自 20 世纪 80 年代初开始，"从样本中归纳学习"逐渐成为了主流，即大数据驱动的机器学习（machine learning）阶段。机器学习旨在通过计算机算法，从大量数据所蕴含的模式中提炼知识，形成模型，进而用于对新的数据进行模式识别、预测和决策。21 世纪初，因算力、算法的快速发展和数据的积累，基于多层连接的神经网络重焕生机，这又称为深度学习（deep learning）。2020 年，以大语言模型（large language model，LLM）为基础的具有 1 750 亿个参数的生成式预训练变换器 -3（generative pre-trained transformer 3，GPT-3）的发布，开启了大语言模型时代，引领了大语言模型的蓬勃发展，展示了该项技术在长文本释义、自然语言文本生成甚至图形和视频生成等方面的强大能力。

人工智能技术日新月异，正深刻影响着人类的认知模式、生活方式和生产体系。

### 二、人工智能与统计学

统计学是人工智能的核心，统计学参与到人工智能建模的每个流程中，为人工智能应对不确定性、参数估计、模型优化、自动化配适等方面提供了关键的理论方法支持。

统计学为人工智能提供了处理不确定性问题的理论基础。现实世界的数据往往是不完美的、有噪声的，充满了不确定性。传统的确定性方法在处理这类问题时力不从心。而统计学的核心是从不确定性中寻找规律，为人工智能提供了一种灵活且强大的框架。其核心思想在于，基于抽样误差的规律性，通过收集和分析大量的数据，以推断数据背后总体的规律，从而作为未知事件的预测和决策依据。贝叶斯网络（Bayesian network）、隐马尔可夫模型（hidden Markov model）、概率编程（probabilistic programming）等统计模型被广泛用于处理人工智能中的不确定性问题。

统计学为人工智能模型参数估计和优化提供了方法支持。在人工智能系统中，模型的选择和参数的调优至关重要。统计学中的最大似然估计（maximum likelihood estimation）、梯度下降（gradient descent）、随机梯度下降（stochastic gradient descent，SGD）、贝叶斯优化（Bayesian optimization）、反向传播（back propagation）等，为模型的训练提供了有效手段。此外，统计学还提供了诸如交叉验证等模型评估方法，用于保证模型的泛化能力。

统计学为人工智能模型的性能评估提供了方法和准则。混淆矩阵（confusion matrix）是评估分类模型的基础工具。基于此可估计一系列统计学指标以评估模型的区分度，如：准确率（accuracy）、灵敏度（sensitivity）、特异度（specificity）、F$_1$得分（F$_1$ score），并据此进行针对性的参数调优与模型改进。此外，统计学为模型的稳定性（stability）和可靠性（reliability）评价提供设计和方法支持。稳定性指的是模型在不同数据集、不同环境条件或不同时间点上的性能表现是否一致，可采用内部验证、外部验证等设计和方法进行评价。可靠性则指的是模型在实际应用中能否稳定、准确地做出预测或分类，又称稳健性（robustness）。

统计学促进了人工智能的自动化和智能化。随着大数据时代的到来，手动选择和调整模型变得越来越困难。自动统计学家（automatic statistician）等方法能够自动搜索和选择最适合数据的人工智能模型，提升了模型在不同场景的自适应能力，减轻了人工干预的负担。

尽管统计学和人工智能这两个学科中存在名称各异的名词术语，但大多数的本质相同或相近（表 19-1）。

表 19-1　统计学与人工智能名词术语对照

| 统计学名词术语 | 人工智能名词术语 |
| --- | --- |
| 拟合（fitting） | 学习（learning） |
| 回归（regression） | 有监督学习（supervised learning） |
| 潜变量分析（latent variable analysis） | 无监督学习（unsupervised learning） |
| 记录（observer） | 实例（instance） |
| 灵敏度（sensitivity） | 召回率（recall） |
| 阳性预测值（positive predictive value） | 精准率（precision） |
| 变量（variable）协变量（covariate） | 特征（feature） |
| 结局（response） | 标签（label） |
| 参数（parameter） | 权重（weight） |
| 对数似然函数（log likelihood function） | 损失函数（loss function） |
| 结局为分类资料的预测模型（model for a categorical dependent variable） | 分类器（classifier） |
| 结局为数值资料的预测模型（model for a continuous dependent variable） | 回归（regression） |
| 预测误差（prediction error） | 损失值（loss value） |
| 平均预测误差（average prediction error） | 偏差（bias） |
| 测试集中的表现（performance in testing set） | 泛化（generalization） |
| 预测分类和实际分类的交叉表（contingency table of predictive category vs. true category） | 混淆矩阵（confusion matrix） |
| "金标准"结局变量（gold standard response） | 实况（ground truth） |
| 测量误差（measurement error） | 噪声（noise） |

## 第二节　机器学习简介

### 一、机器学习的基本概念

机器学习是人工智能的核心分支,通过算法让机器从数据中自动地学习数据的高维度特征,提炼规律,构建模型,用于现实世界复杂任务。特征(feature)、模型(model)、算法(algorithm)是机器学习的三要素。

1. 特征　是机器学习的输入,也是机器学习的基础,指数据集中用于描述观察对象的变量。通过各种途径所收集到的原始数据,如健康档案、电子病历、医学影像等,通常是多维、复杂,甚至非结构化的,需要通过适当的处理和特征提取,才能成为模型的输入。如何选择重要的特征?如何合理地体现特征与结局的关系模式?在机器学习中至关重要。例如,在肺癌发病风险预测模型中,年龄、吸烟状态、吸烟包年等信息都可以作为特征。

2. 模型　是机器学习的表现形式,是未知规律的假设形式,是将输入(特征)映射到输出(结局)的函数、规则或系统,决定了机器学习所能理解和解决的问题类型。机器学习的目的是通过训练数据来学习这种映射关系,以便于能够对未见过的数据进行预测或分类。基于从数据中学习到的规律,不断调整参数来优化其预测能力,该过程称为训练。模型的类型多种多样,可以是简单的线性回归模型,也可以是复杂的神经网络模型。

3. 算法　是机器学习的核心,指在没有明确编程的情况下,模拟人类的学习过程从数据中自动获取知识和经验的方法和技术,是用来求解模型参数的具体步骤。算法的学习能力受到算法的类型、数据的质量与特点、计算资源、超参数调优方法和领域知识经验等多重因素的影响。算法的复杂度影响其处理大规模数据的能力,而泛化能力则决定了算法在未见过的数据上的表现。优秀的机器学习算法应具备在保持低复杂度的同时,实现良好的泛化性能。

### 二、机器学习的常见方法

如何选择模型是执行一个机器学习任务需要解决的首要问题。机器学习算法根据其结构可以分为单一机器学习算法和基于多个模型的集成机器学习算法两大类。

#### (一)单一机器学习算法

根据学习方式、目标和数据特征的不同,单一机器学习算法中包括:有监督学习(supervised learning)、无监督学习(unsupervised learning)、半监督学习(semi-supervised learning)和强化学习(reinforcement learning)。

1. 有监督学习　即利用具有明确结局标签(如是否患病)的样本来训练模型,是机器学习领域最常用的方法。因变量通常称为标签(label)或标签数据(labeled data)。线性回归、logistic 回归等广义线性模型、支持向量机(support vector machine, SVM)、决策树(decision tree)等属于此类。其优势在于可以通过大量已有标记数据训练模型,使得模型的预测结果更加准确。有监督学习能够直接学习到预测因素和结局之间的映射关系,在医学研究中广泛应用于疾病风险预测、辅助诊断、疗效预测等任务。

2. 无监督学习　通过从没有结局标注的数据中学习并发现数据所蕴含的模式(pattern)或潜变量(latent variable),后续将探索该模式和所关注的结局之间的关联。常用的无监督学习方法包括聚类（clustering）、主成分分析（principal component analysis）等降维方法、$t$ 分布随机邻域嵌入（$t$-distributed stochastic neighbor embedding）、自编码器（autoencoder）等，可以根据数据特征对无标签数据进行分组。无监督学习的优势在于其不依赖结局标签，模型通常具有较高的泛化能力。在医学研究中一般用于发现数据中的潜在模式，例如，通过聚类分析识别不同预后状况的危重症患者。

3. 半监督学习　结合上述两种方法的优势，同时利用有和没有结局标签的数据进行训练。首先通过拟合标签数据生成模型，然后对未标签数据进行标注，使其成为标签数据，最后将两者结合起来以提高机器学习模型的性能。通常应用于标记数据获取成本高昂或需要拟合大规模数据集的场景中，以提升模型性能。例如，在医学影像研究领域，由于标注医学影像需要专业知识，标注数据非常有限，半监督学习可以利用已经标注和大量未标注的影像数据来辅助模型进行肿瘤检测，常用的做法是利用一个预训练的半监督学习模型对未标注的医学图像数据进行初步预测，生成伪标签，然后将伪标签作为监督信息在数据集上重新训练一个新的分类器，从而提高模型预测性能。

4. 强化学习　是指智能系统在环境的连续互动中，通过与环境的交互，学习最优行为策略的机器学习方法，目的是最大化累计获益。强化学习的核心在于探索与利用的平衡，通过试错法不断优化策略。强化学习的任务复杂度高，已被应用于 AlphaGo 等游戏智能体、机器人控制、治疗决策、血药浓度监测、大语言模型偏好对齐等领域。常见的强化学习算法有：Q 学习（Q-learning）、状态-动作-奖励-状态-动作（state-action-reward-state-action，SARSA）、深度 Q 学习（deep Q-learning，亦称 deep Q-network，DQN）等。

### （二）集成机器学习算法

集成机器学习（ensemble machine learning）是通过将多个基学习器（或个体学习器）的预测结果组合起来，以减少模型选择错误的风险、避免陷入局部极小值的场景，亦能扩展假设空间，从而更好地逼近真实假设，从而达到提升模型性能的效果。依据基础学习器的集成思路来分类，常见的有并行集成、顺序集成两种算法。

顺序集成指弱学习器是按照一定的顺序依次产生，后续的学习器会基于之前学习器的表现以及训练过程中调整的数据分布来更新和优化，boosting 算法属于此类。并行集成，指弱学习器是并行地或者独立地训练出来的，之间的训练过程相互独立，没有强依赖关系，bagging 算法属于此类。

1. boosting 算法　boosting 算法源于罗伯特·沙皮雷（Robert Schapire）在 1990 年理论证明了一组富有多样性（diversity）的弱学习器，可通过集成算法形成一个强学习器，这种集成算法称为 boosting 算法（提升算法）。假设某一疾病辅助诊断场景，结局为"有病"或"无病"的二分类，有 $T$ 个相互独立的基学习器，其错误率皆为 $e$，通过简单的投票法集成各基学习器的结果，得票最多者为最终输出结局。根据 Hoeffding 不等式可知集成算法的错误率 $E$ 为

$$E=\sum_{k=0}^{T/2}\binom{T}{k}(1-e)^k e^{T-k}\leqslant e^{-\frac{1}{2}T(1-2e)^2}$$

可知，随着基学习器数目的增加，集成算法的错误率将指数下降，最终将趋于零。

AdaBoost（adaptive boosting）是一种典型的通过重赋权法（re-weighting）实现的提升算法。样本的权重最初是相等的，对于模型在某次迭代中分类错误的样本，则在下一轮训练中将被赋予更大的权重；因此，后续迭代将优先考虑这些错分样本。AdaBoost 的弱分类器权重是根据其分类误差来估算，即分类误差越小的弱分类器将被赋予更大的权重。梯度提升（gradient boosting）是 AdaBoost 的一种扩展，样本权重基于前一个学习器的残差的分布进行调整。其弱分类器的权重是通过优化目

标函数来确定的,而目标函数通常包括损失函数和正则化项,用于平衡模型的复杂度和泛化能力。2014 年陈天奇博士发明了极限梯度提升(extreme gradient boosting, XGBoost),属于 boosting 算法的软件工程实现,其通过加权损失函数来实现样本加权。XGBoost 引入了二阶泰勒展开来近似损失函数,并使用正则化项来控制模型的复杂度。通过优化这个目标函数,XGBoost 能够更准确地估算每个弱分类器的权重,从而提高模型的性能。图 19-1 展示了 boosting 算法的基本思想。

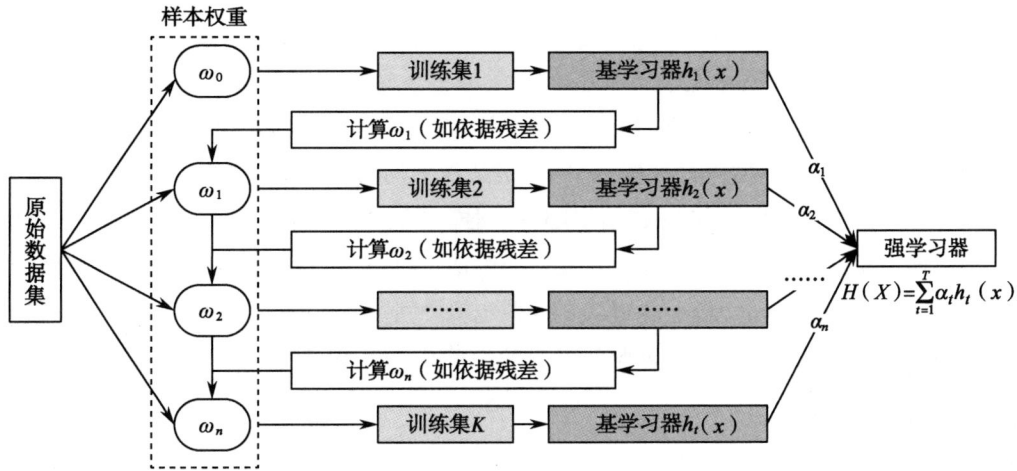

图 19-1 boosting 算法的基本思想

2. bagging 算法  bagging 算法由利奥·布雷曼(Leo Breiman)于 1994 年提出,原义为 bootstrap aggregating,缩写为 bagging,其概念源于布拉德利·埃夫龙(Bradley Efron)提出的 bootstrap 抽样。首先对原始训练数据集进行若干次有放回、等样本 bootstrap 抽样;然后针对每一个 bootstrap 样本,采用相同的机器学习算法训练一个基学习器;最后,通过集成算法将若干基学习器的结果集成为最终的模型预测结果。对于连续性结局的预测,常见的集成算法是取所有基模型预测值之平均值;对于分类结局,则可取最多数的预测类别,或通过估计所有模型的各类平均预测概率来确定。Bagging 法中每一个 bootstrap 数据集仅包含部分样本以及按照既定比例随机选取的变量子集,而不是所有样本的所有变量,其目的是使弱预测变量有机会被选为决策树的节点,也降低了各基学习器的相关性。利奥·布雷曼于 2001 年发明了随机森林(random forest),它是对 bagging 算法的扩展和具体实现。图 19-2 展示了 bagging 算法的基本思想。

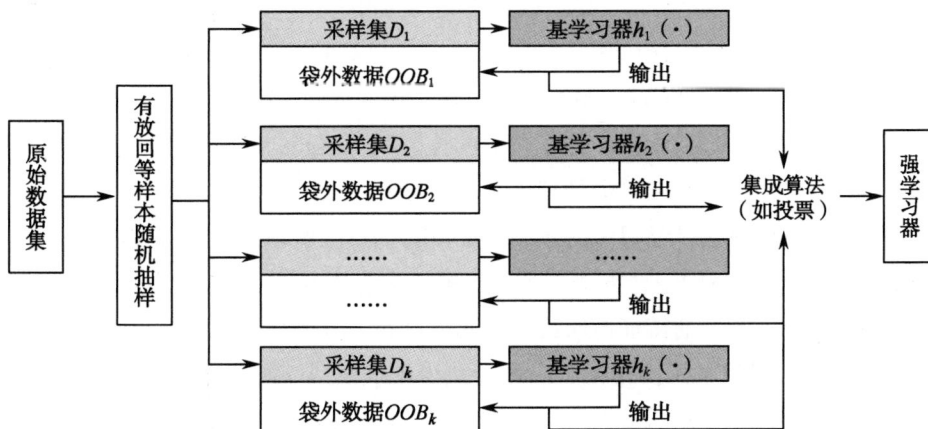

图 19-2 bagging 算法的基本思想

在集成机器学习中，将多个模型的结果综合为一个输出，还需要采用合适的组合方法，常见的有：平均法（averaging method）、投票法（voting method）和学习法（learning method）。

1. 平均法　平均法是对个体学习器的预测结果进行算术平均，适用于个体学习器性能相近的情况。或根据个体学习器的性能赋予不同的权重，然后进行加权平均，适用于个体学习器性能相差较大时。

贝叶斯模型平均法（Bayesian model averaging, BMA）是加权平均法的特例。BMA 算法并不依赖于单一类型的模型的预测结果，而是通过考虑一系列可能适用于数据的异质模型集合来提升预测准确性。该方法的核心思想是根据每个模型的后验概率来确定每个模型对数据的拟合程度，从而权衡每个模型对最终预测的"贡献"。这里后验概率本质上是模型在观测数据条件下正确的概率，并根据这些后验概率对各模型进行加权，最终生成加权平均的预测结果。这种方法已广泛应用于诸如线性回归、广义线性模型以及 Cox 比例风险回归模型等传统统计模型中。研究表明，与单一模型相比，贝叶斯模型平均法在预测能力上表现更加优越。此外，贝叶斯模型的变体如贝叶斯模型组合（Bayesian model combination）进一步解决了模型过拟合问题，因为贝叶斯模型平均法倾向于赋予表现最佳的模型更大的权重，从而提高整体预测的稳健性。图 19-3 展示了贝叶斯模型平均法的基本思想。

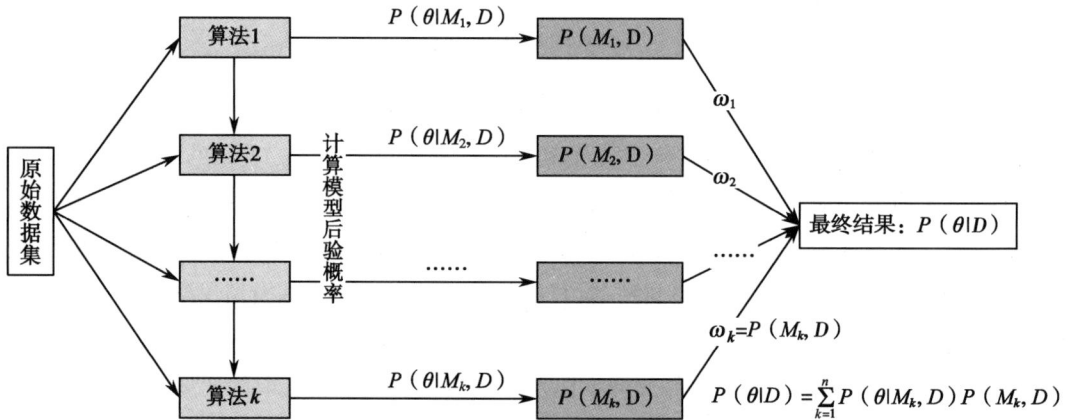

图 19-3　贝叶斯模型平均法的基本思想

2. 投票法　在投票法中，每个个体学习器都会输出一个预测结果，这些预测结果通过投票的方式被综合起来，以产生最终的预测结果。如果某类别的投票数过半，则选择该类别作为最终预测结果；否则，拒绝预测。该方法的拒绝机制对可靠性要求较高的学习任务是较好的选择。也可选择投票数最多的类别作为最终预测结果，不必过半。该法更为灵活，但也可能因为缺乏足够的多数支持而导致预测结果不可靠。亦或根据个体学习器的性能赋予不同的权重，然后进行加权投票，可使得性能更好的学习器在最终预测结果中具有更大的影响力。

3. 学习法　Stacking 算法是学习法的典型代表，由大卫·沃尔珀特（David Wolpert）于 1992 年提出，是一种面对多种异质模型的组合方法。其核心思想是结合多个由不同方法构建的基学习器，将基础学习器的输出结果作为新的特征传递给一个元学习器（meta learner），元学习器通过一个新的模型来优化组合策略生成最终的预测结果。它通过减少单个模型可能带来的预测波动（方差），从而提升整体模型的稳定性。

Stacking 算法首先将训练数据集使用交叉验证（如 5 折交叉验证）划分为多个子集，确保所有数据都能参与训练和测试。不同的基础模型（如决策树、支持向量机、神经网络等）在各自的训练集上进行学习，并对验证集进行预测，生成新的特征。然后，将这些基础模型的预测结果拼接成新的特征集，用于训练一个元模型（如随机森林等），以学习如何最佳组合基础模型的输出。Stacking 算法旨在综合多个模型的不同特点，减少单一模型的偏差和过拟合风险。图 19-4 展示了 Stacking 算法的基本思想。

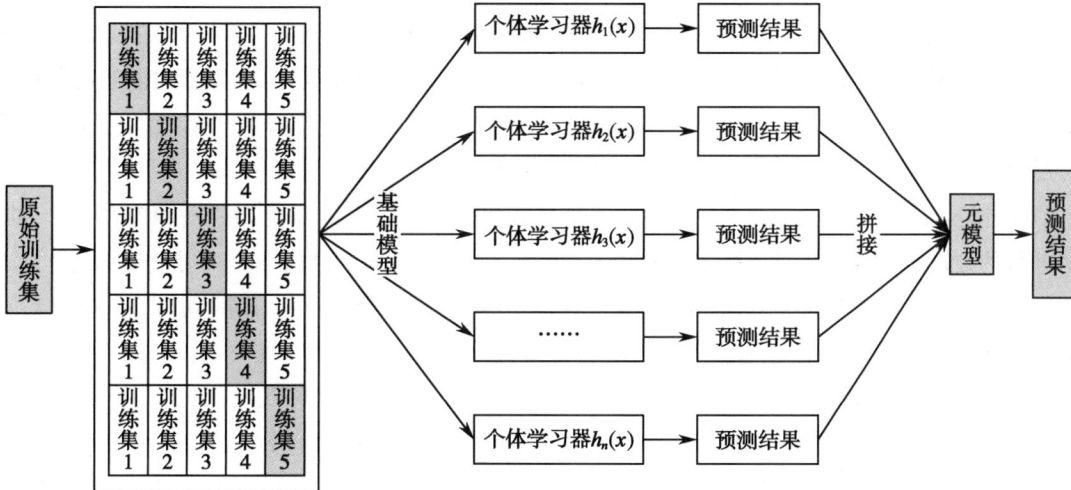

图 19-4　Stacking 算法的基本思想

### 三、机器学习的基本步骤

#### （一）数据预处理

数据预处理，是所有统计分析的前期工作，是机器学习流程中的关键步骤之一。在医学研究中，数据通常来自多元化的渠道，形式多样，内在关系复杂。如未经充分的数据预处理，则数据中的噪声、冗余和无关的信息可能会误导模型学习到错误的模式。

1. 数据清洗——数据质量的保障　没有完美的数据。数据清洗旨在发现数据中的异常值、重复值和逻辑错误等可识别的错误，并采取相应的措施，以保障数据的一致性（consistency）和完整性（integrity）。

缺失值（missing data）是医学数据中的常见现象。分析缺失的机制十分重要。常见的数据缺失机制有：①完全随机缺失（missing completely at random，MCAR），数据的缺失是完全随机的，不依赖于任何已知或未知的特征。此时的缺失不会导致人群的选择偏倚或参数估计的偏倚。②随机缺失（missing at random，MAR），数据的缺失不是完全随机的，而是依赖于其他已知变量。通过统计方法校正可以保障参数估计的无偏性。③非随机缺失（missing not at random，MNAR），数据的缺失依赖于某些未知或未测量变量。在 MCAR 或 MAR 假设下，若缺失率较低，可以直接删除存在缺失的记录，采用完整数据集进行分析，对检验效能的影响也是有限的。若缺失率较高，采用完整数据集进行分析将对检验效能有较大的影响，则可利用非缺失数据与缺失数据间的关系来对缺失的数据进行填补（imputation）。常见的有针对单一变量的均值、中位数、众数、最小值填补，利用多个变量间关系进行填补的回归法、热平台法（hot-deck imputation）、冷平台法（cold-deck imputation）、$k$ 邻近法（$k$ nearest neighbor，KNN），以及进行多次填补的多重填补法（multiple imputation，MI）来改善单次填补对数据不确定性的影响。若为非随机缺失，统计学处理作用有限，通常作为敏感性分析。此时应审视研究设计的可行性和数据本身的质量。

离群值（outlier）是指显著偏离其他数据点的观测，可能是测量错误、记录错误或罕见但重要的现象，需要核查数据，具体问题具体分析。离群值有些时候又被称为异常值或极端值。箱式图（box plot）、散点图（scatter plot）等可视化方法，$3\sigma$ 标准（标准化正态离差 $|z|\geqslant 3$）、四分位数间距（IQR）再往外延伸 1.5 倍 IQR 等统计学方法，以及局部离群因子（local outlier factor，LOF）等机器学习算法，是离群值识别的常用方法。若离群值确认为因错误而导致的，则需删除，删除后可再按照缺失值进行处理；若离群值是客观存在的现象而非错误所致，则可通过统计学变换（如对数变换、秩变换）改善其统计学性质；亦可将离群值单独建模，以避免离群值与其他数据点混合而影响模型的稳健性。需要注意的是，如果离群值代表了重要信息或模式，可以选择保留它们并用于后续的分析和建模，但需要评估离群值对结果的影响，并采取相应的措施来降低其影响。

预处理（preprocessing）是指为了匹配统计分析和机器学习模型的需要，在分析和建模前对原始数据进行的处理。常见的有：字符变量的数字化，如将字符串转化为数字编码（男性编码为 1，女性编码为 2）；基于现有变量的变量衍生（derivation），如基于多个日期计算时间间隔，或将某一文本变量记录的无序多分类变量转变为若干个二分类哑变量（dummy variable）；归一化（normalization），将多个不同尺度的变量缩放至同一尺度空间。

2. 特征工程——模型性能提升的关键　如果各特征对结局的作用模式是清晰的，特征之间是独立的，且不存在交互作用，则机器学习较之传统统计学模型，其优势往往难以凸显。然而，在现实世界（real world）面对复杂疾病，特征的作用模式往往不甚清楚，特征之间的关系相对复杂，特征之间还可能存在高阶、非线性交互作用。此时，在机器学习建模之前，特征工程就显得尤为重要。面对复杂的医学数据时，考虑疾病机制，精心设计的特征工程能够显著提升模型的表现。

（1）特征选择：是指从原始特征集中对特征进行初步的过滤，过滤掉质量低下的、信息量较少的、信息冗余的特征。在疾病风险或预后预测模型研究中，还需要排除潜在逆向因果关系的特征。

（2）特征提取：是指从原始数据中通过统计学或信息技术手段提取更适合于模型输入的新特征。面对高相关的多个特征，可通过主成分分析（principal component analysis，PCA）等方法提取少量的相互正交的主成分（principal component，PC）作为新特征即可代表原始数据的绝大多数信息量，亦称为降维（dimensionality reduction）。面对医学影像学等非结构化数据，通常采用人工智能算法从中提取出若干能够体现组织、病理甚至功能的影像学特征，这一过程又称为影像组学（radiomics）。

（3）特征转换：是将多个不同尺度的特征转换到相同的量纲或尺度上，以避免某些特征权重过高。将不同值域范围的值缩放（scaling）到统一的 $[0,1]$ 或 $[-1,1]$ 的范围内，或将各特征皆归一化到标准正态分布上或某一特定参数的正态分布 $N(\mu,\sigma^2)$ 上，以便于统一量纲。

（4）特征构造：是指基于现有特征，根据特定的规则创造出新的特征，以期捕捉数据中的潜在复杂作用模式。对某个变量进行特征构造，需基于对数据特点和领域知识的深入理解，避免盲目组合导致特征爆炸，从而增加模型复杂度和过拟合的风险。常见的方法包括：针对非线性效应的对数、指数、幂函数等函数变换，针对多个特征联合效应的加、减、笛卡儿积等运算，针对多个特征交互效应的乘、除运算。

（二）模型的拟合

机器学习模型研究中，通常将数据集划分为用于训练模型的训练集（training set），用于训练过程中参数调优的测试集（testing set），以及用于评估模型泛化性能的验证集（validation set）。医学研究中，亦常见在独立于研究人群之外的外部验证集（external validation set）中考察模型的效果。在模型训练完毕之前,模型须与验证集相隔离。

算法应该从训练样本中学习到尽可能多的、适用于所有潜在样本的普遍规律,才能在未来具有较好的泛化能力。泛化误差(generalization error)指模型在未见过的数据中的预测偏差,通常以验证集中的预测偏差作为其估计。当学习器在训练样本中表现得太好的时候,往往是把训练样本的自身特点甚至是噪声当成了一般规律,这将导致其泛化性能下降,这一现象称之为过拟合(overfitting)。与之相对应的是欠拟合(underfitting),即学习器尚未学习到训练样本中的基本规律和模式(图 19-5)。

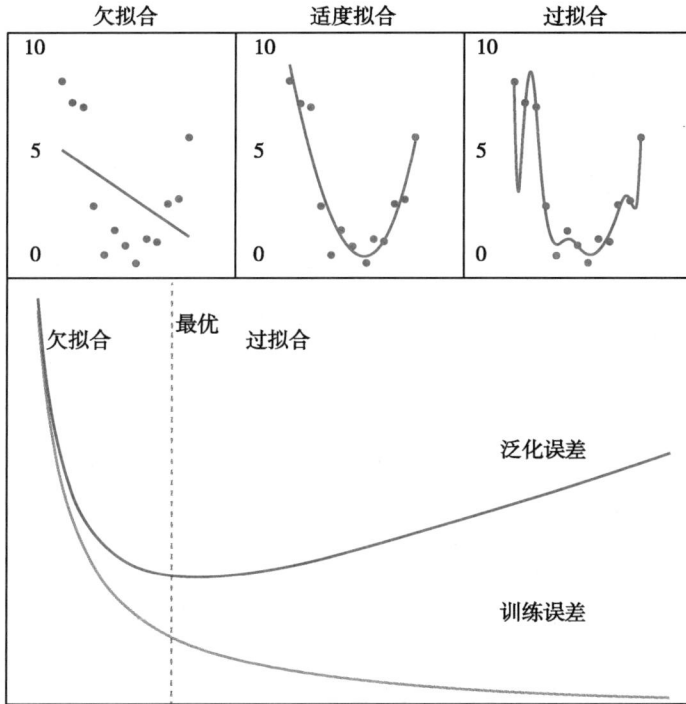

图 19-5 模型欠拟合和过拟合示例

克服欠拟合相对容易。可以通过引入更多的特征、对特征进行精细化的特征工程、在决策树中扩展分枝、在神经网络中增加训练的轮数、优化超参数等手段来克服欠拟合。而过拟合是机器学习普遍面临的关键障碍。各类学习算法皆会提供针对过拟合的措施,来减小过拟合的风险,但无法彻底避免。泛化误差在模型迭代一定数量后未见明显继续下降即停止训练(即早停法),在损失函数中引入 $L_1$ 或 $L_2$ 正则化(正则化法),在神经网络中随机删除部分神经元(dropout 法),是常用的抗过拟合的方法。

(三)模型评估与验证

在模型训练过程中,为了指导模型的优化,需要对其表现进行评估。训练结束后,通常会在独立于训练数据的另一个数据集上对模型进行测试,以评估其泛化能力。针对不同类型的结果数据(或模型类型),应当选用适合的评价指标。

对于连续性变量结局,常用的评价指标包括均方误差(mean square error, MSE)、均方根误差(root mean square error, RMSE)、平均绝对误差(mean absolute error, MAE)、平均绝对百分比误差(mean absolute percentage error, MAPE)、决定系数($R^2$)和 Huber 损失函数(Huber loss function)等。假设 $\hat{y}_i$ 和 $y_i$ 分别为样本 $i$ 的预测值和真实值,$\bar{y}$ 为真实值的均值。各模型评价指标如表 19-2 所示。

表 19-2　连续性变量结局的模型评价指标

| 指标 | 公式 | 描述 |
|---|---|---|
| 均方误差（MSE） | $\dfrac{1}{n}\sum_i (\hat{y}_i - y_i)^2$ | 衡量模型预测值与实际观测值之间的平均差异。值越小，越接近 0，则越好 |
| 均方根误差（RMSE） | $\dfrac{1}{n}\sqrt{\sum_i (\hat{y}_i - y_i)^2}$ | 较之 MSE，其单位与结局变量相同。值越小，越接近 0，则越好 |
| 平均绝对误差（MAE） | $\dfrac{1}{n}\sum_i |\hat{y}_i - y_i|$ | 衡量模型预测值与实际观测值之间差异的另一种指标。值越小，越接近 0，则越好 |
| 平均绝对百分比误差（MAPE） | $\dfrac{1}{n}\sum_{i=1}^{n}\left|\dfrac{\hat{y}_i - y_i}{y_i}\right|$ | 将预测值与实际测量值之间的绝对误差转化为较之测量值的百分比。值越小，越接近 0，则越好 |
| 决定系数（$R^2$） | $1 - \dfrac{\sum_i (\hat{y}_i - y_i)^2}{\sum_i (y_i - \bar{y})^2}$ | 观测值的方差可由模型解释的比例。1 表示完美拟合，0 表示模型无任何解释性 |
| Huber 损失函数（Huber loss function） | $L_\delta(y, f(x)) = \begin{cases} \dfrac{1}{2}(y - f(x))^2, & |y - f(x)| \leqslant \delta \\ \delta |y - f(x)| - \dfrac{1}{2}\delta^2, & |y - f(x)| > \delta \end{cases}$ | 结合了 MSE 和 MAE 的优点，对异常值具有稳健性。值越小，越接近 0，则越好 |

对于分类结局，是将样本判别到若干类别中。假设结局为二分类（患病和未患病），其真实分类和模型预测分类形成交叉表（cross table），即为混淆矩阵（表 19-3）。基于混淆矩阵，可估计模型的准确率、灵敏度、特异度、查全率、查准率等指标（表 19-4）。

表 19-3　二分类结局的真实分类和模型预测分类的混淆矩阵

| 真实分类 | 模型预测分类 | |
|---|---|---|
| | 患病 | 未患病 |
| 患病 | TP（真阳） | FN（假阴） |
| 未患病 | FP（假阳） | TN（真阴） |

表 19-4　二分类结局机器学习模型的评价指标

| 指标 | 公式 | 描述 |
|---|---|---|
| 准确率（accuracy） | $\dfrac{TP+TN}{TP+FP+FN+TN}$ | 预测正确的分类占总样本的百分比 |
| 灵敏度（sensitivity, Se），在机器学习领域又称为真阳性率（true positive rate）或召回率/查全率（recall rate） | $\dfrac{TP}{TP+FN}$ | 实际为阳性样本中模型能够正确识别为阳性的比例 |
| 特异度（specificity, Sp），又称为真阴性率（true negative rate） | $\dfrac{TN}{FP+TN}$ | 实际为阴性样本中模型能够正确识别为阴性的比例 |
| 阳性预测值（true predictive rate, TPR），在机器学习领域又称为查准率（precision rate） | $\dfrac{TP}{TP+FP}$ | 所有被预测为阳性的样本中实际为阳性的比例 |
| 假阳性率（false positive rate, FPR） | $\dfrac{FP}{FP+TN}$ | 1−特异度 |
| 假阴性率（false negative rate） | $\dfrac{FN}{TP+FN}$ | 1−灵敏度 |

对于分类任务的模型，通常会为测试样本生成其属于某一类别的预测概率。通过设定一个特定的阈值（cutoff point），可以将连续的概率值转换为离散的分类结果。例如，当预测概率高于阈值时，将样本判定为患者；低于阈值，则判为非患者。调整不同的阈值，可以得到一系列对应的混淆矩阵。利用这些混淆矩阵，以"1-特异度"（即假阳性率）为横坐标，灵敏度（即真阳性率）为纵坐标，绘制受试者工作特征曲线（receiver operating characteristic curve，ROC 曲线），如图 19-6 所示。ROC 曲线下的面积（area under curve，AUC）是衡量模型性能的重要指标。AUC 值越接近 1，表示模型的分类效果越佳；若 AUC 接近 0.5，则说明模型的分类效果与随机猜测无异。

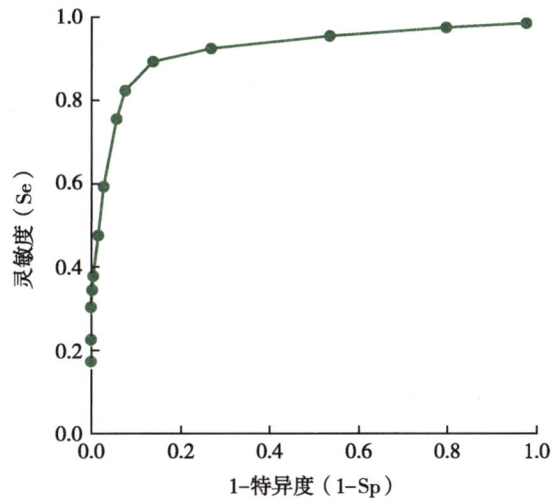

图 19-6　ROC 曲线示意图

在多分类问题中，可以将每个类别转换为二分类问题，判断样本是否属于该类别，从而估计各类模型评估指标。通过对所有类别的指标取平均值，以综合衡量模型的分类性能。对于聚类问题，常用的评价指标包括轮廓系数（silhouette coefficient）、互信息指数（mutual information index）和调整兰德指数（adjusted Rand index）。轮廓系数衡量聚类结果的紧密度和分离度；互信息指数评估聚类结果与实际分类之间的信息共享程度；调整兰德指数则考虑了偶然聚类的一致性。这些指标综合起来，可以全面评估模型在聚类任务中的效果和可靠性。

在现实任务中，往往有多种学习算法可供选择，对同一种学习算法，配置不同的参数，也会产生不同的模型。如何选择合适的模型，是机器学习的重要内容。通常是对各模型在验证集中的泛化误差进行比较，选择泛化误差最小的那个模型。

## 第三节　深度学习简介

### 一、深度学习的基本概念

深度学习是机器学习的一个主要分支，其专注于构建多层神经网络来模拟人类大脑的神经元结构，处理和理解复杂数据。用于训练神经网络的反向传播算法（back propagation algorithm，BP 算法）早在 1986 年就被提出；因当时算力低下和数据匮乏，其效果不如其他非神经网络类算法，神经网络类算法进入瓶颈期。随着算力的提升和数据的积累，深度学习开始成为机器学习的主流研究方向。深度学习作为人工智能领域的前沿核心技术，已经在图像识别、语音识别、自然语言处理（natural language processing，NLP）等领域取得了成功的应用。为了表彰约翰·霍普菲尔德（John Hopfield）和杰弗里·辛顿（Geoffrey Hinton）在人工神经网络领域的基础性发现和发明，瑞典皇家科学院授予他们 2024 年度诺贝尔物理学奖。

自动表示学习（automated representation learning）是深度学习能够快速发展的关键技术。传统机器学习模型构建高度依赖于人工经验，需要人为进行特征工程，通常需要通过不断调整模型参数（又称为超参数）从而选择或提取最相关的特征子集合来训练模型。而深度学习可自动从原始数据中提取高级抽象特征，实现对复杂数据的建模。为了提高模型的准确率，需要将输入信息转换为有效的特征，称为表示（representation）。自动表示学习是指自动从数据中提取特征或者表示的方法，其不依赖于人工经验，而是依赖模型自身学习数据的表示、自动抽取有效特征，又称为自动化特征工程（automated feature engineering）。传统的独热编码（one-hot encoding）为分类特征的每个取值创建一个新的二进制特征，从而将分类特征转换为一种适合机器学习算法处理的格式。独热编码解决了分类特征的处理问题，但可能导致特征维度增加和数据非常稀疏，因此此种方法表征能力差。多层特征抽象和表示通过包含多个隐藏层的多层神经网络中的神经元之间的权重连接，模拟了生物神经元之间的信号传递过程，对输入数据进行逐层抽象和表示学习，从而实现对复杂数据结构和非线性关系的建模。这一过程使得深度学习处理复杂、高维数据时，能够捕捉到传统机器学习算法难以发现的细微的模式和结构。

## 二、常见的深度学习方法

常见的深度学习方法可追溯到 20 世纪 40—50 年代的早期的神经网络——简单线性感知器。1986 年，戴维·鲁梅尔哈特（David Rumelhart）、杰弗里·辛顿和罗纳德·威廉姆斯（Ronald Williams）等人在《自然》杂志发表论文，系统阐述 BP 算法在多层神经网络中的应用，该工作使 BP 算法成为神经网络复兴的标志性成果。1989 年，卷积神经网络（convolutional neuro network，CNN）诞生，其局部连接、权值共享等特点使其适用于图像等高维数据的处理。随后，循环神经网络（recurrent neural network，RNN）出现，为序列数据的处理提供了有效方案。21 世纪，算法、算力与数据的协同快速发展，为深度学习带来了前所未有的发展机遇。算法的创新为深度学习提供了坚实的理论基础；算力的飞跃得益于图形处理单元（graphics processing unit，GPU）和张量处理单元（tensor processing unit，TPU）等高性能计算设备的广泛应用，而数据的爆炸式增长确保了深度学习模型能够从海量数据中学习进化。2017 年，Transformer 模型的提出，摒弃了传统 RNN 和 CNN 的网络结构，基于自注意力（self-attention）机制，在自然语言处理等领域取得了突破性成果。2022 年，美国正式发布了基于 Transformer 架构的大型语言模型（large language model，LLM）ChatGPT，在自然语言处理领域内引发轰动，掀起了一股新的人工智能热潮。2024 年 9 月 13 日，美国的 GPT-o1 模型发布，这是其首款专注于复杂推理任务的大语言模型。该模型引入思维链（chain-of-thought）技术，通过模拟人类"慢思考"模式分解问题步骤，显著提升了数学、编程和科学领域的推理能力。2025 年 1 月，中国发布 DeepSeek-R1 模型，在数学推理、代码生成等任务中的表现超越 GPT-o1，而其训练成本远低于同类模型，标志着中国在 AI 领域实现关键突破。其开源策略在全球引发技术民主化浪潮。

大语言模型不仅在文本生成、对话系统、问答系统等传统 NLP 任务上取得了显著提升，更在知识推理、情感分析、代码生成等复杂场景中展现出惊人的能力，拓宽了人工智能的应用边界，促进了众多领域的跨学科融合与创新。

常见的深度学习算法包括：深度前馈神经网络（feedforward neural network，FNN）、卷积神经网络（convolutional neural network，CNN）、循环神经网络（recurrent neural network，RNN）及基于此发展来的长短期记忆网络（long short-term memory，LSTM）等。

1. 深度前馈神经网络　它通过多层神经元的非线性组合来解决复杂的分类和回归问题，又称为多层感知机（multi-layer perceptron，MLP），是最基础的神经网络模型。MLP 由输入层、隐藏层、输出层三部分组成，层与层之间通过全连接堆叠在一起。MLP 的特点是前向传播，即数据通过输入层传递到隐藏层和输出层，每一层的输入是上一层的输出经过加权求和，或再经激活函数变换，形成下一层的输入（图19-7）。

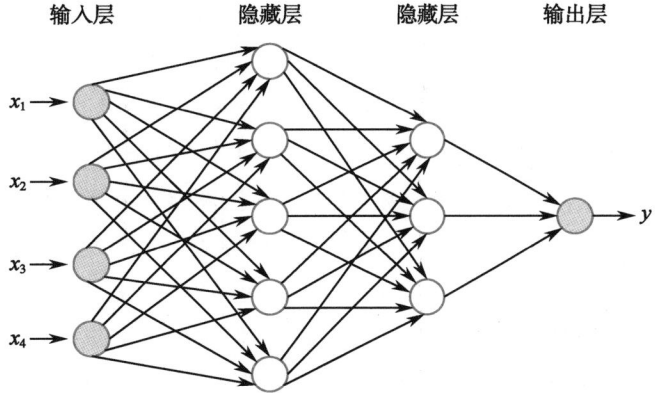

图 19-7　深度前馈神经网络的基本原理

人工神经元是神经网络中最基本的计算单元，其输入经过加权求和、激活函数等操作后得到输出。前馈神经网络的目标是近似某个函数 $f^*$，即 $y = f^*(x)$ 将输入 $x$ 映射到输出类别 $y$。前馈神经网络定义了一个映射 $y = f(x; \theta)$，并学习参数 $\theta$ 的值，以实现最佳的函数近似。前馈神经网络通过组合许多不同的函数来表示。例如有三个函数 $f^{(1)}$、$f^{(2)}$、$f^{(3)}$ 连接成一条链，形成 $f(x) = f^{(3)}(f^{(2)}(f^{(1)}(x)))$。这些链式结构是神经网络最常用的结构，其中 $f^{(1)}$ 被称为网络的第一层（first layer），$f^{(2)}$ 被称为第二层（second layer），以此类推。链的总长度定义了模型的深度（depth），这也是"深度学习"这一术语的来源。前馈神经网络的最后一层称为输出层（output layer）。在网络训练过程中，目标就是让 $f(x)$ 尽可能接近 $f^*(x)$ 的值，每个样本 $x$ 都有一个标签 $y \approx f^*(x)$。

在前馈神经网络中，激活函数（activation function）为神经元提供了非线性表达能力，常用的激活函数包括 Sigmoid 函数、双曲正切函数（tanh）和 ReLU 函数等（图19-8）。根据任务的不同，输出层可能使用不同的激活函数，例如回归任务通常使用线性激活函数，二分类任务通常使用 Sigmoid 函数，多分类任务通常使用 Softmax 函数。损失函数（loss function）是衡量模型预测输出与真实标签之间差异的函数，其核心作用在于为模型的训练提供反馈，指导模型如何调整参数以最小化预测误差。常用的损失函数包括均方误差和交叉熵损失。

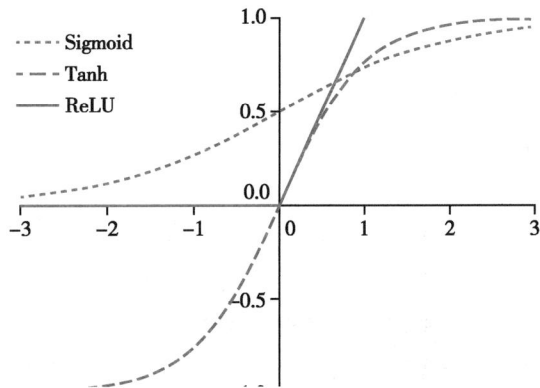

图 19-8　常见的激活函数示意图

前向传播是神经网络训练和推理过程中的关键步骤，涉及从输入层到输出层依次计算并存储神经网络的中间变量。前向传播的主要步骤包括以下内容。①输入层：将训练数据输入到网络的输入层，这些数据可以是原始特征或经过预处理的特征向量。②加权求和：在每一层，输入数据与该层的权重矩阵相乘，并加上偏置项。③激活函数：将加权求和的结果通过激活函数进行非线性转换，得到该层的激活输出。④逐层传递：上述过程在网络的每一层重复进行，每一层的输出作为下一层的输入。⑤输出层：最后一层的激活输出即为网络的最终预测结果。⑥损失计算：根据任务类型，选择合适的损失函数计算预测输出与真实标签之间的差异。反向传播则是根据损失函数计算出的误差，从输出层向输入层传播并更新网络权重的过程。深度前馈神经网络模型之所以称为前馈，是因为信息仅从输入 $x$ 流向输出 $y$，不包含任何反馈连接，即输出不会反馈到网络自身。当前馈神经网络包括反馈连接时，就成为循环神经网络。

优化算法用于更新神经网络的权重以最小化损失函数,常用的优化算法包括随机梯度下降(stochastic gradient descent,SGD)、Adam、RMSprop 等。梯度下降算法的基本思想:从参数的初始值开始,计算损失函数相对于当前参数的梯度;更新参数,使其沿着梯度的相反方向移动,目的是减小损失函数的值。梯度下降的参数更新规则通常为 $x \leftarrow x - \eta \nabla f(x)$,其中 $x$ 是模型参数向量,$\eta$ 是学习率,$\nabla f(x)$ 是损失函数相对于参数 $x$ 的梯度。随机梯度下降是每次迭代仅使用部分样本来计算梯度,显著减少了每次迭代的计算成本,适用于处理大规模数据集。

上述步骤(从前向传播到参数更新)会反复进行,直到模型在内部验证集(internal validation set)上的性能达到满意的水平,或者达到预设的训练轮数(epochs)。

2. **卷积神经网络**　在医学影像领域,CT、MRI、PET 等技术扫描和重建得到的图像数据,不仅包含了二维的空间信息(如图像中的像素或体素),还可包含三维的空间结构(如三维体数据)以及时间维度的信息(如动态扫描序列中的时间变化),这些数据可以被视为多维张量(tensor)。张量,是一个数学概念,可以被视为一个多维数组或矩阵的推广,在零维、一维和二维情况下就是标量、向量和矩阵,可以扩展到更高维度,用于表示具有复杂结构和关系的数据。

CNN 是处理图像类型数据最具代表性的深度学习算法,已被广泛应用。其核心思想是使用卷积层来自动学习数据的空间层次特征。卷积是函数 $f$ 对权重函数 $h$ 的加权叠加,叠加的结果就是卷积的作用效应,在图像识别、模式识别中用于抽取输入图像的特征。卷积层通过在输入数据上逐步移动小型卷积核,并在移动过程中将原始特征图与卷积核进行运算以得到新的特征图来工作,即卷积操作。卷积核(convolutional kernel)是 CNN 中用于捕捉特征图的局部特征的小矩阵,也称为滤波器或特征检测器。通过堆叠多个卷积层和非线性激活函数,CNN 能够学习更复杂的特征表示。经典的卷积神经网络模型包括 VGG16、ResNet50、InceptionV3、Xception 和 MobileNet 等。虽然这些模型架构有一定的差异,但是组成模型的基本结构是相同的,都包含了:输入层、卷积层、激活函数、池化层、全连接层和输出层(图 19-9)。

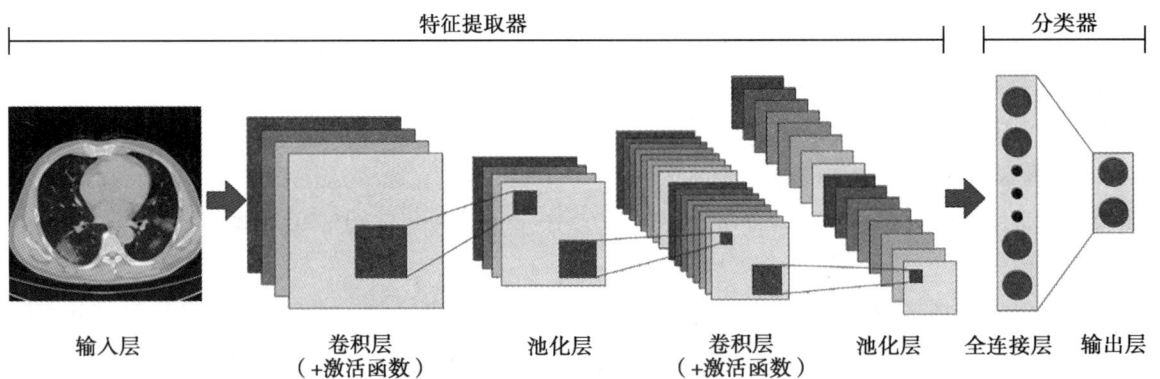

图 19-9　卷积神经网络的基本结构

(1)输入层(input layer):通常因输入数据类型而异,例如二维结构输入层应用于单通道黑白图像(长度 × 宽度),如 X 线扫描图像、超声图像;三维结构输入层应用于三维灰度图像(长度 × 宽度 × 深度),如 CT、MRI 影像,或应用于平面彩色图像(通道 × 长度 × 宽度),如彩色照片等。

(2)卷积层(convolutional layer):使用互相关(cross-correlation)运算进行卷积操作,即对于输入张量 $I$,使用一个特定大小的矩阵 $K$(其尺寸小于 $I$),依次对 $I$ 的各个位置进行扫描并计算内积。矩

阵 $K$ 每移动一个位置则经内积计算得到一个卷积值,记录其扫描原始输入 $I$ 的位置。对输入 $I$ 扫描完成后,将获得的若干卷积值 $S(i,j)$ 按对应输入 $I$ 的相对位置排列,即可得到整个卷积后的结果 $O$。在此过程中,特定大小的滑动矩阵 $K$ 被称为卷积核或过滤器,将卷积后的结果 $O$ 称为特征映射。如图 19-10 所示,以二维卷积为例,输入一个高和宽均为 5 的二维张量 $I$,使用单个高和宽为 3 卷积核 $K$ 可以输出高和宽为 3 的特征映射 $O$。灰色区域显示第一个输出特征值的计算过程是 $0×0+9×0+5×1+2×0+3×1+3×0+3×1+5×0+1×0=11$,其数学公式为:

$$S(i,j) = (I*K)(i,j) = \sum_m \sum_n I(i+m, j+n)K(m,n)$$

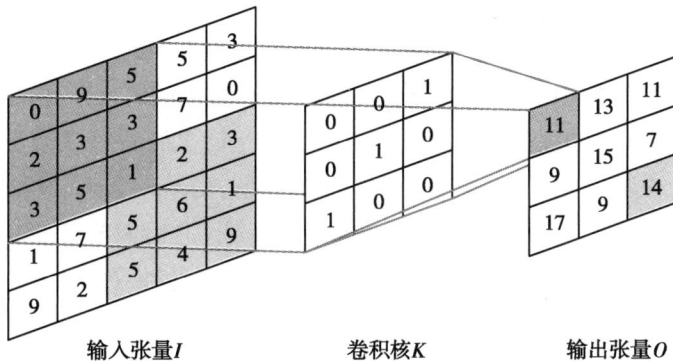

图 19-10　卷积操作

(3)激活函数(activation function):是卷积神经网络中的关键组件,它通过引入非线性因素,使网络能够学习和模拟复杂的非线性关系,常见激活函数同上。

(4)池化层(pooling layer):通过整合特征图中相邻位置的特征来实现特征的融合。池化层可以保持图像特征在平移、缩放和扭曲时的不变性,同时扩大网络模型的感受野,去除相对冗余的特征,从而加速网络训练的速度。另外,可有效降低特征维度,从而降低模型参数的数量和减轻训练难度。

(5)全连接层(fully connected layer):是卷积神经网络的最后一部分,其主要功能是将经过多次卷积后抽象出的特征进行整合和归一化,为各种分类任务输出概率。全连接层通过权值矩阵将卷积层输出的二维特征图转换为一维特征向量,这使得分类器可以根据这些特征的概率进行分类,实现了端到端的学习过程。

(6)输出层(output layer):通常为一维向量,其长度与输入层相同。经过 Softmax 变换后的输出值可以表示输入数据被 CNN 模型判别为相应类型的概率。

另外,CNN 采用以下几种技术手段,可进一步降低模型的复杂度,从而降低过拟合的风险:

(1)数据增强(data augmentation):通过对训练数据进行一系列的随机变换(如旋转、缩放、裁剪、翻转等)增加样本的多样性,使模型能够学习到更加通用的特征。

(2)正则化(regularization):在损失函数中添加正则化项惩罚模型的复杂度。

(3)丢弃神经元(dropout):在训练过程中,随机丢弃一部分神经元的输出,使得模型不会过于依赖某些特定的神经元或特征,从而提高了模型的泛化能力。

(4)提前停止(early stopping):监控模型在验证集上的性能,当验证集上的性能开始下降(即出现过拟合现象)则停止训练。

(5)批量归一化(batch normalization):在 CNN 每一层后添加批量归一化处理层,使得每一层的输入都服从相同的分布,从而加速训练过程、提高模型稳定性和防止过拟合。

**3. 循环神经网络**　RNN 是一类专门用于处理序列数据的神经网络。随着测序技术与数据存储技术的发展,研究者能够获取海量的文本数据、生物序列、时间序列等序列数据资源。然而,传统的神经网络架构在处理这些序列数据时无法有效捕捉数据中的序列特性,且往往要求输入数据的长度固定。针对序列数据特点,埃尔曼·杰弗里(Elman Jeffrey)于 1990 年引入了循环反馈神经网络的概念,乔丹·迈克尔(Jordan Michael)在 1997 年对其进行了扩展,二者共同促进了循环神经网络的发展。与单向传递信息的前馈神经网络不同,RNN 能够通过内部循环机制,实现在序列数据中不同节点上信息的连续传递,有效捕捉输入数据的序列特性。

RNN 的基本网络结构由输入层、隐藏层、输出层构成,层与层之间的连接通过全连接层完成(图 19-11)。其中,输入层负责接收序列数据的每个节点的信息。对于时间序列数据,每个时间点的输入可能表现为一个具体的数值;而对于文本数据,每个节点的输入则可能是一个词汇的向量表示;如独热编码(one-hot encoding),即每个词被映射为一个仅含单个 1、其余为 0 的高维稀疏向量。这种设计使得网络能够逐个时间步地处理数据,捕捉序列中的动态变化。RNN 的隐藏层是其核心部分,它在序列处理中扮演着至关重要的角色。在序列的每一个时间节点,隐藏层不仅吸纳了当前时刻的输入信息,还融合了前一时间点的隐藏状态。隐藏层的这种双重输入机制是 RNN 处理时间序列数据的关键。

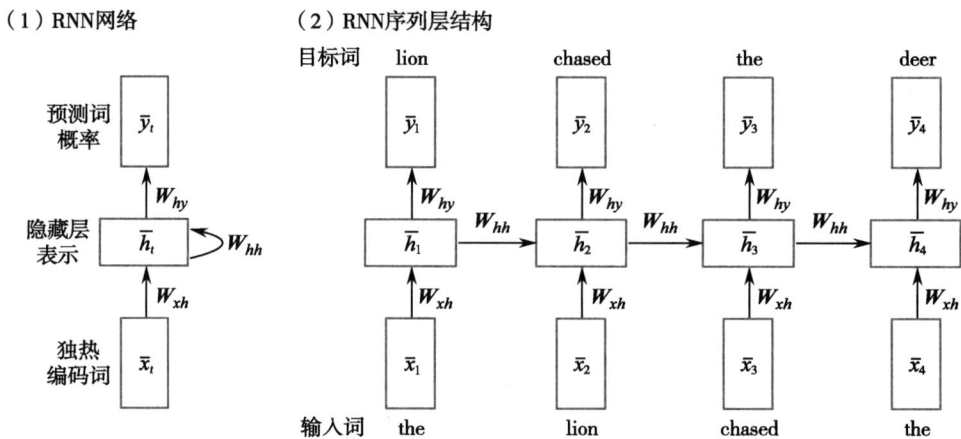

图 19-11　循环神经网络及其序列层结构

为了减少模型参数的数量,RNN 假定当前状态($h_t$)仅受其前一时间步($h_{t-1}$)的影响,从而忽略更早时间步的状态。换言之,数据 $X_t$ 在时间步 $t$ 的条件概率仅取决于 $t-1$ 时间步:$P(X_t|h_{t-1},\cdots,h_1) \approx P(X_t|h_{t-1})$,其中 $h_{t-1}$ 是隐状态,它存储时间步 $t-1$ 的信息。RNN 的激活函数表示如下:

$$H_t = \varphi(X_t W_{xh} + H_{t-1} W_{hh} + b_h)$$

其中 $\varphi(\ )$ 表示激活函数,$H_t$ 和 $H_{t-1}$ 分别对应当前时间步和前一时间步的隐藏层的输出,$X_t$ 表示在当前时间步的输入,$W_{xh}$ 和 $W_{hh}$ 均为权重参数,$b_h$ 为偏置参数。区别于无隐状态的神经网络,RNN 通过将隐状态($H_{t-1} W_{hh}$)加入激活函数,可以捕获到序列当前时间步的历史信息。由于在每一个时间步都使用了前一个时间步的信息,因此上述计算是循环的(recurrent),执行此类计算的层称为循环层(recurrent layer)。隐状态在 RNN 中扮演了非常重要的角色,它帮助网络理解输入序列的上下文信息,并且能够对序列数据进行连续建模。

RNN 的结构特点使其在处理序列数据时具有独特的优势,但同时也带来了一些挑战,如梯度消失(gradient vanishing)或梯度爆炸(gradient exploding)问题。梯度消失是指在反向传播过程中,由于网络层数较深,梯度在通过每一层时都会逐渐减小,当这些梯度传递到网络的前几层时,其值会变得非常小,接近于零。这意味着在更新这些前层网络的权重时,由于梯度值过小,权重的更新会非常缓慢,甚至基本停止更新。在 RNN 中,由于序列的长时间依赖性,这个问题尤为突出。与梯度消失相反,梯度爆炸是指在反向传播过程中,梯度在通过每一层时逐渐增大,当这些梯度传递到网络的前几层时,其值会变得非常大。这会导致在更新这些层的权重时,权重的更新幅度过大,甚至可能使权重值变得极端(如非常大或非常小),这同样会破坏模型的训练过程,导致模型无法收敛到一个好的解。梯度爆炸在 RNN 中相对较少见,但仍然是可能发生的。

针对上述问题,1997 年提出了长短期记忆网络的设计。LSTM 类似于标准的循环神经网络,其核心区别在于将 RNN 中普通的循环节点替换为具有记忆功能的单元,并引入三个门控单元(输入门、遗忘门和输出门),实现对信息的选择性记忆和遗忘,每个记忆细胞包含一个内部状态用于保存历史信息,从而确保在多个时间步长内梯度的稳定性,缓解了梯度消失或爆炸的问题(图 19-12)。

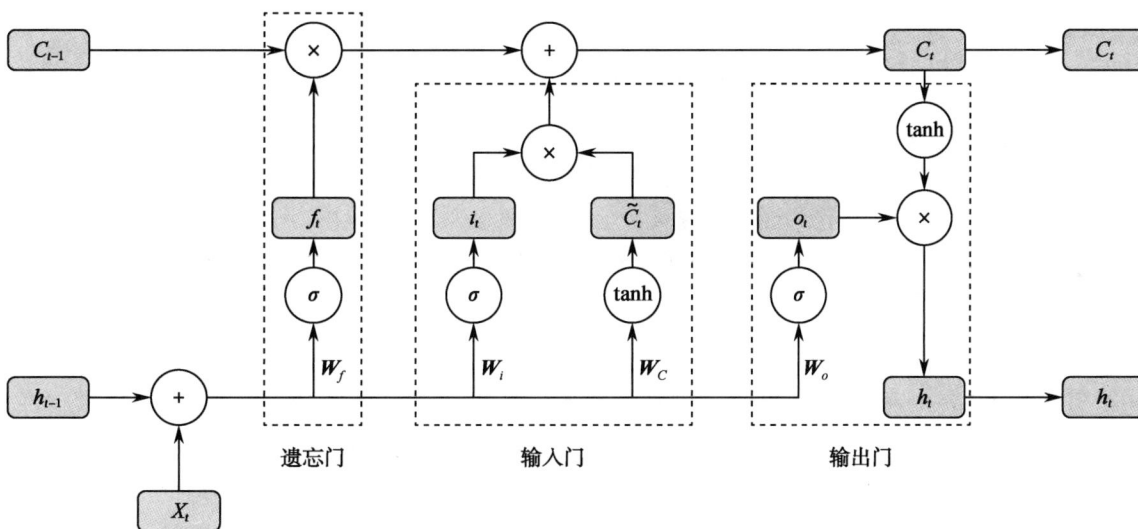

图 19-12　长短期记忆网络模型示意图

## 三、大语言模型简介

语言是人类表达思想和交流的基本工具,也是文化传承和社会进步的重要载体。使机器理解人类语言,并像人类一样自然地进行沟通,是人工智能领域的核心研究方向之一。语言模型是实现这一目标的关键手段。它通过学习大量的文本数据,估计在给定上下文中词序列的概率分布,本质上是一种概率模型。其目标是预测句子中下一个词出现的概率,从而实现对自然语言的生成和理解。

随着技术的不断进步,语言模型经历了从统计语言模型(statistical language models)到神经语言模型(neural language models),再到预训练模型(pre-trained language models)的演变。统计语言模型通过简单的概率计算来处理语言信息。神经语言模型则利用神经网络来估计词汇分布,能够捕捉复杂的语言模式。预训练模型采用"预训练 - 微调"模式,先利用大规模数据进行预训练以获取通用的语义特征,再通过微调使模型适应特定的语言任务。而如今的大语言模型(large language models)是一种旨在理解和生成人类语言的人工智能模型。它们在海量的文本数据上进行训练,能够执行广泛的任务,包括文本摘要、翻译、情感分析等。其特点是规模庞大,包含数十亿甚至数千亿的参数,这有助于学习语言数据中的复杂模式和语义关系。

Transformer 架构的发明,对自然语言处理产生了革命性的影响。它摒弃了传统的循环神经网络络和卷积神经网络,而是依赖注意力机制(self-attention)来实现序列的编码和解码,显著提升了对复杂语言模式的处理能力。在 Transformer 架构中,双向编码器使模型能够同时捕捉文本两侧的上下文信息,引入自注意力机制大大提高了模型处理长序列数据的效率和性能,使模型在处理每个词时动态地考虑序列中所有其他词的影响,从而捕捉长距离依赖关系。

预训练 - 微调范式的出现,为大语言模型实现多样化场景应用提供了路径。预训练是在大量未标记数据上训练模型,使其学习通用特征和先验知识,提升在新任务上的泛化能力。微调是在预训练模型的基础上,利用小规模标注数据进一步训练,使模型适应特定任务,优化性能。在"预训练 - 微调"范式的早期尝试中,语境化词向量表示(embeddings from language models,ELMo)采用了两阶段过程:首先,利用双向长短期记忆网络(bidirectional LSTM)进行预训练,提供每个词的特征表示;然后,根据特定任务进行微调,将所需的特征融入下游任务中。这样同时考虑了词的语义和语境信息,解决了多义词的表示问题,使模型能够更好地理解和处理自然语言文本。随后,双向变换器编码器表征(bidirectional encoder representations from transformers,BERT)进一步发展,不仅借鉴了 ELMo 的双向编码思路,还吸收了 GPT(generative pre-trained transformers)中使用 Transformer 作为特征提取器的理念。BERT 在大规模无标记语料库上进行了深度预训练,其训练结果可作为通用的语义特征,并通过微调支持不同的下游任务。通过预训练和微调的结合,模型既能高效学习通用知识,又能灵活适应特定任务,已成为深度学习的重要训练范式。

提示工程(prompt engineering)为小样本特定场景的模型定制提供了基础。提示(prompt)是指用于引导模型生成响应或完成任务的初始文本输入。提示工程,也被称为上下文提示,是一种无需更改大语言模型参数,通过设计特定的输入提示来引导模型行为,以达到预期结果的方法。它可以很好地解决"预训练 - 微调"中下游任务的目标与预训练目标之间差距过大,导致预训练的信息无法充分利用和迁移的问题。以 GPT-3 和 PET(prompt engineering toolkit)为例,通过设计合适的提示,引导模型产生预期的输出,避免了额外参数的使用,在拥有上千亿参数的前提下,通过合适的模板或指令,实现了无需参数训练的零样本学习。

在医学领域,基于通用大语言模型和健康医疗记录(electronic health records,EHR)、临床指南、医学文献、医患对话等大数据,通过继续预训练或指令微调,适配完成各种医学任务。基于 MultiMedQA 数据集进行训练的医学大模型 Med-PaLM 和 Med-PaLM 2 专注于医学问答、诊断建议和治疗方案生成。我国首款自研的 MedGPT 实现了从疾病预防到康复的智能化诊疗能力。仲景大模型(Zhongjing-LLaMA)通过预训练、有监督微调和强化学习,提升了中文场景下医疗对话能力,接近专业医生水平。在医学研究方面,大语言模型助力文献综述、启迪研究思路,显著提升研究效率。在医学教育领域,大语言模型可协助进行高效的知识整理归纳,支持个性化学习,提供交互式和沉浸式虚拟仿真学习环境,更是跨学科教育平台。随着技术的不断进步,大语言模型正深刻影响着医疗行业,有望在广泛的健康医疗领域发挥重要作用。

## 第四节 人工智能与医学应用

人工智能技术在医学领域的应用已从早期的专家系统时代,迈进临床决策支持系统的时代,进而迈向基于机器学习和人工智能的复杂诊疗系统的新纪元。医学复杂应用场景也促进了人工智能技术的发展。今日的医学人工智能技术覆盖精准预防、精准诊疗、精准健康管理、传染病精准防控、精准药物研发及精准全科医学服务等多个领域,本文将围绕这六个方面作简要介绍。

### 一、人工智能与精准预防

精准预防是一种面向特定目标人群开展的、具有针对性的预防措施,其理念是在正确的时间,对正确的人群,实施恰当的预防手段。通过综合利用基因组学等组学大数据、健康医疗大数据、可穿戴设备监测数据等丰富的数据资源,利用人工智能等更先进技术,结合医学知识和循证医学证据,对目标人群进行个性化的风险评估,包括预测未来某一时点(或时段)发生某一疾病的风险、共病的风险、疾病进展的风险,或死亡风险,为全生命周期的健康画像提供了宝贵的数据基础,为精准预防的实施提供科学支持。

食管鳞状细胞癌(squamous cell carcinoma,SCC)和食管胃交界处腺癌的预后较差,早期发现是降低死亡率的关键。然而,早期发现取决于上消化道内镜检查,这在人群水平上实施存在难度。中国学者采用多队列前瞻性研究,基于国内 39 家医院接受上消化道内镜筛查的 17 498 名40~75 岁参与者,训练机器学习模型来预测高级别病变的复合结果,预测变量包括 105 个细胞学特征和 15 个流行病学特征。该模型在 AI 协助下取得了与细胞学家共识相似的性能。基于社区筛查的进一步验证表明,该模型的 AUC 达 0.964(95%CI 0.920~0.990),风险分层后可避免 92.8% 的内镜检查。这种方法可以防止许多低风险个体进行内镜检查,并通过优先考虑高危个体来实现资源优化配置。

### 二、人工智能与精准诊疗

人工智能辅助诊断技术,旨在通过算法,部分替代或辅助医生的诊断职能,可有效减轻医生负担,医生在关键环节进行必要的监督与确认。

糖尿病视网膜病变(diabetic retinopathy,DR)是糖尿病慢性并发症,长期高血糖环境会损伤视网膜血管,引起一系列眼底病变,当出现可感知的视力受损时,病情往往已较为严重。眼底照相筛查可早发现糖尿病视网膜病变并进行干预。然而,因 DR 筛查面临眼科医生不足的困境,且人工读片具有耗时较长、主观性较强(需要 2~3 名医生阅片复核)、对医生要求较高(对微血管瘤等轻度病变诊断困难)的特点,该项筛查的普及面临困难。

2016 年,阿布拉莫夫(Abramoff)等人首次利用卷积神经网络构建 DR 筛查模型,在 DR 眼底摄片公共数据库 Messidor-2 中进行 DR 筛查,灵敏度达 96.8%,特异性达 87.0%,超过既往模型。2016年,古尔山(Gulshan)等人利用两个公共数据库(EyePAC-1 和 Messidor-2)中的约 13 万张眼底照片,建立了一种用于 DR 诊断的深度学习算法,其诊断准确度达到 97%~99%,达到了医生的水平。2021 年,中国学者利用 121 342 名糖尿病患者的 466 247 张眼底图像,开发了 DeepDR 的深度学习系统以检测糖尿病视网膜病变。在包含 209 322 张眼底图像的内部测试集中,该模型在识别糖尿病视网网膜病变的轻度、中度、重度和增殖性分级的 AUC 分别达到 0.943、0.955、0.960 和 0.972；在外部验证集中的 AUC 达 0.916~0.970，具有较高的准确度。

## 三、人工智能与精准健康管理

在健康管理领域，人工智能的应用是当前趋势之一，正深刻改变着健康管理方式。通过整合健康医疗数据，提供了更为高效、精准和个性化的服务，尤其在慢性病健康管理领域。AI 可连接各类智能穿戴设备和家用医疗检测仪器，如血糖仪、血压计、心率监测器等，实现对患者生命体征的实时监测。通过算法分析，系统能及时捕捉到指标异常，提前预警潜在的健康危机。基于病历、遗传信息、生活习惯等多元数据，AI 可为每位患者生成饮食调整、运动计划、心理干预等个性化的健康管理方案。AI 也是健康教育和心理支持的重要平台。它能根据患者的健康状况和认知水平，推送定制化的健康教育资源，帮助患者更好地理解疾病、掌握自我管理技能，提供情感交流功能，缓解疾病带来的焦虑和孤独感。AI 技术使得远程医疗成为可能。视频问诊、在线咨询、电子处方等功能极大地便利了患者，尤其是在偏远地区和疫情期间。

2024 年，中国学者利用大语言模型和基于眼底图像的深度学习技术，利用 37.2 万条基层慢性病诊疗和管理数据以及超 50 万张眼底图像进行训练和优化，开发出 DeepDR-LLM 模型，实现了个性化糖尿病诊疗意见的精准生成，可为基层医生提供个性化的糖尿病管理和 DR 辅助诊断服务，即提供个性化的糖尿病管理意见及糖尿病视网膜病变辅助诊断。该系统在覆盖亚非欧三大区域七个国家的多中心队列中进行了回顾性验证，并通过针对中国基层医疗场景开展前瞻性真实世界研究验证，首次提供了面向糖尿病医疗垂直领域的多模态大模型应用效果的高质量循证证据。

## 四、人工智能与传染病精准防控

近年来，人工智能在传染病防控中展现出了显著的优势，其应用覆盖了传染病的预警、病原体分类、早期风险评估、传染源识别与追踪、聚集性疫情热点检测、态势预测、效果评价、资源分配等多个领域。

传染病预警因 AI 算法和多源大数据的结合而获益匪浅。经过 AI 训练的算法能够以前所未有的速度和准确度解析、过滤、分类和聚合网络信息，从而发现传染病事件信号。HealthMap 便是成功案例之一，HealthMap 是基于互联网的传染病监测系统，已成功运行十余年。它使用自然语言处理方法搜索网络上发布的文本，并将文本与已知病原体和地理区域词典进行比较，通过这一方式实时寻找传染病事件信号。算法经过训练，可忽略噪声，并通过识别疾病相关文本（如病原体名称和发病率数字）来解析相关报告。之后，HealthMap 从最初的手动标记来训练升级为使用贝叶斯机器学习的分类方案，从其他疾病报告（如科学文献和疫苗接种计划）中分离出与疾病暴发相关的信号。HealthMap 还可自动提取地理信息，通过这些信息可将多份报告联系在一起，并且识别跨辖区公共卫生机构可能遗漏的疾病聚集。HealthMap 使用的是不断扩充的词典，其中包含超过九种语言的文本。这凸显出相对于需要大量人力的连续人工分类法，AI 在疾病监测方面的一个关键优势：同时具备全球覆盖和超本地化态势感知能力。例如通过这一动态架构，提供了墨西哥出现甲型 H1N1 流感疫情的早期证据。

准确识别致病原因是采取有效传染病防控措施的前提。相似症状模式可由不同病原体引起，甚至由其他非传染性原因引起。当前的传染病监测方法已运用 AI 来区分不同病原体或识别具有令人担忧特征的变异株。通过定义疾病暴发的病理特征，公共卫生机构可采取相应的应对措施（如当一个地区流感病例增加时，确保有充足的抗流感病毒药物）。Kirby-Bauer 纸片扩散法药敏试验是一种简单且低成本的技术，方法是将含抗生素纸片放入培养细菌的培养皿中，根据纸片周围抑菌圈直径来确定细菌对药物敏感性。最先进实验室使用自动仪器解决这一问题，但这种解决方案成本很高，不适合预算较少的实验室。无国界医生组织支持设计了一款手机应用程序，通过手机摄像头和机器学习算法确定细菌的抗生素敏感性，大大降低了推广使用的门槛，可增强对全球抗生素耐药的追踪能力，继而产生深远影响。

追踪传播途径是阻止暴发的关键。对于基于医院的疾病暴发检测，通过时空聚类和接触者追踪进行的传染病追踪可手动进行，以确定干预目标。该方法尽管通常有效，但需要投入大量人力。美国匹兹堡大学一组研究人员将电子医疗记录和全基因组检测相结合，基于机器学习算法创建了医疗相关疾病传播的增强检测系统（enhanced detection system for healthcare-associated transmission，EDS-HAT）。EDS-HAT 自动挖掘患者的电子医疗记录，在其中寻找与疾病暴发相关的数据。实践显示，在九个研究地点可预防高达 40% 的医院传播感染。

对于广泛传播的传染病，如何客观评估各行为的风险和各防控措施的效果，对优化决策十分重要。疫苗接种、接触者追踪和各种非药物公共卫生干预措施都可减少疾病传播。我国广泛使用的手机应用程序中嵌入健康码可实时评估公共场所的疾病传播风险，闭路电视和图像识别算法可用于监测防控措施依从性（如口罩佩戴情况），可通过 AI 驱动的医学聊天机器人回答公众与健康有关的问题。AI 驱动的方法为传统公共卫生监测提供了有益补充。

## 五、人工智能与精准药物研发

人工智能技术在新药研发的各个环节中发挥着关键作用。AI 为识别新的治疗靶标提供了创新的方法：通过应用 AI，可以更加高效地从海量数据中挖掘疾病、靶点与药物之间的关联，构建知识库，从而形成数据驱动的靶点发现与验证新模式，为新药研发项目的决策提供更高效的支持。同时，AI 技术能够提供更为可靠的生物大分子结构预测方法，有效支持针对复杂生物大分子复合物的药物开发。在候选药物筛选过程中，AI 在分子设计、虚拟筛选以及化合物优化等方面展现出显著的潜力。将 AI 技术与自动化技术结合，能够实现药物分子的高效合成和持续生产，大幅减少候选药物发现过程中对人力资源的依赖。在药物临床开发阶段，AI 同样能够有效辅助临床试验的优化。

2024 年诺贝尔化学奖授予戴米斯·哈萨比斯（Demis Hassabis）和约翰·江珀（John Jumper），表彰他们开发了 AlphaFold2 来解决持续 50 年之久的问题：预测蛋白质的复杂结构。而同年推出的 AlphaFold3 通过模拟蛋白质与其他分子的相互作用，利用先进的扩散模型，实现了前所未有的准确性和功能性：与最先进的工具相比，蛋白质 - 配体、蛋白质 - 核酸相互作用的准确性更高；与 AlphaFold-Multimer v.2.3 相比，抗体 - 抗原预测的准确性更高。AlphaFold2 的开发表明跨生物分子空间的高精度建模的可能性，从而改变了蛋白质结构预测的方式。药物研发过程通常要经过 10～20 年，成本巨大，而人工智能有望缩短研发周期同时降低成本。有研究开发了一种深度生成模型——基于生成对抗网络（generative adversarial network，GAN）的生成式张量强化学习（generative tensorial reinforcement learning，GENTRL）系统，仅在 46 天之内就识别出第一个全新的激酶靶标——蛋白结构域受体 1（DDR1）的强效抑制剂。在基于细胞的测定中验证了该药物的潜力，对其中一种主要候选药物进行测试后发现，其在小鼠中有良好的药代动力学性质。

### 六、人工智能与精准全科医学服务

全科医生作为居民健康的第一道"守门人",是为个人、家庭和社区提供优质、方便、经济有效、一体化的基本医疗保健服务,进行生命、健康与疾病的全过程、全方位负责式管理的医生。面对医疗资源不均衡、基层医生短缺以及人群慢性病防治的严峻形势,人工智能技术特别是大语言模型(large language model,LLM)的发展为全科医学领域革新贡献了重要力量。AIGP 又称全科医生人工智能大模型(general practitioner AI large model,GPAI),是指利用人工智能技术,模拟全科医生的思维方式、综合诊断和治疗能力,通过大数据分析和算法,自主获取医学领域专业知识并进行高级医学推理,为用户提供个性化的健康教育、医疗咨询、疾病预防、健康管理、常见病多发病的初步诊断建议和转诊建议等全科医疗服务的一种技术系统或平台。

多模态对话 AI 取得了快速发展,但这种通用域视觉-语言模型在理解和讨论生物医学图像方面仍然缺乏复杂性。某研究团队开发了一种大语言模型 LLaVA-Med,利用从 PubMed Central 提取的大规模、广泛的数据集,经过大规模生物医学图像和文本数据集的训练,能够处理多模态医疗信息,分析 CT 和 X 线片等医学影像,并据此推断患者潜在的病理情况,生成相关的问答内容。医学问答模型 Med-PaLM 2 在 PaLM 2 语言模型的基础上改进,使用专门的医学领域微调以及新的集成校准提升策略来改进推理能力。该模型在多个医学问答测试标准上结果良好,在 MedQA 上的分数高达 86.5%,比 Med-PaLM 提高超过 19%。虽然这些大模型在多个维度上接近专业医生的诊断水平,但进一步的安全性考虑、对齐(alignment)工作和伦理考量必不可少,确保人工智能系统的目标、决策与人类价值观和利益保持一致。从人工智能模型作为全科医生的第二意见或自动筛选信息的角度考虑,人类的医疗智能和资源将得到全面提升。

# 第五节　机遇与挑战

算法、算力、数据是促进人工智能发展的三大核心要素。近年来,这三个方面的飞速发展,为人工智能领域创造了前所未有的历史机遇。

算法,是人工智能的引擎。为了支持医学深度学习技术的发展,强大的计算架构和工具至关重要,PyTorch 和 TensorFlow 是目前最流行的深度学习框架。Keras 是一个高级应用程序编程接口(application programming interface,API),作为 TensorFlow 的官方高级接口,极大简化了模型的构建过程。MXNet 和 Caffe 也是深度学习领域的重要框架。MXNet 在大规模分布式计算上表现优异,而 Caffe 则以其高效的卷积神经网络训练而著称。

算力,是人工智能的动力。算力是指通过中央处理器(central processing unit,CPU)、图形处理器(graphics processing unit,GPU)、张量处理器(tensor processing unit,TPU)、专用集成电路(application specific integrated circuit,ASIC)等计算单元在单位时间内处理数据的能力。它是 AI 系统能够高效运行和完成复杂任务的重要基础。当前,全球的算力正以惊人的速度迅猛发展。截至 2024 年底,我国算力总规模达 246 EFLOPS(每秒 246 百亿亿次浮点运算),其中智能算力规模突破 725.3 EFLOPS,同比增长 74.1%,增速为通用算力的 3 倍以上。在用算力中心机架总规模超过 830 万标准机架,58.3% 的算力中心接入国家骨干网,65% 的省市实现 5 毫秒内接入算力集群,为人工智能的发展和应用提供了强劲动力。

数据,是人工智能发展的关键基础。没有数据的支持,再先进的算法和算力也无法发挥出应有的价值。通过收集、处理和分析海量数据，AI 系统能够不断优化模型参数、提升预测准确率，从而实现智能化决策和应用。据报告预测，全球数据量将在 2024 年达到 159.2ZB（Zettabyte，即十万亿亿字节），并在接下来的几年内持续增长，预计到 2028 年将增至 384.6ZB，年复合增长率为 24.4%。

在人工智能快速发展的同时，它面临诸多统计学和数据科学的挑战：

1. **可解释性不足**　人工智能模型，尤其是深度学习模型，通常被视为"黑箱"模型，内部工作机制和决策过程的可解释性不足，限制了其在医疗诊断和金融决策等高要求领域的应用和普及。这将导致用户对其决策过程的不信任，亟需开发人工智能模型可解释性统计理论方法。

2. **缺乏因果性**　人工智能模型通常侧重于数据中相关（correlation）关系的发现，较少关注因果性。因果推断（causal inference），对于理解复杂系统的行为，做决策和预测未来事件发生风险，是至关重要的。面向人工智能的因果学习（causal learning）统计方法，旨在从数据中学习因果模型、因果关系和因果特征，挖掘相关背后的因果机制，从而做出更合理、更稳健的决策和推断。

3. **过度依赖标注数据**　人工智能模型高度依赖于大规模标注数据。准确的标注数据可以帮助模型学习到更深层次的特征，从而在实际应用中表现出更高的准确率和泛化能力。但在许多领域，尤其是医学领域，获取高质量的标注数据代价高昂，成为制约模型性能提升的瓶颈。半监督学习、弱监督学习、无监督学习、迁移学习（transfer learning）、主动学习（active learning）、合成数据（synthetic data）等相关统计理论方法的发展，和自动化标注等工具的出现，将有效提高数据标注的效率和精度。

4. **数据质量有待提升**　数据的来源多样，形式多样，内在关系复杂，质量参差不齐。数据的质和量，直接决定了医学人工智能模型的可靠性。若数据存在严重的选择偏倚、信息偏倚、混杂偏倚，则即使数量再大，也将训练出有偏倚的模型；若数据的收集、清洗不规范，标准不完善，将导致数据失真甚至错误，人工智能模型从中学习到的也将是错误的规律，即"垃圾进垃圾出（garbage in, garbage out）"现象。在促进健康医疗大数据的互联互通和多源数据综合的同时，亟需加强数据质量监管、质量控制、质量评估，并促进相关处理数据偏倚和噪声的统计理论方法研究，以增强人工智能模型的稳健性和泛化能力。

5. **隐私与伦理问题亟待解决**　人工智能模型所依赖的健康医疗数据包含了患者的个人信息、病历、处方、基因、可穿戴设备监测数据等敏感信息，数据安全和个人隐私问题日益严峻。随着健康医疗数据的共享、挖掘，个人信息更容易受到未经授权的访问和滥用，导致身份盗窃、医疗欺诈和其他隐私侵犯问题日益严重。联邦学习（federated learning）是将分布式模型引入本地执行计算，通过共享模型参数或中间结果来协同训练全局模型的技术，既保护了数据隐私，又提高了模型训练的效率。

6. **算法公平性（fairness）问题**　医学人工智能公平性体现在能否为每位患者平等地提供医疗健康服务。然而，算法偏差（algorithm bias）导致的公平性问题日益凸显。历史医疗数据中所存在的虚假关联，特别是涉及社会因素的潜在因果关系，有可能误导人工智能算法，使其错误地将患者的社会身份与疾病结局相关联。训练数据集的代表性不足或构建模型时纳入了存在偏倚的变量，可能加剧医疗资源分配的不平等。需要统计学方法引入公平性约束，利用因果推断方法校正已知和未知混杂因素的影响，同时在数据采集和处理阶段确保数据的多样性与代表性。

7. **能耗过大**　训练大规模深度学习模型需要大量的计算资源和时间。深度学习框架与工具，如 TensorFlow、PyTorch、Keras 等，也在不断地发展和完善，以满足不断增长的计算需求。随着模型规模的不断扩大,如何提高计算效率、降低硬件依赖度和能耗成为了研究者亟待解决的问题。模型理论方法和训练策略的优化,是应对这一挑战的重要方向之一。

**8. 欠缺严谨验证** 尽管当前大多数医学人工智能模型在既有数据上表现优异,经过严谨设计的前瞻性临床试验验证的为数不多。医学人工智能模型在付诸实践之前,开展前瞻性临床试验,乃至随机对照试验,是不可或缺的步骤。

(魏永越 张涛 赵星)

## 小结

在人工智能技术快速发展的今天,医学、统计学、数据科学等领域也将迎来前所未有的机遇与挑战。医学人工智能将是实现精准预防、精准诊疗、精准健康管理、传染病精准防控、精准药物研发及精准全科医学服务的重要手段,而公开、共享的高质量健康医疗大数据将是这一变革的重要基础。人工智能技术或许能引领医学研究和服务范式的变革,呼唤统计理论方法的原始创新和深度融合,也将促进跨学科合作,共同探索创新路径,确保新技术更好地服务于人类健康需求。

## 思考与练习

### 一、最佳选择题

1. 机器学习的三要素包括( )

    A. 数据、模型、计算　　　　B. 特征、模型、算法　　　　C. 特征、数据、算法

    D. 数据、模型、算法　　　　E. 数据、算法、优化

2. 有监督学习的主要特点是( )

    A. 利用未标注的数据进行聚类

    B. 通过标签数据来学习特征与结局的映射关系

    C. 通过无标签数据发现潜在模式

    D. 模型通过强化学习策略实现决策

    E. 随机选择样本进行分类

3. 机器学习模型的泛化能力主要是指( )

    A. 在已知数据上的表现　　　　B. 在测试集上的准确率

    C. 在未见过的数据上的表现　　　　D. 在训练集上的准确率

    E. 仅在相似数据上的表现

4. 在集成机器学习中,boosting 方法的关键特点是( )

    A. 并行训练各个基学习器　　　　B. 使用多个模型的平均结果

    C. 逐次改进基学习器的误差　　　　D. 通过交叉验证增强模型稳健性

    E. 对模型的超参数调优

5. 数据预处理的目的是( )

    A. 增加样本数量　　　　B. 降低模型的复杂度　　　　C. 提高数据质量

    D. 生成更多特征　　　　E. 删除所有异常值

**二、思考题**

1. 为什么统计学在人工智能中扮演核心角色？

2. 什么是过拟合？在机器学习中有哪些方法可以防止过拟合？

3. 某研究团队想要探究一个新的深度学习模型在医学影像分析中的表现。他们将500张已标注的医学影像随机分成两组，分别作为训练集和测试集。模型在训练集上表现优异，但在测试集上效果不佳。请问：该实验设计中存在哪些问题？如何改进以提高模型在测试集上的表现？

# 附录　统计用表

## 附表1　标准正态分布界值表

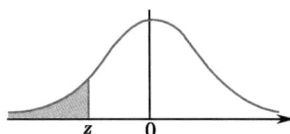

| z | 0.00 | 0.01 | 0.02 | 0.03 | 0.04 | 0.05 | 0.06 | 0.07 | 0.08 | 0.09 |
|---|---|---|---|---|---|---|---|---|---|---|
| −3.0 | 0.001 3 | 0.001 3 | 0.001 3 | 0.001 2 | 0.001 2 | 0.001 1 | 0.001 1 | 0.001 1 | 0.001 0 | 0.001 0 |
| −2.9 | 0.001 9 | 0.001 8 | 0.001 8 | 0.001 7 | 0.001 6 | 0.001 6 | 0.001 5 | 0.001 5 | 0.001 4 | 0.001 4 |
| −2.8 | 0.002 6 | 0.002 5 | 0.002 4 | 0.002 3 | 0.002 3 | 0.002 2 | 0.002 1 | 0.002 1 | 0.002 0 | 0.001 9 |
| −2.7 | 0.003 5 | 0.003 4 | 0.003 3 | 0.003 2 | 0.003 1 | 0.003 0 | 0.002 9 | 0.002 8 | 0.002 7 | 0.002 6 |
| −2.6 | 0.004 7 | 0.004 5 | 0.004 4 | 0.004 3 | 0.004 1 | 0.004 0 | 0.003 9 | 0.003 8 | 0.003 7 | 0.003 6 |
| −2.5 | 0.006 2 | 0.006 0 | 0.005 9 | 0.005 7 | 0.005 5 | 0.005 4 | 0.005 2 | 0.005 1 | 0.004 9 | 0.004 8 |
| −2.4 | 0.008 2 | 0.008 0 | 0.007 8 | 0.007 5 | 0.007 3 | 0.007 1 | 0.006 9 | 0.006 8 | 0.006 6 | 0.006 4 |
| −2.3 | 0.010 7 | 0.010 4 | 0.010 2 | 0.009 9 | 0.009 6 | 0.009 4 | 0.009 1 | 0.008 9 | 0.008 7 | 0.008 4 |
| −2.2 | 0.013 9 | 0.013 6 | 0.013 2 | 0.012 9 | 0.012 5 | 0.012 2 | 0.011 9 | 0.011 6 | 0.011 3 | 0.011 0 |
| −2.1 | 0.017 9 | 0.017 4 | 0.017 0 | 0.016 6 | 0.016 2 | 0.015 8 | 0.015 4 | 0.015 0 | 0.014 6 | 0.014 3 |
| −2.0 | 0.022 8 | 0.022 2 | 0.021 7 | 0.021 2 | 0.020 7 | 0.020 2 | 0.019 7 | 0.019 2 | 0.018 8 | 0.018 3 |
| −1.9 | 0.028 7 | 0.028 1 | 0.027 4 | 0.026 8 | 0.026 2 | 0.025 6 | 0.025 0 | 0.024 4 | 0.023 9 | 0.023 3 |
| −1.8 | 0.035 9 | 0.035 1 | 0.034 4 | 0.033 6 | 0.032 9 | 0.032 2 | 0.031 4 | 0.030 7 | 0.030 1 | 0.029 4 |
| −1.7 | 0.044 6 | 0.043 6 | 0.042 7 | 0.041 8 | 0.040 9 | 0.040 1 | 0.039 2 | 0.038 4 | 0.037 5 | 0.036 7 |
| −1.6 | 0.054 8 | 0.053 7 | 0.052 6 | 0.051 6 | 0.050 5 | 0.049 5 | 0.048 5 | 0.047 5 | 0.046 5 | 0.045 5 |
| −1.5 | 0.066 8 | 0.065 5 | 0.064 3 | 0.063 0 | 0.061 8 | 0.060 6 | 0.059 4 | 0.058 2 | 0.057 1 | 0.055 9 |
| −1.4 | 0.080 8 | 0.079 3 | 0.077 8 | 0.076 4 | 0.074 9 | 0.073 5 | 0.072 1 | 0.070 8 | 0.069 4 | 0.068 1 |
| −1.3 | 0.096 8 | 0.095 1 | 0.093 4 | 0.091 8 | 0.090 1 | 0.088 5 | 0.086 9 | 0.085 3 | 0.083 8 | 0.082 3 |
| −1.2 | 0.115 1 | 0.113 1 | 0.111 2 | 0.109 3 | 0.107 5 | 0.105 6 | 0.103 8 | 0.102 0 | 0.100 3 | 0.098 5 |
| −1.1 | 0.135 7 | 0.133 5 | 0.131 4 | 0.129 2 | 0.127 1 | 0.125 1 | 0.123 0 | 0.121 0 | 0.119 0 | 0.117 0 |
| −1.0 | 0.158 7 | 0.156 2 | 0.153 9 | 0.151 5 | 0.149 2 | 0.146 9 | 0.144 6 | 0.142 3 | 0.140 1 | 0.137 9 |
| −0.9 | 0.184 1 | 0.181 4 | 0.178 8 | 0.176 2 | 0.173 6 | 0.171 1 | 0.168 5 | 0.166 0 | 0.163 5 | 0.161 1 |

| z | 0.00 | 0.01 | 0.02 | 0.03 | 0.04 | 0.05 | 0.06 | 0.07 | 0.08 | 0.09 |
|---|------|------|------|------|------|------|------|------|------|------|
| −0.8 | 0.211 9 | 0.209 0 | 0.206 1 | 0.203 3 | 0.200 5 | 0.197 7 | 0.194 9 | 0.192 2 | 0.189 4 | 0.186 7 |
| −0.7 | 0.242 0 | 0.238 9 | 0.235 8 | 0.232 7 | 0.229 6 | 0.226 6 | 0.223 6 | 0.220 6 | 0.217 7 | 0.214 8 |
| −0.6 | 0.274 3 | 0.270 9 | 0.267 6 | 0.264 3 | 0.261 1 | 0.257 8 | 0.254 6 | 0.251 4 | 0.248 3 | 0.245 1 |
| −0.5 | 0.308 5 | 0.305 0 | 0.301 5 | 0.298 1 | 0.294 6 | 0.291 2 | 0.287 7 | 0.284 3 | 0.281 0 | 0.277 6 |
| −0.4 | 0.344 6 | 0.340 9 | 0.337 2 | 0.333 6 | 0.330 0 | 0.326 4 | 0.322 8 | 0.319 2 | 0.315 6 | 0.312 1 |
| −0.3 | 0.382 1 | 0.378 3 | 0.374 5 | 0.370 7 | 0.366 9 | 0.363 2 | 0.359 4 | 0.355 7 | 0.352 0 | 0.348 3 |
| −0.2 | 0.420 7 | 0.416 8 | 0.412 9 | 0.409 0 | 0.405 2 | 0.401 3 | 0.397 4 | 0.393 6 | 0.389 7 | 0.385 9 |
| −0.1 | 0.460 2 | 0.456 2 | 0.452 2 | 0.448 3 | 0.444 3 | 0.440 4 | 0.436 4 | 0.432 5 | 0.428 6 | 0.424 7 |
| 0.0 | 0.500 0 | 0.496 0 | 0.492 0 | 0.488 0 | 0.484 0 | 0.480 1 | 0.476 1 | 0.472 1 | 0.468 1 | 0.464 1 |

注：$\phi(-z)=1-\phi(z)$。表右上角图中的阴影部分表示概率，以后附表同此。

## 附表 2　$t$ 界值表

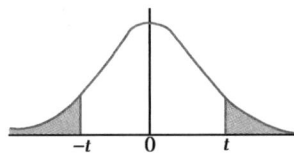

| 自由度 $\nu$ | | 概率，$P$ | | | | | | | | | |
|---|---|---|---|---|---|---|---|---|---|---|---|
| | 单侧： | 0.25 | 0.20 | 0.10 | 0.05 | 0.025 | 0.01 | 0.005 | 0.002 5 | 0.001 | 0.000 5 |
| | 双侧： | 0.50 | 0.40 | 0.20 | 0.10 | 0.05 | 0.02 | 0.01 | 0.005 | 0.002 | 0.001 |
| 1 | | 1.000 | 1.376 | 3.078 | 6.314 | 12.706 | 31.821 | 63.657 | 127.321 | 318.309 | 636.619 |
| 2 | | 0.816 | 1.061 | 1.886 | 2.920 | 4.303 | 6.965 | 9.925 | 14.089 | 22.327 | 31.599 |
| 3 | | 0.765 | 0.978 | 1.638 | 2.353 | 3.182 | 4.541 | 5.841 | 7.453 | 10.215 | 12.924 |
| 4 | | 0.741 | 0.941 | 1.533 | 2.132 | 2.776 | 3.747 | 4.604 | 5.598 | 7.173 | 8.610 |
| 5 | | 0.727 | 0.920 | 1.476 | 2.015 | 2.571 | 3.365 | 4.032 | 4.773 | 5.893 | 6.869 |
| 6 | | 0.718 | 0.906 | 1.440 | 1.943 | 2.447 | 3.143 | 3.707 | 4.317 | 5.208 | 5.959 |
| 7 | | 0.711 | 0.896 | 1.415 | 1.895 | 2.365 | 2.998 | 3.499 | 4.029 | 4.785 | 5.408 |
| 8 | | 0.706 | 0.889 | 1.397 | 1.860 | 2.306 | 2.896 | 3.355 | 3.833 | 4.501 | 5.041 |
| 9 | | 0.703 | 0.883 | 1.383 | 1.833 | 2.262 | 2.821 | 3.250 | 3.690 | 4.297 | 4.781 |
| 10 | | 0.700 | 0.879 | 1.372 | 1.812 | 2.228 | 2.764 | 3.169 | 3.581 | 4.144 | 4.587 |
| 11 | | 0.697 | 0.876 | 1.363 | 1.796 | 2.201 | 2.718 | 3.106 | 3.497 | 4.025 | 4.437 |
| 12 | | 0.695 | 0.873 | 1.356 | 1.782 | 2.179 | 2.681 | 3.055 | 3.428 | 3.930 | 4.318 |
| 13 | | 0.694 | 0.870 | 1.350 | 1.771 | 2.160 | 2.650 | 3.012 | 3.372 | 3.852 | 4.221 |
| 14 | | 0.692 | 0.868 | 1.345 | 1.761 | 2.145 | 2.624 | 2.977 | 3.326 | 3.787 | 4.140 |
| 15 | | 0.691 | 0.866 | 1.341 | 1.753 | 2.131 | 2.602 | 2.947 | 3.286 | 3.733 | 4.073 |
| 16 | | 0.690 | 0.865 | 1.337 | 1.746 | 2.120 | 2.583 | 2.921 | 3.252 | 3.686 | 4.015 |

续表

| 自由度 $\nu$ | | 概率,$P$ | | | | | | | | |
|---|---|---|---|---|---|---|---|---|---|---|
| | 单侧: | 0.25 | 0.20 | 0.10 | 0.05 | 0.025 | 0.01 | 0.005 | 0.002 5 | 0.001 | 0.000 5 |
| | 双侧: | 0.50 | 0.40 | 0.20 | 0.10 | 0.05 | 0.02 | 0.01 | 0.005 | 0.002 | 0.001 |
| 17 | | 0.689 | 0.863 | 1.333 | 1.740 | 2.110 | 2.567 | 2.898 | 3.222 | 3.646 | 3.965 |
| 18 | | 0.688 | 0.862 | 1.330 | 1.734 | 2.101 | 2.552 | 2.878 | 3.197 | 3.610 | 3.922 |
| 19 | | 0.688 | 0.861 | 1.328 | 1.729 | 2.093 | 2.539 | 2.861 | 3.174 | 3.579 | 3.883 |
| 20 | | 0.687 | 0.860 | 1.325 | 1.725 | 2.086 | 2.528 | 2.845 | 3.153 | 3.552 | 3.850 |
| 21 | | 0.686 | 0.859 | 1.323 | 1.721 | 2.080 | 2.518 | 2.831 | 3.135 | 3.527 | 3.819 |
| 22 | | 0.686 | 0.858 | 1.321 | 1.717 | 2.074 | 2.508 | 2.819 | 3.119 | 3.505 | 3.792 |
| 23 | | 0.685 | 0.858 | 1.319 | 1.714 | 2.069 | 2.500 | 2.807 | 3.104 | 3.485 | 3.768 |
| 24 | | 0.685 | 0.857 | 1.318 | 1.711 | 2.064 | 2.492 | 2.797 | 3.091 | 3.467 | 3.745 |
| 25 | | 0.684 | 0.856 | 1.316 | 1.708 | 2.060 | 2.485 | 2.787 | 3.078 | 3.450 | 3.725 |
| 26 | | 0.684 | 0.856 | 1.315 | 1.706 | 2.056 | 2.479 | 2.779 | 3.067 | 3.435 | 3.707 |
| 27 | | 0.684 | 0.855 | 1.314 | 1.703 | 2.052 | 2.473 | 2.771 | 3.057 | 3.421 | 3.690 |
| 28 | | 0.683 | 0.855 | 1.313 | 1.701 | 2.048 | 2.467 | 2.763 | 3.047 | 3.408 | 3.674 |
| 29 | | 0.683 | 0.854 | 1.311 | 1.699 | 2.045 | 2.462 | 2.756 | 3.038 | 3.396 | 3.659 |
| 30 | | 0.683 | 0.854 | 1.310 | 1.697 | 2.042 | 2.457 | 2.750 | 3.030 | 3.385 | 3.646 |
| 31 | | 0.682 | 0.853 | 1.309 | 1.696 | 2.040 | 2.453 | 2.744 | 3.022 | 3.375 | 3.633 |
| 32 | | 0.682 | 0.853 | 1.309 | 1.694 | 2.037 | 2.449 | 2.738 | 3.015 | 3.365 | 3.622 |
| 33 | | 0.682 | 0.853 | 1.308 | 1.692 | 2.035 | 2.445 | 2.733 | 3.008 | 3.356 | 3.611 |
| 34 | | 0.682 | 0.852 | 1.307 | 1.691 | 2.032 | 2.441 | 2.728 | 3.002 | 3.348 | 3.601 |
| 35 | | 0.682 | 0.852 | 1.306 | 1.690 | 2.030 | 2.438 | 2.724 | 3.996 | 3.340 | 3.591 |
| 36 | | 0.681 | 0.852 | 1.306 | 1.688 | 2.028 | 2.434 | 2.719 | 2.990 | 3.333 | 3.582 |
| 37 | | 0.681 | 0.851 | 1.305 | 1.687 | 2.026 | 2.431 | 2.715 | 2.985 | 3.326 | 3.574 |
| 38 | | 0.681 | 0.851 | 1.304 | 1.686 | 2.024 | 2.429 | 2.712 | 2.980 | 3.319 | 3.566 |
| 39 | | 0.681 | 0.851 | 1.304 | 1.685 | 2.023 | 2.426 | 2.708 | 2.976 | 3.313 | 3.558 |
| 40 | | 0.681 | 0.851 | 1.303 | 1.684 | 2.021 | 2.423 | 2.704 | 2.971 | 3.307 | 3.551 |
| 50 | | 0.679 | 0.849 | 1.299 | 1.676 | 2.009 | 2.403 | 2.678 | 2.937 | 3.261 | 3.496 |
| 60 | | 0.679 | 0.848 | 1.296 | 1.671 | 2.000 | 2.390 | 2.660 | 2.915 | 3.232 | 3.460 |
| 70 | | 0.678 | 0.847 | 1.294 | 1.667 | 1.994 | 2.381 | 2.648 | 2.899 | 3.211 | 3.435 |
| 80 | | 0.678 | 0.846 | 1.292 | 1.664 | 1.990 | 2.374 | 2.639 | 2.887 | 3.195 | 3.416 |
| 90 | | 0.677 | 0.846 | 1.291 | 1.662 | 1.987 | 2.368 | 2.632 | 2.878 | 3.183 | 3.402 |
| 100 | | 0.677 | 0.845 | 1.290 | 1.660 | 1.984 | 2.364 | 2.626 | 2.871 | 3.174 | 3.390 |
| 200 | | 0.676 | 0.843 | 1.286 | 1.653 | 1.972 | 2.345 | 2.601 | 2.839 | 3.131 | 3.340 |
| 500 | | 0.675 | 0.842 | 1.283 | 1.648 | 1.965 | 2.334 | 2.586 | 2.820 | 3.107 | 3.310 |
| 1 000 | | 0.675 | 0.842 | 1.282 | 1.646 | 1.962 | 2.330 | 2.581 | 2.813 | 3.098 | 3.300 |
| $\infty$ | | 0.674 5 | 0.841 6 | 1.281 6 | 1.644 9 | 1.960 0 | 2.326 3 | 2.575 8 | 2.807 0 | 3.090 2 | 3.290 5 |

## 附表 3 二项分布概率 π 的置信区间

上行：95% 置信区间　　下行：99% 置信区间

| n | | X | | | | | | | | | | | | | | | |
|---|------|------|------|------|------|------|------|------|------|------|----|----|----|----|----|----|----|
| | 0 | 1 | 2 | 3 | 4 | 5 | 6 | 7 | 8 | 9 | 10 | 11 | 12 | 13 | 14 | 15 | 16 |
| 1 | 0~98 | | | | | | | | | | | | | | | | |
| | 0~100 | | | | | | | | | | | | | | | | |
| 2 | 0~84 | 1~99 | | | | | | | | | | | | | | | |
| | 0~93 | 0~100 | | | | | | | | | | | | | | | |
| 3 | 0~71 | 1~91 | 9~99 | | | | | | | | | | | | | | |
| | 0~83 | 0~96 | 4~100 | | | | | | | | | | | | | | |
| 4 | 0~60 | 1~81 | 7~93 | 19~99 | | | | | | | | | | | | | |
| | 0~73 | 0~89 | 3~97 | 11~100 | | | | | | | | | | | | | |
| 5 | 0~52 | 1~72 | 5~85 | 15~95 | 28~99 | | | | | | | | | | | | |
| | 0~65 | 0~81 | 2~92 | 8~98 | 19~100 | | | | | | | | | | | | |
| 6 | 0~46 | 0~64 | 4~78 | 12~88 | 22~96 | 36~100 | | | | | | | | | | | |
| | 0~59 | 0~75 | 2~86 | 7~93 | 14~98 | 25~100 | | | | | | | | | | | |
| 7 | 0~41 | 0~58 | 4~71 | 10~82 | 18~90 | 29~96 | 42~100 | | | | | | | | | | |
| | 0~53 | 0~68 | 2~80 | 6~88 | 12~94 | 20~98 | 32~100 | | | | | | | | | | |
| 8 | 0~37 | 0~53 | 3~65 | 9~76 | 16~84 | 24~91 | 35~97 | 47~100 | | | | | | | | | |
| | 0~48 | 0~63 | 1~74 | 5~83 | 10~90 | 17~95 | 26~99 | 37~100 | | | | | | | | | |
| 9 | 0~34 | 0~48 | 3~60 | 7~70 | 14~79 | 21~86 | 30~93 | 40~97 | 52~100 | | | | | | | | |
| | 0~44 | 0~58 | 1~69 | 4~78 | 9~85 | 15~91 | 22~96 | 31~99 | 42~100 | | | | | | | | |
| 10 | 0~31 | 0~45 | 3~56 | 7~65 | 12~74 | 19~81 | 26~88 | 35~93 | 44~97 | 55~100 | | | | | | | |
| | 0~41 | 0~54 | 1~65 | 4~74 | 8~81 | 13~87 | 19~92 | 26~96 | 35~99 | 46~100 | | | | | | | |

续表

| n | 0 | 1 | 2 | 3 | 4 | 5 | 6 | 7 | 8 | 9 | 10 | 11 | 12 | 13 | 14 | 15 | 16 |
|---|---|---|---|---|---|---|---|---|---|---|----|----|----|----|----|----|----|
| 11 | 0~28 | 0~41 | 2~52 | 6~61 | 11~69 | 17~77 | 23~83 | 31~89 | 39~94 | 48~98 | 59~100 | | | | | | |
|  | 0~38 | 0~51 | 1~61 | 3~69 | 7~77 | 11~83 | 17~89 | 23~93 | 31~97 | 39~99 | 49~100 | | | | | | |
| 12 | 0~26 | 0~38 | 2~48 | 5~57 | 10~65 | 15~72 | 21~79 | 28~85 | 35~90 | 43~95 | 52~98 | 62~100 | | | | | |
|  | 0~36 | 0~48 | 1~57 | 3~66 | 6~73 | 10~79 | 15~85 | 21~90 | 27~94 | 34~97 | 43~99 | 52~100 | | | | | |
| 13 | 0~25 | 0~36 | 2~45 | 5~54 | 9~61 | 14~68 | 19~75 | 25~81 | 32~86 | 39~91 | 46~95 | 55~98 | 64~100 | | | | |
|  | 0~33 | 0~45 | 1~54 | 3~62 | 6~69 | 9~75 | 14~81 | 19~86 | 25~91 | 31~94 | 38~97 | 46~99 | 55~100 | | | | |
| 14 | 0~23 | 0~34 | 2~43 | 5~51 | 8~58 | 13~65 | 18~71 | 23~77 | 29~82 | 35~87 | 42~92 | 49~95 | 57~98 | 66~100 | | | |
|  | 0~32 | 0~42 | 1~51 | 3~59 | 5~66 | 9~72 | 13~78 | 17~83 | 22~87 | 28~91 | 34~95 | 41~97 | 49~99 | 58~100 | | | |
| 15 | 0~22 | 0~32 | 2~40 | 4~48 | 8~55 | 12~62 | 16~68 | 21~73 | 27~79 | 32~84 | 38~88 | 45~92 | 52~96 | 60~98 | 68~100 | | |
|  | 0~30 | 0~40 | 1~49 | 2~56 | 5~63 | 8~69 | 12~74 | 16~79 | 21~84 | 26~88 | 31~92 | 37~95 | 44~98 | 51~99 | 60~100 | | |
| 16 | 0~21 | 0~30 | 2~38 | 4~46 | 7~52 | 11~59 | 15~65 | 20~70 | 25~75 | 30~80 | 35~85 | 41~89 | 48~93 | 54~96 | 62~98 | 70~100 | |
|  | 0~28 | 0~38 | 1~46 | 2~53 | 5~60 | 7~66 | 11~71 | 15~76 | 19~81 | 24~85 | 29~89 | 34~93 | 40~95 | 47~98 | 54~99 | 62~100 | |
| 17 | 0~20 | 0~29 | 1~36 | 4~43 | 7~50 | 10~56 | 14~62 | 18~67 | 23~72 | 28~77 | 33~82 | 38~86 | 44~90 | 50~93 | 57~96 | 64~99 | 71~100 |
|  | 0~27 | 0~36 | 1~44 | 2~51 | 4~57 | 7~63 | 10~68 | 14~73 | 18~78 | 22~82 | 27~86 | 32~90 | 37~93 | 43~96 | 49~98 | 56~99 | 64~100 |
| 18 | 0~19 | 0~27 | 1~35 | 4~41 | 6~48 | 10~53 | 13~59 | 17~64 | 22~69 | 26~74 | 31~78 | 36~83 | 41~87 | 47~90 | 52~94 | 59~96 | 65~99 |
|  | 0~25 | 0~35 | 1~42 | 2~49 | 4~55 | 7~61 | 10~66 | 13~71 | 16~75 | 20~80 | 25~84 | 29~87 | 34~90 | 39~93 | 45~96 | 51~98 | 58~99 |
| 19 | 0~18 | 0~26 | 1~33 | 3~40 | 6~46 | 9~51 | 13~57 | 16~62 | 20~67 | 24~71 | 29~76 | 33~80 | 38~84 | 43~87 | 49~91 | 54~94 | 60~97 |
|  | 0~24 | 0~33 | 1~40 | 2~47 | 4~53 | 6~58 | 9~63 | 12~68 | 15~73 | 19~77 | 23~81 | 27~85 | 32~88 | 37~91 | 42~94 | 47~96 | 53~98 |
| 20 | 0~17 | 0~25 | 1~32 | 3~38 | 6~44 | 9~49 | 12~54 | 15~59 | 19~64 | 23~68 | 27~73 | 32~77 | 36~81 | 41~85 | 46~88 | 51~91 | 56~94 |
|  | 0~23 | 0~32 | 1~39 | 2~45 | 4~51 | 6~56 | 8~61 | 11~66 | 15~70 | 18~74 | 22~78 | 26~82 | 30~85 | 34~89 | 39~92 | 44~94 | 49~96 |

续表

| $n$ | 0 | 1 | 2 | 3 | 4 | 5 | 6 | 7 | 8 | 9 | 10 | 11 | 12 | 13 | 14 | 15 | 16 |
|---|---|---|---|---|---|---|---|---|---|---|---|---|---|---|---|---|---|
| | | | | | | | | | $X$ | | | | | | | | |
| 21 | 0~16 | 0~24 | 1~30 | 3~36 | 5~42 | 8~47 | 11~52 | 15~57 | 18~62 | 22~66 | 26~70 | 30~74 | 34~78 | 38~82 | 43~85 | 48~89 | 53~92 |
| | 0~22 | 0~30 | 1~37 | 2~43 | 3~49 | 6~54 | 8~59 | 11~63 | 14~68 | 17~72 | 21~76 | 24~79 | 28~83 | 32~86 | 37~89 | 41~92 | 46~94 |
| 22 | 0~15 | 0~23 | 1~29 | 3~35 | 5~40 | 8~45 | 11~50 | 14~55 | 17~59 | 21~64 | 24~68 | 28~72 | 32~76 | 36~79 | 41~83 | 45~86 | 50~89 |
| | 0~21 | 0~29 | 0~36 | 2~42 | 3~47 | 5~52 | 8~57 | 10~61 | 13~65 | 16~70 | 19~73 | 23~77 | 27~81 | 30~84 | 35~87 | 39~90 | 43~92 |
| 23 | 0~15 | 0~22 | 1~28 | 3~34 | 5~39 | 7~44 | 10~48 | 13~53 | 16~57 | 20~61 | 23~66 | 27~69 | 31~73 | 34~77 | 39~80 | 43~84 | 47~87 |
| | 0~21 | 0~28 | 0~34 | 2~40 | 3~45 | 5~50 | 7~55 | 10~59 | 12~63 | 15~67 | 18~71 | 22~75 | 25~78 | 29~82 | 33~85 | 37~88 | 41~90 |
| 24 | 0~14 | 0~21 | 1~27 | 3~32 | 5~37 | 7~42 | 10~47 | 13~51 | 16~55 | 19~59 | 22~63 | 26~67 | 29~71 | 33~74 | 37~78 | 41~81 | 45~84 |
| | 0~20 | 0~27 | 0~33 | 1~39 | 3~44 | 5~49 | 7~53 | 9~57 | 12~61 | 15~65 | 18~69 | 21~73 | 24~76 | 27~79 | 31~82 | 35~85 | 39~88 |
| 25 | 0~14 | 0~20 | 1~26 | 3~31 | 5~36 | 7~41 | 9~45 | 12~49 | 15~54 | 18~57 | 21~61 | 24~65 | 28~69 | 31~72 | 35~76 | 39~79 | 43~82 |
| | 0~19 | 0~26 | 0~32 | 1~37 | 3~42 | 5~47 | 7~51 | 9~56 | 11~60 | 14~63 | 17~67 | 20~71 | 23~74 | 26~77 | 29~80 | 33~83 | 37~86 |
| 26 | 0~13 | 0~20 | 1~25 | 2~30 | 4~35 | 7~39 | 9~44 | 12~48 | 14~52 | 17~56 | 20~59 | 23~63 | 27~67 | 30~70 | 33~73 | 37~77 | 41~80 |
| | 0~18 | 0~25 | 0~31 | 1~36 | 3~41 | 4~46 | 6~50 | 9~54 | 11~58 | 13~61 | 16~65 | 19~69 | 22~72 | 25~75 | 28~78 | 31~81 | 35~84 |
| 27 | 0~13 | 0~19 | 1~24 | 2~29 | 4~34 | 6~38 | 9~42 | 11~46 | 14~50 | 17~54 | 19~58 | 22~61 | 25~65 | 29~68 | 32~71 | 35~75 | 39~78 |
| | 0~18 | 0~24 | 0~30 | 1~35 | 3~40 | 4~44 | 6~48 | 8~52 | 10~56 | 13~60 | 15~63 | 18~67 | 21~70 | 24~73 | 27~76 | 30~79 | 33~82 |
| 28 | 0~12 | 0~18 | 1~24 | 2~28 | 4~33 | 6~37 | 8~41 | 11~45 | 13~49 | 16~52 | 19~56 | 22~59 | 24~63 | 28~66 | 31~69 | 34~72 | 37~76 |
| | 0~17 | 0~24 | 1~29 | 1~34 | 3~39 | 4~43 | 6~47 | 8~51 | 10~54 | 12~58 | 15~62 | 17~65 | 20~68 | 23~71 | 26~74 | 29~77 | 32~80 |
| 29 | 0~12 | 0~17 | 1~23 | 2~27 | 4~32 | 6~36 | 8~40 | 10~44 | 13~47 | 15~51 | 18~54 | 21~58 | 24~61 | 26~64 | 29~67 | 33~71 | 36~74 |
| | 0~17 | 0~23 | 0~28 | 1~33 | 2~37 | 4~42 | 6~46 | 8~49 | 10~53 | 12~57 | 14~60 | 17~63 | 19~66 | 22~69 | 25~72 | 28~75 | 31~78 |
| 30 | 0~12 | 0~17 | 1~22 | 2~27 | 4~31 | 6~35 | 8~39 | 10~42 | 12~46 | 15~49 | 17~53 | 20~56 | 23~59 | 25~63 | 28~66 | 31~69 | 34~72 |
| | 0~16 | 0~22 | 0~27 | 1~32 | 2~36 | 4~40 | 5~44 | 7~48 | 9~52 | 11~55 | 14~58 | 16~62 | 19~65 | 21~68 | 24~71 | 26~74 | 29~76 |

续表

| n | X | | | | | | | | | | | | | | | | |
|---|---|---|---|---|---|---|---|---|---|---|---|---|---|---|---|---|---|
| | 0 | 1 | 2 | 3 | 4 | 5 | 6 | 7 | 8 | 9 | 10 | 11 | 12 | 13 | 14 | 15 | 16 |
| 31 | 0~11 | 0~17 | 1~21 | 2~26 | 4~30 | 5~34 | 7~37 | 10~41 | 12~45 | 14~48 | 17~51 | 19~55 | 22~58 | 25~61 | 27~64 | 30~67 | 33~70 |
| | 0~16 | 0~22 | 0~27 | 1~31 | 2~35 | 4~39 | 5~43 | 7~47 | 9~50 | 11~54 | 13~57 | 15~60 | 18~63 | 20~66 | 23~69 | 25~72 | 28~75 |
| 32 | 0~11 | 0~16 | 1~21 | 2~25 | 4~29 | 5~33 | 7~36 | 9~40 | 11~43 | 14~47 | 16~50 | 19~53 | 21~56 | 24~59 | 26~62 | 29~65 | 32~68 |
| | 0~15 | 0~21 | 0~26 | 1~30 | 2~34 | 4~38 | 5~42 | 7~45 | 9~49 | 11~52 | 13~55 | 15~59 | 17~62 | 20~64 | 22~67 | 25~70 | 27~73 |
| 33 | 0~11 | 0~16 | 1~20 | 2~24 | 3~28 | 5~32 | 7~35 | 9~39 | 11~42 | 13~46 | 16~49 | 18~52 | 20~55 | 23~58 | 25~61 | 28~64 | 31~66 |
| | 0~15 | 0~20 | 0~25 | 1~29 | 2~33 | 3~37 | 5~41 | 7~44 | 8~48 | 10~51 | 12~54 | 14~57 | 17~60 | 19~63 | 21~66 | 24~69 | 26~71 |
| 34 | 0~10 | 0~15 | 1~20 | 2~24 | 3~27 | 5~31 | 7~35 | 9~38 | 11~41 | 13~44 | 15~47 | 17~51 | 20~54 | 22~56 | 25~59 | 27~62 | 30~65 |
| | 0~14 | 0~20 | 0~25 | 1~29 | 2~33 | 3~36 | 5~40 | 6~43 | 8~47 | 10~50 | 12~53 | 14~56 | 16~59 | 18~62 | 21~64 | 23~67 | 25~70 |
| 35 | 0~10 | 0~15 | 1~19 | 2~23 | 3~27 | 5~30 | 7~34 | 8~37 | 10~40 | 12~43 | 15~46 | 17~49 | 19~52 | 21~55 | 24~58 | 26~61 | 29~63 |
| | 0~14 | 0~19 | 1~24 | 1~28 | 2~32 | 3~35 | 5~39 | 6~42 | 8~45 | 10~49 | 12~52 | 14~54 | 16~57 | 18~60 | 20~63 | 22~66 | 24~68 |
| 36 | 0~10 | 0~15 | 1~19 | 2~22 | 3~26 | 5~29 | 6~33 | 8~36 | 10~39 | 12~42 | 14~45 | 16~48 | 19~51 | 21~54 | 23~57 | 26~59 | 28~62 |
| | 0~14 | 0~19 | 1~23 | 1~27 | 2~31 | 3~34 | 4~38 | 6~41 | 8~44 | 9~47 | 11~50 | 13~53 | 15~56 | 17~59 | 19~61 | 21~64 | 24~67 |
| 37 | 0~9 | 0~14 | 1~18 | 2~22 | 3~25 | 5~29 | 6~32 | 8~35 | 10~38 | 12~41 | 14~44 | 16~47 | 18~50 | 20~53 | 22~55 | 25~58 | 27~61 |
| | 0~13 | 0~18 | 1~23 | 1~27 | 2~30 | 3~34 | 4~37 | 6~40 | 7~43 | 9~46 | 11~49 | 13~52 | 15~55 | 17~58 | 19~60 | 21~63 | 23~65 |
| 38 | 0~9 | 0~14 | 1~18 | 2~21 | 3~25 | 4~28 | 6~31 | 8~34 | 10~37 | 11~40 | 13~43 | 15~46 | 18~49 | 20~51 | 22~54 | 24~57 | 26~59 |
| | 0~13 | 0~18 | 1~22 | 1~26 | 2~30 | 3~33 | 4~36 | 6~39 | 7~42 | 9~45 | 11~48 | 12~51 | 14~54 | 16~56 | 18~59 | 20~61 | 22~64 |
| 39 | 0~9 | 0~13 | 1~17 | 2~21 | 3~24 | 4~27 | 6~31 | 8~34 | 9~36 | 11~39 | 13~42 | 15~45 | 17~48 | 19~50 | 21~53 | 23~55 | 26~58 |
| | 0~13 | 0~18 | 1~22 | 1~25 | 2~29 | 3~32 | 4~35 | 6~38 | 7~41 | 9~44 | 10~47 | 12~50 | 14~53 | 16~55 | 18~58 | 20~60 | 22~63 |
| 40 | 0~9 | 0~13 | 1~17 | 2~20 | 3~24 | 4~27 | 6~30 | 7~33 | 9~36 | 11~38 | 13~41 | 15~44 | 17~47 | 19~49 | 21~52 | 23~54 | 25~57 |
| | 0~12 | 0~17 | 0~21 | 1~25 | 2~28 | 3~32 | 4~35 | 5~38 | 7~41 | 8~43 | 10~46 | 12~49 | 13~51 | 15~54 | 17~57 | 19~59 | 21~61 |

续表

| n | X | | | | | | | | | | | | | | | | |
|---|---|---|---|---|---|---|---|---|---|---|---|---|---|---|---|---|---|
| | 0 | 1 | 2 | 3 | 4 | 5 | 6 | 7 | 8 | 9 | 10 | 11 | 12 | 13 | 14 | 15 | 16 |
| 41 | 0~9 | 0~13 | 1~17 | 2~20 | 3~23 | 4~26 | 6~29 | 7~32 | 9~35 | 11~38 | 12~40 | 14~43 | 16~46 | 18~48 | 20~51 | 22~53 | 24~55 |
| | 0~12 | 0~17 | 0~21 | 1~24 | 2~28 | 3~31 | 4~34 | 5~37 | 7~40 | 8~42 | 10~45 | 11~48 | 13~50 | 15~53 | 17~55 | 19~58 | 20~60 |
| 42 | 0~8 | 0~13 | 1~16 | 1~19 | 3~23 | 4~26 | 5~29 | 7~31 | 9~34 | 10~37 | 12~39 | 14~42 | 16~45 | 18~47 | 20~50 | 22~52 | 24~54 |
| | 0~12 | 0~16 | 0~20 | 1~24 | 2~27 | 3~30 | 4~33 | 5~36 | 6~39 | 8~42 | 9~44 | 11~47 | 13~49 | 14~52 | 16~54 | 18~57 | 20~59 |
| 43 | 0~8 | 0~12 | 1~16 | 1~19 | 3~22 | 4~25 | 5~28 | 7~31 | 8~33 | 10~36 | 12~39 | 14~41 | 15~44 | 17~46 | 19~49 | 21~51 | 23~53 |
| | 0~12 | 0~16 | 0~20 | 1~23 | 2~26 | 3~30 | 4~32 | 5~35 | 6~38 | 8~41 | 9~43 | 11~46 | 12~48 | 14~51 | 16~53 | 18~56 | 19~58 |
| 44 | 0~8 | 0~12 | 1~15 | 1~19 | 3~22 | 4~25 | 5~27 | 7~30 | 8~33 | 10~35 | 11~38 | 13~40 | 15~43 | 17~45 | 19~48 | 20~50 | 22~52 |
| | 0~11 | 0~16 | 0~19 | 1~23 | 2~26 | 3~29 | 4~32 | 5~35 | 6~37 | 8~40 | 9~43 | 11~45 | 12~47 | 14~50 | 15~52 | 17~55 | 19~57 |
| 45 | 0~8 | 0~12 | 1~15 | 1~18 | 2~21 | 4~24 | 5~27 | 6~29 | 8~32 | 10~35 | 11~37 | 13~40 | 15~42 | 16~44 | 18~47 | 20~49 | 22~51 |
| | 0~11 | 0~15 | 0~19 | 1~22 | 2~25 | 2~28 | 4~31 | 5~34 | 6~37 | 7~39 | 9~42 | 10~44 | 12~47 | 13~49 | 15~51 | 17~54 | 18~56 |
| 46 | 0~8 | 0~12 | 1~15 | 1~18 | 2~21 | 4~24 | 5~26 | 6~29 | 8~31 | 9~34 | 11~36 | 13~39 | 14~41 | 16~43 | 18~46 | 20~48 | 21~50 |
| | 0~11 | 0~15 | 0~19 | 1~22 | 1~25 | 2~28 | 3~31 | 5~33 | 6~36 | 7~38 | 9~41 | 10~43 | 12~46 | 13~48 | 15~50 | 16~53 | 18~55 |
| 47 | 0~8 | 0~11 | 1~15 | 1~18 | 2~20 | 4~23 | 5~26 | 6~28 | 8~31 | 9~33 | 11~36 | 12~38 | 14~40 | 16~43 | 17~45 | 19~47 | 21~49 |
| | 0~11 | 0~15 | 0~18 | 1~21 | 1~24 | 2~27 | 3~30 | 5~33 | 6~35 | 7~38 | 8~40 | 10~43 | 11~45 | 13~47 | 14~49 | 16~52 | 18~54 |
| 48 | 0~7 | 0~11 | 1~14 | 1~17 | 2~20 | 3~23 | 5~25 | 6~28 | 7~30 | 9~33 | 10~35 | 12~37 | 14~40 | 15~42 | 17~44 | 19~46 | 20~48 |
| | 0~11 | 0~14 | 0~18 | 1~21 | 1~24 | 2~27 | 3~29 | 4~32 | 6~35 | 7~37 | 8~39 | 10~42 | 11~44 | 13~46 | 14~49 | 16~51 | 17~53 |
| 49 | 0~7 | 0~11 | 1~14 | 1~17 | 2~20 | 3~22 | 5~25 | 6~27 | 7~30 | 9~32 | 10~34 | 12~37 | 13~39 | 15~41 | 17~43 | 18~45 | 20~48 |
| | 0~10 | 0~14 | 0~18 | 1~21 | 1~24 | 2~26 | 3~29 | 4~31 | 6~34 | 7~36 | 8~39 | 9~41 | 11~43 | 12~46 | 14~48 | 15~50 | 17~52 |
| 50 | 0~7 | 0~11 | 0~14 | 1~17 | 2~19 | 3~22 | 5~24 | 6~27 | 7~29 | 9~31 | 10~34 | 12~36 | 13~38 | 15~40 | 16~42 | 18~45 | 20~47 |
| | 0~10 | 0~14 | 0~17 | 1~20 | 1~23 | 2~26 | 3~28 | 4~31 | 5~33 | 7~36 | 8~38 | 9~40 | 11~43 | 12~45 | 13~47 | 15~49 | 16~51 |

续表

| n | X | | | | | | | | | | | | | | | | |
|---|---|---|---|---|---|---|---|---|---|---|---|---|---|---|---|---|---|
| | 17 | 18 | 19 | 20 | 21 | 22 | 23 | 24 | 25 | 26 | 27 | 28 | 29 | 30 | 31 | 32 | 33 |
| 18 | 73~100 | | | | | | | | | | | | | | | | |
| | 65~100 | | | | | | | | | | | | | | | | |
| 19 | 67~99 | 74~100 | | | | | | | | | | | | | | | |
| | 60~99 | 67~100 | | | | | | | | | | | | | | | |
| 20 | 62~97 | 68~99 | 75~100 | | | | | | | | | | | | | | |
| | 55~98 | 61~99 | 68~100 | | | | | | | | | | | | | | |
| 21 | 58~95 | 64~97 | 70~99 | 76~100 | | | | | | | | | | | | | |
| | 51~97 | 57~98 | 63~99 | 70~100 | | | | | | | | | | | | | |
| 22 | 55~92 | 60~95 | 65~97 | 71~99 | 77~100 | | | | | | | | | | | | |
| | 48~95 | 53~97 | 58~98 | 64~100 | 71~100 | | | | | | | | | | | | |
| 23 | 52~90 | 56~93 | 61~95 | 66~97 | 72~99 | 78~100 | | | | | | | | | | | |
| | 45~93 | 50~95 | 55~97 | 60~98 | 66~100 | 72~100 | | | | | | | | | | | |
| 24 | 49~87 | 53~90 | 58~93 | 63~95 | 68~97 | 73~99 | 79~100 | | | | | | | | | | |
| | 43~91 | 47~93 | 51~95 | 56~97 | 61~99 | 67~100 | 73~100 | | | | | | | | | | |
| 25 | 46~85 | 51~88 | 55~91 | 59~93 | 64~95 | 69~97 | 74~99 | 80~100 | | | | | | | | | |
| | 40~89 | 44~91 | 49~93 | 53~95 | 58~97 | 63~99 | 68~100 | 74~100 | | | | | | | | | |
| 26 | 44~83 | 48~86 | 52~88 | 56~91 | 61~93 | 65~96 | 70~98 | 75~99 | 80~100 | | | | | | | | |
| | 39~87 | 42~89 | 46~91 | 50~94 | 54~96 | 59~97 | 64~99 | 69~100 | 75~100 | | | | | | | | |
| 27 | 42~81 | 46~83 | 50~86 | 54~89 | 58~91 | 62~94 | 66~96 | 71~98 | 76~99 | 81~100 | | | | | | | |
| | 37~85 | 40~87 | 44~90 | 48~92 | 52~94 | 56~96 | 60~97 | 65~99 | 70~100 | 76~100 | | | | | | | |
| 28 | 41~78 | 44~81 | 48~84 | 51~87 | 55~89 | 59~92 | 63~94 | 67~96 | 72~98 | 76~99 | 82~100 | | | | | | |
| | 35~83 | 38~85 | 42~88 | 46~90 | 49~92 | 53~94 | 57~96 | 61~97 | 66~99 | 71~100 | 76~100 | | | | | | |

续表

| n | 17 | 18 | 19 | 20 | 21 | 22 | 23 | 24 | 25 | 26 | 27 | 28 | 29 | 30 | 31 | 32 | 33 |
|---|----|----|----|----|----|----|----|----|----|----|----|----|----|----|----|----|----|
| 29 | 39~76 | 42~79 | 46~82 | 49~85 | 53~87 | 56~90 | 60~92 | 64~94 | 68~96 | 73~98 | 77~99 | 82~100 | | | | | |
| | 34~81 | 37~83 | 40~86 | 43~88 | 47~90 | 51~92 | 54~94 | 58~96 | 63~98 | 67~99 | 72~100 | 77~100 | | | | | |
| 30 | 37~75 | 41~77 | 44~80 | 47~83 | 51~85 | 54~88 | 58~90 | 61~92 | 65~94 | 69~96 | 73~98 | 78~99 | 83~100 | | | | |
| | 32~79 | 35~81 | 38~84 | 42~86 | 45~89 | 48~91 | 52~93 | 56~95 | 60~96 | 64~98 | 68~99 | 73~100 | 78~100 | | | | |
| 31 | 36~73 | 39~75 | 42~78 | 45~81 | 49~83 | 52~86 | 55~88 | 59~90 | 63~93 | 66~95 | 70~96 | 74~98 | 79~99 | 83~100 | | | |
| | 31~77 | 34~80 | 37~82 | 40~85 | 43~87 | 46~89 | 50~91 | 53~93 | 57~95 | 61~96 | 65~98 | 69~99 | 73~100 | 78~100 | | | |
| 32 | 35~71 | 38~74 | 41~76 | 44~79 | 47~81 | 50~84 | 53~86 | 57~89 | 60~91 | 64~93 | 67~95 | 71~96 | 75~98 | 79~99 | 84~100 | | |
| | 30~75 | 33~78 | 36~80 | 38~83 | 41~85 | 45~87 | 48~89 | 51~91 | 55~93 | 58~95 | 62~96 | 66~98 | 70~99 | 74~100 | 79~100 | | |
| 33 | 34~69 | 36~72 | 39~75 | 42~77 | 45~80 | 48~82 | 51~84 | 54~87 | 58~89 | 61~91 | 65~93 | 68~95 | 72~97 | 76~98 | 80~99 | 84~100 | |
| | 29~74 | 31~76 | 34~79 | 37~81 | 40~83 | 43~86 | 46~88 | 49~90 | 52~92 | 56~93 | 59~95 | 63~97 | 67~98 | 71~99 | 75~100 | 80~100 | |
| 34 | 32~68 | 35~70 | 38~73 | 41~75 | 44~78 | 46~80 | 49~83 | 53~85 | 56~87 | 59~89 | 62~91 | 65~93 | 69~95 | 73~97 | 76~98 | 80~99 | 85~100 |
| | 28~72 | 30~74 | 33~77 | 36~79 | 38~82 | 41~84 | 44~86 | 47~88 | 50~90 | 53~92 | 57~94 | 60~95 | 64~97 | 67~98 | 71~99 | 75~100 | 80~100 |
| 35 | 31~66 | 34~68 | 37~71 | 39~74 | 42~76 | 45~79 | 48~81 | 51~83 | 54~85 | 57~88 | 60~90 | 63~92 | 66~93 | 70~95 | 73~97 | 77~98 | 81~99 |
| | 27~71 | 29~73 | 32~76 | 34~78 | 37~80 | 40~82 | 43~84 | 46~86 | 48~88 | 51~90 | 55~92 | 58~94 | 61~95 | 65~97 | 68~98 | 72~99 | 76~100 |
| 36 | 30~65 | 33~67 | 35~70 | 38~72 | 41~74 | 43~77 | 46~80 | 49~81 | 52~84 | 55~86 | 58~88 | 61~90 | 64~92 | 67~94 | 71~95 | 74~97 | 78~98 |
| | 26~69 | 28~72 | 31~74 | 33~76 | 36~79 | 39~81 | 41~83 | 44~85 | 47~87 | 50~89 | 53~91 | 56~92 | 59~94 | 62~96 | 65~97 | 69~98 | 73~99 |
| 37 | 29~63 | 32~66 | 34~68 | 37~71 | 39~73 | 42~75 | 45~78 | 47~80 | 50~82 | 53~84 | 56~86 | 59~88 | 62~90 | 65~92 | 68~94 | 71~95 | 75~97 |
| | 25~68 | 28~70 | 30~72 | 32~75 | 35~77 | 37~79 | 40~81 | 42~83 | 45~85 | 48~87 | 51~89 | 54~91 | 57~93 | 60~94 | 63~96 | 66~97 | 70~98 |
| 38 | 29~62 | 31~64 | 33~67 | 36~69 | 38~71 | 41~74 | 43~76 | 46~78 | 49~80 | 51~82 | 54~85 | 57~87 | 60~89 | 63~90 | 66~92 | 69~94 | 72~96 |
| | 24~66 | 27~69 | 29~71 | 31~73 | 34~76 | 36~78 | 39~80 | 41~82 | 44~84 | 46~86 | 49~88 | 52~89 | 55~91 | 58~93 | 61~94 | 64~96 | 67~97 |
| 39 | 28~60 | 30~63 | 32~65 | 35~68 | 37~70 | 40~72 | 42~74 | 45~77 | 47~79 | 50~81 | 52~83 | 55~85 | 58~87 | 61~89 | 64~91 | 66~92 | 69~94 |
| | 24~65 | 26~67 | 28~70 | 30~72 | 33~74 | 35~76 | 37~78 | 40~80 | 42~82 | 45~84 | 47~86 | 50~88 | 53~90 | 56~91 | 59~93 | 62~94 | 65~96 |

续表

| n | 17 | 18 | 19 | 20 | 21 | 22 | 23 | 24 | 25 | 26 | 27 | 28 | 29 | 30 | 31 | 32 | 33 |
|---|----|----|----|----|----|----|----|----|----|----|----|----|----|----|----|----|----|
| 40 | 27~59 | 29~62 | 32~64 | 34~66 | 36~68 | 38~71 | 41~73 | 43~75 | 46~77 | 48~79 | 51~81 | 53~83 | 56~85 | 59~87 | 62~89 | 64~91 | 67~93 |
|  | 23~64 | 25~66 | 27~68 | 29~71 | 32~73 | 34~75 | 36~77 | 39~79 | 41~81 | 43~83 | 46~85 | 49~87 | 51~88 | 54~90 | 57~92 | 59~93 | 62~95 |
| 41 | 26~58 | 28~60 | 31~63 | 33~65 | 35~67 | 37~69 | 40~72 | 42~74 | 45~76 | 47~78 | 49~80 | 52~82 | 54~84 | 57~86 | 60~88 | 62~89 | 65~91 |
|  | 22~63 | 24~65 | 27~67 | 29~69 | 31~71 | 33~73 | 35~76 | 37~78 | 40~80 | 42~81 | 45~83 | 47~85 | 50~87 | 52~89 | 55~90 | 58~92 | 60~93 |
| 42 | 26~57 | 28~59 | 30~61 | 32~64 | 34~66 | 36~68 | 39~70 | 41~72 | 43~74 | 46~76 | 48~78 | 50~80 | 53~82 | 55~84 | 58~86 | 61~88 | 63~90 |
|  | 22~61 | 24~64 | 26~66 | 28~68 | 30~70 | 32~72 | 34~74 | 36~76 | 39~78 | 41~80 | 43~82 | 46~84 | 48~86 | 51~87 | 53~89 | 56~91 | 58~92 |
| 43 | 25~56 | 27~58 | 29~60 | 31~62 | 33~65 | 35~67 | 38~69 | 40~71 | 42~73 | 44~75 | 47~77 | 49~79 | 51~81 | 54~83 | 56~85 | 59~86 | 61~88 |
|  | 21~60 | 23~62 | 25~65 | 27~67 | 29~69 | 31~71 | 33~73 | 35~75 | 38~77 | 40~79 | 42~81 | 44~82 | 47~84 | 49~86 | 52~88 | 54~89 | 57~91 |
| 44 | 24~55 | 26~57 | 28~59 | 30~61 | 32~63 | 35~65 | 37~68 | 39~70 | 41~72 | 43~74 | 45~76 | 48~78 | 50~80 | 52~81 | 55~83 | 57~85 | 60~87 |
|  | 21~59 | 23~61 | 24~63 | 26~66 | 28~68 | 30~70 | 32~72 | 34~74 | 37~76 | 39~77 | 41~79 | 43~81 | 45~83 | 48~85 | 50~86 | 53~88 | 55~89 |
| 45 | 24~53 | 26~56 | 28~58 | 30~60 | 32~62 | 34~64 | 36~66 | 38~68 | 40~70 | 42~72 | 44~74 | 47~76 | 49~78 | 51~80 | 53~82 | 56~84 | 58~85 |
|  | 20~58 | 22~60 | 24~62 | 26~64 | 28~66 | 30~68 | 32~70 | 34~72 | 36~74 | 38~76 | 40~78 | 42~80 | 44~82 | 46~83 | 49~85 | 51~87 | 53~88 |
| 46 | 23~52 | 25~55 | 27~57 | 29~59 | 31~61 | 33~63 | 35~65 | 37~67 | 39~69 | 41~71 | 43~73 | 45~75 | 48~77 | 50~79 | 52~80 | 54~82 | 57~84 |
|  | 20~57 | 21~59 | 23~61 | 25~63 | 27~65 | 29~67 | 31~69 | 33~71 | 35~73 | 37~75 | 39~77 | 41~79 | 43~80 | 45~82 | 47~84 | 50~85 | 52~87 |
| 47 | 23~51 | 25~54 | 26~56 | 28~58 | 30~60 | 32~62 | 34~64 | 36~66 | 38~68 | 40~70 | 42~72 | 44~74 | 46~75 | 49~77 | 51~79 | 53~81 | 55~83 |
|  | 19~56 | 21~58 | 23~60 | 25~62 | 26~64 | 28~66 | 30~68 | 32~70 | 34~72 | 36~74 | 38~75 | 40~77 | 42~79 | 44~81 | 46~82 | 48~84 | 51~86 |
| 48 | 22~51 | 24~53 | 26~55 | 28~57 | 29~59 | 31~61 | 33~63 | 35~65 | 37~67 | 39~69 | 41~71 | 43~72 | 45~74 | 47~76 | 49~78 | 52~80 | 54~81 |
|  | 19~55 | 20~57 | 22~59 | 24~61 | 26~63 | 27~65 | 29~67 | 31~69 | 33~71 | 35~73 | 37~74 | 39~76 | 41~78 | 43~80 | 45~81 | 47~83 | 49~84 |
| 49 | 22~50 | 23~52 | 25~54 | 27~56 | 29~58 | 31~60 | 33~62 | 34~64 | 36~66 | 38~67 | 40~69 | 42~71 | 44~73 | 46~75 | 48~77 | 50~78 | 52~80 |
|  | 18~54 | 20~56 | 22~58 | 23~60 | 25~62 | 27~64 | 29~66 | 30~68 | 32~70 | 34~71 | 36~73 | 38~75 | 40~77 | 42~78 | 44~80 | 46~82 | 48~83 |
| 50 | 21~49 | 23~51 | 25~53 | 26~55 | 28~57 | 30~59 | 32~61 | 34~63 | 36~64 | 37~66 | 39~68 | 41~70 | 43~72 | 45~74 | 47~75 | 49~77 | 51~79 |
|  | 18~53 | 20~55 | 21~57 | 23~59 | 25~61 | 26~63 | 28~65 | 30~67 | 32~68 | 33~70 | 35~72 | 37~74 | 39~75 | 41~77 | 43~79 | 45~80 | 47~82 |

X

续表

| $n$ | \multicolumn{17}{c}{$X$} |
| --- | 34 | 35 | 36 | 37 | 38 | 39 | 40 | 41 | 42 | 43 | 44 | 45 | 46 | 47 | 48 | 49 | 50 |
| 35 | 85~100 | | | | | | | | | | | | | | | | |
|    | 81~100 | | | | | | | | | | | | | | | | |
| 36 | 81~99 | 85~100 | | | | | | | | | | | | | | | |
|    | 77~100 | 81~100 | | | | | | | | | | | | | | | |
| 37 | 78~98 | 82~99 | 86~100 | | | | | | | | | | | | | | |
|    | 73~99 | 77~100 | 82~100 | | | | | | | | | | | | | | |
| 38 | 75~97 | 79~98 | 82~99 | 86~100 | | | | | | | | | | | | | |
|    | 70~98 | 74~99 | 78~100 | 82~100 | | | | | | | | | | | | | |
| 39 | 73~96 | 76~97 | 79~98 | 83~99 | 87~100 | | | | | | | | | | | | |
|    | 68~97 | 71~98 | 75~99 | 78~100 | 82~100 | | | | | | | | | | | | |
| 40 | 70~94 | 73~96 | 76~97 | 80~98 | 83~99 | 87~100 | | | | | | | | | | | |
|    | 65~96 | 68~97 | 72~98 | 75~99 | 79~100 | 83~100 | | | | | | | | | | | |
| 41 | 68~93 | 71~94 | 74~96 | 77~97 | 80~98 | 83~99 | 87~100 | | | | | | | | | | |
|    | 63~95 | 66~96 | 69~97 | 72~98 | 76~99 | 79~100 | 83~100 | | | | | | | | | | |
| 42 | 66~91 | 69~93 | 71~95 | 74~96 | 77~97 | 81~99 | 84~99 | 87~100 | | | | | | | | | |
|    | 61~94 | 64~95 | 67~96 | 70~97 | 73~98 | 76~99 | 80~100 | 84~100 | | | | | | | | | |
| 43 | 64~90 | 67~92 | 69~93 | 72~95 | 75~96 | 78~97 | 81~99 | 84~99 | 88~100 | | | | | | | | |
|    | 59~92 | 62~94 | 65~95 | 68~96 | 70~97 | 74~98 | 77~99 | 80~100 | 84~100 | | | | | | | | |

| n | 34 | 35 | 36 | 37 | 38 | 39 | 40 | 41 | 42 | 43 | 44 | 45 | 46 | 47 | 48 | 49 | 50 |
|---|---|---|---|---|---|---|---|---|---|---|---|---|---|---|---|---|---|
| 44 | 62~89 | 65~90 | 67~92 | 70~93 | 73~95 | 75~96 | 78~97 | 81~99 | 85~99 | 88~100 | | | | | | | |
| | 57~91 | 60~92 | 63~94 | 65~95 | 68~96 | 71~97 | 74~98 | 77~99 | 81~100 | 84~100 | | | | | | | |
| 45 | 60~87 | 63~89 | 65~90 | 68~92 | 71~94 | 73~95 | 76~96 | 79~98 | 82~99 | 85~99 | 88~100 | | | | | | |
| | 56~90 | 58~91 | 61~93 | 63~94 | 66~95 | 69~96 | 72~98 | 75~98 | 78~99 | 81~100 | 85~100 | | | | | | |
| 46 | 59~86 | 61~87 | 64~89 | 66~91 | 69~92 | 71~94 | 74~95 | 76~96 | 79~98 | 82~99 | 85~99 | 88~100 | | | | | |
| | 54~88 | 57~90 | 59~91 | 62~93 | 64~94 | 67~95 | 69~97 | 72~98 | 75~99 | 78~99 | 81~100 | 85~100 | | | | | |
| 47 | 57~84 | 60~86 | 62~88 | 64~89 | 67~91 | 69~92 | 72~94 | 74~95 | 77~96 | 80~98 | 82~99 | 85~99 | 89~100 | | | | |
| | 53~87 | 55~89 | 57~90 | 60~92 | 62~93 | 65~94 | 67~95 | 70~97 | 73~98 | 76~99 | 79~99 | 82~100 | 85~100 | | | | |
| 48 | 56~83 | 58~85 | 60~86 | 63~88 | 65~90 | 67~91 | 70~93 | 72~94 | 75~95 | 77~97 | 80~98 | 83~99 | 86~99 | 89~100 | | | |
| | 51~86 | 54~87 | 56~89 | 58~90 | 61~92 | 63~93 | 65~94 | 68~96 | 71~97 | 73~98 | 76~99 | 79~99 | 82~100 | 86~100 | | | |
| 49 | 55~82 | 57~83 | 59~85 | 61~87 | 63~88 | 66~90 | 68~91 | 70~93 | 73~94 | 75~95 | 78~97 | 80~98 | 83~99 | 86~100 | 89~100 | | |
| | 50~85 | 52~86 | 54~88 | 57~89 | 59~91 | 61~92 | 64~93 | 66~94 | 69~96 | 71~97 | 74~98 | 76~99 | 79~99 | 82~100 | 86~100 | | |
| 50 | 53~80 | 55~82 | 58~84 | 60~85 | 62~87 | 64~88 | 66~90 | 69~91 | 71~93 | 73~94 | 76~95 | 78~97 | 81~98 | 83~99 | 86~100 | 89~100 | |
| | 49~84 | 51~85 | 53~87 | 55~88 | 57~89 | 60~91 | 62~92 | 64~93 | 67~95 | 69~96 | 72~97 | 74~98 | 77~99 | 80~99 | 83~100 | 86~100 | |

# 附表 4 F 界值表

## 附表 4-1 F 界值表（供方差分析用）

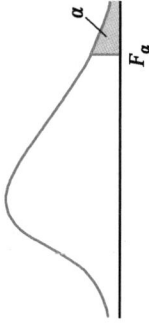

$P(F>F_\alpha)=\alpha$

$\alpha=0.10$

| $\nu_2$ | $\nu_1$ | | | | | | | | | | | | | | | | | | |
|---|---|---|---|---|---|---|---|---|---|---|---|---|---|---|---|---|---|---|
| | 1 | 2 | 3 | 4 | 5 | 6 | 7 | 8 | 9 | 10 | 15 | 20 | 30 | 50 | 100 | 200 | 500 | ∞ |
| 1 | 39.9 | 49.5 | 53.6 | 55.3 | 57.2 | 58.2 | 58.9 | 59.4 | 59.9 | 60.2 | 61.2 | 61.7 | 62.3 | 62.7 | 63.0 | 63.2 | 63.3 | 63.3 |
| 2 | 8.53 | 9.00 | 9.16 | 9.24 | 9.29 | 9.33 | 9.35 | 9.37 | 9.38 | 9.39 | 9.42 | 9.44 | 9.46 | 9.47 | 9.48 | 9.49 | 9.49 | 9.49 |
| 3 | 5.54 | 5.46 | 5.39 | 5.34 | 5.31 | 5.28 | 5.27 | 5.25 | 5.24 | 5.23 | 5.20 | 5.18 | 5.17 | 5.15 | 5.14 | 5.14 | 5.14 | 5.13 |
| 4 | 4.54 | 4.32 | 4.19 | 4.11 | 4.05 | 4.01 | 3.93 | 3.95 | 3.94 | 3.92 | 3.87 | 3.84 | 3.82 | 3.80 | 3.78 | 3.77 | 3.76 | 3.76 |
| 5 | 4.06 | 3.78 | 3.62 | 3.52 | 3.45 | 3.40 | 3.37 | 3.34 | 3.32 | 3.30 | 3.24 | 3.21 | 3.17 | 3.15 | 3.13 | 3.12 | 3.11 | 3.10 |
| 6 | 3.78 | 3.46 | 3.29 | 3.18 | 3.11 | 3.05 | 3.01 | 2.98 | 2.96 | 2.94 | 2.87 | 2.84 | 2.80 | 2.77 | 2.75 | 2.73 | 2.73 | 2.72 |
| 7 | 3.59 | 3.26 | 3.07 | 2.96 | 2.88 | 2.33 | 2.78 | 2.75 | 2.72 | 2.70 | 2.63 | 2.59 | 2.56 | 2.52 | 2.50 | 2.48 | 2.48 | 2.47 |
| 8 | 3.46 | 3.11 | 2.92 | 2.81 | 2.73 | 2.67 | 2.62 | 2.59 | 2.56 | 2.54 | 2.46 | 2.42 | 2.38 | 2.35 | 2.32 | 2.31 | 2.30 | 2.29 |
| 9 | 3.36 | 3.01 | 2.81 | 2.69 | 2.61 | 2.55 | 2.51 | 2.47 | 2.44 | 2.42 | 2.34 | 2.30 | 2.25 | 2.22 | 2.19 | 2.17 | 2.17 | 2.16 |
| 10 | 3.28 | 2.92 | 2.73 | 2.61 | 2.52 | 2.46 | 2.41 | 2.38 | 2.35 | 2.32 | 2.24 | 2.20 | 2.16 | 2.12 | 2.09 | 2.07 | 2.06 | 2.06 |
| 11 | 3.23 | 2.86 | 2.66 | 2.54 | 2.45 | 2.39 | 2.34 | 2.30 | 2.27 | 2.25 | 2.17 | 2.12 | 2.08 | 2.04 | 2.00 | 1.99 | 1.98 | 1.97 |
| 12 | 3.18 | 2.81 | 2.61 | 2.48 | 2.39 | 2.33 | 2.28 | 2.24 | 2.21 | 2.19 | 2.10 | 2.06 | 2.01 | 1.97 | 1.94 | 1.92 | 1.91 | 1.90 |

续表

| $\nu_2$ | \ | \ | \ | \ | \ | \ | \ | \ | \ | $\nu_1$ | | | | | | | | |
| --- | --- | --- | --- | --- | --- | --- | --- | --- | --- | --- | --- | --- | --- | --- | --- | --- | --- | --- |
| | 1 | 2 | 3 | 4 | 5 | 6 | 7 | 8 | 9 | 10 | 15 | 20 | 30 | 50 | 100 | 200 | 500 | ∞ |
| 13 | 3.14 | 2.76 | 2.56 | 2.43 | 2.35 | 2.28 | 2.23 | 2.20 | 2.16 | 2.14 | 2.05 | 2.01 | 1.96 | 1.92 | 1.88 | 1.86 | 1.85 | 1.85 |
| 14 | 3.10 | 2.73 | 2.52 | 2.39 | 2.31 | 2.24 | 2.19 | 2.15 | 2.12 | 2.10 | 2.01 | 1.96 | 1.91 | 1.87 | 1.83 | 1.82 | 1.80 | 1.80 |
| 15 | 3.07 | 2.70 | 2.49 | 2.36 | 2.27 | 2.21 | 2.16 | 2.12 | 2.09 | 2.06 | 1.97 | 1.92 | 1.87 | 1.83 | 1.79 | 1.77 | 1.76 | 1.76 |
| 16 | 3.05 | 2.67 | 2.46 | 2.33 | 2.24 | 2.18 | 2.13 | 2.09 | 2.06 | 2.03 | 1.94 | 1.89 | 1.84 | 1.79 | 1.76 | 1.74 | 1.73 | 1.72 |
| 17 | 3.03 | 2.64 | 2.44 | 2.31 | 2.22 | 2.15 | 2.10 | 2.06 | 2.03 | 2.00 | 1.91 | 1.86 | 1.81 | 1.76 | 1.73 | 1.71 | 1.69 | 1.69 |
| 18 | 3.01 | 2.62 | 2.42 | 2.29 | 2.20 | 2.13 | 2.08 | 2.04 | 2.00 | 1.98 | 1.89 | 1.84 | 1.78 | 1.74 | 1.70 | 1.68 | 1.67 | 1.66 |
| 19 | 2.99 | 2.61 | 2.40 | 2.27 | 2.18 | 2.11 | 2.06 | 2.02 | 1.98 | 1.96 | 1.86 | 1.81 | 1.76 | 1.71 | 1.67 | 1.65 | 1.64 | 1.63 |
| 20 | 2.97 | 2.59 | 2.38 | 2.25 | 2.16 | 2.09 | 2.04 | 2.00 | 1.96 | 1.94 | 1.84 | 1.79 | 1.74 | 1.69 | 1.65 | 1.63 | 1.62 | 1.61 |
| 22 | 2.95 | 2.56 | 2.35 | 2.22 | 2.13 | 2.06 | 2.01 | 1.97 | 1.93 | 1.90 | 1.81 | 1.76 | 1.70 | 1.65 | 1.61 | 1.59 | 1.58 | 1.57 |
| 24 | 2.93 | 2.54 | 2.33 | 2.19 | 2.10 | 2.04 | 1.98 | 1.94 | 1.91 | 1.88 | 1.78 | 1.73 | 1.67 | 1.62 | 1.58 | 1.56 | 1.54 | 1.53 |
| 26 | 2.91 | 2.52 | 2.31 | 2.17 | 2.08 | 2.01 | 1.96 | 1.92 | 1.88 | 1.86 | 1.76 | 1.71 | 1.65 | 1.59 | 1.55 | 1.53 | 1.51 | 1.50 |
| 28 | 2.89 | 2.50 | 2.29 | 2.16 | 2.06 | 2.00 | 1.94 | 1.90 | 1.87 | 1.84 | 1.74 | 1.69 | 1.63 | 1.57 | 1.53 | 1.50 | 1.49 | 1.48 |
| 30 | 2.88 | 2.49 | 2.28 | 2.14 | 2.05 | 1.98 | 1.93 | 1.88 | 1.85 | 1.82 | 1.72 | 1.67 | 1.61 | 1.55 | 1.51 | 1.48 | 1.47 | 1.46 |
| 40 | 2.84 | 2.44 | 2.23 | 2.09 | 2.00 | 1.93 | 1.87 | 1.83 | 1.79 | 1.76 | 1.66 | 1.61 | 1.54 | 1.48 | 1.43 | 1.41 | 1.39 | 1.38 |
| 50 | 2.81 | 2.41 | 2.20 | 2.06 | 1.97 | 1.90 | 1.84 | 1.80 | 1.76 | 1.73 | 1.63 | 1.57 | 1.50 | 1.44 | 1.39 | 1.36 | 1.34 | 1.33 |
| 60 | 2.79 | 2.39 | 2.18 | 2.04 | 1.95 | 1.87 | 1.82 | 1.77 | 1.74 | 1.71 | 1.60 | 1.54 | 1.48 | 1.41 | 1.36 | 1.33 | 1.31 | 1.29 |
| 80 | 2.77 | 2.37 | 2.15 | 2.02 | 1.92 | 1.85 | 1.79 | 1.75 | 1.71 | 1.68 | 1.57 | 1.51 | 1.44 | 1.38 | 1.32 | 1.28 | 1.26 | 1.24 |
| 100 | 2.76 | 2.36 | 2.14 | 2.00 | 1.91 | 1.83 | 1.78 | 1.73 | 1.70 | 1.66 | 1.56 | 1.49 | 1.42 | 1.35 | 1.29 | 1.26 | 1.23 | 1.21 |
| 200 | 2.73 | 2.33 | 2.11 | 1.97 | 1.88 | 1.80 | 1.75 | 1.70 | 1.66 | 1.63 | 1.52 | 1.46 | 1.38 | 1.31 | 1.24 | 1.20 | 1.17 | 1.14 |
| 500 | 2.72 | 2.31 | 2.10 | 1.96 | 1.86 | 1.79 | 1.73 | 1.68 | 1.64 | 1.61 | 1.50 | 1.44 | 1.36 | 1.28 | 1.21 | 1.16 | 1.12 | 1.09 |
| ∞ | 2.71 | 2.30 | 2.08 | 1.94 | 1.85 | 1.77 | 1.72 | 1.67 | 1.63 | 1.60 | 1.49 | 1.42 | 1.34 | 1.25 | 1.18 | 1.13 | 1.08 | 1.00 |

续表

$\alpha=0.05$

| $\nu_2$ | $\nu_1$ | | | | | | | | | | | | | | |
|---|---|---|---|---|---|---|---|---|---|---|---|---|---|---|---|
| | 1 | 2 | 3 | 4 | 5 | 6 | 7 | 8 | 9 | 10 | 12 | 14 | 16 | 18 | 20 |
| 1 | 161 | 200 | 216 | 225 | 230 | 234 | 237 | 239 | 241 | 242 | 244 | 245 | 246 | 247 | 248 |
| 2 | 18.5 | 19.0 | 19.2 | 19.2 | 19.3 | 19.3 | 19.4 | 19.4 | 19.4 | 19.4 | 19.4 | 19.4 | 19.4 | 19.4 | 19.4 |
| 3 | 10.1 | 9.55 | 9.28 | 9.12 | 9.01 | 8.94 | 8.89 | 8.85 | 8.81 | 8.79 | 8.74 | 8.71 | 8.69 | 8.67 | 8.66 |
| 4 | 7.71 | 6.94 | 6.59 | 6.39 | 6.26 | 6.16 | 6.09 | 6.04 | 6.00 | 5.96 | 5.91 | 5.87 | 5.84 | 5.82 | 5.80 |
| 5 | 6.61 | 5.79 | 5.41 | 5.19 | 5.05 | 4.95 | 4.88 | 4.82 | 4.77 | 4.74 | 4.68 | 4.64 | 4.60 | 4.58 | 4.56 |
| 6 | 5.99 | 5.14 | 4.76 | 4.53 | 4.39 | 4.28 | 4.21 | 4.15 | 4.10 | 4.06 | 4.00 | 3.96 | 3.92 | 3.90 | 3.87 |
| 7 | 5.59 | 4.74 | 4.35 | 4.12 | 3.97 | 3.87 | 3.79 | 3.73 | 3.68 | 3.64 | 3.57 | 3.53 | 3.49 | 3.47 | 3.41 |
| 8 | 5.32 | 4.46 | 4.07 | 3.84 | 3.69 | 3.58 | 3.50 | 3.44 | 3.39 | 3.35 | 3.28 | 3.24 | 3.20 | 3.17 | 3.15 |
| 9 | 5.12 | 4.26 | 3.86 | 3.63 | 3.48 | 3.37 | 3.29 | 3.23 | 3.18 | 3.14 | 3.07 | 3.03 | 2.99 | 2.96 | 2.94 |
| 10 | 4.96 | 4.10 | 3.71 | 3.48 | 3.33 | 3.22 | 3.14 | 3.07 | 3.02 | 2.98 | 2.91 | 2.86 | 2.83 | 2.80 | 2.77 |
| 11 | 4.84 | 3.98 | 3.59 | 3.36 | 3.20 | 3.09 | 3.01 | 2.95 | 2.90 | 2.85 | 2.79 | 2.74 | 2.70 | 2.67 | 2.65 |
| 12 | 4.75 | 3.89 | 3.49 | 3.26 | 3.11 | 3.00 | 2.91 | 2.85 | 2.80 | 2.75 | 2.69 | 2.64 | 2.60 | 2.57 | 2.54 |
| 13 | 4.67 | 3.81 | 3.41 | 3.18 | 3.03 | 2.92 | 2.83 | 2.77 | 2.71 | 2.67 | 2.60 | 2.55 | 2.51 | 2.48 | 2.46 |
| 14 | 4.60 | 3.74 | 3.34 | 3.11 | 2.96 | 2.85 | 2.76 | 2.70 | 2.65 | 2.60 | 2.53 | 2.48 | 2.44 | 2.41 | 2.39 |
| 15 | 4.54 | 3.68 | 3.29 | 3.06 | 2.90 | 2.79 | 2.71 | 2.64 | 2.59 | 2.54 | 2.48 | 2.42 | 2.38 | 2.35 | 2.33 |
| 16 | 4.49 | 3.63 | 3.24 | 3.01 | 2.85 | 2.74 | 2.66 | 2.59 | 2.54 | 2.49 | 2.42 | 2.37 | 2.33 | 2.30 | 2.28 |
| 17 | 4.45 | 3.59 | 3.20 | 2.96 | 2.81 | 2.70 | 2.61 | 2.55 | 2.49 | 2.45 | 2.38 | 2.33 | 2.29 | 2.26 | 2.23 |
| 18 | 4.41 | 3.55 | 3.16 | 2.93 | 2.77 | 2.66 | 2.58 | 2.51 | 2.46 | 2.41 | 2.34 | 2.29 | 2.25 | 2.22 | 2.19 |
| 19 | 4.38 | 3.52 | 3.13 | 2.90 | 2.74 | 2.63 | 2.54 | 2.48 | 2.42 | 2.38 | 2.31 | 2.26 | 2.21 | 2.18 | 2.16 |
| 20 | 4.35 | 3.49 | 3.10 | 2.87 | 2.71 | 2.60 | 2.51 | 2.45 | 2.39 | 2.35 | 2.28 | 2.22 | 2.18 | 2.15 | 2.12 |
| 21 | 4.32 | 3.47 | 3.07 | 2.84 | 2.68 | 2.57 | 2.49 | 2.42 | 2.37 | 2.32 | 2.25 | 2.20 | 2.16 | 2.12 | 2.10 |
| 22 | 4.30 | 3.44 | 3.05 | 2.82 | 2.66 | 2.55 | 2.46 | 2.40 | 2.34 | 2.30 | 2.23 | 2.17 | 2.13 | 2.10 | 2.07 |
| 23 | 4.28 | 3.42 | 3.03 | 2.80 | 2.64 | 2.53 | 2.44 | 2.37 | 2.32 | 2.27 | 2.20 | 2.15 | 2.11 | 2.07 | 2.05 |
| 24 | 4.26 | 3.40 | 3.01 | 2.78 | 2.62 | 2.51 | 2.42 | 2.36 | 2.30 | 2.25 | 2.18 | 2.13 | 2.09 | 2.05 | 2.03 |
| 25 | 4.24 | 3.39 | 2.99 | 2.76 | 2.60 | 2.49 | 2.40 | 2.34 | 2.28 | 2.24 | 2.16 | 2.11 | 2.07 | 2.04 | 2.01 |

续表

| $\nu_2$ | $\nu_1$ | | | | | | | | | | | | | | | |
|---|---|---|---|---|---|---|---|---|---|---|---|---|---|---|---|---|
| | 1 | 2 | 3 | 4 | 5 | 6 | 7 | 8 | 9 | 10 | 12 | 14 | 15 | 18 | 20 |
| 26 | 4.23 | 3.37 | 2.98 | 2.74 | 2.59 | 2.47 | 2.39 | 2.32 | 2.27 | 2.22 | 2.15 | 2.09 | 2.05 | 2.02 | 1.99 |
| 27 | 4.21 | 3.35 | 2.96 | 2.73 | 2.57 | 2.46 | 2.37 | 2.31 | 2.25 | 2.20 | 2.13 | 2.08 | 2.04 | 2.00 | 1.97 |
| 28 | 4.20 | 3.34 | 2.95 | 2.71 | 2.56 | 2.45 | 2.36 | 2.29 | 2.24 | 2.19 | 2.12 | 2.06 | 2.02 | 1.99 | 1.96 |
| 29 | 4.18 | 3.33 | 2.93 | 2.70 | 2.55 | 2.43 | 2.35 | 2.28 | 2.22 | 2.18 | 2.10 | 2.05 | 2.01 | 1.97 | 1.94 |
| 30 | 4.17 | 3.32 | 2.92 | 2.69 | 2.53 | 2.42 | 2.33 | 2.27 | 2.21 | 2.16 | 2.09 | 2.04 | 1.99 | 1.96 | 1.93 |
| 32 | 4.15 | 3.29 | 2.90 | 2.67 | 2.51 | 2.40 | 2.31 | 2.24 | 2.19 | 2.14 | 2.07 | 2.01 | 1.97 | 1.94 | 1.91 |
| 34 | 4.13 | 3.28 | 2.88 | 2.65 | 2.49 | 2.38 | 2.29 | 2.23 | 2.17 | 2.12 | 2.05 | 1.99 | 1.95 | 1.92 | 1.89 |
| 36 | 4.11 | 3.26 | 2.87 | 2.63 | 2.48 | 2.36 | 2.28 | 2.21 | 2.15 | 2.11 | 2.03 | 1.98 | 1.93 | 1.90 | 1.87 |
| 38 | 4.10 | 3.24 | 2.85 | 2.62 | 2.46 | 2.35 | 2.26 | 2.19 | 2.14 | 2.09 | 2.02 | 1.96 | 1.92 | 1.88 | 1.85 |
| 40 | 4.08 | 3.23 | 2.84 | 2.61 | 2.45 | 2.34 | 2.25 | 2.18 | 2.12 | 2.08 | 2.00 | 1.95 | 1.90 | 1.87 | 1.84 |
| 42 | 4.07 | 3.22 | 2.83 | 2.59 | 2.44 | 2.32 | 2.24 | 2.17 | 2.11 | 2.06 | 1.99 | 1.93 | 1.89 | 1.86 | 1.83 |
| 44 | 4.06 | 3.21 | 2.82 | 2.58 | 2.43 | 2.31 | 2.23 | 2.16 | 2.10 | 2.05 | 1.98 | 1.92 | 1.88 | 1.84 | 1.81 |
| 46 | 4.05 | 3.20 | 2.81 | 2.57 | 2.42 | 2.30 | 2.22 | 2.15 | 2.09 | 2.04 | 1.97 | 1.91 | 1.87 | 1.83 | 1.80 |
| 48 | 4.04 | 3.19 | 2.80 | 2.57 | 2.41 | 2.29 | 2.21 | 2.14 | 2.08 | 2.03 | 1.96 | 1.90 | 1.85 | 1.82 | 1.79 |
| 50 | 4.03 | 3.18 | 2.79 | 2.56 | 2.40 | 2.29 | 2.20 | 2.13 | 2.07 | 2.03 | 1.95 | 1.89 | 1.85 | 1.81 | 1.78 |
| 60 | 4.00 | 3.15 | 2.76 | 2.53 | 2.37 | 2.25 | 2.17 | 2.10 | 2.04 | 1.99 | 1.92 | 1.86 | 1.82 | 1.78 | 1.75 |
| 80 | 3.96 | 3.11 | 2.72 | 2.49 | 2.33 | 2.21 | 2.13 | 2.06 | 2.00 | 1.95 | 1.88 | 1.82 | 1.77 | 1.73 | 1.70 |
| 100 | 3.94 | 3.09 | 2.70 | 2.46 | 2.31 | 2.19 | 2.10 | 2.03 | 1.97 | 1.93 | 1.85 | 1.79 | 1.75 | 1.71 | 1.68 |
| 125 | 3.92 | 3.07 | 2.68 | 2.44 | 2.29 | 2.17 | 2.08 | 2.01 | 1.96 | 1.91 | 1.83 | 1.77 | 1.72 | 1.69 | 1.65 |
| 150 | 3.90 | 3.06 | 2.66 | 2.43 | 2.27 | 2.16 | 2.07 | 2.00 | 1.94 | 1.89 | 1.82 | 1.76 | 1.71 | 1.67 | 1.64 |
| 200 | 3.89 | 3.04 | 2.65 | 2.42 | 2.26 | 2.14 | 2.06 | 1.98 | 1.93 | 1.88 | 1.80 | 1.74 | 1.69 | 1.66 | 1.62 |
| 300 | 3.87 | 3.03 | 2.63 | 2.40 | 2.24 | 2.13 | 2.04 | 1.97 | 1.91 | 1.86 | 1.78 | 1.72 | 1.68 | 1.64 | 1.61 |
| 500 | 3.86 | 3.01 | 2.62 | 2.39 | 2.23 | 2.12 | 2.03 | 1.96 | 1.90 | 1.85 | 1.77 | 1.71 | 1.66 | 1.62 | 1.59 |
| 1 000 | 3.85 | 3.00 | 2.61 | 2.38 | 2.22 | 2.11 | 2.02 | 1.95 | 1.89 | 1.84 | 1.76 | 1.70 | 1.65 | 1.61 | 1.58 |
| $\infty$ | 3.84 | 3.00 | 2.60 | 2.37 | 2.21 | 2.10 | 2.01 | 1.94 | 1.88 | 1.83 | 1.75 | 1.69 | 1.64 | 1.60 | 1.57 |

续表

| $\nu_2$ | $\nu_1$=22 | 24 | 25 | 26 | 28 | 30 | 35 | 40 | 45 | 50 | 60 | 80 | 100 | 200 | 500 | $\infty$ |
|---|---|---|---|---|---|---|---|---|---|---|---|---|---|---|---|---|
| 1 | 249 | 249 | 249 | 249 | 250 | 250 | 251 | 251 | 251 | 252 | 252 | 253 | 253 | 254 | 254 | 254 |
| 2 | 19.5 | 19.5 | 19.5 | 19.5 | 19.5 | 19.5 | 19.5 | 19.5 | 19.5 | 19.5 | 19.5 | 19.5 | 19.5 | 19.5 | 19.5 | 19.5 |
| 3 | 8.65 | 8.64 | 8.63 | 8.63 | 8.62 | 8.62 | 8.60 | 8.59 | 8.59 | 8.58 | 8.57 | 8.56 | 8.55 | 8.54 | 8.53 | 8.53 |
| 4 | 5.79 | 5.77 | 5.76 | 5.76 | 5.75 | 5.75 | 5.73 | 5.72 | 5.71 | 5.70 | 5.69 | 5.67 | 5.66 | 5.65 | 5.64 | 5.63 |
| 5 | 4.54 | 4.53 | 4.52 | 4.52 | 4.50 | 4.50 | 4.48 | 4.46 | 4.45 | 4.44 | 4.43 | 4.41 | 4.41 | 4.39 | 4.37 | 4.36 |
| 6 | 3.86 | 3.84 | 3.83 | 3.83 | 3.82 | 3.81 | 3.79 | 3.77 | 3.76 | 3.75 | 3.74 | 3.72 | 3.71 | 3.69 | 3.68 | 3.67 |
| 7 | 3.43 | 3.41 | 3.40 | 3.40 | 3.39 | 3.38 | 3.36 | 3.34 | 3.33 | 3.32 | 3.30 | 3.29 | 3.27 | 3.25 | 3.24 | 3.23 |
| 8 | 3.13 | 3.12 | 3.10 | 3.10 | 3.09 | 3.08 | 3.06 | 3.04 | 3.03 | 3.02 | 3.01 | 2.99 | 2.97 | 2.95 | 2.94 | 2.93 |
| 9 | 2.92 | 2.90 | 2.89 | 2.89 | 2.87 | 2.86 | 2.84 | 2.83 | 2.81 | 2.80 | 2.79 | 2.77 | 2.76 | 2.73 | 2.72 | 2.71 |
| 10 | 2.75 | 2.74 | 2.72 | 2.72 | 2.71 | 2.70 | 2.68 | 2.66 | 2.65 | 2.64 | 2.62 | 2.60 | 2.59 | 2.56 | 2.55 | 2.54 |
| 11 | 2.63 | 2.61 | 2.59 | 2.59 | 2.58 | 2.57 | 2.55 | 2.53 | 2.52 | 2.51 | 2.49 | 2.47 | 2.46 | 2.43 | 2.42 | 2.40 |
| 12 | 2.52 | 2.51 | 2.49 | 2.49 | 2.48 | 2.47 | 2.44 | 2.43 | 2.41 | 2.40 | 2.38 | 2.36 | 2.35 | 2.32 | 2.31 | 2.30 |
| 13 | 2.44 | 2.42 | 2.41 | 2.41 | 2.39 | 2.38 | 2.36 | 2.34 | 2.33 | 2.31 | 2.30 | 2.27 | 2.26 | 2.23 | 2.22 | 2.21 |
| 14 | 2.37 | 2.35 | 2.33 | 2.33 | 2.32 | 2.31 | 2.28 | 2.27 | 2.25 | 2.24 | 2.22 | 2.20 | 2.19 | 2.16 | 2.14 | 2.13 |
| 15 | 2.31 | 2.29 | 2.27 | 2.27 | 2.26 | 2.25 | 2.22 | 2.20 | 2.19 | 2.18 | 2.16 | 2.14 | 2.12 | 2.10 | 2.08 | 2.07 |
| 16 | 2.25 | 2.24 | 2.22 | 2.22 | 2.21 | 2.19 | 2.17 | 2.15 | 2.14 | 2.12 | 2.11 | 2.08 | 2.07 | 2.04 | 2.02 | 2.01 |
| 17 | 2.21 | 2.19 | 2.17 | 2.17 | 2.16 | 2.15 | 2.12 | 2.10 | 2.09 | 2.08 | 2.06 | 2.03 | 2.02 | 1.99 | 1.97 | 1.96 |
| 18 | 2.17 | 2.15 | 2.13 | 2.13 | 2.12 | 2.11 | 2.08 | 2.06 | 2.05 | 2.04 | 2.02 | 1.99 | 1.98 | 1.95 | 1.93 | 1.92 |
| 19 | 2.13 | 2.11 | 2.10 | 2.10 | 2.08 | 2.07 | 2.05 | 2.03 | 2.01 | 2.00 | 1.98 | 1.96 | 1.94 | 1.91 | 1.89 | 1.88 |
| 20 | 2.10 | 2.08 | 2.07 | 2.07 | 2.05 | 2.04 | 2.01 | 1.99 | 1.98 | 1.97 | 1.95 | 1.92 | 1.91 | 1.88 | 1.86 | 1.84 |
| 21 | 2.07 | 2.05 | 2.04 | 2.04 | 2.02 | 2.01 | 1.98 | 1.96 | 1.95 | 1.94 | 1.92 | 1.89 | 1.88 | 1.84 | 1.83 | 1.81 |
| 22 | 2.05 | 2.03 | 2.01 | 2.01 | 2.00 | 1.98 | 1.96 | 1.94 | 1.92 | 1.91 | 1.89 | 1.86 | 1.85 | 1.82 | 1.80 | 1.78 |
| 23 | 2.02 | 2.01 | 1.99 | 1.99 | 1.97 | 1.96 | 1.93 | 1.91 | 1.90 | 1.88 | 1.86 | 1.84 | 1.82 | 1.79 | 1.77 | 1.76 |
| 24 | 2.00 | 1.98 | 1.97 | 1.97 | 1.95 | 1.94 | 1.91 | 1.89 | 1.88 | 1.86 | 1.84 | 1.82 | 1.80 | 1.77 | 1.75 | 1.73 |
| 25 | 1.98 | 1.96 | 1.95 | 1.95 | 1.93 | 1.92 | 1.89 | 1.87 | 1.86 | 1.84 | 1.82 | 1.80 | 1.78 | 1.75 | 1.73 | 1.71 |

续表

| $\nu_2$ | \multicolumn{15}{c|}{$\nu_1$} |
|---|---|---|---|---|---|---|---|---|---|---|---|---|---|---|---|
| | 22 | 24 | 26 | 28 | 30 | 35 | 40 | 45 | 50 | 60 | 80 | 100 | 200 | 500 | ∞ |
| 26 | 1.97 | 1.95 | 1.93 | 1.91 | 1.90 | 1.87 | 1.85 | 1.84 | 1.82 | 1.80 | 1.78 | 1.76 | 1.73 | 1.71 | 1.69 |
| 27 | 1.95 | 1.93 | 1.91 | 1.90 | 1.88 | 1.86 | 1.84 | 1.82 | 1.81 | 1.79 | 1.76 | 1.74 | 1.71 | 1.69 | 1.67 |
| 28 | 1.93 | 1.91 | 1.90 | 1.88 | 1.87 | 1.84 | 1.82 | 1.80 | 1.79 | 1.77 | 1.74 | 1.73 | 1.69 | 1.67 | 1.65 |
| 29 | 1.92 | 1.90 | 1.88 | 1.87 | 1.85 | 1.83 | 1.81 | 1.79 | 1.77 | 1.75 | 1.73 | 1.71 | 1.67 | 1.65 | 1.64 |
| 30 | 1.91 | 1.89 | 1.87 | 1.85 | 1.84 | 1.81 | 1.79 | 1.77 | 1.76 | 1.74 | 1.71 | 1.70 | 1.66 | 1.64 | 1.62 |
| 32 | 1.88 | 1.86 | 1.85 | 1.83 | 1.82 | 1.79 | 1.77 | 1.75 | 1.74 | 1.71 | 1.69 | 1.67 | 1.63 | 1.61 | 1.59 |
| 34 | 1.86 | 1.84 | 1.82 | 1.81 | 1.80 | 1.77 | 1.75 | 1.73 | 1.71 | 1.69 | 1.66 | 1.65 | 1.61 | 1.59 | 1.57 |
| 36 | 1.85 | 1.82 | 1.81 | 1.79 | 1.78 | 1.75 | 1.73 | 1.71 | 1.69 | 1.67 | 1.64 | 1.62 | 1.59 | 1.56 | 1.55 |
| 38 | 1.83 | 1.81 | 1.79 | 1.77 | 1.76 | 1.73 | 1.71 | 1.69 | 1.68 | 1.65 | 1.62 | 1.61 | 1.57 | 1.54 | 1.53 |
| 40 | 1.81 | 1.79 | 1.77 | 1.76 | 1.74 | 1.72 | 1.69 | 1.67 | 1.66 | 1.64 | 1.61 | 1.59 | 1.55 | 1.53 | 1.51 |
| 42 | 1.80 | 1.78 | 1.76 | 1.75 | 1.73 | 1.70 | 1.68 | 1.66 | 1.65 | 1.62 | 1.59 | 1.57 | 1.53 | 1.51 | 1.49 |
| 44 | 1.79 | 1.77 | 1.75 | 1.73 | 1.72 | 1.69 | 1.67 | 1.65 | 1.63 | 1.61 | 1.58 | 1.56 | 1.52 | 1.49 | 1.48 |
| 46 | 1.78 | 1.76 | 1.74 | 1.72 | 1.71 | 1.68 | 1.65 | 1.64 | 1.62 | 1.60 | 1.57 | 1.55 | 1.51 | 1.48 | 1.46 |
| 48 | 1.77 | 1.75 | 1.73 | 1.71 | 1.70 | 1.67 | 1.64 | 1.62 | 1.61 | 1.59 | 1.56 | 1.54 | 1.49 | 1.47 | 1.45 |
| 50 | 1.76 | 1.74 | 1.72 | 1.70 | 1.69 | 1.66 | 1.63 | 1.61 | 1.60 | 1.58 | 1.54 | 1.52 | 1.48 | 1.46 | 1.44 |
| 60 | 1.72 | 1.70 | 1.68 | 1.66 | 1.65 | 1.62 | 1.59 | 1.57 | 1.56 | 1.53 | 1.50 | 1.48 | 1.44 | 1.41 | 1.39 |
| 80 | 1.68 | 1.65 | 1.63 | 1.62 | 1.60 | 1.57 | 1.54 | 1.52 | 1.51 | 1.48 | 1.45 | 1.43 | 1.38 | 1.35 | 1.32 |
| 100 | 1.65 | 1.63 | 1.61 | 1.59 | 1.57 | 1.54 | 1.52 | 1.49 | 1.48 | 1.45 | 1.41 | 1.39 | 1.34 | 1.31 | 1.28 |
| 125 | 1.63 | 1.60 | 1.58 | 1.57 | 1.55 | 1.52 | 1.49 | 1.47 | 1.45 | 1.42 | 1.39 | 1.36 | 1.31 | 1.27 | 1.25 |
| 150 | 1.61 | 1.59 | 1.57 | 1.55 | 1.54 | 1.50 | 1.48 | 1.45 | 1.44 | 1.41 | 1.37 | 1.34 | 1.29 | 1.25 | 1.22 |
| 200 | 1.60 | 1.57 | 1.55 | 1.53 | 1.52 | 1.48 | 1.46 | 1.43 | 1.41 | 1.39 | 1.35 | 1.32 | 1.25 | 1.22 | 1.19 |
| 300 | 1.58 | 1.55 | 1.53 | 1.51 | 1.50 | 1.46 | 1.43 | 1.41 | 1.39 | 1.36 | 1.32 | 1.30 | 1.23 | 1.19 | 1.15 |
| 500 | 1.56 | 1.54 | 1.52 | 1.50 | 1.48 | 1.45 | 1.42 | 1.40 | 1.38 | 1.35 | 1.30 | 1.28 | 1.21 | 1.16 | 1.11 |
| 1 000 | 1.55 | 1.53 | 1.51 | 1.49 | 1.47 | 1.43 | 1.41 | 1.38 | 1.36 | 1.33 | 1.29 | 1.26 | 1.19 | 1.13 | 1.08 |
| ∞ | 1.54 | 1.52 | 1.50 | 1.48 | 1.46 | 1.42 | 1.39 | 1.37 | 1.35 | 1.32 | 1.27 | 1.24 | 1.17 | 1.11 | 1.00 |

续表

$\alpha=0.01$

| $\nu_2$ | $\nu_1$ | | | | | | | | | | | | | | |
|---|---|---|---|---|---|---|---|---|---|---|---|---|---|---|---|
| | 1 | 2 | 3 | 4 | 5 | 6 | 7 | 8 | 9 | 10 | 12 | 14 | 16 | 18 | 20 |
| 1 | 4 052 | 4 999 | 5 403 | 5 625 | 5 764 | 5 859 | 5 928 | 5 981 | 6 022 | 6 056 | 6 106 | 6 143 | 6 170 | 6 192 | 6 209 |
| 2 | 98.5 | 99.0 | 99.2 | 99.2 | 99.3 | 99.3 | 99.4 | 99.4 | 99.4 | 99.4 | 99.4 | 99.4 | 99.4 | 99.4 | 99.4 |
| 3 | 34.1 | 30.8 | 29.5 | 28.7 | 28.2 | 27.9 | 27.7 | 27.5 | 27.3 | 27.2 | 27.1 | 26.9 | 26.8 | 26.8 | 26.7 |
| 4 | 21.2 | 18.0 | 16.7 | 16.0 | 15.5 | 15.2 | 15.0 | 14.8 | 14.7 | 14.5 | 14.4 | 14.2 | 14.2 | 14.1 | 14.0 |
| 5 | 16.3 | 13.3 | 12.1 | 11.4 | 11.0 | 10.7 | 10.5 | 10.3 | 10.2 | 10.1 | 9.89 | 9.77 | 9.68 | 9.61 | 9.55 |
| 6 | 13.7 | 10.9 | 9.78 | 9.15 | 8.75 | 8.47 | 8.26 | 8.10 | 7.98 | 7.87 | 7.72 | 7.60 | 7.52 | 7.45 | 7.40 |
| 7 | 12.2 | 9.55 | 8.45 | 7.85 | 7.46 | 7.19 | 6.99 | 6.84 | 6.72 | 6.62 | 6.47 | 6.36 | 6.28 | 6.21 | 6.16 |
| 8 | 11.3 | 8.65 | 7.59 | 7.01 | 6.63 | 6.37 | 6.18 | 6.03 | 5.91 | 5.81 | 5.67 | 5.56 | 5.48 | 5.41 | 5.36 |
| 9 | 10.6 | 8.02 | 6.99 | 6.42 | 6.06 | 5.80 | 5.61 | 5.47 | 5.35 | 5.26 | 5.11 | 5.01 | 4.92 | 4.86 | 4.81 |
| 10 | 10.0 | 7.56 | 6.55 | 5.99 | 5.64 | 5.39 | 5.20 | 5.06 | 4.94 | 4.85 | 4.71 | 4.60 | 4.52 | 4.46 | 4.41 |
| 11 | 9.65 | 7.21 | 6.22 | 5.67 | 5.32 | 5.07 | 4.89 | 4.74 | 4.63 | 4.54 | 4.40 | 4.29 | 4.21 | 4.15 | 4.10 |
| 12 | 9.33 | 6.93 | 5.95 | 5.41 | 5.06 | 4.82 | 4.64 | 4.50 | 4.39 | 4.30 | 4.16 | 4.05 | 3.97 | 3.91 | 3.86 |
| 13 | 9.07 | 6.70 | 5.74 | 5.21 | 4.86 | 4.62 | 4.44 | 4.30 | 4.19 | 4.10 | 3.96 | 3.86 | 3.78 | 3.72 | 3.66 |
| 14 | 8.86 | 6.51 | 5.56 | 5.04 | 4.69 | 4.46 | 4.28 | 4.14 | 4.03 | 3.94 | 3.80 | 3.70 | 3.62 | 3.56 | 3.51 |
| 15 | 8.68 | 6.36 | 5.42 | 4.89 | 4.56 | 4.32 | 4.14 | 4.00 | 3.89 | 3.80 | 3.67 | 3.56 | 3.49 | 3.42 | 3.37 |
| 16 | 8.53 | 6.23 | 5.29 | 4.77 | 4.44 | 4.20 | 4.03 | 3.89 | 3.78 | 3.69 | 3.55 | 3.45 | 3.37 | 3.31 | 3.26 |
| 17 | 8.40 | 6.11 | 5.18 | 4.67 | 4.34 | 4.10 | 3.93 | 3.79 | 3.68 | 3.59 | 3.46 | 3.35 | 3.27 | 3.21 | 3.16 |
| 18 | 8.29 | 6.01 | 5.09 | 4.58 | 4.25 | 4.01 | 3.84 | 3.71 | 3.60 | 3.51 | 3.37 | 3.27 | 3.19 | 3.13 | 3.08 |
| 19 | 8.18 | 5.93 | 5.01 | 4.50 | 4.17 | 3.94 | 3.77 | 3.63 | 3.52 | 3.43 | 3.30 | 3.19 | 3.12 | 3.05 | 3.00 |
| 20 | 8.10 | 5.85 | 4.94 | 4.43 | 4.10 | 3.87 | 3.70 | 3.56 | 3.46 | 3.37 | 3.23 | 3.13 | 3.05 | 2.99 | 2.94 |
| 21 | 8.02 | 5.78 | 4.87 | 4.37 | 4.04 | 3.81 | 3.64 | 3.51 | 3.40 | 3.31 | 3.17 | 3.07 | 2.99 | 2.93 | 2.88 |
| 22 | 7.95 | 5.72 | 4.82 | 4.31 | 3.99 | 3.76 | 3.59 | 3.45 | 3.35 | 3.26 | 3.12 | 3.02 | 2.94 | 2.88 | 2.83 |
| 23 | 7.88 | 5.66 | 4.76 | 4.26 | 3.94 | 3.71 | 3.54 | 3.41 | 3.30 | 3.21 | 3.07 | 2.97 | 2.89 | 2.83 | 2.78 |
| 24 | 7.82 | 5.61 | 4.72 | 4.22 | 3.90 | 3.67 | 3.50 | 3.36 | 3.26 | 3.17 | 3.03 | 2.93 | 2.85 | 2.79 | 2.74 |
| 25 | 7.77 | 5.57 | 4.68 | 4.18 | 3.85 | 3.63 | 3.46 | 3.32 | 3.22 | 3.13 | 2.99 | 2.89 | 2.81 | 2.75 | 2.70 |

续表

| $\nu_2$ | $\nu_1$ |  |  |  |  |  |  |  |  |  |  |  |  |  |  |
|---|---|---|---|---|---|---|---|---|---|---|---|---|---|---|---|
|  | 1 | 2 | 3 | 4 | 5 | 6 | 7 | 8 | 9 | 10 | 12 | 14 | 15 | 18 | 20 |
| 26 | 7.72 | 5.53 | 4.64 | 4.14 | 3.82 | 3.59 | 3.42 | 3.29 | 3.18 | 3.09 | 2.96 | 2.86 | 2.78 | 2.72 | 2.66 |
| 27 | 7.68 | 5.49 | 4.60 | 4.11 | 3.78 | 3.56 | 3.39 | 3.26 | 3.15 | 3.06 | 2.93 | 2.82 | 2.75 | 2.68 | 2.63 |
| 28 | 7.64 | 5.45 | 4.57 | 4.07 | 3.75 | 3.53 | 3.36 | 3.23 | 3.12 | 3.03 | 2.90 | 2.79 | 2.72 | 2.65 | 2.60 |
| 29 | 7.60 | 5.42 | 4.54 | 4.04 | 3.73 | 3.50 | 3.33 | 3.20 | 3.09 | 3.00 | 2.87 | 2.77 | 2.69 | 2.63 | 2.57 |
| 30 | 7.56 | 5.39 | 4.51 | 4.02 | 3.70 | 3.47 | 3.30 | 3.17 | 3.07 | 2.98 | 2.84 | 2.74 | 2.66 | 2.60 | 2.55 |
| 32 | 7.50 | 5.34 | 4.46 | 3.97 | 3.65 | 3.43 | 3.26 | 3.13 | 3.02 | 2.93 | 2.80 | 2.70 | 2.62 | 2.55 | 2.50 |
| 34 | 7.44 | 5.29 | 4.42 | 3.93 | 3.61 | 3.39 | 3.22 | 3.09 | 2.98 | 2.89 | 2.76 | 2.66 | 2.58 | 2.51 | 2.46 |
| 36 | 7.40 | 5.25 | 4.38 | 3.89 | 3.57 | 3.35 | 3.18 | 3.05 | 2.95 | 2.86 | 2.72 | 2.62 | 2.54 | 2.48 | 2.43 |
| 38 | 7.35 | 5.21 | 4.34 | 3.86 | 3.54 | 3.32 | 3.15 | 3.02 | 2.92 | 2.83 | 2.69 | 2.59 | 2.51 | 2.45 | 2.40 |
| 40 | 7.31 | 5.18 | 4.31 | 3.83 | 3.51 | 3.29 | 3.12 | 2.99 | 2.89 | 2.80 | 2.66 | 2.56 | 2.48 | 2.42 | 2.37 |
| 42 | 7.28 | 5.15 | 4.29 | 3.80 | 3.49 | 3.27 | 3.10 | 2.97 | 2.86 | 2.78 | 2.64 | 2.54 | 2.45 | 2.40 | 2.34 |
| 44 | 7.25 | 5.12 | 4.26 | 3.78 | 3.47 | 3.24 | 3.08 | 2.95 | 2.84 | 2.75 | 2.62 | 2.52 | 2.44 | 2.37 | 2.32 |
| 46 | 7.22 | 5.10 | 4.24 | 3.76 | 3.44 | 3.22 | 3.06 | 2.93 | 2.82 | 2.73 | 2.60 | 2.50 | 2.42 | 2.35 | 2.30 |
| 48 | 7.19 | 5.08 | 4.22 | 3.74 | 3.43 | 3.20 | 3.04 | 2.91 | 2.80 | 2.71 | 2.58 | 2.48 | 2.40 | 2.33 | 2.28 |
| 50 | 7.17 | 5.06 | 4.20 | 3.72 | 3.41 | 3.19 | 3.02 | 2.89 | 2.78 | 2.70 | 2.56 | 2.46 | 2.38 | 2.32 | 2.27 |
| 60 | 7.08 | 4.98 | 4.13 | 3.65 | 3.34 | 3.12 | 2.95 | 2.82 | 2.72 | 2.63 | 2.50 | 2.39 | 2.31 | 2.25 | 2.20 |
| 80 | 6.96 | 4.88 | 4.04 | 3.56 | 3.26 | 3.04 | 2.87 | 2.74 | 2.64 | 2.55 | 2.42 | 2.31 | 2.23 | 2.17 | 2.12 |
| 100 | 6.90 | 4.82 | 3.98 | 3.51 | 3.21 | 2.99 | 2.82 | 2.69 | 2.59 | 2.50 | 2.37 | 2.27 | 2.19 | 2.12 | 2.07 |
| 125 | 6.84 | 4.78 | 3.94 | 3.47 | 3.17 | 2.95 | 2.79 | 2.66 | 2.55 | 2.47 | 2.33 | 2.23 | 2.15 | 2.08 | 2.03 |
| 150 | 6.81 | 4.75 | 3.91 | 3.45 | 3.14 | 2.92 | 2.76 | 2.63 | 2.53 | 2.44 | 2.31 | 2.20 | 2.12 | 2.06 | 2.00 |
| 200 | 6.76 | 4.71 | 3.88 | 3.41 | 3.11 | 2.89 | 2.73 | 2.60 | 2.50 | 2.41 | 2.27 | 2.17 | 2.09 | 2.03 | 1.97 |
| 300 | 6.72 | 4.68 | 3.85 | 3.38 | 3.08 | 2.86 | 2.70 | 2.57 | 2.47 | 2.38 | 2.24 | 2.14 | 2.06 | 1.99 | 1.94 |
| 500 | 6.69 | 4.65 | 3.82 | 3.36 | 3.05 | 2.84 | 2.68 | 2.55 | 2.44 | 2.36 | 2.22 | 2.12 | 2.04 | 1.97 | 1.92 |
| 1 000 | 6.66 | 4.63 | 3.80 | 3.34 | 3.04 | 2.82 | 2.66 | 2.53 | 2.43 | 2.34 | 2.20 | 2.10 | 2.02 | 1.95 | 1.90 |
| ∞ | 6.63 | 4.61 | 3.78 | 3.32 | 3.02 | 2.80 | 2.64 | 2.51 | 2.41 | 2.32 | 2.18 | 2.08 | 2.00 | 1.93 | 1.88 |

续表

$\alpha=0.01$

| $\nu_2$ | $\nu_1$ | | | | | | | | | | | | | | |
|---|---|---|---|---|---|---|---|---|---|---|---|---|---|---|---|
| | 22 | 24 | 26 | 28 | 30 | 35 | 40 | 45 | 50 | 60 | 80 | 100 | 200 | 500 | ∞ |
| 1 | 6 223 | 6 235 | 6 245 | 6 253 | 6 261 | 6 276 | 6 287 | 6 296 | 6 303 | 6 313 | 6 326 | 6 334 | 6 350 | 6 360 | 6 366 |
| 2 | 99.5 | 99.5 | 99.5 | 99.5 | 99.5 | 99.5 | 99.5 | 99.5 | 99.5 | 99.5 | 99.5 | 99.5 | 99.5 | 99.5 | 99.5 |
| 3 | 26.6 | 26.6 | 26.6 | 26.5 | 26.5 | 26.5 | 26.4 | 26.4 | 26.4 | 26.3 | 26.3 | 26.2 | 26.2 | 26.1 | 26.1 |
| 4 | 14.0 | 13.9 | 13.9 | 13.9 | 13.8 | 13.8 | 13.7 | 13.7 | 13.7 | 13.7 | 13.6 | 13.6 | 13.5 | 13.5 | 13.5 |
| 5 | 9.51 | 9.47 | 9.43 | 9.40 | 9.38 | 9.33 | 9.29 | 9.26 | 9.24 | 9.20 | 9.16 | 9.13 | 9.08 | 9.04 | 9.02 |
| 6 | 7.35 | 7.31 | 7.28 | 7.25 | 7.23 | 7.18 | 7.14 | 7.11 | 7.09 | 7.06 | 7.01 | 6.99 | 6.93 | 6.90 | 6.88 |
| 7 | 6.11 | 6.07 | 6.04 | 6.02 | 5.99 | 5.94 | 5.91 | 5.88 | 5.86 | 5.82 | 5.78 | 5.75 | 5.70 | 5.67 | 5.65 |
| 8 | 5.32 | 5.28 | 5.25 | 5.22 | 5.20 | 5.15 | 5.12 | 5.09 | 5.07 | 5.03 | 4.99 | 4.96 | 4.91 | 4.88 | 4.86 |
| 9 | 4.77 | 4.73 | 4.70 | 4.67 | 4.65 | 4.60 | 4.57 | 4.54 | 4.52 | 4.48 | 4.44 | 4.41 | 4.36 | 4.33 | 4.31 |
| 10 | 4.36 | 4.33 | 4.30 | 4.27 | 4.25 | 4.20 | 4.17 | 4.14 | 4.12 | 4.08 | 4.04 | 4.01 | 3.96 | 3.93 | 3.91 |
| 11 | 4.06 | 4.02 | 3.99 | 3.96 | 3.94 | 3.89 | 3.86 | 3.83 | 3.81 | 3.78 | 3.73 | 3.71 | 3.66 | 3.62 | 3.60 |
| 12 | 3.82 | 3.78 | 3.75 | 3.72 | 3.70 | 3.65 | 3.62 | 3.59 | 3.57 | 3.54 | 3.49 | 3.47 | 3.41 | 3.38 | 3.36 |
| 13 | 3.62 | 3.59 | 3.56 | 3.53 | 3.51 | 3.46 | 3.43 | 3.40 | 3.38 | 3.34 | 3.30 | 3.27 | 3.22 | 3.19 | 3.17 |
| 14 | 3.46 | 3.43 | 3.40 | 3.37 | 3.35 | 3.30 | 3.27 | 3.24 | 3.22 | 3.18 | 3.14 | 3.11 | 3.06 | 3.03 | 3.00 |
| 15 | 3.33 | 3.29 | 3.26 | 3.24 | 3.21 | 3.17 | 3.13 | 3.10 | 3.08 | 3.05 | 3.00 | 2.98 | 2.92 | 2.89 | 2.87 |
| 16 | 3.22 | 3.18 | 3.15 | 3.12 | 3.10 | 3.05 | 3.02 | 2.99 | 2.97 | 2.93 | 2.89 | 2.86 | 2.81 | 2.78 | 2.75 |
| 17 | 3.12 | 3.08 | 3.05 | 3.03 | 3.00 | 2.96 | 2.92 | 2.89 | 2.87 | 2.83 | 2.79 | 2.76 | 2.71 | 2.68 | 2.65 |
| 18 | 3.03 | 3.00 | 2.97 | 2.94 | 2.92 | 2.87 | 2.84 | 2.81 | 2.78 | 2.75 | 2.70 | 2.68 | 2.62 | 2.59 | 2.57 |
| 19 | 2.96 | 2.92 | 2.89 | 2.87 | 2.84 | 2.80 | 2.76 | 2.73 | 2.71 | 2.67 | 2.63 | 2.60 | 2.55 | 2.51 | 2.49 |
| 20 | 2.90 | 2.86 | 2.83 | 2.80 | 2.78 | 2.73 | 2.69 | 2.67 | 2.64 | 2.61 | 2.56 | 2.54 | 2.48 | 2.44 | 2.42 |
| 21 | 2.84 | 2.80 | 2.77 | 2.74 | 2.72 | 2.67 | 2.64 | 2.61 | 2.58 | 2.55 | 2.50 | 2.48 | 2.42 | 2.38 | 2.36 |
| 22 | 2.78 | 2.75 | 2.72 | 2.69 | 2.67 | 2.62 | 2.58 | 2.55 | 2.53 | 2.50 | 2.45 | 2.42 | 2.36 | 2.33 | 2.31 |
| 23 | 2.74 | 2.70 | 2.67 | 2.64 | 2.62 | 2.57 | 2.54 | 2.51 | 2.48 | 2.45 | 2.40 | 2.37 | 2.32 | 2.28 | 2.26 |
| 24 | 2.70 | 2.66 | 2.63 | 2.60 | 2.58 | 2.53 | 2.49 | 2.46 | 2.44 | 2.40 | 2.36 | 2.33 | 2.27 | 2.24 | 2.21 |
| 25 | 2.66 | 2.62 | 2.59 | 2.56 | 2.54 | 2.49 | 2.45 | 2.42 | 2.40 | 2.36 | 2.32 | 2.29 | 2.23 | 2.19 | 2.17 |

续表

| $\nu_2$ | $\nu_1$ | | | | | | | | | | | | | | |
|---|---|---|---|---|---|---|---|---|---|---|---|---|---|---|---|
| | 22 | 24 | 26 | 28 | 30 | 35 | 40 | 45 | 50 | 60 | 80 | 100 | 200 | 500 | $\infty$ |
| 26 | 2.62 | 2.58 | 2.55 | 2.53 | 2.50 | 2.45 | 2.42 | 2.39 | 2.36 | 2.33 | 2.28 | 2.25 | 2.19 | 2.16 | 2.13 |
| 27 | 2.59 | 2.55 | 2.52 | 2.49 | 2.47 | 2.42 | 2.38 | 2.35 | 2.33 | 2.29 | 2.25 | 2.22 | 2.16 | 2.12 | 2.10 |
| 28 | 2.56 | 2.52 | 2.49 | 2.46 | 2.44 | 2.39 | 2.35 | 2.32 | 2.30 | 2.26 | 2.22 | 2.19 | 2.13 | 2.09 | 2.06 |
| 29 | 2.53 | 2.49 | 2.46 | 2.44 | 2.41 | 2.36 | 2.33 | 2.30 | 2.27 | 2.23 | 2.19 | 2.16 | 2.10 | 2.06 | 2.03 |
| 30 | 2.51 | 2.47 | 2.44 | 2.41 | 2.39 | 2.34 | 2.30 | 2.27 | 2.25 | 2.21 | 2.16 | 2.13 | 2.07 | 2.03 | 2.01 |
| 32 | 2.46 | 2.42 | 2.39 | 2.36 | 2.34 | 2.29 | 2.25 | 2.22 | 2.20 | 2.16 | 2.11 | 2.08 | 2.02 | 1.98 | 1.96 |
| 34 | 2.42 | 2.38 | 2.35 | 2.32 | 2.30 | 2.25 | 2.21 | 2.18 | 2.16 | 2.12 | 2.07 | 2.04 | 1.98 | 1.94 | 1.91 |
| 36 | 2.38 | 2.35 | 2.32 | 2.29 | 2.26 | 2.21 | 2.18 | 2.14 | 2.12 | 2.08 | 2.03 | 2.00 | 1.94 | 1.90 | 1.87 |
| 38 | 2.35 | 2.32 | 2.28 | 2.26 | 2.23 | 2.18 | 2.14 | 2.11 | 2.09 | 2.05 | 2.00 | 1.97 | 1.90 | 1.86 | 1.84 |
| 40 | 2.33 | 2.29 | 2.26 | 2.23 | 2.20 | 2.15 | 2.11 | 2.08 | 2.06 | 2.02 | 1.97 | 1.94 | 1.87 | 1.83 | 1.80 |
| 42 | 2.30 | 2.26 | 2.23 | 2.20 | 2.18 | 2.13 | 2.09 | 2.06 | 2.03 | 1.99 | 1.94 | 1.91 | 1.85 | 1.80 | 1.78 |
| 44 | 2.28 | 2.24 | 2.21 | 2.18 | 2.15 | 2.10 | 2.07 | 2.03 | 2.01 | 1.97 | 1.92 | 1.89 | 1.82 | 1.78 | 1.75 |
| 46 | 2.26 | 2.22 | 2.19 | 2.16 | 2.13 | 2.08 | 2.04 | 2.01 | 1.99 | 1.95 | 1.90 | 1.86 | 1.80 | 1.75 | 1.73 |
| 48 | 2.24 | 2.20 | 2.17 | 2.14 | 2.12 | 2.06 | 2.02 | 1.99 | 1.97 | 1.93 | 1.88 | 1.84 | 1.78 | 1.73 | 1.70 |
| 50 | 2.22 | 2.18 | 2.15 | 2.12 | 2.10 | 2.05 | 2.01 | 1.97 | 1.95 | 1.91 | 1.86 | 1.82 | 1.76 | 1.71 | 1.68 |
| 60 | 2.15 | 2.12 | 2.08 | 2.05 | 2.03 | 1.98 | 1.94 | 1.90 | 1.88 | 1.84 | 1.78 | 1.75 | 1.68 | 1.63 | 1.60 |
| 80 | 2.07 | 2.03 | 2.00 | 1.97 | 1.94 | 1.89 | 1.85 | 1.82 | 1.79 | 1.75 | 1.69 | 1.65 | 1.58 | 1.53 | 1.49 |
| 100 | 2.02 | 1.98 | 1.95 | 1.92 | 1.89 | 1.84 | 1.80 | 1.76 | 1.74 | 1.69 | 1.63 | 1.60 | 1.52 | 1.47 | 1.43 |
| 125 | 1.98 | 1.94 | 1.91 | 1.88 | 1.85 | 1.80 | 1.76 | 1.72 | 1.69 | 1.65 | 1.59 | 1.55 | 1.47 | 1.41 | 1.37 |
| 150 | 1.96 | 1.92 | 1.88 | 1.85 | 1.83 | 1.77 | 1.73 | 1.69 | 1.66 | 1.62 | 1.56 | 1.52 | 1.43 | 1.38 | 1.33 |
| 200 | 1.93 | 1.89 | 1.85 | 1.82 | 1.79 | 1.74 | 1.69 | 1.66 | 1.63 | 1.58 | 1.52 | 1.48 | 1.39 | 1.33 | 1.28 |
| 300 | 1.89 | 1.85 | 1.82 | 1.79 | 1.76 | 1.70 | 1.66 | 1.62 | 1.59 | 1.55 | 1.48 | 1.44 | 1.35 | 1.28 | 1.22 |
| 500 | 1.87 | 1.83 | 1.79 | 1.76 | 1.74 | 1.68 | 1.63 | 1.60 | 1.57 | 1.52 | 1.45 | 1.41 | 1.31 | 1.23 | 1.16 |
| 1 000 | 1.85 | 1.81 | 1.77 | 1.74 | 1.72 | 1.66 | 1.61 | 1.58 | 1.54 | 1.50 | 1.43 | 1.38 | 1.28 | 1.19 | 1.11 |
| $\infty$ | 1.83 | 1.79 | 1.76 | 1.72 | 1.70 | 1.64 | 1.59 | 1.55 | 1.52 | 1.47 | 1.40 | 1.36 | 1.25 | 1.15 | 1.00 |

附表 4-2　F界值表（供方差齐性检验用）

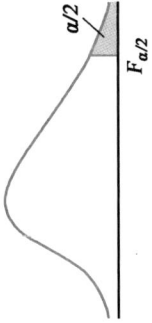

α/2=0.05

$P(F>F_{\alpha/2})=\alpha/2$

| $\nu_2$ | $\nu_1$ 1 | 2 | 3 | 4 | 5 | 6 | 7 | 8 | 9 | 10 | 12 | 14 | 16 | 18 | 20 |
|---|---|---|---|---|---|---|---|---|---|---|---|---|---|---|---|
| 1 | 161 | 200 | 216 | 225 | 230 | 234 | 237 | 239 | 241 | 242 | 244 | 245 | 246 | 247 | 248 |
| 2 | 18.5 | 19.0 | 19.2 | 19.2 | 19.3 | 19.3 | 19.4 | 19.4 | 19.4 | 19.4 | 19.4 | 19.4 | 19.4 | 19.4 | 19.4 |
| 3 | 10.1 | 9.55 | 9.28 | 9.12 | 9.01 | 8.94 | 8.89 | 8.85 | 8.81 | 8.79 | 8.74 | 8.71 | 8.69 | 8.67 | 8.66 |
| 4 | 7.71 | 6.94 | 6.59 | 6.39 | 6.26 | 6.16 | 6.09 | 6.04 | 6.00 | 5.96 | 5.91 | 5.87 | 5.84 | 5.82 | 5.80 |
| 5 | 6.61 | 5.79 | 5.41 | 5.19 | 5.05 | 4.95 | 4.88 | 4.82 | 4.77 | 4.74 | 4.68 | 4.64 | 4.60 | 4.58 | 4.56 |
| 6 | 5.99 | 5.14 | 4.76 | 4.53 | 4.39 | 4.28 | 4.21 | 4.15 | 4.10 | 4.06 | 4.00 | 3.96 | 3.92 | 3.90 | 3.87 |
| 7 | 5.59 | 4.74 | 4.35 | 4.12 | 3.97 | 3.87 | 3.79 | 3.73 | 3.68 | 3.64 | 3.57 | 3.53 | 3.49 | 3.47 | 3.41 |
| 8 | 5.32 | 4.46 | 4.07 | 3.84 | 3.69 | 3.58 | 3.50 | 3.44 | 3.39 | 3.35 | 3.28 | 3.24 | 3.20 | 3.17 | 3.15 |
| 9 | 5.12 | 4.26 | 3.86 | 3.63 | 3.48 | 3.37 | 3.29 | 3.23 | 3.18 | 3.14 | 3.07 | 3.03 | 2.99 | 2.96 | 2.94 |
| 10 | 4.96 | 4.10 | 3.71 | 3.48 | 3.33 | 3.22 | 3.14 | 3.07 | 3.02 | 2.98 | 2.91 | 2.86 | 2.83 | 2.80 | 2.77 |
| 11 | 4.84 | 3.98 | 3.59 | 3.36 | 3.20 | 3.09 | 3.01 | 2.95 | 2.90 | 2.85 | 2.79 | 2.74 | 2.70 | 2.67 | 2.65 |
| 12 | 4.75 | 3.89 | 3.49 | 3.26 | 3.11 | 3.00 | 2.91 | 2.85 | 2.80 | 2.75 | 2.69 | 2.64 | 2.60 | 2.57 | 2.54 |
| 13 | 4.67 | 3.81 | 3.41 | 3.18 | 3.03 | 2.92 | 2.83 | 2.77 | 2.71 | 2.67 | 2.60 | 2.55 | 2.51 | 2.48 | 2.46 |
| 14 | 4.60 | 3.74 | 3.34 | 3.11 | 2.96 | 2.85 | 2.76 | 2.70 | 2.65 | 2.60 | 2.53 | 2.48 | 2.44 | 2.41 | 2.39 |
| 15 | 4.54 | 3.68 | 3.29 | 3.06 | 2.90 | 2.79 | 2.71 | 2.64 | 2.59 | 2.54 | 2.48 | 2.42 | 2.38 | 2.35 | 2.33 |
| 16 | 4.49 | 3.63 | 3.24 | 3.01 | 2.85 | 2.74 | 2.66 | 2.59 | 2.54 | 2.49 | 2.42 | 2.37 | 2.33 | 2.30 | 2.28 |
| 17 | 4.45 | 3.59 | 3.20 | 2.96 | 2.81 | 2.70 | 2.61 | 2.55 | 2.49 | 2.45 | 2.38 | 2.33 | 2.29 | 2.26 | 2.23 |
| 18 | 4.41 | 3.55 | 3.16 | 2.93 | 2.77 | 2.66 | 2.58 | 2.51 | 2.46 | 2.41 | 2.34 | 2.29 | 2.25 | 2.22 | 2.19 |

续表

| $\nu_2$ | \multicolumn{15}{c}{$\nu_1$} | | | | | | | | | | | | | | |
|---|---|---|---|---|---|---|---|---|---|---|---|---|---|---|---|
| | 1 | 2 | 3 | 4 | 5 | 6 | 7 | 8 | 9 | 10 | 12 | 14 | 15 | 18 | 20 |
| 19 | 4.38 | 3.52 | 3.13 | 2.90 | 2.74 | 2.63 | 2.54 | 2.48 | 2.42 | 2.38 | 2.31 | 2.26 | 2.21 | 2.18 | 2.16 |
| 20 | 4.35 | 3.49 | 3.10 | 2.87 | 2.71 | 2.60 | 2.51 | 2.45 | 2.39 | 2.35 | 2.28 | 2.22 | 2.18 | 2.15 | 2.12 |
| 21 | 4.32 | 3.47 | 3.07 | 2.84 | 2.68 | 2.57 | 2.49 | 2.42 | 2.37 | 2.32 | 2.25 | 2.20 | 2.16 | 2.12 | 2.10 |
| 22 | 4.30 | 3.44 | 3.05 | 2.82 | 2.66 | 2.55 | 2.46 | 2.40 | 2.34 | 2.30 | 2.23 | 2.17 | 2.13 | 2.10 | 2.07 |
| 23 | 4.28 | 3.42 | 3.03 | 2.80 | 2.64 | 2.53 | 2.44 | 2.37 | 2.32 | 2.27 | 2.20 | 2.15 | 2.11 | 2.07 | 2.05 |
| 24 | 4.26 | 3.40 | 3.01 | 2.78 | 2.62 | 2.51 | 2.42 | 2.36 | 2.30 | 2.25 | 2.18 | 2.13 | 2.09 | 2.05 | 2.03 |
| 25 | 4.24 | 3.39 | 2.99 | 2.76 | 2.60 | 2.49 | 2.40 | 2.34 | 2.28 | 2.24 | 2.16 | 2.11 | 2.07 | 2.04 | 2.01 |
| 26 | 4.23 | 3.37 | 2.98 | 2.74 | 2.59 | 2.47 | 2.39 | 2.32 | 2.27 | 2.22 | 2.15 | 2.09 | 2.05 | 2.02 | 1.99 |
| 27 | 4.21 | 3.35 | 2.96 | 2.73 | 2.57 | 2.46 | 2.37 | 2.31 | 2.25 | 2.20 | 2.13 | 2.08 | 2.04 | 2.00 | 1.97 |
| 28 | 4.20 | 3.34 | 2.95 | 2.71 | 2.56 | 2.45 | 2.36 | 2.29 | 2.24 | 2.19 | 2.12 | 2.06 | 2.02 | 1.99 | 1.96 |
| 29 | 4.18 | 3.33 | 2.93 | 2.70 | 2.55 | 2.43 | 2.35 | 2.28 | 2.22 | 2.18 | 2.10 | 2.05 | 2.01 | 1.97 | 1.94 |
| 30 | 4.17 | 3.32 | 2.92 | 2.69 | 2.53 | 2.42 | 2.33 | 2.27 | 2.21 | 2.16 | 2.09 | 2.04 | 1.99 | 1.96 | 1.93 |
| 32 | 4.15 | 3.29 | 2.90 | 2.67 | 2.51 | 2.40 | 2.31 | 2.24 | 2.19 | 2.14 | 2.07 | 2.01 | 1.97 | 1.94 | 1.91 |
| 34 | 4.13 | 3.28 | 2.88 | 2.65 | 2.49 | 2.38 | 2.29 | 2.23 | 2.17 | 2.12 | 2.05 | 1.99 | 1.95 | 1.92 | 1.89 |
| 36 | 4.11 | 3.26 | 2.87 | 2.63 | 2.48 | 2.36 | 2.28 | 2.21 | 2.15 | 2.11 | 2.03 | 1.98 | 1.93 | 1.90 | 1.87 |
| 38 | 4.10 | 3.24 | 2.85 | 2.62 | 2.46 | 2.35 | 2.26 | 2.19 | 2.14 | 2.09 | 2.02 | 1.96 | 1.92 | 1.88 | 1.85 |
| 40 | 4.08 | 3.23 | 2.84 | 2.61 | 2.45 | 2.34 | 2.25 | 2.18 | 2.12 | 2.08 | 2.00 | 1.95 | 1.90 | 1.87 | 1.84 |
| 42 | 4.07 | 3.22 | 2.83 | 2.59 | 2.44 | 2.32 | 2.24 | 2.17 | 2.11 | 2.06 | 1.99 | 1.93 | 1.89 | 1.86 | 1.83 |
| 44 | 4.06 | 3.21 | 2.82 | 2.58 | 2.43 | 2.31 | 2.23 | 2.16 | 2.10 | 2.05 | 1.98 | 1.92 | 1.88 | 1.84 | 1.81 |
| 46 | 4.05 | 3.20 | 2.81 | 2.57 | 2.42 | 2.30 | 2.22 | 2.15 | 2.09 | 2.04 | 1.97 | 1.91 | 1.87 | 1.83 | 1.80 |
| 48 | 4.04 | 3.19 | 2.80 | 2.57 | 2.41 | 2.29 | 2.21 | 2.14 | 2.08 | 2.03 | 1.96 | 1.90 | 1.86 | 1.82 | 1.79 |
| 50 | 4.03 | 3.18 | 2.79 | 2.56 | 2.40 | 2.29 | 2.20 | 2.13 | 2.07 | 2.03 | 1.95 | 1.89 | 1.85 | 1.81 | 1.78 |
| 60 | 4.00 | 3.15 | 2.76 | 2.53 | 2.37 | 2.25 | 2.17 | 2.10 | 2.04 | 1.99 | 1.92 | 1.86 | 1.82 | 1.78 | 1.75 |
| 80 | 3.96 | 3.11 | 2.72 | 2.49 | 2.33 | 2.21 | 2.13 | 2.06 | 2.00 | 1.95 | 1.88 | 1.82 | 1.77 | 1.73 | 1.70 |
| 100 | 3.94 | 3.09 | 2.70 | 2.46 | 2.31 | 2.19 | 2.10 | 2.03 | 1.97 | 1.93 | 1.85 | 1.79 | 1.75 | 1.71 | 1.68 |

# 附表5 $\chi^2$分布界值表

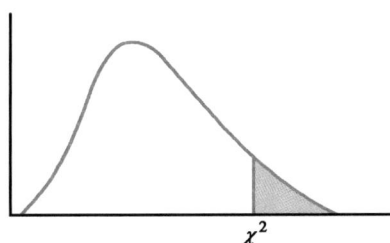

| 自由度 | 概率，$P$ | | | | | | | | | | | | |
|---|---|---|---|---|---|---|---|---|---|---|---|---|---|
| $\nu$ | 0.995 | 0.990 | 0.975 | 0.950 | 0.900 | 0.750 | 0.500 | 0.250 | 0.100 | 0.050 | 0.025 | 0.010 | 0.005 |
| 1 | | | | | 0.02 | 0.10 | 0.45 | 1.32 | 2.71 | 3.84 | 5.02 | 6.63 | 7.88 |
| 2 | 0.01 | 0.02 | 0.05 | 0.10 | 0.21 | 0.58 | 1.39 | 2.77 | 4.61 | 5.99 | 7.38 | 9.21 | 10.60 |
| 3 | 0.07 | 0.11 | 0.22 | 0.35 | 0.58 | 1.21 | 2.37 | 4.11 | 6.25 | 7.81 | 9.35 | 11.34 | 12.84 |
| 4 | 0.21 | 0.30 | 0.48 | 0.71 | 1.06 | 1.92 | 3.36 | 5.39 | 7.78 | 9.49 | 11.14 | 13.28 | 14.86 |
| 5 | 0.41 | 0.55 | 0.83 | 1.15 | 1.61 | 2.67 | 4.35 | 6.63 | 9.24 | 11.07 | 12.83 | 15.09 | 16.75 |
| 6 | 0.68 | 0.87 | 1.24 | 1.64 | 2.20 | 3.45 | 5.35 | 7.84 | 10.64 | 12.59 | 14.45 | 16.81 | 18.55 |
| 7 | 0.99 | 1.24 | 1.69 | 2.17 | 2.83 | 4.25 | 6.35 | 9.04 | 12.02 | 14.07 | 16.01 | 18.48 | 20.28 |
| 8 | 1.34 | 1.65 | 2.18 | 2.73 | 3.49 | 5.07 | 7.34 | 10.22 | 13.36 | 15.51 | 17.53 | 20.09 | 21.95 |
| 9 | 1.73 | 2.09 | 2.70 | 3.33 | 4.17 | 5.90 | 8.34 | 11.39 | 14.68 | 16.92 | 19.02 | 21.67 | 23.59 |
| 10 | 2.16 | 2.56 | 3.25 | 3.94 | 4.87 | 6.74 | 9.34 | 12.55 | 15.99 | 18.31 | 20.48 | 23.21 | 25.19 |
| 11 | 2.60 | 3.05 | 3.82 | 4.57 | 5.58 | 7.58 | 10.34 | 13.70 | 17.28 | 19.68 | 21.92 | 24.72 | 26.76 |
| 12 | 3.07 | 3.57 | 4.40 | 5.23 | 6.30 | 8.44 | 11.34 | 14.85 | 18.55 | 21.03 | 23.34 | 26.22 | 28.30 |
| 13 | 3.57 | 4.11 | 5.01 | 5.89 | 7.04 | 9.30 | 12.34 | 15.98 | 19.81 | 22.36 | 24.74 | 27.69 | 29.82 |
| 14 | 4.07 | 4.66 | 5.63 | 6.57 | 7.79 | 10.17 | 13.34 | 17.12 | 21.06 | 23.68 | 26.12 | 29.14 | 31.32 |
| 15 | 4.60 | 5.23 | 6.26 | 7.26 | 8.55 | 11.04 | 14.34 | 18.25 | 22.31 | 25.00 | 27.49 | 30.58 | 32.80 |
| 16 | 5.14 | 5.81 | 6.91 | 7.96 | 9.31 | 11.91 | 15.34 | 19.37 | 23.54 | 26.30 | 28.85 | 32.00 | 34.27 |
| 17 | 5.70 | 6.41 | 7.56 | 8.67 | 10.09 | 12.79 | 16.34 | 20.49 | 24.77 | 27.59 | 30.19 | 33.41 | 35.72 |
| 18 | 6.26 | 7.01 | 8.23 | 9.39 | 10.86 | 13.68 | 17.34 | 21.60 | 25.99 | 28.87 | 31.53 | 34.81 | 37.16 |
| 19 | 6.84 | 7.63 | 8.91 | 10.12 | 11.65 | 14.56 | 18.34 | 22.72 | 27.20 | 30.14 | 32.85 | 36.19 | 38.58 |
| 20 | 7.43 | 8.26 | 9.59 | 10.85 | 12.44 | 15.45 | 19.34 | 23.83 | 28.41 | 31.41 | 34.17 | 37.57 | 40.00 |
| 21 | 8.03 | 8.90 | 10.28 | 11.59 | 13.24 | 16.34 | 20.34 | 24.93 | 29.62 | 32.67 | 35.48 | 38.93 | 41.40 |
| 22 | 8.64 | 9.54 | 10.98 | 12.34 | 14.04 | 17.24 | 21.34 | 26.04 | 30.81 | 33.92 | 36.78 | 40.29 | 42.80 |
| 23 | 9.26 | 10.20 | 11.69 | 13.09 | 14.85 | 18.14 | 22.34 | 27.14 | 32.01 | 35.17 | 38.08 | 41.64 | 44.18 |
| 24 | 9.89 | 10.86 | 12.40 | 13.85 | 15.66 | 19.04 | 23.34 | 28.24 | 33.20 | 36.42 | 39.36 | 42.98 | 45.56 |

| 自由度 | | | | | | 概率，$P$ | | | | | | | |
|---|---|---|---|---|---|---|---|---|---|---|---|---|---|
| $\nu$ | 0.995 | 0.990 | 0.975 | 0.950 | 0.900 | 0.750 | 0.500 | 0.250 | 0.100 | 0.050 | 0.025 | 0.010 | 0.005 |
| 25 | 10.52 | 11.52 | 13.12 | 14.61 | 16.47 | 19.94 | 24.34 | 29.34 | 34.38 | 37.65 | 40.65 | 44.31 | 46.93 |
| 26 | 11.16 | 12.20 | 13.84 | 15.38 | 17.29 | 20.84 | 25.34 | 30.43 | 35.56 | 38.89 | 41.92 | 45.64 | 48.29 |
| 27 | 11.81 | 12.88 | 14.57 | 16.15 | 18.11 | 21.75 | 26.34 | 31.53 | 36.74 | 40.11 | 43.19 | 46.96 | 49.64 |
| 28 | 12.46 | 13.56 | 15.31 | 16.93 | 18.94 | 22.66 | 27.34 | 32.62 | 37.92 | 41.34 | 44.46 | 48.28 | 50.99 |
| 29 | 13.12 | 14.26 | 16.05 | 17.71 | 19.77 | 23.57 | 28.34 | 33.71 | 39.09 | 42.56 | 45.72 | 49.59 | 52.34 |
| 30 | 13.79 | 14.95 | 16.79 | 18.49 | 20.60 | 24.48 | 29.34 | 34.80 | 40.26 | 43.77 | 46.98 | 50.89 | 53.67 |
| 40 | 20.71 | 22.16 | 24.43 | 26.51 | 29.05 | 33.66 | 39.34 | 45.62 | 51.81 | 55.76 | 59.34 | 63.69 | 66.77 |
| 50 | 27.99 | 29.71 | 32.36 | 34.76 | 37.69 | 42.94 | 49.33 | 56.33 | 63.17 | 67.50 | 71.42 | 76.15 | 79.49 |
| 60 | 35.53 | 37.48 | 40.48 | 43.19 | 46.46 | 52.29 | 59.33 | 66.98 | 74.40 | 79.08 | 83.30 | 88.38 | 91.95 |
| 70 | 43.28 | 45.44 | 48.76 | 51.74 | 55.33 | 61.70 | 69.33 | 77.58 | 85.53 | 90.53 | 95.02 | 100.43 | 104.21 |
| 80 | 51.17 | 53.54 | 57.15 | 60.39 | 64.28 | 71.14 | 79.33 | 88.13 | 96.58 | 101.88 | 106.63 | 112.33 | 116.32 |
| 90 | 59.20 | 61.75 | 65.65 | 69.13 | 73.29 | 80.62 | 89.33 | 98.65 | 107.57 | 113.15 | 118.14 | 124.12 | 128.30 |
| 100 | 67.33 | 70.06 | 74.22 | 77.93 | 82.36 | 90.13 | 99.33 | 109.14 | 118.50 | 124.34 | 129.56 | 135.81 | 140.17 |

## 附表 6　$T$ 界值表（用于配对比较的 Wilcoxon 符号秩和检验）

| $n$ | | 概率，$P$ | | | |
|---|---|---|---|---|---|
| | 单侧： | 0.05 | 0.025 | 0.01 | 0.005 |
| | 双侧： | 0.10 | 0.050 | 0.02 | 0.010 |
| 5 | | 0~15 | | | |
| 6 | | 2~19 | 0~21 | | |
| 7 | | 3~25 | 2~26 | 0~28 | |
| 8 | | 5~31 | 3~33 | 1~35 | 0~36 |
| 9 | | 8~37 | 5~40 | 3~42 | 1~44 |
| 10 | | 10~45 | 8~47 | 5~50 | 3~52 |
| 11 | | 13~53 | 10~56 | 7~59 | 5~61 |
| 12 | | 17~61 | 13~65 | 9~69 | 7~71 |
| 13 | | 21~70 | 17~74 | 12~79 | 9~82 |
| 14 | | 25~80 | 21~84 | 15~90 | 12~93 |
| 15 | | 30~90 | 25~95 | 19~101 | 15~105 |
| 16 | | 35~101 | 29~107 | 23~113 | 19~117 |
| 17 | | 41~112 | 34~119 | 27~126 | 23~130 |
| 18 | | 47~124 | 40~131 | 32~139 | 27~144 |

续表

| $n$ | | 概率,$P$ | | | |
|---|---|---|---|---|---|
| | 单侧: | 0.05 | 0.025 | 0.01 | 0.005 |
| | 双侧: | 0.10 | 0.050 | 0.02 | 0.010 |
| 19 | | 53~137 | 46~144 | 37~153 | 32~158 |
| 20 | | 60~150 | 52~158 | 43~167 | 37~173 |
| 21 | | 67~164 | 58~173 | 49~182 | 42~189 |
| 22 | | 75~178 | 65~188 | 55~198 | 48~205 |
| 23 | | 83~193 | 73~203 | 62~214 | 54~222 |
| 24 | | 91~209 | 81~219 | 69~231 | 61~239 |
| 25 | | 100~225 | 89~236 | 76~249 | 68~257 |
| 26 | | 110~241 | 98~253 | 84~267 | 75~276 |
| 27 | | 119~259 | 107~271 | 92~286 | 83~295 |
| 28 | | 130~276 | 116~290 | 101~305 | 91~315 |
| 29 | | 140~295 | 126~309 | 110~325 | 100~335 |
| 30 | | 151~314 | 137~328 | 120~345 | 109~356 |
| 31 | | 163~333 | 147~349 | 130~366 | 118~378 |
| 32 | | 175~353 | 159~369 | 140~388 | 128~400 |
| 33 | | 187~374 | 170~391 | 151~410 | 138~423 |
| 34 | | 200~395 | 182~413 | 162~433 | 148~447 |
| 35 | | 213~417 | 195~435 | 173~457 | 159~471 |
| 36 | | 227~439 | 208~458 | 185~481 | 171~495 |
| 37 | | 241~462 | 221~482 | 198~505 | 182~521 |
| 38 | | 256~485 | 235~506 | 211~530 | 194~547 |
| 39 | | 271~509 | 249~531 | 224~556 | 207~573 |
| 40 | | 286~534 | 264~556 | 238~582 | 220~600 |
| 41 | | 302~559 | 279~582 | 252~609 | 233~628 |
| 42 | | 319~584 | 294~609 | 266~637 | 247~656 |
| 43 | | 336~610 | 310~636 | 281~665 | 261~685 |
| 44 | | 353~637 | 327~663 | 296~694 | 276~714 |
| 45 | | 371~664 | 343~692 | 312~723 | 291~744 |
| 46 | | 389~692 | 361~720 | 328~753 | 307~774 |
| 47 | | 407~721 | 378~750 | 345~783 | 322~806 |
| 48 | | 426~750 | 396~780 | 362~814 | 339~837 |
| 49 | | 446~779 | 415~810 | 379~846 | 355~870 |
| 50 | | 466~809 | 434~841 | 397~878 | 373~902 |

## 附表 7　T 界值表（两样本比较的秩和检验用）

| | 单侧 | 双侧 |
|---|---|---|
| 1行 | P=0.05 | P=0.10 |
| 2行 | P=0.025 | P=0.05 |
| 3行 | P=0.01 | P=0.02 |
| 4行 | P=0.005 | P=0.01 |

| $n_1$（较小$n$） | —— $n_2-n_1$ | | | | | | | | | | |
|---|---|---|---|---|---|---|---|---|---|---|---|
| | 0 | 1 | 2 | 3 | 4 | 5 | 6 | 7 | 8 | 9 | 10 |
| 2 | | | | 3~13 | 3~15 | 3~17 | 4~18 | 4~20 | 4~22 | 4~24 | 5~25 |
| | | | | | | 3~19 | 3~21 | 3~23 | 3~25 | 4~26 |
| 3 | 6~15 | 6~18 | 7~20 | 8~22 | 8~25 | 9~27 | 10~29 | 10~32 | 11~34 | 11~37 | 12~39 |
| | | | 6~21 | 7~23 | 7~26 | 8~28 | 8~31 | 9~33 | 9~36 | 10~38 | 10~41 |
| | | | | | 6~27 | 6~30 | 7~32 | 7~35 | 7~38 | 8~40 | 8~43 |
| | | | | | | | 6~33 | 6~36 | 6~39 | 7~41 | 7~44 |
| 4 | 11~25 | 12~28 | 13~31 | 14~34 | 15~37 | 16~40 | 17~43 | 18~46 | 19~49 | 20~52 | 21~55 |
| | 10~26 | 11~29 | 12~32 | 13~35 | 14~38 | 14~42 | 15~45 | 16~48 | 17~51 | 18~54 | 19~57 |
| | | 10~30 | 11~33 | 11~37 | 12~40 | 13~43 | 13~47 | 14~50 | 15~53 | 15~57 | 16~60 |
| | | | 10~34 | 10~38 | 11~41 | 11~45 | 12~48 | 12~52 | 13~55 | 13~59 | 14~62 |
| 5 | 19~36 | 20~40 | 21~44 | 23~47 | 24~51 | 26~54 | 27~58 | 28~62 | 30~65 | 31~69 | 33~72 |
| | 17~38 | 18~42 | 20~45 | 21~49 | 22~53 | 23~57 | 24~61 | 26~64 | 27~68 | 28~72 | 29~76 |
| | 16~39 | 17~43 | 18~47 | 19~51 | 20~55 | 21~59 | 22~63 | 23~67 | 24~71 | 25~75 | 26~79 |
| | 15~40 | 16~44 | 16~49 | 17~53 | 18~57 | 19~61 | 20~65 | 21~69 | 22~73 | 22~78 | 23~82 |

T=15

续表

| $n_1$ (较小$n$) | $n_2-n_1$ | | | | | | | | | | |
|---|---|---|---|---|---|---|---|---|---|---|---|
| | 0 | 1 | 2 | 3 | 4 | 5 | 6 | 7 | 8 | 9 | 10 |
| 6 | 28~50 | 29~55 | 31~59 | 33~63 | 35~67 | 37~71 | 38~76 | 40~80 | 42~84 | 44~88 | 46~92 |
| | 26~52 | 27~57 | 29~61 | 31~65 | 32~70 | 34~74 | 35~79 | 37~83 | 38~88 | 40~92 | 42~96 |
| | 24~54 | 25~59 | 27~63 | 28~68 | 29~73 | 30~78 | 32~82 | 33~87 | 34~92 | 36~96 | 37~101 |
| | 23~55 | 24~60 | 25~65 | 26~70 | 27~75 | 28~80 | 30~84 | 31~89 | 32~94 | 33~99 | 34~104 |
| 7 | 39~66 | 41~71 | 43~76 | 45~81 | 47~86 | 49~91 | 52~95 | 54~100 | 56~105 | 58~110 | 61~114 |
| | 36~69 | 38~74 | 40~79 | 42~84 | 44~89 | 46~94 | 48~99 | 50~104 | 52~109 | 54~114 | 56~119 |
| | 34~71 | 35~77 | 37~82 | 39~87 | 40~93 | 42~98 | 44~103 | 45~109 | 47~114 | 49~119 | 51~124 |
| | 32~73 | 34~78 | 35~84 | 37~89 | 38~95 | 40~100 | 41~106 | 43~111 | 44~117 | 45~122 | 47~128 |
| 8 | 51~85 | 54~90 | 56~96 | 59~101 | 62~106 | 64~112 | 67~117 | 69~123 | 72~128 | 75~133 | 77~139 |
| | 49~87 | 51~93 | 53~99 | 55~105 | 58~110 | 60~116 | 62~122 | 65~127 | 67~133 | 70~138 | 72~144 |
| | 45~91 | 47~97 | 49~103 | 51~109 | 53~115 | 56~120 | 58~126 | 60~132 | 62~138 | 64~144 | 66~150 |
| | 43~93 | 45~99 | 47~105 | 49~111 | 51~117 | 53~123 | 54~130 | 56~136 | 58~142 | 60~148 | 62~154 |
| 9 | 66~105 | 69~111 | 72~117 | 75~123 | 78~129 | 81~135 | 84~141 | 87~147 | 90~153 | 93~159 | 96~165 |
| | 62~109 | 65~115 | 68~121 | 71~127 | 73~134 | 76~140 | 79~146 | 82~152 | 84~159 | 87~165 | 90~171 |
| | 59~112 | 61~119 | 63~126 | 66~132 | 68~139 | 71~145 | 73~152 | 76~158 | 78~165 | 81~171 | 83~178 |
| | 56~115 | 58~122 | 61~128 | 63~135 | 65~142 | 67~142 | 69~156 | 72~162 | 74~169 | 76~176 | 78~183 |
| 10 | 82~128 | 86~134 | 89~141 | 92~148 | 96~154 | 99~161 | 103~167 | 106~174 | 110~180 | 113~187 | 117~193 |
| | 78~132 | 81~139 | 84~146 | 88~152 | 91~159 | 94~166 | 97~173 | 100~180 | 103~187 | 107~193 | 110~200 |
| | 74~136 | 77~143 | 79~151 | 82~158 | 85~165 | 88~172 | 91~179 | 93~187 | 96~194 | 99~201 | 102~208 |
| | 71~139 | 73~147 | 76~154 | 79~161 | 81~169 | 84~176 | 86~184 | 89~191 | 92~198 | 94~206 | 97~213 |

## 附表8　H界值表（用于三组比较的Kruskal-Wallis H检验）

| n | n<br>$n_1$ | n<br>$n_2$ | n<br>$n_3$ | 概率, P<br>0.10 | 概率, P<br>0.05 | 概率, P<br>0.025 | 概率, P<br>0.01 | 概率, P<br>0.001 |
|---|---|---|---|---|---|---|---|---|
| 8 | 5 | 2 | 1 | 4.200 | 5.000 | | | |
|   | 4 | 2 | 2 | 4.458 | 5.333 | 5.500 | | |
|   | 4 | 3 | 1 | 4.056 | 5.208 | 5.833 | | |
|   | 3 | 3 | 2 | 4.556 | 5.361 | 5.556 | | |
| 9 | 7 | 1 | 1 | 4.247 | | | | |
|   | 6 | 2 | 1 | 4.200 | 4.822 | 5.600 | | |
|   | 5 | 2 | 2 | 4.373 | 5.160 | 6.000 | 6.533 | |
|   | 5 | 3 | 1 | 4.018 | 4.960 | 6.044 | | |
|   | 4 | 3 | 2 | 4.511 | 5.444 | 6.000 | 6.444 | |
|   | 4 | 4 | 1 | 4.167 | 4.967 | 6.167 | | |
|   | 3 | 3 | 3 | 4.622 | 5.600 | 5.956 | 7.200 | |
| 10 | 8 | 1 | 1 | 4.418 | | | | |
|   | 7 | 2 | 1 | 4.200 | 4.706 | 5.727 | | |
|   | 6 | 2 | 2 | 4.545 | 5.345 | 5.745 | 6.655 | |
|   | 6 | 3 | 1 | 3.909 | 4.855 | 5.945 | 6.873 | |
|   | 5 | 3 | 2 | 4.651 | 5.251 | 6.004 | 6.909 | |
|   | 5 | 4 | 1 | 3.987 | 4.985 | 5.858 | 6.955 | |
|   | 4 | 3 | 3 | 4.709 | 5.791 | 6.155 | 6.745 | |
|   | 4 | 4 | 2 | 4.555 | 5.455 | 6.327 | 7.036 | |
| 11 | 8 | 2 | 1 | 4.011 | 4.909 | 5.420 | | |
|   | 7 | 2 | 2 | 4.526 | 5.143 | 5.818 | 7.000 | |
|   | 7 | 3 | 1 | 4.173 | 4.952 | 5.758 | 7.030 | |
|   | 6 | 3 | 2 | 4.682 | 5.348 | 6.136 | 6.970 | |
|   | 6 | 4 | 1 | 4.038 | 4.947 | 5.856 | 7.106 | |
|   | 5 | 3 | 3 | 4.533 | 5.648 | 6.315 | 7.079 | 8.727 |
|   | 5 | 4 | 2 | 4.541 | 5.273 | 6.068 | 7.205 | 8.591 |
|   | 5 | 5 | 1 | 4.109 | 5.127 | 6.000 | 7.309 | |
|   | 4 | 4 | 3 | 4.545 | 5.598 | 6.394 | 7.144 | 8.909 |
| 12 | 8 | 2 | 2 | 4.587 | 5.356 | 5.817 | 6.663 | |
|   | 8 | 3 | 1 | 4.010 | 4.881 | 6.064 | 6.804 | |
|   | 7 | 3 | 2 | 4.582 | 5.357 | 6.201 | 6.839 | 8.654 |
|   | 7 | 4 | 1 | 4.121 | 4.986 | 5.791 | 6.986 | |
|   | 6 | 3 | 3 | 4.590 | 5.615 | 6.436 | 7.410 | 8.692 |
|   | 6 | 4 | 2 | 4.494 | 5.340 | 6.186 | 7.340 | 8.827 |

| $n$ | $n$ | | | 概率，$P$ | | | | |
|---|---|---|---|---|---|---|---|---|
| | $n_1$ | $n_2$ | $n_3$ | 0.10 | 0.05 | 0.025 | 0.01 | 0.001 |
| 12 | 6 | 5 | 1 | 4.128 | 4.990 | 5.951 | 7.182 | |
| | 5 | 4 | 3 | 4.549 | 5.656 | 6.410 | 7.445 | 8.795 |
| | 5 | 5 | 2 | 4.623 | 5.338 | 6.346 | 7.338 | 8.938 |
| 13 | 4 | 4 | 4 | 4.654 | 5.692 | 6.615 | 7.654 | 9.269 |
| | 8 | 3 | 2 | 4.451 | 5.316 | 6.195 | 7.022 | 8.791 |
| | 8 | 4 | 1 | 4.038 | 5.044 | 5.885 | 6.973 | 8.901 |
| | 7 | 3 | 3 | 4.603 | 5.620 | 6.449 | 7.228 | 9.262 |
| | 7 | 4 | 2 | 4.549 | 5.376 | 6.184 | 7.321 | 9.198 |
| | 7 | 5 | 1 | 4.035 | 5.064 | 5.953 | 7.061 | 9.178 |
| | 6 | 4 | 3 | 4.604 | 5.610 | 6.538 | 7.500 | 9.170 |
| | 6 | 5 | 2 | 4.596 | 5.338 | 6.196 | 7.376 | 9.189 |
| | 6 | 6 | 1 | 4.000 | 4.945 | 5.923 | 7.121 | 9.692 |
| | 5 | 4 | 4 | 4.668 | 5.657 | 6.673 | 7.760 | 9.168 |
| | 5 | 5 | 3 | 4.545 | 5.705 | 6.549 | 7.578 | 9.284 |
| 14 | 8 | 3 | 3 | 4.543 | 5.617 | 6.588 | 7.350 | 9.426 |
| | 8 | 4 | 2 | 4.500 | 5.393 | 6.193 | 7.350 | 9.293 |
| | 8 | 5 | 1 | 3.967 | 4.869 | 5.864 | 7.110 | 9.579 |
| | 7 | 4 | 3 | 4.527 | 5.623 | 6.578 | 7.550 | 9.670 |
| | 7 | 5 | 2 | 4.485 | 5.393 | 6.221 | 7.450 | 9.640 |
| | 7 | 6 | 1 | 4.033 | 5.067 | 6.067 | 7.254 | 9.747 |
| | 6 | 4 | 4 | 4.595 | 5.681 | 6.667 | 7.795 | 9.681 |
| | 6 | 5 | 3 | 4.535 | 5.602 | 6.667 | 7.590 | 9.669 |
| | 6 | 6 | 2 | 4.438 | 5.410 | 6.210 | 7.467 | 9.752 |
| | 5 | 5 | 4 | 4.523 | 5.666 | 6.760 | 7.823 | 9.606 |
| 15 | 8 | 4 | 3 | 4.529 | 5.623 | 6.562 | 7.585 | 9.742 |
| | 8 | 5 | 2 | 4.466 | 5.415 | 6.260 | 7.440 | 9.781 |
| | 8 | 6 | 1 | 4.015 | 5.015 | 5.933 | 7.256 | 9.840 |
| | 7 | 4 | 4 | 4.562 | 5.650 | 6.707 | 7.841 | 9.841 |
| | 7 | 5 | 3 | 4.535 | 5.607 | 6.627 | 7.697 | 9.874 |
| | 7 | 6 | 2 | 4.500 | 5.357 | 6.223 | 7.490 | 10.060 |
| | 7 | 7 | 1 | 3.986 | 4.986 | 6.057 | 7.157 | 9.871 |
| | 6 | 5 | 4 | 4.522 | 5.661 | 6.750 | 7.936 | 9.961 |
| | 6 | 6 | 3 | 4.558 | 5.625 | 6.725 | 7.752 | 10.150 |
| | 5 | 5 | 5 | 4.560 | 5.780 | 6.740 | 8.000 | 9.920 |
| 16 | 8 | 4 | 4 | 4.561 | 5.779 | 6.750 | 7.853 | 10.010 |
| | 8 | 5 | 3 | 4.514 | 5.614 | 6.614 | 7.706 | 10.040 |
| | 8 | 6 | 2 | 4.463 | 5.404 | 6.294 | 7.522 | 10.110 |
| | 8 | 7 | 1 | 4.045 | 5.041 | 6.047 | 7.308 | 10.030 |

续表

| $n$ | $n_1$ | $n_2$ | $n_3$ | 概率,$P$ | | | | |
|---|---|---|---|---|---|---|---|---|
| | | | | 0.10 | 0.05 | 0.025 | 0.01 | 0.001 |
| 16 | 7 | 5 | 4 | 4.542 | 5.733 | 6.738 | 7.931 | 10.160 |
| | 7 | 6 | 3 | 4.550 | 5.689 | 6.694 | 7.756 | 10.260 |
| | 7 | 7 | 2 | 4.491 | 5.398 | 6.328 | 7.491 | 10.240 |
| | 6 | 5 | 5 | 4.547 | 5.729 | 6.788 | 8.028 | 10.290 |
| | 6 | 6 | 4 | 4.548 | 5.724 | 6.812 | 8.000 | 10.340 |
| 17 | 8 | 5 | 4 | 4.549 | 5.718 | 6.782 | 7.992 | 10.290 |
| | 8 | 6 | 3 | 4.575 | 5.678 | 6.658 | 7.796 | 10.370 |
| | 8 | 7 | 2 | 4.451 | 5.403 | 6.339 | 7.751 | 10.360 |
| | 8 | 8 | 1 | 4.044 | 5.039 | 6.005 | 7.314 | 10.160 |
| | 7 | 5 | 5 | 4.571 | 5.708 | 6.835 | 8.108 | 10.450 |
| | 7 | 6 | 4 | 4.562 | 5.706 | 6.787 | 8.039 | 10.460 |
| | 7 | 7 | 3 | 4.613 | 5.688 | 6.708 | 7.810 | 10.450 |
| | 6 | 6 | 5 | 4.542 | 5.765 | 6.848 | 8.124 | 10.520 |
| 18 | 8 | 5 | 5 | 4.555 | 5.769 | 6.843 | 8.116 | 10.640 |
| | 8 | 6 | 4 | 4.563 | 5.743 | 6.795 | 8.045 | 10.630 |
| | 8 | 7 | 3 | 4.556 | 5.698 | 6.671 | 7.827 | 10.540 |
| | 8 | 8 | 2 | 4.509 | 5.408 | 6.351 | 7.654 | 10.460 |
| | 7 | 6 | 5 | 4.560 | 5.770 | 6.857 | 8.157 | 10.750 |
| | 7 | 7 | 4 | 4.563 | 5.766 | 6.788 | 8.142 | 10.690 |
| | 6 | 6 | 6 | 4.643 | 5.801 | 6.889 | 8.222 | 10.890 |
| 19 | 8 | 6 | 5 | 4.550 | 5.750 | 6.867 | 8.226 | 10.890 |
| | 8 | 7 | 4 | 4.548 | 5.759 | 6.837 | 8.118 | 10.840 |
| | 8 | 8 | 3 | 4.555 | 5.734 | 6.682 | 7.889 | 10.690 |
| | 7 | 6 | 6 | 4.530 | 5.730 | 6.897 | 8.257 | 11.000 |
| | 7 | 7 | 5 | 4.546 | 5.746 | 6.886 | 8.257 | 10.290 |
| 20 | 8 | 6 | 6 | 4.599 | 5.770 | 6.932 | 8.313 | 11.100 |
| | 8 | 7 | 5 | 4.551 | 5.782 | 6.884 | 8.242 | 11.030 |
| | 8 | 8 | 4 | 4.579 | 5.743 | 6.886 | 8.168 | 10.970 |
| | 7 | 7 | 6 | 4.568 | 5.793 | 6.927 | 8.345 | 11.130 |
| 21 | 8 | 7 | 6 | 4.553 | 5.781 | 6.917 | 8.333 | 11.280 |
| | 8 | 8 | 5 | 4.573 | 5.761 | 6.920 | 8.297 | 11.180 |
| | 7 | 7 | 7 | 4.594 | 5.818 | 6.954 | 8.378 | 11.320 |
| 22 | 8 | 7 | 7 | 4.585 | 5.802 | 6.980 | 8.363 | 11.420 |
| | 8 | 8 | 6 | 4.572 | 5.779 | 6.953 | 8.367 | 11.370 |
| 23 | 8 | 8 | 7 | 4.571 | 5.791 | 6.980 | 8.419 | 11.550 |
| 24 | 9 | 8 | 8 | 4.595 | 5.805 | 6.995 | 8.465 | 11.700 |
| 27 | 9 | 9 | 9 | 4.582 | 5.845 | 7.041 | 8.564 | 11.950 |
| | $\infty$ | $\infty$ | $\infty$ | 4.605 | 5.991 | 7.378 | 9.210 | 13.820 |

## 附表9 *M* 界值表(用于随机区组设计的 Friedman 秩和检验)

| 处理数 | 区组数 | α=0.10 | α=0.05 | α=0.01 | 处理数 | 区组数 | α=0.10 | α=0.05 | α=0.01 |
|---|---|---|---|---|---|---|---|---|---|
| $k=3$ | 3 | 6.000 | 6.000 | | $k=4$ | 3 | 6.600 | 7.400 | 9.000 |
| | 4 | 6.000 | 6.500 | 8.000 | | 4 | 6.300 | 7.800 | 9.600 |
| | 5 | 5.200 | 6.400 | 8.400 | | 5 | 6.360 | 7.800 | 9.960 |
| | 6 | 5.333 | 7.000 | 9.000 | | 6 | 6.400 | 7.600 | 10.20 |
| | 7 | 5.429 | 7.143 | 8.857 | | 7 | 6.429 | 7.800 | 10.54 |
| | 8 | 5.250 | 6.250 | 9.000 | | 8 | 6.300 | 7.650 | 10.50 |
| | 9 | 5.556 | 6.222 | 9.556 | | 9 | 6.200 | 7.667 | 10.73 |
| | 10 | 5.000 | 6.200 | 9.600 | | 10 | 6.360 | 7.680 | 10.68 |
| | 11 | 5.091 | 6.545 | 9.455 | | 11 | 6.273 | 7.691 | 10.75 |
| | 12 | 5.167 | 6.500 | 9.500 | | 12 | 6.300 | 7.700 | 10.80 |
| | 13 | 4.769 | 6.615 | 9.385 | | 13 | 6.138 | 7.800 | 10.85 |
| | 14 | 5.143 | 6.143 | 9.143 | | 14 | 6.343 | 7.714 | 10.89 |
| | 15 | 4.933 | 6.400 | 8.933 | | 15 | 6.280 | 7.720 | 10.92 |
| | 16 | 4.875 | 6.500 | 9.375 | | 16 | 6.300 | 7.800 | 10.95 |
| | 17 | 5.059 | 6.118 | 9.294 | | 17 | 6.318 | 7.800 | 11.05 |
| | 18 | 4.778 | 6.333 | 9.000 | | 18 | 6.333 | 7.733 | 10.93 |
| | 19 | 5.053 | 6.421 | 9.579 | | 19 | 6.347 | 7.863 | 11.02 |
| | 20 | 4.900 | 6.300 | 9.300 | | 20 | 6.240 | 7.800 | 11.10 |
| | 21 | 4.952 | 6.095 | 9.238 | | ∞ | 6.251 | 7.815 | 11.34 |
| | 22 | 4.727 | 6.091 | 9.091 | $k=5$ | 3 | 7.467 | 8.533 | 10.13 |
| | 23 | 4.957 | 6.348 | 9.391 | | 4 | 7.600 | 8.800 | 11.20 |
| | 24 | 5.083 | 6.250 | 9.250 | | 5 | 7.680 | 8.960 | 11.68 |
| | 25 | 4.880 | 6.080 | 8.960 | | 6 | 7.733 | 9.067 | 11.87 |
| | 26 | 4.846 | 6.077 | 9.308 | | 7 | 7.771 | 9.143 | 12.11 |
| | 27 | 4.741 | 6.000 | 9.407 | | 8 | 7.700 | 9.200 | 12.30 |
| | 28 | 4.571 | 6.500 | 9.214 | | 9 | 7.733 | 9.244 | 12.44 |
| | 29 | 5.034 | 6.276 | 9.172 | | ∞ | 7.779 | 9.488 | 13.28 |
| | 30 | 4.867 | 6.200 | 9.267 | $k=6$ | 3 | 8.714 | 9.857 | 11.76 |
| | 31 | 4.839 | 6.000 | 9.290 | | 4 | 9.000 | 10.29 | 12.71 |
| | 32 | 4.750 | 6.063 | 9.250 | | 5 | 9.000 | 10.49 | 13.23 |
| | 33 | 4.788 | 6.061 | 9.152 | | 6 | 9.048 | 10.57 | 13.62 |
| | 34 | 4.765 | 6.059 | 9.176 | | ∞ | 9.236 | 11.07 | 15.09 |
| | ∞ | 4.605 | 5.991 | 9.210 | | | | | |

## 附表10 r界值表(用于Pearson相关系数检验)

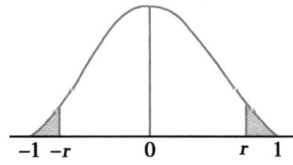

| 自由度 | | 概率,P | | | | | | | | |
|---|---|---|---|---|---|---|---|---|---|---|
| | 单侧: | 0.25 | 0.10 | 0.05 | 0.025 | 0.01 | 0.005 | 0.0025 | 0.001 | 0.0005 |
| $\nu$ | 双侧: | 0.50 | 0.20 | 0.10 | 0.05 | 0.02 | 0.01 | 0.005 | 0.002 | 0.001 |
| 1 | | 0.707 | 0.951 | 0.988 | 0.997 | 1.000 | 1.000 | 1.000 | 1.000 | 1.000 |
| 2 | | 0.500 | 0.800 | 0.900 | 0.950 | 0.980 | 0.990 | 0.995 | 0.998 | 0.999 |
| 3 | | 0.404 | 0.687 | 0.805 | 0.878 | 0.934 | 0.959 | 0.974 | 0.986 | 0.991 |
| 4 | | 0.347 | 0.608 | 0.729 | 0.811 | 0.882 | 0.917 | 0.942 | 0.963 | 0.974 |
| 5 | | 0.309 | 0.551 | 0.669 | 0.754 | 0.833 | 0.875 | 0.906 | 0.935 | 0.951 |
| 6 | | 0.281 | 0.507 | 0.621 | 0.707 | 0.789 | 0.834 | 0.870 | 0.905 | 0.925 |
| 7 | | 0.260 | 0.472 | 0.582 | 0.666 | 0.750 | 0.798 | 0.836 | 0.875 | 0.898 |
| 8 | | 0.242 | 0.443 | 0.549 | 0.632 | 0.715 | 0.765 | 0.805 | 0.847 | 0.872 |
| 9 | | 0.228 | 0.419 | 0.521 | 0.602 | 0.685 | 0.735 | 0.776 | 0.820 | 0.847 |
| 10 | | 0.216 | 0.398 | 0.497 | 0.576 | 0.658 | 0.708 | 0.750 | 0.795 | 0.823 |
| 11 | | 0.206 | 0.380 | 0.476 | 0.553 | 0.634 | 0.684 | 0.726 | 0.772 | 0.801 |
| 12 | | 0.197 | 0.365 | 0.458 | 0.532 | 0.612 | 0.661 | 0.703 | 0.750 | 0.780 |
| 13 | | 0.189 | 0.351 | 0.441 | 0.514 | 0.592 | 0.641 | 0.683 | 0.730 | 0.760 |
| 14 | | 0.182 | 0.338 | 0.426 | 0.497 | 0.574 | 0.623 | 0.664 | 0.711 | 0.742 |
| 15 | | 0.176 | 0.327 | 0.412 | 0.482 | 0.558 | 0.606 | 0.647 | 0.694 | 0.725 |
| 16 | | 0.170 | 0.317 | 0.400 | 0.468 | 0.543 | 0.590 | 0.631 | 0.678 | 0.708 |
| 17 | | 0.165 | 0.308 | 0.389 | 0.456 | 0.529 | 0.575 | 0.616 | 0.662 | 0.693 |
| 18 | | 0.160 | 0.299 | 0.378 | 0.444 | 0.515 | 0.561 | 0.602 | 0.648 | 0.679 |
| 19 | | 0.156 | 0.291 | 0.369 | 0.433 | 0.503 | 0.549 | 0.589 | 0.635 | 0.665 |
| 20 | | 0.152 | 0.284 | 0.360 | 0.423 | 0.492 | 0.537 | 0.576 | 0.622 | 0.652 |
| 21 | | 0.148 | 0.277 | 0.352 | 0.413 | 0.482 | 0.526 | 0.565 | 0.610 | 0.640 |
| 22 | | 0.145 | 0.271 | 0.344 | 0.404 | 0.472 | 0.515 | 0.554 | 0.599 | 0.629 |
| 23 | | 0.141 | 0.265 | 0.337 | 0.396 | 0.462 | 0.505 | 0.543 | 0.588 | 0.618 |
| 24 | | 0.138 | 0.260 | 0.330 | 0.388 | 0.453 | 0.496 | 0.534 | 0.578 | 0.607 |
| 25 | | 0.136 | 0.255 | 0.323 | 0.381 | 0.445 | 0.487 | 0.524 | 0.568 | 0.597 |
| 26 | | 0.133 | 0.250 | 0.317 | 0.374 | 0.437 | 0.479 | 0.515 | 0.559 | 0.588 |

| 自由度 $\nu$ | 概率，$P$ | | | | | | | | |
|---|---|---|---|---|---|---|---|---|---|
| | 单侧： 0.25 | 0.10 | 0.05 | 0.025 | 0.01 | 0.005 | 0.002 5 | 0.001 | 0.000 5 |
| | 双侧： 0.50 | 0.20 | 0.10 | 0.05 | 0.02 | 0.01 | 0.005 | 0.002 | 0.001 |
| 27 | 0.130 | 0.245 | 0.311 | 0.367 | 0.430 | 0.471 | 0.507 | 0.550 | 0.579 |
| 28 | 0.128 | 0.241 | 0.306 | 0.361 | 0.423 | 0.463 | 0.499 | 0.541 | 0.570 |
| 29 | 0.126 | 0.237 | 0.301 | 0.355 | 0.416 | 0.456 | 0.491 | 0.533 | 0.562 |
| 30 | 0.124 | 0.233 | 0.296 | 0.349 | 0.409 | 0.449 | 0.484 | 0.526 | 0.554 |
| 31 | 0.122 | 0.229 | 0.291 | 0.344 | 0.403 | 0.442 | 0.477 | 0.518 | 0.546 |
| 32 | 0.120 | 0.225 | 0.287 | 0.339 | 0.397 | 0.436 | 0.470 | 0.511 | 0.539 |
| 33 | 0.118 | 0.222 | 0.283 | 0.334 | 0.392 | 0.430 | 0.464 | 0.504 | 0.532 |
| 34 | 0.116 | 0.219 | 0.279 | 0.329 | 0.386 | 0.424 | 0.458 | 0.498 | 0.525 |
| 35 | 0.114 | 0.216 | 0.275 | 0.325 | 0.381 | 0.418 | 0.452 | 0.492 | 0.519 |
| 36 | 0.113 | 0.213 | 0.271 | 0.320 | 0.376 | 0.413 | 0.446 | 0.486 | 0.513 |
| 37 | 0.111 | 0.210 | 0.267 | 0.316 | 0.371 | 0.408 | 0.441 | 0.480 | 0.507 |
| 38 | 0.110 | 0.207 | 0.264 | 0.312 | 0.367 | 0.403 | 0.435 | 0.474 | 0.501 |
| 39 | 0.108 | 0.204 | 0.260 | 0.308 | 0.362 | 0.398 | 0.430 | 0.469 | 0.495 |
| 40 | 0.107 | 0.202 | 0.257 | 0.304 | 0.358 | 0.393 | 0.425 | 0.463 | 0.490 |
| 41 | 0.106 | 0.199 | 0.254 | 0.301 | 0.354 | 0.389 | 0.420 | 0.458 | 0.484 |
| 42 | 0.104 | 0.197 | 0.251 | 0.297 | 0.350 | 0.384 | 0.416 | 0.453 | 0.479 |
| 43 | 0.103 | 0.195 | 0.248 | 0.294 | 0.346 | 0.380 | 0.411 | 0.449 | 0.474 |
| 44 | 0.102 | 0.192 | 0.246 | 0.291 | 0.342 | 0.376 | 0.407 | 0.444 | 0.469 |
| 45 | 0.101 | 0.190 | 0.243 | 0.288 | 0.338 | 0.372 | 0.403 | 0.439 | 0.465 |
| 46 | 0.100 | 0.188 | 0.240 | 0.285 | 0.335 | 0.368 | 0.399 | 0.435 | 0.460 |
| 47 | 0.099 | 0.186 | 0.238 | 0.282 | 0.331 | 0.365 | 0.395 | 0.431 | 0.456 |
| 48 | 0.098 | 0.184 | 0.235 | 0.279 | 0.328 | 0.361 | 0.391 | 0.427 | 0.451 |
| 49 | 0.097 | 0.182 | 0.233 | 0.276 | 0.325 | 0.358 | 0.387 | 0.423 | 0.447 |
| 50 | 0.096 | 0.181 | 0.231 | 0.273 | 0.322 | 0.354 | 0.384 | 0.419 | 0.443 |

## 附表 11　$r_s$ 界值表（用于 Spearman 相关系数检验）

| 样本量 $n$ | 概率，$P$ | | | | | | | | |
|---|---|---|---|---|---|---|---|---|---|
| | 单侧： 0.25 | 0.10 | 0.05 | 0.025 | 0.01 | 0.005 | 0.002 5 | 0.001 | 0.000 5 |
| | 双侧： 0.50 | 0.20 | 0.10 | 0.05 | 0.02 | 0.01 | 0.005 | 0.002 | 0.001 |
| 4 | 0.600 | 1.000 | 1.000 | | | | | | |
| 5 | 0.500 | 0.800 | 0.900 | 1.000 | 1.000 | | | | |
| 6 | 0.371 | 0.657 | 0.829 | 0.886 | 0.943 | 1.000 | 1.000 | | |
| 7 | 0.321 | 0.571 | 0.714 | 0.786 | 0.893 | 0.929 | 0.964 | 1.000 | 1.000 |

续表

| 样本量 | 概率,P | | | | | | | | |
|---|---|---|---|---|---|---|---|---|---|
| n | 单侧: 0.25 | 0.10 | 0.05 | 0.025 | 0.01 | 0.005 | 0.002 5 | 0.001 | 0.000 5 |
| | 双侧: 0.50 | 0.20 | 0.10 | 0.05 | 0.02 | 0.01 | 0.005 | 0.002 | 0.001 |
| 8 | 0.310 | 0.524 | 0.643 | 0.738 | 0.833 | 0.881 | 0.905 | 0.952 | 0.976 |
| 9 | 0.267 | 0.483 | 0.600 | 0.700 | 0.783 | 0.833 | 0.867 | 0.917 | 0.933 |
| 10 | 0.248 | 0.455 | 0.564 | 0.648 | 0.745 | 0.794 | 0.830 | 0.879 | 0.903 |
| 11 | 0.236 | 0.427 | 0.536 | 0.618 | 0.709 | 0.755 | 0.800 | 0.845 | 0.873 |
| 12 | 0.217 | 0.406 | 0.503 | 0.587 | 0.678 | 0.727 | 0.769 | 0.818 | 0.846 |
| 13 | 0.209 | 0.385 | 0.484 | 0.560 | 0.648 | 0.703 | 0.747 | 0.791 | 0.824 |
| 14 | 0.200 | 0.367 | 0.464 | 0.538 | 0.626 | 0.679 | 0.723 | 0.771 | 0.802 |
| 15 | 0.189 | 0.354 | 0.446 | 0.521 | 0.604 | 0.654 | 0.700 | 0.750 | 0.779 |
| 16 | 0.182 | 0.341 | 0.429 | 0.503 | 0.582 | 0.635 | 0.679 | 0.729 | 0.762 |
| 17 | 0.176 | 0.328 | 0.414 | 0.485 | 0.566 | 0.615 | 0.662 | 0.713 | 0.748 |
| 18 | 0.170 | 0.317 | 0.401 | 0.472 | 0.550 | 0.600 | 0.643 | 0.695 | 0.728 |
| 19 | 0.165 | 0.309 | 0.391 | 0.460 | 0.535 | 0.584 | 0.628 | 0.677 | 0.712 |
| 20 | 0.161 | 0.299 | 0.380 | 0.447 | 0.520 | 0.570 | 0.612 | 0.662 | 0.696 |
| 21 | 0.156 | 0.292 | 0.370 | 0.435 | 0.508 | 0.556 | 0.599 | 0.648 | 0.681 |
| 22 | 0.152 | 0.284 | 0.361 | 0.425 | 0.496 | 0.544 | 0.586 | 0.634 | 0.667 |
| 23 | 0.148 | 0.278 | 0.353 | 0.415 | 0.486 | 0.532 | 0.573 | 0.622 | 0.654 |
| 24 | 0.144 | 0.271 | 0.344 | 0.406 | 0.476 | 0.521 | 0.562 | 0.610 | 0.642 |
| 25 | 0.142 | 0.265 | 0.337 | 0.398 | 0.466 | 0.511 | 0.551 | 0.598 | 0.630 |
| 26 | 0.138 | 0.259 | 0.331 | 0.390 | 0.457 | 0.501 | 0.541 | 0.587 | 0.619 |
| 27 | 0.136 | 0.255 | 0.324 | 0.382 | 0.448 | 0.491 | 0.531 | 0.577 | 0.608 |
| 28 | 0.133 | 0.250 | 0.317 | 0.375 | 0.440 | 0.483 | 0.522 | 0.567 | 0.598 |
| 29 | 0.130 | 0.245 | 0.312 | 0.368 | 0.433 | 0.475 | 0.513 | 0.558 | 0.589 |
| 30 | 0.128 | 0.240 | 0.306 | 0.362 | 0.425 | 0.467 | 0.504 | 0.549 | 0.580 |
| 31 | 0.126 | 0.236 | 0.301 | 0.356 | 0.418 | 0.459 | 0.496 | 0.541 | 0.571 |
| 32 | 0.124 | 0.232 | 0.296 | 0.350 | 0.412 | 0.452 | 0.489 | 0.533 | 0.563 |
| 33 | 0.121 | 0.229 | 0.291 | 0.345 | 0.405 | 0.446 | 0.482 | 0.525 | 0.554 |
| 34 | 0.120 | 0.225 | 0.287 | 0.340 | 0.399 | 0.439 | 0.475 | 0.517 | 0.547 |
| 35 | 0.118 | 0.222 | 0.283 | 0.335 | 0.394 | 0.433 | 0.468 | 0.510 | 0.539 |
| 36 | 0.116 | 0.219 | 0.279 | 0.330 | 0.388 | 0.427 | 0.462 | 0.504 | 0.533 |
| 37 | 0.114 | 0.216 | 0.275 | 0.325 | 0.383 | 0.421 | 0.456 | 0.497 | 0.526 |
| 38 | 0.113 | 0.212 | 0.271 | 0.321 | 0.378 | 0.415 | 0.450 | 0.491 | 0.519 |
| 39 | 0.111 | 0.210 | 0.267 | 0.317 | 0.373 | 0.410 | 0.444 | 0.485 | 0.513 |

续表

| 样本量 n | 概率, P | | | | | | | | |
|---|---|---|---|---|---|---|---|---|---|
| | 单侧：0.25 | 0.10 | 0.05 | 0.025 | 0.01 | 0.005 | 0.002 5 | 0.001 | 0.000 5 |
| | 双侧：0.50 | 0.20 | 0.10 | 0.05 | 0.02 | 0.01 | 0.005 | 0.002 | 0.001 |
| 40 | 0.110 | 0.207 | 0.264 | 0.313 | 0.368 | 0.405 | 0.439 | 0.479 | 0.507 |
| 41 | 0.108 | 0.204 | 0.261 | 0.309 | 0.364 | 0.400 | 0.433 | 0.473 | 0.501 |
| 42 | 0.107 | 0.202 | 0.257 | 0.305 | 0.359 | 0.395 | 0.428 | 0.468 | 0.495 |
| 43 | 0.105 | 0.199 | 0.254 | 0.301 | 0.355 | 0.391 | 0.423 | 0.463 | 0.490 |
| 44 | 0.104 | 0.197 | 0.251 | 0.298 | 0.351 | 0.386 | 0.419 | 0.458 | 0.484 |
| 45 | 0.103 | 0.194 | 0.248 | 0.294 | 0.347 | 0.382 | 0.414 | 0.453 | 0.479 |
| 46 | 0.102 | 0.192 | 0.246 | 0.291 | 0.343 | 0.378 | 0.410 | 0.448 | 0.474 |
| 47 | 0.101 | 0.190 | 0.243 | 0.288 | 0.340 | 0.374 | 0.405 | 0.443 | 0.469 |
| 48 | 0.100 | 0.188 | 0.240 | 0.285 | 0.336 | 0.370 | 0.401 | 0.439 | 0.465 |
| 49 | 0.098 | 0.186 | 0.238 | 0.282 | 0.333 | 0.366 | 0.397 | 0.434 | 0.460 |
| 50 | 0.097 | 0.184 | 0.235 | 0.279 | 0.329 | 0.363 | 0.393 | 0.430 | 0.456 |

## 附表 12　随机数字表

| 编号 | 1～10 | 11～20 | 21～30 | 31～40 | 41～50 |
|---|---|---|---|---|---|
| 1 | 22 17 68 65 81 | 68 95 23 92 35 | 87 02 22 57 51 | 61 09 43 95 06 | 58 24 82 03 47 |
| 2 | 19 36 27 59 46 | 13 79 93 37 55 | 39 77 32 77 09 | 85 52 05 30 62 | 47 83 51 62 74 |
| 3 | 16 77 23 02 77 | 09 61 87 25 21 | 28 06 24 25 93 | 16 71 13 59 78 | 23 05 47 47 25 |
| 4 | 78 43 76 71 61 | 20 44 90 32 64 | 97 67 63 99 61 | 46 38 03 93 22 | 69 81 21 99 21 |
| 5 | 03 28 28 26 08 | 73 37 32 04 05 | 69 30 16 09 05 | 88 69 58 28 99 | 35 07 44 75 47 |
| 6 | 93 22 53 64 39 | 07 10 63 76 35 | 87 03 04 79 88 | 08 13 13 85 51 | 55 34 57 72 69 |
| 7 | 78 76 58 54 74 | 92 38 70 96 92 | 52 06 79 79 45 | 82 63 18 27 44 | 69 66 92 19 09 |
| 8 | 23 68 35 26 00 | 99 53 93 61 28 | 52 70 05 48 34 | 56 65 05 61 86 | 90 92 10 70 80 |
| 9 | 15 39 25 70 99 | 93 86 52 77 65 | 15 33 59 05 28 | 22 87 26 07 47 | 86 96 98 29 06 |
| 10 | 58 71 96 30 24 | 18 46 23 34 27 | 85 13 99 24 44 | 49 18 09 79 49 | 74 16 32 23 02 |
| 11 | 57 35 27 33 72 | 24 53 63 94 09 | 41 10 76 47 91 | 44 04 95 49 66 | 39 60 04 59 81 |
| 12 | 48 50 86 54 48 | 22 06 34 72 52 | 82 21 15 65 20 | 33 29 94 71 11 | 15 91 29 12 03 |
| 13 | 61 96 48 95 03 | 07 16 39 33 66 | 98 56 10 56 79 | 77 21 30 27 12 | 90 49 22 23 62 |
| 14 | 36 93 89 41 26 | 29 70 83 63 51 | 99 74 20 52 36 | 87 09 41 15 09 | 98 60 16 03 03 |
| 15 | 18 87 00 42 31 | 57 90 12 02 07 | 23 47 37 17 31 | 54 08 01 88 63 | 39 41 88 92 10 |
| 16 | 88 56 53 27 59 | 33 35 72 67 47 | 77 34 55 45 70 | 08 18 27 38 90 | 16 95 86 70 75 |
| 17 | 09 72 95 84 29 | 49 41 31 06 70 | 42 38 06 45 18 | 64 84 73 31 65 | 52 53 37 97 15 |
| 18 | 12 96 88 17 31 | 65 19 69 02 83 | 60 75 86 90 68 | 24 64 19 35 51 | 56 61 87 39 12 |

续表

| 编号 | 1～10 | 11～20 | 21～30 | 31～40 | 41～50 |
|---|---|---|---|---|---|
| 19 | 85 94 57 24 16 | 92 09 84 38 76 | 22 00 27 69 85 | 29 81 94 78 70 | 21 94 47 90 12 |
| 20 | 38 64 43 59 98 | 98 77 87 68 07 | 91 51 67 62 44 | 40 98 05 93 78 | 23 32 65 41 18 |
| 21 | 53 44 09 42 72 | 00 41 86 79 79 | 68 47 22 00 20 | 35 55 31 51 51 | 00 83 63 22 55 |
| 22 | 40 76 66 26 84 | 57 99 99 90 37 | 36 63 32 08 58 | 37 40 13 68 97 | 87 64 81 07 83 |
| 23 | 02 17 79 18 05 | 12 59 52 57 02 | 22 07 90 47 03 | 28 14 11 30 79 | 20 69 22 40 98 |
| 24 | 95 17 82 06 53 | 31 51 10 96 46 | 92 06 88 07 77 | 56 11 50 81 69 | 40 23 72 51 39 |
| 25 | 35 76 22 42 92 | 96 11 83 44 80 | 34 68 35 48 77 | 33 42 40 90 60 | 73 96 53 97 86 |
| 26 | 26 29 31 56 41 | 85 47 04 66 08 | 34 72 57 59 13 | 82 43 80 46 15 | 38 26 61 70 04 |
| 27 | 77 80 20 75 82 | 72 82 32 99 90 | 63 95 73 76 63 | 89 73 44 99 05 | 48 67 26 43 18 |
| 28 | 46 40 66 44 52 | 91 36 74 43 53 | 30 82 13 54 00 | 78 45 63 98 35 | 55 03 36 67 68 |
| 29 | 37 56 08 18 09 | 77 53 84 46 47 | 31 91 18 95 58 | 24 16 74 11 53 | 44 10 13 85 57 |
| 30 | 61 65 61 68 66 | 37 27 47 39 19 | 84 83 70 07 48 | 53 21 40 06 71 | 95 06 79 88 54 |
| 31 | 93 43 69 64 07 | 34 18 04 52 35 | 56 27 09 24 86 | 61 85 53 83 45 | 19 90 70 99 00 |
| 32 | 21 96 60 12 99 | 11 20 99 45 18 | 48 13 93 55 34 | 18 37 79 49 90 | 65 97 38 20 46 |
| 33 | 95 20 47 97 97 | 27 37 83 28 71 | 00 06 41 41 74 | 45 89 09 39 84 | 51 67 11 52 49 |
| 34 | 97 86 21 78 73 | 10 65 81 92 59 | 58 76 17 14 97 | 04 76 62 16 17 | 17 95 70 45 80 |
| 35 | 69 92 06 34 13 | 59 71 74 17 32 | 27 55 10 24 19 | 23 71 82 13 74 | 63 52 52 01 41 |
| 36 | 04 31 17 21 56 | 33 73 99 19 87 | 26 72 39 27 67 | 53 77 57 68 93 | 60 61 97 22 61 |
| 37 | 61 06 98 03 91 | 87 14 77 43 96 | 43 00 65 98 50 | 45 60 33 01 07 | 98 99 46 50 47 |
| 38 | 85 93 85 86 88 | 72 87 08 62 40 | 16 06 10 89 20 | 23 21 34 74 97 | 76 38 03 29 63 |
| 39 | 21 74 32 47 45 | 73 96 07 94 52 | 09 65 90 77 47 | 25 76 16 19 33 | 53 05 70 53 30 |
| 40 | 15 69 53 82 80 | 79 96 23 53 10 | 65 39 07 16 29 | 45 33 02 43 70 | 02 87 40 41 45 |
| 41 | 02 89 08 04 49 | 20 21 14 68 86 | 87 63 93 95 17 | 11 29 01 95 80 | 35 14 97 35 33 |
| 42 | 87 18 15 89 79 | 85 43 01 72 73 | 08 61 74 51 69 | 89 74 39 82 15 | 94 51 33 41 67 |
| 43 | 98 83 71 94 22 | 59 97 50 99 52 | 08 52 85 08 40 | 87 80 61 65 31 | 91 51 80 32 44 |
| 44 | 10 08 58 21 66 | 72 68 49 29 31 | 89 85 84 46 06 | 59 73 19 85 23 | 65 09 29 75 63 |
| 45 | 47 90 56 10 08 | 88 02 84 27 83 | 42 29 72 23 19 | 66 56 45 65 79 | 20 71 53 20 25 |
| 46 | 22 85 61 68 90 | 49 64 92 85 44 | 16 40 12 89 88 | 50 14 49 81 06 | 01 82 77 45 12 |
| 47 | 67 80 43 79 33 | 12 83 11 41 16 | 25 58 19 68 70 | 77 02 54 00 52 | 53 43 37 15 26 |
| 48 | 27 62 50 96 72 | 79 44 61 40 15 | 14 53 40 65 39 | 27 31 58 50 28 | 11 39 03 34 25 |
| 49 | 33 78 80 87 15 | 38 30 06 38 21 | 14 47 47 07 26 | 54 96 87 53 32 | 40 36 40 96 76 |
| 50 | 13 13 92 66 99 | 47 24 49 57 74 | 32 25 43 62 17 | 10 97 11 69 84 | 99 63 22 32 98 |

## 附表13 ψ界值表（用于多个样本均数比较时计算所需样本例数）

α=0.05, β=0.10

| $\nu_2$ | $\nu_1$: 1 | 2 | 3 | 4 | 5 | 6 | 7 | 8 | 9 | 10 | 15 | 20 | 30 | 40 | 60 | 120 | ∞ |
|---|---|---|---|---|---|---|---|---|---|---|---|---|---|---|---|---|---|
| 2 | 6.80 | 6.71 | 6.68 | 6.67 | 6.66 | 6.65 | 6.65 | 6.65 | 6.64 | 6.64 | 6.64 | 6.63 | 6.63 | 6.63 | 6.63 | 6.63 | 6.62 |
| 3 | 5.01 | 4.63 | 4.47 | 4.39 | 4.34 | 4.30 | 4.27 | 4.25 | 4.23 | 4.22 | 4.18 | 4.16 | 4.14 | 4.13 | 4.12 | 4.11 | 4.09 |
| 4 | 4.40 | 3.90 | 3.69 | 3.58 | 3.50 | 3.45 | 3.41 | 3.38 | 3.36 | 3.34 | 3.28 | 3.25 | 3.22 | 3.20 | 3.19 | 3.17 | 3.15 |
| 5 | 4.09 | 3.54 | 3.30 | 3.17 | 3.08 | 3.02 | 2.97 | 2.94 | 2.91 | 2.89 | 2.81 | 2.78 | 2.74 | 2.72 | 2.70 | 2.68 | 2.66 |
| 6 | 3.91 | 3.32 | 3.07 | 2.92 | 2.83 | 2.76 | 2.71 | 2.67 | 2.64 | 2.61 | 2.53 | 2.49 | 2.44 | 2.42 | 2.40 | 2.37 | 2.35 |
| 7 | 3.80 | 3.18 | 2.91 | 2.76 | 2.66 | 2.58 | 2.53 | 2.49 | 2.45 | 2.42 | 2.33 | 2.29 | 2.24 | 2.21 | 2.19 | 2.16 | 2.18 |
| 8 | 3.71 | 3.08 | 2.81 | 2.64 | 2.51 | 2.46 | 2.40 | 2.35 | 2.32 | 2.29 | 2.19 | 2.14 | 2.09 | 2.06 | 2.03 | 2.00 | 1.97 |
| 9 | 3.65 | 3.01 | 2.72 | 2.56 | 2.44 | 2.36 | 2.30 | 2.26 | 2.22 | 2.19 | 2.09 | 2.03 | 1.97 | 1.94 | 1.91 | 1.88 | 1.85 |
| 10 | 3.60 | 2.95 | 2.66 | 2.49 | 2.37 | 2.29 | 2.23 | 2.18 | 2.14 | 2.11 | 2.00 | 1.94 | 1.88 | 1.85 | 1.82 | 1.78 | 1.75 |
| 11 | 3.57 | 2.91 | 2.61 | 2.44 | 2.32 | 2.23 | 2.17 | 2.12 | 2.08 | 2.04 | 1.93 | 1.87 | 1.81 | 1.78 | 1.74 | 1.70 | 1.67 |
| 12 | 3.54 | 2.87 | 2.57 | 2.39 | 2.27 | 2.19 | 2.12 | 2.07 | 2.02 | 1.99 | 1.88 | 1.81 | 1.75 | 1.71 | 1.68 | 1.64 | 1.60 |
| 13 | 3.51 | 2.84 | 2.54 | 2.36 | 2.23 | 2.15 | 2.08 | 2.02 | 1.98 | 1.95 | 1.83 | 1.76 | 1.69 | 1.66 | 1.62 | 1.58 | 1.54 |
| 14 | 3.49 | 2.81 | 2.51 | 2.33 | 2.20 | 2.11 | 2.04 | 1.99 | 1.94 | 1.91 | 1.79 | 1.72 | 1.65 | 1.61 | 1.57 | 1.53 | 1.49 |
| 15 | 3.47 | 2.79 | 2.48 | 2.30 | 2.17 | 2.08 | 2.01 | 1.96 | 1.91 | 1.87 | 1.75 | 1.68 | 1.61 | 1.57 | 1.53 | 1.49 | 1.44 |
| 16 | 3.46 | 2.77 | 2.46 | 2.28 | 2.15 | 2.06 | 1.99 | 1.93 | 1.88 | 1.85 | 1.72 | 1.65 | 1.58 | 1.54 | 1.49 | 1.45 | 1.40 |
| 17 | 3.44 | 2.76 | 2.44 | 2.26 | 2.13 | 2.04 | 1.96 | 1.91 | 1.86 | 1.82 | 1.69 | 1.62 | 1.55 | 1.50 | 1.46 | 1.41 | 1.36 |
| 18 | 3.43 | 2.74 | 2.43 | 2.24 | 2.11 | 2.02 | 1.94 | 1.89 | 1.84 | 1.80 | 1.67 | 1.60 | 1.52 | 1.48 | 1.43 | 1.38 | 1.33 |
| 19 | 3.42 | 2.73 | 2.41 | 2.22 | 2.09 | 2.00 | 1.93 | 1.87 | 1.82 | 1.78 | 1.65 | 1.58 | 1.49 | 1.45 | 1.40 | 1.35 | 1.30 |

续表

| $\nu_1$: | 1 | 2 | 3 | 4 | 5 | 6 | 7 | 8 | 9 | 10 | 15 | 20 | 30 | 40 | 60 | 120 | ∞ |
|---|---|---|---|---|---|---|---|---|---|---|---|---|---|---|---|---|---|
| $\nu_2$ | | | | | | | | | $\psi$ | | | | | | | | |
| 20 | 3.41 | 2.72 | 2.40 | 2.21 | 2.08 | 1.98 | 1.91 | 1.85 | 1.80 | 1.76 | 1.63 | 1.55 | 1.47 | 1.43 | 1.38 | 1.33 | 1.27 |
| 21 | 3.40 | 2.71 | 2.39 | 2.20 | 2.07 | 1.97 | 1.90 | 1.84 | 1.79 | 1.75 | 1.61 | 1.54 | 1.45 | 1.41 | 1.36 | 1.30 | 1.25 |
| 22 | 3.39 | 2.70 | 2.38 | 2.19 | 2.05 | 1.96 | 1.88 | 1.82 | 1.77 | 1.73 | 1.60 | 1.52 | 1.43 | 1.39 | 1.34 | 1.28 | 1.22 |
| 23 | 3.39 | 2.69 | 2.37 | 2.18 | 2.04 | 1.95 | 1.87 | 1.81 | 1.76 | 1.72 | 1.58 | 1.50 | 1.42 | 1.37 | 1.32 | 1.26 | 1.20 |
| 24 | 3.38 | 2.68 | 2.36 | 2.17 | 2.03 | 1.94 | 1.86 | 1.80 | 1.75 | 1.71 | 1.57 | 1.49 | 1.40 | 1.35 | 1.30 | 1.24 | 1.18 |
| 25 | 3.37 | 2.68 | 2.35 | 2.16 | 2.02 | 1.93 | 1.85 | 1.79 | 1.74 | 1.70 | 1.56 | 1.48 | 1.39 | 1.34 | 1.28 | 1.23 | 1.16 |
| 26 | 3.37 | 2.67 | 2.35 | 2.15 | 2.02 | 1.92 | 1.84 | 1.78 | 1.73 | 1.69 | 1.54 | 1.46 | 1.37 | 1.32 | 1.27 | 1.21 | 1.15 |
| 27 | 3.36 | 2.66 | 2.34 | 2.14 | 2.01 | 1.91 | 1.83 | 1.77 | 1.72 | 1.68 | 1.53 | 1.45 | 1.36 | 1.31 | 1.26 | 1.20 | 1.13 |
| 28 | 3.36 | 2.66 | 2.33 | 2.14 | 2.00 | 1.90 | 1.82 | 1.76 | 1.71 | 1.67 | 1.52 | 1.44 | 1.35 | 1.30 | 1.24 | 1.18 | 1.11 |
| 29 | 3.36 | 2.65 | 2.33 | 2.13 | 1.99 | 1.89 | 1.82 | 1.75 | 1.70 | 1.66 | 1.51 | 1.43 | 1.34 | 1.29 | 1.23 | 1.17 | 1.10 |
| 30 | 3.35 | 2.65 | 2.32 | 2.12 | 1.99 | 1.89 | 1.81 | 1.75 | 1.70 | 1.65 | 1.51 | 1.42 | 1.33 | 1.28 | 1.22 | 1.16 | 1.08 |
| 31 | 3.35 | 2.64 | 2.32 | 2.12 | 1.98 | 1.88 | 1.80 | 1.74 | 1.69 | 1.64 | 1.50 | 1.41 | 1.32 | 1.27 | 1.21 | 1.14 | 1.07 |
| 32 | 3.34 | 2.64 | 2.31 | 2.11 | 1.98 | 1.88 | 1.80 | 1.73 | 1.68 | 1.64 | 1.49 | 1.41 | 1.31 | 1.26 | 1.20 | 1.13 | 1.06 |
| 33 | 3.34 | 2.63 | 2.31 | 2.11 | 1.97 | 1.87 | 1.79 | 1.73 | 1.68 | 1.63 | 1.48 | 1.40 | 1.30 | 1.25 | 1.19 | 1.12 | 1.05 |
| 34 | 3.34 | 2.63 | 2.30 | 2.10 | 1.97 | 1.87 | 1.79 | 1.72 | 1.67 | 1.63 | 1.48 | 1.39 | 1.29 | 1.24 | 1.18 | 1.11 | 1.04 |
| 35 | 3.34 | 2.63 | 2.30 | 2.10 | 1.96 | 1.86 | 1.78 | 1.72 | 1.66 | 1.62 | 1.47 | 1.38 | 1.29 | 1.23 | 1.17 | 1.10 | 1.02 |
| 36 | 3.33 | 2.62 | 2.30 | 2.10 | 1.96 | 1.86 | 1.78 | 1.71 | 1.66 | 1.62 | 1.47 | 1.38 | 1.28 | 1.22 | 1.16 | 1.09 | 1.01 |
| 37 | 3.33 | 2.62 | 2.29 | 2.09 | 1.95 | 1.85 | 1.77 | 1.71 | 1.65 | 1.61 | 1.46 | 1.37 | 1.27 | 1.22 | 1.15 | 1.08 | 1.09 |
| 38 | 3.33 | 2.62 | 2.29 | 2.09 | 1.95 | 1.85 | 1.77 | 1.70 | 1.65 | 1.61 | 1.45 | 1.37 | 1.27 | 1.21 | 1.15 | 1.08 | 0.99 |
| 39 | 3.33 | 2.62 | 2.29 | 2.09 | 1.95 | 1.84 | 1.76 | 1.70 | 1.65 | 1.60 | 1.45 | 1.36 | 1.26 | 1.20 | 1.14 | 1.07 | 0.99 |

续表

$\psi$

| $\nu_2$ | $\nu_1$: 1 | 2 | 3 | 4 | 5 | 6 | 7 | 8 | 9 | 10 | 15 | 20 | 30 | 40 | 60 | 120 | $\infty$ |
|---|---|---|---|---|---|---|---|---|---|---|---|---|---|---|---|---|---|
| 40 | 3.32 | 2.61 | 2.28 | 2.08 | 1.94 | 1.84 | 1.76 | 1.70 | 1.64 | 1.60 | 1.44 | 1.36 | 1.25 | 1.20 | 1.13 | 1.06 | 0.98 |
| 41 | 3.32 | 2.61 | 2.28 | 2.08 | 1.94 | 1.84 | 1.76 | 1.69 | 1.64 | 1.59 | 1.44 | 1.35 | 1.25 | 1.19 | 1.13 | 1.05 | 0.97 |
| 42 | 3.32 | 2.61 | 2.28 | 2.08 | 1.94 | 1.83 | 1.75 | 1.69 | 1.63 | 1.59 | 1.44 | 1.35 | 1.24 | 1.18 | 1.12 | 1.05 | 0.96 |
| 43 | 3.32 | 2.61 | 2.28 | 2.07 | 1.93 | 1.83 | 1.75 | 1.69 | 1.63 | 1.59 | 1.43 | 1.34 | 1.24 | 1.18 | 1.11 | 1.04 | 0.95 |
| 44 | 3.32 | 2.60 | 2.27 | 2.07 | 1.93 | 1.83 | 1.75 | 1.68 | 1.63 | 1.58 | 1.43 | 1.34 | 1.23 | 1.17 | 1.11 | 1.03 | 0.94 |
| 45 | 3.31 | 2.60 | 2.27 | 2.07 | 1.93 | 1.83 | 1.74 | 1.68 | 1.62 | 1.58 | 1.42 | 1.33 | 1.23 | 1.17 | 1.10 | 1.03 | 0.94 |
| 46 | 3.31 | 2.60 | 2.27 | 2.07 | 1.93 | 1.82 | 1.74 | 1.68 | 1.62 | 1.58 | 1.42 | 1.33 | 1.22 | 1.16 | 1.10 | 1.02 | 0.93 |
| 47 | 3.31 | 2.60 | 2.27 | 2.06 | 1.92 | 1.82 | 1.74 | 1.67 | 1.62 | 1.57 | 1.42 | 1.33 | 1.22 | 1.16 | 1.09 | 1.02 | 0.92 |
| 48 | 3.31 | 2.60 | 2.26 | 2.06 | 1.92 | 1.82 | 1.74 | 1.67 | 1.62 | 1.57 | 1.41 | 1.32 | 1.22 | 1.15 | 1.09 | 1.01 | 0.92 |
| 49 | 3.31 | 2.59 | 2.26 | 2.06 | 1.92 | 1.82 | 1.73 | 1.67 | 1.61 | 1.57 | 1.41 | 1.32 | 1.21 | 1.15 | 1.08 | 1.00 | 0.91 |
| 50 | 3.31 | 2.59 | 2.26 | 2.06 | 1.92 | 1.81 | 1.73 | 1.67 | 1.61 | 1.56 | 1.41 | 1.31 | 1.21 | 1.15 | 1.08 | 1.00 | 0.90 |
| 60 | 3.30 | 2.58 | 2.25 | 2.04 | 1.90 | 1.79 | 1.71 | 1.64 | 1.59 | 1.54 | 1.38 | 1.29 | 1.18 | 1.11 | 1.04 | 0.95 | 0.85 |
| 80 | 3.28 | 2.56 | 2.23 | 2.02 | 1.88 | 1.77 | 1.69 | 1.62 | 1.56 | 1.51 | 1.35 | 1.25 | 1.14 | 1.07 | 0.99 | 0.90 | 0.77 |
| 120 | 3.27 | 2.55 | 2.21 | 2.00 | 1.86 | 1.75 | 1.66 | 1.59 | 1.54 | 1.49 | 1.32 | 1.22 | 1.09 | 1.02 | 0.94 | 0.83 | 0.68 |
| 240 | 3.26 | 2.53 | 2.19 | 1.98 | 1.84 | 1.73 | 1.64 | 1.57 | 1.51 | 1.46 | 1.29 | 1.18 | 1.05 | 0.97 | 0.88 | 0.76 | 0.56 |
| $\infty$ | 3.24 | 2.52 | 2.17 | 1.96 | 1.81 | 1.70 | 1.62 | 1.54 | 1.48 | 1.43 | 1.25 | 1.14 | 1.01 | 0.92 | 0.82 | 0.65 | 0.00 |

# 推荐阅读

［1］ 杨树勤.卫生统计学.3 版.北京：人民卫生出版社，1992.

［2］ 倪宗瓒.卫生统计学.4 版.北京：人民卫生出版社，2000.

［3］ 方积乾.卫生统计学.7 版.北京：人民卫生出版社，2012.

［4］ 李晓松.卫生统计学.8 版.北京：人民卫生出版社，2017.

［5］ 陈峰.医用多元统计分析方法.3 版.北京：中国统计出版社，2018.

［6］ 方积乾.医学统计学与电脑实验.4 版.上海：上海科学技术出版社，2012.

［7］ MOORE D S, MCCABE G P, CRAIG B. Introduction to the practice of statistics. 10th ed. New York：W. H. Freeman and Company，2021.

［8］ ARITAGE P, BERRY G, MATTHEWS J N S. Statistical methods in medical research. 4th ed. Hoboken：Wiley-Blackwell，2013.

［9］ ROSNER B. Fundamentals of biostatistics. 8th ed. Boston：Cengage Learning，2015.

［10］ LASH T L, VANDERWEELE T J, HANEUSE S, et al. Modern epidemiology. 4th ed. Philadelphia：Wolters Kluwer，2020.

# 中英文名词对照索引